Ritterliche Taten der Gewalt

Studies in Medieval and Reformation Traditions

VOLUME 233

The titles published in this series are listed at *brill.com/smrt*

Ritterliche Taten der Gewalt

Formen und Funktionen physischer Gewalt im Selbstverständnis des deutschen Rittertums im ausgehenden Mittelalter

von

Florian Tobias Dörschel

BRILL

LEIDEN | BOSTON

Umschlagabbildung: Die Schlacht bei Dornach am 22. Juli 1499 in der *Eidgenössischen Chronik* des Diebold Schilling (Ausschnitt aus: Diebold Schilling-Chronik 1513, Eigentum Korporation Luzern (Standort: ZHB Luzern, Sondersammlung), S 23 fol., fol. 197r

Library of Congress Cataloging-in-Publication Data

Names: Dörschel, Florian Tobias, author.
Title: Ritterliche Taten der Gewalt : Formen und Funktionen physischer Gewalt im Selbstverständnis des deutschen Rittertums im ausgehenden Mittelalter / Florian Tobias Dörschel.
Description: Leiden ; Boston : Brill, 2023. | Series: Studies in Medieval and Reformation traditions, 1573–4188 ; volume 233 | Includes bibliographical references and index.
Identifiers: LCCN 2022039038 (print) | LCCN 2022039039 (ebook) | ISBN 9789004302204 (hardback) | ISBN 9789004527010 (ebook)
Subjects: LCSH: Chivalry—Europe, German-speaking—History. | Civilization, Medieval. | Knights and knighthood—Europe, German-speaking. | Violence—Europe, German-speaking—History. | Violence—History—To 1500. | Social history—Medieval, 500–1500. | Nobility—Germany—History—15th century. | Nobility—Germany—History—16th century.
Classification: LCC CR4513 .D677 2023 (print) | LCC CR4513 (ebook) | DDC 394/.709430902—dc23/eng/20220824
LC record available at https://lccn.loc.gov/2022039038
LC ebook record available at https://lccn.loc.gov/2022039039

Typeface for the Latin, Greek, and Cyrillic scripts: "Brill". See and download: brill.com/brill-typeface.

ISSN 1573-4188
ISBN 978-90-04-30220-4 (hardback)
ISBN 978-90-04-52701-0 (e-book)

This book is printed on acid-free paper and produced in a sustainable manner.

Printed by Printforce, the Netherlands

Da fach man manchen ritterlich fechten
von edelleut bürgern bauern und knechten[1]

1 Rochus von Liliencron, Die historischen Volkslieder der Deutschen vom 13. bis 16. Jahrhundert. Bd. 1, Leipzig 1865, Nr. 92, S. 425.

Inhaltsverzeichnis

Vorwort x
Abbildungsverzeichnis xii

Einleitung 1
1 Die Quellen 4
2 Forschungsstand 9
3 Vorgehen und Methode 14

1 **Ritterliches Verhalten** 16
1.1 Ritterlicher Kampf und ritterlicher Stand 16
1.2 Ritterliche Taten und der Ritterschlag 24
1.3 Rittertum und Fragen der Moral 37
1.4 Zwischenfazit 42

2 **Der ritterliche Charakter des Adels** 43
2.1 Prädisposition zur Gewalt 52
2.2 Konkurrenz und Legitimationsbedürfnis: Ritterliche Bildungsfeindlichkeit 56
2.3 Jugendliche Gewalttäter und ritterliche Absicherungsmechanismen 68
2.4 Intrinsische Motivationen 73
2.5 Zwischenfazit 79

3 **Die kriegerische Praxis** 80
3.1 Pferde, Rüstungen und Formen der bewaffneten Konfliktführung 87
3.1.1 *Ritterliche Waffen* 88
3.1.2 *Der ritterliche Kampf zu Pferd und zu Fuß* 93
3.1.3 *Die ritterliche Konfliktführung zu Pferd* 100
3.1.4 *Der soziale Horizont als Faktor in der bewaffneten Konfliktführung* 107
3.2 Ritterliche Tugenden 113
3.2.1 *Die ritterliche Kunst des Fechtens* 113
3.2.2 *Kämpferische Disziplin* 120
3.2.3 *Die zentrale Tugend der Tapferkeit* 127
3.3 Turnier, Tugend und Kriegspraxis 138
3.3.1 *Ritterliche Männer kennen und erkennen* 139
3.3.2 *Die militärische Relevanz des Turniers im ausgehenden Mittelalter* 143

3.3.3 *Die Demonstration von Tugend im Waffenspiel* 152
3.3.4 *Das Turnier und die Kampfkunst* 155
3.3.5 *Tapferkeit im Turnier* 161
3.4 Der Kampf des ritterlichen Lebens 166
3.5 Zwischenfazit 179

4 Die deutliche Sprache der Gewalt und der Machtverlust der Ritterschaft 181
4.1 Die fürstliche Sympathie für adlige Gewalttäter 186
4.2 Rücksichtslose Gewalt als Instrument fürstlicher Politik 190
4.3 Zwischenfazit und Ausblick 198

5 Ritterliche Ehre und ehrliche Taten 200
5.1 Die gewaltsame Behauptung adliger Ehre 200
5.2 Ehre, Gewalt und materieller Gewinn 212
5.3 Die Bedeutung der Öffentlichkeit 225
5.3.1 *Essentielle Zeugen* 225
5.3.2 *Der Kampf in der Hand der Öffentlichkeit* 231
5.4 Zwischenfazit 237

6 Ritterliche Gewalt als Mittel der sozialen Kommunikation 238
6.1 Die gesellschaftliche Rolle der Damen und das soziale Gewicht des Turniers 238
6.1.1 *Das idealisierte Verhältnis zur Gewalt im Turnier* 238
6.1.2 *Turnierkampf vor weiblichen Augen* 244
6.1.3 *Das weibliche Urteil* 256
6.2 Ritterlich-adlige Gewalttaten der Inklusion und Exklusion 269
6.3 Zwischenfazit 282

7 Die Exklusivität ritterlicher Gewalt 284
7.1 Nichtadlige unter Waffen 284
7.2 Der gemeine Fußknecht und seine Tugend 296
7.3 Professionalität, adlige Hauptleute und die Dominanz gepanzerter Reiter 312
7.3.1 *Die Präferenz für den Kampf zu Pferd* 315
7.3.2 *Der taktische und strategische Wert Reisiger am Beispiel des Schweizerkriegs* 320
7.4 Zwischenfazit und Ausblick 327

Auswertung 329

Quellen- und Literaturverzeichnis 333
Personenregister 374
Ortsregister 381

Vorwort

Bei der vorliegenden Arbeit handelt es sich um eine leicht überarbeitete Fassung meiner Dissertationsschrift, die ich im Januar 2021 bei der Philologisch-Historischen Fakultät der Universität Augsburg eingereicht habe. An einigen Stellen wurde diese für den Druck gekürzt, an anderen erweitert. Von den ersten Ideen für das Dissertationsprojekt während meiner Masterarbeit zu einem gewissen Wilwolt von Schaumberg bis hin zum fertigen Buch haben mich zahlreiche Menschen begleitet, unterstützt und motiviert. So gilt es hier einen vielfachen Dank auszusprechen.

An erster Stelle sei meinem Doktorvater Prof. Dr. Martin Kaufhold für seine langjährige Unterstützung gedankt, der mich schon früh im Studium förderte und auf dessen Hilfe und konstruktive Kritik ich stets zählen konnte. Prof. Dr. Thomas Krüger möchte ich ebenso für seinen Beistand, viele wertvolle Gespräche und die Übernahme des Zweitgutachtens danken. Danken möchte ich auch dem dritten Gutachter der Disputatio, Prof. Dr. Klaus Wolf, der mir wiederholt eine große Hilfe in fachlichen wie organisatorischen Fragen war. Besonderer Dank gilt dem ganzen Augsburger Lehrstuhlteam und damit insbesondere der unersetzlichen Sigrid Weißbrod und Privatdozent Dr. Mathias Kluge, der mich seit dem Studium auf vielfältige Art und Weise immer wieder unterstützte.

Bedanken möchte ich mich auch beim Cusanuswerkes für das Promotionsstipendium. Neben der finanziellen Förderung waren vor allem die ideelle Förderung und der Kontakt zu den vielen Cusanerinnen und Cusanern mit ihrer wohlwollenden und doch äußerst streitbaren Diskussionskultur ein unschätzbarer Gewinn. Besonders seien hier auch die Ortsgruppe Augsburg und im Speziellen die von Dr. Julia Kantreiter ins Leben gerufene Augsburger AG Promotion genannt.

Ausdrücklich danke ich Prof. Dr. Christopher Ocker für sein Interesse an der Arbeit und die Aufnahme in die Reihe ‚Studies in Medieval and Reformation Traditions'. Ivo Romain und Fem Eggers gilt ein großer Dank für die stets unkomplizierte und fantastische Betreuung.

Der bedingungslosen Unterstützung von Seiten meiner Familie kann nicht genug gedankt werden, vor allem auch für die unermüdliche Arbeit des wiederholten Korrekturlesens von Seiten meiner Schwestern Christina und Franziska und meinen Eltern Dorothee und Ulrich Dörschel. Meinen lieben Eltern ist dieses Werk gewidmet.

Neben meiner Familie waren mir auch viele weitere fleißige und oftmals dankenswerterweise auch sehr kritische Korrekturleserinnen und -leser aus dem Kreis meiner Freunde und Kommilitonen eine große Hilfe. Vor allem sind hier Jakob Rasch, Sandra Süßmeir und Marlene Lippok zu nennen.

Florian Dörschel
Augsburg, im August 2022

Abbildungsverzeichnis

1 Fehdebuch der Reichsstadt Nürnberg 1551/1600 (Germanisches Nationalmuseum Nürnberg, Hs 22547) (public domain), fol. 55v 41

2 Joseph Grünpeck, Historia Friderici et Maximiliani, Wien ca. 1515 (Österreichisches Staatsarchiv Wien, HHStA HS B 9), fol. 40v 49

3 Thun'sches Skizzenbuch (The Museum of Decorative Arts in Prague, GK 11.572-B), S. 30 76

4 Holzschnitt eines unbekannten Künstlers in Maximilian I. von Habsburg / Melchior Pfintzing / Marx Treitzsaurwein, Die geuerlicheiten vnd einsteils der geschichten des loblichen streytparen vnd hochberümbten helds vnd Ritters herr Tew̄rdannckhs, Nürnberg 1517 (Bayerische Staatsbibliothek München, Rar. 325 a), Kap. 79 90

5 Thun'sches Skizzenbuch (The Museum of Decorative Arts in Prague, GK 11.572-B), S. 19f. 98

6 Hans Mair von Landshut (zugeschrieben), um 1500, Kunstsammlungen der Veste Coburg, Z.0231 105

7 Hausbuch von Schloss Wolfegg, um 1480 (Privatbesitz) (public domain), fol. 51v–52r 106

8 Albrecht Dürer, 1489, The British Museum, London, 1915-8-23-1 © The Trustees of the British Museum. All rights reserved 107

9 Hans Talhoffer, Fechtbuch, Schwaben 1467 (Bayerische Staatsbibliothek München, Cod.icon. 394a), fol. 132v 118

10 Hans Holbein d. Ä., 1510/1513, Kupferstichkabinett, Staatliche Museen zu Berlin – Preußischer Kulturbesitz, Ident.Nr. KdZ 2509 © Kupferstichkabinett. Staatliche Museen zu Berlin 141

11 Hausbuch von Schloss Wolfegg, um 1480 (Privatbesitz) (public domain), fol. 20v–21r 163

12 Hausbuch von Schloss Wolfegg, um 1480 (Privatbesitz) (public domain), fol. 21v–22r 163

13 Holzschnitt von Leonhard Beck in Maximilian I. von Habsburg / Melchior Pfintzing / Marx Treitzsaurwein, Die geuerlicheiten vnd einsteils der geſchichten des loblichen ſtreytparen vnd hochberümbten helds vnd Ritters herr Tewrdannckhs, Nürnberg 1517 (Bayerische Staatsbibliothek München, Rar. 325 a), Kap. 106 210

14 Wappenbuch Konrad Grünenbergs, um 1480, Bayerische Staatsbibliothek München, BSB Cgm 145, S. 233 262

15 Georg Rüxner, Anfang vrſprung vnnd herkommen des Thurnirs in Teutscher nation, Simmern, 1532 (Rheinische Landesbibliothek Koblenz, 89A/1519

P-SOM), eingelegt zwischen fol. 33v und 34r, freundlich zur Verfügung gestellt von dilibri Rheinland-Pfalz (www.dilibri.de) 275

16 Hans Holbein d. J., nach 1524, Graphische Sammlung ALBERTINA, Wien, Inv.-Nr. 17243 304

17 Johannes Stumpf, Gemeiner loblicher Eydgnoſchafft Stetten, Landen vnd Voͤlckeren Chronick wirdiger thaaten beschreybung. Bd. 2, Zürich 1548 (Zentralbibliothek Zürich, AW 40: 1–2, https://doi.org/10.3931/e-rara-5076 / Public Domain Mark), fol. 331r 308

18 Ausschnitt aus: Diebold Schilling-Chronik 1513, Eigentum Korporation Luzern (Standort: ZHB Luzern, Sondersammlung), S 23 fol., fol. 197r 324

Einleitung

> Wollte Gott, meine Schultern fühlten Kraft, den Harnisch zu ertragen, und mein Arm Stärke, einen Feind vom Pferd zu stechen! – Arme schwache Hand, von jeher gewohnt Kreuze und Friedensfahnen zu führen und Rauchfässer zu schwingen, wie wolltest du Lanze und Schwert regieren![1]

∵

Mit diesen Worten lässt Johann Wolfgang von Goethe in seinem Schauspiel ‚Götz von Berlichingen' die Figur des Bruder Martin sein Los beklagen. In seinem Glauben, durch sein Gelübde und sein Leben als Mönch der „besten Triebe, durch die wir werden, wachsen und gedeihen"[2] beraubt zu sein, bewundert er Berlichingen von ganzem Herzen. Körperliche Stärke und Waffengewalt bedeuten ihm eine nicht erlebte Freiheit, in Götzens Harnisch ist er sogar ausdrücklich „verliebt".[3]

Goethe fasst mit den neidischen Bemerkungen Bruder Martins gleich auf den ersten Seiten seines Werkes jenes Charakteristikum, das die Faszination des Rittertums bis heute aufrechterhält: Es ist die Idee eines Standes, einer Würde und einer Berufung, die ihren Wert daraus zog, durch ein sehr aktiv ausgelebtes Gewaltpotential einen anerkannten Platz in den Gesellschaftsstrukturen ihrer Zeit zu finden. Es ist die Idee, dass sich ein Mann – und sei es ein Kaiser selbst – aufgrund der Kraft seines Leibes und seiner Geschicklichkeit durchsetzen kann und auch soll.

Das Verlangen, komplexe Probleme gleich der Auseinandersetzung Alexanders des Großen mit dem Gordischen Knoten mittels des Schwerts oder der Faust anzugehen, scheint urmenschlich. Nicht grundlos genießen Action- und Superhelden in unseren Medien eine ungebrochene Faszination. Während jedoch der stereotype Superheld unter einer Maske seine Gewalttaten am Rand der Gesellschaft vollbringt und der Westernheld am Ende der Geschichte fort in den Sonnenuntergang reitet, bietet das Rittertum

1 Johann Wolfgang von Goethe, Götz von Berlichingen. Ein Schauspiel (Goethes Werke 8), Weimar 1889, Erster Akt, S. 14.

2 Ebd.

3 Ebd.

 | DOI:10.1163/9789004527010_002

dem modernen Menschen die Verlockung, dass der Gewalttäter nach seinen Kämpfen die Mitte der Gesellschaft aufsucht, um dort seinen Lohn und seinen wohlverdienten Platz zu empfangen.

Jene ritterliche Gewalt im Zentrum des mittelalterlichen Sozialgefüges ist Thema dieser Arbeit. Für eine Kultur ist von grundlegender Bedeutung, welche und wie viel Gewalt sich in sie eingliedert. Wie reagiert sie auf fremde und eigene Gewalt? Wie rechtfertigt sie diese?[4] Charakteristisch für das Mittelalter ist die große Präsenz von Gewalt, die, zwar nicht immer ausbrechend, doch allgegenwärtig gesellschaftliche Ordnungen und Mentalitäten formt. Selten steht sie als Randgruppenphänomen da, selten ist ihre Ausübung an sich bereits verwerflich.[5] Der Adlige, der Kleriker, der Bauer und der Bürger mögen unter ihr leiden und andere leiden lassen. Das Individuum leidet, doch die zeitgenössischen Gesellschaften akzeptieren und nutzen dies. Gewaltpotential und Gewalttaten eröffnen Wege der politischen und sozialen Kommunikation.[6] Konstatiert Carl von Clausewitz (1780–1831) im 19. Jahrhundert, der Krieg sei *eine bloße Fortsetzung der Politik mit anderen Mitteln*,[7] ist ähnliches Denken auch dem Mittelalter nicht fremd.

Auf diese enge Verschränkung weist bereits der Umstand hin, dass der Begriff ‚Gewalt' den mittelalterlichen Quellen in seiner modernen Verwendung fast

---

4 Vgl. Rolf Peter Sieferle, Einleitung, in: Rolf Peter Sieferle/Helga Breuninger (Hgg.), Kulturen der Gewalt. Ritualisierung und Symbolisierung von Gewalt in der Geschichte, Frankfurt am Main 1998, S. 9–29, hier S. 12; Gert Melville, Ein Exkurs über die Präsenz der Gewalt im Mittelalter. Zugleich eine Zusammenfassung, in: Martin Kintzinger (Hg.), Königliche Gewalt – Gewalt gegen Könige. Macht und Mord im spätmittelalterlichen Europa (Zeitschrift für historische Forschung. Beihefte 33), Berlin 2004, S. 119–134, hier S. 121.

5 Vgl. Mark Douglas Meyerson/Daniel Thiery/Oren Falk, Introduction, in: Mark Douglas Meyerson/Daniel Thiery/Oren Falk (Hgg.), 'A great effusion of blood'? Interpreting medieval violence, Toronto Ont. 2004, S. 3–16, hier S. 5f.; Manuel Braun, Violentia und Potestas. Mediävistische Gewaltforschung im interdisziplinären Feld, in: Beiträge zur Geschichte der deutschen Sprache und Literatur 127 (2005), S. 436–458, hier S. 442; Christoph Mauntel, Gewalt in Wort und Tat. Praktiken und Narrative im spätmittelalterlichen Frankreich (Mittelalter-Forschungen 46), Ostfildern 2014, S. 29f.

6 Vgl. Sieferle, Einleitung (1998), S. 11f.; Gerd Althoff, Regeln der Gewaltanwendung im Mittelalter, in: Rolf Peter Sieferle/Helga Breuninger (Hgg.), Kulturen der Gewalt. Ritualisierung und Symbolisierung von Gewalt in der Geschichte, Frankfurt am Main 1998, S. 154–170; ders., Schranken der Gewalt. Wie gewalttätig war das „finstere Mittelalter"?, in: Horst Brunner (Hg.), Der Krieg im Mittelalter und in der frühen Neuzeit. Gründe, Begründungen, Bilder, Bräuche, Recht (Imagines medii aevi 3), Wiesbaden 1999, S. 1–23; Claudia Garnier, Die Legitimierung von Gewalt durch die hoch- und spätmittelalterliche Friedensbewegung, in: Frühmittelalterliche Studien 42, 1 (2008), S. 229–251, hier S. 231.

7 Carl von Clausewitz, Vom Kriege. Hinterlassenes Werk des Generals Carl von Clausewitz. Vollständige Ausgabe im Urtext. 3 Teile in einem Band, hrsg. von Werner Hahlweg, Bonn ^{19}1991, S. 210.

noch unbekannt ist: Ausgesprochen selten findet das Wort als die Entsprechung der lateinischen ‚violentia' als verletzende und zerstörende Kraft Gebrauch. Die Quellen – auch noch im 15. und anbrechenden 16. Jahrhundert – nutzen überwiegend den Gewaltbegriff, wenn sie von ‚potestas', also von Verfügungsgewalt, Amtsgewalt oder auch militärischer Macht, sprechen.[8] Dennoch setzt die jüngere mediävistische Gewaltforschung bewusst auf erstere, in dieser Verwendung anachronistische Bedeutung, um so vorsätzlich aus einer modernen Perspektive die mittelalterlichen Strukturen betrachten zu können.[9] Die Gewaltdefinition Gert Melvilles bietet durch die Einbeziehung von Gewaltauswirkungen auf physischer wie mentaler Ebene einen geeigneten Zugang: Er definiert Gewalt als „[…] eine intentionale Handlung […], die auf die Verletzung der körperlichen und seelischen Integrität mindestens einer Person und im weitestgehenden Falle auch auf deren Vernichtung zielt. Dies schließt die Demütigung, die Beraubung von seelischer und/oder körperlicher Freiheit, die Beeinträchtigung oder Vernichtung materieller wie auch ideeller Güter und bereits die Androhung von Gewalt mit ein."[10]

Das Rittertum war eine Kultur von Kriegern, die aufgrund ihrer Gewaltausübung zusammengefunden hatten und die sich auch weiter als eine soziale Gruppe von Gewalttätern verstanden.[11] Besonders unter der Friktion von kulturellen, sozialen oder politischen Veränderungen werden Strukturen deutlich und zudem auf ihre Gültigkeit und Beständigkeit getestet. Das deutsche Rittertum in der Zeit des 15. und anbrechenden 16. Jahrhunderts war solchen Wandlungen ausgesetzt: Macht konzentrierte sich zunehmend an Fürstenhöfen. Landfrieden erschwerten dem gemeinen Adel nicht nur seine Raubzüge, sondern versuchten ihm auch die Möglichkeit zu nehmen, sein Recht mithilfe von Fehden zu erstreiten. Das Kriegswesen erlebte mit verbesserten Feuerwaffen und gewaltigen Söldnerheeren große Veränderungen. Zugleich war das Spätmittelalter auch die Zeit der Städte. Ob auf wirtschaftlicher, politischer oder militärischer Ebene: Hoch- und Niederadlige, die ursprünglichen Träger des Rittertums, mussten sich zunehmend die Bühne mit Nichtadligen teilen.

---

8 Vgl. Braun, Violentia und Potestas (2005), insb. S. 438; Melville, Präsenz der Gewalt (2004), S. 121; Sieferle, Einleitung (1998), S. 10.

9 Vgl. Mauntel, Gewalt in Wort und Tat (2014), S. 30.

10 Melville, Präsenz der Gewalt (2004), S. 121.

11 Richard Kaeuper bringt es auf den Punkt: „Chivalry was not simply a code integrating generic individual and society, not simply an ideal for relations between the sexes or means for knocking off the rough edges in preparation for the European gentleman to come. The bloody minded side of the code […] was of the essence of chivalry. The knight was a warrior"; Richard W. Kaeuper, Chivalry and Violence in Medieval Europe, Oxford 2001, S. 8; vgl. auch Josef Fleckenstein, Rittertum und ritterliche Welt, Berlin 2002, S. 25.

Auch das Rittertum hatte sich bereits hin zum 15. Jahrhundert gewandelt:[12] Um 1300 hatte sich aus unfreien Beamten und Kriegern die Ritterschaft, modern gesprochen der Niederadel, gebildet. Mitglieder fanden in der Regel nicht mehr durch Ritterschlag Zugang, sondern durch Geburt. Das Interesse am Ritterschlag ging dementsprechend zurück, war er schließlich nun eine meist kostspielige Ehrung, statt wirklich sozialen Aufstieg zu versprechen. Was sich jedoch bis ins 15. Jahrhundert gehalten hatte, war der schwer gepanzerte Reiterkrieger – immer noch charakteristisch mit Spieß, Schwert und Harnisch bewaffnet. Die Leitbilder der höfischen und ritterlichen Welt strahlten weiterhin im hellen Glanz. Selbst aufstrebende Bürger des 15. Jahrhunderts kannten noch kein anderes Lebensideal jenseits von Adel und Rittertum und suchten deshalb ihren Vorrang in der Stadt mittels adliger und insbesondere auch ritterlicher Lebensformen zu demonstrieren.[13] Rittertum versteht sich also nicht nur als ein Gesellschaftsstand. Die Arbeit wirft dementsprechend auch einen Blick auf die Wechselwirkungen von Gewalt mit der durch den Ritterschlag erlangten Würde, mit der traditionellen berittenen Kampfweise und nicht zuletzt mit dem auch auf andere soziale Gruppen ausstrahlenden Leitbild ritterlichen Handelns.

Wie sich dieses vielschichtige Rittertum als eine Kultur von Kriegern hin ins 16. Jahrhundert wandelte, jedoch auch Kraft aus der Bewahrung des Bewährten zog, soll Thema der folgenden Untersuchung sein: Welche Formen und Funktionen weist physische Gewalt im Selbstverständnis des deutschen Rittertums des ausgehenden Mittelalters auf?

1 Die Quellen

Das Hauptaugenmerk der Forschungsarbeit liegt auf Lebensbeschreibungen biographischer und autobiographischer Natur aus dem 15. und frühen 16. Jahrhundert. Geographischer Fokus ist der deutschsprachige Bereich und damit auch Teile der heutigen Schweiz und Österreichs. Durch die große Schnittmenge mit den modern bezeichneten Komplexen ‚Selbstzeugnisse' beziehungsweise ‚Ego-Dokumente'[14] sind sie eng mit Familienchroniken

---

12 Vgl. zu den folgenden Kategorien Werner Paravicini, Die ritterlich-höfische Kultur des Mittelalters (Enzyklopädie deutscher Geschichte), Berlin/Boston ^{3}2011, S. 3f.; Malte Prietzel, Kriegführung im Mittelalter. Handlungen, Erinnerungen, Bedeutungen (Krieg in der Geschichte 32), Paderborn, München 2006, S. 241–243.

13 Vgl. Paravicini, Die ritterlich-höfische Kultur (2011), S. 51.

14 Vgl. Sabine Schmolinsky, Selbstzeugnisse im Mittelalter, in: Klaus Arnold/Sabine Schmolinsky/Urs Martin Zahnd/Jörg Hillmann/Markus Späth (Hgg.), Das dargestellte Ich.

und Reisebeschreibungen verbunden und teils kaum davon zu trennen. Gemeinsam mit diesen Quellen kann ein möglichst direkter Einblick in das entsprechende ritterliche Selbstverständnis vorgenommen werden. Das Ziel war eine breite Quellenbasis, was für den Untersuchungszeitraum bedeutet, dass, ohne Anspruch auf Vollständigkeit, der Großteil entsprechender Werke Beachtung finden konnte. So ist der schnell erkennbare Schwerpunkt auf dem oberdeutschen Raum und damit auch auf Schweiz und Österreich weniger einer bewussten Eingrenzung, sondern schlicht der Quellenlage geschuldet.

Die früheste dieser Quellen ist die wohl älteste[15] autobiographische Schrift eines Niederadligen überhaupt: In seiner Lebens- und Reisebeschreibung ‚Reisen nach der Ritterschaft'[16] schreibt Georg von Ehingen (1428–1508) über seine Knabenzeit an verschiedenen Habsburger Fürstenhöfen. Nach der Schilderung seines von einem Turnier begleiteten Ritterschlags 1453 in Prag widmet er sich ausführlich den beiden Reisen zwischen 1454 und 1457. Besonders die zweite Reise ist von zahlreichen Kampferfahrungen und einem aufsehenerregenden Zweikampf nahe Ceuta in Nordafrika geprägt. Das jüngste der autobiographischen Werke ist die Lebensbeschreibung des eingangs bereits erwähnten und durch Goethe unsterblich gewordenen Gottfried von Berlichingen (um 1480–1562). „Mein Fehd und Handlungen"[17] des fränkischen Reichsritters gibt sein Selbstverständnis ritterlicher Konfliktführung sowohl im Krieg als auch in zahlreichen Fehden wieder. Ein besonderes Augenmerk liegt auf dem fränkischen Ritter Wilwolt von Schaumberg (um 1450–1510) und durch ihn auf seinem Biographen Ludwig von Eyb d. J. (um 1450–1521).[18] Eybs ‚Geschichten und Taten Wilwolts von Schaumberg',[19] die wohl einzige Biographie eines spätmittelalterlichen Niederadligen deutschsprachiger

Studien zu Selbstzeugnissen des späteren Mittelalters und der frühen Neuzeit (Selbstzeugnisse des Mittelalters und der beginnenden Neuzeit 1), Bochum 1999, 19–28.

15 Vgl. Susanna Schmidt, Georg von Ehingen, „Reisen nach der Ritterschaft". Stil und Darstellungsmuster einer Ritterbiographie am Übergang vom späten Mittelalter zur frühen Neuzeit 1997, S. 7.

16 Georg von Ehingen, Reisen nach der Ritterschaft. Teil I: Edition, hrsg. von Gabriele Ehrmann (Göppinger Arbeiten zur Germanistik 262), Göppingen 1979.

17 Götz von Berlichingen, Mein Fehd und Handlungen, hrsg. von Helgard Ulmschneider (Forschungen aus Württembergisch-Franken 17), Sigmaringen 1981.

18 Vgl. Eduard Beintker, Über die Handschriften und den Verfasser der Geschichten und Thaten Wilwolts von Schaumburg. 1. Teil (Wissenschaftliche Beilage zu den Schulnachrichten des Gymnasiums zu Anklam), Anklam 1883.

19 Ludwig von Eyb d. J., Geschichten und Taten Wilwolts von Schaumberg. Kritische Edition, hrsg. von Helgard Ulmschneider (Studien und Texte zum Mittelalter und zur frühen Neuzeit 21), Münster 2018.

Provenienz überhaupt,[20] ist aufgrund ihres Umfangs und ihrer Ausführlichkeit die wichtigste Quelle des Projekts. Seine Turniererfahrungen des ausgehenden 15. Jahrhunderts, seine Teilnahme an Konflikten niederadliger Standesgenossen und fürstlicher Herren sind eine unschätzbare Quelle für die Zeit. In seiner Person vereinen sich die Traditionen des mittelalterlichen Rittertums mit dem adligen Söldnerführer des ausgehenden Mittelalters. Sein Biograph zeichnet das Bild eines Mannes, der in Turnier, Fehde und Krieg an der Seite seiner Standesgenossen hoch zu Pferd und den Spieß in der Hand kämpft, sich jedoch keineswegs zu schade ist, zu Fuß an die Spitze des Landsknechtshaufens zu treten. Große Bedeutung kommt auch der Mitte des 16. Jahrhunderts verfassten Zimmerischen Chronik[21] des schwäbischen Grafen Froben Christoph von Zimmern (1519–1566) zu. Beispiellos umfangreich zeichnet die Chronik nicht nur eine gründliche Geschichte der Familie, die nach größtenteils mythologischen Anfängen schließlich im 14. Jahrhundert deutlichen historiographischen Wert gewinnt. Über die Familienchronik hinaus hat sie als „collective memory of the Swabian nobility"[22] für die Erforschung des ausgehenden Mittelalters unschätzbare Bedeutung. Nicht ausschließlich die Freiherren und späteren Grafen von Zimmern, sondern ebenso die adligen und teils nichtadligen Zeitgenossen ihres Umfelds – darunter klingende Namen wie der der Grafen von Hohenzollern – werden darin ausführlich im Licht ihrer Erfolge, Fehlschläge und nicht zuletzt auch schlicht in außergewöhnlichen Erlebnissen geschildert.[23] Selbst vor Kritik an den eigenen Ahnen schreckt der Chronist kaum zurück, schreibt er doch beispielsweise einmal über das unmoralische Verhalten seines Ururgroßvaters Johann d. Ä. (1354–1441): *Und wiewol solche manieren und seltzame weisen nit zu loben, iedoch, der historias schreiben und alte geschichten verzaichnen, der soll nichs verschweigen, die warhait, sovil bewisst, anzaigen und hierin niemands verschonen.*[24]

---

20 Vgl. Sven Rabeler, Niederadlige Lebensformen im späten Mittelalter. Wilwolt von Schaumberg (um 1450–1510) und Ludwig von Eyb d. J. (1450–1521) (Veröffentlichungen der Gesellschaft für fränkische Geschichte, Reihe 9: Darstellungen aus der fränkischen Geschichte 53), Würzburg 2006, S. 19f.

21 Froben Christoph von Zimmern, Zimmerische Chronik. Bd. 1–4, hrsg. von Karl August Barack, Freiburg i. B./Tübingen ^{2}1881–1882.

22 Erica Bastress-Dukehart, The Zimmern chronicle. Nobility, memory and self-representation in sixteenth-century Germany, Aldershot 2002, S. 2.

23 Vgl. ebd., S. 2f.

24 Zimmern, Zimmerische Chronik, Bd. 1 (1881), S. 314.

Diese wichtigsten Quellen werden durch eine Reihe von Schriften ihrer Zeitgenossen ergänzt.[25] Darunter befinden sich der Berner Ritter Ludwig von Diesbach d. J. (1452–1527),[26] der fränkische Ritter Michel von Ehenheim (um 1462/63–1518),[27] der Ritter Sigmund von Herberstein (1486–1566),[28] der Ritter Niclas von Popplau (um 1443–um 1490)[29] und Mitglieder der Geschlechter der Eptinger[30] und Flersheimer, die in ihrer jeweiligen Familienchronik erwähnt werden. Die Flersheimer Chronik[31] wurde, ähnlich der Zimmerischen Chronik,

25 Die autobiographischen Werke des Wild- und Rheingrafen Johanns v. (1436–1495) und Christoph von Theins (1453–1516) gehen im Vergleich zu Werken eines Wilwolt von Schaumberg oder Götz von Berlichingen aufgrund ihrer registerartigen Natur kaum ins Detail und finden somit deutlich weniger Erwähnung in der Arbeit; Johann v., Wild- und Rheingraf, Autobiographische Aufzeichnungen des Wild- und Rheingrafen Johann v., hrsg. von Hans-Walter Herrmann, in: Ernst-Dieter Hehl (Hg.), Deus qui mutat tempora. Menschen und Institutionen im Wandel des Mittelalters, Sigmaringen 1987, 335–353; Christophs von Thein, Die Selbstbiographie Christophs von Thein. 1453-1516, hrsg. von Adam Wolf, in: Archiv für Österreichische Geschichte 53,1 (1875), S. 103–123.

26 Ludwig von Diesbach d. J., Die autobiographischen Aufzeichnungen Ludwig von Diesbachs. Studien zur spätmittelalterlichen Selbstdarstellung im oberdeutschen und schweizerischen Raume, hrsg. von Urs Martin Zahnd (Schriften der Berner Burgenbibliothek 17), Bern 1986.

27 Michel von Ehenheim, Das Familienbuch Michels von Ehenheim (um 1462/63–1518). Ein niederadliges Selbstzeugnis des späten Mittelalters. Edition, Kommentar, Untersuchung, hrsg. von Sven Rabeler (Kieler Werkstücke Reihe E, Beiträge zur Sozial- und Wirtschaftsgeschichte 6), Frankfurt am Main 2007.

28 Herberstein hat gleich drei autobiographische Werke verfasst: Sigmund von Herberstein, Mein Sigmunden Freyherrn zu Herberstain, Neyperg und Guttenhag, Raittung, und Antzaigen meines Lebens und Wesens wie hernach volgt, hrsg. von Márton György Kovachich in: ders. (Hg.), Sammlung kleiner, noch ungedruckter Stücke, in welchen gleichzeitige Schriftsteller einzelne Abschnitte der ungarischen Geschichte aufgezeichnet haben. Bd. 1, Ofen 1805, S. 111–287; ders., Selbst-Biographie. 1486–1553, hrsg. von Theodor Georg von Karajan, in: Theodor Georg von Karajan (Hg.), Johannes Tichtels Tagebuch. Sigmunds von Herberstein Selbstbiographie. Johannes Cuspinians Tagebuch. Georg Kirchmairs Denkwürdigkeiten (Fontes rerum Austriacarum. Österreichische Geschichtsquellen 1), Wien 1855, S. 67–396; ders., Das Familienbuch Sigmunds von Herberstein. Nach dem Originale herausgegeben, hrsg. von Josef Zahn, in: Archiv für Österreichische Geschichte 39 (1868), S. 293–415.

29 Niclas von Popplau, Reisebeschreibung Niclas von Popplau, Ritters, bürtig von Breslau, hrsg. von Piotr Radzikowski (Prace Instytutu Historii Wyższej Szkoły Pedagogicznej w Kielcach 8), Krakau 1998.

30 Das Familienbuch der Herren von Eptingen. Kommentar und Transkription, hrsg. von Dorothea Christ (Quellen und Forschungen zur Geschichte und Landeskunde des Kantons Basel-Landschaft 41), Liestal 1992.

31 Philipp von Flersheim/Lorentius Fohenstein, Die Flersheimer Chronik. Zur Geschichte des XV. und XVI. Jahrhunderts. Zum ersten Mal nach vollständigen Handschriften, hrsg. von Otto Waltz, Leipzig 1874.

zwar erst Mitte des 16. Jahrhunderts, nämlich 1547, abgefasst. Sie bietet jedoch allein schon aufgrund der im Text und im Anhang enthaltenen Abschrift einer Reihe von Briefen Friedrichs von Flersheim (um 1396–1473) durch den Verfasser Philipp von Flersheim (1481–1552) besondere Einblicke in dessen ritterliches Selbstverständnis.

Eindrücke aus der nichtadligen Perspektive auf das Rittertum des ausgehenden Mittelalters gewährt ein Bericht über den 1499er Schweizer- beziehungsweise Schwabenkrieg durch den Nürnberger Humanisten Willibald Pirckheimer (1470–1530), der selbst als Hauptmann an dem Konflikt teilnahm.[32] Bürgerliche Chronisten, insbesondere der Berner Valerius Anshelm (†1546/1547)[33] und Kaspar Frey (†1526/1527)[34] aus Baden, Zürich und St. Gallen werden ebenfalls aufgrund dieser nichtadligen Perspektive berücksichtigt.

Vor allem ergänzend werden darüber hinaus deutlich fiktionalere Quellen, darunter auch Kaiser Maximilians (1459–1519) fiktionalisierte autobiographische Romane, der ‚Theuerdank'[35] und der ‚Weisskunig'[36], herangezogen. Ähnliches gilt für normative Quellen wie Johannes Rothes ‚Ritterspiegel'[37] von etwa 1415. Denn besonders hier besteht die Gefahr, dass nicht ein zeitgenössisches ritterliches Selbstverständnis vermittelt wird, sondern ein deutlich literarisch überzeichnetes Bild oder gar die ideellen Reformansprüche des Autors.[38] Freilich haben auch ritterliche Lebensbeschreibungen, Reisebeschreibungen und Chroniken einen meist sogar ausdrücklich erwähnten

32 Willibald Pirckheimer, Wilibald Pirckheimers Schweizerkrieg, hrsg. von Karl Rück, München 1895; Pirckheimers Autobiographie wird ebenfalls ergänzend herangezogen; vgl. ders., Cl. Viri, D. Bilibaldi Pirckeymheri, Senatoris quondam Nurenbergensis, Vita, hrsg. von Karl Rück, in: ders. (Hg.), Wilibald Pirckheimers Schweizerkrieg, München 1895, S. 139–152.

33 Valerius Anshelm, Die Berner-Chronik des Valerius Anshelm. Bd. 1–2, hrsg. von Emil Bloesch, Bern 1884–1886.

34 Kaspar Frey, Die Schwabenkriegschronik des Kaspar Frey und ihre Stellung in der eidgenössischen Historiographie des 16. Jahrhunderts, hrsg. von Andre Gutmann (Veröffentlichungen der Kommission für geschichtliche Landeskunde in Baden-Württemberg, Reihe B, Forschungen 176), Stuttgart 2010.

35 Maximilian I. von Habsburg/Melchior Pfintzing / Marx Treitzsaurwein, Die Abenteuer des Ritters Theuerdank. Die geuerlicheiten vnd einsteils der geschichten des loblichen streytparen vnd hochberümbten helds vnd Ritters herz Tewrdannckhs. Kolorierter Nachdruck der Gesamtausgabe von 1517, hrsg. von Stephan Füssel, Köln 2003.

36 Maximilian I. von Habsburg/Marx Treitzsaurwein, Der Weisskunig, hrsg. von Alwin Schultz (Jahrbuch der Kunsthistorischen Sammlungen des Allerhöchsten Kaiserhauses 6), Wien 1888.

37 Johannes Rothe, Der Ritterspiegel, hrsg. von Christoph Huber und Pamela Kalning, Berlin 2009.

38 Vgl. Mauntel, Gewalt in Wort und Tat (2014), S. 148f.

didaktischen Anspruch. Sie dienten ihren Protagonisten aber auch der ritterlich-adligen Selbstrepräsentation und der Rechtfertigung vor einem Publikum ihrer Standesgenossen.[39] Hatten diese Überlieferungsabsichten Vorrang, mag mitunter die Historizität der beschriebenen Ereignisse fraglich sein. Bedeutungslos ist sie hingegen kaum, versuchten die Verfasser letztlich das individuelle Leben im Spiegel der Ereignisse ihrer Zeit in die Normen der ritterlich-adligen Kultur einzuordnen. Diese Verankerung in der eigenen, unmittelbaren Vergangenheit können rein normative und deutlich fiktionalere Texte weniger leisten.[40] Selbst wenn es die Autoren ritterlicher Lebensbeschreibungen, Reisebeschreibungen und Chroniken in ihrer Interpretation der Vergangenheit also nicht selten an Objektivität und Distanz mangeln lassen, bieten sie eine einzigartige Perspektive auf das ritterlich-kriegerische Selbstverständnis.

2 Forschungsstand

Die enge Verbindung von Rittertum und physischer Gewalt ist nicht von der Hand zu weisen. Jede ausführlichere Auseinandersetzung in der Forschung[41] mit ersterem wendet sich in der Regel auch zweiterer in Form von Aspekten der ritterlichen Ideale, Kriegsführung oder Bewaffnung zu. Grundlegend in den Mittelpunkt rückte schließlich 1981 Malcolm Vale beide Thematiken, indem er die Beziehung von Rittertum und Krieg gegenüberstellte. Vales ‚War

39 Vgl. Yuval Noaḥ Harari, Renaissance military memoirs. War, history, and identity, 1450–1600 (War, History and Identity), Suffolk 2004, S. 6f.

40 Vgl. Georges Duby, Die „Jugend" in der aristokratischen Gesellschaft, in: Georges Duby (Hg.), Wirklichkeit und höfischer Traum. Zur Kultur des Mittelalters, Berlin 1986, S. 103 116, hier S. 113; Werner Paravicini, Fahrende Ritter. Literarisches Bild und gelebte Wirklichkeit im Spätmittelalter, in: Ulf Christian Ewert/Andreas Ranft/Stephan Selzer (Hgg.), Noblesse. Studien zum adeligen Leben im spätmittelalterlichen Europa, Ostfildern 2012, S. 171–216, hier S. 198;Eva Schlotheuber, Die Bewertung von Kindheit und die Rolle von Erziehung in den biographischen und autobiographischen Quellen des Spätmittelalters, in: Klaus Bergdolt (Hg.), Das Kind in der Renaissance (Wolfenbütteler Abhandlungen zur Renaissanceforschung 25), Wiesbaden 2008, S. 43–69, hier S. 66; Sonja Kerth, Die letzten ‚taflrunder'? Krieg in adligen Autobiographien des 15. und 16. Jahrhunderts, in: Horst Brunner (Hg.), Dulce bellum inexpertis. Bilder des Krieges in der deutschen Literatur des 15. und 16. Jahrhunderts (Imagines medii aevi 11), Wiesbaden 2002, S. 175–245, hier S. 186.

41 Für einen allgemeinen Forschungsüberblick zum Rittertum selbst sei auf entsprechende Handbücher verwiesen, die diesen weit gründlicher und ausführlicher vornehmen als es die Grenzen einer solchen Arbeit zulassen; vgl. Paravicini, Die ritterlich-höfische Kultur (2011), Werner Hechberger, Adel, Ministerialität und Rittertum im Mittelalter (Enzyklopädie deutscher Geschichte 72), München ²2010.

and Chivalry'[42] ist eine militärische Neubewertung des Rittertums Ende des 15. Jahrhunderts zu verdanken. Dazu befasst er sich einleitend gründlich und notwendig mit Johan Huizingas ‚Herbst des Mittelalters'[43], der mit langfristiger Nachwirkung in der Forschung dem Rittertum eine Abkehr von den Wirklichkeiten des Spätmittelalters zuschreibt. Vale widerspricht dem deutlich und zeigt in seinem Werk anhand Englands, Frankreichs und Burgunds, dass das Rittertum auch noch im 15. Jahrhundert gesellschaftlich wirkmächtig blieb und im Krieg maßgebliche Bedeutung behielt.[44] Dabei habe es sich militärisch und ideell flexibel genug gezeigt, eine relevante Kraft zu bleiben. Ritterliche Werte wie Ehre, Tugend und insbesondere auch die Verehrung militärischer Tüchtigkeit habe den Werten der Renaissance keineswegs entgegengestanden, sondern wurden als Bereicherung wahrgenommen. Zur selben Zeit wie Vale betonte auch Maurice Keen deutlich die elementare Bedeutung des Kriegertums und der Gewaltausübung für das Rittertum.[45]

Richard Kaeupers ‚Chivalry and Violence in Medieval Europe'[46] von 2001 widmet sich schließlich titelgebend Rittertum und Gewalt. Wie bereits Keen vor ihm, erkennt er in der Gewalt den zentralen ritterlichen Wert und spricht folglich von dem „[w]orship of the demi-god prowess"[47] als zentrale Antriebskraft ritterlichen Verhaltens. Ausgesprochen deutlich stellt er heraus, dass das Rittertum bei aller höfischen Pracht und gesellschaftlichen Attraktivität im Kern auf die Fähigkeit Gewalt auszuüben konzentriert war. So beachtlich die Arbeiten von Vale, Keen und Kaeuper auch sind, befassen sie sich doch hauptsächlich mit dem französischen, burgundischen und englischen Rittertum. Eine entsprechend ausführliche Auseinandersetzung mit der Thematik in Deutschland blieb bislang aus.

Wie erwähnt, ist die Quellenbasis dieser Arbeit überwiegend biographischer und autobiographischer Natur. Die Quellen stammen aus dem deutschsprachigen Raum, größtenteils aus dem niederadligen Milieu. Die sehr aktive Forschung zu sogenannten Lebensbeschreibungen, Ego-Dokumenten

---

42 Malcolm Graham Allan Vale, War and chivalry. Warfare and aristocratic culture in England, France, and Burgundy at the end of the Middle Ages, Athens, Ga. 1981.

43 Johan Huizinga, Herbst des Mittelalters. Studien über Lebens- und Geistesformen des 14. und 15. Jahrhunderts in Frankreich und in den Niederlanden (Kröners Taschenausgabe 204), Stuttgart [12]2006.

44 Vgl. Vale, War and chivalry (1981), S. 1–13; vgl. dazu auch Maurice Hugh Keen, Huizinga, Kilgour and the decline of chivalry, in: Medievalia et humanistica 8 (1977), S. 1–20.

45 Vgl. Maurice Hugh Keen, Chivalry, New Haven, Conn. 2005, insb. S. 199, 219–237.

46 Kaeuper, Chivalry and Violence (2001); vgl. auch DERS., Chivalry and the 'Civilizing Process', in: ders. (Hg.), Violence in medieval society, Woodbridge 2000, S. 21–38.

47 Kaeuper, Chivalry and Violence (2001), S. 129.

beziehungsweise Selbstzeugnissen[48] setzt sich ausführlich mit den Schriften aus diesem Umfeld im ausgehenden Mittelalter auseinander.[49] Dort spielen Krieg und Gewalt als Teil ritterlich-adliger Selbstinszenierung und als didaktisch wichtiger Inhalt dieser Quellen eine große Rolle. Rainer Bach, Sonja Kerth und Yuval Harari stellen deutlich heraus, dass weniger die kriegerische Identität des niederadligen Individuums, sondern viel mehr seine Identität und auch Individualität als Teil der kriegerischen Adelsgemeinschaft im Mittelpunkt standen.[50] Die mittelalterliche Gewaltforschung, die seit Mitte der 1990er die physische Gewalt verstärkt auch jenseits des Krieges als Phänomen eigenständig in den Blick nimmt,[51] schließt daran nahtlos an. Denn ein deutlicher

---

48 Vgl. dazu einführend Benigna von Krusenstjern, Was sind Selbstzeugnisse? Begriffskritische und quellenkundliche Überlegungen anhand von Beispielen aus dem 17. Jahrhundert, in: Historische Anthropologie 2 (1994), S. 462–471; Winfried Schulze, Ego-Dokumente. Annäherung an den Menschen in der Geschichte?, in: Bea Lundt (Hg.), Von Aufbruch und Utopie. Perspektiven einer neuen Gesellschaftsgeschichte des Mittelalters, Köln 1992, S. 417–450. Vgl. weiterhin zur mittelalterlichen Autobiographik; Gabriele Jancke, Autobiographie als soziale Praxis. Beziehungskonzepte in Selbstzeugnissen des 15. und 16. Jahrhunderts im deutschsprachigen Raum (Selbstzeugnisse der Neuzeit 10), Köln/Weimar/Wien 2002; Klaus Arnold/Sabine Schmolinsky/Urs Martin Zahnd/Jörg Hillmann/Markus Späth (Hgg.), Das dargestellte Ich. Studien zu Selbstzeugnissen des späteren Mittelalters und der frühen Neuzeit (Selbstzeugnisse des Mittelalters und der beginnenden Neuzeit 1), Bochum 1999; Barbara Schmid, Schreiben für Status und Herrschaft. Deutsche Autobiographik in Spätmittelalter und früher Neuzeit, Zürich 2006.

49 Vgl. u. a. Horst Wenzel, Die Autobiographie des späten Mittelalters und der frühen Neuzeit. Band 1: Die Selbstdeutung des Adels (Spätmittelalterliche Texte 3), München 1980; ders., Höfische Geschichte. Literarische Tradition und Gegenwartsdeutung in den volkssprachigen Chroniken des hohen und späten Mittelalters (Beiträge zur älteren Deutschen Literaturgeschichte 5), Bern/Frankfurt am Main/Las Vegas 1980; Helgard Ulmschneider, Greker, Troianer, die edln Romer und König Artus' Tafelrunde. Exempel für den fränkischen Adel in den Geschichten und Taten Wilwolts von Schaumberg, in: Dorothea Walz (Hg.), Scripturus vitam. Lateinische Biographie von der Antike bis in die Gegenwart. Festgabe für Walter Berschin zum 65. Geburtstag, Heidelberg 2002, S. 1077–1099; Rabeler, Niederadlige Lebensformen (2006); Tilman Moritz, Autobiographik als ritterschaftliche Selbstverständigung. Ulrich von Hutten, Götz von Berlichingen, Sigmund von Herberstein (Formen der Erinnerung 70), Göttingen 2019.

50 Vgl. Rainer Bach, Der ritterschaft in eren. Das Bild des Krieges in den historiographischen Schriften niederadliger Autoren des 15. und frühen 16. Jahrhunderts (Imagines medii aevi 10), Wiesbaden 2002; Kerth, Die letzten ‚taflrunder'? (2002), S. 180f., 185f.; Harari, Renaissance military memoirs (2004).

51 Vgl. Mauntel, Gewalt in Wort und Tat (2014), S. 44. Für einen Forschungsüberblick vgl. Stefanie Rüther, Ordnungen der Gewalt? Narrative und Praktiken des Krieges im europäischen Mittelalter, in: Ferdinand Sutterlüty/Matthias Jung/Andy Reymann (Hgg.), Narrative der Gewalt. Interdisziplinäre Analysen, Frankfurt am Main, New York 2019, S. 241–258; Braun, Violentia und Potestas (2005) und Mauntel, Gewalt in Wort und Tat (2014), S. 36–50; vgl. weiterhin einführend zur Gewaltforschung Sieferle, Einleitung

Schwerpunkt der Gewaltforschung ist die Auseinandersetzung mit Gewalt als Ordnungskraft, insbesondere auch für den Adel.[52]

Aufgrund dessen öffnen sich für die Forschung zu diesen biographischen und autobiographischen Quellen weitere Perspektiven: Sonja Kerth und Gero Schreier beschäftigen sich mit der Frage, wie die ritterlich-kriegerische Identität des Adels von ihm und gegen ihn instrumentalisiert wurde.[53] Dem Umstand, dass die Idealisierung von adligen Kriegern andere und insbesondere deren Opfer marginalisierte, ist ein Kapitel in Hararis ‚Renaissance military memoirs' gewidmet.[54] Aufgrund und gerade auch trotz der Idealisierung ritterlich-adliger Gewalt bietet die Erforschung, wie Täter und auch Opfer dieselbe empfanden, weitere interessante Zugänge zu diesen Quellen. Yuval Harari und Jörg Rogge haben sich damit auseinandergesetzt.[55] Das Rittertum im weiteren Sinne und damit nicht allein im Sinne ständischer Zugehörigkeit war noch nicht Gegenstand einer ausführlicheren Untersuchung entsprechender Lebensbeschreibungen aus dem deutschsprachigen Raum.

Die zahlreichen Arbeiten zur Gewaltforschung und besonders die „schier unüberschaubar gewordenen einschlägigen Literaturflut"[56] zum Krieg im

---

(1998); Martin Kintzinger/Jörg Rogge, Einleitung, in: Martin Kintzinger (Hg.), Königliche Gewalt – Gewalt gegen Könige. Macht und Mord im spätmittelalterlichen Europa (Zeitschrift für historische Forschung. Beihefte 33), Berlin 2004, S. 1–6; Melville, Präsenz der Gewalt (2004); Meyerson et al., Introduction (2004); Lauro Martines, The historical approach to violence, in: Lauro Martines (Hg.), Violence and Civil Disorder in Italian Cities, 1200–1500 (Contributions of the UCLA Center for Medieval and Renaissance Studies 5), Berkeley 1972, S. 3–18; John Rigbey Hale, Violence in the late Middle Ages: a background, in: ders. (Hg.), Violence and Civil Disorder in Italian Cities, 1200–1500 (Contributions of the UCLA Center for Medieval and Renaissance Studies 5), Berkeley 1972, S. 19–37.

52 Vgl. Manuel Braun/Cornelia Herberichs, Gewalt im Mittelalter. Überlegungen zu ihrer Erforschung, in: Manuel Braun (Hg.), Gewalt im Mittelalter. Realitäten – Imaginationen, München 2005, S. 7–38, hier S. 14, 30-35 und für eine Problematisierung des Ansatzes auch Rüther, Ordnungen der Gewalt? (2019).

53 Vgl. Kerth, Die letzten ‚taflrunder'? (2002), S. 185f.; Gero Schreier, Ritterhelden. Rittertum, Autonomie und Fürstendienst in niederadligen Lebenszeugnissen des 14. bis 16. Jahrhunderts (Mittelalter-Forschungen Band 58), Ostfildern 2019.

54 Vgl. Harari, Renaissance military memoirs (2004), S. 175–181.

55 Vgl. DERS., The ultimate experience. Battlefield revelations and the making of modern war culture, 1450-2000, Basingstoke England/New York 2008; Jörg Rogge, Kämpfer als Schreiber. Bemerkungen zur Erzählung von Kampferfahrung und Verwundung in deutschen Selbstzeugnissen des späten Mittelalters, in: Jörg Rogge (Hg.), Kriegserfahrungen erzählen. Geschichts- und literaturwissenschaftliche Perspektiven (Mainzer historische Kulturwissenschaften 37), Bielefeld 2016, S. 73–106.

56 Hans-Henning Kortüm, Der Krieg im Mittelalter als Gegenstand der Historischen Kulturwissenschaften. Versuch einer Annäherung, in: Hans-Henning Kortüm (Hg.), Krieg im

deutschsprachigen Mittelalter zeigen einen deutlichen Trend hin zur kultur- und mentalitätsgeschichtlichen Dimension von Gewalt und Krieg. Fragen der Waffentechnik und Bewaffnung, der Organisation bewaffneter Konflikte, und der strategischen und taktischen Führung derselben hingegen finden deutlich weniger Beachtung.[57] Auch wenn seit Ende des 20. Jahrhunderts Arbeiten von Volker Schmidtchen[58] und Malte Prietzel[59] wichtige Akzente gesetzt haben,[60] hat sich die deutsche Forschung nach 1945 zur praktischen Seite der bewaffneten Konfliktführung im Mittelalter deutlich zurückgehalten oder zollt entsprechenden Arbeiten nur geringe Beachtung. Stefanie Rüther erkennt dementsprechend die Gefahr, dass ohne eine entsprechend tiefgehende Auseinandersetzung mit der spezifisch mittelalterlichen Kriegspraktik Gewalthandlungen mittelalterlicher Akteure schnell zu allgemeinen anthropologischen Deutungen oder der Unterordnung ins Narrativ entsprechender Forschungsarbeit verleiten, anstatt individuelle Handlungsweisen in den entsprechenden Umständen begründen zu können:[61] „Für die Ausbildung einer epochenspezifischen mittelalterlichen Gewaltforschung scheint es mir notwendig und methodisch geboten, anders als bisher geschehen, ebenfalls bei den Gewaltpraktiken anzusetzen und diese, soweit es die Quellen zulassen, zu rekonstruieren."[62]

Zusammenfassend lässt sich festhalten, dass eine tiefergehende Auseinandersetzung mit Gewalt und Rittertum für das deutsche Mittelalter noch aussteht. Weiterhin wurden die im ausgehenden Mittelalter entstehenden Lebensbeschreibungen zwar als Zeugnisse des ritterschaftlichen Standes

---

Mittelalter, Berlin 2001, 13–43, hier S. 30; für einen Forschungsüberblick vgl. ebd.; Jörg Rogge, Das Kriegswesen im späten Mittelalter und seine Erforschung: neure englische und deutsche Arbeiten zu Krieg, Staat und Gesellschaft, in: Militär und Gesellschaft in der Frühen Neuzeit 8 (2004), 20–33; Prietzel, Kriegführung im Mittelalter (2006), S. 12–17; Volker Schmidtchen/Daniel P. Franke/Martin Völkl/Julia Knödler/Martin Clauss/Uwe Tresp, Germany, in: Clifford J. Rogers (Hg.), The Oxford encyclopedia of medieval warfare and military technology. Bd. 1, Oxford 2010, S. 154–208, hier S. 199–208.

57 Vgl. Mauntel, Gewalt in Wort und Tat (2014), S. 40; Rüther, Ordnungen der Gewalt? (2019), S. 244f.; Prietzel, Kriegführung im Mittelalter (2006), S. 12f.

58 Volker Schmidtchen, Kriegswesen im späten Mittelalter. Technik, Taktik, Theorie, Weinheim 1990.

59 Prietzel, Kriegführung im Mittelalter (2006).

60 Erwähnenswert sind auch die Sammelbände Christoph Kaindel/Andreas Obenaus (Hgg.), Krieg im mittelalterlichen Abendland (Krieg und Gesellschaft 1), Wien 2010; Gerd Althoff/Jürgen Sarnowsky/Nikolas Jaspert/Kurt Andermann/Malte Prietzel/Martin Clauss (Hgg.), Krieg im Mittelalter (Damals. Sonderband 2017), Darmstadt 2017.

61 Vgl. Rüther, Ordnungen der Gewalt? (2019), insb. S. 250f.

62 Ebd., S. 257.

begriffen und untersucht, als Quellen zum Rittertum im weiteren Sinne jedoch bislang nur bedingt beachtet.

3 Vorgehen und Methode

Der Forschungsstand zeigt, dass das deutsche Rittertum und seine Beziehung zur physischen Gewalt noch einer Bearbeitung bedürfen. Untersuchte die Forschung biographische und autobiographische Quellen bislang vor allem in Bezug auf den ritterlichen Stand, sollen nun auch die durch den Ritterschlag erlangte Ritterwürde, die tradierte Kampfweise zu Pferd und insbesondere das gesellschaftsübergreifende Ideal ritterlichen Kampfes Beachtung finden.

Am Anfang der Arbeit stehen deshalb gleich die beiden Größen Rittertum und Adel. Kaeuper betont, dass englischsprachig die Identifikation über ‚prowess' im Mittelpunkt der ritterlichen Kultur stand. Da Ähnliches auch im Deutschen zu finden ist, ergründet das erste Kapitel von der Bedeutung des Begriffs ‚ritterlich' ausgehend den Kern des Rittertums und damit die dort verankerte Idee kriegerischer Exzellenz. In direkter Wechselwirkung dazu geht das zweite Kapitel vertieft auf die kriegerischen Wurzeln des Adels des 15. und beginnenden 16. Jahrhunderts ein. Wurzeln verweisen jedoch nur bedingt auf Formen und Funktionen. So gilt es hier ebenso aufzuzeigen, wie sich Gewalt im adligen Leben des ausgehenden Mittelalters in Lebensführung, Broterwerb und Denken niederschlug. Wie sehr identifizierten sich Adlige mit ihrer Rolle als Gewalttäter und wie reagierten sie auf jene Standesgenossen, die diesem Bild nicht entsprechen wollten?

Daran schließt sich im dritten Kapitel eine vertiefte Betrachtung ritterlichen Verhaltens in der Praxis an. Ausgehend von der Art und Weise adliger bewaffneter Konfliktführung und einer Auseinandersetzung mit den zeitgenössischen ritterlichen Tugenden wird die ausgesprochene Relevanz des Turniers und des adligen Reisens im Kontext ritterlicher Gewaltausübung und -erfahrung thematisiert. Ganz im Sinne der Forderung Rüthers gilt es hier aufzuzeigen, wie die Praxis, also Faktoren wie Bewaffnung, Techniken, Taktik und Strategie, in Wechselwirkung zu den sozialen und ideellen Strukturen stand. Ideal und Wirklichkeit werden hier also nicht gegensätzlich behandelt, sondern auf ihre Beziehung zueinander untersucht.

Das vierte Kapitel verlässt diese Auseinandersetzung mit ritterlichem Verhalten und ritterlicher Tugend und diskutiert stattdessen die Konfliktführung der niederadligen Ritterschaft und der städtischen und hochadligen Mächte ihrer Zeit. Insbesondere steht dabei die allgegenwärtige Gewalt als wirkungsvolles politisches Werkzeug im Mittelpunkt. Das vorherige Kapitel setzt sich ausführlich mit dem Wert ritterlichen Verhaltens in der bewaffneten Konfliktführung auseinander und tut dies nicht zuletzt entgegen des prominenten Narrativs eines militärischen Bedeutungsverlusts des Rittertums im Spätmittelalter. Hier hingegen ist der politische und soziale Bedeutungsverlust des ritterlichen Standes auf der Schwelle zur Frühen Neuzeit Thema.

Der sozialen Seite ritterlicher Gewalt sind das fünfte und das sechste Kapitel gewidmet. Gründeten sich Adel und Rittertum auf Gewalt, waren Fragen der Ehre und die soziale Kommunikation durchsetzt von gewalttätigen Handlungen. In diesen Handlungen übt nicht nur der Gewalttäter Macht aus. Er selbst ist bestimmt von einer teils sehr aktiven Öffentlichkeit und ihrem Verständnis angemessener Gewalt und sozialer Ordnung.

Die Arbeit schließt mit einem Blick auf die Exklusivität ritterlichen Verhaltens und ritterlicher Gewalt. Sind Nichtadlige zwar auch an anderen Stellen der Arbeit immer wieder Thema, sollen sie und ihre Beziehung zum Rittertum hier noch einmal deutlich fokussiert werden. Sowohl die städtische Oberschicht als auch nichtadlige Fußknechte erscheinen in den Quellen immer wieder im ritterlichen Kontext. Deshalb zieht dieses Kapitel neben einer Reihe von Lebensbeschreibungen Nichtadliger besonders auch städtische Chronistik als Quelle heran. Vertieft wird auf den Umstand eingegangen, dass Fußknechte im ausgehenden Mittelalter in adligen und auch solchen nichtadligen Quellen mit ritterlichen Tugenden gezeichnet werden. Nichtadlige Kombattanten, wie die Landsknechte und die Schweizer Fußknechte, werden hier also als Kämpfer an der Seite Adliger, aber auch als deren Gegner thematisiert. Im Lichte der militärischen Veränderungen hin zu größtenteils aus nichtadligen Fußknechten gebildeten Söldnerheeren steht eine abschließende Bewertung des adligen, ritterlichen Kriegers, seiner berittenen Kampfweise und seiner ritterlichen Tugend an.

Wie Ludwig von Eyb d. J. am Ende seiner Einleitung zu den ‚Geschichten und Taten' schreibt, gilt es nun zur eigentlichen Arbeit zu kommen: *Darumb will ich nun von der vorred zw der matery greyffenn.*[63]

---

63 Eyb d. J., Geschichten und Taten (2018), S. 85.

KAPITEL 1

Ritterliches Verhalten

1.1 Ritterlicher Kampf und ritterlicher Stand

Ritterliches Verhalten bezog sich im ausgehenden Mittelalter hauptsächlich auf das vorbildliche Kämpfen. Moderne Versuche, das Rittertum zu fassen, stehen oftmals vor dem Problem einer unzureichenden Historisierung. Denn die von der Romantik geprägte Vorstellung, es habe ein alle Lebensbereiche umfassendes ritterliches Tugendsystem gegeben,[1] beeinflusst nicht nur die Unterhaltungsmedien der Gegenwart, sondern immer noch die Populärwissenschaft und oft genug auch die Forschung. Unterstellt man nämlich dem spätmittelalterlichen Ritter ein auf einem Tugendkatalog basierendes allumfassendes Ideal, so scheint es geradezu einladend, ein solches Ideal zu (re)konstruieren. Demgemäß versuchte besonders die germanistische Forschung einen möglichst umfassenden Katalog ritterlicher Tugenden zusammenzustellen. Grundlage dazu waren meist die höfische Lyrik und Epik des Hochmittelalters, aber auch andere normative Quellen.[2] Vergleichbares wurde mittlerweile auch für biographische Quellen des Spätmittelalters vorgenommen.[3] Das ist insbesondere deshalb problematisch, da der Schritt von einer solchen Konstruktion zum Versuch einer scheinbaren Dekonstruktion gelebter ritterlicher Praxis nicht weit ist.

So ist der Ansatz, Ideal und Wirklichkeit als vermeintliche Gegensätze gegenüberzustellen, sehr bedenklich. Denn das Ziel eines solchen Ansatzes ist schließlich in der Regel, über soziale, zeitgenössische Zustände zu informieren. Die Idee aber, dass sich Gesellschaft bloß materiell und kaum ideell bildet, hat die Sozialwissenschaft bereits im 19. Jahrhundert größtenteils hinter sich gelassen.[4] Ein weiteres Problem ist die Identifikation und Anerkennung jener

---

1 Vgl. Sandra Rohwedder, Von hoher Zinne. Untersuchungen zum Ritterbild im 19. und frühen 20. Jahrhundert (Studien zur Kunst 39), Köln 2019.

2 Der Begriff des ‚ritterlichen Tugendsystems' geht zurück auf Gustav Ehrismann; vgl. Gustav Ehrismann, Die Grundlagen des ritterlichen Tugendsystems, in: Zeitschrift für deutsches Altertum und deutsche Literatur 56 (1919), S. 137–216; vgl. dazu insbesondere die kritische Auseinandersetzung von Seiten Joachim Bumkes: Joachim Bumke, Höfische Kultur. Literatur und Gesellschaft im hohen Mittelalter. Bd. 2, München [5]1990, S. 416–429.

3 Vgl. Rainer Lanz, Ritterideal und Kriegsrealität im Spätmittelalter. Das Herzogtum Burgund und Frankreich. Diss. phil., Zürich 2005, insb. S. 25–90.

4 Vgl. Joseph Morsel, Die Erfindung des Adels. Zur Soziogenese des Adels am Ende des Mittelalters ; das Beispiel Frankens, in: Otto Gerhard Oexle/Werner Paravicini (Hgg.), Nobilitas.

 | DOI:10.1163/9789004527010_003

Autoren, die in Fragen eines vermeintlichen Ritterideals eine Autorität darstellen. Denn gerade normative Schriften sind oft Anzeichen für einen Mangel. Ihre meist nichtritterlichen Autoren waren mit der Art und Weise unzufrieden, wie ihre ritterlichen Zeitgenossen ihr Leben führten. Somit dient ein großer Teil entsprechender Schriften der Reform, ja meist sogar dem Versuch, zu vermeintlichen Ursprüngen zurückzukehren.[5] Selbst weniger normative Werke, wie höfische Literatur, haben einen deutlichen didaktischen Anspruch. Das heißt, sie sind oft genug nicht nur implizit mit dieser didaktischen Absicht für die junge Ritterschaft und den jungen Adel geschrieben.[6] Diese Werke hatten damit auch großen Einfluss auf das Denken und die Ideale des Adels und der Ritterschaft. Als Fixpunkt einer Gegenüberstellung mit Quellen, die eine vermeintliche Wirklichkeit wiedergeben, eignen sich solche didaktisch ausgerichteten fiktionalen und normativen Werke jedoch kaum. Denn ein solcher Vergleich informiert lediglich, wie sich Didaktik und Reformansprüche und die von ritterlichen Zeitgenossen gelebte Praxis unterschieden. Diese Zeitgenossen mochten also auf ritterliche Weise Idealen folgen, die womöglich den Befürwortern einer Reform zuwider waren. Reformer waren jedoch kaum die Zielgruppe ritterlichen Tuns. Erstrebenswert war für Adel und Ritterschaft vielmehr die Anerkennung der Standesgenossen zu gewinnen. Die Ansprüche an die ritterliche Praxis und die ohnehin oft idealisierte Darstellung der Umsetzung ebendieser Praxis sollten also weniger als Gegensätze begriffen werden. Vielmehr sollte beides der Forschung dazu dienen, sich ihr anzunähern.

Ein noch grundlegenderes Problem eines Vergleichs vermeintlicher ritterlicher Tugendkataloge mit einer vermeintlichen Wirklichkeit ist, dass solche Tugendkataloge Produkte der Neuzeit sind. Wiederholt hat die Forschung bereits auf das Fehlen solch ausführlicher Listen im Mittelalter hingewiesen.[7] Selbst der Begriff ‚Ritterlichkeit' taucht im Mittelalter nicht auf. Für den englischsprachigen Raum stellt D'Arcy Boulton heraus, dass der Begriff ‚chivalry' ebenso anachronistisch ist. Erst gegen Ende des 18. und Anfang

---

Funktion und Repräsentation des Adels in Alteuropa (Veröffentlichungen des Max-Planck-Instituts für Geschichte 133), Göttingen 1997, S. 312–375, hier S. 329f., insb. Anm. 35; ders., Adel in Armut – Armut im Adel? Beobachtungen zur Situation des Adels im Spätmittelalter, in: Otto Gerhard Oexle (Hg.), Armut im Mittelalter (Vorträge und Forschungen / Konstanzer Arbeitskreis für Mittelalterliche Geschichte 58), Ostfildern 2004, S. 127–164, hier S. 130; Peter L. Berger/Thomas Luckmann, Die gesellschaftliche Konstruktion der Wirklichkeit. Eine Theorie der Wissenssoziologie (Conditio humana), Frankfurt (Main) [5]1977.

5 Vgl. Mauntel, Gewalt in Wort und Tat (2014), S. 148f.

6 Duby, „Jugend" (1986), S. 113.

7 Vgl. u. a. Bumke, Höfische Kultur, Bd. 2 (1986), S. 416; Lanz, Ritterideal und Kriegsrealität (2005), S. 21; Ehrismann, Grundlagen des ritterlichen Tugendsystems (1919).

des 19. Jahrhunderts fand er in der heutigen Bedeutung Verwendung. Wie ihn die Romantik prägte, so nutzte ihn dann auch der zeitgenössische Adel, um in der Neuzeit einen sozialen und politischen Vorrang zu rechtfertigen.[8] Auf die Erkenntnis, dass ein ausformulierter ritterlicher Tugendkatalog nicht existierte, folgt oft genug selbst in der heutigen Forschung dann doch der Versuch, ein entsprechendes System zu (re)konstruieren. Ein solches System, das in lange Listen von Tugenden unter höfischen, religiösen, kriegerischen und romantischen Kategorien geordnet ist,[9] kommt wohl vor allem dem analytischen Bedürfnis eines Akademikers entgegen. Der spätmittelalterlichen Adels- und Hofkultur sei ihre Komplexität nicht abgesprochen. Doch scheint die Vorstellung, ein Adliger sei in allen Lebenslagen durchgehend anhand einer langen Checkliste bezüglich des Status seines Rittertums gemessen worden, nicht besonders lebensnah.

Diese überkomplexe wissenschaftliche Ausdifferenzierung der vermeintlichen Ideale des Rittertums gründet sich nicht zuletzt im Ansatz, aus Tugenden eines ritterlichen Romanhelden direkt auf ritterliche Tugenden schließen zu wollen. Ursächlich mag dabei vor allem die schwierige Auseinandersetzung mit den entsprechenden Begrifflichkeiten sein: In den Anfängen des Rittertums zeichnete das Adjektiv ‚ritterlich' herausragende Eigenschaften und Charakteristiken im militärischen Kontext ohne Standesunterschiede aus. Das konnte sich auf eine Waffe ebenso wie auf bestimmte, vorbildliche Verhaltensweisen beziehen. Im Verlauf des 12. und 13. Jahrhunderts, als das Rittertum auch Fürsten, Kaiser und Könige vereinnahmt hatte, mochte ‚ritterlich' vielmehr alles Prächtige und Hervorragende bei Hofe auszeichnen. Das Hofleben selbst wird ‚ritterlich', selbst der Körper einer Dame konnte es sein.[10]

Das jedoch änderte sich wieder im Spätmittelalter. Im 15. Jahrhundert wird der Begriff fast ausschließlich im militärischen Kontext verwendet. Ritterliches Verhalten bezieht sich nun in der Regel auf die Bewertung der vorbildlichen Kampfhandlung selbst. Mitunter taucht das Adjektiv auch im weiter gefassten Verständnis auf. Es wird dann überwiegend verwendet, um ritterschaftliche Standeszugehörigkeiten und damit die Zugehörigkeit zum Niederadel zu kennzeichnen. Der Begriff ‚ritterlich' kann sich also immer noch auf

---

8 Vgl. D'Arcy Jonathan Dacre Boulton, Chapter 1. The Notion of "Chivalry" as the Social Code of the Later Medieval Nobilities: A Modern Construct and Why it Should be Abandoned, in: Warren T. Reich/Jonathan Riley-Smith (Hgg.), Chivalry, Honour, and Care, Veröffentlichung in der Oxford University Press angekündigt.

9 Vgl. Lanz, Ritterideal und Kriegsrealität (2005), S. 9–19.

10 Vgl. Joachim Bumke, Studien zum Ritterbegriff im 12. und 13. Jahrhundert (Euphorion Beihefte 1), Heidelberg ^{2}1977, S. 96–99.

Verhaltensweisen und Charakteristiken beziehen, die der Gruppe des niederadligen Standes eigen sind. 1492 verkündete der fränkische Edelmann Wilwolt von Schaumberg bei der Plünderung von Arras, [*d*]*ie edell deützsch ritterlich vnd züchtig gewohnheit soll mich nymer verlassen.*[11] Er spricht sich damit kaum gegen das Plündern selbst aus, sondern widerspricht seinen burgundischen Mitstreitern, einer Edelfrau ihren Besitz zu nehmen. Die ‚*edell deützsch ritterlich vnd züchtig gewohnheit*' wird also in den Kontrast zum Verhalten der burgundischen Angehörigen des Ritterstandes gesetzt. Bei der Erläuterung seiner Haltung weist er weniger auf sein Rittertum und mehr auf seinen Adel hin, ja sogar darauf, dass jene, die eine Edelfrau beraubten, ihr *leben lang dester vnteüer vnnd vnwertter gehaltten* würden.[12] Dementsprechend lobt die Frau schließlich die Ritterschaft der Deutschen weniger als kulturelles Konzept und mehr als tatsächlichen Gesellschaftsstand: „*Ey, ey, deützsch ritterschafft bis geertt.* […] *Diser werd ritter ist ein geborner man vom adell, darümb will er mir als einer* [*adlig*] *gebornnen frawen einer andern nacion nichts* […] *nemen.*"[13] So drückt in ähnlichen Situationen ‚ritterlich' durch die Betonung der ständischen Zugehörigkeit auch die daraus folgenden Ansprüche an adlige Qualitäten aus.

Im Ritterkrieg (1522–1523) seines Vaters Franz (1481–1523) musste Hans von Sickingen am 28. Januar 1523 trotz tapferen Kampfs in einem Reitergefecht aufgeben. Er war auf dem Weg von Steinkallenfels zur Burg seines Vaters bei Landstuhl von einer Übermacht Pfälzer Reiter, geführt von Wilhelm von Habern, eingeholt worden. Die Gegner trösteten ihre Gefangenen, sie wollten sie *ritterlich unnd wol halten.*[14] Das impliziert schlicht, dass Sickingen und seine Gefährten als die Niederadligen, die sie waren, von ihren Standesgenossen behandelt werden sollten. In ähnlichen Situationen ist dementsprechend explizit die Rede vom Adel der Gefangenen: Gleich mehrere eidgenössische Chronisten merken dies bezüglich der Behandlung der Schweizer Feinde bei der Eroberung der Stadt Tiengen am 17. April 1499 im Verlauf des Schweizerkriegs an. Als die Eidgenossen die Stadt zur Aufgabe bewogen hatten, behielten

---

11 Eyb d. J., Geschichten und Taten (2018), S. 251.

12 Ebd.

13 Ebd.

14 Flersheim et al., Die Flersheimer Chronik (1874), S. 75; dass es sich wohl keineswegs um ein kleines Gefecht handelte wird anhand der ersten Gerüchte am 4. Februar in Nürnberg deutlich, dass *Hanßen von Sigkyngen, Franezen son, und Hans Thoma von Abspurgk mit 36 reisigen* […] *nidergeworfen* worden wären; Hans von der Planitz, Planitz an Kurfürst Friedrich, Nürnberg 1523 Februar 4:, hrsg. von Hans Virck und Ernst Wülcker, in: Hans Virck/Ernst Wülcker (Hgg.), Berichte aus dem Reichsregiment in Nürnberg 1521–23 (Schriften der königlich sächsischen Kommission für Gechichte 3), Leipzig 1899 [ND Hildesheim/New York 1979], S. 355–360, hier S. 358.

sie lediglich etwa zwanzig Gefangene. Den Großteil der *frömden kriegslůt*,[15] etwa 1100[16]–1400[17] Mann, ließen sie ziehen. Doch diese Freigelassenen mussten schwören, im Krieg nicht weiterzukämpfen. Weiterhin mussten sie Ehrenstrafen über sich ergehen lassen: Als Unterwerfungsgeste mussten sie bis aufs Hemd entkleidet und weiße Stäbe in der Hand[18] durch das eidgenössische Heer aus der Stadt hinaus und nach Hause ziehen. Laut der 1500 gedruckten Reimchronik des Schweizer Chronisten Niklas Schradin *verdroffz* diese Behandlung so *manchen guten edelman*, der sich aus Todesangst vor den Eidgenossen nicht als Adliger auszugeben gewagt hatte, um fliehen zu können.[19] Der Berner Chronist Valerius Anshelm (1475–1547) spricht davon, die Edelleute wären *irs adels verlögnende, ouch nackend und unadelich entrunnen*.[20] Diese Behandlung der Gefangenen ist also das deutliche Gegenteil der Behandlung Sickingens durch seine Standesgenossen. Anshelm thematisiert also die Erwartungshaltung gegenüber dem Verhalten und der Behandlung eines Adligen während seiner Gefangennahme. Mitglieder der Ritterschaft verhielten sich ritterlich, was hier schlicht ‚adlig' bedeutet. Somit durften sie als Edelleute in der Regel auch auf eine entsprechend weniger ehrenrührige Behandlung zählen. In diesem Fall stellte Hans von Sickingen sicher, dass er, bevor er aufgab, einerseits einzig Gefangener des Pfalzgrafen wurde. Andererseits sorgte er dafür, dass er nicht sofort gefangen gesetzt wurde, sondern sich später als Adliger selbstständig auf Ehrenbasis stellen durfte. Nachdem er die gröbsten Verletzungen überstanden hatte, folgte er also dem Brauch dieses sogenannten ‚Feldgefängnisses' und begab sich ins pfälzische Kaiserslautern. Nach der dortigen Weisung quartierte er sich dann auf eigene Kosten bis zu seiner Entlassung in Wirtshäusern in Heidelberg und Germersheim ein.[21]

---

15 Anshelm, Berner-Chronik, Bd. 2 (1886), S. 187.

16 Frey, Schwabenkriegschronik (2010), S. 850.

17 Anshelm, Berner-Chronik, Bd. 2 (1886), S. 187.

18 Zum Tragen von weißen Stäben als Unterwerfungsgeste vgl. Art. „Stab", in: Deutsches Rechtswörterbuch. Wörterbuch der älteren deutschen Rechtssprache. Bd. 13, Weimar 2018, Sp. 1129–1145, hier Sp. 1139f.

19 Niklas Schradin, Der Schwabenkrieg vom Jahre 1499, besungen in teutschen Reimen durch Nicolaus Schradin zu Lucern 1500, in: Der Geschichtsfreund 4 (1847), S. 3–66, hier S. 33.

20 Anshelm, Berner-Chronik, Bd. 2 (1886), S. 187.

21 Vgl. Flersheim et al., Die Flersheimer Chronik (1874), S. 76f. Zum ‚Feldgefängnis' und dem darin enthaltenen Brauch des ‚Einlagers' vgl. Ernst Friedlaender, Das Einlager. Ein Beitrag zur deutschen Rechtsgeschichte. Aus Urkunden dargestellt, Münster 1868, dort insb. S. 99f.; Steffen Breßler, Art. „Einlager", in: Handwörterbuch zur deutschen Rechtsgeschichte. Bd. 1, Berlin [2]2008, Sp. 1298–1299.

Auch die ehrenrührige Tat jenseits des direkten Kampfgeschehens galt mehr als unadlige denn als unritterliche Handlung. Während Graf Jakob von Lichtenberg (1416–1480)[22] einmal einem Franzosen, den er kurz zuvor noch bewirtet haben soll, Geleit zurück nach Frankreich gab, soll dieser ihn dort gefangen gesetzt haben. Nach einer Lösegeldzahlung von 30 000 Gulden kam er zwar frei; er schimpfte ihn jedoch ob dieser *unredlichen, unadenlichen that* so sehr, dass eine Herausforderung zum Kampf unausweichlich wurde.[23]

Gerade ab dem 15. Jahrhundert ist es also aufgrund verschiedener Konnotationen ritterlichen Verhaltens geboten, dieses einerseits als das Verhalten eines Adligen und andererseits das eines Kriegers semantisch zu trennen. In dieser Zeit nämlich bildete sich der Adel erst wirklich begrifflich aus. Zu Beginn des Jahrhunderts war der besonders von hochadliger Seite betriebene Versuch gescheitert, Adlige im Rang vom Grafen abwärts als die soziale Gruppe der ‚Ritterschaft' zusammenzufassen. Langfristig wurden Grafen und Herren dementsprechend nicht zur Ritterschaft gezählt. Zur ‚Ritterschaft', dem ‚gemeinen Adel', also dem heute sogenannten ‚Niederadel', zählten schließlich nur noch Ritter und Edle.[24] Zugleich setzte sich um 1440 sehr erfolgreich der Begriff ‚Adel' für die Gesamtheit aller Adligen, also damit auch für diese Grafen und Herren, ebenso wie Edle und Fürsten durch.[25] Waren alle Adligen nun begrifflich als ein Adel zusammengefasst, so war es weit naheliegender, alles diesen Adel Auszeichnende auch als ‚adlig' zu benennen.

‚Ritterlich' hingegen ist mit dem 15. Jahrhundert wie ursprünglich wieder vor allem das Militärische. Diese Idee ist nicht nur auf Deutschland beschränkt. Malcolm Vale weist darauf hin, dass selbst die höfische Literatur Burgunds in dieser Zeit ritterliche Charaktere entwickelt, die einzig auf den Kampf bedacht sind, das höfische Leben jedoch ablehnen.[26] ‚Ritterlich' zu sein ist gerade im militärischen Kontext nicht exklusiv an den Niederadel, den Ritterstand, gebunden.[27] „Das Rittertum bestand nicht primär in einer Gruppe von Leuten,

---

22 Da die Episode nicht datiert ist, kann streng genommen nicht gesagt werden, ob Jakob zu dem Zeitpunkt schon den 1458 erworbenen Grafentitel führte; vgl. Friedrich Battenberg, Hanau-Lichtenberg, in: Meinrad Schaab/Hansmartin Schwarzmaier (Hgg.), Handbuch der Baden-Württembergischen Geschichte. Bd. 2: Die Territorien im Alten Reich, Stuttgart 1995, S. 417–422, hier S. 421.

23 Zimmern, Zimmerische Chronik, Bd. 1 (1881), S. 470.

24 Vgl. Morsel, Die Erfindung des Adels (1997), insb. S. 322f., 327.

25 Vgl. ebd., insb. S. 325–328; vgl. weiterhin Karl-Heinz Spieß, Ständische Abgrenzung und soziale Differenzierung zwischen Hochadel und Ritteradel im Spätmittelalter, in: Rheinische Vierteljahrsblätter 56 (1992), S. 181–205.

26 Vgl. Vale, War and chivalry (1981), S. 163f.

27 Vgl. dazu auch Barbara Hammes, Ritterlicher Fürst und Ritterschaft. Konkurrierende Vergegenwärtigung ritterlich-höfischer Tradition im Umkreis südwestdeutscher Fürstenhöfe

die den Rittertitel trugen, sondern in einer Anzahl von standestypischen Normen und Verhaltensweisen". Es war damit „nicht als eine soziale Kategorie zu verstehen [...], sondern als eine kulturelle".[28] Jeder Adlige, Nichtadlige und selbst ein Feind mochte ‚ritterlich' genannt werden. Kaiser Maximilian und damit ein Hochadliger leistet in seinem Ritterroman ‚Theuerdank' als der namengebende Romanheld dementsprechend dem Feind *mit seiner ritterlichen hand* Widerstand.[29] Ludwig von Eyb d. J. schreibt über die Schlacht von Nancy 1477, dass *zw bayden teilln*, also sowohl von den Burgundern als auch von den Eidgenossen, *ritterlichen troffen* worden sei.[30] Als Wilwolt von Schaumberg als Schanzmeister 1490 vor dem holländischen Montfoort am Angriff auf die Mauern teilnahm, scheiterte dieser Angriff laut Eyb aufgrund der kompetenten Gegenwehr der dortigen *gutten gesellen*, überwiegend Truppen der Herzöge von Geldern und Cleve Am Fuß der Mauern soll Schaumberg persönlich gesehen haben, wie sich diese *so ritterlichen wertten* und jeden, der ihnen nahe kam, gleich wieder fortstachen.[31] Götz von Berlichingen berichtet Ähnliches über Karls V. Frankreichfeldzug 1544: Da sich die Verteidiger der Stadt Saint-Dizier so *ritterlich* wehrten, mussten sie schließlich über Monate hinweg ausgehungert werden.[32] Was damit bereits impliziert wird, wird an anderer Stelle immer wieder ausdrücklich betont: Allen Kombattanten, auch Nichtadligen, wird das Vermögen, vorbildlich und damit ritterlich zu fechten, zugesprochen. Wilwolt von Schaumberg führte eine erfahrene, doch kleine Truppe von etwa 1300 Reitern und Landsknechten[33] 1492 nach Holland. Sie hatten den Auftrag, den Aufstand des sogenannten ‚Kaas- en Broodvolks'[34]

1350–1450 (Veröffentlichungen der Kommission für geschichtliche Landeskunde in Baden-Württemberg Reihe B, Forschungen 185), Stuttgart 2011, S. 333.

28 Malte Prietzel, „Letzter Ritter" und „Vater der Landsknechte". Fürstliche Gewaltausübung als Praxis und Inszenierung, in: Johannes Helmrath/Ursula Kocher/Andrea Sieber (Hgg.), Maximilians Welt. Kaiser Maximilian I. im Spannungsfeld zwischen Innovation und Tradition (Berliner Mittelalter- und Frühneuzeitforschung 22), Göttingen 2018, S. 209–225, hier S. 217; vgl. auch Helen Watanabe-O'Kelly, Chivalry and professionalism in electoral Saxony in the mid-sixteenth century, in: David J. B. Trim (Hg.), The chivalric ethos and the development of military professionalism (History of warfare v. 11, Leiden 2003, S. 213–234, hier S. 217.

29 Maximilian I. et al., Theuerdank (2003), Kap. 81.

30 Eyb d. J., Geschichten und Taten (2018), S. 120f.

31 Ebd., S. 211.

32 Berlichingen, Fehd und Handlungen (1981), S. 138.

33 Vgl. Eyb d. J., Geschichten und Taten (2018), S. 225.

34 Vgl. J. Scheurkogel, Het Kaas- en Broodspel, in: Bijdragen en mededelingen betreffende de geschiedenis der Nederlanden 94 (1979), S. 188–212; Hermann Wiesflecker, Kaiser Maximilian I. Das Reich, Österreich und Europa an der Wende zur Neuzeit. Bd. 1: Jugend, burgundisches Erbe und Römisches Königtum bis zur Alleinherrschaft. 1459–1493, Wien 1971, S. 226.

niederzuschlagen. Gleich nach der Landung im Feindesland schweißte er diese Truppe Eyb zufolge mit einer Rede zusammen. Im Angesicht der abfahrenden Schiffe soll er sie alle [*i*]*r libenn prüder vnnd frumen knecht* genannt haben, ihnen die reiche Beute vor Augen gehalten und sie erinnert haben, dass sie sich jetzt nur noch auf Gott und ihre Waffen verlassen konnten. Er schloss mit den Worten: [*v*]*bend eür menlich tugennt, den hie ist nitt anderst den sterbens ader ritterlichs gesigenn.*[35] 1480 sollen die Verteidiger von Rhodos gegen die Osmanen, egal ob Ordensritter oder Kaufleute, *sampt mannlich und ritterlich gefochten haben.*[36] Auch der Reichshofrat und Kriegssekretär Peter Stern von Labach berichtet als Zeuge der Wiener Türkenbelagerung von 1529 in seiner Propagandaschrift wiederholt vom ritterlichen Verhalten der eigenen Seite. Über die Beschreibung der Verteidigung des Schlosses Ofen schreibt er ausdrücklich, dass nicht allein Adlige, sondern selbst *etlich teütſch Burger vnnd diennſtknecht* [...] *darjnnen ſich Ritterlichen gewert* hätten.[37] Die Verteidiger Wiens lobt er ebenfalls als die *Eerlichn / Ritterlichn / Tewrn leut / die auch vmb ſôlch jr lôblich Ritterlich Tattn / dardurch auff ditſmall die Cristennhait erhallten worden / jr leben lanng in ſonndern Eeren vnd wierdn / zuhallten ſein.*[38] Dementsprechend sind auch die abschließend gelisteten adligen wie nichtadligen militärischen Führungskräfte – die *anſehennlich / trefflich vnnd Ritterlich perſonen / die dem Tůrkhn in diſer belegerung / mit aigner hanndt vnd Ratſlegen / ſo ain treffenlichn widerstandt gethan.*[39] – keineswegs allesamt adlig. Der Theologe und Historiker Cyriacus Spangenberg (1528–1604) verfasste 65 Jahre später, im Jahr 1594, eine deutlich ausführlichere Liste dieser Verteidiger, in die er ebenfalls Adlige wie Nichtadlige aufnahm und ihre ritterlichen Taten lobt. Er begründet seine Missachtung der Standesschranken damit, dass eine solche Ehrung *keiner Sorten zu nachteil / noch verkleinerung ihrer ehren / noch vorzugs kan gereichen / ſintemal ſie in einerley gefahr geſtanden / gleiche mŭhe vnd laſt getragen / vnd daher auch / so dieſes werck belangt / bey den Nachkomen*

35 Eyb d. J., Geschichten und Taten (2018), S. 223.

36 Johannes Adelphus, Ausgewählte Schriften. Bd. 2: Historia von Rhodis. Die Türckisch Chronica, hrsg. von Bodo Gotzkowsky (Ausgaben der deutschen Literatur des XV. bis XVII. Jahrhunderts 86), Berlin 1980, S. 56; dieser deutsche Bericht der Belagerung von 1513 basiert auf einer lateinischen Schilderung von 1496 durch Wilhelm Caoursin (†1501), Vizekanzler der Johanniter; vgl. ebd. S. 476.

37 Peter Stern von Labach, Belegerung der Statt Wienn. Jm jar / Als man zallt nach Cristi geburt / tauſend fünffhundert vnnd in newnundtzwaintzigiſten beſchehn kürtzlich angetzaigt, hrsg. von Karl Weiss, in: Karl Weiss/Albert Camesina (Hgg.), Niclas Meldeman's Rundansicht der Stadt Wien während der Türkenbelagerung im Jahre 1529, Wien 1863, S. 1–21, hier S. 3.

38 Ebd., S. 14.

39 Ebd., S. 18.

billich auch gleiches lobs wirdig ſind.[40] Wie noch aufgezeigt wird, ist und bleibt die enge Bindung ritterlichen und damit kriegerischen Selbstverständnisses an den Adel auch durch entsprechend kriegerische Taten nicht von der Hand zu weisen. Es wurde jedoch bereits deutlich, dass die ritterliche Auszeichnung für den Adel kaum exklusiv war.

Eine bloße Auseinandersetzung mit der Semantik des Begriffs ‚ritterlich' fasst das Phänomen des Rittertums und das ritterliche Selbstverständnis kaum. Zwar ist die genannte Forderung berechtigt, jenes ritterliche Leben, das didaktische und insbesondere Reformschriften forderten, nicht mit dem praktisch gelebten Rittertum zu verwechseln. Weiterhin sollten auch die Tugenden, mit denen sich Adlige von Nichtadligen abzuheben gedachten, nicht direkt als ritterliche Tugenden begriffen werden.[41] Das legitimiert aber nicht den Umkehrschluss, welcher adlige Tugenden strikt von der ritterlichen Tugenden zu trennen versucht. Die Strahlkraft des Rittertums ging ja nicht zuletzt davon aus, dass die Grenzen zwischen ritterlichem Stand, der ritterlichen Tat und einer ritterlichen Kultur durchlässig zu werden vermochten. So mag die erwähnte Katalogisierung etlicher in weitere Unterkategorien geordneter Tugenden unter dem anachronistischen Überbegriff der Ritterlichkeit problematisch sein. Dennoch ist nicht von der Hand zu weisen, dass viele der spätmittelalterlich zunehmend mit dem Adel verbundenen Tugenden auch im Rittertum Bedeutung hatten.

1.2 Ritterliche Taten und der Ritterschlag

Deutlich wird diese enge Verbindung des ritterlichen mit dem adligen Verhalten besonders anhand des Zeremoniells spätmittelalterlicher Ritterschläge: Denn dieses Zeremoniell barg gerade eines der Momente, in denen das Selbstverständnis des Rittertums explizit thematisiert wurde. So folgte laut Andreas von Lappitz (†1506) seinem Ritterschlag 1452 auf der Tiberbrücke unterhalb der Engelsburg in Rom eine Belehrung über rechtes Rittertum: *Da laß man lang nahend auff ein Stund/wie ſich ein jeder Ritter solt halten/und was er schuldig*

---

40 Cyriacus Spangenberg, Der Ander Teil des Adelspiegels. Was Adel mache / befördere / ziere / vermehre / vnd erhalte: Vnd hinwider dehnſelben schweche / verſtelle / verunehre vnndveracht mache, Schmalkalden 1594, fol. 242r–242v.

41 Vgl. Werner Conze/Christian Meier, Art. „Adel, Aristokratie", in: Otto Brunner/Werner Conze/Reinhart Koselleck (Hgg.), Geschichtliche Grundbegriffe. Geschichtliche Grundbegriffe. Historisches Lexikon zur politisch-sozialen Sprache in Deutschland. Bd. 1, Stuttgart [5]1997, S. 1–48, hier S. 16f.; Vale, War and chivalry (1981), S. 22; Udo Friedrich, Menschentier und Tiermensch. Diskurse der Grenzziehung und Grenzüberschreitung im Mittelalter (Historische Semantik 5), Göttingen 2009, S. 249f.

wer zu thun.[42] In anderen Quellen übernehmen im Umfeld des Ritterschlags verschiedene Personen die Aufgabe, diese Belehrung vorzunehmen oder sogar ideelle Inhalte als Eid abzunehmen. Als der schwäbische Niederadlige Georg von Ehingen nach dem Ritterschlag aus Prag heimkehrte, *thette* [*sein Vater*] *ain schöne lange red mit mir, waß die ritterschafft wer* [*und*] *wie ich mich och hallten söllt.*[43]

Statt dieser erwähnten langen Reden zitieren die Quellen deutlich kürzere Eide und Belehrungen. Johannes Rothe zufolge wurde [*h*]*i vor wan eyner ritter wart*, also vor etwa 1415, Folgendes beim Ritterschlag in einer Kirche geschworen:[44]

> Daz her di heiligin cristinheid
> Allezcid wolde vorfechtin
> Und daz em daz richis schade were leid,
> Noch den beschrebin keiserrechtin,
>
> Ouch daz her wetwen und weisin
> Wölde allezcid beschürin
> Und sie schutcin vor allin freisin
> Und deme frefiln unrechte stürin,
>
> Di ketcer und ungloubigin heidin
> Und die andirn bösin cristin
> Brenge wolde zcu leidin
> Und er keynen gerne fristin.

---

42 Andreas Kuzál von Lappitz, Autobiographie, hrsg. von Johann Wilhelm von Wurmbrand, in: Johann Wilhelm von Wurmbrand (Hg.), Collectanea Genealogico-Historica, Ex Archivo Inclytorum Austriae Inferioris Statuum, Ut Et Aliis Privatis Scriniis, Documentisque Originalibus Excerpta, Viennae Austriae, Wien 1705, S. 63–68, hier S. 64; vgl. übereinstimmende Überlieferungen in: Ein anonymer Romzugsbericht von 1452 (Ps-Enenkel) mit den zugehörigen Personenlisten (Teilnehmerlisten, Ritterschlagslisten, römische Einzugsordnung), hrsg. von Achim Thomas Hack (Zeitschrift für deutsches Altertum und deutsche Literatur. Beihefte 7), Stuttgart 2007, S. 98 und Maximilian I. et al., Der Weisskunig (1888), S. 41.

43 Ehingen, Reisen nach der Ritterschaft (1979), S. 28.

44 Rothe, Der Ritterspiegel (2009), Z. 833–848; der Eid wird in den Z. 3353–3360 wiederholt. Der kriegerische Aspekt wird durch die Gefechtsmetaphorik dort noch deutlicher. Der Ritter solle laut Z. 3361–3364 [...]*vorne an der spitzcin stehin, / wan man umme recht wolde stritin, / Und nicht flihin noch abgehin /Danne zcu rechtin gezcitin.*

Inhaltlich übereinstimmende Quellen zur Schwertleite sind tatsächlich seit dem 11. Jahrhundert überliefert.[45] Doch selbst noch in der zweiten Hälfte des 15. Jahrhunderts hatte sich der Ritterschlag diesbezüglich offenbar kaum verändert. Die Belehrungen und Eide, die für den Ritterschlag in der Grabeskirche in Jerusalem überliefert sind, unterscheiden sich kaum: Die Berichte Hans Bernhards von Eptingen für seinen Ritterschlag 1460,[46] Felix Fabris als Zeuge 1483[47] als auch Arnolds von Harff für seinen Ritterschlag 1497[48] zeigen deutliche Übereinstimmungen zu Rothe. Ähnlich fasst auch Cyriacus Spangenberg die beim Ritterschlag zu verlesenden *Artickel des Ordens* 1591 rückblickend zusammen.[49]

Bei den Ritterschlägen 1452 auf der Tiberbrücke wurde laut eines anonymen Straßburgers neben einer Ehrung der Heiligen ebenso besagter Schutzauftrag gegeben.[50] Doch auch in der weit besser überlieferten Krönungszeremonie Kaiser Friedrichs III. (1415–1493) an diesem Tag ist der Schwertsegen inhaltlich kaum von diesen Belehrungen und Eiden zu unterscheiden. Anschließend an die biblischen Worte *gurt umb dein swert* (Ps 45,4) heißt es in Maximilians ‚Weisskunig': […] *das du dadurch verpringest die kraft aller gerechtigkait und alles ubl und poshait kreftiglich damit zerprechest, und das du damit streitest für alle gelaubig und sy beschirmest, und zerstörest alle valsch kristen und ketzerey, das du auch beschirmest witwen und waisen und rechest alle ungerechtigkait, und bestätigest alle wolgeschickte ding, in kraft des hailers aller welt, des*

45 Vgl. Joachim Bumke, Höfische Kultur. Literatur und Gesellschaft im hohen Mittelalter. Bd. 1, München [5]1990, S. 333; Bumke, Höfische Kultur, Bd. 2 (1986), S. 414f.

46 Vgl. Familienbuch der Herren von Eptingen (1992), S. 267.

47 Vgl. Felix Fabri, Ejgentliche beſchreibung der hin vnnd wider farth zu dem Heyligen Landt gen Jeruſalem / vnd furter durch die groſſe Wůſteney zu dem Heiligen Berge Horeb Sinay / darauß zuuernemen was wunders die Pilgrin hin vnd wider auff Land vnd waſſer zu erfahren vnd zu beſehen haben / Vber die maß kurtzweilig vnd lůstig zu leſen / ſonderlich denen ſo der Heiligen ſchrifft ettwas erfahrn ſein, Frankfurt am Main 1556, fol. 69r–70v.

48 Vgl. Arnold von Harff, Die Pilgerfahrt des Ritters Arnold von Harff von Cöln durch Italien, Syrien, Ägypten, Arabien, Äthiopien, Nubien, Palästina, die Türkei, Frankreich und Spanien, wie er sie in den Jahren 1496 bis 1499 vollendet, beschrieben und durch Zeichnungen erläutert hat, hrsg. von Eberhard von Groote, Köln 1860, S. 173.

49 Cyriacus Spangenberg, Adels Spiegel. Hiſtoriſcher Ausfůhrlicher Bericht: Was Adel sey und heiſſe / Woher er komme / Wie mancherley er ſey / Und Was denselben ziere und erhalte / auch hingegen verſtelle vnd schwåche […], Schmalkalden 1591, fol. 22r.

50 Keyſer Friederichs III. Inriten zu Rome/Anno 1452, hrsg. von Jakob Wencker, in: Jakob Wencker (Hg.), Dissertatio De Pfalburgeris Ad Cap. XVI. Aur. Bull. Revisa & aucta ex actis & documentis publicis Archivi Argent. Accesserunt Disquisitiones dua de Usburgeris & Glevenburgeris, Straßburg 1698, S. 109–112, hier S. 111.

geleichnus du tregst.[51] Dieser Schwertsegen lässt sich inhaltlich bis zu Widukind von Corvey und den Mainzer Ordo im 10. Jahrhundert zurückverfolgen.[52] Rittertum und Königtum zeigen hier also eine Nähe, die auf Anleihen des Zeremoniells der Schwertleite an das Krönungszeremoniell zurückgeht.[53] Die Worte entstammten dementsprechend ursprünglich einem kirchlichen Umfeld. Selbst Kleriker machten sich also wenig Illusionen über den Kern der Idee des Rittertums. Zwar findet sich der Schutz von Kirche, Reich, Witwen und Waisen sowie das Bekämpfen von Ketzern und Andersgläubigen auch in den modernen Zusammenstellungen ritterlicher Tugendkataloge. Doch die Perspektive solcher Kataloge impliziert zu schnell eine Reihe nebeneinanderstehender Gesetze, ähnlich den jüdisch-christlichen zehn Geboten. Dabei erteilen diese Belehrungen und Eide vielmehr einen deutlichen Auftrag an jene, denen die Ehre des Ritterschlags einen Vorrang verlieh und bestätigte. Sigmund von Herberstein nahm im Dienst der Habsburger zwischen dem 23. und 29. Dezember 1509 an einem Raubzug gegen Albona im südlichen Istrien Teil. Wie üblich in der zeitgenössischen Kriegsführung, lockten sie durch ihre Plünderungen – in diesem Fall raubten sie Vieh – ihre Feinde aus der Stadt und legten ihnen einen Hinterhalt. Die Überfallenen schafften es noch in eine Kirche zu fliehen. Die Kroaten im Habsburger Sold sprachen bereits von *guetten gefanngen*, da die Kirche schnell zu erobern sei. Unter den Habsburger Truppen hatte jedoch schon zuvor eine Auseinandersetzung stattgefunden, ob es recht sei, in der Woche nach Weihnachten Krieg zu führen. Der Angriff auf ein Gotteshaus schreckte Herberstein jetzt erst recht ab und er soll gesagt haben: „*Ich riete man liess vnners Herrn Haus vnbetruebt,* (*Gott werd*) *vnns in annder weeg erstattn.*" Er überzeugte sie, von der Kirche abzulassen. Seine folgenden Erfolge machte er für diesen Gnadenerweis gegenüber den Flüchtigen und dem Gotteshaus verantwortlich.[54] „Gnade konnte nur der walten lassen, der Macht zur Gewalt besaß."[55] Nur weil sie in ihrer Gewaltausübung Macht über andere an sich rissen, vermochten sie Schutz und Gnade zu gewähren. Der beim Ritterschlag ausgesprochene Auftrag sollte den neuen Rittern damit nicht in erster Linie helfen, sich innerlich in ihrem Rittertum zu vervollständigen. Stattdessen gab er ihnen metaphorisch ein

---

51 Maximilian I. et al., Der Weisskunig (1888), S. 35. Eine weitere Überlieferung findet sich in: Ein anonymer Romzugsbericht (2007), S. 91, 95.

52 Vgl. Percy Ernst Schramm, Die Krönung in Deutschland bis zum Beginn des Salischen Hauses (1028), in: Zeitschrift der Savigny-Stiftung für Rechtsgeschichte: Kanonistische Abteilung 24 (1935), S. 184–332, hier S. 308, 317.

53 Vgl. Bumke, Höfische Kultur, Bd. 1 (1990), S. 330–334.

54 Herberstein, Selbst-Biographie (1855), S. 76.

55 Melville, Präsenz der Gewalt (2004), S. 122.

Schwert in die Hand und wies, wohin es schlagen sollte. Der Ritter wird als Krieger verstanden, Eid und Belehrung während des Ritterschlags zeigen ihm die Richtung, in welche ritterliche Gewalt gewirkt werden sollte. Ohne dieses ursprünglich kriegerische Selbstverständnis ist ritterliches Verhalten undenkbar. Auf eine Erwähnung des Schutzes von Witwen und Waisen hingegen verzichten die Quellen abseits der Schilderung eines Ritterschlags in der Regel. Im Englischen hat insbesondere Richard Kaeuper schließlich in der ‚prowess' die begründend auszeichnende ritterliche Tugend erkannt.[56] Damit widerspricht er auch der Idee, das Rittertum sei Teil eines Zivilisierungsprozesses gewesen. Denn beispielsweise von Johan Huizinga heißt es, durch die hohen Ansprüche des Ritterideals habe die „Wildheit und Leidenschaftlichkeit der mittelalterlichen Seele [...] überhaupt nur gezügelt werden" können.[57] Kaeuper entgegnet, das Rittertum sei bei einem solchen Prozess bestenfalls „an unsteady ally" gewesen.[58] Selbst Vertreter von Reformen des Rittertums stellten die ursprünglich gewalttätige Ausrichtung des Rittertums kaum in Frage, sondern hinterfragten mehr den Modus Operandi, der mit ritterlicher Gewalt einherging. Ein Ritter sollte sich demzufolge durch „sheer aptitude with arms" durchzusetzen verstehen.[59] Bezeichnet Maurice Keen das Rittertum als „secular upper-class ethic which laid special emphasis on martial prowess, not an inner religion of the heart"[60], geht Kaeuper noch weiter: Er spricht vom „[w]orship of the demi-god prowess".[61]

Konzentrieren sich Kaeupers Arbeiten zum Thema vor allem auf Frankreich und England, ist Ähnliches auch im Heiligen Römischen Reich des ausgehenden Mittelalters zu beobachten. Selbst Kleriker betonen die Bedeutung der ritterlichen Hinwendung zur Gewalt: Der Dominikanermönch Felix Fabri (†1502), der gleich zwei Mal ins Heilige Land pilgerte, lobt zwar die Gewaltfreiheit, die mit dem Ritterschlag in der Grabeskirche einherging. Ebenso lobt er aber in seinen umfangreichen Auseinandersetzungen mit diesem besonderen Ritterschlag den damit verbundenen kriegerischen Auftrag. So empfindet er den Grabeskirchenritterschlag als den würdigsten, gerade weil er nicht wie Ritterschläge im Krieg mit *menſchlichem Blůt verwiſt* würde. Ausdrücklich

---

56 Vgl. Kaeuper, Chivalry and Violence (2001), insb. S. 129–160; Keen, Chivalry (2005), S. 77f.

57 Johan Huizinga, Die politische und militärische Bedeutung des Rittergedankens am Ausgang des Mittelalters, in: Arno Borst (Hg.), Das Rittertum im Mittelalter (Wege der Forschung 349), Darmstadt ^{2}1976, S. 17–30, hier S. 30.

58 Kaeuper, Chivalry and Violence (2001), S. 205; vgl. auch Kaeuper, 'Civilizing Process' (2000).

59 Kaeuper, Chivalry and Violence (2001), S. 156.

60 Keen, Chivalry (2005), S. 199.

61 Vgl. Kaeuper, Chivalry and Violence (2001), S. 129.

meint er damit das Blut aller christlichen und nichtchristlichen Menschen.[62] Doch nur wenige Zeilen nachdem er diese Reinheit der Ritterschaft vom Heiligen Grab herausstellt, nennt er diese Ritterschaft aufgrund des einhergehenden Auftrags zum Kampf weiterhin auch die vernünftigste. Denn die Ritter von Jerusalem hätten sich zum Ziel gesetzt, *widder die vngleubigen menſchen [zu] fechten mit dem ſchwerd.*[63] Das deckt sich mit den Worten, die der franziskanische Laienbruder Hans von Preußen zu den Adligen, die Fabri 1483 begleitete, in der Grabeskirche sprach. Nach der vielfach überlieferten Belehrung und bevor der Ritterbruder den ersten Ritterschlag vornahm, *vermahnet er ſie tieff / das ſie anſehen / wie das heylige Grab / vnd das heylige Landt / were inn der gewalt der vnglåubigen / daß ſie ſich des erbarmeten / vnd Fürſten vnnd Herren inn der Chriſtenheyt klagten / vnd alle wege bereit weren zu fechten vnd zu ſtreitten / umb das heylige Grab / zu Meer vnd zu landt.*[64]

Auch der spätere Papst Pius II., Enea Silvio Piccolomini (1405–1464), sieht den Ritterschlag klar zweckgebunden: Ein Ritter hatte ein erfahrener Krieger zu sein. So kritisiert er deutlich die Zusammensetzung der Gruppe, die den Ritterschlag auf der Tiberbrücke 1452 in Rom empfing. Die Zulassung zum dortigen Ritterschlag hatte schon andere Gemüter erregt: 1433 hatten Nürnberger Bürger dort den Ritterschlag erhalten. Das zog für Nürnberg einen Jahrzehnte währenden Konflikt über die Gültigkeit dieser Ehre nach sich, der schließlich sogar vor gleich mehrere Kaiser getragen wurde.[65] Piccolomini erkennt diese Praxis in seiner ‚Historia Friderici III. imperatoris' zwar auch, kritisiert sie jedoch keineswegs. Vielmehr stört es ihn, dass entweder Reichtum oder eine hohe Geburt ausgereicht zu haben scheinen, den Ritterschlag zu empfangen. Unter einigen *vir[i] fort[i] ac bello exercitat[i]*[66] seien größtenteils *inept[i] armis*[67]

---

62 Fabri, Ejgentliche beſchreibung (1556), fol. 71v–72r; vgl. zur Auffassung, dass selbst Heiden als Gottes Geschöpfe schonungswürdig waren Schmidtchen, Kriegswesen (1990), S. 224; Peter Udo Rosenau, Wehrverfassung und Kriegsrecht in der mittelhochdeutschen Epik. Wolfram von Eschenbach, Hartmann von Aue, Gottfried von Straßburg, Der Nibelungen Not, Kudrunepos, Wolfdietrichbruchstück A, König Rother, Salman u. Morolf. Diss. phil., Bonn 1959, S. 257.

63 Fabri, Ejgentliche beſchreibung (1556), fol. 72r.

64 Ebd., fol. 69r.

65 Vgl. Thomas Zotz, Adel, Bürgertum und Turniere in deutschen Städten vom 13. bis 15. Jahrhundert, in: Josef Fleckenstein (Hg.), Das ritterliche Turnier im Mittelalter. Beiträge zu einer vergleichenden Formen- und Verhaltensgeschichte des Rittertums (Veröffentlichungen des Max-Planck-Institut für Geschichte 80), Göttingen 1985, S. 450–499, hier S. 485–488.

66 Enea Silvio Piccolomini, Historia Austrialis. Teil 2, hrsg. von Martin Wagendorfer (SS rer. Germ. N. S. 24), Hannover 2009, S. 618.

67 Ebd.

Ritter geworden. Statt Tugendhafte seien Reiche geehrt worden: *Virtutis premia pecuniæ recipiunt.*[68] Doch noch nicht genug: Selbst in Windeln liegende Kinder seien dort Ritter geworden. Programmatisch fasst er stattdessen zusammen, wer seiner Meinung nach die Ritterwürde erhalten sollte: *Quodsi | recta ratio nos duceret, nemo militiæ cingulum ferret, qui pręclarum aliquod in armis facinus non egisset aut stravisset provocantem hostem aut murum acendisset aut vallum transilivisset aut civem servasset. Qui scirent ordinem in bello tenere, signa sequi, imperium observare, hostem ferire, presidia agitare, humi dormire, eodem tempore inopiam et laborem tolerare, æstatem et hiemem iuxta pati, nihil metuere nisi famam turpem, hos milites assumere deceret.*[69] Der Humanist Piccolomini bedient sich bei dieser Ausführung ausgiebig in der Antike beim römischen Historiker Sallust.[70] Das Reformanliegen mag gerade bezüglich des Ritterschlags den Eindruck einer Kluft zwischen kriegerischen Taten und der verliehenen Ritterwürde vermitteln. In der Praxis scheint diese jedoch in der Regel weniger tief gewesen zu sein, als es Piccolomini zu implizieren scheint. Auch jenseits von Gefechten zeigen die Kriterien, die er als qualifizierend für den Ritterschlag bezeichnet, große Bedeutung für die Gültigkeit besagter Ritterwürde. Maurice Keen verweist darauf, dass bereits im ‚Durmart le Galois' im 13. Jahrhundert und auch über den Chronisten Jean Froissart (1337–1405) die Idee überliefert ist, dass ein frisch zum Ritter geschlagener Mann erst Ritter genannt werden sollte, wenn er sich im Kampf bewährt habe.[71] Diese Bindung zwischen kämpferischer Bewährung in ernsten und spielerischen Formen des Kampfes war in Deutschland um 1400 enger geworden.[72] Das Ausbleiben ernstzunehmender Waffentaten wird wiederholt als Grund genannt, die Qualität einer verliehenen Ritterwürde anzuzweifeln: Als im Jahr 1392 der Straßburger Bischof Friedrich von Blankenheim (†1423) gegen die Stadt Straßburg Krieg führte, war auch der Elsässer Adel beteiligt. Im Zuge von Kampfhandlungen auf der Metzgerau vor den Toren Straßburgs wurden aufseiten der Verbündeten gegen Straßburg *vil ritter gemaht by dem ziegilofen.* Trotz starken Beschusses aus der Stadt wurde niemand *troffen noch geletzet.* Selbst bei einem Ausfall Straßburger Söldner und *junger gesellen* wich man sich aus, sodass *kein batellen geschach.* Die beteiligten Elsässer Adligen konnten nicht viel ritterliches Verhalten hierin erkennen und lehnten bis auf einen den Ritterschlag ab, *die andern worent alle von fromden landen die do ritter wurdent.*

68 Piccolomini, Historia Austrialis (2009), S. 617.
69 Ebd., S. 617f.
70 Vgl. ebd., S. 617, Anm. 187–189.
71 Vgl. Keen, Chivalry (2005), S. 80f.
72 Vgl. Hammes, Ritterlicher Fürst (2011), S. 324.

[W]enne die heimischen von diesem Eilsas meindent, es wer in nit ein erlich ritterschafft, by iren nochgeburen [nhd.: Nachbarn] ritter werden one vehten und striten.[73]

Im höfischen Umfeld waren ebenso bereits im Hochmittelalter entsprechende Möglichkeiten zur kämpferischen Bewährung direkt mit dem Ritterschlag verbunden.[74] Am prominentesten sind dabei wohl die Söhne Barbarossas, die gemeinsam mit einer entsprechend großen Anzahl weiterer junger Männer 1184 auf dem Mainzer Hoftag zum Ritter geschlagen wurden. Anschließend ließen sie in Waffenspielen ihr kämpferisches Vermögen sehen.[75] Das findet sich auch bei spätmittelalterlichen Niederadligen: Georg von Ehingen wurde anlässlich der Krönung Ladislaus Postumus' (1440–1457) in Prag zum Ritter geschlagen. Gleich im Anschluss wurde er in vollem Harnisch einer in Prag einfahrenden Königin gemeinsam mit drei weiteren Rittern seines Herren an die Seite gestellt.[76] Darauf folgte ein *kampffstechen* zwischen diesen vier Rittern. Ehingen wurde also auf der Stelle öffentlich sowohl in die anwesende höfische Gesellschaft als auch durch die Zurschaustellung seines kriegerischen Könnens in den Kreis der Ritter integriert. Wenn Georg schreibt, dass das Stechen *iber die maß hart zuo* ging, macht er deutlich, dass dies nicht bloß Formalität war, sondern die Ritter hier tatsächlich im geharnischten Fechten ihr Vermögen unter Beweis stellen sollten.[77] Mitunter wurden Kampfhandlungen und der Kriegsdienst gerade wegen der Möglichkeit, sich einen Ritterschlag verdienen zu können, gesucht. So warb der Straßburger Bischof Ruprecht von Bayern (1420–1478) im Jahr 1448 deutsche und französische

73 Fortsetzungen des Königshofen. Von 1091–1544, hrsg. von Franz Joseph Mone, in: Franz Joseph Mone (Hg.), Quellensammlung der badischen Landesgeschichte. 1. Band, Karlsruhe 1848, S. 251–309, hier S. 269. Vgl. auch Hammes, Ritterlicher Fürst (2011), S. 321–323.

74 Vgl. Fritz Pietzner, Schwertleite und Ritterschlag, Bottrop 1934, S. 38.

75 Vgl. Josef Fleckenstein, Friedrich Barbarossa und das Rittertum. Zur Bedeutung der großen Mainzer Hoftage von 1184 und 1188, in: Mitarbeiter des Max-Planck-Instituts für Geschichte (Hg.), Festschrift für Hermann Heimpel zum 70. Geburtstag am 19. September 1971. Bd. 2 (Veröffentlichungen des Max-Planck-Instituts für Geschichte 36) 1972, S. 1023–1041.

76 Der Brauch der geharnischten Begleitung des Brautwagens findet sich auch bei der Hochzeit Katharinas von Mecklenburg (1487–1561) mit Heinrich von Sachsen (1473–1541) im Jahr 1512; vgl. Georg Spalatin, Dissertatio geneal. historica de Alberti dvcis Saxoniæ liberis, in: Johann Burkhard Mencke (Hg.), Scriptores Rervm Germanicarvm, Praecipve Saxonicarvm, in quibus scripta et monumenta illustria pleraque hactenus inedita tum ad historiam Germaniae generatim tum speciatim Saxoniae sup., Misniae, Thuringiae et Varisciae spectantia illustrantur. Bd. 2, Leipzig 1728, Sp. 2123–2174, hier Sp. 2146.

77 Ehingen, Reisen nach der Ritterschaft (1979), S. 27.

Ritter für den Kampf gegen die Stadt Straßburg mit den Worten: [*W*]*er ritter wolte werden, der solt kumen.*[78]

Siebzig Jahre später, im Jahr 1518,[79] beschrieb der Augsburger Domherr und Chronist Matthäus Marschalk von Pappenheim (1458–1541) in einer Chronik seiner Familie was *Ritter / inn Latein Equites aurati, vnd Ritterſchafft* seien: Es handle sich um *ain gemaine würde / die da volget auff fürbündige ſonderliche Mannhait / vnd Ritterliche thaten. Derhalben auch Künig / Fürſten Grauen / Herren / Edel vnd vnedel / geboren Layen ſich diſer würde anzunemen nit ſchåmen / dann es iſt ain krõnung der mannhait.*[80]

Im Umkehrschluss sahen sich frisch zum Ritter geschlagenen Männer mit der Erwartungshaltung konfrontiert, diese Würde nun auch mit entsprechenden ritterlichen Taten zu bestätigen, sollten sie dies bislang noch nicht getan haben. So erwähnt Ludwig von Eyb d. J. beim zweiten Ritterschlag Wilwolts von Schaumberg 1475 vor Neuss die Ermutigung des Heeres und die Massenpromotion neuer Ritter im selben Atemzug: Während der Gefechtsvorbereitungen des burgundischen Heeres ritt Herzog Karl der Kühne von Burgund die Teile seines Heeres ab, *mant sie alle, das best bey im zuthun, ving allso an ritter zumachen.*[81] Mitunter war der Druck, dem gerecht zu werden, so groß, dass diese neuen Ritter gleich darauf den Tod fanden, oder, wie ein schwäbischer Ritter in der Schlacht von Laupen 1339, den Tod sogar der Flucht vorzogen.[82] Johann von Winterthur berichtet über einen Ritter von Blumenberg: *De Swevia vero unus dominus, vir utique robustus et fortis viribus, cum*

---

78 Fortsetzungen des Königshofen (1848), S. 276; vgl. auch Hammes, Ritterlicher Fürst (2011), S. 324.

79 Matthäus stellte die Pappenheimer Chronik 1518 fertig, erstmals gedruckt wurde sie aber erst 1554; vgl. Gerhard Wolf, Adlige Hauschroniken des Mittelalters und der Frühen Neuzeit, in: Gerhard Wolf/Norbert H. Ott (Hgg.), Handbuch Chroniken des Mittelalters, Berlin, Boston 2016, S. 399–446, hier S. 411.

80 Matthäus von Pappenheim, Von dem vralten Stammen vnd herkommen der Herren von Calatin/ yetzund zů vnnser zeit die Edlen zů Bappenhaim / Biberbach / Wildenstain / vnd Elgaw / des hailigen Römischen Reichs Erbmarschälck etc. auß den vrạ̊ltisten Historien gezogen/ vnd in Latein beschriben durch Herrn Mattheum zů Bappenhaim Marchalck etc. Doctor / vnd Thumbherr zů Augspurg. Anno 1495. Aber yetzt an vilen ỏrtern durch auß gebessert/ Corrigiert / gemert / vnd inn das Teutsch tranßferiert / erstlich im truck außgangen, Augsburg 1554, S. 12.

81 Eyb d. J., Geschichten und Taten (2018), S. 111.

82 Vgl. dazu auch Wilhelm Erben, Schwertleite und Ritterschlag. Beiträge zu einer Rechtsgeschichte der Waffen, in: Zeitschrift für historische Waffenkunde 8 (1919), S. 105–168, hier S. 138, 145f.; Prietzel, Kriegführung im Mittelalter (2006), S. 254f.

multis militibus creatis ante congressum fugere erubescens, ultro se discrimini offerens vocatus de Blůmenberg peremptus est.[83]

Nicht jeder neue Ritter sah sich so radikal seiner Bewährung verpflichtet. Es ist jedoch interessant, dass es ähnlich der Turnierkämpfe bei höfischen Ritterpromotionen auch Kampfspiele vor einer Schlacht gegeben haben könnte. Vor der Schlacht von Laupen 1339 sollen die neuen Ritter aufseiten der Habsburger im Angesicht der zögernden Berner Waffenspiele gespielt haben, bei denen sie ihre Schwerter hochwarfen.[84] Möglicherweise war besagter Ritter von Blumenberg, der in dieser Schlacht den Tod suchte, einer von ihnen. Ob diese Spiele aus Ungeduld, zur Provokation des Gegners oder tatsächlich im Sinne einer ersten Waffenbewährung zu verstehen sind, bleibt offen. Im Angesicht des kommenden Gefechts scheint letzteres auf den ersten Blick überflüssig. Oft genug fand ein Gefecht jedoch aus verschiedensten Gründen doch nicht statt. So blieb auch die erste Bewährung der neuen Ritter aus. Die Zimmerische Chronik berichtet von den beiden guten Freunden, Graf Friedrich XII. ‚Oettinger' von Hohenzollern (†1443) und Johann d. Ä., Freiherr von Zimmern (1354–1441)[85], die sich beide fast 40 Jahre geweigert haben sollen, die vollen Abzeichen ihrer Ritterwürde zu tragen: Laut dem Chronisten und Nachfahren Johanns, dem Grafen Froben Christoph von Zimmern, hätten beide bereits 1365 den Ritterschlag erhalten. Sie waren Teil der Truppen, die mit Karl IV. die ‚Wilden Engländer', eine arbeitslos plündernde Söldnertruppe, aus dem Elsass vertrieben.[86] Da sich die Söldner ohne nennenswerte Kampfhandlungen zurückzogen, standen die beiden Freunde vor dem Dilemma, unverdientermaßen Ritter geworden zu sein. Gemeinsam mit *ander vil hern und vom adl* hatte Kaiser Karl ihnen nämlich in Erwartung kommender Zusammenstöße die Ritterwürde verliehen. [*A*]*ber dieweil sie nichts besonder loblichs wider die feind gehandelt, vermainten namlich die zwen ernempten herrn die ritterschaft nicht verdient zu haben.* Um jedoch diese Gnade des Kaisers nicht zu

---

83 Johann von Winterthur, Chronica Iohannis Vitodurani. Die Chronik Johanns von Winterthur, hrsg. von Friedrich Baethgen (MGH SS rer. Germ. N. S. 3), Berlin 1955, S. 163; ohne Namen zu nennen findet sich dies auch in der Cronica de Berno, in: Gottlieb Ludwig Studer (Hg.), Die Berner-Chronik des Conrad Justinger, Bern 1871, S. 295–301, hier S. 300.

84 Vgl. Narratio de conflictu Laupensi, hrsg. von Johann Friedrich Böhmer und Alfons Huber, in: Johann Friedrich Böhmer/Alfons Huber (Hgg.), Fontes rerum Germanicarum. Geschichtsquellen Deutschlands. Bd. 4, Stuttgart 1868, S. 6–16, hier S. 12.

85 Vgl. Gerhard Wolf, Von der Chronik zum Weltbuch. Sinn und Anspruch südwestdeutscher Hauschroniken am Ausgang des Mittelalters (Quellen und Forschungen zur Literatur- und Kulturgeschichte 18 (252)), Berlin 2002, S. 237–245.

86 Vgl. Meinrad Schaab, Spätmittelalter (1250–1500), in: Meinrad Schaab/Hansmartin Schwarzmaier (Hgg.), Handbuch der baden-württembergischen Geschichte. Bd. 1,2: Vom Spätmittelalter bis zum Ende des alten Reiches, Stuttgart 2000, S. 1–144, hier S. 62.

verachten, führten sie die goldenen Abzeichen ihrer Ritterschaft zumindest auf der einen Körperseite.[87] Erst der gescheiterte Italienzug König Ruprechts und seine Niederlage bei Brescia 1401 verschaffte ihnen die Gelegenheit, sich – eines Ritterschlags würdig – kriegerisch zu bewähren. Hatten sie also die Ritterwürde nur bedingt angenommen, *hat hochgedachter könig Ruprecht, von wegen das sie sich für andere ritterlich und wol in bemelter schlacht vor Brixen* [*sic!*] *gehalten, sie baid noch ain mal zu ritter geschlagen, wie sie auch baide hernach den ritterstand ir lebenlang gefüert.*[88] Auch wenn die erst Mitte des 16. Jahrhunderts verfasste Zimmerische Chronik gründliche Recherchearbeiten des Verfassers aufweist, sind die Details dieser Geschichte zumindest fraglich. Schließlich wäre Johann bei seinem ersten Ritterschlag erst etwa elf Jahre alt gewesen. Dies trübt die gewonnene Erkenntnis jedoch nur bedingt. Schließlich hatte sich fast ein Jahrhundert nach der Schlacht bei Brescia offenbar wenig bezüglich der Beziehung von Ritterschlag und kriegerischer Bewährung verändert: Der Franke Michel von Ehenheim wurde gleich fünfmal zum Ritter geschlagen, äußert sich zu seiner jeweiligen Ablehnung der Ritterwürde jedoch bestenfalls indirekt. Gleich drei dieser Ritterschläge geschahen im Zuge eines schließlich ausbleibenden Belagerungsangriffs: Kaum war er 1488 zum Ritter geschlagen worden und trat mit den Kaiserlichen zum Sturm an, flohen die Truppen aus dem flandrischen Ninove *mit weib und kinden zu der stat aus* nach Liedekerke. Die Stadt wurde eingenommen und geplündert. Ernstzunehmende Kampfhandlungen blieben für Michel aber damit aus.[89] Auch als er am 29. August 1490 vor dem Sturm im Graben vor der Wiener Hofburg zum Ritter geschlagen worden war, ergaben sich die dortigen Ungarn. Kurz darauf, am 9. September, verhielt es sich ebenso mit einem Ritterschlag vor Klosterneuburg.[90]

Eine Verbindung der Idee der kämpferischen Bewährung im Krieg und des Ritterschlags im höfischen Umfeld findet sich im Ritterschlag Ludwigs von Diesbach d. Ä. (†1452): Nach einer Pilgerreise nach Jerusalem unternahm er mit seinem Diener Hans von der Gruben noch eine zweite Reise, um *etliche künigreich* [*zu*] *besehen.*[91] Im neapolitanischen Lager vor dem belagerten Pescara erhielt er 1447 den Ritterschlag. Wie es auf einer solchen Ritterreise

---

87 Zimmern, Zimmerische Chronik, Bd. 1 (1881), S. 223f.; vgl. auch Hammes, Ritterlicher Fürst (2011), S. 322, insb. Anm. 27.

88 Zimmern, Zimmerische Chronik, Bd. 1 (1881), S. 242.

89 Ehenheim, Familienbuch Michels von Ehenheim (2007), S. 59f.

90 Ebd., S. 62, 65; Ehenheim hat die Belagerung von Klosterneuburg zeitlich falsch eingeordnet; vgl. Bach, Der ritterschaft in eren (2002), S. 77f., Anm. 332.

91 Hans von der Gruben, Die waldtfahrt gethan zu dem heiligen grab durch herr Ludwigen von Diesbach, rittern, und seinen diener Hanss von der Gruben. Geschrieben durch

üblich war, bat er dort König Alfonso von Aragon und Neapel (1432–1481) um die Aufnahme in seinen *erwürdigen orden*[92], also seine Adelsgesellschaft. Der König ließ auch gleich den *guldin orden*[93] eines Ritters seiner Gesellschaft bringen. Ludwig eröffnete ihm daraufhin, er wäre noch kein Ritter. Nun hätte der König schlicht einen in Silber gefassten Orden bringen können, wie ihn auch Diesbachs Begleiter Hans von der Gruben schließlich erhielt. Alfonso machte ihn jedoch nicht nur umgehend zu einem Ritter, sondern ihm *ze ehren wurden mit ihm ze ritter geschlagen etlich herren die des küngs diener waren, die do userwelt waren zu stürmen.*[94] Die Umstände der Belagerung verknüpfen den eigentlich im höfischen Kontext verhafteten Ritterschlag auf einer Ritterreise[95] deutlich mit der kriegerischen Idee des Rittertums. Es sollte aber nicht bei bloßer Symbolik bleiben. Man würde annehmen, dass Diesbach wenig mit dem dortigen Konflikt zu schaffen hatte. Doch in der Herberge *ward herr Ludwig ze rat, dass er mit anderen herren ritteren und knechten stürmen wellt.*[96] Es ist kaum vorstellbar, dass dies nicht im Verständnis seiner ersten kämpferischen Bewährung als Ritter geschah. Da er als Reisender keineswegs für den Krieg gerüstet unterwegs war, half ihm der König gerne aus: [*U*]*nd do der küng das vernahm, zu hand lies er im allen züg von harnisch und gewehr bringen, als es dann einem ritter gehört zu dem sturm, des gleichen ward mir* [*Hans von der Gruben*] *ouch bestellt von harnäsch und von were wie dann einem armen gesellen zimpt.*[97] Da sich Pescara gleich am nächsten Tag ergab, verpasste Ludwig diese Gelegenheit zur Bewährung. Die erhaltene Ausrüstung schenkte er an seinen Falkner, einen polnischen Ritter, weiter. Grubens Rüstung erhielt ebenfalls ein Diener Diesbachs.[98] Der Umstand der Ritterreise war Diesbach jedoch offenbar genug Grund, den Titel schließlich auch zu führen. Darauf wird noch zurückzukommen sein.

---

den obgenandten Hanss von der Gruben, hrsg. von Max von Diesbach, in: Archiv des Historischen Vereins des Kantons Bern 14 (1893/96), S. 117–151, hier S. 120.

92 Ebd., S. 121.

93 Ebd., S. 122.

94 Ebd.

95 Ritterschläge an fremden Höfen waren übliche Praxis auf einer Adelsreise; vgl., Gerhard Fouquet, „begehr nit doctor zu werden, und habs Gott seys gedanckht, nit im Sünn". Bemerkungen zu Erziehungsprogrammen ritterschaftlicher Adliger in Südwestdeutschland (14.–17. Jahrhundert), in: Hans-Peter Becht (Hg.), Wirtschaft – Gesellschaft – Städte. Festschrift für Bernhard Kirchgässner zum 75. Geburtstag, Ubstadt-Weiher 1998, S. 95–127, hier S. 97.

96 Gruben, Die waldtfahrt (1893/96), S. 122.

97 Ebd.

98 Vgl. ebd., S. 122f.

Der ebenfalls auf Ritterreise befindliche Augsburger Patrizier Sebastian Ilsung setzte hingegen in einer sehr ähnlichen Situation Kampfhandlungen für seinen Ritterschlag sogar voraus. Ein Jahr vor Diesbachs Ritterschlag, 1446, fand er König Juan II. von Kastilien (1405–1454) im Belagerungslager vor der Stadt Atienza und wartete dort fünf Tage vergeblich auf einen Sturm auf die Stadt.[99] Er schreibt im Ilsungischen Ehrenbuch, er *wer da wol ritter worden mit groſſen eren*, habe den Ritterschlag dann aber anders als den Hoforden des Königs abgelehnt.[100] Roth von Schreckenstein vermutet, Ilsung sei von den „Verpflichtungen" und „starken Ausgaben", die mit einem Ritterschlag einhergingen, abgeschreckt worden.[101] Abgesehen von dieser ausbleibenden Begründung seiner Ablehnung schreibt Ilsung in seinem Reisebericht weiter, dass er den Ritterschlag angenommen hätte, wäre es zum Kampf gekommen: Hätte der Sturm auf die Stadt nämlich stattgefunden, *so meist ich ritter sein worden*.[102]

So eng war die Idee des Ritterschlags mit dem unmittelbaren Kampfgeschehen verbunden, dass er auch noch 1499 zynisch im Zusammenhang mit dem Sieg der Eidgenossen über die königlichen Truppen in der Schlacht von Dornach am 22. Juli erwähnt werden konnte: Valerius Anshelm geht im Kontext der Schlacht kurz auf das Schicksal eines der Teilnehmer, des jungen Basler Bürgers Hans Ulrich Jungermann (1472–1499), ein. Dieser sei an diesem Tag mit seinem *wolgebornen veldherren*, Graf Heinrich VII. von Fürstenberg, gefallen. Wie Anshelm es beschreibt, hatte Hans Ulrich kein sonderlich vorbildliches Leben geführt, das nun durch einen frühen Tod ein Ende fand. Da sein Vater versucht hatte, den eher gelehrigen Jungen mit fragwürdigem Erfolg zu einem *manlichen weltlichen junkherren* zu machen,[103] merkt der Berner Chronist nun beißend in einem Wortspiel an, wäre der junge Mann durch die

---

99 Vgl. zu der Situation vor Atienza Volker Honemann, Sebastian Ilsung als Spanienreisender und Santiagopilger, in: Klaus Herbers (Hg.), Deutsche Jakobspilger und ihre Berichte (Jakobus-Studien 1), Tübingen 1988, S. 61–95, hier S. 67f., insb. Anm. 21.

100 Sebastian Ilsung, Auszug aus dem Ilsung. Ehrenbuch, Sebastian Ilsungs Reißen, Orden und Gesellschafften auch anderes betr., hrsg. von Philipp Wilhelm Gottlieb Hausleutner, in: Schwäbisches Archiv 2 (1793), S. 338–343, hier S. 341.

101 Karl Heinrich Leopold Roth von Schreckenstein, Die Ritterwürde und der Ritterstand. Historisch-politische Studien über deutsch-mittelalterliche Standesverhältnisse auf dem Lande und in der Stadt, Freiburg i. B. 1886, S. 672f.

102 Sebastian Ilsung, Textedition in „Sebastian Ilsung als Spanienreisender und Santiagopilger", hrsg. von Volker Honemann, in: Klaus Herbers (Hg.), Deutsche Jakobspilger und ihre Berichte (Jakobus-Studien 1), Tübingen 1988, S. 81–95, hier S. 89.

103 Vgl. zu Hans Ulrich Jungermann auch unten, S. 288f.

Eidgenossen *riter-zetod-geschlagen* worden.[104] Hatte er also offenbar für seinen Ritterschlag eines Ritters würdige Schläge gesucht, schlugen die Schweizer nur zu gerne zu.[105]

1.3 Rittertum und Fragen der Moral

Das Rittertum förderte und forderte also das Gewalthandeln. Richard Kaeuper spricht davon, die gewalttätige Überwindung des Gegners beziehungsweise „hacking him down to the point of submission or death [...] appears time and again as something like the ultimate human quality".[106] Andere Qualitäten hingegen – seien es adlige oder christliche – haben einen deutlich niedrigeren Stellenwert, ja leiden mitunter durch diese Zuwendung zur Verehrung des Kriegertums. Selbst in der höfischen Literatur lässt sich das beobachten: Im Ritterroman ‚Theuerdank' bittet Königin Ehrenreich, also die Dame, deren Herz (und damit Königreich) der Romanheld Theuerdank geschworen hat zu gewinnen, er möge seine lebensgefährlichen Turnierkämpfe an ihrem Hof einstellen. Auch wenn sich Theuerdank ihrem treuen Dienst verschrieben hat, würdigt er dieser Bitte keine lange Diskussion. Er habe bereits seinem Gegner den Kampf zugesagt und eine Absage könnte ihm als Feigheit ausgelegt werden:

> Ob Ich von demſelben Eer het
> Das mo̊gt Ir ſelbs wol betrachten.

---

104 Anshelm, Berner-Chronik, Bd. 2 (1886), S. 231f.; zu Hans Ulrich Jungermann und seinem Vater Hans vgl. Paul Koelner, Die Zunft zum Schlüssel in Basel, Basel 1953, S. 251f., 277; Wilhelm Richard Staehelin, Das Wappenbuch E. E. Zunft zum Schlüssel in Basel, 1514, in: Schweizerisches Archiv für Heraldik 62 (1948), S. 20–30, 64–69, 103–106, hier S. 25f.

105 Dies erinnert an den Ritterschlag eines offenbar Erfurt entstammenden anonymen Söldners im Jahr 1490: Im Zuge der Krönungszeremonie Vladislavs II. von Böhmen und Ungarn in Stuhlweißenburg ernannte dieser auch neue Ritter. Der neue König von Ungarn schlug offenbar so heftig – wie *mit eyner grossen keulen* – zu, dass dem Söldner der Kopf blutete. Auf den genauen Grund will er seinem Bericht leider nicht eingehen: *Die vrsach ist vmb kurz willen in der federn plyben*; Erlebnisse eines deutschen Landsknechts (1484–1493), von ihm selbst beschrieben (Textedition), hrsg. von Wilhelm Johann Albert von Tettau, in: Mittheilungen des Vereins für die Geschichte und Alterthumskunde 4 (1869), S. 6–17, hier S. 12.

106 Kaeuper, Chivalry and Violence (2001), S. 143.

Umgehend gibt die Königin nach und fordert ihn schließlich auf, *frölich* fechten zu gehen, sie werde zum Zuschauen kommen.[107] Das Urteil, die Motivation und die Bewunderung der Dame waren hochwillkommen. Vermeintliche Sentimentalität, die den Edelmann von ritterlichen Taten fernhielt, war es hingegen weniger. *D'hund hinken, frawen wainen und d'krenet schweren, Doran soll sich aber niemands keren,*[108] besagte ein zeitgenössisches Sprichwort. Männliches Handeln an den Emotionen einer Frau auszurichten wäre also so wertlos, wie etwas auf das Hinken eines Hundes oder den Schwur eines Kindes zu geben.

Normative Quellen, wie Rothes Ritterspiegel, mögen zwar einen hohen moralischen Anspruch an die Person des Ritters legen. Solche Forderungen zur Reform implizieren jedoch vor allem, dass in der Praxis Mängel bestanden. Besonders Johan Huizinga kontrastiert deutlich „Begehrlichkeit, Grausamkeit, kalte Berechnung, schnöde Interessen und diplomatische Ränke" bei den französischen Chronisten des Spätmittelalters mit ihrer Glorifizierung „ritterliche[n] Heldentum[s] und ritterlich[r] Tugenden".[109] Kann Huizinga dort diesen vermeintlichen Widerspruch nur mithilfe seiner Idee eines „Traumideals" auflösen, erklären Maurice Keen und Malcolm Vale das Rittertum gerade zu einer der Ursachen solcher Umstände. Kriege, Grausamkeit Unruhen, Raub und Plünderungen wurden durch das Rittertum kaum bekämpft, sondern vielmehr gefördert.[110] Denn maßen Vertreter des Rittertums der Gewalt zentrale Bedeutung zu, fand sich nur sehr bedingt Sinn darin, diese zu meiden. Adlige Söldner, aber auch Ritterreisende wie Georg von Ehingen suchten deshalb kriegerische Bewährung in der Fremde.[111] Er brach 1456 zu seiner Ritterreise auf und begründet dies insbesondere mit den mangelnden Konflikten in der Heimat: *[I]nn den zytten begabe sich kein handlung oder kriegerisch uffruor by kainem küng oder fürsten, so wytt ich dann mein herfarung haben mocht. Eß war och guotter frid inn allen rychen der kristenhait.*[112] Nicht jeder folgte diesem Vorbild. Andere traten gleich zu Hause Konflikte los. Das mochte teils so ausarten, dass ihnen zwar kriegerischer Ruhm zuteilwurde, die Feindschaft ihrer Nachbarn jedoch ebenso. Die Zimmerische Chronik entwirft die Biographie des bereits erwähnten Grafen Friedrich ‚Oettinger' von Hohenzollern als

107 Maximilian I. et al., Theuerdank (2003), Kap. 105.

108 Zimmern, Zimmerische Chronik, Bd. 1 (1881), S. 300.

109 Huizinga, politische und militärische Bedeutung (1976), S. 19f.

110 Keen, Chivalry (2005), S. 230f.; Vale, War and chivalry (1981), S. 6–9; Patrick Meehan, The Physicality of Service in German Ideas of Knighthood, c.1200–1500, in: Brown Journal of History 7 (2013), S. 91–109, hier S. 95.

111 Vgl. Kaeuper, Chivalry and Violence (2001), S. 166–168.

112 Ehingen, Reisen nach der Ritterschaft (1979), S. 38.

Gegenbild zu der seines guten Freundes Johann von Zimmern.[113] Er wird als Grund genannt, weshalb die Grafschaft Zollern *verderpt* worden sei.[114] Dabei hätte Friedrich in der Fehde gegen seinen Bruder und ein Bündnis aus Reichsstädten die besten *reuter und kriegsleut* um sich gesammelt, die nirgendwo sonst noch Aufnahme gefunden hätten.[115] Es handelte sich also offenbar um Adlige wie Nichtadlige, die zwar zu kämpfen verstanden, jedoch um Recht und Moral wenig besorgt waren. Potentielle mächtige Verbündete hingegen schreckte er zugleich durch seine *faule und* […] *böse sach, die von niemands mit billichait mochte verthädinget werden*, ab.[116] Trotz all dieser moralischen Verurteilung Oettingers und seiner Anhänger kommt der Chronist nicht umhin, im Kampf ihre Ehre zu betonen. Der Edelmann Menloch von Dettlingen, der 1423 als Hauptmann dessen Schloss Hohenzollern gegen ein Städtebündnis verteidigte,[117] gilt als ein *alter, ehrlicher kriegsman*. Auch die anderen Verteidiger *hielten sich wie erlich kriegsleut, gleichwol iren die fürnembsten und der maist thail darauf giengen*.[118]

Selbst der Schutzauftrag gegenüber der Kirche, den Schwachen, Armen, Witwen und Waisen wurde in der Hand ritterlicher Krieger mehr zum Schwert als zum Schild. Mag das postmoderne Verständnis eines solchen Auftrags selbstverständlich universell sein, wurde die Menschheit an sich selten im Mittelalter universell referenziert.[119] Jene durch ritterlichen Eid und gesellschaftlichen Auftrag anvertrauten Schutzbefohlenen waren also in der Regel die eigenen Untertanen und die Untertanen des eigenen Herren. Die Armen und Schwachen eines anderen Herren hingegen kümmerten den Adligen und Ritter bestenfalls wenig. So förderte gerade der ritterliche Schutzauftrag den Angriff auf die besonders verletzbaren Untertanen des Gegners. Dem Feind wurde daher nicht nur strategischer und ökonomischer Schaden zugefügt; auch seine Machtbefugnis über die ihm anvertrauten Untertanen wurde auf diese Weise untergraben. Traf das vor allem Nichtadlige, so merkt Gadi Algazi an, dass somit auch die soziale Ordnung reproduziert wurde.[120]

---

113 Vgl. Wolf, Von der Chronik zum Weltbuch (2002), S. 243.

114 Zimmern, Zimmerische Chronik, Bd. 1 (1881), S. 270.

115 Ebd., S. 271.

116 Ebd., S. 275.

117 Vgl. Renate Neumüllers-Klauser, Die Inschriften des Landkreises Calw (Die deutschen Inschriften Heidelberger Reihe 10), Wiesbaden 1992, Nr. 89, S. 43.

118 Zimmern, Zimmerische Chronik, Bd. 1 (1881), S. 275; vgl. auch Ludwig Schmid, Belagerung, Zerstörung und Wiederaufbau der Burg Hohenzollern im fünfzehnten Jahrhundert, Tübingen 1867, S. 45–64. Vgl. auch unten, S. 191.

119 Vgl. Sieferle, Einleitung (1998), S. 11.

120 Vgl. dazu grundlegend Gadi Algazi, Herrengewalt und Gewalt der Herren im späten Mittelalter. Herrschaft, Gegenseitigkeit und Sprachgebrauch (Historische Studien 17),

Algazi stützt sich dabei besonders auch auf Felix Hemmerlis Dialog zwischen einem Adligen und einem Bauern, verfasst Mitte des 15. Jahrhunderts. Der Adlige spricht dort, dem Bauern müsse alle 50 Jahre beziehungsweise alle Jubeljahre seine Behausung verwüstet, niedergebrannt und geplündert werden. Denn nur wenn ihm die Flügel gestutzt würden, flöge er nicht zu hoch.[121] So begreift Götz von Berlichingen den Anblick fünf Schafe reißender Wölfe nach einem erfolgreichen Überfall während der Mainzer Fehde 1516 als gutes Omen. Schließlich zeigte die Berlichinger Helmzier ebenfalls einen Wolf mit einem Lamm im Maul (vgl. Abb. 1). Statt dem unter gegnerischem Schutz stehenden Schäfer zu helfen, rief er nach eigener Aussage den Wölfen zu: „*Gluck zu liebenn gesellenn, gluck zu vberall!*" Diese Wölfe hatten schließlich mehr mit ihm gemein als Schafe oder Schäfer. Solange der fremde Wolf also fremde Schafe tötete, bewunderte ein ritterlicher Adliger wie Berlichingen lieber den angreifenden Wolf als Mitleid mit seinen Opfern zu haben. Denn Götz und der Wolf hatten Berlichingens Feinde *mit einannder angrieffenn*.[122]

Nicht nur Adlige bewunderten solche kriegerisch-raubenden Gewalttäter. 1440 kam Graf Friedrich ‚Oettinger' von Hohenzollern nach über zehnjähriger Gefangenschaft durch die Württemberger Gräfin Henriette von Mömpelgard (†1444)[123] frei. Die Reaktionen bei seiner Heimreise verdeutlichen vielleicht am besten die ambivalente Haltung von Bauern und sogar von Klerikern gegenüber der stets präsenten Bedrohung durch den krieg- und fehdeführenden Adel.[124] Hatte sich der berüchtigte Ritter im Zuge seiner rücksichtslosen Fehdetätigkeit nicht nur Gräfin Henriette zum Feind gemacht, schützten ihn zahlreiche Freunde und Verwandte auf der Heimreise. So ritt schließlich der Zug gerüsteter Reiter in das Dorf Hochmössingen am Neckar ein, das derzeit den Freiherren von Zimmern gehörte.[125] Ob der großen Zahl Reiter alarmiert,

---

Frankfurt am Main 1996; vgl. auch Christine Reinle/Peter Hesse, Logik der Gewalt. Die Auseinandersetzungen der Percy und der Neville um die Mitte des 15. Jahrhunderts im Abgleich mit der kontinentalen Fehdepraxis, in: Winfried Speitkamp (Hg.), Gewaltgemeinschaften. Von der Spätantike bis ins 20. Jahrhundert, Göttingen 2014, S. 103–148, hier S. 119f.; Jack Gassmann, Thoughts on the Role of Cavalry in Medieval Warfare, in: Acta Periodica Duellatorum 2,1 (2015), S. 149–177, hier S. 161; Keen, Chivalry (2005), S. 75f.

121 Vgl. Algazi, Herrengewalt (1996), S. 201–206; vgl. besonders auch Konstantin Moritz A. Langmaier, Felix Hemmerli und der Dialog über den Adel und den Bauern (De nobilitate et rusticitate dialogus). Seine Bedeutung für die Erforschung der Mentalität des Adels im 15. Jahrhundert, in: Zeitschrift für die Geschichte des Oberrheins 166 (2018), S. 21–76, hier S. 57, insb. Anm. 173.

122 Berlichingen, Fehd und Handlungen (1981), S. 113.

123 Vgl. Bastress-Dukehart, The Zimmern chronicle (2002), S. 87f.

124 Vgl. Zimmern, Zimmerische Chronik, Bd. 1 (1881), S. 286f.

125 1535 verkaufte Gottfried Werner von Zimmern das Dorf an die Stadt Rottweil; vgl. ders., Zimmerische Chronik. Bd. 3 (1881), S. 103.

ABB. 1 Wappen Götz von Berlichingens im Fehdebuch Nürnbergs. Die Helmzier zeigt einen Wolf mit einem Lamm im Maul (Fehdebuch der Reichsstadt Nürnberg 1551/1600 (Germanisches Nationalmuseum Nürnberg, Hs 22547) (public domain), fol. 55v)

fürchteten die Bauern, *es were ain reuterei verhanden, die uf den raub und nom umbher terminierten.*[126] Dementsprechend erschrocken sammelten sie sich unter Waffen und läuteten Sturm. Das schien Musik in den Ohren des Grafen Friedrich gewesen zu sein. Er lachte und rief scherzhaft *„Dank haben, ir liebe*

126 Zimmern, Zimmerische Chronik, Bd. 1 (1881), S. 286.

glöckli, das ir mich noch kennen!",[127] da er die Sturmglocken eines im Überfall begriffenen Dorfes seit Jahren nicht mehr gehört hatte. Kaum erkannten die Bauern jedoch den berüchtigten Grafen und guten Freund ihres Herren, schlug ihre Furcht ins Gegenteil um: Statt Vorbehalte gegenüber dem räuberischen Ritter zu haben, waren die eben noch zur Verteidigung gerüsteten Bauern beglückt. Sie freuten sich über seinen Anblick und dass er endlich aus dem Gefängnis befreit worden wäre. Auch auf der folgenden Weiterreise schlug ihm immer wieder Begeisterung entgegen. Sogar die Priorin eines der Oberndorfer Frauenklöster und ihr ganzer Konvent zogen ihm *mit groser ceremoni in ainer procession entgegen*.[128] Neben Glückwünschen dankte sie auch Gott für seine Befreiung. Erst als er sehr unzweideutig über vergangene Liebesabenteuer mit der Priorin spottete, rief sie bloß im Scherz: „*Ach, gnediger herr, wie seind ir noch so ain böser man*".[129] Hätten sie als Fremde vor einem solchen Gewalttäter also panisch Alarm geschlagen, zeigten hier Bauern und Klerus nicht bloß eine Gleichgültigkeit gegenüber seinem Lebenswandel. Sie verehrten ihn geradezu.

Der Ritter im ausgehenden Mittelalter war also in erster Linie ein Krieger und wurde als solcher immer noch in Ehren gehalten. Dass er damit auch als Räuber und Plünderer lebte, wurde sogar von jenen akzeptiert, die in anderen Situationen unter seiner Lebensweise gelitten hätten.

1.4 Zwischenfazit

Ritterlich zu leben und zu handeln bedeutete im ausgehenden Mittelalter zweierlei: Seltener beziehen sich die Quellen auf den niederadligen Status einer Person und sein entsprechendes Handeln. Größtenteils beziehen sie sich jedoch auf beispielhaftes Kampfverhalten Adliger wie Nichtadliger. Ethische Normen waren Teil des Adelslebens, des Rittertums hingegen nur bedingt. Der im Ritterschlag ausgesprochene gesellschaftliche Schutzauftrag diente weniger eindämmend, als dass er Gewalt versuchte in andere Richtungen zu leiten. Nicht die gute Absicht, sondern die bewaffnete Tat war ritterlich. Deshalb war mit dem spätmittelalterlichen Ritterschlag die ritterliche Bewährung durch Waffenspiele oder ernste Gefechte so eng verbunden. Der Edelmann wollte Ritterliches und damit kriegerisch Großartiges leisten, nicht in erster Linie Gutes tun. Denn dafür wurde er verehrt und geehrt.

---

127 Zimmern, Zimmerische Chronik, Bd. 1 (1881), S. 286f.

128 Ebd., S. 287.

129 Ebd.

KAPITEL 2

Der ritterliche Charakter des Adels

Das Rittertum war wesensbestimmend für den Adel. Es war nicht nur ein Mantel, den sich Adlige im Hochmittelalter umlegten, weil er für einen Moment ihr Erscheinungsbild komplettieren konnte. „To judge men and to fight were the original functions of nobility",[1] schreibt Maurice Keen. Nach fast einem Jahrhundert Früher Neuzeit heißt es 1594 von Cyriacus Spangenberg im ‚Adelsspiegel' genau in diesem Sinne, der Niederadel, also die Ritterschaft, habe nach des Hochadels *befehl vnd ordnung gute policey vnd regierung zu erhalten / den gemeinen Nutz zu ſuchen vnd zu pflantzen / die ſchwere regierung / Gericht vnd Oberkeit zu haben / auch ſich wehrhafftig zu halten / in ritterlichen ſachen zu vben / wo es not / Krieg zu fůren / etc. Darumb ſie auch Rittermeſsige Leut heiſſen / vnd werden auch daufür geehret vnd gehalten / vnd durch beſondere Ehrentittel vnd Namen / Wapen / Schild vnd Helm andern fůrgezogen.*[2] Edelleute seien *ſonderlich für andern zum Kriege ausgeſondert / vnd zur Ritterſchaft geadelt / daher ſie auch offt auff irer Oberkeit befehl / vnd gemeinen Nutzes wegen / oder ſonst ehre vnd Gut zu erwerben / ſich in fehrliche Zůge begeben můſſen.*[3] Adel drückte sich charakteristisch in Formen der Herrschaft und des Kampfes aus.[4] Diese Identität war, wie der Adel schließlich auch, konstruiert,

---

1 Keen, Chivalry (2005), S. 152.

2 Spangenberg, Der Ander Teil des Adelspiegels (1594), fol. 19r.

3 Ebd., fol. 27v–28r.

4 Vgl. Conze et al., Art. „Adel, Aristokratie" (1997), S. 1; Kaeuper, Chivalry and Violence (2001), S. 22, 190; Peter Moraw, Staat und Krieg im deutschen Spätmittelalter, in: Werner Rösener (Hg.), Staat und Krieg. Vom Mittelalter bis zur Moderne, Göttingen 2000, S. 82–112, hier S. 97; Keen, Chivalry (2005), S. 153; Roger Sablonier, Rittertum, Adel und Kriegswesen im Spätmittelalter, in: Josef Fleckenstein (Hg.), Das ritterliche Turnier im Mittelalter. Beiträge zu einer vergleichenden Formen- und Verhaltensgeschichte des Rittertums (Veröffentlichungen des Max-Planck-Institut für Geschichte 80), Göttingen 1985, S. 532–567, hier S. 555; Richard W. Barber, When is a knight not a knight?, in: Stephen Church/Ruth Harvey (Hgg.), Medieval Knighthood. Bd. 5: Papers from the sixth Strawberry Hill Conference 1994, Woodbridge 1994, S. 1–17, hier S. 13f., 17; Jürg Gassmann, Honour and Fighting Social Advancement in the Early Modern Age, in: Acta Periodica Duellatorum 3,1 (2015), S. 139–181, hier S. 171f.; Gert Melville, Nachbemerkungen: Das öffentliche Duell zwischen archaischer Symbolik und rationaler Inszenierung, in: Uwe Israel/Christian Jaser (Hgg.), Agon und Distinktion. Soziale Räume des Zweikampfs zwischen Mittelalter und Neuzeit (Geschichte – Forschung und Wissenschaft 47), Berlin, Münster 2016, S. 125–133, hier S. 130; Achatz von Müller,

 | DOI:10.1163/9789004527010_004

was der Sache keineswegs ihre Realität nahm.[5] In der städtischen, bürgerlichen Selbstdarstellung waren ökonomische Erfolge ausschlaggebend und ökonomische Werte bestimmten den Diskurs. Das adlige Milieu hingegen demonstrierte Macht in seinen Möglichkeiten, zu nehmen und zu geben.[6] Die Ausübung physischer Gewalt war Teil dieses Prozesses. „Der Habitus aller dieser Leute [...] war militärisch, [...], und blieb militärisch wenigstens im Prinzip auch über das Mittelalter hinaus",[7] schreibt Peter Moraw. Selbst als sich etwa 1300 der Ritterstand herausbildete,[8] hatte sich das also nur bedingt geändert. Er hatte sich als Geburtsadel formiert, womit der Ritterschlag einen Teil seiner ursprünglichen Bedeutung als Initiationsritus einbüßte und damit auch als Kennzeichen gesellschaftlichen Aufstiegs. Einer der wichtigsten Gründe für Mitglieder des Standes, den mitunter sehr aufwändig zu erlangenden Ritterschlag zu erstreben, ging dementsprechend verloren. Zugleich ermöglichte diese Ehre selbst einem Gemeinen nur noch bedingt den Aufstieg in den Stand oder gar dessen Akzeptanz.[9] Der Ritterschlag ersetzte im Spätmittelalter also keinesfalls die Geburt in eine ritterliche Familie. Bereits im

---

Schauspiele der Gewalt – Vom Zweikampf zum Duell, in: Uwe Schultz (Hg.), Das Duell. Der tödliche Kampf um die Ehre (Insel-Taschenbuch 1739), Frankfurt am Main 1996, S. 12–33, hier S. 16f.

5 Vgl. Kerth, Die letzten ‚taflrunder'? (2002), S. 180f.

6 Morsel, Die Erfindung des Adels (1997), S. 360.

7 Moraw, Staat und Krieg (2000), S. 93.

8 Vgl. Josef Fleckenstein, Die Entstehung des niederen Adels und das Rittertum, in: Josef Fleckenstein (Hg.), Herrschaft und Stand. Untersuchungen zur Sozialgeschichte im 13. Jahrhundert (Veröffentlichungen des Max-Planck-Instituts für Geschichte 51), Göttingen 1977, S. 17–39; Bumke, Höfische Kultur, Bd. 1 (1990), S. 69–71.

9 Bereits unter Friedrich Barbarossa findet sich Ende des 12. Jahrhunderts im Landfrieden ‚Constitutio contra incendiarios' die Bestimmung, Söhne von Priestern, Diakonen und Bauern nicht mehr zum Ritterschlag zuzulassen: *De filiis quoque sacerdotum, dyaconorum ac rusticorum statuimus, ne cingulum militare aliquatenus assumant, et qui iam assumerunt, per iudicem provinciae a milicia pellantur*; Friderici I. constitutiones, hrsg. von Ludwig Weiland, in: Ludwig Weiland (Hg.), Constitutiones et acta publica imperatorum et regum. Bd. 1: 911–1197 (MGH Const. 1), Hannover 1893, S. 191–463, hier Nr. 318, S. 451f. Unter Friedrich II., also in der ersten Hälfte des 13. Jahrhunderts, gilt es schon als kaiserliches Gesetz, dass allein Nachkommen von Rittern Ritter werden können; vgl. Gustav Adelbert Seyler, Geschichte der Heraldik. Wappenwesen, Wappenkunst, Wappenwissenschaft, Nürnberg 1890 [ND Neustadt a. d. Aisch 1970], S. 9; vgl. weiterhin Bumke, Höfische Kultur, Bd. 1 (1990), S. 69–71; Keen, Chivalry (2005), S. 143–147; Paravicini, Die ritterlich-höfische Kultur (2011), S. 4, 41; Prietzel, Kriegführung im Mittelalter (2006), S. 258–261; Hammes, Ritterlicher Fürst (2011), S. 376–381. Mario Müller, Ritterlich-adlige Lebenskultur vom 14. bis zum 18. Jahrhundert, in: Heinz-Dieter Heimann (Hg.), Weltbilder des mittelalterlichen Menschen (Studium Litterarum 12), Berlin [1]2007, S. 209–256, hier S. 216–218. Vgl. für dieses Phänomen in England und Frankreich Kaeuper, Chivalry and Violence (2001), S. 191f.

14. Jahrhundert ging dementsprechend die Zahl von Trägern des Rittertitels in den Heeren der lateinischen Christenheit stark zurück.[10] Michel von Ehenheim illustriert diese variierenden Bedeutungen des Ritterbegriffs gut, wenn er über seinen ersten Ritterschlag 1488 vor Ninove scheibt, Paul von Absberg habe *unns riter unnd knecht zu riter* geschlagen.[11] Dass der selbst titulierte *ritterman vom adell*,[12] Götz von Berlichingen, seine nie erlangte Ritterwürde in seinem autobiographischen Werk nicht einmal thematisiert,[13] ist bezeichnend für die Bedeutung des Rittertitels im 16. Jahrhundert.

Das Rittertum blieb jedoch wirkmächtig im Adel. Besonders deutlich wird das in den Jahrhunderte andauernden Auseinandersetzungen um das den Adel ausschlaggebende Charakteristikum: Seit der Ausbildung des Ritterstandes bis ins 18. Jahrhundert nämlich zog sich die Debatte hin, ob Blut oder Tugend einen Adligen adlig machten. Dabei setzen die Zeitgenossen besagte adlige Tugend oft genug mit ritterlicher Tugend gleich, sodass Adel besonders in kriegerischen Taten erkannt wurde.[14] In der Vorrede zu Reinhard zu Solms ‚Beschreibung Vom Ursprung, anfang und herkhomen des Adels' setzt sich sein Verleger Sigmund Feyerabend (1528–1590) im Jahr 1563 auch mit den kriegerischen Wurzeln des Adels auseinander. Bei der ursprünglichen, mythischen Ordnung der Stände hätten sich einige unter den Herrschenden und den Beherrschten im Krieg *mit ſonderer Mannheyt bewisen / anderen gemeynen Kriegßleuthen vorgezogen / hôher geacht / vnd hernach zu Regiments Amptern gebraucht. Solche wurden alſo in Adelichen Stand gerechnet / vnd mochte der Elteren Ehr vnnd Wirde die Kinder nicht ſonderlich fürtragen / es were dann daß ſie mit Adelichen tugenden / ſich denſelbigen gleichfôrmig hielten vnd erzeygten.*[15] Das vermeintliche Gegeneinander von adliger Abstammung und

10 Vgl. Prietzel, Kriegführung im Mittelalter (2006), S. 258f.; Morsel, Die Erfindung des Adels (1997), S. 333, Anm. 42; Philippe Contamine, Points de vue sur la chevalerie en France à la fin du Moyen Âge, in: Francia 4 (1976), S. 255–285, hier S. 259f.; Karl Heinrich Schäfer, Deutsche Ritter und Edelknechte in Italien während des 14. Jahrhunderts. Bd. 1: Im päpstlichen Dienste, Darstellung (Quellen und Forschungen aus dem Gebiete der Geschichte 15,1), Paderborn 1911, S. 108–110.

11 Ehenheim, Familienbuch Michels von Ehenheim (2007), S. 60.

12 Berlichingen, Fehd und Handlungen (1981), S. 52.

13 Vgl. Helgard Ulmschneider, Götz von Berlichingen. Ein adeliges Leben der deutschen Renaissance, Sigmaringen 1974, S. 249.

14 Vgl. Keen, Chivalry (2005), S. 156–161; Conze et al., Art. „Adel, Aristokratie" (1997), S. 15–18; Mauntel, Gewalt in Wort und Tat (2014), S. 75f.; Vale, War and chivalry (1981), S. 26.

15 Reinhard zu Solms, Beschreibung Vom Ursprung, anfang und herkhomen des Adels, Adelichen vnderhaltungen vnd aufferlegtem gebürlichem beuelch, wie sich der Adel seinem Tittel nach halten vnd herwiderumb solle gehalten werden. Alles mit berichtlichen vrsachen angezeygt, Frankfurt am Main 1563, die Vorrede ist unpaginiert.

ritterlich-adliger Tugend lösten die meisten adligen Zeitgenossen auf, indem sie die Tugend in die Tradition des Adelsgeschlechts stellten.[16]

Diese ritterliche Tradition wird gerne auch in der Konstruktion fürstlicher Biographien heraufbeschworen. Das geschah nicht zuletzt, weil die ritterliche Erziehung des jungen Fürsten zusammen mit seinen Kindheitsgefährten auch im ausgehenden Mittelalter noch Realität war.[17] Zur Fürstenerziehung gehörte mehr als nur eine kriegerische Ausbildung und ein Fürst mühte sich, diese umfassende Bildung und Ausbildung zum Herrscher auch zu betonen. So überschritt der Renaissancefürst in der Inszenierung kindlicher Erziehung zwar „die engeren Grenzen ritterlich-herrscherlicher Selbstdarstellung“, wie Heinz Krieg in Bezug auf Maximilian von Habsburg schreibt.[18] Er lässt diese Grenzen jedoch nicht hinter sich. Ein Herrscher und insbesondere besagter Maximilian lebte als Adliger und herrschte als solcher schließlich über Adlige. Das erst 1830 durch Anton Alexander Graf von Auersperg geprägte Epitheton „der letzte Ritter“[19] lenkt oft zu sehr von der eigentlichen Absicht dieser Selbstdarstellung ab. Abgesehen von der Implikation, dass mit Maximilian ein End- oder gar Höhepunkt des Rittertums erreicht war, widerspricht ein solcher Beiname auch gänzlich der eigentlichen Idee der Inszenierung. Denn gute Selbstinszenierung ergreift nicht in erster Linie von einer Thematik Besitz, um bloß einer persönlichen Vorliebe des Inszenierten gerecht zu werden. Sie versucht vielmehr eine Bindung der Adressaten zur besagten Thematik auszunutzen. Der Fürst inszeniert sich ritterlich, weil dies in Tugenden und Symbolen seiner adligen Umwelt entspricht. Jan-Dirk Müller versteht die literarische Selbstdarstellung Maximilians als eine ausschließliche Aneignung des Rittertums durch die Person des Herrschers.[20] Werner Paravicini schlägt

---

16 Vgl. Keen, Chivalry (2005), S. 160f.

17 Vgl. Thomas Menzel, Der Fürst als Feldherr. Militärisches Handeln und Selbstdarstellung zwischen 1470 und 1550. Dargestellt an ausgewählten Beispielen, Berlin 2003, S. 14–20.

18 Heinz Krieg, Kaiser Maximilian I. und das Rittertum, in: Oliver Auge (Hg.), Fürsten an der Zeitenwende zwischen Gruppenbild und Individualität. Formen fürstlicher Selbstdarstellung und ihre Rezeption (1450–1550) (Residenzenforschung 22), Ostfildern 2009, S. 221–240, hier S. 221.

19 Vgl. Stefan Krause, The Making of "The Last Knight". Maximilian I's Commemorative Projects and Their Impact, in: Pierre Terjanian (Hg.), The last knight: The art, armor, and ambition of Maximilian I, New York 2019, S. 53–61, hier insb. S. 54; Paravicini, Die ritterlich-höfische Kultur (2011), S. 108–112; Krieg, Kaiser Maximilian I. und das Rittertum (2009), S. 255f.; Jan-Dirk Müller, Gedechtnus. Literatur und Hofgesellschaft um Maximilian I (Forschungen zur Geschichte der älteren deutschen Literatur 2), München 1982, S. 11f.; Prietzel, „Letzter Ritter“ (2018).

20 Vgl. Müller, Gedechtnus (1982), S. 220–228.

dementsprechend das alternative Epitheton „der einzige Ritter“ vor.[21] Die Idee des Rittertums bleibt jedoch weiterhin eine gemeinschaftliche, bleibt auf die Gruppe angewiesen. Der Herrscher mag sich als Quelle ritterlicher Ehre und als Idealbild des Rittertums verstehen und inszenieren. Eine solche Inszenierung, von Müller und Paravicini hier literarisch diskutiert, ist jedoch in der Wirklichkeit des Hoflebens und Krieges ohne ritterliche Zielgruppe kaum wirkungsvoll. Diese Gruppe schließlich sollte zum Nachahmen und vor allem auch zur Nachfolge inspiriert sein. Peter Niederhäuser kommt der Sache also näher, wenn er von einem Verständnis als „erster und bester Ritter vor allen anderen“[22] spricht, auch wenn dies weniger eingänglich sein mag.

Am prominentesten betont der ‚Weisskunig‘ beinahe für jede Fertigkeit und jede Kunst, die Teil von Maximilians Erziehung waren, ihre militärische Relevanz: Dazu gehören nicht nur Harnischfechten oder das Artilleriewesen. Der ‚Weisskunig‘ hebt selbst das Erlernen von Musik hervor, da diese ihm in Zukunft zur Motivation seiner Truppen diente, die Baukunst, die ihm zur Befestigung und Eroberung von Festungen hilfreich wurde, oder sogar die Malerei, die ihm unter anderem tiefere Einblicke in den militärischen Nutzen von Landschaften gab. Immer wieder spricht diese fiktionalisierte Autobiographie von der natürlichen Veranlagung und Meisterschaft, die der junge Fürst in all diesen Dingen erlangte.[23] Zur fürstlichen Erziehung gehörte selbstverständlich auch eine militärische Ausbildung, zu der Maximilian tatsächlich eine besondere Affinität gehabt zu haben scheint. Die entsprechende Förderung durch seinen Vater wird ihren Teil beigetragen haben. Rechnungen Wiener Plattner verweisen bereits für den sechsjährigen Jungen auf einen prächtigen Harnisch und entsprechende Waffen.[24] Das nimmt den

---

21 Paravicini, Die ritterlich-höfische Kultur (2011), S. 111; Malte Prietzel nimmt dazu kritisch Stellung; vgl. Prietzel, „Letzter Ritter“ (2018), S. 219f.

22 Peter Niederhäuser, „In allen Ritterspielen unübertrefflich“. Kaiser Maximilian als Turnierkämpfer, in: Peter Jezler/Peter Niederhäuser/Elke Jezler (Hgg.), Ritterturnier. Geschichte einer Festkultur, Luzern 2014, S. 93–102, hier S. 96.

23 Vgl. Maximilian I. et al., Der Weisskunig (1888), S. 74–113; Christian Kahl, Lehrjahre eines Kaisers – Stationen der Persönlichkeitsentwicklung Karls V. (1500–1558). Eine Betrachtung habsburgischer Fürstenerziehung/ -bildung zum Ende des Mittelalters. Diss. phil., Trier 2008, S. 100f.; Wiesflecker, Kaiser Maximilian I. Bd. 1 (1971), S. 76; Stefanie Rüther betont diese Darstellung besonders in Bezug auf die Inszenierung der früh angelegten Meisterschaft Maximilians im Geschützwesen; vgl. Stefanie Rüther, Der König als Feldherr. Normen und Begrenzungen im späten Mittelalter, in: Martin Clauss/Andrea Stieldorf/ Tobias Weller (Hgg.), Der König als Krieger. Zum Verhältnis von Königtum und Krieg im Mittelalter (Bamberger interdisziplinäre Mittelalterstudien Band 5, Bamberg 2015, S. 159–184, hier S. 167f.

24 Vgl. Wiesflecker, Kaiser Maximilian I. Bd. 1 (1971), S. 76; Menzel, Der Fürst als Feldherr (2003), S. 76–78.

Darstellungen kaum ihren meist überhöhten Propagandacharakter. Wie der ‚Weisskunig' betont auch die ‚Historia Friderici III et Maximiliani I' die militärische Veranlagung und Exzellenz des jungen Erzherzogs.[25] Denn auch dieses Werk war mittels persönlicher Diktate Teil des Gedechtnusprojekts des Herrschers.[26] In der ‚Historia' spricht Joseph Grünpeck (1473–1530) davon, dass der künftige Kaiser Maximilian bereits seiner Amme beim Anblick von Bewaffneten deren Waffen gewiesen hätte. Sobald er jemandem mit einem Messer ausgestattet sah, hätte er nicht Ruhe gegeben, bis es ihm hingehalten wurde.[27] Die in der Handschrift beigestellte aquarellierte Federzeichnung verstärkt diese Botschaft noch symbolisch:

Der kleine Maximilian reicht einem Mann goldenen Schmuck und greift zugleich nach dessen Waffe, entweder ein Langes Messer[28] oder ein Schwert (vgl. Abb. 2). Gerade noch kann der Mann die Parierstange greifen, bevor der Junge die Waffe an sich nehmen kann.[29] Des Kaisers spätere Prioritäten scheinen hier bereits deutlich zu werden: Denn erwachsen inszenierte er sich auch später gerne als freigiebig und kriegerisch. Friedrich III. soll laut dem ‚Weisskunig' seine *miltigkait und streitperkait* erkannt haben, als Maximilian gesagt habe, er wollte nicht *ain kunig des gelts* [*werden*], *sonder ich wil werden ein kunig des volks und aller der, die gelt haben, und ein kunig bestreit und bekriegt mit dem volk und nit mit dem gelt seine veind.*[30] Die kindheitliche Anziehungskraft der Waffen soll nicht nur die ritterliche Veranlagung dieses Habsburgers offenbar gemacht haben. Auch wenn Karl V. eher introvertiert gewesen sein soll, so teilte er in seiner Kindheit und Jugend bereits die Liebe seines Großvaters Maximilian zur Kriegskunst.[31] Nach der siegreichen Schlacht bei Mühlberg 1547 belagerte der Kaiser Wittenberg. Er bestellte den in der Stadt befindlichen Lucas Cranach d. Ä. (1472–1553) zur Audienz, um von ihm zu erfahren, wie dieser ihn wahrgenommen hatte, als er ihn als Achtjährigen

---

25 Vgl. Joseph Grünpeck, Historia Friderici III et Maximiliani I, hrsg. von Joseph Chmel, in: Joseph Chmel (Hg.), Der österreichische Geschichtsforscher. Bd. 1, Wien 1838, S. 64–97, hier S. 80–83.

26 Vgl. Müller, Gedechtnus (1982), S. 58.

27 Grünpeck, Historia (1838), S. 80.

28 Ein sogenanntes Langes Messer zeichnet sich vor allem dadurch aus, dass es im Gegensatz zu einem Schwert nur über eine Schneide und eine andere Gehilzkonstruktion verfügt; vgl. Patrick Leiske, Höfisches Spiel und tödlicher Ernst. Das Bloßfechten mit dem langen Schwert in den deutschsprachigen Fechtbüchern des späten Mittelalters und der frühen Neuzeit, Ostfildern 2018, S. 167.

29 Vgl. Joseph Grünpeck, Historia Friderici et Maximiliani, Wien ca. 1515 (Österreichisches Staatsarchiv Wien, HHStA HS B 9), fol. 40v.

30 Maximilian I. et al., Der Weisskunig (1888), S. 70f.; vgl. auch unten, S. 213.

31 Vgl. Kahl, Lehrjahre eines Kaisers (2008), S. 199–201.

ABB. 2 Der junge Maximilian versucht Geschmeide gegen die Waffe eines Höflings zu tauschen (Joseph Grünpeck, Historia Friderici et Maximiliani, Wien ca. 1515 (Österreichisches Staatsarchiv Wien, HHStA HS B 9), fol. 40v)

porträtiert hatte. Dem extra aus der Stadt herbestellten Lutherfreund Cranach wird ob dieser Frage des katholischen Herrschers ein Stein vom Herzen gefallen sein. Möglicherweise versuchte sich der Kaiser so kurz nach der Schlacht und im Eindruck des Schmalkaldischen Krieges rückzuversichern, dass es bereits im frühen Alter charakterliche Anzeichen für seine künftigen Taten gegeben hätte. Sehr ähnlich wie in Grünpecks Werk bestätigte Cranach ihm diese frühen Charakterzüge: Er soll erst stillgesessen haben, als sein Präzeptor an der gegenüberliegenden Wand einen eisernen Wurfspieß aufhängen ließ.[32] Denn dieser hätte sein *ingenium* gekannt: So hätten Eisen und Stahl – *ferr*[*um*] *ac chalib*[*s*] – zu betrachten ihm besonders gefallen.[33] Das erfreute Karl so sehr, dass er Cranach reich beschenkte. Er versicherte ihm weiterhin, auf dessen Bittgesuch hin, er habe kein Unrecht gegen den gefangenen Herrn Cranachs, Herzog Johann Friedrich von Sachsen, im Sinn.[34]

Hoch- wie Niederadligen war und blieb die Tradierung kriegerischer Tugend von großer Bedeutung. „[G]entility implied […] the forming of a tradition and manner of life and conduct which had stood the test of time into a second generation."[35] Galt Adel als erblich, wirkte dies jedoch im Grunde nur als Bestätigung ihres Standes. Durch die Betonung adligen Verhaltens bildeten Edelleute weniger Adel aus, als ihren Adel vielmehr durch entsprechendes Verhalten auszudrücken.[36] Tugendhafte Taten hoben den Adel des Geschlechts hervor. Grundlegend für die Verschränkung von Adel und Tugend ist also, dass adlig geborene Familien sich in einer Tradition kriegerischer Exzellenz glaubten und sich zur eigenen Legitimation verpflichtet sahen, dieser nachzustreben.

32 Vgl. Matthias Gunderam, Textedtion seiner Lebensbeschreibung Lucas Cranachs d. Ä., hrsg. von Carl Eberhard Reimer, in: Carl Eberhard Reimer (Hg.), Hiſtorisch-critiſche Abhandlung über das Leben und die Kunſtwerke des berühmten deutschen Mahlers, Lucas Cranach, Hamburg 1761, S. 26–31, hier S. 28f.; die jüngere Edition des Werkes Gunderams von 1854 ist aufgrund der zahlreichen Druckfehler kaum zu empfehlen; vgl. ders., Zeugniß des Cranach'ſchen Hauslehrers Matthias Gunderam zu Wittenberg, welches ſich im Thurmknopfe daſelbſt befindet, in: Joseph Heller (Hg.), Lucas Cranach's Leben und Werke, Nürnberg ²1854, S. 279–282. Neben diesem Bericht Matthias Gunderams, eines Vetters Cranachs d. Ä., im Jahr 1556 schreibt 1609 auch Valentin Sternbeke davon. Er beruft sich dabei auf Lucas Cranach den Mittleren, Sohn Lucas Cranachs d. Ä.; vgl. Tanja Holste, Die Porträtkunst Lucas Cranachs d. Ä. Diss. phil., Kiel 2004, S. 11 insb. Anm. 46; auch Philipp Melanchthon weiß die Geschichte mit diesen Details im Jahr 1560 wiederzugeben; vgl. Philipp Melanchthon, Philippi Melanthonis Opera Quae Supersunt Omnia. Bd. 6, hrsg. von Karl Gottlieb Bretschneider (Corpus Reformatorum 6), Halle a.d. Saale 1839, Nr. 3875, Sp. 539f.

33 Gunderam, Lebensbeschreibung Lucas Cranachs d. Ä. (1761), S. 29.

34 Vgl. ebd.

35 Keen, Chivalry (2005), S. 161.

36 Morsel, Adel in Armut – Armut im Adel? (2004), S. 142.

Im Umkehrschluss weckte dies nicht nur Erwartungshaltungen. Es öffnete die Tür weit für jede Kritik, konnte oder wollte ein Adliger nicht zu den Waffen greifen. Willibald Pirckheimer, selbst Teilnehmer am Schweizerkrieg 1499, hält sich bei seiner Kritik am Verhalten des Adels auf seiner Seite des Krieges kaum zurück. Er beschreibt, wie die Adligen im Hegau selbst aus Burgen flohen, die von den Eidgenossen kaum hätten erobert werden können: *Uerum nobiles illi non tam audaces erant ad resistendum hosti armato quam apti ad exercenda latrocinia et depraedationem uiatorum; nam quaestum illum a maioribus acceptum strenue exercebant existimantes non paruum fortitudinis ac nobilitatis esse indicium, si furum instar raptu et ex aliorum uiuerent miseriis.*[37] Dieses Rauben war für einen Nichtadligen und Humanisten wie Pirckheimer problematischer als für einen Edelmann. Für Adlige war eine solche Art der Bereicherung, wie später noch thematisiert, weniger entehrend. Die wichtigere Aussage Pirckheimers ist, dass er das Rauben mit der Feigheit kontrastiert. Die Weigerung, sich selbst in den gut befestigten Burgen gegen die nichtadligen eidgenössischen Fußknechte zur Wehr zu setzen, scheint ihm grundsätzlich dem ritterschaftlichen Selbstverständnis zu widersprechen. Der Chronist Valerius Anshelm berichtet in seiner ‚Berner Chronik' von der Adelskritik des Ritters Hans Spät im selben Krieg, die die grundsätzlich selbe Aussage noch drastischer trifft. Der schwäbische Niederadlige hatte sich als erfahrener und berüchtigter Kriegsmann die Namen ‚Wildhans' und ‚Teufel' verdient.[38] Anshelm selbst spricht von *vil riterliche*[*n*] *taten* des Ritters in einer Fehde gegen Georg den Reichen von Bayern-Landshut (1455–1503).[39] Auch die Zimmerische Chronik hebt seine unschätzbaren Kenntnisse, die er als Befehlshaber bei der Wiedereroberung Meßkirchs durch die Freiherrn von Zimmern im Jahr 1503 genutzt hätte, hervor.[40] Eine solche Autorität in Fragen des Rittertums äußert nun in Anshelms Chronik Sympathie für die Sache der Schweizer und Abneigung für die *grosshansen, herren und junkherren* aufseiten des Schwäbischen Bundes. Anshelm meint, er hätte ihn dies sogar persönlich in Tübingen sagen gehört. Einerseits sprach sich Spät für den redlichen Charakter der Eidgenossen aus. Andererseits – und das ist hier entscheidend – stellte er klar, dass er sich nicht für jene Adlige im Krieg einsetzen lassen wollte, die oberhalb des Bodensees in Städten in Betten lägen, selbst kaum jemals einen Schweizer gesehen hätten oder auch nur eine Kuhglocke hätten läuten gehört.

37 Pirckheimer, Schweizerkrieg (1895), S. 89.

38 Vgl. Anshelm, Berner-Chronik, Bd. 2 (1886), S. 204; Zimmern, Zimmerische Chronik, Bd. 1 (1881), S. 626.

39 Anshelm, Berner-Chronik, Bd. 2 (1886), S. 204.

40 Zimmern, Zimmerische Chronik, Bd. 1 (1881), S. 620–623.

Würde Maximilian sein *hůrenzimmer* ins Hegau verlagern, würde sich so mancher für diese fleischlichen Genüsse vielleicht doch noch *herfür tůn und einen scharfen sper an einem alten isenhůt* [*nhd.: Helm*] *zerrennen.*[41] Spät wie Pirckheimer erwarten also beim Adel eine von Grund her angelegte Mentalität, ritterlich zu den Waffen zu greifen.

2.1 Prädisposition zur Gewalt

Ritterliche Gewalt forderte neben der mentalen Einstellung selbstverständlich auch die Physis. *„Lieber sun, du bist starck und rechtgeschaffen genuog, alles daß zuo thuon, das ainem jungen rittermessigen man zuo staat"*, soll Rudolf von Ehingen (†1467) gesagt haben, als ihn sein Sohn Georg 1453 um Rat für seine Hofkarriere fragte.[42] Gewalt als Ausdruck des Rittertums und des Adels einer Person war direkt mit dessen körperlicher Konstitution verbunden. Der ritterliche Körper, die adlige Physis, rückte gerade so stark in den Mittelpunkt, weil spätmittelalterliche Adlige sich über eine ritterliche familiäre Tradition zu legitimieren versuchten. „Wenn die Geburt, im Unterschied von den andern Bestimmungen, dem Menschen unmittelbar eine Stellung gibt, so macht ihn sein Körper zu diesem bestimmten sozialen Funktionär," heißt es bei Karl Marx.[43] Entsprechende Aufmerksamkeit galt der Form, Leistungsfähigkeit und Aufopferung des ritterlich-adligen Körpers.[44]

So wird es – besonders für junge Edelmänner – erschütternd gewesen sein, wenn nach ihrer körperlichen Aufopferung nicht mehr genug blieb, um weiter ritterlich-adlige Leistung und Einsatz zeigen zu können. Diese Schmerzen und Ängste ersparen uns die zeitgenössischen adligen Autoren in der Regel. Für solche Gefühle fehlte es, so Jörg Rogge, an Vokabular.[45] Weiterhin waren solche Erfahrungen in der adligen Lebenswelt den meisten Männern mehr als nur vertraut.[46] Gottfried von Berlichingens Schilderung seiner Verletzung ist da eine Ausnahme: Als ihm eine Nürnberger Kanonenkugel im Landshuter

41 Anshelm, Berner-Chronik, Bd. 2 (1886), S. 204f.

42 Ehingen, Reisen nach der Ritterschaft (1979), S. 22.

43 Karl Marx, Zur Kritik der Hegelschen Rechtsphilosophie. Kritik des Hegelschen Staatsrechts, in: Institut für Marxismus-Leninismus beim ZK der SED (Hg.), Marx-Engels-Werke. Bd. 1, Berlin [13]1981, S. 201–333, hier S. 311.

44 Vgl. Patrick Meehan, The Physicality of Service (2013); Rogge, Kämpfer als Schreiber (2016), S. 86–96; Danielle Westerhof, Death and the Noble Body in Medieval England, Woodbridge 2008, insb. S. 33–56.

45 Vgl. Rogge, Kämpfer als Schreiber (2016), S. 94.

46 Vgl. ebd., S. 94f.

Erbfolgekrieg vor Landshut die rechte Hand zerfetzte, beschreibt er eindrücklich die folgenden Gefühle, angefangen mit seinem Schockzustand, unter dem er recht nüchtern die Verletzung zu betrachten scheint, den Kampfplatz verlässt und einen Landsknecht zur Unterstützung herbeiruft, bis hin zu seinen Existenzängsten auf dem Krankenbett:[47] *Was ich die zeitt fur schmertzenn erlittenn habe, das khann ain jeglicher woll erachtenn, vnnd wahr das mein bitt zu gott, die ich thet, wann ich inn seiner gottlichenn gnadt wer, so solt er im namen gottes mit mir hinfarenn, ich wehr doch verderbtt zu einem kriegsman.*[48] Er erinnerte sich daraufhin zwar an einen Knecht mit Eisenhand, was ihm wieder Mut für die Zukunft gab, da er mit einer solchen Prothese weiter Krieger bleiben konnte. Dennoch stellt er den Gedanken in den Raum, dass „er als körperlich Versehrter kein Krieger/Kämpfer mehr sein kann."[49]

Götz impliziert damit jedoch noch viel mehr. Wie auch im Falle seines fränkischen Landsmanns Wilwolt von Schaumberg erkannte auch Götzens Familie früh seine Veranlagung als Reiter und Krieger.[50] Ähnlich vieler Selbstzeugnisse seiner Standesgenossen thematisiert die Lebensbeschreibung Schaumbergs den Entschluss seines Vaters, ihn ritterlich zu erziehen, kaum. Es scheint eine Selbstverständlichkeit gewesen zu sein, die Jugend früh an die Kriegskunst, insbesondere auch die Reitkunst, heranzuführen. Die Lehre des Reitens galt bereits im Hochmittelalter als essentielle Erziehungsaufgabe in der Jugendzeit des Adligen. Im Erwachsenenalter konnte das schwerlich nachgeholt werden. Reiten wird beispielsweise in Chrétien de Troyes' ‚Perceval' oder Hartmann von Aues ‚Gregorius' neben der angeborenen Befähigung zur Jagd sogar als natürliche ritterlich-adlige Veranlagung verstanden.[51] Das hatte sich im 15. Jahrhundert kaum gewandelt: *Nati in Germania pueri prius equitare quam loqui discunt*,[52] schreibt Enea Silvio Piccolomini im Jahr 1458.

Seit seiner Kindheit also zum Krieg ausgebildet, sah der schwer verletzte Götz eine düstere Zukunft vor sich, in der er kaum einer ehrbringenden Betätigung nachgehen konnte. Seine einjährige Schulbildung in Niedernhall am Kocher hatte er als Kind aus mangelnder *lust zur schulenn* zugunsten von *pferden vnd*

47 Vgl. Berlichingen, Fehd und Handlungen (1981), S. 75–77; Rogge, Kämpfer als Schreiber (2016), S. 91–94.

48 Berlichingen, Fehd und Handlungen (1981), S. 77.

49 Rogge, Kämpfer als Schreiber (2016), S. 93.

50 Vgl. Rabeler, Niederadlige Lebensformen (2006), S. 101f.

51 Vgl. Friedrich, Menschentier und Tiermensch (2009), S. 235–240.

52 Enea Silvio Piccolomini, Germania, hrsg. von Maria Giovanna Fadiga (Il ritorno dei classici nell'Umanesimo : 4, Edizione nazionale dei testi della storiografia umanistica 5), Firenze 2009, S. 208.

reutterey aufgegeben.[53] Wäre Gottfried nicht zu seiner Eisenhand gekommen, hätte ihn dieser Schicksalsschlag dennoch kaum sozial oder finanziell ruiniert. Auch wenn es ihm schwerer gefallen wäre, jetzt, als junger, einhändiger Mann, adlige Ehre zu verdienen, waren die Berlichinger doch gut vernetzt. Adlige – Freund und Feind – hatten ihn schon bald in seiner Herberge *gleich ein walfart* besucht. Selbst der in Landshut belagerte Anführer der Gegenseite, Ruprecht von der Pfalz (1481–1504), hatte laut Berlichingen vorgehabt, ihn aufzusuchen. Er starb jedoch wie viele andere an einem Ausbruch der roten Ruhr.[54]

Die Vermögenswerte der Familie hätten Götz ebenfalls einige Optionen geboten. So fiel sein Erbe nicht gerade gering aus. In der deutschen Ritterschaft waren Einzelerbfolgeregelungen nur sehr bedingt üblich und Erbteilungen machten so manchen Edelleuten das Auskommen schwer. Andere mussten sich als Ganerben das Lehen ihrer Eltern teilen.[55] Götz von Berlichingen und seine drei Brüder immerhin erhielten ein anständiges Erbe ihrer Eltern.[56] Andere hatten weniger Glück. Zwar hat sich die Forschung mittlerweile größtenteils von der Idee einer spätmittelalterlichen Adelskrise abgewandt.[57] Dabei kann aber vor allem das Schicksal adliger Geschlechter und Haushalte in der breiten Perspektive berücksichtigt werden. Individuelle Geschlechter und adlige Individuen hatten selbst in vergleichsweise guten Zeiten für ihre Standesgenossen mit Armut und persönlichen Krisenerscheinungen zu

53 Berlichingen, Fehd und Handlungen (1981), S. 53; Ulmschneider, Götz von Berlichingen (1974), S. 34.

54 Berlichingen, Fehd und Handlungen (1981), S. 75f.; Ulmschneider, Götz von Berlichingen (1974), S. 44f.

55 Vgl. Werner Ogris, Art. „Ganerben“, in: Handwörterbuch zur deutschen Rechtsgeschichte. Bd. 1, Berlin ²2008, Sp. 1926–1930; Hans-Rudolf Hagemann, Art. „Erbrecht“, in: Handwörterbuch zur deutschen Rechtsgeschichte. Bd. 1, Berlin ²2008, Sp. 1370–1384, hier insb. Sp. 1375.

56 Vgl. Ulmschneider, Götz von Berlichingen (1974), S. 203.

57 Vgl. Werner Hechberger, Adel im fränkisch-deutschen Mittelalter. Zur Anatomie eines Forschungsproblems (Mittelalter-Forschungen 17), Ostfildern 2005, S. 472–533; Kurt Andermann, Studien zur Geschichte des pfälzischen Niederadels im späten Mittelalter. Eine vergleichende Untersuchung an ausgewählten Beispielen (Schriftenreihe der Bezirksgruppe Neustadt im Historischen Verein der Pfalz 10), Speyer 1982, S. 223–228; Joseph Morsel, Crise? Quelle crise? Remarques à propos de la prétendue crise de la noblesse allemande à la fin du Moyen Âge, in: Sources. Travaux historiques 14 (1988), S. 17–42; Peter Schuster, Die Krise des Spätmittelalters. Zur Evidenz eines sozial- und wirtschaftsgeschichtlichen Paradigmas in der Geschichtsschreibung des 20. Jahrhunderts, in: Historische Zeitschrift 269 (1999), S. 19–55, hier insb. S. 49f.; Regina Görner, Raubritter. Untersuchungen zur Lage des spätmittelalterlichen Niederadels, besonders im südlichen Westfalen (Veröffentlichungen der Historischen Kommission für Westfalen 22,18), Münster in Westfalen 1987, S. 11–13, 157–161; Rabeler, Niederadlige Lebensformen (2006), S. 424f.

kämpfen. Die Verkleinerung des Kreises der Erben durch die Übergabe von Töchtern und Söhnen in den Klerikerstand war eine Möglichkeit, nur wenige Adelskinder im Laienstand als Erben der Familiengüter zurückzulassen. In der Forschung werden Klöster und Stifte deshalb gerne als ‚Versorgungsanstalten des Adels' bezeichnet.[58] So klagt Friedrich von Flersheim (um 1396–1473) 1456 in einem Brief an Papst Calixt III., dass er trotz seines Einsatzes im Kampf gegen Hussiten und Türken *umb dess heiligen christlichen glaubens willen* so verarmt sei, dass er als Vater von sieben Kindern nicht alle *ausbringen* könne und zwei davon *geistlich machen* müsse. Von vier Söhnen brachte er zwei im geistlichen Stand unter: Einer, Bechtolf, kam durch einen im ebengenannten Brief erbetenen päpstlichen Dispens trotz eines hinkenden Beines schließlich im Martinsstift in Worms als Kustos und Kanoniker unter. Ein anderer Sohn, Hans, der *kein lust zur geistlicheit* hatte, übergab das im Alter von siebzehn Jahren erhaltene Domdekanat schließlich seinem jüngeren Bruder Ruprecht und kehrte in den weltlichen Stand zurück.[59] Sehr ähnlich verhielt es sich mit den Geschwistern Wilwolts von Schaumberg: Von neun Kindern, sieben Brüdern und zwei Schwestern, blieben nur zwei Brüder und eine Schwester Laien. Die restlichen Brüder wurden Domherren und Margarethe von Schaumberg (†1508) schließlich Äbtissin im Kloster St. Walburg zu Eichstätt.[60] Auch dies konnte nicht ohne Aufwendungen geschehen und ließ nicht viel für Wilwolt und seinen Bruder Georg (†1514) übrig, *dann sein vatter selig hett ettwen vill kinder hintter im verlassen, den auch ettlichen zu geistlichen, den andern in der werllt geholffen must werden.*[61] Ludwig von Eyb fasst die Situation der Schaumberger Kinder schließlich sprichwörtlich zusammen: *vill teill machen schmalle aygenn.*[62] Wilwolt war also nach dem Tod seines Vaters nicht ausreichend wirtschaftlich abgesichert und auch seine Karriere am Burgunderhof hatte durch die erschütternden Niederlagen und den Tod Karls des Kühnen ein

---

58 Vgl. Klaus Schreiner, Mönchsein in der Adelsgesellschaft des hohen und späten Mittelalters. Klösterliche Gemeinschaftsbildung zwischen spiritueller Selbstbehauptung und sozialer Anpassung (Schriften des Historischen Kollegs Vorträge 20), München 1989, S. 45f.; Max Weber, Wirtschaft und Gesellschaft. Grundriß der verstehenden Soziologie, Tübingen ^{5}1972, S. 600.

59 Vgl. Flersheim et al., Die Flersheimer Chronik (1874), S. 29–31; vgl. auch Steffen Krieb, „Unnd maihne, das das kheinem ritter nie wiederfahren sey, als mir". Die Briefe Friedrichs von Flersheim als Selbstzeugnisse, in: Heinz-Dieter Heimann/Pierre Monnet (Hgg.), Kommunikation mit dem Ich. Signaturen der Selbstzeugnisforschung an europäischen Beispielen des 12. bis 16. Jahrhunderts (Europa in der Geschichte 7), Bochum 2004, S. 135–146, hier S. 145.

60 Vgl. Rabeler, Niederadlige Lebensformen (2006), S. 99–101 und die Stammtafel auf S. 437.

61 Eyb d. J., Geschichten und Taten (2018), S. 122.

62 Ebd.

jähes Ende gefunden.[63] Er stand ohne Herrn und Gönner da und befand sich damit in der Situation vieler anderer junger niederadliger Männer: Sie konnten wirtschaftlich von ihrer Familie nicht standesgemäß unterstützt werden und verfügten nicht über ausreichend Ehre und soziale Vernetzung, um sich dauerhaft an einen Herren zu binden.

Der Ausweg, den die meisten dieser Männer suchten, war das ritterliche Leben. Auch Schaumberg konnte seiner Karriere erst wieder als Söldner im Brandenburger Dienst Leben einhauchen.[64] Drückte sich Adel im Waffenhandwerk aus, dann stand es einem Edelmann kaum, ein anderes Handwerk zu ergreifen. Hatte den Vorfahren der Kriegsdienst den Aufstieg über die oftmals unfreien Bauern ermöglicht,[65] dann wollte ein Edelmann dieses wichtige Distinktionsmerkmal kaum hinter sich lassen.

2.2 Konkurrenz und Legitimationsbedürfnis: Ritterliche Bildungsfeindlichkeit

Im Spätmittelalter diente die Distinktion über Gewaltausübung insbesondere auch zur Abgrenzung des Niederen Adel vom zunehmend bedeutsamer werdenden bürgerlichen Milieu. Ambitionierte Händler, Handwerker und Patrizier mochten wirtschaftliche Überlegenheit gegenüber dem Niederadel vorweisen. Ritterständische Adlige führten umso stolzer ihre soziale und politische Überlegenheit als kämpfender Stand zu Felde. Bauern und Bürger erwirtschafteten ihr Vermögen, der Adlige hingegen verdankte seinen Reichtum im Idealfall Herrschaft und Kampf und damit seiner Fähigkeit zu geben und zu nehmen.[66] Das ist bei weitem kein allein deutsches Phänomen, sondern findet sich in verschieden starker Ausprägung auch anderswo in der lateinischen Christenheit. Während durch die frühe Urbanisierung in Norditalien dort mitunter die Grenzen zwischen Bürgertum und Ritterschaft verschwammen und sich in England nie ein rechtlich abgesonderter Adel entwickelte,[67] fand die Abgrenzung in Frankreich umso deutlicher statt: Ende des 14. Jahrhunderts nennt Honoré Bovet im ‚Arbre des Batailles' Feldarbeit, Weinbau, Tierhaltung, Ehevermittlung oder als Anwalt zu arbeiten als Gründe, dass ein Adliger seinen Rittertitel und seine ritterlichen Privilegien einbüßen

63 Vgl. Rabeler, Niederadlige Lebensformen (2006), S. 119f.
64 Vgl. ebd., S. 123–126; vgl. auch unten, S. 217.
65 Vgl. Kaeuper, Chivalry and Violence (2001), S. 289.
66 Vgl. oben, S. 44.
67 Vgl. Kaeuper, Chivalry and Violence (2001), S. 190.

sollte.[68] Der Deutsche Johannes Rothe schlägt in seinem um 1415 verfassten ‚Ritterspiegel' etwas moderatere Töne an: Für einen verarmten Adligen gezieme es sich zwar auf keinen Fall ein Handwerk auszuüben. Im Notfall Handel zu treiben, Geld durch Pferdehaltung, Viehzucht oder gar als Pfeilmacher zu verdienen, sieht er hingegen als akzeptable Auswege.[69] Als spezifisch ritterständisches Auskommen galt diese Art des Einkommens jedoch kaum. Mitglieder des Nichtadels versuchten beim Aufstieg in den adligen Stand Akzeptanz in ihrer neuen sozialen Gruppe dementsprechend durch einen ritterlichen Lebenswandel zu erlangen. Das konnte in erster Linie durch kein anderes Handwerk als das Waffenhandwerk geschehen.[70] Graf Reinhard zu Solms (1491–1562) wettert noch Mitte des 16. Jahrhunderts gegen jene Adligen, die *eines Wůcherers Dochter* heiraten würden und sich *keiner adellichen werck* mehr widmeten. Als Kaufmann hätte er keine Rüstung, keine Pferde und keine Knechte mehr, mit denen er *ſeinem Adellichen ſtandt genůg thůn mőcht / vnnd ein Land oder Herr zur not / wann ſich etwas zůtrůge / nichts zu ihm zu vertrőſten hat / vnnd das Schwert / wie einem vom Adel zůſteht vnd gebůrt / regieren oder verwalten kůnde.*[71]

Dies bedeutet freilich nicht, dass die einzig akzeptable Möglichkeit, ein Auskommen zu finden, das Kriegshandwerk war. Neben dem Kampf oder einer Heirat bestanden die einzigen anderen standesgemäßen Möglichkeiten, zu Vermögen zu kommen, in der Herrschaft und im herrschaftlichen Umfeld.[72] Viele Niederadlige zog es an die zunehmend um Machtkonzentration bestrebten Fürstenhöfe. Konnten sie dort ein Amt erlangen, ging dies mit politischem und sozialem Einfluss einher.[73] Zugleich konnten sie wiederum selbst in einer Bestallung als Diener im fürstlichen Kriegsdienst einer ihrem

68 Vgl. Honoré Bovet, L'arbre des batailles, hrsg. von Reinhilt Richter-Bergmeier (Textes littéraires français 644), Genève 2017, IV, 8, S. 226f.

69 Vgl. Rothe, Der Ritterspiegel (2009), Z. 2165–2220.

70 Vgl. Karl-Heinz Spieß, Aufstieg in den Adel und Kriterien der Adelszugehörigkeit im Spätmittelalter, in: Kurt Andermann (Hg.), Zwischen Nicht-Adel und Adel (Vorträge und Forschungen / Konstanzer Arbeitskreis für Mittelalterliche Geschichte 53), Stuttgart 2001, S. 1–26, hier S. 4, 10.

71 Solms, Beschreibung Vom Ursprung (1563), fol. 8r.

72 Vgl. Keen, Chivalry (2005), S. 154.

73 Vgl. Cord Ulrichs, Vom Lehnhof zur Reichsritterschaft. Strukturen des fränkischen Niederadels am Übergang vom späten Mittelalter zur frühen Neuzeit (Vierteljahrschrift für Sozial- und Wirtschaftsgeschichte. Beihefte 134), Stuttgart 1997, S. 117–131; Heinz Krieg, Fürstendienst und adliges Selbstverständnis. Wilwolt von Schaumburg zwischen Fürstenhof und niederadligem Milieu, in: Monika Fludernik (Hg.), Grenzgänger zwischen Kulturen (Identitäten und Alteritäten 1), Würzburg 1999, S. 185–212, hier S. 190.

Adel entsprechenden Beschäftigung nachgehen.[74] Die Konkurrenz nicht nur von adliger, sondern besonders von bürgerlicher und bäuerlicher Seite am Hof aber war groß. Bei der Vergabe eines Amtes war zwar der gesellschaftliche Stand des Amtsinhabers nicht völlig ohne Bedeutung. Ehrgeiz und Gelehrsamkeit vermochten eine nichtadlige Geburt jedoch zunehmend wettzumachen. Im ersten Jahrzehnt des 16. Jahrhunderts schreibt Ludwig von Eyb d. J., dass in der Vergangenheit der *adell alle hystorien veracht, weder vniuersiteten ader ander suptil künstenn, die doch den paurn nit vffgericht, wenig gesucht, aber welche das gethan, von den andern iungen vnnd vnuerstendigen verspott, schreiber genennt.*[75] Gelehrsamkeit wusste also laut Eyb ein großer Teil des Ritterstandes selbst noch im ausgehenden Spätmittelalter nicht zu schätzen. Jene, die den entsprechenden Weitblick besaßen und sich deshalb schon früh auf eine unritterliche Laufbahn vorbereiteten, hatten, als ‚Schreiber' verunglimpft, in ihrem ritterschaftlichen Umfeld um Anerkennung zu kämpfen. So klagen auch andere Adlige wie Sigmund von Herberstein über diese polemisch verwendete Anrede.[76] Eyb zufolge sei es so möglich geworden, dass *der paurn kinder sich zwlernnen vnterstanden,* [*und auf diese Weise*] *zw grossen bisthumben, hohen ambtten bey kayssernn, künigen, kür vnnd andern fürsten in retthn fürgebrochen, zw mächtigen herrn vnnd regirern der lanndt vnnd adels worden.*[77] Er fasst es mit einem zeitgenösischen Sprichtwort zusammen: [...] *damit die stüll* [...] *vff die pennck gesprungen sindt.*[78]

Enea Silvio Piccolomini überliefert, vielleicht sogar als Augenzeuge, die Anekdote eines Rates Kaiser Sigismunds, der sich öffentlich zwischen seinem Status als Gelehrter und Ritter entscheiden musste: Ursprünglich ein Doktor der Rechte war Georg Fischel vom Kaiser zum Ritter geschlagen worden. Auf dem Konzil von Basel war er sich einen Moment unsicher, ob er sich zu den versammelten Doktoren der Rechte oder zu den Rittern stellen sollte. Er zog dann jedoch die Ritter vor. *Stulte agis inquit Sigiſmundus* [...]. *Nam ego milites mille una die fecerim, doctorem mille annis non fecerim.*[79] Georg Fischel war bei weitem keine Nebenfigur auf dem Konzil, sondern fungierte neben

---

74 Vgl. Ulrichs, Vom Lehnhof (1997), S. 117f.

75 Eyb d. J., Geschichten und Taten (2018), S. 80f.

76 Vgl. Fouquet, „begehr nit doctor zu werden" (1998), S. 118.

77 Eyb d. J., Geschichten und Taten (2018), S. 81.

78 Ebd.

79 Enea Silvio Piccolomini, Antonii Panormitae De Dictis Et Factis Alphonsi Regis Aragonvm Libri Qvatvor. Commentarium in eoſdem Aeneæ Syluij quo capitatim cum Alphonſinis contendit, hrsg. von Jakob Spiegel, Basel 1538, S. 247f.; Cyriacus Spangenberg hat dies in seinem Adelsspiegel übernommen; vgl. Spangenberg, Der Ander Teil des Adelspiegels (1594), fol. 174v.

zwei weiteren Räten, dem Lübecker Bischof Johann Schele und dem Doktor Gregor Heimburg, ab 1434 als Statthalter des Kaisers. In der entsprechenden Urkunde steht hinter Fischels Namen, anders als bei Heimburg, nicht ‚*juris doctoris*', sondern ‚*militis*'.[80] Als Statthalter war er auch für Sigismunds Nachfolger König Albrecht II. beim Konzil tätig.[81] Piccolomini ist als einer der bedeutendsten Gelehrten seiner Zeit in dieser Frage sicherlich nicht unvoreingenommen in seiner Überlieferung. Die Szene aus Basel verbildlicht jedoch gut den Konflikt zwischen Rittertum und Gelehrsamkeit: Im fortschreitenden Spätmittelalter begannen gut gebildete Nichtadlige im hochadligen Umfeld mit den ständisch höhergestellten Niederadligen sowohl im Ansehen als auch in konkreten Karrieremöglichkeiten zu konkurrieren. Schon im 14. Jahrhundert forderten Juristen die rechtliche Gleichstellung von Doktoren und Rittern, was sich schließlich im 15. Jahrhundert auch durchsetzen konnte.[82] Das Augsburger Domkapitel gewährte ab 1420 im selben Sinne nur noch Adligen und Graduierten Pfründen.[83] In der Auseinandersetzung um den Vorrang von Blut- oder Tugendadel brachten Promovierte nun auch von Gelehrsamkeit geprägte Tugenden in die Debatte mit ein, um damit ihren Adel zu rechtfertigen.[84] Die mangelnde Bereitschaft in säkulare geistige Bildung zu investieren, ja geradezu offene Verachtung gegenüber dieser Bildung, war jedoch im Adel weit verbreitet. Die Priorisierung des Waffenhandwerks über die Gelehrsamkeit hat ihre Wurzeln in Früh- und Hochmittelalter: Bildung lag vor allem in den Händen des Klerikerstandes, während der Krieg den weltlichen Fürsten, Adligen und ihrem Gefolge zustand. Anders als ihren Frauen galt ihnen Illiteralität sogar bisweilen als Ausweis ihres Standes.[85] Das machte

---

80 Gustav Beckmann, Deutsche Reichstagsakten unter Kaiser Sigmund. 4. Abt.: 1433–1435 (Deutsche Reichstagsakten, Ältere Reihe 11), Gotha 1898, Nr. 229, S. 434.

81 Vgl. ders., Deutsche Reichstagsakten. König Albrecht II. Abt. 1, 1. Hälfte: 1438 (Deutsche Reichstagsakten, Ältere Reihe 13), Gotha 1908, Nr. 168, S. 337; Nr. 171, S. 340.

82 Vgl. Andrea von Hülsen-Esch, Gelehrte im Bild. Repräsentation, Darstellung und Wahrnehmung einer sozialen Gruppe im Mittelalter (Veröffentlichungen des Max-Planck-Instituts für Geschichte 201), Göttingen 2006, S. 183–200, insb. S. 197; Alois Niederstätter, Das Jahrhundert der Mitte. An der Wende vom Mittelalter zur Neuzeit (Österreichische Geschichte 1400–1522), Wien 1996, S. 57.

83 Vgl. Rolf Kießling, Bürgerliche Gesellschaft und Kirche in Augsburg im Spätmittelalter. Ein Beitrag zur Strukturanalyse der oberdeutschen Reichsstadt (Abhandlungen zur Geschichte der Stadt Augsburg 19), Augsburg 1971, S. 324. Danke an Jakob Rasch für den freundlichen Hinweis.

84 Vgl. Müller, Gedechtnus (1982), S. 37–42.

85 Vgl. Alfred Wendehorst, Wer konnte im Mittelalter lesen und schreiben?, in: Johannes Fried (Hg.), Schulen und Studium im sozialen Wandel des hohen und späten Mittelalters (Vorträge und Forschungen 30), Sigmaringen 1985, S. 9–33, hier S. 25–27; Hechberger, Adel im fränkisch-deutschen Mittelalter (2005), S. 360–367; Martin Kintzinger, Bildung,

es gut gebildeten Nichtadligen einfacher, neben den überwiegend edlen Amtsträgern des Fürsten am und jenseits des Hofes Fuß zu fassen. Ab der Mitte des 15. Jahrhunderts galt bei der Vergabe von Ämtern im fürstlichen Umfeld Gelehrsamkeit mehr und mehr als qualifizierend.[86] Zur selben Zeit beginnen einige Adelsfamilien auch Söhne auf die Universität zu schicken, die nicht für den Kirchendienst vorgesehen waren. Bis etwa 1450 war dies kaum der Fall.[87] Eyb zufolge gehörte dieses Problem in seiner Gegenwart des anbrechenden 16. Jahrhunderts glücklicherweise der Vergangenheit an: Viele junge Adlige besuchten die Schule und der Adel wäre wieder unabhängiger *von den schneyder oder schusters sünen.*[88] Diese jungen Edelmänner kümmerten sich jedoch nicht allein um *irer schull kunsten*, sondern sorgten sich auch, ihre *ritterlichen wer vnd woffen in schimpff und ernst*[89] *zu gebrauchen.*[90] Kurz gesagt, sah Eyb sein adliges Umfeld ganz im humanistischen Ideal seiner Zeit ausdrücklich dem vorbildhaften Leben der antiken Römer nahe.[91] Ähnlich äußert sich auch Niclas von Popplau in der Beschreibung seiner Ritterreise in den Jahren 1483 bis 1486, selbst wenn seine Erfahrungen in Deutschland teils anderer Art waren. Der Breslauer Bürgermeisterssohn Popplau war studiert,[92] turniererfahren[93] und hatte im Hofdienst Kaiser Friedrichs III. gestanden,

---

Erziehung und Wissenschaft, in: Werner Paravicini/Jan Hirschbiegel/Jörg Wettlaufer (Hgg.), Höfe und Residenzen im spätmittelalterlichen Reich. Bd. 2: Bilder und Begriffe. Teilbd. 1: Begriffe (Residenzenforschung 15,2,1, Ostfildern 2005, S. 214–218, hier S. 215; Braun et al., Gewalt im Mittelalter (2005), S. 26f.

86 Vgl. Hans Noflatscher, Funktionseliten an den Höfen der Habsburger um 1500, in: Günther Schulz (Hg.), Sozialer Aufstieg. Funktionseliten im Spätmittelalter und in der Frühen Neuzeit (Deutsche Führungsschichten in der Neuzeit 25), München 2002, S. 291–314, hier insb. 303–305; Müller, Gedechtnus (1982), S. 34–42; Krieg, Fürstendienst (1999), S. 189f.; Fouquet, „begehr nit doctor zu werden" (1998); Gerrit Deutschländer, Dienen lernen, um zu herrschen. Höfische Erziehung im ausgehenden Mittelalter (1450–1550) (Hallische Beiträge zur Geschichte des Mittelalters und der Frühen Neuzeit 6), Berlin 2012, S. 24–28; Roth von Schreckenstein, Die Ritterwürde und der Ritterstand (1886), S. 591.

87 Vgl. Silvia Böhnert, *So soll der jung Adel sich auff das Studieren geben*: Die Wetterauer Grafen an den Universitäten des Alten Reiches (1450–1550), in: Kaspar Gubler/Rainer C. Schwinges (Hgg.), Gelehrte Lebenswelten im 15. und 16. Jahrhundert (Repertorium Academicum Germanicum (RAG) – Forschungen 2), Zürich 2018, S. 65–86, hier S. 67–75.

88 Eyb d. J., Geschichten und Taten (2018), S. 81.

89 Zu ‚Schimpf' und ‚Ernst' vgl. unten, S. 138.

90 Eyb d. J., Geschichten und Taten (2018), S. 81.

91 Vgl. ebd., S. 81f.

92 Vgl. Piotr Radzikowski, Reisebeschreibung Niclas von Popplau, Ritters, bürtig von Breslau (Prace Instytutu Historii Wyższej Szkoły Pedagogicznej w Kielcach Nr. 8), Kraków 1998, S. 7f.

93 Vgl. Werner Paravicini, Der Fremde am Hof. Nikolaus von Popplau auf Europareise 1483–1486, in: Thomas Zotz (Hg.), Fürstenhöfe und ihre Außenwelt. Aspekte gesellschaftlicher

sodass er sich in seinem Reisebericht als Hochdeutscher identifiziert.[94] Er hatte sich im Krieg gegen die Hussiten unter dem böhmischen König Georg von Podiebrad (1420–1471) sogar eine päpstliche Wappenbesserung verdient.[95] Niclas' Familie stand auf der Schwelle vom Bürgertum zur Ritterschaft, zwischen dem bürgerlich-patrizischen Kaufhandel und dem Aufstieg in den Adel. Noch Popplaus Bruder arbeitete als Kaufmann, sein Großvater mütterlicherseits hatte bereits den Ritterschlag erhalten. Er selbst verdiente sich nicht nur ebenfalls den Ritterschlag, sondern wird urkundlich auch als adlig geboren erwähnt.[96] Sein ritterliches Können demonstrierte er zu Beginn seiner Reise an zahlreichen Höfen unter allgemeiner Bewunderung und großen Ehren. Er führte einen übergroßen Turnierspieß mit sich, den er das letzte Mal im burgundischen Mechelen am Hof Erzherzogs Maximilian von Habsburg kunstvoll zur Geltung brachte, bevor er ihn für die Überfahrt nach England zurückließ.[97] In Mechelen war nicht nur der spätere Kaiser von ihm inspiriert,[98] ja wollte sogar mit ihm stechen.[99] Auch ein heute nicht weiter bekannter französischer Doktor *Rötzefordt* – Rochefort – war von ihm gleich zweifach beeindruckt. Rochefort hatte Popplau nämlich bereits zuvor am

---

und kultureller Identität im deutschen Spätmittelalter (Identitäten und Alteritäten 16), Würzburg 2004, S. 291–337, hier S. 293.

94 Vgl. ders., Besonders adlig. Nikolaus von Popplau an den Höfen Europas (1483–1485), in: Jan Hirschbiegel/Harm von Seggern (Hgg.), Ehrenvolle Abwesenheit. Studien zum adligen Reisen im späteren Mittelalter, Ostfildern 2017, S. 541–560, hier S. 542f.

95 Vgl. Radzikowski, Reisebeschreibung (1998), S. 9f.

96 Vgl. Paravicini, Besonders adlig (2017), S. 542.

97 Er ließ in Brüssel neben einem Teil seiner Diener und Pferde auch gleich seine ganze Turnierausrüstung zurück. Er reiste mit nur minimal standesgemäßem Gefolge weiter an den Hof Richards III. und durch das restliche westliche Europa; vgl. Popplau, Reisebeschreibung (1998), S. 43; Paravicini, Der Fremde am Hof (2004), S. 296, 306. Diese Entscheidung ist wohl nicht zuletzt seiner Kenntnis der auf ähnlicher Strecke verlaufenen Reise Leos von Rožmital 1465–1467 geschuldet, der am englischen Hof mit seinen turniererfahrenen Begleitern ihre berittene Kampfkunst nicht einmal vorführen durfte; vgl. Radzikowski, Reisebeschreibung (1998), S. 10; Gabriel Tetzel, Des böhmischen Herrn Leo's von Rožmital Ritter-, Hof- und Pilger-Reise durch die Abendlande. Beschrieben durch Gabriel Tetzel von Nürnberg, hrsg. von Johann Andreas Schmeller, in: Johann Andreas Schmeller (Hg.), Des böhmischen Herrn Leo's von Rožmital Ritter-, Hof- und Pilger-Reise durch die Abendlande 1465–1467. Beschrieben von zweien seiner Begleiter (Bibliothek des Literarischen Vereins in Stuttgart 7,1), Stuttgart 1844, S. 143–196, hier S. 147.

98 Popplau zufolge war Maximilians Turnierbegeisterung oder zumindest die Begeisterung für die Disziplin des Stechens, *welches er zu vor nie geliebt*, seiner Vorführung zu verdanken; Popplau, Reisebeschreibung (1998), S. 40.

99 Aufgrund seiner mangelnden Erfahrung wurde ihm jedoch erfolgreich davon abgeraten. Stattdessen stach er mit seinem Jugendfreund Wolfgang von Pohlheim (1458–1512); vgl. ebd.

Pfalzgrafenhof in Valenciennes kennengelernt und angesprochen. Am Hof in Valenciennes hatte Popplau erstmals mit seinen Lateinkenntnissen glänzen können. Zuvor hatte er zwar auch an anderen Höfen versucht, sich auf Latein vorzustellen. Doch selbst Herzog Albrecht der Weise von Bayern-München (1447–1508), dem eine hohe Gelehrsamkeit und gute Lateinkenntnisse nachgesagt wurden, bat ihn, doch seine Rede vor ihm auf Deutsch fortzusetzen.[100] In Valenciennes forderte ihn der Pfalzgraf Philipp der Aufrichtige (1448–1508) schließlich auf, doch bitte Latein zu sprechen. So verstünden auch die anwesenden Franzosen etwas.[101] Unter Philipps Räten befand sich besagter Rochefort, der erstaunt äußerte, *er hätte vermeinet, es wär ein strenger Ritter und Herr an ihren Hof kommen. So befinde er aus meiner Rede, vielmehr einen Doctor und Gelehrten, denn er an der that* [...] *nach keinen Ritter hätte spüren können.*[102] Nachdem der Doktor aber in Mechelen die Kunststücke Popplaus mit dem Spieß gesehen hatte, trat er wieder an ihn heran, lobte ihn, da er ihn nun als Gelehrten wie *im Ritterspiel* gesehen hätte, in dem er sich *sehr ritterlich bezeugt hätte, welches er nie geglaubt hätte.*[103] Popplau blieb bescheiden und ehrte seine oberdeutsche (Wahl)heimat, indem er ihm erklärte, er hätte anders als in Frankreich *in beyden nichts Sonderliches weder gehöret noch gesehen, aus Ursachen, weil ich ein Hochteutscher wär.*[104] Dies scheint selbst im Angesicht seines eigenen Reiseberichts übertrieben, hatte er sich schließlich erst in Valenciennes auf Latein verständigen können.

Das Leben Willibald Pirckheimers ist ein gutes Beispiel für entgegengesetzte Einstellungen im bürgerlichen Umfeld: Auch wenn Willibald am Eichstätter Bischofshof militärisch erzogen worden war und entsprechend auch zum Rittertum strebte, wollte sein Vater Johannes nichts davon wissen. Er schickte den bald Zwanzigjährigen im September 1489 standesgemäß nach Italien zum Studium, was sein Sohn aufgrund der Bildungsverachtung unter den *homines militares*[105] nur ungern tat. Er hätte lieber König Maximilian im Krieg in den Niederlanden gedient. Schließlich wurde er doch zu einem begeisterten Studenten. Trotzdem verweigerte ihm sein Vater den Wunsch, Doktor zu werden. Denn diese Würde hätte ihm in Nürnberg den Aufstieg zum Ratsherrn verbaut, da dort eine solche Promotion Ausschlusskriterum war. Stattdessen hätte es Willibald als Doktor eher in den Hofdienst gezogen.

100 Vgl. Popplau, Reisebeschreibung (1998), S. 27.
101 Vgl. ebd., S. 39f.
102 Ebd., S. 40.
103 Ebd., S. 43.
104 Ebd.
105 Pirckheimer, Cl. Viri, D. Bilibaldi Pirckeymheri (1895), S. 141.

Erneut musste der junge Mann seinem Familienoberhaupt nachgeben.[106] 1499 hatte er im Dienst Nürnbergs trotz allem die Gelegenheit, ritterlich-militärisch aufzutreten: Als Hauptmann der Nürnberger Söldner im Schweizerkrieg verdiente er sich sogar das Lob des Königs und wurde anschließend an den Krieg als dessen Rat angenommen.[107]

Die Spannungen zwischen ritterlichem und gelehrtem Adel überdauerten die Jahrhundertwende und damit den Übergang in die Frühe Neuzeit. Der adlige Chronist Froben Christoph von Zimmern spricht bezüglich seines 1531 in Tübingen begonnenen Studiums über *hafs oder verachtung über die studia* [...], *dessen sich zu verwundern, gleichwol, wie man sagt, die künsten nit grösere widersecher haben, dann die unwissenden*. Selbst sein Vater zeigte kaum Verständnis für die Ausgaben, die er für die Bildung seiner Söhne zu tätigen hatte.[108] Zur selben Zeit, im Jahr 1530, predigte Martin Luther gegen die geringe Achtung der Gelehrsamkeit und speziell auch des Schreiberamtes an. Dabei scheute er auch nicht den Vergleich mit dem vermeintlich viel härteren und schwereren ritterlichen Leben.[109] Zwar will er nicht gleich gegen den ganzen *reiſſigen*, also kriegerischen, Adelsstand anschreiben, sondern gegen jene, *die alle lere vnd kunſt verachten*.[110] ‚Kunst' sollte hier als „lateinisch gelehrte[s] Wissen" verstanden werden.[111] Er fährt fort, indem er sie als jene bezeichnet, die *nichts rhumen konnen, denn das ſie harniſſch füren vnd zwey bein vber ein roß hengen wie wol ſie ſolchs ſelten thun müſſen*.[112] Schließlich postuliert er, dass anders als die Kunst *harniſch bald gelernt* sei und nicht so *leicht zu vben vnd zü brauchen*.[113] Inwiefern Luther bei der Verteidigung der Gelehrsamkeit mit solchen Worten über das Ziel hinausschießt, kann heute kaum beurteilt werden. Dass es aber auch 1530 noch diese Auseinandersetzungen gab, spricht für sich. Erst ab der zweiten Hälfte des 16. Jahrhunderts setzte sich zusammen mit einer neuen Form der Adelsreise, der Grand Tour, und der Einrichtung von Ritterakademien ein gewisses Ideal der Gelehrsamkeit im Adel

106 Vgl. Ingo Trüter, Gelehrte Lebensläufe. Habitus, Identität und Wissen um 1500, Göttingen 2017, S. 101–107, 187f.

107 Vgl. Pirckheimer, Schweizerkrieg (1895), S. 128, 136.

108 Zimmern, Zimmerische Chronik, Bd. 3 (1881), S. 139; vgl. dazu auch Fouquet, „begehr nit doctor zu werden" (1998), S. 101f.

109 Vgl. Martin Luther, Eine Predigt, daß man Kinder zur Schule halten ſolle, in: Martin Luthers Werke. Kritische Gesamtausgabe. Bd. 30, Abt. 2, Weimar 1909, S. 508–588, hier S. 573f.

110 Ebd., S. 574f.

111 Art. „Kunst", in: Deutsches Wörterbuch von Jacob und Wilhelm Grimm. Bd. 11 (v), Leipzig 1873, Sp. 2666–2684, hier Sp. 2668.

112 Luther, Kinder (1909), S. 575.

113 Ebd.

durch.[114] Doch selbst noch 1594 verspürte Cyriacus Spangenberg das Bedürfnis, in gleich siebzehn Kapiteln des zweiten Teils seines Adelsspiegels für die Nützlichkeit und Ehrenhaftigkeit gelehrter Bildung im Adel zu argumentieren. Er untermauert seine Argumente mit einem ausführlichen Katalog etlicher Gelehrter vom Adel.[115] Die militärische Prägung blieb wirkmächtiger. Schließlich fügte Spangenberg an diese 17 Kapitel 29 weitere an, die *ritterlicher ehrlicher verhaltung in Kriegsleufften*,[116] insbesondere von Seiten des deutschen Adels, gewidmet sind.[117] Er selbst lässt auch keinen Zweifel daran, dass das Rittertum schlicht kriegerisch aufzufassen sei. Schließlich berichtet er selbst vom *Mißbrauch des Ritterschlagens*, wenn dieses nicht kriegerisch verdient würde.[118] Wie schon durch Piccolomini etwa 150 Jahre zuvor kritisiert,[119] war auch zu Spangenbergs Zeiten die Praxis nicht unbekannt, den ritterlichen *Orden aus gnaden / oder umb eine gewiſe Summa geldes* zu verleihen. Warum dies für den restlichen Adel problematisch war, erklärt der Autor anhand eines Beispiels aus eigener Erfahrung. So habe er einen zum Ritter geschlagenen Doktor der Theologie gekannt. Aufgrund dessen Ritterschlags hätten *viel ehrlicher vom Adel* […] *ſchier des Ritternamens ſich ſchemen / vnd ſich beſaren / ihnen solcher Tittel mehr zur verkleinerung / denn zur zierde ires Adels mo͗chte gedeutet werden*.[120] Die Gruppenidentität schien ihnen unter solchen vermeintlichen Emporkömmlingen ohne militärischen Hintergrund zu leiden.

Besonders im kriegerischen Konflikt erhoben sich demgemäß die ungebildeten Edelleute gerne über die studierten Standesgenossen. Clemens Jäger schreibt 1559 in Johann Jakob Fuggers ‚Ehrenspiegel des Hauses Österreich', wie Herzog Albrecht der Weise und somit ein Hochadliger seine Position als oberster Feldhauptmann König Maximilians im März 1499 im Schweizerkrieg verlor. Maximilian befand sich bereits in Geldern im Krieg und hatte seinen Schwager Albrecht während seiner Abwesenheit zum Befehlshaber gemacht.[121] Der schwäbische Adel im Hegau war damit laut Clemens Jäger

114 Vgl. Fouquet, „begehr nit doctor zu werden" (1998); Werner Paravicini, Vom Erkenntniswert der Adelsreise, in: Jan Hirschbiegel/Harm von Seggern (Hgg.), Ehrenvolle Abwesenheit. Studien zum adligen Reisen im späteren Mittelalter, Ostfildern 2017, S. 3–27, hier S. 19–21.

115 Vgl. Spangenberg, Der Ander Teil des Adelspiegels (1594), lib. XI, c. 2–18, fol. 174r–199r.

116 Ebd., fol. 199r.

117 Vgl. ebd., lib. XI, c. 19–48, fol. 199–276r.

118 Spangenberg, Adels Spiegel (1591), fol. 326r.

119 Vgl. oben, S. 30.

120 Spangenberg, Adels Spiegel (1591), fol. 326r.

121 Vgl. Hermann Wiesflecker, Kaiser Maximilian I. Das Reich, Österreich und Europa an der Wende zur Neuzeit. Bd. 2: Reichsreform und Kaiserpolitik. 1493–1500. Entmachtung des Königs im Reich und in Europa, Wien 1975, S. 334.

keineswegs einverstanden: Zum einen solle ein Bayer nicht über die *freyen Schwaben* herrschen. Diese Schwaben wären es schließlich, die den Krieg gegen die Eidgenossen führten. Andererseits stellten die Edelleute auch grundsätzlich seine militärische Kompetenz infrage. Sie fragten *wa er das Kriegen gelernet het. Er were von Jugent auff nun ain Schreiber vnd ain Student gewesen. Er kündte baſz Supplication oder Klagſchriftenn ſtellen dann das er ain hauffen Reyter mit vortail an die feinde füeren ſolt.*[122] Wie bereits erwähnt, hatte Popplau auf seiner Reise gehört, dass Albrecht eine gute Bildung genossen hatte, auch wenn er offenbar weniger flüssig Latein sprach, als der Ritter es erwartet hatte. Dies nutzten die Edelleute nun polemisch aus: Wie schon Eyb schreibt, war die Bezeichnung ‚Schreiber' für gebildete Adlige von Seiten ihrer Standesgenossen eine beliebte Verunglimpfung. Da Herzog Albrecht ohnehin wenig Interesse an der Position des militärischen Stellvertreters Maximilians gehabt zu haben scheint, ja diese offenbar nur widerwillig angenommen hatte,[123] überließ er dem König schließlich das Kommando nur zu gerne und zog heim.[124]

Ein Doktortitel stand einem geborenen Adligen in einem solchen kriegerischen Umfeld noch schlechter an, als bloß studiert zu sein. Mitunter griffen diese Adligen zu drastischen Maßnahmen, um sich zu rechtfertigen. Nicht jeder Edelmann wollte sich unbeantwortet beleidigen lassen, wie es Albrecht der Weise Clemens Jäger zufolge getan zu haben scheint. Ein solcher Fall ist im ‚Armamentarium Heroicum' (1601/1603) aus dem Leben Ulrichs von Schellenberg zu Kißlegg (1478–1549) überliefert: Er hatte in Tübingen, Basel, Orléans, Pavia und Bologna studiert und war als Doktor der Rechte promoviert.[125] Laut dem ‚Armamentarium' hatte er sich nach der Heimkehr vom Studium *auß antrieb ſeines martialiſchen und tapffern gemůts entschloſſen (welliches zwar ſelten zu geſchehen pflegt) beneben der inn den Rechten allbereit erlangten erfarenheit / auch das Kriegßweſen zu lernen und zu begreiffen.*[126] Dies gedachte er in den Italienkriegen unter Kaiser Maximilian zu tun. Bis 1507 war

122 Clemens Jäger, Ehrenspiegel des Hauses Österreich. Buch VII, Augsburg 1559 (Bayerische Staatsbibliothek München, BSB Cgm 896), fol. 166v.

123 Vgl. Josef Würdinger, Kriegsgeschichte von Bayern, Franken, Pfalz und Schwaben. Von 1347 bis 1506. Bd. 2, München 1869, S. 165f.

124 Vgl. Wiesflecker, Kaiser Maximilian I. Bd. 2 (1975), S. 338.

125 Vgl. Karl Heinz Burmeister, Ulrich von Schellenberg, Vogt der Herrschaft Feldkirch 1478–1549, in: Jahrbuch Vorarlberger Landesmuseumsverein, Freunde der Landeskunde 112 (1968/69), S. 84–93, hier S. 85f.; Hilde de Ridder-Symoens/Detlef Illmer/Cornelia M. Ridderikhoff, Les livres des procurateurs de la nation germanique de l'ancienne université d'Orléans. 1444–1602. Bd. 1: Premier livre des procurateurs 1444–1546. Tlbd. 2: Biographies des étudiants 1444–1515, Leiden 1978, Nr. 253, S. 212.

126 Jakob Schrenck von Notzing, Die Heldenrüstkammer (Armamentarium Heroicum) Erzherzog Ferdinands II. auf Schloß Ambras bei Innsbruck. Faksimiledruck der lateinischen

er in Bologna und Pavia immatrikuliert;[127] im selben Jahr ist auch gleich für den 11. August seine Bestallung bei König Maximilian belegt.[128] Schon zuvor war seine kriegerische Seite zum Vorschein gekommen: 1505 hatte er bereits bei Studentenunruhen in Pavia aufseiten der Mailänder einen Spieß in den Kampf getragen.[129] Im Krieg der Heiligen Liga in Italien zeigte er *so groſſe mannheit und tapfferkeit* [...] */ daß er bey ihrer Mayt:* [*Kaiser Maximilian*] *hoͤchlich gerůhmbt und gelobt / darauff von derſebligen zu Ritter geſchlagen* und auch einer seiner Hof- und Kriegsräte geworden war.[130] Trotz seiner ritterlichen Taten war er vor dem Spott seiner Mitstreiter nicht sicher, den er wiederum sehr ernst nahm.

Dies eskalierte schließlich während der Schlacht von Vicenza/La Motta am 7. Oktober 1513: Schellenberg hatte zusammen mit Bernhard Ritschan den Befehl über 150 deutsche Reiter inne.[131] Georg Kirchmair (†1554) schreibt, die beiden und auch Georg von Frundsberg als Hauptmann der Fußknechte *griffen allfristlich vnd mit Manneshertzen die veind an.*[132] Er und auch andere Quellen sprechen von einer gewaltigen Niederlage für die Venezianer. Gleich mehrere dieser Quellen betonen bei der Nennung der geringen Verluste auf kaiserlicher Seite ausdrücklich die Verletzung Schellenbergs.[133] Jakob Schrenck von Notzing weiß beinahe ein Jahrhundert später ausführlicher zu berichten, wie Schellenberg dort durch seine Verletzung *groſſes lob vnd ewige*

und der deutschen Ausgabe des Kupferstich Bildinventars von 1601 bzw. 1603, hrsg. von Bruno Thomas, Osnabrück 1981, Nr. 79.

127 Vgl. Ridder-Symoens et al., Les livres des procurateurs (1978), Nr. 353, S. 212.

128 Vgl. Burmeister, Ulrich von Schellenberg (1968/69), S. 86. Burmeister erwähnt dort auch einen Ritterschlag im Jahr 1501, den er jedoch leider nicht belegt und der weiterhin auch nicht an diese Stelle der Biographie zu passen scheint.

129 Vgl. ders., Kulturgeschichte der Stadt Feldkirch bis zum Beginn des 19. Jahrhunderts (Bodensee-Bibliothek 32), Sigmaringen 1985, S. 141f.

130 Schrenck von Notzing, Armamentarium Heroicum (1981), Nr. 79.

131 Vgl. Paolo Giovio, Historiarum sui temporis. Bd. 1, Straßburg 1556, fol. 196r.

132 Georg Kirchmair, Denkwürdigkeiten seiner Zeit. 1519–1553, in: Theodor Georg von Karajan (Hg.), Johannes Tichtels Tagebuch. Sigmunds von Herberstein Selbstbiographie. Johannes Cuspinians Tagebuch. Georg Kirchmairs Denkwürdigkeiten (Fontes rerum Austriacarum. Österreichische Geschichtsquellen 1), Wien 1855, S. 417–534, hier S. 433.

133 Christoph Scheurl (1481–1542) schreibt, dass in der Schlacht die Kaiserlichen *ganz wenig perſon und nimants namhafts* verloren hätten, außer dass *der Doctor von Schellenberg etwas gewundt worden* sei; Christoph Scheurl, Christoph Scheurl's Geschichtbuch der Christenheit von 1511–1521, hrsg. von Joachim Karl Friedrich Knaake, in: Jahrbücher des deutschen Reiches und der deutschen Kirche im Zeitalter der Reformation 1 (1872), S. 1–179, hier S. 42; Clemens Jäger schreibt, es wurden *nicht vber hundert vnd fünftzig knecht erſchlagen vnd Herr U von Schellenberg iſt wund worden hat Im aber am leben nichts geſchadt*; Clemens Jäger, Ehrenspiegel, Buch VII (1559), fol. 273r.

ehr erlangt habe:[134] Als das Zeichen zur Schlacht gegeben wurde, soll jemand zu ihm *ſpottweiß* gesagt haben, *er ſolte ſein Feder ſtarck faſſen*. Es wird sich wohl um einen der ihm unterstellten Reiter gehandelt haben, der ihm hier als mit der Feder schreibenden Gelehrten ritterlichen Mut absprach. Vielleicht war es auch bloß ein missratener Witz. Seine Reaktion folgte so prompt wie heftig: Er schüttelte seinen Spieß und schrie *es ſolte ein jeder nur ihme vnerſchrocken nachfolgen*. Er galoppierte seinem Fähnlein weit voran und stieß den ersten Feind, auf den er traf, *nit allein ganz herzhafft / ſonder auch gleichſam mit einem vbermuet von dem Pferdt*. Im Versuch, die empfundene Ehrkränkung zu kompensieren, schien Schellenberg alle ritterliche Disziplin und Umsicht hintenanzustellen, um sein Rittertum nicht bloß durch Mut, sondern Übermut zu demonstrieren.[135] Selbst jetzt hatte er noch nicht genug. Nachdem der Spieß gebrochen war, griff er zum Schwert und kämpfte weiter, bis sein Pferd tot unter ihm zusammenbrach. Er kam wieder auf die Füße und kämpfte *nit weniger mannlich* weiter. Schließlich holte ihn sein Übermut doch ein: Ohne die schützenden Mitstreiter um sich, hatte er sich viel zu tief in die feindliche Formation gewagt, sodass er schließlich aus sechsunddreißig Wunden blutend wie tot liegen blieb. Inwiefern sich dies mit Parallelüberlieferungen deckt, die von einer eher leichten Verletzung Schellenbergs zu sprechen scheinen,[136] ist fraglich. Notzing spricht auf jeden Fall davon, dass es *kein hoffnung* gegeben hätte, dass er überlebte, was in seinem Narrativ natürlich die Botschaft nur verstärkt. Raimund von Cardona, der den Oberbefehl über die Kaiserlichen führte, wollte die Tat des vermeintlich Sterbenden nicht unbeachtet lassen. So schlug er Ulrich von Schellenberg ein zweites Mal zum Ritter, *damit er ſeinen inn gemelter Schlacht begangnen ritterlichen thaten schuldiger und gebůrender ehr nit beraubt wurde*.[137] Der Ritter hätte keine deutlichere Demonstration seiner Prioritäten liefern können: Selbst sein Leben schien ihm weniger zu bedeuten als seine ritterliche und damit kriegerische Ehre. Später soll jemand seine vielen Narben scherzhaft mit Syphillis verglichen haben. Auch das nahm er kaum mit Humor und antwortet ihm *[d]iſe maſen ſeyn zeichen vnd zeugknuſſen meiner redlicheit vnd mannheit / daß ich dem Feindt damals vnerſchrocken begegnet bin / da du hingegen auff einem gueten wol lauffenden Pferd das Verſengelt geben / vnd deine Haut ganz behalten haſt*.[138]

134 Die anschließenden Zitate, wenn nicht anders gekennzeichnet, folgen alle Schrenck von Notzing, Armamentarium Heroicum (1981), Nr. 79.

135 Vgl. ausführlicher zu diesem Phänomen unten, S. 135–137.

136 Vgl. oben, Anm. 133.

137 Auch Cyriakus Spangenberg weiß um den Ritterschlag ob der ritterlichen Taten in Vicenza; vgl. Spangenberg, Der Ander Teil des Adelspiegels (1594), lib. XI, c. XVII, fol. 197r.

138 Schrenck von Notzing, Armamentarium Heroicum (1981), Nr. 79.

Sein adliger Körper selbst wurde zum Zeugnis seiner Ritterschaft. Ein halbes Jahrhundert nach Schellenbergs Tod und etwa zehn Jahre vor der Abfassung des ‚Armamentarium' schreibt Cyriacus Spangenberg, dass Schellenberg in späteren Jahren und selbst noch als Vogt von Feldkirch entgegen des *Keysers ſinn* [...] *ſich nicht gern Doctorn / ſondern lieber Ritter* [*habe*] *nennen laſſen*, auch wenn er dies nicht in Verbindung mit Vicenza bringt.[139] Schellenbergs Taten in seinem restlichen Leben sprechen keine ganz so deutliche Sprache: Er machte zwar weiter im Kriegswesen Karriere und kämpfte weiter in den Italienkriegen, wobei er sich besonders als Söldnerführer einen Namen machte. Er zählte auch zu den Verteidigern Wiens gegen die Osmanen im Jahr 1529.[140] Im folgenden Jahr wurde er zu einem der obersten Kriegshauptleute und als Kriegsrat des kaiserlichen Feldherren Friedrich dem Weisen von der Pfalz (1482–1556) im Türkenkrieg eingesetzt.[141] Doch Schellenberg galt auch als Kunst- und Wissenschaftsförderer und soll Pflanzen gesammelt haben. Sein Leibarzt, der Humanist Achilles Pirmin Gasser (1505–1577), Sohn des Leibarzts Maximilians, widmete ihm 1544 ein Pestbuch mit ausdrücklichem Lob seiner Bildung.[142] Schellenberg revanchierte sich mit einem Geschenk des ‚Astronomicon Caesareum' Peter Apians.[143] Darüber hinaus schätzt ihn die Forschung gerade auch für seine Leistung als Verwaltungsjurist und für seine Fähigkeiten als Amtmann.[144]

Schellenberg hätte mit seinen Doktortiteln auch im adligen Umfeld eines Fürstenhofes ein Auskommen und eine Karriere finden können. Doch das Rittertum verlieh ihm unter seinen Standesgenossen Identität. Schlussendlich scheint ihm sogar sein Leben weniger gegolten zu haben als deren Anerkennung.

2.3 Jugendliche Gewalttäter und ritterliche Absicherungsmechanismen

Viele Edelleute konnten sich die Frage Schellenbergs nicht einmal stellen. Sie identifizierten sich zwar ebenfalls über das Kriegswesen, das Rittertum war

---

139 Spangenberg, Der Ander Teil des Adelspiegels (1594), fol. 197r.

140 Vgl. Burmeister, Ulrich von Schellenberg (1968/69), S. 88–90.

141 Vgl. Spangenberg, Adels Spiegel (1591), fol. 246r.

142 Vgl. Burmeister, Feldkirch (1985), S. 164, 185f.

143 Vgl. ders., Achilles Pirmin Gasser. 1505–1577: Arzt und Naturforscher, Historiker und Humanist. Bd. 1, Wiesbaden 1970, S. 99.

144 Vgl. ebd.; Burmeister, Ulrich von Schellenberg (1968/69), S. 89; Niederstätter, Das Jahrhundert der Mitte (1996), S. 52.

ihnen aber insbesondere eine Möglichkeit zur Existenzsicherung und eine Betätigung, auf die sie zurückfallen konnten. Wie bereits erwähnt, waren Edelleute wie Götz von Berlichingen und Wilwolt von Schaumberg seit ihrer Kindheit als Krieger erzogen worden und hatten hier ihre Kompetenzen gesammelt. Von Philippe de Mézières (†1405) heißt es bereits im 14. Jahrhundert, dass viele verarmte Edelleute zur Erhaltung von Adel und Gütern selbst an ungerechten Kriegen teilnahmen, weil sie nichts anderes als das Kriegswesen kannten.[145] Froben Christoph von Zimmern schreibt, wie Thiébaut IX. de Neufchâtel (†1469), Marschall von Burgund, bei der Erbteilung seinen Bastardsohn bloß mit seinem alten *kurifsschwert*, also einem Schwert für den Kampf im Harnisch, bedachte. Damit sollte er sich beweisen und seine Brüder und ihre Güter schützen.[146] In Deutschland greifen im selben Sinne Adlige in Zeiten des Mangels zum Schwert. Der zimmerische Chronist weiß wiederholt von Adligen zu berichten, denen, vom Schicksal getroffen, als letzter Ausweg das Leben im Sattel blieb. Sich im ‚Stehgreif', also im Steigbügel, zu nähren, ist eine verbreitete Redewendung.[147] Als also der fehdefreudige Graf Friedrich ‚Oettinger' von Hohenzollern nach langer Gefangenschaft, Verlust seines Teils der Erbschaft und Zerstörung seines Schlosses im Jahr 1440 *kain aigen haimwesen* mehr hatte, *war er vil unfridlicher und unverträglicher dann vor*.[148] Auch von der Sulzer Linie der Geroldsecker weiß der Chronist Ähnliches zu berichten. Aus seiner Perspektive Mitte des 16. Jahrhunderts fällt er ein klares Urteil über ihr Verhalten: [*D*]*ieweil sie nit sonders hoch vermegens, wie die andern* [*Linien der Geroldsecker*], *hetten megen sein,* [...] *do haben sie sich auch im stegraif, wie dozumal laider ein böser gebrauch in deutschen landen, einsteils müefsen erneren*. Dadurch jedoch hätte diese Linie nicht nur alle ihre restlichen Güter verloren, sondern sei auch ausgestorben.[149] Larry Benson betont, dass besonders in den zwischenständischen Konflikten des 15. Jahrhunderts Gewalt die übliche Antwort des Adels gewesen sei: "The almost inevitable response of the nobility was an insistence on those qualities which set them apart as a class and an emphasis on the ideal of noble conduct that defined that class."[150] Diese Perspektive mag jedoch ein irreführendes Narrativ schaffen.

---

145 Vgl. Keen, Chivalry (2005), S. 229.
146 Zimmern, Zimmerische Chronik, Bd. 2 (1881), S. 123f.
147 Vgl. Art. „stegreif", in: Deutsches Wörterbuch von Jacob und Wilhelm Grimm. Bd. 17 (X,II,1), Leipzig 1919, Sp. 1386–1393, hier Sp. 1389f.
148 Zimmern, Zimmerische Chronik, Bd. 1 (1881), S. 264; zum Ende seiner Gefangenschaft vgl. auch oben, S. 40–42.
149 Ebd., S. 305; vgl. zum Niedergang der Sulzer Linie der Geroldsecker auch unten, S. 197.
150 Larry Dean Benson, Malory's Morte Darthur, Cambridge ^{2}1977, S. 143.

Fehde und allgemein Gewalt waren nicht nur Mittel eines Adels in Nöten, sondern das Werkzeug des Adels an sich. Armut oder auch Fürstenfeindschaft waren keinesfalls das entscheidende Charakteristikum adliger Fehde- und Gewalttätigkeit,[151] sondern waren bloß einige unter zahlreichen Missständen, die durch solche grundlegenden adligen Verhaltensmuster beantwortet wurden. Adliger wie bürgerlich-städtischer Umgang mit Konflikten war dabei oft genug weniger ein tiefergehendes Statement, als dass sich beide soziale Gruppen der Mittel und Argumente bedienten, derer sie Herr waren.[152]

Bei jungen Adligen ist das besonders gut zu beobachten. Ein zentraler Konflikt, den jeder adlige Mann führen musste, war natürlich jener in seiner Jugend, in dem er sich unter Seinesgleichen bewähren und die Akzeptanz von Erwachsenen erlangen musste.[153] Das findet sich auch idealisiert im ‚Weisskunig': Das Werk beschreibt fiktionalisiert den Habsburger Krieg gegen die in Österreich einfallenden Ungarn im Jahr 1477[154] als kriegerische Probe und Schulung des jungen weißen Königs, also des achtzehnjährigen Maximilian. Er hätte selbst bei seinem Vater initiiert, dass er diese Herausforderung wahrnehmen konnte. Denn sein Vater wollte ihn erst zur *kunigin von fewreyßen*, also seiner zukünftigen Frau Maria von Burgund, ziehen lassen, wenn er *am ersten die kriegshendl* erlernt hätte. Entsprechend hatte der junge weiße König *grosse begird* [...], *seine junge adenliche und thewrliche hand im veld gegen seinen veindn zu versuchen und in seiner jugend die ernstlichen und grewlichen kriegstäten gewonen*,[155] sich also an diese zu gewöhnen. Nach anfänglichen Vorbehalten des kaiserlichen Vaters, der offenbar dann doch Angst um den Sohn hatte, stimmte dieser dem letztlich zu. Der Romanheld säumte nicht lange und begann die ungarischen Truppen zu bekämpfen, zu belagern und schließlich in Ungarn zu rauben und zu brennen.[156] Erst danach verließ er für seine Hochzeit das Land.

Die Jugend war die Zeit, in der der junge Edelmann die Weichen für die Zukunft stellte: Er suchte einen gewinnbringenden Dienst, vielleicht sogar einen Gönner und nicht zuletzt eine Frau. Georges Duby stellt für das hochmittelalterliche Frankreich dar, wie junge Aristokratensöhne schon ab dem 15. Lebensjahr in kleinen berittenen Gruppen konfliktbereit und bewaffnet durchs Land zogen. In einem Zustand anhaltender Jugend aufgehalten, versuchten sie, sich ein Auskommen, Besitz und vielleicht sogar eine vermögende

151 Vgl. Morsel, Die Erfindung des Adels (1997), S. 359.
152 Vgl. ebd., S. 359–362.
153 Vgl. Sieferle, Einleitung (1998), S. 19f.
154 Vgl. Wiesflecker, Kaiser Maximilian I. Bd. 1 (1971), S. 86, 273.
155 Maximilian I. et al., Der Weisskunig (1888), S. 127.
156 Vgl. ebd.

Ehefrau zu erstreiten.[157] Das findet sich auch im deutschen Spätmittelalter. Der junge Mann zog einerseits aus, um zu lernen, andererseits, um sich einen Platz in den Gesellschaften seiner Zeit zu verdienen. Diesen Platz versuchte er, mit der Heirat zu verfestigen. „Denn wirkliche Macht besitzen in jener Zeit allein die verheirateten Männer."[158] Der hochmittelalterliche englische William Marshal mochte somit erst mit 45 Jahren die Zeit seiner Jugend hinter sich lassen.[159] Wilwolt von Schaumberg heiratete nach Überwindung seiner Armut sogar erst 1502 mit über 50 Jahren.[160] Er ließ sich auf der zurückgewonnen Familienburg nieder und mühte sich, diese auszubauen und seinen Besitz zu erweitern.[161] Bis dahin hatte er sechs Ritterschläge erhalten und den letzten auch angenommen. Er blickte auf eine Karriere vom Knaben am Habsburgerhof[162] über einen Kriegsdienst als burgundischer Kürisser in den Burgunderkriegen[163] bis hin zu einem Leben als Söldnerführer zurück. Mit knapp 1000 Landsknechten und 500 Friesen unterwarf er fast im Alleingang Friesland.[164] Junge adlige Männer übten physische Gewalt nicht bloß aus, um einen ritterlichen Traum zu leben oder sich nur der Tradition halber durch ständisch korrekte Lebensführung einzupassen. Gerade die Jugend ist schließlich die Zeit der menschlichen Entwicklung, in der die Traditionen der Eltern in Frage gestellt und oft genug nur jene weitergeführt werden, die erfolgsversprechend scheinen. Das adlige Ausüben von Gewalt versprach genug Erfolg zu bringen. Besonders die adlige Jugend zeichneten deshalb ihre Aggressivität und Ruhmsucht aus.[165] Im Verlauf des Schweizerkriegs bestallten die Ulmer am 10. April 1499 statt der veranschlagten 300 Fußknechte lieber 100 junge adlige Reiter. Hans Ungelter, Esslinger Bürgermeister und Rat des Schwäbischen Bundes, meint, dies hätten die Ulmer dem Adel zuliebe getan.[166] Fünf Jahre später schrieben die Hauptleute Pfalzgraf Ruprechts im Landshuter Erbfolgekrieg, er solle davon absehen, *jung Leut* in Befestigungen einzuquartieren, da

157 Vgl. Duby, „Jugend" (1986).
158 Ders., Guillaume le Maréchal oder der beste aller Ritter, Frankfurt am Main [2]1987, S. 170.
159 Vgl. Duby, „Jugend" (1986), S. 104.
160 Vgl. Rabeler, Niederadlige Lebensformen (2006), S. 332–338.
161 Vgl. ebd., S. 343–353.
162 Vgl. ebd., S. 103–114; Eyb d. J., Geschichten und Taten (2018), S. 88–102.
163 Vgl. Rabeler, Niederadlige Lebensformen (2006), S. 114–120, Eyb d. J., Geschichten und Taten (2018), S. 102–121.
164 Vgl. Rabeler, Niederadlige Lebensformen (2006), S. 221–233; Eyb d. J., Geschichten und Taten (2018), S. 286–294.
165 Vgl. Prietzel, Kriegführung im Mittelalter (2006), S. 34–38.
166 Vgl. Karl August Klüpfel, Urkunden Zur Geschichte Des Schwäbischen Bundes (1488–1533.). Bd. 1: 1488–1506 (Bibliothek des litterarischen Vereins in Stuttgart 14), Stuttgart 1846, S. 312.

diese viel *lieber frei* wären als sich belagern zu lassen.[167] Ob sie speziell von Adligen sprechen, wird zwar nicht deutlich. Doch verweist auch diese Stelle wieder auf das jugendliche Verlangen, aus der relativen Sicherheit auszubrechen, um im Ungewissen Abenteuer zu erleben und sich Chancen zu erstreiten. Diese Ruhm- und Geltungssucht, gepaart mit dem jugendlichen Glauben an die eigene Unbesiegbarkeit, führte mitunter zu einem frühen Tod oder einem bösen Erwachen. Götz von Berlichingen setzt seine schwere Verletzung genau in diesen Kontext jugendlicher Geltungssucht: *Ich thett als ein junger gesell, der auch ghern ein mensch* [*nhd.: Erwachsener*][168] *wehr gewest, vnd daucht mich auch alls jung ich wahr, man must mich auch ein menschen vnd guten gesellen sein laßenn*. Ganz als ob er im Turnier sei, wirkt es, dass er vor den Landshuter Befestigungen Ausschau hielt, um seinen *spieß mit einem* der Pfälzer Feinde zu brechen. In dieser Situation geschah das Unglück, dass das Geschützfeuer der verbündeten Nürnberger ihm die Hand und anderen seiner Mitstreiter das Leben kostete.[169]

Das Streben nach einem ritterlichen und damit kriegerischen Leben konnte dem jungen Adligen ermöglichen, ein Vermögen an Anerkennung oder schlicht materiellem Besitz zu gewinnen. Damit konnte er sich Chancen und Möglichkeiten erhoffen, um schließlich Ämter im fürstlichen Umfeld zu ergreifen oder sich – vermögend und respektiert – verheiratet niederzulassen. Dass er in dieser langen Phase seiner kriegerischen Jugend nicht das praktiziert hatte, was er später das restliche Leben betrieb, wirkt vor allem für den Menschen der Postmoderne widersprüchlich. Hier „führt kein direkter Weg vom Abenteurer zum bedächtigen Rat",[170] zum Beamten oder zur Herrschaft über die eigenen Ländereien und das war auch nicht so gedacht. Hatte der Adlige die Jugend hinter sich gelassen, konnte er sich in gewissen Teilen ebenso vom ritterlichen Leben abwenden. Dementsprechend brechen mit der Heirat oder der Rückkehr in die Heimat viele der Selbstzeugnisse ab. Denn bis dahin hatte der Protagonist sein für die Nachwelt vorbildliches ritterliches Leben geführt. Patrick Meehan nennt dies als Grund, weshalb Georg

167 Josef Würdinger, Urkunden-Auszüge zur Geschichte des Landshuter Erbfolgekrieges. (1503–1505), München 1862, S. 4.

168 Das DWB zitiert zur Illustration dieser Bedeutung die hier verwendete Stelle aus Berlichingens Werk; vgl. Art. „Mensch", in: Deutsches Wörterbuch von Jacob und Wilhelm Grimm. Bd. 12 (VI), Leipzig 1885, Sp. 2021–2033, hier Sp. 2025f.

169 Berlichingen, Fehd und Handlungen (1981), S. 76.

170 Werner Paravicini, Georg von Ehingens Reise vollendet, in: Jacques Paviot (Hg.), Guerre, pouvoir et noblesse au Moyen Âge. Mélanges en l'honneur de Philippe Contamine (Cultures et civilisations médiévales 22), Paris 2000, S. 548–588, hier S. 568.

von Ehingens Lebensbeschreibung plötzlich abzubrechen scheint.[171] Georg selbst beschreibt das Leben seines Vaters Rudolf ebenfalls nach genau diesem Schema: Nach dem Dienst bei Kaiser Sigismund und dem Grafen Hermann von Cilli brachte er nicht nur eine große Menge Reichtümer zurück in die Heimat. Zu Hause wartete auch sein kinderloser Vetter Hugo von Ehingen, der ihm sein Erbe hinterlassen wollte und ihm zugleich zu seiner Ehefrau verhalf.[172] Nun *schickt [er] sich also nach dem land und den lütten deß landeß, dann er darvor von jugend auff inn fremden landen gediendt und in kriegen und sunst vill grosser arbait herlitten und gehapt hette*.[173] Autobiographisch ist Ludwig von Diesbach d. J. hier eine willkommene Ausnahme, da seine Lebensbeschreibung mit der Heirat im Jahr 1477 nicht abbricht, obwohl er der Kriegsführung den Rücken kehrt. Er selbst hätte noch länger das abenteuerliche Rittersleben im französischen Sold geführt, seine Familie entschied jedoch, es wäre Zeit für die Hochzeit.[174] Im Folgenden rücken die Verwaltung seiner Güter, die Ehe und der Tod seiner innig geliebten Frau in den Mittelpunkt.

Doch nicht alles adlige Kämpfen war von solch existentiellen Fragen geprägt. Der Konflikt eines Edelmannes, welcher ihn zu ritterlichen Handlungen trieb, mochte sogar schlicht der Kampf gegen seine Untätigkeit sein:[175] Ludwig von Eyb d. J. erklärt, warum Wilwolt von Schaumberg 1483 Fehdehelfer seines Vettern Karl von Schaumberg (†1522) wurde, schließlich mit folgendem Sprichwort: *[W]er nitt gern feyert, hat im bald arbeytt erdacht*.[176] Wer sich ungern ausruhe, habe sich bald neue Beschäftigung gesucht. Gewalt erscheint hier fast wie ein Mittel gegen die Langweile, das obendrein dem Edelmann noch Ehre und Güter verschaffen mochte.

2.4 Intrinsische Motivationen

Bei allen Zwängen, denen Adlige sich in ihrem Gewaltverhalten ausgesetzt sahen, und trotz des vermeintlich kriegerisch vorgeprägten Lebens vieler dieser

171 Vgl. Patrick Meehan, The Physicality of Service (2013), S. 101f.

172 Vgl. Ehingen, Reisen nach der Ritterschaft (1979), S. 10–13; Gabriele Ehrmann, Georg von Ehingen, Reisen nach der Ritterschaft. Teil II: Untersuchung, Kommentar (Göppinger Arbeiten zur Germanistik 262), Göppingen 1979, S. 49.

173 Ebd., S. 13.

174 Vgl. Diesbach, Aufzeichnungen Ludwig von Diesbachs (1986), S. 66.

175 Zur Rolle von Untätigkeit im ritterlichen Selbstverständnis vgl. ausführlicher unten, S. 166–169.

176 Eyb d. J., Geschichten und Taten (2018), S. 157.

jungen Männer, mochten sie tatsächlich Spaß am Kämpfen gehabt haben.[177] Bewegten sie sich innerhalb der Normen der Gewaltkultur ihres Standes, waren gut darin, mit Waffen und Pferden umzugehen, oder erlangten positive Bestätigung in der Art, wie sie lebten, bereitete ihnen das womöglich wirklich Freude. Das abenteuerliche Leben jenseits all der Beschränkungen der Heimat konnte gerade in der Jugend verlockend sein. Geschützt von einem guten Harnisch und vermeintlich allein durch die Kraft des eigenen Körpers und des eigenen Willens eingeschränkt, bot sich ihnen die Chance, sich in derselben Tradition wie die ritterlichen Aufsteiger und adligen Helden vor ihnen einen Namen machen. Macht und Titel konnte man sich erkaufen oder diese erben, doch das Rittertum erschien immer noch als adlige Charakteristik, die man sich verdienen musste.[178] Selbst wenn der Edelmann aber solche Gedanken an Macht und Titel für einen Moment hintanstellte, mag es sein, dass er schlicht Freude am Fechten als standesgemäßer Betätigung empfand und in dieser Betätigung sogar Ehre erlangte. Schließlich hat beispielsweise das moderne Golfspiel auch Anhänger um des Spieles willen und nicht bloß aufgrund seiner sozialen Konnotationen. Diese intrinsische Motivation ist sehr gut anhand der andauernden Begeisterung vieler Fürsten für das Rittertum zu erkennen, die offenbar nicht bloß des Status wegen aufrechterhalten wurde.

Der vielbeachtete Maximilian steht schließlich in seiner Turnierbegeisterung keinesfalls allein da. Auch sein Vetter, Erzherzog Sigismund der Münzreiche von Tirol (1427–1496), war geradezu vernarrt in die ritterlichen Künste. Niclas von Popplau kam auf seiner Ritterreise im Jahr 1483 auch nach Innsbruck, Sigismunds Residenz. In seiner Unterkunft wurde er trotz Fiebers regelrecht belagert. Graf Leonhard I. von Tirol-Görz verlängerte sogar seinen Aufenthalt, um ihn in der Stadt einladen zu können und seine Vorstellung mit dem übergroßen Spieß zu sehen.[179] Sogar der sechsundfünfzigjährige Herzog selbst war unter den unangekündigten Besuchern des Ritters. Er hatte bereits die Ankunft seines ritterlichen Gastes kaum abwarten können und diesen erfolglos noch bereits in Reisekleidung vorladen wollen.[180]

Gemeinsam mit *vielen Rittern und Edelleuthen* versuchte er sich später, mit verstellten Stimmen als Frauen ausgebend, Zugang zur Kammer des Ritters zu verschaffen.[181] Äußerst stolz auf ihren Trick wurden die Männer von Popplau,

177 Vgl. Kaeuper, Chivalry and Violence (2001), S. 161–163; Hans-Henning Kortüm, Militärische Gewaltkultur. Eine Problemskizze, in: Barbara Segelken/Tim Urban (Hgg.), Kaiser und Kalifen. Karl der Große und die Mächte am Mittelmeer um 800, Darmstadt 2014, S. 130–143, hier S. 143.

178 „Adliger ist man, Ritter wird man"; Paravicini, Die ritterlich-höfische Kultur (2011), S. 3.

179 Vgl. Popplau, Reisebeschreibung (1998), S. 32.

180 Vgl. ebd., S. 30.

181 Ebd., S. 32.

der wenig mit der Aussicht auf weibliche Zuneigung anzufangen wusste,[182] eingelassen und stürzten sich sofort auf seine Turnierausrüstung. Der Graf von Görz verlor zur Belustigung der Umstehenden die Wette, Popplaus Rüstung und Spieß führen zu können. Danach verblieb der Herzog allein weitere vier Stunden bei dem Ritter. Im Gespräch, das *von mancherley Künsten*[183] handelte, bat der Herzog auch, ihn das Führen des Spießes zu lehren, was Niclas jedoch als unmöglich ablehnen musste. Die Reihe der turnierbegeisterten Besucher am Innsbrucker Hof setzte sich fort: Neben Graf Leonhard I. von Tirol-Görz zeigte auch Markgraf Albrecht von Baden (1456–1488) Interesse am Ritter und an seiner Kunst. Dieser Markgraf von Baden tauchte gleich am nächsten Tag wieder auf, schickte täglich guten Wein, lud ihn zur Tafel und wurde dennoch wie zuvor der Herzog darin enttäuscht, etwas von Popplau gelehrt zu bekommen.[184] Womöglich schätzte Popplau seine neuen Verehrer als physisch schlicht zu schwach ein, glaubte sein didaktisches Vermögen sei zu gering oder wollte einfach nicht so lange am Hof den Fechtmeister mimen, dass er in seiner Weiterreise aufgehalten würde. Sigismund hatte aber nicht nur Interesse an der bewaffneten Fechtkunst. Der Herzog interessierte sich auch ausgesprochen für den Ringkampf. Die herzoglichen Rechnungsbücher bestätigen, dass er sich sogar Bauernkleider anfertigen ließ, um nicht nur im Umfeld seiner Edelleute, sondern auch unter Nichtadligen dieser ritterlichen Kunst frönen zu können.[185] „Er entlohnt deren Mut und kommt auch für deren, im Kampf erlittene, Schäden auf."[186]

Der Chronist Froben Christoph von Zimmern eröffnet mit einer Beschreibung, wie sein Urgroßvater, der Freiherr Werner von Zimmern (1423–1483), in seiner Jugend mit dem Tiroler Herzog rang, einen guten Einblick auf die höfische ritterliche Kultur jenseits des Festes: Als der junge Herzog Sigismund nach seiner Wiener Erziehung 1446 seine Residenz in Innsbruck eingenommen hatte, schloss sich ihm dort auch bald Werner an. Der junge Freiherr wurde schon bald ein Liebling der Hofgesellschaft und zeichnete sich besonders durch seine ritterlichen Eigenschaften aus: Er war *vast gerad und stark, also das im nit vil an dem hof mit rennen, stechen, ringen, springen, den stain stofsen*

182 Er schreibt selbst, dass er seinen *Lebtag Weibs=Persohnen nicht gerne geküßet habe*; Popplau, Reisebeschreibung (1998), S. 114, vgl. weiterhin dort auch S. 51.

183 Ebd., S. 32.

184 Ebd.

185 Vgl. Rainer Welle, „... und wisse das alle höbischeit kompt von deme ringen". Der Ringkampf als adelige Kunst im 15. und 16. Jahrhundert. Eine sozialhistorische und bewegungsbiographische Interpretation aufgrund der handschriftlichen und gedruckten Ringlehren des Spätmittelalters (Forum Sozialgeschichte 4), Pfaffenweiler 1993, S. 205–208, insb. S. 205.

186 Ebd., S. 205.

ABB. 3 Mann im Küriss um 1480, sehr wahrscheinlich Herzog Sigismund von Tirol.[187] (Anonymer Künstler, aquarellierte Federzeichnung, Thun'sches Skizzenbuch (The Museum of Decorative Arts in Prague, GK 11.572-B), S. 30)

187 Vgl. Pierre Terjanian, The art of the armorer in late medieval and Renaissance Augsburg: The rediscovery of the *Thun sketchbooks*. Thun-Hohenstein albums. Part I, in: Jahrbuch des kunsthistorischen Museums Wien 17/18 (2013), S. 297–395, hier S. 346.

und dergleichen adenlichen iebungen (*in denen allen er ain besondere freid het*) *gleichen mechten.*[188] Das kam ihm mehr als nur gelegen. Denn als Herrscher und Verwalter taugte der junge Mann noch nicht viel. Sein geringes Interesse an dem mit 18 Jahren geerbten Familienstammsitz Meßkirch hatte diesen gehörig ruiniert.[189] Das Rittertum schien mehr seinem Charakter zu entsprechen und verhalf ihm schließlich auch zu einer Karriere bei Hofe. Denn dort gab es viele, die die eben beschriebene ‚*besondere freid*' zum Kampfspiel teilten. Als vor den Toren Innsbrucks *die herrn abermals mit allerlai kurzweil und behendigkait iebten*, fiel das Auge des dort spazierengehenden Herzogs auf seinen hochgepriesenen Höfling. Er forderte ihn zum Kampf heraus.[190] Es handelte sich wohlgemerkt nicht um einen öffentlichen Wettkampf, sondern war eigentlich bloßes Training. „In diesem nichtoffiziellen Sinne, prägt der Ringkampf die spätmittelalterliche Alltagskultur (des Adels)."[191] Sigismund malte sich trotz des Rufs Werners gute Siegeschancen aus. Schließlich hatte er womöglich bei dem getauften Juden Ott, einem der bekanntesten und einflussreichsten Ringmeister des 15. Jahrhunderts,[192] diesen Aspekt der ritterlichen Kampfkunst gelernt. Der spätestens 1443 verstorbene Meister soll Ringer im Dienst der Österreicher Fürsten gewesen sein, sodass der Herzog in seiner Jugend in Wien bei ihm in die Lehre gegangen sein mag.[193] Doch auch Werner war sich seiner Kunst sehr sicher. Er war sich sogar so sicher, dass er fürchtete, in Ungnade zu fallen, sollte er seinen Herrn zu Boden werfen.[194] Der Herzog insistierte jedoch und gewann schließlich auch den Kampf *nach langer iebung und mancherlai behelfs und vorthails, so ainer gegen dem andern braucht.*[195] Der Wettstreit kam keinesfalls mit einem sauberen Wurf zum Abschluss, sondern endete für Werner mit blutigen Zähnen. Der Herzog brachte ihn so schwungvoll zu Boden, dass Sigismund zwar zu seiner Freude siegreich war, jedoch aufgrund des kraftvollen Wurfes gleich hinterdrein auf ihn stürzte. Es sollte

---

188 Zimmern, Zimmerische Chronik, Bd. 1 (1881), S. 333.

189 Vgl. Ebd., S. 332f.; Bastress-Dukehart, The Zimmern chronicle (2002), S. 64–67. Vgl. auch unten, S. 153.

190 Zimmern, Zimmerische Chronik, Bd. 1 (1881), S. 333.

191 Welle, „alle höbischeit" (1993), S. 208.

192 Von Meister Ott ist zwar kein Autograph erhalten. Bearbeitungen seiner Lehre sind jedoch ab 1443 in 11 Fechtbüchern und weiteren 5 Kopien derselben zu finden, in denen er deutlich als Autorität in Fragen des Ringkampfs behandelt wird; vgl. ebd., insb. S. 35–196.; Hans-Peter Hils, „Ott (der Jude Ott)", in: Verfasserlexikon. Die deutsche Literatur des Mittelalters. Bd. 7, Berlin, New York ^{2}2010, Sp. 196–199.

193 Vgl. Welle, „alle höbischeit" (1993), S. 208, 255–257.

194 Zimmern, Zimmerische Chronik, Bd. 1 (1881), S. 333f.

195 Ebd., S. 334.

nicht zu Werners Nachteil sein. Wie erwähnt, pflegte Sigismund die im Kampfspiel erlittenen Schäden seiner Gegner wieder auszugleichen. Auch hier bot er seinem Höfling an, sollte er einen Zahn verloren haben, diesen durch einen Goldzahn zu ersetzen. Der Freiherr hatte aber offenbar alle Zähne behalten. Zugleich verschaffte ihm sein Herr aber auch ein jährliches Einkommen von 120 Goldgulden. Bald darauf wurde er Rat Sigismunds und auch seines Onkels, Erzherzog Albrechts VI. (1418–1463).[196] Weder Pracht noch Schmuck zeichneten diese grundlegende Kampfdisziplin des Ringens aus. Dennoch gehörte gerade auch die Ringkunst zur Adelskultur am Hof und beim höfischen Fest.[197] Selbst beim kulturell richtungsgebenden burgundischen Hoffest nahmen Adlige an Ringkämpfen teil und schlossen dabei ausdrücklich ihre Gäste ein. Der böhmische Freiherr Leo von Rožmitál und seine Reisegefährten mussten sich 1466 trotz der von Hof zu Hof unterschiedlichen Regelwerke des sportlichen Ringkampfs mit ihren Leistungen dort nicht verstecken: Sein Gefolgsmann Jan von Kolowrat besiegte zum Erstaunen der Hofgesellschaft in allen drei Durchgängen einen bis dahin ungeschlagenen Ringkämpfer. Auch für zwei weitere Reisegefährten sorgte Herzog Philipp der Gute (1396–1467) für angemessene Kontrahenten: Der adlige Indersyz tat es Kolowrat beim Ringen gegen einen burgundischen Grafen gleich und besiegte diesen ebenfalls alle drei Mal. Bloß der Verfasser eines der beiden uns bekannten Reiseberichte, Václav Šašek von Bířkov, hatte weniger Glück und wurde nach einem ersten Sieg im folgenden zweiten Durchgang so kräftig geworfen, dass er für keinen dritten mehr bereit war.[198] Der hier im wenig prunkvollen Unterkleid (*nempe thorace et caligis*)[199] ausgetragene Ringkampf erweist sich darüber hinaus als treffendes Beispiel für die Bedeutung ritterlicher Kampfkunst am Fürstenhof. Selbst am beispiellos auf Pracht und Zeremoniell bedachten Burgunderhof konnte ritterlicher Wettstreit Vorrang vor dem bloßen Zelebrieren prächtiger, ritterlicher Symbole

196 Vgl. Zimmern, Zimmerische Chronik, Bd. 1 (1881), S. 334; auch Rainer Welle verweist auf diesen Ringkampf; vgl. Welle, „alle höbischeit" (1993), S. 206f.

197 Vgl. ebd., S. 208–219.

198 Vgl. Václav Šašek von Bířkov, De Leonis a Rosmital nobilis bohemi Itinere per partes Germaninae, Belgii, Britanniae, Franciae, Hispaniae, Portugalliae atque Italiae annis MCCCCLXV–VII. Suscepto Commentarius coaevus, hrsg. von Johann Andreas Schmeller, in: Johann Andreas Schmeller (Hg.), Des böhmischen Herrn Leo's von Rožmital Ritter-, Hof- und Pilger-Reise durch die Abendlande 1465–1467. Beschrieben von zweien seiner Begleiter (Bibliothek des Literarischen Vereins in Stuttgart 7,1), Stuttgart 1844, S. 1–142, hier S. 25f.

199 Ebd., S. 26; in diesem Kontext scheint es sich trotz der möglicherweise irreführenden Verwendung des lateinischen Begriffes ‚thorax' nicht um ein ebenfalls gebräuchliches Ringen im Harnisch zu handeln, sondern tatsächlich um besagtes Ringen im Untergewand: „Thorax here means a tunic with sleeves worn on the bare skin or over a shirt, the form of which it resembled; Nina Cust, Gentlemen errant. Being the journeys and adventures of four noblemen in Europe during the 15. and 16. centuries, London 1909, S. 22, Anm. 2.

haben. Darauf weist auch die Einbindung reisender Fremder hin, denen man begrenzt aufs Zeremoniell symbolisch weit risikoärmer ein gemeinsames kulturelles Verständnis von Adel und Rittertum hätte vermitteln können. Ein auf Fairness und individuelles Können ausgelegter Kampf scheint jedoch eher ins Herz des ritterlichen Selbstverständnis der Adelsgesellschaft getroffen zu haben. Beim Ringkampf konnte kaum mit anderen Symbolen des Rittertums und Adels gearbeitet werden als dem Körper des Kämpfers selbst und seinem Vermögen, diese ritterliche Fechtkunst zu beherrschen. Weder die Qualität von Pferden noch die von Waffen oder Rüstungen konnte dabei Einfluss nehmen. Dabei wurde auch in Kauf genommen, dass ein Teilnehmer, wie in diesem Fall Šašek, verletzt wurde, auch wenn seine Verletzung schließlich vor allem seinen Stolz betraf. Immerhin konnten ihm die Herzoginnen diese Wunde durch Süßigkeiten und vor allem reichlich Wein etwas erträglicher machen. Betrunken wie er war, erreichte er kaum die Herberge.[200]

2.5 Zwischenfazit

Neben der Herrschaft ist eine Konstante in der Geschichte des Adels seine Legitimation und Identifikation über das Ausüben kriegerischer Gewalt. Dies drückte sich im ausgehenden Mittelalter über das Rittertum aus. Legitimation und Identifikation sind nicht nur mit adliger Lebensführung eng verwoben, sondern auch mit den Möglichkeiten zur Lebenserhaltung und Chancen zur sozialen Bewährung und dem sozialen Aufstieg. Gewalt war Adligen nicht nur ein Mittel zur Selbsterhaltung in Nöten, sondern ein Werkzeug zur politischen und sozialen Auseinandersetzung an sich. Dies wird besonders in den kommenden Kapiteln vertieft diskutiert. Im Gegensatz zur Gewalt sind nichttraditionell adlige Mittel des Broterwerbs und der Sicherung einer Karriere in Adelskreisen harschen Angriffen ausgesetzt. Insbesondere der Weg der Gelehrsamkeit, der gerade gebildeten Nichtadligen den Weg zu Karrieren am Fürstenhof eröffnete, setzte so manchen Edelmann sozialer Isolation aus. Dieser zu entkommen und damit seine adlige Ehre zu erhalten, mochte einem Edelmann wiederum eine Rechtfertigung mittels kriegerischer Taten wert sein. Die ritterlich-adlige Kultur gründete sich jedoch nicht nur auf solchen Zwängen. Hoch- und Niederadlige scheinen das Rittertum auch sehr lebendig schlicht aus Spaß am Kämpfen heraus betrieben zu haben. Ihre Kultur verlor sich nicht in Überformung und Inszenierung, worauf auch im Folgenden noch weiter eingegangen wird. Rittertum wurde weiterhin von Individuen mit intrinsischer Motivation in kriegerischen Handlungen und Spielen getragen.

200 Bířkov, De Leonis a Rosmital (1844), S. 26.

KAPITEL 3

Die kriegerische Praxis

Welche Form des Verhaltens wurde als kämpferisch vorbildlich verstanden, was genau also als ‚ritterlich' bezeichnet? Militärisch finden Konflikte nach modernem Verständnis[1] auf mindestens drei Ebenen statt: Erstens wird die Bewegung und der Einsatz von Streitkräften und Ressourcen strategisch geplant. Zweitens werden diese taktisch wiederum im individuellen Gefecht eingesetzt. Die dritte Ebene hingegen, die oftmals schlicht vorausgesetzt wird, ist die Ebene der Verfasstheit und Ausbildung des individuellen Kämpfers. Geschichtsschreibung als Politik- und Personengeschichte, als Geschichte der ‚großen Männer' und ‚Schlachten', kann sich oft mit der Berücksichtigung der ersten beiden Ebenen zufriedengeben. Ihr reicht der Blick auf die metaphorische Feldherrenkarte meist aus, um die ihr bedeutendsten militärischen Entscheidungen besagter ‚großer Männer' und ihrer Befehlshaber zu greifen. Dem zeitgenössischen wie dem modernen Autor und Leser mag es leichter fallen, Kriege und Gefechte auf diesen Ebenen zu fassen. Die Vermittlung tatsächlichen Kampfgeschehens jenseits des vermeintlichen Feldherrenhügels hingegen ist schier unmöglich.[2] Anfang des 16. Jahrhunderts stellt Ludwig von Eyb d. J. fest: *Kheinem istorj schreiber ist müglich, die geschichten der streitt ördenlich, wie sei gescheenn, zwschreibenn, denn es begebenn sich augennblicklich vill tatth zw gleich, die aus der federnn nach einannder bracht werdenn müssen.*[3] Dementsprechend werden und wurden selbst komplexe Gefechtsverläufe auf ein simpleres und heute oft ausschließend von der Taktik geprägtes Narrativ reduziert. Überforderte mittelalterliche Autoren bedienten sich dabei gerne bei ihren antiken Vorgängern, was es dem heutigen Leser nicht gerade einfacher macht, den Charakter mittelalterlicher Kriegsführung zu verstehen.[4] Die Rolle des individuellen Kämpfers wird beim Spinnen dieser

---

1 Dieses ist im Deutschen grundsätzlich durch Carl von Clausewitz (1780–1831) geprägt: [*D*]*er Kampf besteht aus einer mehr oder weniger großen Zahl einzelner, in sich geschlossener Akte, die wir Gefechte nennen* [...] *und die neue Einheiten bilden. Daraus entspringt nun die ganz verschiedene Tätigkeit, diese Gefechte in sich anzuordnen und zuführen und sie unter sich zum Zweck des Krieges zu verbinden. Das eine ist die Taktik, das andere die Strategie genannt worden*; Clausewitz, Vom Kriege (1991), S. 270f.

2 Vgl. John Keegan, The Face of Battle. A study of Agincourt, Waterloo and the Somme, Harmondsworth 1988, S. 13–15; Rüther, Ordnungen der Gewalt? (2019), S. 243.

3 Eyb d. J., Geschichten und Taten (2018), S. 224.

4 Vgl. Keegan, The Face of Battle (1988), S. 62.

 | DOI:10.1163/9789004527010_005

Schlachtennarrative meist so lange ignoriert, wie er den breiten Pinselstrichen nicht in die Quere kommt. Ritterliche Kämpfer tun das jedoch regelmäßig. Die Beispiele für solch taktisch oder auch strategisch irrationales Verhalten sind mannigfaltig: Johan Huizinga betont deutlich, dass „die Erfordernisse von Strategie und Taktik beständig mit rittertümlichen Vorurteilen in Konflikt gerieten."[5] Huizinga weist als Beispiel auf das Verhalten Henrys V. während der Azincourt-Kampagne 1415 hin. Er riskierte entgegen jedem strategischen Mehrwert sein Leben, indem er sich weigerte, geharnischt ein Stück des Marsches wieder zurückzureiten. Er hatte das Dorf, wo er hätte Quartier beziehen sollen, verpasst, jedoch den Befehl erlassen, dass kein Ritter in voller Rüstung den Rückzug antreten durfte. Also übernachtete er, wo er war, außerhalb des Dorfes.[6]

Ähnliches Denken herrschte auch noch im Reich Ende des 15. Jahrhunderts: Während des Burgundischen Erbfolgekriegs griffen die kaiserlichen Truppen 1488 das flandrische Damme an. Neben Nicht- und Niederadligen nahmen auch *fürsten, grauen, freyenherrn vnnd ander der höchsten vom adell* daran teil.[7] Zu spät stellten sie dann aber fest, dass die über den gefluteten Graben gelegte Angriffsbrücke zu kurz gebaut war. Statt nun jedoch den taktisch sinnvollen Rückzug anzutreten, wollten die Angreifer *nit bis der tag herging abtretten*.[8] Offenbar im Vertrauen darauf, dass ihre Rüstungen sie vor den meisten Geschossen schützen würden, harrten sie also aus. Die Verteidiger schossen jedoch schließlich nicht bloß mit Armbrusten oder Handbüchsen, sondern richteten *ir geschutz, des sie vill vnnd gnug hetten in sie*:[9] Die Kanonen und Wurfmaschinen richteten verheerenden Schaden an: Das prominenteste Opfer war der Markgraf Albrecht von Baden, dem von einer der Maschinen, einer sogenannten Bankarmbrust, durch die Rüstung hindurch in den Hals geschossen wurde.[10] Auch *ander vill grauen, herrn vnnd reicher mechtiger gesellenn vom adell aus Schwaben, Francken vnnd Reinlendern der trefflichsten* fanden dort den Tod.[11]

---

5 Huizinga, politische und militärische Bedeutung (1976), S. 25; Malcolm Vale setzt sich ausführlich mit Huizingas Auffassung spätmittelalterlichen Rittertums und insbesondere in diesem Zusammenhang mit der spätmittelalterlichen Militärgeschichte auseinander; vgl. Vale, War and chivalry (1981), S. 1–13.

6 Vgl. Huizinga, politische und militärische Bedeutung (1976), S. 25.

7 Eyb d. J., Geschichten und Taten (2018), S. 185.

8 Ebd.

9 Ebd.

10 Ehenheim, Familienbuch Michels von Ehenheim (2007), S. 59.

11 Eyb d. J., Geschichten und Taten (2018), S. 185; vgl. zu dem Vorfall auch Rabeler, Niederadlige Lebensformen (2006), S. 181; Clemens Jäger, Ehrenspiegel, Buch VII (1559), fol. 95r.

Neben solchen den Rückzug verweigernden Adligen brachten auch immer wieder eigensinnig, tollkühn angreifende Edelleute die Pläne ihrer Befehlshaber in Gefahr. 1489, gerade als Wilwolt von Schaumberg zum Hauptmann Albrechts von Sachsen (1443–1500) im Burgundischen Erbfolgekrieg geworden war, sollen ihm die untergebenen Adligen eine der ersten Gelegenheiten sabotiert haben, sich in seiner neuen Position zu beweisen. Als erfahrener Schanzmeister hatte er eine Brücke für den Angriff auf das brabantische Aarschot vorbereiten lassen. Als er diese jedoch kurzfristig zwei Edelmännern überließ, nahmen sie die Sache selbst in die Hand: Sie brachten sie vor das Tor der Stadt, gerieten unter starken Beschuss und mussten sich unter großen Verlusten zurückziehen. Eyb d. J. zufolge musste die Eroberung Aarschots deshalb vorerst aufgegeben werden.[12]

Selbst Friedensverhandlungen waren vor solch eigenmächtigen Aktionen nicht sicher: So brachte der Franke Veit Schott von Schottenstein die durch einen päpstlichen Legaten vermittelten Verhandlungen zwischen Kaiser Friedrich III. und Karl dem Kühnen im Mai 1475 vor Neuss in Gefahr. Hatten sich die Kaiserlichen und Burgunder zeitweilig im jeweiligen Lager besucht und sogar die belagerte Stadt besichtigt, nahm die Spannung mit der Zeit wieder deutlich zu.[13] Schließlich sammelte besagter Veit Schott Reiter und Fußknechte um sich, griff die Feinde an und provozierte damit, dass Herzog Karl mit dem gesamten burgundischen sogenannten reisigen Zeug,[14] also den Reitern, zum Gegenangriff überging. Die Burgunder töteten die Fußknechte oder trieben sie in den Rhein. Die Reiter des Reiches jagten sie zurück in die kaiserliche Wagenburg. Jeder, der es nicht dorthinein schaffte, starb, sodass bis zum Einbruch der Nacht etwa 450 Kaiserliche den Tod fanden. Tags darauf konnten jedoch trotz allem die päpstlich vermittelten Verhandlungen wieder beginnen.[15] Ludwig von Eyb d. J. charakterisiert Veit Schott in diesem Kontext einerseits als jemanden, *der nitt alltzeit bey gutter vernufft was*. Andererseits spricht er davon, er sei *ansechlich, ein redlich person* gewesen und *thum kühn genug*.[16] Diese widersprüchlich anmutende Charakterisierung verweist auf ein grundlegendes Problem: An all diesen militärischen Fehlschlägen hat die Verwurzelung besagter Adliger im Rittertum nicht wenig Anteil.

12 Vgl. Eyb d. J., Geschichten und Taten (2018), S. 191f.

13 Vgl. Ferdinand Schmitz, Der Neusser Krieg, in: Rheinische Geschichtsblätter 2 (1895/1896), S. 1–9, 33–60, 65–79, 97–112, 129–144, 161–176, 193–209, 225–240, 257–262, hier S. 230–234; Gerhard Kallen, Die Belagerung von Neuss durch Karl den Kühnen. 29. Juli 1474 bis 5. Juni 1475, Neuss 1925, S. 53.

14 Zum Begriff ‚Reisiger' vgl. unten, S. 97.

15 Vgl. Eyb d. J., Geschichten und Taten (2018), S. 113.

16 Ebd.

Das Rittertum fällt strategisch und taktisch gerade deshalb oftmals negativ ins Auge, weil es für diese Bereiche kaum gedacht war. Denn es sorgte sich in erster Linie um die grundlegende Ebene der gewalttätigen Konfliktführung, nämlich um die Kompetenz des individuellen Kämpfers aus Perspektive dieser Kämpfer selbst. Selbstverständlich gab es ritterliche Hauptleute und Feldherren. Der Großteil der Gefechtsteilnehmer in jeder gewalttätigen Situation aber hatte und hat immer noch kaum mehr Verantwortung als für sich und die Kameraden um sich herum. Taktische oder strategische Verantwortung tragen sie kaum. Relevant hingegen ist für sie zum einen das Vermögen, das Gefecht zu überleben und zum anderen, dafür zu sorgen, dass sie sich bei ihren Kameraden und Befehlshabern Anerkennung verdienen oder die vorhandene Anerkennung zumindest nicht verlieren.[17]

Postuliert Niccolò Machiavelli (1469–1527) Anfang des 16. Jahrhunderts, *[d]ico [...] non l'oro (come grida la comune opinione) essere il nervo della guerra, ma i buoni soldati,*[18] spricht er den individuellen Kämpfern die grundlegend militärisch entscheidende Rolle zu. Dabei stützt er sich in seiner Argumentation zwar anfangs auf Beispiele aus der Antike, übersetzt sie aber auch in seine Gegenwart. So macht er für die Siege der Eidgenossen über Karl den Kühnen zwischen 1474 und 1477 die Qualität der Schweizer Kämpfer verantwortlich. Karl der Kühne hingegen habe sich im Umkehrschluss vor allem auf seinen Reichtum und damit sein Söldnerheer verlassen.[19] Inwiefern diesem speziellen Beispiel zuzustimmen wäre, sei dahingestellt. Wichtiger ist Machiavellis Wertschätzung guter Kämpfer. Mittelalterliche Gefechte und sogar größere Schlachten wurden in der Regel nicht in komplexen militärischen Manövern geplant. Das war kaum mangelnder taktischer Umsicht geschuldet. Gerade im 15. Jahrhundert entstanden neben der breiten Rezeption der antiken ‚Epitoma rei militaris' des Vegetius eigenständige Werke, die sich der Militärtheorie widmeten.[20] Aus dem Jahr 1477 ist sogar ein detaillierter Mobilmachungsplan Markgraf Albrecht Achilles von Brandenburgs (1414–1486) für einen Krieg gegen die Herzogtümer Sagan und Pommern überliefert. Die Zusammensetzung, taktische Position und Aufgaben der einzelnen Teile

17 Vgl. Keegan, The Face of Battle (1988), S. 70–72.

18 Niccolò Machiavelli, Discorsi sopra la prima Deca di Tito Livio. Libri I–II, hrsg. von Rinaldo Rinaldi, in: Rinaldo Rinaldi (Hg.), Opere di Niccolò Machiavelli. Bd. 1,1, Turin 1999, S. 411–940, hier S. 795.

19 Ebd., S. 793–795.

20 Vgl. Schmidtchen, Kriegswesen (1990), S. 99–128, 239–300; Rüther, Der König als Feldherr (2015), S. 159–161.

des Heeres sind darin bestimmt.[21] Beschreibt der Plan zahlreiche taktische Einheiten, so haben diese Einheiten und damit auch ihre Mitglieder kaum komplexe Aufgaben. Wiederholt ist es den jeweiligen Befehlshabern überlassen, die Gelegenheit zu ergreifen, den Feind in Formation an einer günstigen Stelle anzugreifen. Auch die Beschreibung in der Praxis geführter Gefechte wird selten detaillierter. Das mag auf den modernen Leser primitiv wirken. Carl von Clausewitz spricht sich selbst im 19. Jahrhundert dagegen aus, diese simple Planung falsch zu verstehen: *Es ist alles im Kriege sehr einfach, aber das Einfachste ist schwierig.*[22] Peter Moraw fragt im selben Sinne also zurecht für das Spätmittelalter: „[F]ührten nicht anscheinend primitive oder elementare Kriegstechniken gegebenenfalls eher zum Erfolg als ausgefeilt-‚moderne'?"[23] Je weniger komplex ein Schlachtplan sein konnte, desto weniger anfällig war er wiederum für das Unvorhergesehene, das im Chaos eines Gefechts überall lauerte. Ein simpler Plan wiederum bedeutete, dass der einzelne Kämpfer weniger mit den taktischen Details überfordert war. Er konnte sich somit um die für ihn wesentlichen Anliegen kümmern, nämlich das Gefecht zu überleben und darüber hinaus seine Kameraden und Befehlshaber nicht zu enttäuschen oder diese sogar zu beeindrucken. Ein simpler Plan hob aber auch deutlich die Bedeutung des kämpferischen Vermögens dieses individuellen Kämpfers für das Gelingen eines Gefechtes.

Jan Frans Verbruggen stellt aufgrund von Augenzeugenberichten des 11. bis 14. Jahrhunderts fest, dass gerade dieses Verhalten des individuellen Kämpfers als kampfentscheidend galt: „Now the essential element in each battle lies in the attitude of the soldiers during the fighting. The way they handle their weapons, the manner in which they react in the face of danger and behave

21 Vgl. Ein Brandenburgischer Mobilmachungsplan aus dem Jahre 1477, in: Kriegsgeschichtliche Einzelschriften des großen Generalstabs 1,3 (1884), S. 1–36, hier insb. S. 21–25; für den Krieg Brandenburgs gegen Sagan und Pommern vgl. Uwe Tresp, Kriegswesen und Kriegführung in der spätmittelalterlichen Mark Brandenburg, in: Clemens Bergstedt/Heinz-Dieter Heimann/Knut Kiesant/Peter Knüvener/Mario Müller/Kurt Winkler (Hgg.), Im Dialog mit Raubrittern und schönen Madonnen. Die Mark Brandenburg im späten Mittelalter (Studien zur brandenburgischen und vergleichenden Landesgeschichte 6), Berlin 2011, 130–141, hier S. 138–141.

22 Clausewitz, Vom Kriege (1991), S. 261; im selben Sinne schreibt John Keegan, modernes Offizierstraining habe den Zweck "to reduce the events of combat to as few and as easily recognizable a set of elements as possible, to categorize under manageable headings the noise, blast, passage of missiles and confusion of human movement which will assail him on the battlefield"; Keegan, The Face of Battle (1988), S. 20.

23 Moraw, Staat und Krieg (2000), S. 86.

in a battle for life – this is what counts."[24] Jedes Gefecht stellte schließlich nicht nur ein physisches, sondern auch ein psychisches Kräftemessen dar. Gefechte wurden in der Regel gerade auf psychologischer Ebene gewonnen. Denn eine Schlacht endete fast ausschließlich in dem Moment, in dem die Moral einer der Seiten brach und diese floh. Grünpecks ‚Historia Friderici III et Maximiliani I' hält einen solchen psychologisch entscheidenden Moment bei der Beschreibung des Beginns der Schlacht bei Guinegate 1479 fest: *[T]repidantibus autem pre confusione utrinque (ut fieri solet) agminibus, plurime Morinorum turme fuga elabuntur.*[25] Die übliche (*ut fieri solet*) Verwirrung des ersten Zusammenstoßes von Reitertruppen war für die Verbündeten des jungen Erzherzogs Maximilian also zu viel und sie ergriffen die Flucht. In vorneuzeitlichen Gefechten starben während der eigentlichen Kampfhandlungen in der Regel vergleichsweise wenige Kämpfer; der weit größere Teil starb, wenn eine Seite sich zur Flucht gewandt hatte.[26] Michael K. Jones stellt bezüglich der Schlacht von Verneuil 1424 fest, dass die Augenzeugen großen Wert auf die persönlichen Waffentaten der englischen Befehlshaber legten. Darüber hinaus sei die Schlacht, einer normannischen Chronik zufolge, sogar aufgrund „inspirational courage rather than any tactical manoeuvre" gewonnen worden.[27] Im Reich sind die Narrative ähnlich: Ritterliche Tugend mit ihrer Auswirkung auf die physischen und psychischen Leistungen der Kämpfer und nicht in erster Linie taktische Finesse entscheidet oft das Gefecht. Ohne Frage ist dieser Eindruck auch Teil der Überlieferungsabsicht, sodass „die mittelalterlichen Chronisten die Erfüllung standestypischer Normen" gerne hervorheben.[28] Diese Perspektive auf das mittelalterliche Kriegswesen muss damit aber noch nicht der Relevanz für die militärische Praxis widersprechen. Laut Ludwig von Eyb d. J. stürmten 1492 die Habsburger Truppen die Stadt Arras in der Grafschaft Artois *mit menlicher crafft, aller vorigen mühden vergessen, ritterlich.*[29] Bei dieser Demonstration der Tugend der Angreifer ließen es die französischen Verteidigern nicht einmal zum Kampf kommen: *Da die*

---

24 Jan Frans Verbruggen, The art of warfare in Western Europe during the Middle Ages. From the Eight century to 1340 (Warfare in history 3), Woodbridge, Suffolk, UK ^{2}1997, S. 18.

25 Grünpeck, Historia (1838), S. 85.

26 Vgl. Prietzel, Kriegführung im Mittelalter (2006), S. 119–122; für antike griechische und insbesondere römische Schlachten zeigt Philip Sabin dies ebenso auf; vgl. Philip Sabin, The Face of Roman Battle, in: The Journal of Roman Studies 90 (2000), S. 1–17, hier S. 5f., 11.

27 Michael K. Jones, The Battle of Verneuil (17 August 1424): Towards a History of Courage, in: War in History 9, 4 (2002), S. 375–411, hier S. 398.

28 Malte Prietzel, Was ist Krieg im Mittelalter? Töten, um zu herrschen, in: Gerd Althoff/ Jürgen Sarnowsky/Nikolas Jaspert/Kurt Andermann/Malte Prietzel/Martin Clauss (Hgg.), Krieg im Mittelalter (Damals. Sonderband 2017), Darmstadt 2017, S. 11–26, hier S. 22.

29 Eyb d. J., Geschichten und Taten (2018), S. 249.

Frantzossen den ernstlichen vnd freydigen willen des haubtmans [*Wilwolt von Schaumberg*] *vnnd der seinen ersahen, wurden sie waich vnd vertzagtt* und flohen aus der *hindern portten* aus der Stadt.[30] Ein solches psychologisches Kräftemessen lässt Eyb seinen Protagonisten Wilwolt von Schaumberg im selben Jahr auf der Insel Cadzand noch deutlicher thematisieren: Die Insel lag so nahe am Festland, dass Kanonen vom einen das andere Ufer treffen konnten. Herzog Philipp von Cleve und Herr von Ravenstein (1456–1528) brachte also Truppen und Artillerie aus der nahen seeländischen Stadt Sluis ans Ufer des Festlands. Nun drohte die Habsburger Flotte im Meeresarm versenkt zu werden. Die Gefahr vor Augen, bald ohne Schiffe auf der Insel festzusitzen, entschied sich Schaumberg, die Feinde in einem riskanten Landemanöver anzugreifen. Zurecht merkten seine Berater an, dass die eigenen Truppen kaum eine Chance hätten, am gegenüberliegenden Ufer eine Formation einzunehmen, bevor sie angegriffen würden. Schaumberg erinnerte sie jedoch ihrer vergangenen Taten und dann des schlechten Rufs ihres Kontrahenten: „*Ir habtt mannich mall gehörtt, das vnnser gegen haubttman vonn Rafennstein, woe man im ritterlich begegennt, mermalls die flucht gibtt, zw gott hoffend, das sülichs heütt auch von im gescheen soll. Darümb v̈bt eür manlich tugennth, volgt mir nach!*“[31] Er ergriff eine Fahne, feuerte seine Truppen an, saß schließlich vom Pferd ab und ermahnte sie bei ihrer Ehre und ihren Eiden ihm zu folgen. Als sie schließlich über den Meeresarm setzten, ging seine Rechnung auf: *Rafennstein v̈bt sein altte weis*, ließ seine Kanonen wieder anspannen und zog sich nach Sluis zurück.[32] Die Habsburger Truppen gewannen durch ihr verwegenes Vorgehen also den Kampf bevor überhaupt Schläge ausgetauscht wurden.

Ritterliche Tugend galt also als grundlegende Eigenschaft im militärischen Konflikt. Im Folgenden muss zuerst ein Blick auf den Charakter dieser militärischen Konflikte im ausgehenden Mittelalter geworfen werden und wie sich der ritterliche Edelmann auf diese eingestellt hatte. Auf dieser Grundlage stehen daraufhin die ritterlichen Tugenden selbst im Mittelpunkt. Das Turnier spielte auch über das Mittelalter hinaus eine bedeutende Rolle in der Hof- und Adelsgesellschaft und soll deshalb anschließend in den geschaffenen Kontext ritterlicher Tugenden und Kriegspraxis eingeordnet werden. Tiefer- und weitergehend schließt das Kapitel mit einer Auseinandersetzung bezüglich der Bedeutung der Kriegspraxis jenseits der Schlachten und Gefechte für das Rittertum ab.

---

30 Eyb d. J., Geschichten und Taten (2018), S. 249; zur Eroberung von Arras vgl. Rabeler, Niederadlige Lebensformen (2006), S. 200f.

31 Eyb d. J., Geschichten und Taten (2018), S. 233.

32 Ebd.

3.1 Pferde, Rüstungen und Formen der bewaffneten Konfliktführung

Hatte ritterliches Verhalten selbst für den Sieg in einer Feldschlacht eine große Bedeutung, gründete sein hoher Wert für die Zeitgenossen nicht allein auf den Gefechten hunderter bis tausender Teilnehmer. Historiker und auch Militärhistoriker fallen bis heute immer wieder der Bequemlichkeit zum Opfer, Kriege und das Kriegswesen anhand gerade der militärisch eindrücklichsten und vermeintlich damit auch entscheidenden Ereignisse zusammenfassen zu wollen.[33] Das ist keineswegs eine neue Erscheinung. Bereits ein anonymes Lehrgedicht für den jungen Maximilian von Habsburg[34] arbeitet mit der Prämisse, in einer nicht spezifizierten Vergangenheit ohne befestigte Orte hätten Kriege in Feldschlachten schnelle Entscheidungen herbeigeführt.[35] In der Gegenwart des 1459 geborenen Kaisers sei eine solche direkte Art der militärischen Entscheidungsfindung hingegen schon lange vorbei:[36]

> Es ift auch nit als an der fchlacht gelegen
> Man můß fich jetz in gar feltzam krieg geben
> Vor zeiten ftůndt der kŏnig hertz vnd macht
> Im feldt auff ritterliche that vnd fchlacht
> Damit nit fo vil landt würden verheert
> Vnd die armen leut verderbt vnd zerftŏrt

Ausgerechnet zwischen etwa 1450 und 1530 fanden jedoch ausgenommen viele Schlachten statt.[37] Es erscheint auf den ersten Blick also naheliegend, die militärische Bedeutung des Rittertums gerade anhand der Effektivität der ritterlichen, meist adligen Reiter in diesen Schlachten zu untersuchen. Neue,

---

33 Vgl. Keegan, The Face of Battle (1988), S. 61; ähnlich auch Gassmann, Thoughts on the Role of Cavalry (2015), S. 155.

34 Das Gedicht wurde erstmals 1524 und erneut 1532 in Mainz gedruckt; vgl. Die lere fo dem Keyfer Maximilian inn feiner erften jugent gemacht / vnnd durch eynen erfarnen trefflichen mann seiner Kriegßråth im zů geftelt ift, in: Die vier bücher Sexti Julii Frontini, des Confularifchen manns, von den gůten Råthen und Ritterlichen anfchlegen der gůten hauptleut, Mainz 1532, fol. 45v–51r. Max Jähns zitiert und kommentiert das Gedicht 1889 in seiner ‚Geschichte der Kriegswissenschaft'; vgl. Max Jähns, Geschichte der Kriegswissenschaften vornehmlich in Deutschland. Erste Abteilung. Altertum, Mittelalter, XV. und XVI. Jahrhundert (Geschichte der Wissenschaften in Deutschland 21,1), München 1889, S. 333–339; für eine jüngere Auseinandersetzung mit dem Text durch Stefanie Rüther vgl. Rüther, Der König als Feldherr (2015), S. 161, 172–178.

35 Auf diesen Irrtum verweist bereits Jähns; vgl. Jähns, Kriegswissenschaft (1889), S. 337.

36 Die lere fo dem Keyfer Maximilian inn feiner erften jugent gemacht (1532), fol. 50v.

37 Vgl. Vale, War and chivalry (1981), S. 171–174.

offensiv für die Feldschlacht ausgelegte Formen der Kriegsführung hatten sich entwickelt: Neben einige hundert oder tausend meist adlige Reiter traten zunehmend tausende, sogar zehntausende nichtadlige und gut bewaffnete Fußknechte auf das spätmittelalterliche Schlachtfeld. Ähnlich bewaffnet und als Einheit agierend stellten sie nach modernem Sprachgebrauch allmählich wieder eine ‚Infanterie' dar, wie sie die antiken römischen Legionen oder hellenistischen Armeen kannten. Sie formierten und bewegten sich in großen spießestarrenden Blöcken, sogenannten Gevierthaufen. So vermochten sie nicht nur gegnerischem Fußvolk, sondern zunehmend sogar ritterlichen Reitern Widerstand zu tun. Zudem entwickelten sich auch andere Waffengattungen weiter: Die Artillerie wurde zu einem entscheidenden Bestandteil jeden Heeres. Zugleich entwickelte sich im Abendland aus dem ehemaligen Ritterheer allmählich eine schlagkräftige und gefürchtete Kavallerie.[38]

3.1.1 *Ritterliche Waffen*

Besonders waffentechnische Verbesserungen trugen im 15. Jahrhundert zu einer erneuten Steigerung der Schlagkraft dieser gerüsteten Reiter bei: Erreichten Harnische wohl um 1500 ihren höchsten Grad an Effektivität, waren sie bereits um 1400 stark genug, selbst den gefürchteten Pfeilen englischer Bogenschützen zu widerstehen.[39] So merkt Niclas von Popplau auf seiner Ritterreise 1484 an, dass die Engländer mit ihren Langbogen, *wie ich gesehen hab, nicht durch einen Harnisch schießen können*.[40] Entsprechend gehörte zur Qualitätsprüfung eines Harnischs die Probe durch Schläge, Würfe und den Beschuss mit verschiedenen Waffen, zu denen sich im 16. Jahrhundert auch Pistolen und Arkebusen gesellten.[41] Schreiben Autoren bereits im 12. Jahrhundert von der beinahe undurchdringlichen Rüstung der Ritter, die ihnen ein großes Gefühl der Sicherheit gab und sie damit zu mutigen Taten motivierte,[42] verhielt es sich durch diese rüstungstechnischen Weiterentwicklungen ähnlich auch im

38 Vgl. Vale, War and chivalry (1981), S. 171–174; Schmidtchen, Kriegswesen (1990), S. 221–236; zu den Unterschieden zwischen den Waffengattungen und den Begriffen ‚Infanterie', ‚Kavallerie' und ‚Artillerie' vgl. ebd., S. 36f.; vgl. auch unten, Kap. 7.2 und 7.3.

39 Vgl. Vale, War and chivalry (1981), S. 104–113, insb. S. 107, 112f.; Schmidtchen, Kriegswesen (1990), S. 143–146.

40 Popplau, Reisebeschreibung (1998), S. 61.

41 Vgl. Charles John Ffoulkes, The armourer and his craft. From the XIth to the XVIth century, London 1912, S. 62–72.

42 Vgl. Verbruggen, The art of warfare (1997), S. 57f., 61–63; Prietzel, Kriegführung im Mittelalter (2006), S. 120; Keen, Chivalry (2005), S. 220f.

Spätmittelalter.[43] In der Offensive erleichterte ab etwa 1390 die Erfindung des auf dem Brustharnisch befestigten Rüsthakens die Stützung und Verstärkung des Stoßes mit dem Reiterspieß. Der Reiter konnte nun längere und stärkere Spieße mit noch mehr Energie ins Ziel bringen.[44]

Bevor ein Blick auf jene Tugenden möglich ist, die ritterliches Verhalten prägten, muss deutlich werden, welchen Einfluss das sich wandelnde Kriegswesen auf diese Tugenden hatte. Denn im ausgehenden Mittelalter war der Ritter oder Edelmann nicht mehr unbedingt nur derjenige, „der als schwer gepanzerter Reiter kämpfte".[45] Joachim Bumke zeigt selbst für die hochmittelalterliche „Blütezeit" des Rittertums noch Momente auf, in denen die Grenzen zwischen kämpfenden Nichtrittern und Rittern verschwimmen und letztere ohne Rüstung oder mit Pfeil und Bogen kämpften.[46] Gewisse Vorbehalte gegen das ritterliche Verwenden von Distanzwaffen sind für das Hochmittelalter jedoch durchaus belegt. So weigert sich beispielsweise Iwainet, der Knappe des Romanhelden Parzival, in Wolfram von Eschenbachs Parzivalroman (ca. 1200/1210) ihn mit einem Wurfspieß auszustatten. Dies lasse das Rittertum nicht zu.[47] Im ausgehenden Mittelalter hingegen tauchen Distanzwaffen sogar in der höfischen Literatur in den Händen von Edelleuten und Rittern auf: Der ritterliche Romanheld Theuerdank, also der fiktionalisierte Kaiser Maximilian, erschießt in einem Scharmützel vor einer Stadt etliche Feinde mit einer Handbüchse [vgl. Abb. 4].[48]

Im ‚Weisskunig' ist weiterhin die Rede davon, er habe am Hof seines Vaters das Armbrustschießen erlernt, da dort vorbildlich *ritterlich leut und grossmechtig herrn, die in den streiten die armprust und stachlin bogen zu irem vorteil, auch in dem pierschen das wiltpret zu schiessen, in sonderhait kunstlichen*

---

43 Eric Burkart stellt die These auf, dass Adlige schon allein aufgrund ihrer schützenden Rüstung eher einen Zweikampf annahmen als Nichtadlige, die sich ungerüstet bekämpfen mussten; vgl. Eric Burkart, Zweikampfpraktiken zwischen sozialer Normierung medialer Präsentation und wissenschaftlicher Einordnung, in: Uwe Israel/Christian Jaser (Hgg.), Agon und Distinktion. Soziale Räume des Zweikampfs zwischen Mittelalter und Neuzeit (Geschichte – Forschung und Wissenschaft 47), Berlin, Münster 2016, S. 3–14, hier S. 13f., Anm. 31.

44 Vgl. Vale, War and chivalry (1981), S. 114–118; Schmidtchen, Kriegswesen (1990), S. 181.

45 Prietzel, Kriegführung im Mittelalter (2006), S. 242.

46 Bumke, Ritterbegriff (1977), S. 37.

47 *„[I]ch enreiche dir kein gabylôt: / diu ritterschaft dir daz verbôt"/ sprach Iwânet der knappe wert. /der gurte im umbe ein scharpfez swert*; Wolfram von Eschenbach, Parzival, hrsg. von Karl Lachmann, in: Karl Lachmann (Hg.), Wolfram von Eschenbach. Werke, Berlin [5]1891, S. 11–388, hier III, 157, 19–20, S. 82.

48 Vgl. Maximilian I. et al., Theuerdank (2003), Kap. 79.

ABB. 4 Theuerdank verwendet im Scharmützel eine Handbüchse (kolorierter Holzschnitt eines unbekannten Künstlers in Maximilian I. von Habsburg / Melchior Pfintzing / Marx Treitzsaurwein , Die geuerlicheiten vnd einsteils der geschichten des loblichen streytparen vnd hochberümbten helds vnd Ritters herr Tewrdannckhs, Nürnberg 1517 (Bayerische Staatsbibliothek München, Rar. 325 a), Kap. 79)

prauchen kunten.[49] Jack Gassmann zeigt auf, dass bis zum 15. Jahrhundert nordeuropäische Reiterverbände zu mindestens einem Viertel aus berittenen Armbrustschützen bestanden.[50] Diese Schützen konnten durchaus Edelleute

---

49 Maximilian I. et al., Der Weisskunig (1888), S. 89.

50 Vgl. Jack Gassmann, The Use of the Crossbow in Medieval Cavalry, in: Timothy Dawson/ Anastasija Ropa (Hgg.), The Horse in Premodern European Culture (Studies in Medieval

sein. Die Kriegsorganisation des eidgenössischen Zürichs war, wie auch im restlichen Reich üblich, aristokratisch geregelt. Züricher Adlige und adlige Söldner waren sich nicht zu schade, auch mit der Armbrust zu dienen. Beispielsweise im Jahr 1490 waren unter den zum Krieg ausziehenden berittenen und sogar unter den unberittenen Armbrustschützen Edelleute.[51] Auch außerhalb der Eidgenossenschaft begegnen uns immer wieder Adlige, die sich im Kampf der Armbrust bedienten [vgl. Abb. 7]. Für Götz von Berlichingen schien es eine Selbstverständlichkeit, eine Armbrust bei sich zu führen. Er berichtet von zahlreichen Fällen, in denen Edelleute auf Reisen oder während einer Fehde zu Pferd von ihrer Armbrust Gebrauch machten.[52] Der kroatische Edelmann Andreas von Lappitz diente dem steirischen Grafen Erasmus von Wildhausen ursprünglich als Knabe. 1455, im Alter von etwa 19 Jahren und drei Jahre nach seinem Ritterschlag, dienten er und der Graf unter Albrecht Achilles von Brandenburg den Habsburgern im Kampf gegen die Ungarn. In diesem, seinem ersten Krieg als Ritter focht der junge Mann hingegen nicht mit dem Reiterspieß. Er trug nach eigenen Worten zwar einen *Harnifch*, er *wardt* jedoch ein *Schůtz*, kämpfte also wahrscheinlich mit der Armbrust.[53] Gleich nachdem Ludwig von Eyb d. J. in Wilwolt von Schaumbergs ‚Geschichten und Taten' Abenteuer wie die der *altenn tafellrunder*,[54] also der Ritter der Tafelrunde, ankündigt, berichtet er ausführlich vom Gebrauch der Armbrust in der Hand zweier Edelleute: Auf Reisen wurde Wilwolt von Schaumberg 1480 bei Sommersdorf, nahe Ansbach, von einem Schweizer Edelmann angegriffen. Zu Beginn des Kampfes beschossen sich beide mit ihren mitgeführten Reiterarmbrusten, bevor sie schließlich zu den Schwertern griffen.[55] Fechten konnte also auch mit der Armbrust ritterlich vorbildlich genug sein, dass Eyb es in den Kontext des Artusstoffes stellte.

Warum der Adel dem Spieß dennoch meistens den Vorzug gab, lässt sich neben der Behaftung in ritterlichen Traditionen wohl vor allem mit seiner oft größeren Effizienz erklären: Die Abschiede des Konstanzer Reichstags von 1507 verboten den Reitern, die für den geplanten Romzug Maximilians bestallt werden sollten, ausdrücklich das Scheffelein, also den Wurfspieß, und die Armbrust. Stattdessen schrieben sie den *Spieß*, also die Reiterlanze, in

and Early Modern Culture 70), Kalamazoo, MI 2019, S. 87–103; ders., Thoughts on the Role of Cavalry (2015), S. 158f., 170.

51 Hans Delbrück, Geschichte der Kriegskunst. Das Mittelalter. Von Karl dem Großen bis zum späten Mittelalter, Berlin ^{2}1907 [ND Hamburg 2008], S. 686–688.

52 Vgl. Berlichingen, Fehd und Handlungen (1981), S. 70–72, 87, 119f., 137.

53 Lappitz, Autobiographie (1705), S. 66; vgl. auch Harald Tersch, Österreichische Selbstzeugnisse des Spätmittelalters und der frühen Neuzeit (1400–1650). Eine Darstellung in Einzelbeiträgen, Wien 1998, S. 93.

54 Eyb d. J., Geschichten und Taten (2018), S. 168.

55 Vgl. ebd., S. 168–170.

verschiedener Ausführung vor.[56] Gegen einen Harnisch zum Beispiel konnte die kompakte Reiterarmbrust kaum etwas ausrichten, wie eine Episode aus dem Schweizerkrieg zeigt: Am 29. Mai 1499 konfrontierten 1000 bis 1500 schwäbische und fränkische Reiter 500 bis 600 Züricher und Schaffhauser Fußknechte der Nachhut der eidgenössischen Armee, die erfolglos Stockach belagert hatte. Die Schweizer scheinen sich bei Rielasingen in einen Sumpf zurückgezogen zu haben. Denn sie hatten eine gesunde Furcht, sich dem Angriff der Reiter in einer Ebene entgegenzustellen.[57] Trotz ihrer Position waren sie recht überrascht, dass es die Reiter daraufhin größtenteils dabei beließen, Geschosse mit ihnen auszutauschen. Die Schweizer *lertend etliche sättel*[58] mit Stichen, Steinwürfen und dem Feuer von etwa 30 Handbüchsen. Die Reiter im Gegenzug verwundeten nur drei Fußknechte und fügten einem mit der Armbrust am typischerweise ungerüsteten Oberschenkel eine tödliche Verletzung zu. Der Rest hingegen blieb unverletzt, *dan sy mitt harnasch wol bezüget warend, damitt sy von den rüttern pfil* [*nhd.: Pfeilen, also Armbrustbolzen*] *nitt wol geletzt möchten werden.*[59] Durch die Weiterentwicklung der Feuerwaffen zu Radschlosspistolen und Karabinern hielt dies jedoch nicht lange an. Sogenannte ‚Schützenpferde', ‚Ringerpferde' oder ‚Schwarze Reiter', wie sie ab dem Schmalkaldischen Krieg (1546–1547) aufgrund ihrer schwarzen

---

56 Reichs-Tags Abſchied zu Coſtniß Anno 1507 aufgerichtet, hrsg. von Heinrich Christian von Senckenberg und Johann Jakob Schmauss, in: Heinrich Christian von Senckenberg/Johann Jakob Schmauss (Hgg.), Neue und vollſtändigere Sammlung der Reichs-Abſchiede, welche von den Zeiten Kayſer Conrad des II. bis jetzo, auf den Teutſchen Reichs-Tagen abgefaſſet worden, ſammt den wichtigſten Reichs-Schlüſſen, ſo auf dem noch fürwährenden Reichs-Tage zur Richtigkeit gekommen sind. Zweyter Theil derer Reichs-Abſchiede von dem Jahr 1495 bis auf das Jahr 1551 incluſive, Frankfurt am Main 1747, S. 112–119, hier S. 112; vgl. auch Gerhard Kurzmann, Kaiser Maximilian I. und das Kriegswesen der österreichischen Länder und des Reiches (Militärgeschichtliche Dissertationen österreichischer Universitäten 5), Wien 1985, S. 103f.; Eugen von Frauenholz, Das Heerwesen in der Zeit des freien Söldnertums. Bd. 2: Das Heerwesen des Reiches in der Landsknechtszeit (Entwicklungsgeschichte des deutschen Heerwesens 2), München 1937, , S. 54, dort insb. auch Anm. 8.

57 Vgl. dazu ausführlicher unten, Kapitel 7.3.2.

58 Acta des Tyrolerkriegs, hrsg. von Conradin von Moor und Christian Kind, in: Rätia 4 (1869), S. 111–149, hier S. 67.

59 Frey, Schwabenkriegschronik (2010), S. 866; vgl. zum Gefecht bei Rielasingen u. a. ebd., S. 865f.; Anshelm, Berner-Chronik, Bd. 2 (1886), S. 203f.; Acta des Tyrolerkriegs (1869), S. 66f.; Pirckheimer, Schweizerkrieg (1895), S. 90–92; Heinrich Brennwald, Schweizerchronik, hrsg. von Rudolf Luginbühl (Quellen zur Schweizer Geschichte. 1. Abteilung. Chroniken 2), Basel 1910, S. 424f.; Schradin, Schwabenkrieg (1847), S. 38f. Die Gerüchtelage unmittelbar nach dem Gefecht produzierte noch andere Zahlenverhältnisse (400 Reiter zu 800 Fußknechten bzw. 500 Kämpfer auf beiden Seiten) und einen etwas anderer Ablauf des Gefechts; vgl. Klüpfel, Urkunden, Bd. 1 (1846), S. 339, 340, 342; vgl. auch unten, S. 322f.

Trabharnische genannt wurden, nutzten schon ab dem zweiten Viertel des 16. Jahrhunderts „as many firearms as they could carry".[60] Ausrüstung und Kampfweise dieser oftmals adligen Schwarzen Reiter, die schon bald im europäischen Ausland kopiert wurden, beeinflussten maßgeblich die Kriegsführung in der zweiten Hälfte des 16. und die des 17. Jahrhunderts.[61]

3.1.2 *Der ritterliche Kampf zu Pferd und zu Fuß*

Wie der Gebrauch des Spießes, so war auch der Gebrauch des Pferdes nicht ausschlaggebend für einen ehrlichen, ritterlichen Kampf. Mitglieder des Ritterstandes kämpften im Mittelalter nicht nur bei Belagerungen, sondern gelegentlich auch in der Feldschlacht abgesessen. Für englische Armeen wurde dies im Zuge des Hundertjährigen Krieg zum Schutz der Bogenschützen sogar üblich. Der Brauch wurde schließlich auch in Frankreich und Burgund übernommen, auch wenn es anfangs Vorbehalte von Seiten des Adels gegeben hatte. Auf diese Weise verstärkten die meist besser ausgerüsteten und trainierten Reiter moralisch und taktisch die Fußknechte.[62] Für den deutschen Adel setzte der junge Erzherzog Maximilian von Habsburg, seit zwei Jahren Herzog von Burgund, 1479 bei Guinegate das wohl deutlichste Zeichen, dass diese Art der Kriegsführung alles andere als entehrend war:[63] Erlebten die nach Schweizer

---

60 Tobias Capwell, A Cursed Abominable Device? The True, Shared History of Knights and Firearms, in: Bulletin of the American Society of Arms Collectors 118 (2018), S. 29–43, hier S. 34.

61 Ebd., S. 33f.; Reinhard Baumann, Das Söldnerwesen im 16. Jahrhundert im bayerischen und süddeutschen Beispiel. Eine gesellschaftsgeschichtliche Untersuchung (Neue Schriftenreihe des Stadtarchivs München 99), München 1978, S. 129f.; Treva J. Tucker, Eminence over Efficacy: Social Status and Cavalry Service in Sixteenth-Century France, in: Sixteenth Century Journal 32, 4 (2001), S. 1057–1095, hier S. 1069–1075; Antonio Liepold, Wider den Erbfeind christlichen Glaubens. Die Rolle des niederen Adels in den Türkenkriegen des 16. Jahrhunderts (Europäische Hochschulschriften, Reihe 3, Geschichte und ihre Hilfswissenschaften 767), Frankfurt am Main 1998, S. 127–129.

62 Vgl. Philippe de Commynes, Mémoires. Bd. 1, hrsg. von Joël Blanchard (Textes littéraires français 585), Genève 2007, S. 22: *Messire Phillippes de Lalain s'estoit mis a pied, car entre les Bourguignons lors s'estoient les plus honnouréz que ceulx qui descendoient avecques les archiers, et tousjours s'i en mectoit grand quantité de gens de bien, afin que le peuple en fust plus asseuré et combatre myeulx. Et tenoient cela des Angloys* [...]. Vgl. auch Delbrück, Kriegskunst. Mittelalter (2008), S. 352f., 510, 523, 451, 612f.; Keen, Chivalry (2005), S. 240; Verbruggen, The art of warfare (1997), S. 106–108; Schmidtchen, Kriegswesen (1990), S. 229; Reinhard Baumann, Landsknechte. Ihre Geschichte und Kultur vom späten Mittelalter bis zum Dreißigjährigen Krieg, München 1994, S. 39; Menzel, Der Fürst als Feldherr (2003), S. 65; Hans-Henning Kortüm, Kriege und Krieger. 500–1500 (Kohlhammer-Urban-Akademie), Stuttgart 2010, S. 99f.

63 Zur Bedeutung der Schlacht von Guinegate für die Aufwertung des Kampfes zu Fuß und insbesondere der Landsknechte durch Maximilian vgl. Menzel, Der Fürst als Feldherr (2003), S. 65, 90f., 129; Martin Nell, Die Landsknechte. Entstehung der ersten deutschen

Art trainierten, doch noch unerfahrenen Vorläufer der Landsknechte in dieser Feldschlacht ihre erste Bewährungsprobe, saß er selbst ab und führte sie persönlich zu Fuß. Mit dem Spieß in der Hand hielten sie so mit weiteren Hoch- und Niederadligen dem Ansturm der französischen Armee stand. Dies schien laut dem burgundisch-französischen Historiker Philippe de Commynes (†1511) im Angesicht der bereits geflohenen deutschen und burgundischen Reiter auch bitter nötig gewesen zu sein: *Ledict duc [Maximilian] se joignit auprés de ses gens de pied.* [...] *Les gens de pied dudict duc ne fouyrent point, si en furent ilz en quelque branle; mais ilz avoient avecques eulx bien deux cens gentilz hommes de bonne estoffe, a pied, qui les conduisoient* [...].[64] Nicht zuletzt durch weitere entsprechende Gesten und Taten Maximilians[65] sind in den folgenden Jahrzehnten zwei bedeutende Entwicklungen zu beobachten: Erstens steigen deutsche Reiter, wenn sie und das Fußvolk zahlenmäßig dem Feind deutlich unterlegen sind, vor dem Gefecht vom Pferd, legen alle für den Fußkampf unnötige Rüstung ab, schneiden sogar die modisch engen Hosen herunter[66] und treten verstärkend in die ersten Glieder der Formation

---

Infanterie (Historische Studien 123), Berlin 1914 [ND Vaduz 1965], S. 126; Schmidtchen, Kriegswesen (1990), S. 235.

64 Commynes, Mémoires (2007), S. 456.

65 So zog er beispielsweise 1498 ins vorderösterreichische Ensisheim abgesessen mit geschultertem Spieß an der Spitze der Landsknechte ein; vgl. Matthias Rogg, „Eine Kriegsordnung neu gemacht". Die Entstehung, Aufgabe und Bedeutung militärischer Funktionseliten im 16. Jahrhundert, in: Günther Schulz (Hg.), Sozialer Aufstieg. Funktionseliten im Spätmittelalter und in der Frühen Neuzeit (Deutsche Führungsschichten in der Neuzeit 25), München 2002, S. 357–385, hier S. 367. Anfang 1485 setzte er sich gemeinsam mit zahlreichen Adligen zu Fuß an die Spitze des Angriffs auf die Stadt Oudenaarde; vgl. Baumann, Landsknechte (1994), S. 34; Nell, Landsknechte (1965), S. 151.

66 Auch beim Fußvolk herrschte die Sitte des Abschneidens der Hosenbeine, um größere Bewegungsfreiheit zu erlangen. Die geschlitzte Landsknechtsmode der Renaissance machte dies schließlich überflüssig; vgl. Cust, Gentlemen errant (1909), S. 181, Anm. 1; Friedrich-Wilhelm Barthold, George von Frundsberg oder das deutsche Kriegshandwerk zur Zeit der Reformation 1833, S. 67f. Baumann, Das Söldnerwesen (1978), S. 153; Stefan Krause, Mode in Stahl. Der Kostümharnisch des Wilhelm von Rogendorf, Wien 2016, S. 31f. Wilhelm Beck vermutet zwar in Bezug auf die Sitte unter Reisigen, dass es sich eigentlich um das Herunterschneiden der Beinrüstung handle; vgl. Wilhelm Beck, Bayerns Heerwesen und Mobilmachung im 15. Jahrhundert, in: Archivalische Zeitschrift 18 (1911), S. 1–232, hier S. 186f. Wie im Folgenden noch dargelegt panzerten viele deutsche Reiter nicht einmal ihre Beine. Darüber hinaus spricht auch Götz von Berlichingen davon, dass er bereits in der Funktion als Knabe – und damit also ohne jede Torso- oder Beinrüstung – 1499 nach dem Verlust seines Pferdes und in Vorbereitung zum Angriff auf die Kirche in Thayngen die *hossenn* abschnitt; Berlichingen, Fehd und Handlungen (1981), S. 62.

der Landsknechte.[67] Zweitens nimmt die Zahl der adligen Fußknechte zu. Nicht jeder im konservativen Adel war von der Ehre des Kampfes zu Fuß zu überzeugen.[68] Doch für manchen Edelmann blieb es schließlich nicht bloß beim gelegentlichen Absitzen, sondern er focht dauerhaft an der Seite der gemeinen Knechte zu Fuß in den ersten Gliedern des Gevierthaufens der Landsknechte. Dazu mochte er aufgrund seines Adels bereits die anderthalbfache und als gut gerüsteter und bewaffneter Doppelsöldner die mehrfache Bezahlung eines einfachen Fußknechtes erhalten.[69] Doch selbst noch in der Neuzeit blickte die Kavallerie oftmals auf die Infanterie herab. 1616 schreibt der Soldat und Militärschriftsteller Johann Jacobi von Wallhausen (†1627)[70] in seiner ‚Ritterkunst' dagegen an, dass die *Rittersleute* es für unstandesgemäß hielten, abgesessen zu fechten. In seinen Augen seien Muskete und Pike aber *eben ſo wol* [...] *Adeliche Ritterliche Gewehr* wie die zu Pferd genutzten Waffen.[71] Neben der Feststellung, mittlerweile kämpfe der Großteil des französischen Adels zu Fuß, meint er auch, *die aller trefflichſte* [*sic!*] *kåmpffe von Anfang der Welt / ſeyn* [...] *zu Fuß geſchehen.*[72]

Neben diesen anderen Möglichkeiten militärischer Bewährung diente der deutsche Edelmann im ausgehenden Mittelalter und ebenso in den folgenden Jahrhunderten mit Stolz und Überzeugung zu Pferd. Diese Art der militärischen Konfliktführung empfand er als besonders standesgemäß.[73] Auch noch für das

67 Dies schreibt unter anderem Eyb d. J. bezüglich Wilwolts von Schaumberg und seiner Reiter bei der Schlacht bei Heemskerk 1492 und bezüglich des Gefechts, in dem Wilwolts Verwandter Neidhard Fuchs in Friesland 1499 den Tod fand; vgl. Eyb d. J., Geschichten und Taten (2018), S. 225, 295; vgl. auch Krause, Mode in Stahl (2016), S. 23f.

68 Vgl. Sablonier, Rittertum, Adel und Kriegswesen (1985), S. 542.

69 Vgl. dazu in erster Linie Rogg, „Kriegsordnung" (2002), S. 357–371; vgl. außerdem Reinhard Baumann, Georg von Frundsberg. Der Vater der Landsknechte und Feldhauptmann von Tirol. Eine gesellschaftsgeschichtliche Biographie, München 1984, S. 39; Baumann, Landsknechte (1994), S. 33f., 36f., 68, 124; Menzel, Der Fürst als Feldherr (2003), S. 130; Vale, War and chivalry (1981), S. 100; Liepold, Wider den Erbfeind (1998), S. 50; vgl. auch Kaeuper, der eine große Lücke zwischen literarischem Ideal und kriegerischer Praxis in Bezug auf die Idealisierung des ritterlichen Kampfes zu Pferd betont; Kaeuper, Chivalry and Violence (2001), S. 172–176.

70 Zu Wallhausen und seinen militärtheoretischen Schriften vgl. Therese Schwager, Militärtheorie im Späthumanismus. Kulturtransfer taktischer und strategischer Theorien in den Niederlanden und Frankreich (1590–1660) (Frühe Neuzeit 160), Berlin 2012, S. 262–279.

71 Johann Jacob von Wallhausen, Ritterkunst. Darinnen begriffen / I. Ein Trewhertziges Warnungſchreiben wegen deß Betrůbten Zuſtands jetziger Christenheit. II. Unterricht aller Handgriffen / ſo ein jeder Cauallirer hochnőtig zu wiſſen bedarff, Frankfurt am Main 1616, S. 109.

72 Ebd., S. 110.

73 Vgl. Beck, Bayerns Heerwesen (1911), S. 44f., 132; Schreier, Ritterhelden (2019), S. 48f.

15. Jahrhundert und die Frühe Neuzeit darf also davon ausgegangen werden, dass der Adel im berittenen Kriegsdienst „[w]esensbestimmend […] war und blieb“.[74] Erst der Erste Weltkrieg begann dem deutschen Adel wirklich die Augen dafür zu öffnen, dass die Zeit ihrer aristokratischen, berittenen Kriegsführung sich unwiederbringlich dem Ende geneigt hatte.[75] Im Spätmittelalter hingegen waren adliges Leben und berittene Kriegsführung eng verwoben. Den Lehenskriegsdienst hatte der Adlige selbstverständlich mit einer entsprechenden Anzahl an Pferden zu leisten. In Bayern scheint dieser Dienst das letzte Mal 1684 eingefordert worden zu sein.[76] Der Edelmann focht seine privaten Fehden allein schon der Mobilität wegen beritten aus oder unterstützte Verbündete und Verwandte bei ihren Fehden auf diese Weise. Auch am Fürstenhof verlangte der Herrscher von seinem Gefolge, je nach Stellung und Amt, „als Vorläufer der stehenden Truppen“[77] das Bereithalten einer gewissen Anzahl bewaffneter Reiter.[78] Bedeutete eine hohe Position bei Hofe, viele bewaffnete Reiter unterhalten zu müssen, trugen diese entsprechend zum jeweiligen Prestige bei.[79] Abseits etwaiger berittener Söldner treten zu diesen größtenteils vom Adel gestellten, höfischen Reitertruppen noch weitere hinzu. Neben außerhöfischen Pflegern und Beamten des Herrschers[80] stellten auch die seit 1428 belegten ‚Diener von Haus‘ berittene Kämpfer: Auf Grundlage eines jährlichen Wartegelds verpflichteten sich diese Adligen im Konfliktfall

74 Baumann, Das Söldnerwesen (1978), S .130; vgl. auch Liepold, Wider den Erbfeind (1998), S. 124.

75 Rainer Pöppinghege, Abgesattelt! – Die publizistischen Rückzugsgefechte der deutschen Kavallerie seit 1918, in: Rainer Pöppinghege (Hg.), Tiere im Krieg. Von der Antike bis zur Gegenwart, Paderborn 2009, S. 235–250.

76 Vgl. Beck, Bayerns Heerwesen (1911), S. 35, 42.

77 Ebd., S. 48.

78 Ebd., S. 43–58; Hans-Henning Kortüm, Militär am Hof, in: Werner Paravicini/Jan Hirschbiegel/Jörg Wettlaufer (Hgg.), Höfe und Residenzen im spätmittelalterlichen Reich. Bd. 2: Bilder und Begriffe. Teilbd. 1: Begriffe (Residenzenforschung 15,2,1, Ostfildern 2005, S. 182–188, hier S. 186f.

79 Karl-Heinz Spieß, Adel und Hof – Hof und Adel, in: Mitteilungen des Historischen Vereins der Pfalz 108 (2010), S. 415–432, hier S. 428.

80 Vgl. Beck, Bayerns Heerwesen (1911), S. 48–51; Christine Reinle, Spätmittelalterliche Landesverwaltung als Karrieresprungbrett? Das Beispiel Bayern auf dem Prüfstand, in: Günther Schulz (Hg.), Sozialer Aufstieg. Funktionseliten im Spätmittelalter und in der Frühen Neuzeit (Deutsche Führungsschichten in der Neuzeit 25), München 2002, S. 221–241, hier S. 232f.; Regina Schäfer, Die Herren von Eppstein. Herrschaftsausübung, Verwaltung und Besitz eines Hochadelsgeschlechts im Spätmittelalter (Veröffentlichungen der Historischen Kommission für Nassau 68), Wiesbaden 2000, S. 130–132; Spieß, Aufstieg in den Adel (2001), S. 4.

mit einer festgelegten Anzahl an Reitern zu erscheinen.[81] Auch vermögende Bürger dienten freiwillig oder aufgrund städtischer Verordnung ab einem gewissen Vermögenswert zu Pferd statt zu Fuß. Das bestärkte selbstverständlich die städtische Aristokratie in der Legitimation ihrer Forderung, als Adel anerkannt zu werden.[82] Berittener Kriegsdienst war für die einen also Pflicht, für andere Statussymbol, für viele beides.

Auch wenn die Begriffsgrenzen nie scharf gezogen waren, so wurden schwer bewaffnete und gerüstete Reiter in Abgrenzung zu Fußknechten im Deutschen erst um 1170 als ‚Ritter' bezeichnet.[83] Die lateinischen Entsprechungen ‚miles' und ‚eques' hingegen sind bereits früher in dieser Bedeutung im 10. beziehungsweise 11. Jahrhundert belegt. Weitere Konnotationen des Adels, eines Ethos und der Dienstbarkeit schwingen bei all diesen Begrifflichkeiten mit.[84] Konnte sich ein Nichtadliger Waffen und Pferd leisten, so durfte aber auch er ebenso bewaffnet in Kriegsdienste treten wie der Adel. Alle diese Reiter nannten sich im 15. und 16. Jahrhundert nicht mehr ‚Ritter', sondern ‚Reisige'[85] Dieser Begriff hat anders als ‚Ritter' deutlich weniger ständische oder ethische Konnotationen. Er bleibt im Grunde der eigentlichen Bedeutung des bewaffnet auf ‚Reise', also Kriegszug,[86] reitenden Mannes treu. Das Problem nun bei der Beurteilung dieser ‚Reisigen' ist, dass das Bild des komplett gepanzerten und mit Schwert und Spieß kämpfenden Reiterkriegers nur bedingt mit der Art und Weise übereinstimmt, wie Adlige im ausgehenden 15. und anbrechenden 16. Jahrhundert Krieg führten.

---

81 Vgl. Beck, Bayerns Heerwesen (1911), S. 46–48; Kurzmann, Kaiser Maximilian I. und das Kriegswesen (1985), S. 109.

82 Vgl. Beverly Ann Tlusty, The martial ethic in early modern Germany. Civic duty and the right of arms (Early modern history Society and culture), Basingstoke, Hampshire 2011, S. 15, 18f.; August Bernoulli, Die Organisation von Basels Kriegswesen im Mittelalter, in: Basler Zeitschrift für Geschichte und Altertumskunde 17 (1918), S. 120–161, hier S. 122, Gassmann, Honour and Fighting (2015), S. 156; Spieß, Aufstieg in den Adel (2001), S. 16; vgl. auch unten, Kapitel 7.1.

83 Vgl. Bumke, Ritterbegriff (1977), S. 36f.

84 Vgl. ebd., S. 28, 50f.

85 Die Indienstnahme sogenannter ‚Gleven' von üblicherweise zwei bis vier bewaffneten Reitern wurde begrifflich im Verlauf des 15. Jahrhunderts zunehmend durch die verhältnismäßig weit eindeutiger einzeln gezählten ‚Reisigen' abgelöst. In der zweiten Hälfte des Saeculums tauchen ‚Gleven' begrifflich nur noch selten auf; vgl. Werner Schulze, Die Gleve. Der Ritter und sein Gefolge im späteren Mittelalter, in: Münchener historische Abhandlungen. Zweite Reihe 13 (1940), hier S. 37, 85–88, Liepold, Wider den Erbfeind (1998), S. 93.

86 Das DRW versteht ‚Reise' als „Fehde, Kriegszug, Heerfahrt, Heerdienst"; Art. „Reise", in: Deutsches Rechtswörterbuch. Wörterbuch der älteren deutschen Rechtssprache. Bd. 11, Weimar 2007, Sp. 769–773, hier Sp. 770.

ABB. 5 Männer im Küriss, um 1500/1510. Das Pferd ist ‚geligert', also gepanzert (aquarellierte Federzeichnung, Thun'sches Skizzenbuch (The Museum of Decorative Arts in Prague, GK 11.572-B), S. 19f.)

Neben den italienischen Städten mühten sich insbesondere die Machthaber in Frankreich und Burgund bei der Aufstellung ihrer Heere um die Bestallung und Ausrüstung von Reitern, die sich vom Kopf bis Fuß im sogenannten ‚Küriss' panzerten [vgl. Abb. 5].[87]

Ende des 15. Jahrhunderts und insbesondere in den Italienkriegen (1494–1559) bildeten die ‚gens d'armes', wie sie in Burgund und Frankreich genannt wurden, den Kern italienischer und französischer Armeen.[88] Diese äußerst

87 Der Küriss, der heute auch als ‚ritterlicher Harnisch' bekannt ist, hebt sich durch den umfassenden Schutz von Kopf bis Fuß deutlich von ‚knechtischen' Harnischen ab. Diese lassen aus Kosten- und Gewichtsgründen oder zur Bequemlichkeit und Beweglichkeit Rüstungsteile missen bzw. waren mit leichteren Ausführungen dieser Teile versehen. Über den sozialen Stand des Trägers sagen diese Harnischtypen, trotz der möglicherweise irreführenden Bezeichnungen, nichts aus; vgl. Ortwin Gamber, Art. „Küriß", in: Lexikon des Mittelalters. Bd. 5, München 1999, Sp. 1589; Ulrich Lehnart, Kleidung und Waffen der Spätgotik. Teil III: 1420–1480, Wald-Michelbach 2005, S. 115–117; Regula Schmid, The armour of the common soldier in the late middle ages. Harnischrödel as sources for the history of urban martial culture, in: Acta Periodica Duellatorum 5 (2017), S. 7–24, hier S. 15.

88 Vgl. Vale, War and chivalry (1981), S. 118–121., 127f., 171.

schwer gepanzerte Schlachtenkavallerie wird für das späte 15. Jahrhundert in deutschen Quellen überwiegend in Verbindung mit ebendiesen Regionen erwähnt. Zwar schreiben beispielsweise noch Bestimmungen für die Romfahrt Friedrichs III. im Jahr 1451/2 explizit die Verwendung solcher ganzen Harnische für die deutschen bestgerüsteten Reiter, die ‚Glevner', vor.[89] Die Quellen in der folgenden, zweiten Hälfte des 15. Jahrhunderts grenzen aber meist deutlich die Deutschen in ihrer Ausrüstung von den ‚Welschen' mit ihren ‚Kürissern' ab. Statt Kürisser werden deutsche gerüstete Reiter nämlich schlicht als ‚Pferde' oder ‚Reisige' bezeichnet und erscheinen deutlich weniger gut und einheitlich gepanzert. Das hat mit der grundlegenden militärischen Organisation im Reich im Gegensatz zu Frankreich und Burgund zu tun. Sich der Bedeutung einer gut ausgestatteten, rasch einsatzbereiten und schnellen Armee bewusst, begannen Frankreich 1445 und Burgund 1471 mittels Heeresreformen stehende, berittene Truppen, sogenannte ‚compagnies d'ordonnance', zu bilden.[90] Commynes schreibt über den zuvor herrschenden schlechten Zustand der burgundischen Reiter in Zusammenhang mit der Schlacht von Montlhéry im Jahr 1465: *Il n'y en avoit pas quatre cens armés de curasses, ny n'avoient ung seul serviteur armé, et tout cecy a cause de la longue paix et que en ceste maison ne tenoient nulz gens de soulde, pour soulager le peuple de tailles.*[91] Am selben Ort schreibt er auch, dieser Friede habe dazu geführt, dass viele nicht einmal gewusst hätten, wie der Reiterspieß korrekt in den Rüsthaken einzulegen gewesen sei.[92] Das mag übertrieben sein. Reformbedarf gab es hingegen offenbar, da schließlich sechs Jahre später besagte Ordonnanzkompanien nach französischem Vorbild entstanden. Direkt unter fürstlicher Kontrolle hatten deren Mitglieder einen gewissen Standard an Ausrüstung zu erfüllen und konnten dies, entsprechend finanziert, auch tun. Weiterhin waren sie bereits in verschiedene Typen der Rüstung und Bewaffnung unterteilt, welche die Vorläufer der künftigen leichten und schweren Kavallerie sein sollten.[93] Das Reich hingegen hinkte dieser Entwicklung deutlich hinterher. Der Kaiser und die Fürsten konnten lange von einer solch zentralisiert aufgestellten Armee nur träumen. Anders als den Burgundern bei Montlhéry fehlte es den Reisigen aus Deutschland trotz mangelnder Reformen aber kaum

89 Vgl. Schulze, Die Gleve (1940), S. 39f.

90 Vgl. Sablonier, Rittertum, Adel und Kriegswesen (1985), S. 537.

91 Commynes, Mémoires (2007), S. 25f.

92 Vgl. dazu auch Vale, War and chivalry (1981), S. 115.

93 Vgl. Philippe Contamine, La guerre au Moyen Age (Nouvelle Clio 24), Paris ^{3}1992, S. 241–249.

an Erfahrung. Denn solche Erfahrung sammelten die deutschen Adligen und ihr Gefolge nicht nur in Turnieren oder Kriegen, sondern auch in den zahlreichen und weit um sich greifenden Fehden. Ihre deutlicher vom Herrscher abhängigen englischen, burgundischen oder französischen Standesgenossen konnten kaum daran denken, in ähnlichem Ausmaß zu solchen gewaltsamen Rechtsmitteln zu greifen. Sie betrachteten stattdessen die üblichen Raubzüge und innerdeutschen Konflikte mit Befremden.[94] Kaiser und Fürsten waren bei der Bestallung von Reisigen jedoch auf genau diesen fehdeführenden Ritterstand angewiesen, der sich weit selbstständiger zeigte als seine ausländischen Standesgenossen. Commynes schreibt diesbezüglich: *Et pour parler d'Almaigne en general, a tant de fortes places qu'il y a et tant de gens enclins a mal faire et a piller et a rober et qui usent de ces deffiances pour petite occasion;* [...] *Ces gens icy ne sont gueres de foiz puniz des princes d'Almaigne, car ilz s'en veulent servir quant ilz en ont affaire* [...].[95] Das hatte zur Folge, dass ein deutscher Kriegsherr nur bedingt Kontrolle über die Hierarchie und Bewaffnung innerhalb seines reisigen Zeugs ausüben konnte. Deutsche Reisige waren also oft weniger so strikt organisiert wie Landsknechte[96] und verfügten selten über den Rüstungsstandard Frankreichs oder Burgunds.

3.1.3 *Die ritterliche Konfliktführung zu Pferd*

Das hatten deutsche Reisige selbst im Krieg auch nur selten nötig. Denn Kriege und erst recht andere Formen bewaffneter Konflikte wie Fehden wurden schließlich nur bedingt in Schlachten geführt oder gar entschieden. Das Risiko, in einer Schlacht alles auf eine Karte zu setzen, wollte nicht jeder eingehen.[97] Selbst ein Feldzug bedeutete einen enormen Aufwand, barg große Risiken und nahm gewaltige Ressourcen in Anspruch. Eine Armee konnte nicht durchgehend im Feld gehalten werden. So setzten kleinere Einheiten gerade in den Phasen eines Krieges dem Feind zu, in denen keine größeren Operationen stattfanden, besonders also auch im Winter. Das geschah weniger durch eine

---

94 Vgl. Hillay Zmora, The feud in early modern Germany, Cambridge 2011, S. 1–4; Gisela Naegle, Einleitung, in: Gisela Naegle (Hg.), Frieden schaffen und sich verteidigen im Spätmittelalter. Faire la paix et se défendre à la fin du Moyen Âge (Pariser Historische Studien 98), München 2015, S. 9–50, hier S. 24–26.

95 Commynes, Mémoires (2007), S. 402.

96 Vgl. Rainer Wohlfeil, Adel und neues Heerwesen, in: Hellmuth Rößler (Hg.), Deutscher Adel 1430–1555 (Schriften zur Problematik der deutschen Führungsschichten in der Neuzeit 1), Darmstadt 1965, s. s. 203–233, hier S. 224.

97 Vgl. Gassmann, Thoughts on the Role of Cavalry (2015), S. 171, 162–166; Keen, Chivalry (2005), S. 221f. Mauntel, Gewalt in Wort und Tat (2014), S. 127f.; Sablonier, Rittertum, Adel und Kriegswesen (1985), S. 537.

direkte Konfrontation der Streitkräfte des Gegners und mehr mittels einer Vernichtung seiner Ressourcen. Entsprechend ähnlich konnte der sogenannte ‚Tägliche Krieg' beziehungsweise die sogenannte ‚Reiterei'[98] in Krieg und Fehde sein. Mit Feuer und Schwert zogen Truppen übers Land, brannten, plünderten oder brandschatzten, was bedeutete, dass sie Geld unter der Androhung von Zerstörungen erpressten.[99] Ludwig von Eyb d. J. beschreibt das Ende des 15. Jahrhunderts folgendermaßen: [*W*]*as die zeitt die klein reütterey gemein, also das ettlich freyherrn vnnd vom adell mit einander, als gewönlich sülcher zannck im land zw Francken selttenn rueth, zw schaffenn hettenn, sitz abgewunenn, dörffer buchten* [*nhd.*: *plünderten*] *vnnd brentten, vich* [*nhd.*: *Vieh*] *namen vnnd sülch hantirung triben.*[100] Gerade während der Fehde wurden auch die feindliche Zivilbevölkerung und einflussreiche Personen festgesetzt, um Lösegeld zu erpressen und letztere als Druckmittel einzusetzen. Eigene und verbündete Burgen wurden zu einem Netzwerk aus Stützpunkten und Rückzugsorten.[101]

Für diese Art der Kriegsführung waren berittene Streitkräfte am besten geeignet.[102] Denn zu Pferd konnten sie rasch zuschlagen, waren auch in kleinerer Zahl noch gefährlich, konnten Feinde verfolgen und sich selbst wieder rasch zurückziehen, wenn der Widerstand zu stark war. Auf diese Weise trugen Adlige also für gewöhnlich bewaffnete Konflikte aus. Deutsche, ritterliche Adelskrieger waren in erster Linie nicht unbedingt für die Feldschlacht, sondern für diese Streifzüge mental, körperlich und waffentechnisch vorbereitet. Diese Reiter waren größtenteils eben nicht wie die italienischen, französischen oder burgundischen Kürisser als frühe Form der schweren

98 Vgl. Art. „Reiterei", in: Deutsches Wörterbuch von Jacob und Wilhelm Grimm. Bd. 14 (VIII), Leipzig 1893, Sp. 782.

99 Vgl. Art. „Brandschatzung" und „Brandschatzen", in: Deutsches Rechtswörterbuch. Wörterbuch der älteren deutschen Rechtssprache. Bd. 2, Weimar 1935, Sp. 449–450.

100 Eyb d. J., Geschichten und Taten (2018), S. 160; vgl. auch ebd., S. 132.

101 Vgl. Christine Reinle, Überlegungen zu Eigenmacht und Fehde im spätmittelalterlichen Europa. Einführung in Fragestellung und Ergebnisse des Sammelbandes „Fehdehandeln und Fehdegruppen im spätmittelalterlichen und frühneuzeitlichen Europa", in: Mathis Prange (Hg.), Fehdehandeln und Fehdegruppen im spätmittelalterlichen und frühneuzeitlichen Europa, Göttingen 2014, S. 9–38, hier S. 10f.; Schmidtchen, Kriegswesen (1990), S. 114f.; Beck, Bayerns Heerwesen (1911), S. 19–31; Patrick Meehan, The Physicality of Service (2013), S. 95f.; Leopold Auer, Formen des Krieges im abendländischen Mittelalter, in: Manfried Rauchensteiner/Johann Christoph Allmayer-Beck (Hgg.), Formen des Krieges. Vom Mittelalter zum „Low-Intensity-Conflict" (Forschungen zur Militärgeschichte 1), Graz 1991, S. 16–43, hier S. 20f.; Christoph Bachmann, Art. „Öffnungsrecht", Stand: 15.09.2009, Historisches Lexikon Bayerns, URL: https://www.historisches-lexikon-bayerns.de/Lexikon/Öffnungsrecht, Abgerufen: 05.08.2022.

102 Vgl. Beck, Bayerns Heerwesen (1911), S. 22.

Kavallerie gerüstet. Sie mussten weit flexibler und unabhängiger in kleineren Gruppen agieren können.[103] Kürisser hingegen konnten sich deutlich mehr spezialisieren und verwendeten starke Schlachtrösser, die optimalerweise ‚geligert', also gepanzert, sein sollten.[104] Für einen in großem Maßstab Krieg und Fehde führenden Fürsten mochten solche Kürisser, die in der Schlacht in direkter Konfrontation den üblichen Reisigen in der Regel überlegen waren, ein großer Gewinn sein. Hatte Maximilian von Habsburg bereits Erfolge verzeichnet, das Fußvolk nach dem Vorbild der eidgenössischen Söldner, den sogenannten ‚Reisläufern', hin zum Landsknechtswesen zu reformieren,[105] plante er ähnliches für seine Habsburger Reitertruppen. Er selbst umgab sich mit einer Garde von 50 einspännigen, also ohne weitere Begleitung bestallten, Kürissern.[106] Er plante darüber hinaus Ordonnanzkompanien nach burgundischem und französischem Modell aufzustellen, also Reitereinheiten mit jeweils einem schwer gepanzerten Kürisser mit gepanzertem Pferd an der Spitze von sechs weiteren Reitern. Unter diesen deutlich leichter gerüsteten Reitern diente mindestens ein weiterer Edelmann.[107] Diese ständig bereitgehaltenen Reiter sollten direkter vom Österreicher Potentaten abhängig sein als die bislang Kriegsdienst leistenden Reisigen. Nach ersten Bestrebungen im Jahr 1480[108] instruierte er in den niederösterreichischen Ländern am 28. Mai 1498 die Aufstellung von 100 adligen Kürissern, was zusammen mit den leichter gerüsteten Begleitern eine Sollstärke von 700 Reisigen ergibt. Sollten diese Einheiten auch richtungsweisend für die Frühe Neuzeit sein,[109] wurde aus Kostengründen diese Menge schwer gepanzerter Reiter von Maximilian nie erreicht. Für die tatsächlich aufgestellten Kürissereinheiten blieb darüber hinaus häufig die Anzahl der entsprechenden Begleiter hinter den Vorgaben zurück.[110] Von solchen Problemen geplagt, waren Kriegsherren also zumindest vorläufig weiter auf die üblichen, oft schlechter gerüsteten Reisigen angewiesen.

---

103 Vgl. Gassmann, Thoughts on the Role of Cavalry (2015), S. 159–162; Auer, Formen des Krieges (1991), S. 23.

104 Vgl. Kurzmann, Kaiser Maximilian I. und das Kriegswesen (1985), S. 109, 116.

105 Vgl. Baumann, Landsknechte (1994), S. 29–38.

106 Vgl. Hermann Wiesflecker, Kaiser Maximilian I. Das Reich, Österreich und Europa an der Wende zur Neuzeit. Bd. 5: Der Kaiser und seine Umwelt. Hof, Staat, Wirtschaft, Gesellschaft und Kultur, München 1986, S. 555.

107 Vgl. Kurzmann, Kaiser Maximilian I. und das Kriegswesen (1985), S. 155f.; Frauenholz, Heerwesen. Landsknechtszeit (1937), Nr. 12, S. 171.

108 Vgl. Jähns, Kriegswissenschaft (1889), S. 270.

109 Vgl. Liepold, Wider den Erbfeind (1998), S. 125f.

110 Vgl. Kurzmann, Kaiser Maximilian I. und das Kriegswesen (1985), S. 114–120; Schulze, Die Gleve (1940), S. 87; Wiesflecker, Kaiser Maximilian I. Bd. 5 (1986), S. 554–556.

Aus Eigeninteresse hatten diese Adligen schließlich selten das Bedürfnis, solche zusätzliche Ausrüstung für den Mann und mitunter auch das Pferd zu stemmen, da sie für die sonst übliche adlige Konfliktführung kaum nötig war. Das Gewicht zusätzlicher Rüstungsteile belastete nicht nur beim Kampf, sondern auch beim Marsch und den Operationen des Täglichen Krieges beziehungsweise der Reiterei.[111] Experimentalarchäologie zeigt, dass Harnische für den Wettkampf und auch Feldharnische des 15. und 16. Jahrhunderts die Bewegungsfreiheit zwar nur bedingt einschränken. Der Energieverbrauch aber, der um 66 Prozent oder gar das Doppelte zunehmen kann, wird deutlich durch gepanzerte Arme und Beine beeinflusst.[112] Während Frankreich und Burgund in der zweiten Hälfte des 15. Jahrhunderts begannen, stehende Heere mit einem Kern aus sehr schweren Panzerreitereinheiten einzurichten, reduzierten viele deutsche Adlige ihre Rüstungen. Besorgt um den Zustand des Adels und der deutschen Nation schreibt Reinhard zu Solms sogar noch Mitte des 16. Jahrhunderts, er fürchte, dass Adlige bald *gar kaynen Harnisch fůhren wőllen*, ja meint, dass solche Rüstungen *alleyn auff das maufen gericht feind*. In seinen Augen erniedrigte sich der Adel damit nicht nur, er fürchtete sogar, was bei solchen Zuständen *auß dem Reich werden* möge.[113] Niccolò Machiavelli, 1508 Gesandter von Florenz am Hof Maximilians, schreibt über seine Einschätzung der deutschen Reisigen gegenüber den Italienern und Franzosen: *Et ècci una altra cosa che li fa più deboli: cioè che dal corpo in giù, cioè cosce, gambe, non armono punto* [...].[114] Im Gegensatz zu heute sogenannten ‚ritterlichen' Harnischen, also Kürissen, trugen sie Machiavelli zufolge ‚knechtische' Harnische. Diese Art der Rüstung nutzt in der Regel ein leichteres Armzeug und verzichtet auf das Unterbeinzeug oder lässt das Beinzeug oft sogar ganz

111 Vgl. Vale, War and chivalry (1981), S. 76.

112 Vgl. Graham N. Askew/Federico Formenti/Alberto E. Minetti, Limitations imposed by wearing armour on Medieval soldiers' locomotor performance, in: Proceedings of the Royal Society B 279 (2012), S. 640–644, hier insb. S. 642; Daniel Jaquet/Alice Bonnefoy Mazure/Stéphane Armand/Caecilia Charbonnier/Jean-Luc Ziltener/Bengt Kayser, Range of motion and energy cost of locomotion of the late medieval armoured fighter: A proof of concept of confronting the medieval technical literature with modern movement analysis, in: Historical Methods: A Journal of Quantitative and Interdisciplinary History 49 (2016), S. 169–186; vgl. auch Dirk H. Breiding, Arms and Armour: a Farewell to Persistent Myths and Misconceptions, in: Ena Giurescu Heller/Patricia Pongracz (Hgg.), Perspectives on medieval art. Learning through looking, New York, London 2010, S. 167–186.

113 Solms, Beschreibung Vom Ursprung (1563), fol. 9r.

114 Niccolò Machiavelli, Ritracto delle cose della magna, hrsg. von Alessandro Montevecchi, in: ders. (Hg.), Opere di Niccolò Machiavelli. Bd. 2, Turin 1986, S. 182–188, hier S. 187.

weg [vgl. Abb. 6].[115] Bildquellen, wie das Wolfegger Hausbuch von etwa 1480 oder auch Werke Albrecht Dürers, zeigen deutsche Reisige mit genau diesen Rüstungen [vgl. Abb. 7 und 8].[116]

Die schwer gerüsteten und entsprechend auch schwer berittenen Kürisser konnten im Gegenzug weniger flexibel eingesetzt werden. Passend zu ihrer größeren Abhängigkeit vom Fürsten waren Kürisser auch im Gefecht deutlich abhängiger von ihren Kameraden als es andere Reitertruppen waren. 1594 übersetzt Ulrich Bodry im ‚Kriegs Regiment‘ aus den ‚Instructions sur le fait de la guerre‘ Raimonds de Beccarie de Pavie, Baron de Fourquevaux (1508–1574)[117] von 1548: *Were derowegen gut vnnd fuͤrſtendig / da* [*sic!*] *man den Kuͤriſſern die Scharmuͤtzel verbieten / auch alle orth zu vermeiden befehlen ſolte / da fliehen kein ſchandt / ſie aber ihre Pferd verderben / vnnd doch deſſen kein nutzen haben moͤchten.*[118]

Was dies Ende des 15. Jahrhundert bedeuten mochte, wird gut anhand der Schilderung des Aufeinandertreffens französischer Kürisser, also gens d'armes,

---

115 Vgl. Lehnart, Kleidung und Waffen der Spätgotik (2005), S. 115–117.

116 Das ganz oder teilweise fehlende Beinzeug in den Bildquellen der Zeit wurde bereits wiederholt kommentiert; vgl. Hans Sterzel, Das Wolfegger Hausbuch und seine Bedeutung für die Waffenkunde, in: Zeitschrift für historische Waffen- und Kostümkunde 6 (1912/3), S. 234–239, 280–289, 314–321, hier S. 282; Ortwin Gamber, Ritterspiele und Turnierrüstung im Spätmittelalter, in: Josef Fleckenstein (Hg.), Das ritterliche Turnier im Mittelalter. Beiträge zu einer vergleichenden Formen- und Verhaltensgeschichte des Rittertums (Veröffentlichungen des Max-Planck-Institut für Geschichte 80), Göttingen 1985, S. 513–531, hier S. 528; Dirk H. Breiding, Rennen, Stechen und Turnier zur Zeit Maximilians I., in: Cornelieke Lagerwaard (Hg.), „Vor Halbtausend Jahren …". Festschrift zur Erinnerung an den Besuch des Kaisers Maximilian I. in St. Wendel, St. Wendel 2012, S. 51–82, hier S. 61f.; Heinrich Müller, Albrecht Dürer. Waffen und Rüstungen, Mainz 2002, S. 94f.

117 Wurde das Werk ursprünglich Guillaume du Bellay (1491–1543) zugesprochen, wurde mittlerweile Raimond de Beccarie als Autor ermittelt; vgl. Marcel Tetel, De l'auteur des "Instructions sur le faict de la guerre", in: Louis Terreaux (Hg.), Culture et pouvoir au temps de l'humanisme et de la Renaissance (Publication du Centre d'études franco-italien des Universités de Turin et de Savoie 2), Genève, Paris 1978, S. 271–284; Klára Andresová, Military Camps in Military Manuals, in: Alexander S. Wilkinson/Graeme Kemp (Hgg.), Negotiating conflict and controversy in the early modern book world (Library of the written word The handpress world 56), Leiden, Boston 2019, S. 163–177, hier S. 167.

118 Zuvor schreibt er, die Kürisser *ſollen gleichſam als ein ſtarcke Veſtung nicht allein allen anlauff auffhalten / ſonder auch alle die / ſo ſie angriffen doͤrffen / zu ſcheittern vnnd zuſchmettern. Da man ſie aber zum Rennen und Scharmuͤtzeln gewoͤhnt / ſo dermaſſen beſchaffen / das manches mahl die Flucht nutzlicher / als die beſtendigkeit / lehrenen ſie auch andere Haſen Paner auffzuwerffen vnd verſen geldt zu geben*; Raimond de Beccarie/ Ulrich Budry, Kriegs Regiment. Wie ein tapffer Volck zum Krieg auffzubringen / ins Feld außzuruͤſten vnd anzufuͤhren ſeye: vnd wie ſich ein Feld Oberſter in allem fall zuverhalten habe / den Krieg vermittelſt der Gnaden Gottes / gluͤcklich zu fuͤhren vnd zuvollenden, Montbéliard 1594, S. 157.

ABB. 6
Mann im knechtischem Harnisch mit Axt für den Fußkampf. Anders als die Kürisser in Abb. 5 trägt er leichtes Armzug und keine Beinrüstung, (Hans Mair von Landshut (zugeschrieben), um 1500, Kunstsammlungen der Veste Coburg, Z.0231)

mit deutschen Reisigen 1489 vor Löwen deutlich: Die 60 Deutschen waren im Plündern und Geiselnehmen begriffen, als die 50 Franzosen plötzlich hinter einer Kirche hervorbrachen. Als sich beide Seiten endlich formiert hatten und im Nahkampf befanden, konnten die Schläge und Stiche der deutschen Reiter unter Wilwolt von Schaumberg den Franzosen in ihren Rüstungen nichts anhaben. So *mantt* er seine Reiter, sie sollten die Pferde der Franzosen *nider stechen*. So würden die Kürisser *in irem schwern harnisch* kaum entkommen.[119] Konnten die immer noch gut gerüsteten Deutschen den bewusst zur Schlacht gepanzerten Franzosen wenig Verletzungen zufügen, so wollten sie ihnen zumindest die Möglichkeit nehmen, das Gefecht weiter in die Länge zu ziehen. Die Franzosen waren bald gezwungen, in einen Hohlweg zurückzuweichen. Dort wartendes französisches Fußvolk sorgte dafür, dass die zahlenmäßig und taktisch nun deutlich unterlegenen Deutschen in diesem Fall die Sache unentschieden ausgehen lassen mussten und das Feld nach einer letzten Plünderung räumten.[120]

Anders als solche maximal zur Schlacht gepanzerten Kavalleristen waren viele der auf Reiterei ausziehenden Reiter eher zum Plündern, zum Legen von Hinterhalten und nicht zuletzt zum Reisen und Warten gerüstet. Gerade die ritterlichen Taten, die diese adlig dominierten Reiter im Zuge der Gefahren, Wagnisse und Abenteuer auf ihren Plünderungszügen vollbrachten, finden

119 Eyb d. J., Geschichten und Taten (2018), S. 198.
120 Vgl. ebd., S. 198f.

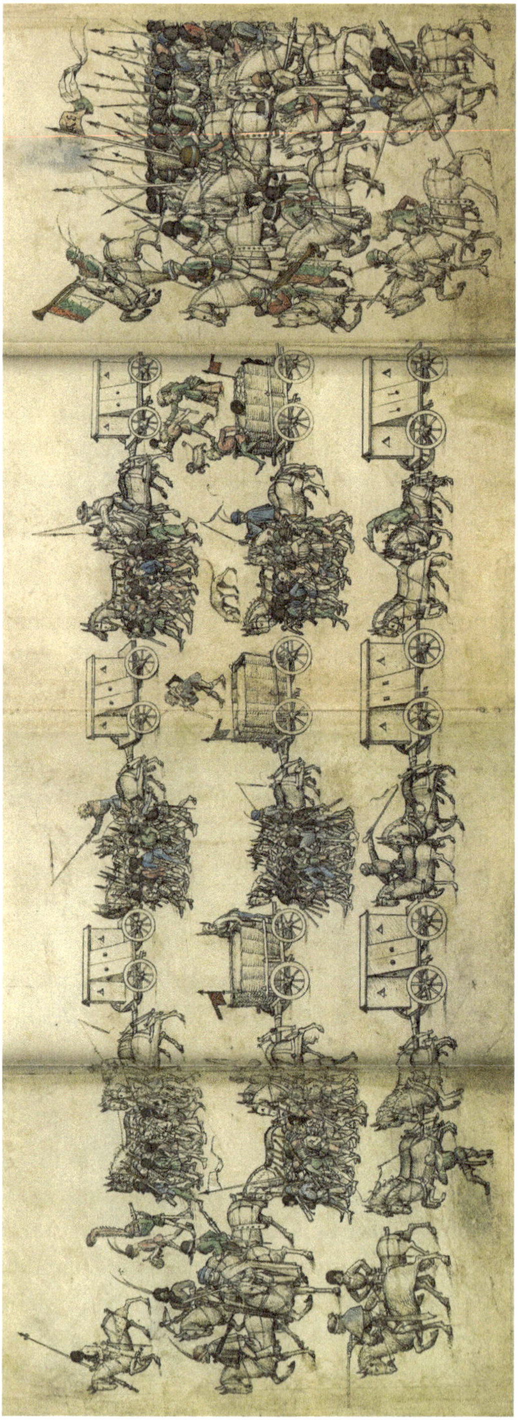

ABB. 7 Fußvolk, reisiges Zeug und eine Wagenburg um 1480 auf dem Marsch. Die Reiter sind mit Spießen, Schwertern und Armbrusten bewaffnet und tragen fast ausschließlich knechtische Harnische (Hausbuch von Schloss Wolfegg (Privatbesitz) (public domain), fol. 51v–52r)

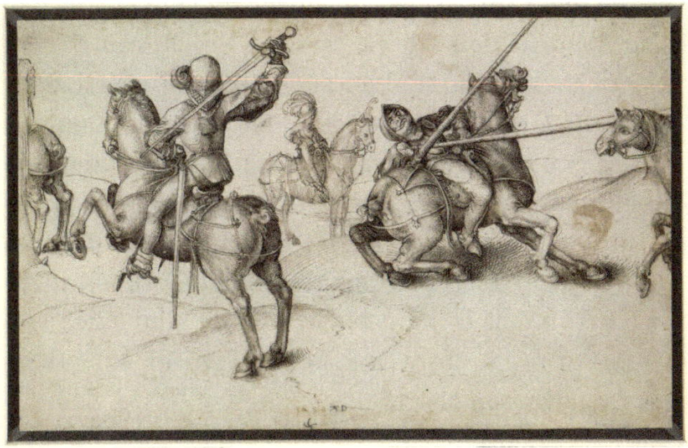

ABB. 8
Gefecht zwischen Reisigen, 1489 (Albrecht Dürer, 1489, The British Museum, London, 1915-8-23-1 ©The Trustees of the British Museum. All rights reserved)

Eingang in die zeitgenössischen Quellen. Der Begriff ‚Abenteuer' ist hier tatsächlich in seiner ursprünglichen Verwendung zu verstehen: Als Ludwig von Diesbach d. J. im Heer König Louis XI. von Frankreich (1423–1483) 1472 an dessen Krieg in der Bretagne teilnahm, ritt er auch mit den königlichen Truppen auf Streifzug aus. Die englischen und bretonischen Feinde taten es ebenso. Er spricht dabei davon, sie seien *ussgeschÿcktt uff affentûr*, also auf ‚Âventiure', ursprünglich ein aus dem Altfranzösischen stammender Begriff der höfischen Literatur für die ritterliche Abenteuerfahrt.[121] Ludwig von Eyb versteht die von ihm noch zuvor deutlich als Zerstörungs- und Raubunternehmen definierte ‚Reiterei' auf dieselbe Weise: Er kündigt in den ‚Geschichten und Taten' wortwörtlich an, er wolle *das gros vnnd klein, so sich in reutterey ader ritterlichen sachenn begibt* [...] *vergleichen, wie die altenn tafellrunder vor zeitten allein abentheür zwsuchenn geritten sein.*[122] Bereits der Autor der Livländischen Reimchronik empfindet, die Deutschordensritter des 13. Jahrhunderts mit ihrer "aggressive guerilla method of warfare to be the height of knightliness."[123]

3.1.4 *Der soziale Horizont als Faktor in der bewaffneten Konfliktführung*

Das lag einerseits an der weit größeren Bewegungsfreiheit und Überschaubarkeit der Teilnehmer solcher Unternehmungen. Mochten im Früh- und Hochmittelalter Heere von einigen hundert Kämpfern bereits als groß gelten, zählten sie Ende des 15. Jahrhunderts in der Regel etwa 12 000 Mann Fußvolk

---

121 Vgl. Ingrid Kasten/Volker Mertens, Art. „Aventure (âventiure)", in: Lexikon des Mittelalters. Bd. 1, München 1999, Sp. 1289–1290.
122 Eyb d. J., Geschichten und Taten (2018), S. 168.
123 Patrick Meehan, The Physicality of Service (2013), S. 96.

und 3 000 Reiter.[124] Das war eine unmöglich zu überschauende Zahl von Personen und Beziehungen. War für den Edelmann die Kriegsführung nicht nur eine politische Angelegenheit, sondern eben auch eine zutiefst soziale, kam es ihm entgegen, wenn die Gruppe der adligen und auch nichtadligen Mitstreiter übersichtlich blieb. Schließlich ist der Mensch nur dazu fähig, eine bestimmte Menge an Beziehungen zugleich aufrecht zu erhalten, damit die soziale Gruppe natürlich funktioniert. Yuval Harari spricht auf Grundlage anthropologischer Forschung davon, dass solche natürlichen Gruppen nicht mehr als 150 Leute groß sein können. In modernen Armeen sind Züge von 30 und Kompanien von 100 Personen deshalb deutlich weniger auf künstliche Kommandostrukturen angewiesen als größere Einheiten.[125] Der Militärhistoriker John Keegan spricht aufgrund von Untersuchungen im Zweiten Weltkrieg sogar davon, dass Soldaten sich kaum über eine Gruppe von sieben bis acht Personen hinaus mit ihren Mitstreitern identifizieren. Diese „small group dynamics“[126] sind es, die letztlich für den jeweiligen Kämpfer unmittelbar zählen.[127] Die mittelalterlichen Reitergruppen, waren oft durch Verwandtschaft, Gefolgschaft und nicht zuletzt auch Freundschaft verbunden. Joseph Morsel stellt fest, dass besonders die spätmittelalterliche Fehdeführung ein wichtiges Mittel zur Stärkung der Bindungen innerhalb der fränkischen Adelsgeschlechter war und damit identitätsbildend wirkte.[128] Das ließe sich nicht nur auf Freundschafts- und Bündnisbeziehungen ausweiten, sondern auch auf die direkt interpersonelle Ebene beziehen: Während sich später solche Kameraden ‚Waffenbrüder‘ nannten, bezeichneten sie sich in jener Zeit als ‚Stallbrüder‘.[129] Enge Beziehungen bildeten sich gerade zwischen denen, die gemeinsam nicht nur kämpften, sondern auch lebten, litten und feierten. Halten sich niederadlige Lebensbeschreibungen bei der Schilderung von Emotionen doch weitestehend zurück, kann man ahnen, wie sich Wilwolt von Schaumberg fühlte, als er 1478 in der Schlacht bei Crossen einen solchen Kameraden verlor. Er hatte sich früher in dem Jahr mit diesem, einem Edelmann namens Friedrich von Waldenfels zu Lichtenberg, zusammengetan. Sie *wurden stalbrüder*, um sich mit einem Gefolge von jeweils drei Reitern in Brandenburger Kriegsdienst zu stellen.[130] Gleich an der Spitze einer Reitereinheit trafen die beiden bei der

124 Vgl. Schmidtchen, Kriegswesen (1990), S. 102, 280.
125 Vgl. Yuval Noaḥ Harari, Eine kurze Geschichte der Menschheit, München [30]2018, S. 40.
126 Keegan, The Face of Battle (1988), S. 51.
127 Vgl. ebd., S. 46–52.
128 Morsel, Die Erfindung des Adels (1997), S. 347f.
129 Vgl. Art. „Stallbruder“, in: Deutsches Wörterbuch von Jacob und Wilhelm Grimm. Bd. 17 (x,II,1), Leipzig 1919, Sp. 609–611.
130 Eyb d. J., Geschichten und Taten (2018), S. 124.

Feldschlacht bei Crossen auf die Feinde. Waldenfels überlebte das nicht.[131] Schaumberg wurde zwar nach der Schlacht zum Ritter geschlagen, musste die Würde jedoch letztlich ablehnen, da er sich finanziell nicht zutraute, diese langfristig in Ehren führen zu können. Dann *macht* [*er*] *sich vff die wallstat, sücht, da das erst treffen* [*also der erste Zusammenstoß in der Schlacht*] *angangen was, seinen liben gesellen, den er fandt, lud in vff einen wagen, vnd wart den selben tag vnd nacht noch durch Willwolten gen Franckfurt* [*an der Oder*] *. bracht vnnd zw der erden bestatt.*[132]

Es widerspricht dem menschlichen Überlebensinstinkt, sich als erster einem bewaffneten und gerüsteten Feind entgegenzuwerfen. Nicht grundlos ritten Wilwolt und Friedrich also gemeinsam im ersten Glied ihrer Formation. Denn so konnten sie dem jeweils anderen ritterlichen Kameraden vorleben, wie sich ein Ritter zu verhalten habe und zugleich seinem Beispiel folgen. Die Furcht, die Reputation ihrer Waffenbrüder zu verlieren, stach also die eigene Todesfurcht aus,[133] sodass der Adlige in diesem Moment wie ein Ritter funktionieren konnte.

Ist dieses Beispiel aus einer Schlacht gegriffen, gilt dies für die Gefechte der kleineren Reitereinheiten des Täglichen Kriegs beziehungsweise der Reiterei umso mehr. In großen Schlachten nämlich müssen, so Philipp von Seldeneck (1442–1534), *die das schlagenn gewynnen, alwegen die, die do vorn vnd ann ortenn seindt vnd auch am treffenn, die mussen es volbringen.* Die restlichen Truppen hingegen kamen kaum in unmittelbaren Kontakt mit dem Feind. Denn *jne denselbenn haffenn bliebenn alwegenn vill leut, der keiner kein wer thut, auch kein streych nymer emtpfecht.*[134] Ludwig von Eyb d. J. geht darauf ausführlicher ein: Als Wilwolt von Schaumberg 1489 die Getreidewagen vor der brabantischen Stadt Löwen überfiel, wurden er und seine 60 Reiter, wie erwähnt, von 50 französischen Kürissern überrascht. Dem folgenden, eigentlich verhältnismäßig kleinen und strategisch eher unbedeutenden Gefecht maß Eyb solche Bedeutung zu, dass er Platz und Anweisungen für eine Illustration ließ.[135] Schaumberg kommandierte während des Kampfes – für

131 Vgl. Eyb d. J., Geschichten und Taten (2018), S. 129.

132 Ebd., S. 131; zur Schlacht von Crossen vgl. auch Tresp, Kriegswesen und Kriegführung (2011), S. 138–141; Rabeler, Niederadlige Lebensformen (2006), S. 126.

133 Vgl. dazu auch Keegan, The Face of Battle (1988), S. 71f.

134 Philipp von Seldeneck, Das Kriegsbuch des Philipp von Seldeneck vom Ausgang des 15. Jahrhunderts. Untersuchung und kritische Herausgabe des Textes der Karlsruher Handschrift, hrsg. von Kurt Neubauer, Heidelberg 1963, S. 119; vgl. dazu auch Schmidtchen, Kriegswesen (1990), S. 261.

135 Vgl. Eyb d. J., Geschichten und Taten (2018), S. 196f., Anm. 201, 204.

Eyb vorbildlich[136] – seine Reiter von hinten. Dabei kam er selbst nicht unangefochten davon, hatte ihn doch, bevor sich die Deutschen formieren konnten, der Spieß des angaloppierenden gegnerischen Hauptmanns mitsamt seinem Pferd fast zu Boden gerissen. Das Pferd erlitt so schwere Verletzungen, dass es drei Tage später verendete.[137] Nach dem ersten Zusammenstoß aber sorgte er vor allem für Ordnung und Motivation. Keiner der restlichen Reiter durfte sich dabei zurückhalten: *Es hatt ein yeglich reütters man zubedenckenn, das sie sich zwbayden taillenn hartt erbeitten vnnd schlachenn müssen, den vnnter cleinen zeugen, als die gewest, verwischen nyemandt die streich* [...].[138] Um also die Bedeutung dieser kleineren Gefechte hervorzuheben, kontrastiert er sie mit den auch von Seldeneck geschilderten großen Feldschlachten: [*I*]*n haubt schlahenn* [...] *da müssen die fördern glider fechtenn, kömpt etwen der sechst ader zehennt man nimer zwschlahenn*, sondern tat, je nachdem was vorne geschah, hinten das für ihn Vorteilhafteste.[139]

Belagerungskämpfe und Feldschlachten waren auf eigene Weise nicht weniger schrecklich und fordernd. Doch der dem spätmittelalterlichen Adel weit vertrautere in Reiterscharen geführte Zerstörungs- und Plünderungskrieg verlangte von jedem bewaffneten Teilnehmer, dass er seine Waffen im Ernstfall kompetent zu führen verstand.[140] Mangelte es ihm hingegen an der physischen und mentalen Bereitschaft, die ihn zu einem kompetenten, also ritterlichen Kämpfer machten, so brachte er nicht nur die übersichtliche Zahl der Kameraden in Gefahr. Sein Mangel an ritterlicher Tugend wurde allen, auch dem Befehlshaber, viel schneller offensichtlich.

Im Rittertum fanden diese adligen Reiter also ein Ideal, das ihnen die Tugenden an die Hand gab, diesen Ansprüchen zu genügen. Wollte ein Adliger und ein Ritter als professioneller Kämpfer erkannt werden, musste er bereit sein, entsprechende Fähigkeiten und Fertigkeiten kompetent demonstrieren zu können.[141] Dabei war es erst einmal nicht von Bedeutung, andere zu übertreffen. Die Ritterwürde wurde nicht nur jenen verliehen, die mit ihren Taten

136 Das militärische Lehrgedicht für den jungen Maximilian fordert, dass er sich aufgrund seiner Bedeutung als Herrscher nicht persönlich in den Kampf begeben möge. Bereits erwähnter Brandenburger Mobilmachungsplan von 1477 stellt wohl aus einem ähnlichen Grund den Fürsten in die Reserve der Schlachtordnung; vgl. Die lere ſo dem Keyſer Maximilian inn ſeiner erſten jugent gemacht (1532), fol. 50v.; Brandenburgischer Mobilmachungsplan (1884), S. 24.

137 Vgl. Eyb d. J., Geschichten und Taten (2018), S. 198f.

138 Ebd., S. 199.

139 Ebd.

140 Vgl. Gassmann, Honour and Fighting (2015), S. 164.

141 Vgl. Matthew Bennett, Why Chivalry? Military 'Professionalism' in the Twelfth Century: The Origins and Expressions of a Socio-Military Ethos, in: David J. B. Trim (Hg.), The

aus der Menge der Kameraden hervorstachen. Im militärischen Kontext wurden Ritter auch jene, die Seite an Seite mit ihren Standesgenossen vorbildlich handelten. In dieses Bild passt der Umstand, dass Ritterschläge seit Ende des 13. Jahrhunderts nicht mehr an Einzelpersonen, sondern nur noch an eine Gruppe verliehen wurden.[142] Rainer Bach stellt für das registerartige Familienbuch Michels von Ehenheim fest, er hebe „sich im Krieg nicht mehr durch individuelle Leistungen aus der Masse der Kämpfenden hervor."[143] Normen ritterlichen Verhaltens mussten im Verband der Kämpfer nicht unbedingt übertroffen, sondern vor allem erfüllt sein. Selbstzeugnisse wie jene Michel von Ehenheims, des Wild- und Rheingrafen Johanns V., Christoph von Theins oder der Herren von Eptingen gehen in diesem Sinne alle bezüglich ihrer spezifischen Taten kaum ins Detail und verweisen vornehmlich auf ihre bloße Teilnahme an den geschilderten Kriegen und Gefechten.[144] Das Rittertum verband, ja definierte diese bewaffneten Adelsreiter als Kriegergemeinschaft. Sie konnten diesem idealen Verhalten nicht immer nachkommen, strebten aber als soziale und oft genug auch physische Gruppe gemeinsam danach.

Im militärischen Kontext bedeutete das, dass sich der ritterliche Edelmann auch jenseits der großen Massenheere seiner Zeit und abseits ihrer tief gestaffelten Formationen zu behaupten hatte. „[T]he image was less far off than might seem, if we think of the entire range of deeds in a life of prowess and not just moments of full-scale battle."[145] Besonders für die weit üblicheren kleineren Gefechte – oft nur zwischen wenigen Kämpfern – wollte er vorbereitet sein. Diese Art des Kampfes war schließlich auch jenen idealisierten Gefechten literarischer Aventiurenritter nicht unähnlich. Viele zusätzliche Beispiele für solche Kämpfe ließen sich anführen:

1491 setzten sich Wilwolt von Schaumberg und nur ein Knecht erfolgreich zwischen Lüttich und Tongeren gegen zwei französische Reiter zur Wehr. Die beiden Deutschen waren schlecht gerüstet und unzureichend beritten und mussten sich bloß mit Schwertern gegen die beiden gut als Kürisser gerüsteten, bewaffneten und berittenen Franzosen verteidigen.[146] Anfang 1518 stand Götz von Berlichingen im Zuge eines Überfalls plötzlich einer zweifachen

---

chivalric ethos and the development of military professionalism (History of warfare v. 11, Leiden 2003, S. 41–64, hier S. 42.

142 Vgl. Bumke, Höfische Kultur, Bd. 1 (1990), S. 338.

143 Bach, Der ritterschaft in eren (2002), S. 107.

144 Vgl. Ehenheim, Familienbuch Michels von Ehenheim (2007); Johann V., Wild- und Rheingraf, Autobiographische Aufzeichnung (1987); Thein, Selbstbiographie (1875); Familienbuch der Herren von Eptingen (1992).

145 Kaeuper, Chivalry and Violence (2001), S. 175.

146 Vgl. Eyb d. J., Geschichten und Taten (2018), S. 214f.

Übermacht gegenüber. Er hatte im Zuge einer Fehde im pfalzgräflichen Dienst[147] versucht, den fränkischen Adligen Valentin Schott von Eichelsdorf abzufangen und dazu seine 16 gerüsteten Reiter und 2 ungerüsteten Knaben in zwei Gruppen getrennt. Da Schott bloß auf eine Fasnacht in Haßfurt ziehen wollte, verschätzten sich die Berlichinger Reiter gehörig bei der Anzahl der heranziehenden Feinde. Statt den 10 bis 12 Reitern, die sie erwartet hatten, stand Götz schließlich 24 oder 25 gegenüber. Ihn begleiteten nur noch 10 Reiter und 2 Knaben. Er hatte also seine liebe Not, mit ihnen auszuhalten, bis seine restlichen 6 Reiter sie retteten und Schott gefangen genommen werden konnte. Götz beschreibt, wie er wiederholt gemeinsam mit seinen Reitern durch die Feinde brach, wie beiderseits Reiter zu Boden gestochen wurden, jemand mit der Armbrust erst nach ihm schoss und diese dann warf. Er beschreibt, wie er durchgehend von einem gegnerischen Knecht bedrängt wurde, der ihm sogar den Panzerärmel bis aufs Fleisch durchschlug. Diesen Knecht Bernhards von Hutten und auch den fränkischen Edelmann Erhard Truchseß von Wetzhausen hebt er abschließend besonders hervor. Truchseß hatte ihm einen Reiter mitsamt dem Pferd zu Boden gestoßen, Götz anschließend Truchseß entsattelt.[148] Hätten sich alle Feinde so gehalten wie die beiden, meint er, wäre es *mein vnnd meines kleinen heuffleins vbell gewartt wordenn.*[149] Besagter Knecht hatte offenbar so großen Gefallen an Berlichingen, dass er ihm später anbot, ihm ein Jahr unbesoldet zu dienen und auch Götz hatte trotz seiner Verletzung großen Respekt vor diesem: *Vnnd wiewol mir das mendlein* [*nhd.*: *Männlein*] *vff denn tag hartt zu setzt, vnnd ich sein nit bedarfft, so hett ich inn doch ghernn zu einem dhienner angenommen, dann er gefiell mir vff denn tag nit mehr dann zuwoll.*[150] Berlichingen erwähnt den Knecht nicht weiter. Dass er dem Mann aufgrund seiner unnachgiebigen Angriffe einen hohen Wert beimaß, ja diesen bei anderer Gelegenheit auf seiner Seite wissen wollte, spricht für die Hochachtung dieser berittenen Kriegsleute für vorbildliches Kampfverhalten.

Rittertum und ritterliches Verhalten war im ausgehenden Mittelalter nur bedingt an gewisse Waffen und spezielle Kampfweisen gebunden. Ein Edelmann konnte zu Fuß und als Doppelsöldner unter Landsknechten Brot und Ehre verdienen oder beritten und mit der Armbrust auf Plünderung ausreiten. Der Mangel königlicher und fürstlicher Macht förderte einen kampferfahrenen Adel, dem durch seine Fehden die in der Regel zu Pferd betriebenen kriegerischen Plünderungszüge und Scharmützel vertraut waren.

---

147 Vgl. Ulmschneider, Götz von Berlichingen (1974), S. 100f.

148 Vgl. Berlichingen, Fehd und Handlungen (1981), S. 119f.

149 Ebd., S. 120.

150 Ebd.

Nicht in erster Linie für den Feldzug und die Schlacht, sondern für diese Art der militärischen Konfliktführung waren Edelleute gewappnet. Das Leben und die Gefechte dieser kleinen Reitereinheiten kommen dem adligen Bedürfnis der Beziehungspflege und mit ihr dem Beweis und der Auszeichnung von Tugenden in vielen Dingen mehr entgegen, als die Unübersichtlichkeit großer Feldzüge und Schlachten.

3.2 Ritterliche Tugenden

Ritterliches Kampfverhalten stützte sich auf einige grundlegende Tugenden. Die militärische Ausbildung der jüngeren Neuzeit legt großen Wert darauf, Kriegsführung auf klare Regeln und Vorgehensweisen zu kondensieren „and thereby to make orderly and rational what is essentially chaotic and instinctive."[151] Diesem Bedürfnis folgt auch die Idee des mittelalterlichen Rittertums, indem sie das idealisiert, was sich traditionell im Kampf für die ritterlichen Kämpfer und ihre Herren als nützlich herausgestellt hatte. Sie brauchten simpel heruntergebrochene Richtlinien, wie sie möglichst erfolgreich und ohne Gesichtsverlust einen Kampf überstanden. Deutlich prägen die aus diesen Richtlinien abgeleiteten Tugenden die Quellen. Neben der fiktionalen höfischen Literatur legen besonders biographische und autobiographische Werke großen Wert darauf, zur Ehre der verewigten Protagonisten und zur Bildung des jungen Adels in erster Linie ihre Tugenden und ihr tugendhaftes Verhalten im Kampf zu betonen.

3.2.1 *Die ritterliche Kunst des Fechtens*

Doch gleich die Erwähnungen tugendhafter Geschicklichkeit, die sich besonders in fechterischen Leistungen auszudrücken vermochte, zeichnet sich in diesen Quellen in der Regel durch ausgesprochene Detailarmut aus. Technische Beschreibungen individueller kämpferischer Taten oder die Schilderung genauerer Gefechtsverläufe sind selten. Ein Grund dafür ist, dass Fechtkunst auf schriftliche Weise kaum vermittelt werden kann. Der Fechtmeister Joachim Meyer (†1571) erklärt als Experte der ritterlichen Kampfkünste 1570, warum diese selbst in seiner Gegenwart und bis zu seinem beispiellos umfangreichen Fechtbuch bislang kaum zu Papier gebracht worden seien: Anders als *andere freye künste*, müsse nämlich *solche Ritterliche kunst / mit der faust angegriffen / und mit zuthun des gantzen leibs erübt / und also mehr durch erfahrung / dann*

151 Keegan, The Face of Battle (1988), S. 18.

auß den Büchern [...] *gelehrt werden*.[152] Deshalb bestand zum einen wenig Sinn darin, auf diese Weise das Fechten zu lernen. Zum anderen machte es diese Körperlichkeit auch schwer, das Fechten überhaupt in Worten auszudrücken und aufzuzeichnen.[153] Zuvor niedergeschriebene Fechtlehre, insbesondere jene in Deutschland grundlegende Lehre Johannes Lichtenauers, zeigt sich demensprechend auch weit weniger didaktisch sinnvoll gegliedert. Dazu ist sie teils so verschlüsselt, dass sie allenfalls als Gedächtnis- und Lehrstütze für Fechtschüler und -lehrer dieser speziellen Tradition dienen konnte.[154] Fiel also selbst Fechtlehrern die schriftliche Auseinandersetzung mit ihrer Kunst schwer, so hatten erst recht Außenstehende nur ein sehr begrenztes Vokabular, sich im Mittelalter verständlich über fechterische Details zu verständigen. Ähnliches gilt damit auch für andere kämpferische und kriegerische Aspekte, die über das Fechten hinausgehen, wie beispielsweise Elemente der Taktik.

Damit gehört das am Ende des vorhergehenden Unterkapitels thematisierte Reitergefecht Berlichingens mit anderen, ähnlichen Stellen in seiner Lebensbeschreibung zu den wenigen zeitgenössischen deutschen Quellen, die ein wenig ausführlicher den Kampf zweier kleiner Reitergruppen zu schildern versuchen. Detaillierte Beschreibungen des Verhaltens individueller Kämpfer in einer Feldschlacht sind noch seltener.[155] Statt bedeutende fechterische Leistungen explizit zu erwähnen und zu umreißen, heben die Quellen deshalb, ohne weiter ins Detail zu gehen, allgemein die Stärke und Geschicklichkeit, also die ‚Kraft' und ‚Kunst', der Kombattanten hervor. In diesem Sinne verweisen sie auch gerne jenseits des unmittelbaren Kampfgeschehens „auf die körperliche Leistungsfähigkeit"[156] bei der Charakterisierung von Edelleuten. Die körperliche Kraft wird dabei besonders oft erwähnt.[157]

Gerade auch deshalb hält sich die Idee einer von engstirnigem Traditionalismus, groben Schlägen und bloßer Körperkraft dominierten mittelalterlichen

152 Joachim Meyer, Gründtliche Beschreibung der freyen Ritterlichen und Adelichen kunst des Fechtens in allerley gebreuchlichen Wehren, mit schönen und nützlichen Figuren gezieret und fürgestellet. Transkription des Fechtbuchs, hrsg. von Wolfgang Landwehr (Bibliothek der historischen Kampfkünste 3), Herne 2011, S. 35.

153 Vgl. Meyer, Gründtliche Beschreibung (2011), S. 35. Warum er nun dennoch die Fechtkunst aufschrieb, begründet er an derselben Stelle recht ausführlich damit, dass dadurch die Lehre besser strukturiert sei, die Schüler sie mithilfe des Buches besser lernen, darüber nachdenken und sie sich schließlich auch merken könnten. Vgl. zu dieser Thematik auch Benjamin Müsegades, Fürstliche Erziehung und Ausbildung im spätmittelalterlichen Reich (Mittelalter-Forschungen 47), Ostfildern 2014, S. 216.

154 Vgl. Leiske, Höfisches Spiel (2018), S. 56f., 208.

155 Vgl. Gassmann, Thoughts on the Role of Cavalry (2015), S. 163.

156 Welle, „alle höbischeit" (1993), S. 200.

157 Vgl. ebd., S. 199f.

Kriegsführung hartnäckig bis heute selbst in der Forschung.[158] Geschicklichkeit spielt aber keineswegs eine geringe Rolle. Schon in der höfischen Literatur lässt gerade die „Handhabung überlegener Technik“ den Ritter über die rohe Gewalt zahlreicher Fabelwesen siegen.[159] Johannes Rothe hebt deutlich hervor, dass die Übung (*gewohnheid*), die Fechtlehre (*ler*), und der Harnisch den Ritter letztlich im Kampf vom Bauern abhöben. Denn sonst würde ein wohlgenährter und damit starker Bauer mit einem Dreschflegel mehr als ein Ritter ausrichten können.[160] Auch zu Beginn der frühen Neuzeit grenzt Joachim Meyer in seinem 1570er Fechtbuch noch die Fechtkunst vom *unnützen Bawren getresch* ab.[161] Dies verweist weniger auf die mangelnde Wehrhaftigkeit der bäuerlichen Bevölkerung, sondern verwendet den Bauern stereotyp als ungebildeten Rohling. Denn alle Schichten – vom Bauern über den Kleriker bis zum Kaiser – fochten. Das taten sie zum Zeitvertreib, zur Übung, im Wettkampf oder tatsächlich im Ernstfall. Statt nur einem Stand vorbehalten zu sein, war das Fechten eine ständeübergreifende Kulturtechnik. Dank der geradezu explodierenden Schriftlichkeit im Spätmittelalter überliefern nicht nur Koch- oder Arzneibücher damaliges Expertenwissen. Auch die schon erwähnten Fechtbücher offenbaren ein nur bedingt schriftlich vermittelbares, aber hochkomplexes Fechtsystem, das zwar auf die Expertise weniger Fechtmeister verweist, als Grundlage jedoch eine alle Gesellschaftsschichten umfassende Fechtkultur voraussetzt.[162] „Im Mittelalter gehörte mit unterschiedlichen Schwerpunkten das Einüben kontrollierter und geregelter Formen körperlicher,

---

158 Für eine Auseinandersetzung mit diesen Vorurteilen vgl. Prietzel, Was ist Krieg im Mittelalter? (2017), S. 20–23; Vale, War and chivalry (1981), S. 100–104; Sixt Wetzler, Überlegungen zur europäischen Fechtkunst, in: Ulrike Ludwig (Hg.), Das Duell. Ehrenkämpfe vom Mittelalter bis zur Moderne (Konflikte und Kultur – Historische Perspektiven 23), Konstanz 2012, S. 61–75, hier S. 61–63.

159 Udo Friedrich, Die „symbolische Ordnung“ des Zweikampfes im Mittelalter, in: Manuel Braun (Hg.), Gewalt im Mittelalter. Realitäten – Imaginationen, München 2005, S. 123–158, hier S. 132.

160 Rothe, Der Ritterspiegel (2009), Z. 2841–2848.

161 Meyer, Gründtliche Beschreibung (2011), S. 129.

162 Vgl. Wetzler, Überlegungen zur europäischen Fechtkunst (2012), S. 67f.; ders., “Your Kung Fu is very good, Master Fiore!” Asian and European fight books in comparison, in: Acta Periodica Duellatorum 4, 2 (2015), S. 47–67, hier S. 61; für einen Überblick über die deutschen Fechtbücher und ihre Tradition vgl. Hans-Peter Hils, Meister Johann Liechtenauers Kunst des langen Schwertes (Europäische Hochschulschriften 257), Frankfurt am Main/Bern/New York 1985; Dierk Hagedorn, German Fechtbücher from the Middle Ages to the Renaissance, in: Daniel Jaquet/Karin Verelst/Timothy Dawson (Hgg.), Late medieval and early modern fight books. Transmission and tradition of martial arts in Europe (14th–17th centuries) (History of warfare volume 112, Leiden, Boston 2016, S. 247–279 und speziell für das Lange Schwert Leiske, Höfisches Spiel (2018).

bewaffneter und verbaler Auseinandersetzungen zum Erziehungs- und Ausbildungskanon der männlichen Jugend",[163] schreibt Thomas Krüger. Besonders auch biographische und autobiographische Quellen betonen, wie essentiell die Übung der jungen Adligen in verschiedenen Disziplinen des Kampfes war. Dabei umfasst das ‚Fechten' im Spätmittelalter den bewaffneten wie unbewaffneten Nahkampf, also nicht nur den Umgang mit dem Schwert.[164]

Die vielfach überlieferten Merkverse, sogenannte ‚Zettel', des Fechtmeisters Johannes Lichtenauers aus dem 14. Jahrhundert[165] nennen eine Sammlung relevanter Waffen: Neben der Fertigkeit des Ringens sind *Glefen* [*nhd.*: *Reiterspieß*] *sper swert / vnd messer*, die ohne Übung [*i*]*n anderñ henden verderben*, die Waffen, die der adressierte [*j*]*unck ritter* beherrschen solle.[166] Joachim Meyers 1570er Fechtbuch widmet sich zwar ausführlich dem Langen Schwert als der technisch grundlegenden Waffe aller Fechtkunst.[167] Meyer geht jedoch ebenso auf das Fechten mit dem Langen Spieß, der Hellebarde, dem messerähnlichen Dussack und einer Reihe weiterer Waffen ein. Das sind zum guten Teil Waffen, die in der Regel eher von nichtadligen Fußknechten geführt wurden. Dennoch nennt er bereits durch den Titel den Kampf mit all diesen beschriebenen Waffen *der freyen Ritterlichen und Adelichen kunst des Fechtens* zugehörig.[168] Die Fechtkunst an sich – selbst mit der Sense[169] – galt im Mittelalter und weiterhin in der Frühen Neuzeit als ritterliche Kunst.[170] Wie tiefgreifend dieses fechterische Können auch noch im zweiten Drittel des

---

163 Thomas Michael Krüger, Gewalt und Recht: Bürgerlich-klerikale Streitkultur im mittelalterlichen Augsburg, in: Martin Kaufhold (Hg.), Städtische Kultur im mittelalterlichen Augsburg, Augsburg 2012, S. 62–70, hier S. 62.

164 Vgl. Leiske, Höfisches Spiel (2018), S. 11.

165 Vgl. ebd., S. 45–47; vgl. grundlegend zu Liechtenauer Hils, Liechtenauers Kunst (1985).

166 Peter von Danzig. Transkription und Übersetzung der Handschrift 44 A 8, hrsg. von Dierk Hagedorn (Bibliothek der historischen Kampfkünste 2), Herne 2008, S. 6.

167 [*D*]*ie erfahrung gibt und offenbar ist / das / das Fechten im Schwerdt nit allein ein ursprung und quell alles anderen Fechten / sonder auch für andern wehren das aller künstlichst und manlichste ist*; Meyer, Gründtliche Beschreibung (2011), S. 43. Zur Bedeutung des Langen Schwerts für die Fechtkunst, das Kriegswesen und den Zweikampf im Spätmittelalter und in der Frühen Neuzeit vgl. Leiske, Höfisches Spiel (2018), S. 243–259.

168 Meyer, Gründtliche Beschreibung (2011).

169 Neben Waffen, wie dem Rapier, der Hellebarde, aber auch dem Dreschflegel, der Sichel oder der knüppelartigen Bauernstange ist die Sense Teil der ‚ritterlichen Kunst', die die Fechtbücher des Augsburger Ratsdieners, Stadtkassierers und Proviantmeisters Paul Hector Mair (1517–1579) beschreiben; vgl. Jeffrey L. Forgeng, The martial arts treatise of Paulus Hector Mair, in: Elisabeth Vavra/Matthias Johannes Bauer (Hgg.), Die Kunst des Fechtens (Interdisziplinäre Beiträge zu Mittelalter und Früher Neuzeit 7), Heidelberg 2017, S. 267–283, hier S. 271–273.

170 Vgl. dazu auch Welle, „alle höbischeit" (1993), S. 2, 8f.

16. Jahrhunderts mit der Kriegsführung selbst in Verbindung gebracht wurde, fasst Meyer folgendermaßen zusammen: So sei ein *Fechtgang ein feine kurtze fürbildung / wie es sich mit einem Heerzug gegen den Feind zuverhalten sey.*[171] Er beschreibt die Vorbereitung, Rüstung und Wahl des Ortes durch einen *weisen verstendigen Kriegsherren*[172] und wie er den Gegner auskundschaftet, diesen reizt, aus dessen sicheren Position herauslockt und schließlich vorsichtig und tapfer angreift, um ihn durch Druck zum Weichen zu bringen. Dieselbe Kampfstruktur zeigt er ebenso ausführlich beschrieben im Zweikampf zweier Fechter auf.[173] Diese Vorstellungen waren nicht nur Theorie, sondern scheinen auch Auswirkungen auf die Praxis gehabt zu haben: 1457 traf Georg von Ehingen mit seinem Reisegefährten Georg von Ramseiden am portugiesischen Hof Alfonsos V. ein. Er war auf der Suche nach ritterlicher Bewährung. Der Krieg des portugiesischen Königs gegen die afrikanischen Mauren und besonders den nordafrikanischen König von Fes schien den beiden Deutschen lohnend genug, sich nach Lissabon zu begeben.[174] Während der portugiesischen Vorbereitungen war der Aufenthalt der beiden Deutschen bei Hof von Besichtigungen berühmter Orte, dem Besuch des königlichen Frauenzimmers und der Teilnahme an Tänzen und Waffenspielen geprägt.[175] Ehingen und Ramseiden maßen sich *mitt allen ritterspillen zuo roß und zuo fuoß*. Ehingen einerseits tat sich im Kampf [*i*]*nn den gantzen harnischen* hervor, da er *zuo den selbigen dingen* [...] *ettwas gebruchte* war als Ramseiden. Er erwähnt in diesem Kontext auch den berittenen Zweikampf, das *jottdiern*, also den Tjost, und den Gruppenkampf, *batälla*.[176] Ramseiden andererseits zeigte sich aufgrund seiner Körpergröße und Stärke prädestiniert für waffenlose Formen des ritterlichen Wettkampfs. Beim Wurf schwerer Steine und Eisenstangen und auch im berittenen wie unberittenen Ringkampf [vgl. Abb. 9] blieb er unübertroffen.[177]

Auch wenn Ehingen die portugiesische ritterliche Hofkultur wie keine andere begeistert zu haben scheint und er die Zeit dort entsprechend zu nutzen verstand, war es dennoch eine Zeit des Abwartens auf den Beginn des

171 Meyer, Gründtliche Beschreibung (2011), S. 38f.

172 Ebd., S. 39.

173 Vgl. Meyer, Gründtliche Beschreibung (2011), S. 38–40.

174 Vgl. Ehingen, Reisen nach der Ritterschaft (1979), S. 44–46; Ehrmann, Ehingen, Tl. 2 (1979), S. 94f.

175 Vgl. Ehingen, Reisen nach der Ritterschaft (1979), S. 48f.; Ehrmann, Ehingen, Tl. 2 (1979), S. 95.

176 Ehingen, Reisen nach der Ritterschaft (1979), S. 49.

177 Vgl. ebd; vgl. auch Steffen Krieb, Zwischen Dienst und Fest. Zur Wahrnehmung von Fürstenhöfen in Selbstzeugnissen reisender Adeliger des Spätmittelalters, in: Carola Fey (Hg.), Mittelalterliche Fürstenhöfe und ihre Erinnerungskulturen (Formen der Erinnerung 27), Göttingen 2007, S. 65–88, hier S. 71.

ABB. 9 Ringkampf zu Pferd in Talhoffers 1467er Fechtbuch (Hans Talhoffer, Fechtbuch, Schwaben 1467 (Bayerische Staatsbibliothek München, Cod.icon. 394a), fol. 132v)

Feldzugs und damit auf den Höhepunkt seiner Ritterreise. Als endlich der Graf von Viana, der *grannkapytany* der portugiesischen, nordafrikanischen Stadt Ceuta, seinen König um Hilfe gegen einen bevorstehenden Angriff des Königs von Fes und anderer Könige anrief, bekamen Ehingen und Ramseiden endlich den lang ersehnten Feldzug.[178] König Alfonso löste sein bei ihrer Ankunft gegebenes Versprechen ein, die beiden, nachdem sie sich nun mit dem Land vertraut gemacht hatten, in seinem Krieg *woll bruchen* zu wollen[179] und stattete sie und ihre Diener entsprechend für den kommenden Feldzug aus.[180] Bis hier scheint alles nachvollziehbar und einer Adelsreise angemessen: Der König versorgte zwei Adlige auf ihrer Ritterreise mit Ausrüstung und diese versuchten sich durch ritterliche Taten im höfischen und kriegerischen Kontext Ehre zu erstreiten. Vier Tage nach der Ankunft in Ceuta wurde Ehingen jedoch eine Führungsposition zuteil: Besagter *oberüst hopttman und gran kapitany* entschied bei der Organisation der nun vorhandenen Streitkräfte ein *quartier*

178 Vgl. Ehrmann, Ehingen, Tl. 2 (1979), S. 96f.
179 Ehingen, Reisen nach der Ritterschaft (1979), S. 48.
180 Vgl. ebd., S. 51.

oder fiertail der statt Ehingens Kommando zu unterstellen.[181] Eine Begründung für diese Entscheidung überliefert der Ritter nicht. Ehingen verfügte, soweit bekannt, auch über keine vorhergehende Erfahrung als Befehlshaber. Der Graf von Viana, sein Kommandant, hatte offenbar einen Hauptmann über jene Truppen gesucht, die *niderländisch dütsch* sprachen.[182] Dazu hätte er aber auch schlicht einen dieser bereits in Dienst stehenden Männer selbst wählen können. Einerseits mag der Befehlshaber von Ehingens Erfahrung bei der Belagerung von Rhodos Kenntnis erlangt haben. Der Ritter selbst hingegen erwähnt die dortigen Kämpfe in seinem Werk kaum.[183] Ob der Graf davon wusste, ist auf jeden Fall nicht gewiss. Von den Kampferfolgen der beiden Georgs am Königshof wird er hingegen weit eher gehört haben. Ehingen hatte sich besonders im geharnischten, kriegsähnlicheren Wettkampf hervorgetan. So wie es scheint, prädestinierte ihn das auch, die niederländisch-deutschsprachigen Truppen in einem eigenen Quartier der Stadt anzuführen. Inwiefern er als Hauptmann während der Belagerung taugte, vermerkt er leider nicht, da er als handelnde Person erst wieder bei der Verfolgung der sich zurückziehenden Feinde in Erscheinung tritt. Seinen eigenen Schlachteinsatz jedoch verschweigt er erneut. Die Portugiesen verknüpften also anscheinend, ganz wie Joachim Meyer, fechterische Glanzleistungen mit der Tauglichkeit als Befehlshaber. In Kaiser Maximilians pseudobiographischen Gedechtnus-Werken findet sich dieses Denken ebenfalls wieder. Stellt sich Kaiser Maximilian im ‚Weisskunig' und im ‚Freydal' beim Training und schließlich bei der meisterhaften Beherrschung aller erdenklichen Waffen dar, so geschieht dies insbesondere im Kontext seiner Selbstdarstellung als ‚uomo universale' und Renaissancefürst.[184] Gerade der ‚Weisskunig' weist aber wiederholt darauf hin, dass er besagte Kampfkunst vor allem auch lernte, um später als Heerführer seine Truppen entsprechend gut einsetzen zu können. Bezüglich des Harnischkampfs heißt es dort einerseits, dass er sowohl im Waffenspiel als auch im ernsten Kampf persönlich großen Vorteil aus seiner mustergültigen Beherrschung dieser Kunst gezogen habe. Andererseits heißt es, ganz im

181 Ehingen, Reisen nach der Ritterschaft (1979), S. 51f.

182 Vgl. ebd., S. 52; Ehrmann, Ehingen, Tl. 2 (1979), S. 96.

183 Vgl. Ehingen, Reisen nach der Ritterschaft (1979), S. 31f.

184 Vgl. Wetzler, Überlegungen zur europäischen Fechtkunst (2012), S. 67; Sydney Anglo, The martial arts of Renaissance Europe, New Haven, Conn. 2000, S. 158; William Henry Jackson, The Tournament and Chivalry in German Tournament Books of the Sixteenth Century and in the Literary Works of Emperor Maximilian I, in: Christopher Harper-Bill (Hg.), The ideals and practice of medieval knighthood. Papers from the 1. and 2. Strawberry Hill conferences, Woodbridge [1]1986, S. 49–73, hier S. 67; Krieg, Kaiser Maximilian I. und das Rittertum (2009), S. 227–234; Rüther, Der König als Feldherr (2015), S. 167f.

Sinne der Hauptmannschaft Ehingens: *Wann gewappnet volk wider ine zoch, so wisset er mit seinem kriegsvolk dasselb gewappnet volk dermassen mit vorteil anzugreifen, das er sy zerteilet und abtrib.*[185] Individuelle Kampffertigkeit galt also als ausschlaggebende kriegerische Eigenschaften des Kämpfers wie des Kommandeurs.

3.2.2 *Kämpferische Disziplin*

Zugleich waren sich adlige wie nichtadlige Zeitgenossen bewusst, dass der organisierte Kampf im Verbund mit anderen, ritterlichen Kämpfern Erfolgs- und Überlebenschancen dramatisch steigerte. Disziplin und Besonnenheit sind es, die dem individuellen, ritterlich kämpfenden Mann zur Zusammenarbeit mit seinen Kameraden verhalfen. Der wohlgeordnete Angriff in dichter Formation war keine Wiederentdeckung im Zuge spätmittelalterlicher Fußknechtstaktiken, sondern wurde auch im Hochmittelalter zu Pferd im Turnier geübt, in ernsten Gefechten praktiziert und idealisiert. Ungeordnet angreifende Einzelkämpfer hingegen dienen in fiktionalen wie nichtfiktionalen Quellen als Gegenbild, da sie in Gruppenkampfdisziplinen des Turniers wie auch in der Schlacht den formierten ritterlichen Reitern unterliegen.[186] Johannes Rothe drückt dies ca. 1415 folgendermaßen aus:[187]

Keyn ding zcirit di ritterschaft
Also wole und also swinde,
Also daz man si mit ganzcir kraft
In dem gehorsamme vinde,
[...]
Und nicht an eyme huffin
Louffin dorch eyn andir
Mit schrien und mit juffin,
Also di gebuer [nhd.: Bauern] von dem tranke wandirn.

Hi prufit man erin gehorsam bi,
Also ab sy czu felde legin,
Wi ez danne umme si mochte gesy
Und wi sy er wise phlegin.

---

185 Maximilian I. et al., Der Weisskunig (1888), S. 104.
186 Vgl. Verbruggen, The art of warfare (1997), S. 35f.; 73–75; Bennett, Why Chivalry? (2003), S. 58–63.
187 Rothe, Der Ritterspiegel (2009), Z. 3501–3528.

Den sweristin schadin, den man had
Und von den fiendin lidit,
Ist wan di ordenunge nicht had stad
Und ane eyntracht stridit.

Wan sich daz folg also teilit
Und bi eynandir nicht wel blibin
Und in hoen muthe geilit
Und den ungehorsam tribin,

So nemen sy dicke großin schadin,
Er danne man dez werdit gewar,
Und werdit danne also beladin,
Daz ez uz der were kommit gar.

Enea Silvio Piccolomini will, wie schon erwähnt, dementsprechend jene zum Ritter erhoben wissen, *qui scirent ordinem in bello tenere, signa sequi, imperium observare.*[188]

Dass ein Kämpfer die Tugenden des Gehorsams und der Disziplin besaß, war für einen Befehlshaber von essentieller Bedeutung, da er ohne diese Eigenschaften kaum Einfluss auf das Kampfgeschehen nehmen konnte. Je größer ein Gefecht war, desto mehr verschwindet der ritterliche Kämpfer selbst in biographischen und autobiographischen Werken als Individuum und taucht meist erst nach dem Kampf wieder als selbstständig handelnde Person auf. Zur Zeit des Gefechtes hingegen ist er oft bloß Teil der gemeinsam handelnden Masse. Die Masse konnte durchaus gemeinsam tugendhaft handeln. Der ritterliche Kämpfer steigerte somit zwar neben der eigenen Sicherheit auch die militärische Effektivität des Heeres, verzichtete aber zugleich größtenteils auf die Möglichkeit der persönlichen Profilierung auf einer solch großen Bühne. Öffentlichkeitswirksame Taten fanden stattdessen in der Regel vor größeren Gefechten oder in Kampfpausen in Form von Zweikämpfen und Scharmützeln statt. Im größeren Gefecht hingegen ist nicht nur militärtheoretisch der formierte Kampf zweckdienlicher, weil man dabei ausschließlich Kameraden an der Seite und im Rücken weiß. Auch jenseits der militärischen Theorie suchen selbst größere gewaltbereite Gruppen, die sich spontan im Zuge von Unruhen und Krawallen zusammenfinden, im Mittelalter wie in der Moderne schon bald eher den Schutz der Masse, statt den Kampf Mann gegen Mann. So ist es kaum verwunderlich und keineswegs unbedingt ein Zeichen besonderer

188 Vgl. oben, S. 30.

militärischer Erfahrung, dass bei einem Streit englischer und deutscher Fußknechte nach der Belagerung von Sluis im Jahr 1492 diese *zw bayden teillenn in ir ordenung kamen* und erst dann den Kampf aufnahmen.[189] Die in Chaos ausartende Feldschlacht bei Crossen[190] im Jahr 1478 ist ein gutes Beispiel dafür, warum eine solche Ordnung für die Beteiligten so erstrebenswert war: Anfangs näherten sich die Truppen des Herzogs von Sagan noch vorsichtig den Brandenburgern. Ein Sturmangriff über eine längere Strecke hätte schließlich nur die Gefechtsordnung gestört und dem Feind einen Vorteil offenbart. Ludwig von Eyb d. J. schreibt, sie zogen (*als dann der leüth gewohnheit*) *fus fur fus* heran.[191] Doch dann, als die Heere nur noch zwei Spießlängen trennten,[192] begann der Angriff und die Reiter Sagans *lisen ire pferdt* [...] *zimlich in sie lauffen*.[193] Die Reiter beider Seiten waren plötzlich von Feinden umgeben, eine Waffe fand einen tödlichen Weg unter die Rüstungsplatten Friedrichs von Waldenfels, des ‚Stallbruders' Wilwolts von Schaumberg.[194] Dieser mag den Tod seines Freundes womöglich nicht einmal direkt bemerkt haben, denn im aufgewirbelten Staub konnte *nymant den andern woll erkennen ader die haubtfanen sehen*.[195] Hatten die Brandenburger Reiter also sowohl die Verbündeten als auch die Fahne als Orientierung verloren, war ihnen der Sieg ihres Heeres anfangs nicht einmal bewusst. Sie konnten kaum ausmachen, wer sich nun um sie herum zur Flucht wandte. Erst das zunehmende Geschrei, dass ihr Feind fliehe, schaffte Klarheit.[196] Eine Gefechtsordnung, gestützt von Disziplin und Gehorsam, diente dazu, ein wenig Ordnung und Übersicht für alle Beteiligten der eigenen Seite in die ohnehin ausreichend chaotische Gefechtsrealität zu bringen. Standardmäßig ordnete ein Hauptmann, wie beispielsweise Schaumberg 1499 vor Emmerich bei Nijmegen, also die Truppenteile und befahl jedem, *wie er sich haltten vnd weren soltt*.[197] Die geldrischen Feinde zogen sich beim Anblick der Formation gleich wieder zurück.[198] Unter solchen Eindrücken und Narrativen wurde geordnetes, diszipliniertes Vorgehen im Gefecht idealisiert. Hoch- und spätmittelalterliche Quellen bemühen immer wieder das übertriebene Bild eines geworfenen Gegenstandes, wie eines Handschuhs oder Apfels, welcher,

---

189 Eyb d. J., Geschichten und Taten (2018), S. 242.
190 Vgl. zur Schlacht Kapitel 3.1.4, Anm. 132.
191 Eyb d. J., Geschichten und Taten (2018), S. 129.
192 Tresp, Kriegswesen und Kriegführung (2011), S. 139, 140.
193 Eyb d. J., Geschichten und Taten (2018), S. 129; vgl. auch Tresp, Kriegswesen und Kriegführung (2011), S. 139.
194 Vgl. oben, S. 108f.
195 Eyb d. J., Geschichten und Taten (2018), S. 129.
196 Ebd.
197 Ebd., S. 298.
198 Vgl. ebd.

ob der perfekt Schenkel an Schenkel anreitenden Ritter, nicht zu Boden fallen könnte.[199]

Sowohl das Zeremoniell als auch der höfische Roman des ausgehenden Mittelalters bedienen sich ebenfalls so professioneller wie prächtiger Formationen adliger wie nichtadliger Truppen zum Unterstreichen militärischer Vorzüglichkeit. Der ritterliche Romanheld Theuerdank versteht als Kommandeur seine Truppen dementsprechend vorbildlich zu ordnen. Einen Kampf Maximilians in Flandern reduziert der Roman dementsprechend auf die Elemente dieser vorbildlichen Ordnung der Truppen und des anschließenden Sieges:[200]

In dem da wurd Tewrdannck gewar
Das die veindt auch nahendt waren
Hiefs Er mit dem geschütz für faren
Vnnd macht fein ordnung gůt vnnd veft
Als Er dann darinn wol zůthun weft
Defgleichen auch die veindt thetten
Da Sye all fach geordent hetten
Zogen Sy zůfamen mit macht
Tewrdannck der Held behielt die fchlacht

Was Maximilian 1517 im Roman schreiben lässt, lässt er auch wiederholt in der Wirklichkeit geschehen: Im Schweizerkrieg, der sonst bei Augenzeugen auf Habsburger Seite selten Momente großer Begeisterung weckte, ließ Maximilian am 16. Juli 1499 das Reichsheer auf der Ebene vor den Toren von Konstanz aufmarschieren. Der Augenzeuge Götz von Berlichingen war von seiner zentralen Rolle als Bannerträger wohl mehr gefordert, als dass er Zeit hatte, das Heer zu begutachten.[201] Der sonst so kritische Willibald Pirckheimer berichtet hingegen enthusiastisch von dem Aufmarsch: *Et erat profecto res uisu dignissima, tam florentem et copiosum inspicere peditatum nec non equitatum ingentem armis et equis egregie ornatum. Stetere igitur acies confligere paratae, si hostis in aegquum descenderet.*[202] Eine Schlacht erwartete das Heer dort nicht: Die Eidgenossen verließen, taktisch und strategisch wohlüberlegt, das Gebirge nicht und schlugen die Königlichen stattdessen in kleineren Scharmützeln zurück.

---

199 Vgl. Verbruggen, The art of warfare (1997), S. 16, 71, 74, 236; Bennett, Why Chivalry? (2003), S. 61.

200 Maximilian I. et al., Theuerdank (2003), Kap. 90.

201 Vgl. Berlichingen, Fehd und Handlungen (1981), S. 61.

202 Pirckheimer, Schweizerkrieg (1895), S. 111; vgl. auch Emil Reicke, Willibald Pirckheimer und die Reichsstadt Nürnberg im Schwabenkrieg, in: Jahrbuch für schweizerische Geschichte 45 (1920), S. 131–189, hier S. 174.

Die Machtdemonstration gegenüber den eigenen und den feindlichen Truppen hinterließ hingegen, wie Pirckheimer bezeugt, einen bleibenden Eindruck.

Zum spätmittelalterlichen Hofzeremoniell gehörten im Sinne solcher Demonstrationen militärischer Macht und Disziplin nicht nur geharnischte Einzüge.[203] Im 15. Jahrhundert entwickelte sich die dann im 16. Jahrhundert übliche Sitte, dass ein heranziehendes fürstliches Gefolge beziehungsweise eine den Fürsten in Empfang nehmende Delegation in vorbildlicher Schlachtordnung vor der entsprechenden Stadt aufmarschierte.[204] So traten auch die Söldner Karls des Kühnen am 30. September 1473 bei dessen Treffen mit Friedrich III. nahe Trier in Formationen an. Je nach Überlieferung begleiteten 6000 bis 40000 Mann den mit Küriss, Gold, Rubinen und Perlen gerüsteten Karl den Kühnen zum Reichstag.[205] Ein Augenzeuge schreibt, beim Treffen *hielt der herczog mit grosser Ordnung sin volk, die bogner uff eyner sitten, die mit den glenen [nhd.: Reiterspießen] uff der andren sitten, und al wol gerúst, als sölt man an eynen strit gon.*[206] Clemens Jäger hält acht Jahrzehnte später übereinstimmend fest, Karl habe seine Reisigen und Schützen *als ob er ain ſchlacht oder Scharmůttzel halten wolt, ſein artig nach ainannder Inn ordnung ſtellen laſſen.*[207]

Bei all dieser Idealisierung geordneten und disziplinierten Vorgehens zeigt sich doch als grundlegendes Problem, dass sich der große Teil der adligen Reiter zwar aus gut trainierten und erfahrenen Kämpfern zusammensetzte, diese jedoch kleinere Gefechte der Fehde und des Täglichen Krieges gewohnt waren, und damit wiederholt wagemutig die Initiative ergriffen. Mitunter waren sie dabei auch sehr erfolgreich, vermochte doch manchmal ein geschickter Schachzug eines Einzelnen oder nur Weniger das Blatt zu wenden. In gewisser Weise war ein Feldherr auch auf solche Alleingänge angewiesen, waren seine

---

203 Dies ist besonders eindrücklich in den gut dokumentierten Einzügen beim Romzug römisch-deutscher Herrscher, die „in erster Linie ritterlich-militärischen Charakter" hatten. Das Gefolge des Herrschers nahm also unter Waffen am Zeremoniell teil; Achim Thomas Hack, Das Empfangszeremoniell bei mittelalterlichen Papst-Kaiser-Treffen (Forschungen zur Kaiser- und Papstgeschichte des Mittelalters 18), Köln 1999, S. 125f.

204 Vgl. Harriet Rudolph, Heer und Herrschaftsrepräsentation. Militärische Dimensionen der Selbstinszenierung bei Herrscherbesuchen (1550–1800), in: Matthias Müller/Peter-Michael Hahn (Hgg.), Zeichen und Medien des Militärischen am Fürstenhof im frühneuzeitlichen Europa (Schriften zur Residenzkultur 10), Berlin [1]2017, S. 53–72, hier S. 55–63.

205 Vgl. Petra Ehm, Burgund und das Reich. Spätmittelalterliche Außenpolitik am Beispiel der Regierung Karls des Kühnen (1465–1477) (Pariser Historische Studien 61), München 2002, S. 148f., 151f.; Eyb d. J., Geschichten und Taten (2018), S. 97f.

206 Libellus de magnificentia ducis Burgundiae in Treveris visa conscriptus, hrsg. von Wilhelm Vischer, in: Wilhelm Vischer (Hg.), Basler Chroniken. Bd. 3, Leipzig 1887, S. 332–360, hier S. 340.

207 Clemens Jäger, Ehrenspiegel des Hauses Österreich. Buch I–VI, Augsburg 1555 (Bayerische Staatsbibliothek München, BSB Cgm 895), fol. 322r.

Kommunikationsmöglichkeiten nach Beginn des Gefechts schließlich sehr eingeschränkt. Mit entsprechend überschwänglichen Ehrbekundungen ihrer Standesgenossen erhielten undisziplinierte Kämpfer deshalb oftmals nachträglich Recht. Ganz in diesem Sinne beeinflusste Götz von Berlichingen den Ausgang der Schlacht im Nürnberger Wald am 19. Juni 1502 maßgeblich:[208] Im Dienst der Brandenburger ergriff er persönlich die Initiative, ohne Befehl die Wagenburg der Nürnberger anzugreifen und den vordersten Fuhrmann *vonn dem gaull herab* zu stechen.[209] Anschließend verteidigte er die Lücke, sodass die Nürnberger ihre rollende Befestigung nicht schließen konnten.[210] Die Ehre, die ihm nach der Schlacht durch seine Standesgenossen und selbst von Seiten des Markgrafen zuteilwurde, war ihm nach eigenen Worten *lieber, dann het vnns der maggraff zwey tausendt gulden geschenckth*.[211] Berlichingen bleibt der einzige, der in den Quellen über seine Tat berichtet. Für den Ausgang des Gefechts war sie zwar taktisch relevant. Für das allgemeine Narrativ stach sie jedoch offenbar weniger hervor. Die Tat beweist jedoch, dass die selbstständig urteilenden und handelnden, kampferfahrenen deutschen Reisigen ein Mehrgewinn auch in größeren Gefechten sein konnten.

Solch eigenständiges Vorgehen konnte sich jedoch bei einem Fehlschlag umso deutlicher auswirken: Der Thüringer Niederadlige Otto von Ebeleben begann am 16. Juli 1500 trotz aller gegensätzlichen Befehle ein Scharmützel mit den friesischen Belagerungstruppen vor Franeker. Wilwolt von Schaumberg, oberster Hauptmann über das sächsische Heer, wurde damit schließlich zu einem verfrühten Angriff gezwungen, obwohl noch nicht alle Truppen in der geplanten Position waren. Den Plan, dem Feind den Rückzug abzuschneiden, musste er damit verwerfen.[212] Im selben Sinne macht Götz von Berlichingen wiederholt *liederlich heilloß leutt* für fehlgeschlagene, doch im Grunde gut geplante Überfälle und Raubzüge verantwortlich.[213] Etliche ähnliche Beispiele unbesonnen oder undisziplinierten Verhaltens ließen sich anführen.[214]

---

208 Zur Schlacht im Nürnberger Wald vgl. Adolf Haase, Die Schlacht bei Nürnberg vom 19. Juni 1502. Diss. phil., Greifswald 1887.

209 Berlichingen, Fehd und Handlungen (1981), S. 67.

210 Vgl. ebd.

211 Ebd., S. 69; vgl. zur weiteren Auseinandersetzung mit dieser Ehrung Berlichingens unten, S. 222–224, 228f.

212 Vgl. Eyb d. J., Geschichten und Taten (2018), S. 308; Rabeler, Niederadlige Lebensformen (2006), S. 244.

213 Vgl. Berlichingen, Fehd und Handlungen (1981), S. 111; vgl. dort u. a. auch S. 105, 114.

214 Vgl. u. a. Zimmern, Zimmerische Chronik, Bd. 1 (1881), S. 278; Eyb d. J., Geschichten und Taten (2018), S. 268–270. Vgl. auch die Auseinandersetzung mit dem vor Neuss tollkühn die Burgunder angreifenden Veit Schott oder die eine Brücke über den Graben von

Der am Eichstätter Bischofshof ritterlich ausgebildete Nürnberger Bürger Willibald Pirckheimer legt aufgrund solcher Erfahrungen geradezu verbissen Wert darauf, Disziplin und Gehorsam als militärische Tugenden hervorzuheben. Er selbst sei am Eichstätter Hof von den militärischen Befehlshabern (*praefect*[*i*]) geschätzt worden, weil er *nihil temere, sed cuncta circuinspecte* vorgegangen sei und ihnen stets gehorcht habe.[215] Erfolg und Misserfolg in der Schlacht wie im Krieg gründet er in der Moral, der Umsicht und der Disziplin der Beteiligten. So reduziert er die Erklärung der Niederlage des Schwäbischen Bundes im Schweizerkrieg auf einen Vergleich jener kriegerischen Tugenden der jeweiligen Kämpfer: Der Mut der Königlichen sei kaum geringer als der der Eidgenossen gewesen. Doch durch Überheblichkeit (*contemptus*) und Unbesonnenheit (*temeritas*) gegenüber den Schweizern hätten sie letztlich verloren.[216] Übereinstimmend macht auch Götz von Berlichingen *varlessigkeitt, verachtung vnd liederlicheit* für die Niederlage im selben Krieg verantwortlich.[217] ‚Temeritas' ist es, die in den Augen Pirckheimers Ordnung und Disziplin entgegensteht. Der Schlacht im Schwaderloh am 11. April 1499 ging in Pirckheimers Erzählung voraus, dass die deutschen Fußknechte und Reiter trotz der zunehmenden Zahl heranziehender eidgenössischer Truppen durch ihre *temerita*[*s*] in Sicherheit gewiegt im Schwaderloh plündernd umherzogen. Vergeblich hätten nicht wenige vor dieser *militaris disciplinae negligentia* gewarnt.[218] So konnten die Eidgenossen schließlich den Angriff wagen und ihnen trotz eigener zahlenmäßiger Unterlegenheit eine empfindliche Niederlage zufügen.

Das Zusammenspiel von Verachtung gegenüber der Macht der Feinde und mangelnder Disziplin unter den ritterlichen Streitern kam nicht von ungefähr. Es war wohl weniger eine Eigenheit des Rittertums und vielmehr eine Folge der bisherigen Erfahrung der ritterlichen Reisigen im Kampf mit Fußknechten.[219] Die zahlenmäßige Unterlegenheit der Schweizer in fast allen Schlachten des Krieges wird dabei ebenfalls einen Anteil gehabt haben. Verbruggen verweist darauf, dass bei ungleichen Zahlenverhältnissen, die Streiter der größeren Armee in vielen mittelalterlichen Schlachten unbedacht

Aarschot legenden beiden Edelleute, die durch diese unwillkommene Eigeninitiative die Belagerung zum Scheitern brachten; oben S. 77f.

215 Vgl. Pirckheimer, Cl. Viri, D. Bilibaldi Pirckeymheri (1895), S. 140f.

216 Pirckheimer, Schweizerkrieg (1895), S. 135. Vgl. auch ebd., S. 76: *Et profecto si quis recte considerare uelit, non solum ea clades, sed omnes aliae ob militum praecipue temeritatem nimiumque hostium acceptae sunt contemptum* [...].

217 Vgl. Berlichingen, Fehd und Handlungen (1981), S. 63.

218 Pirckheimer, Schweizerkrieg (1895), S. 81.

219 Vgl. ausführlicher dazu unten, Kapitel. 7.3.

und undiszipliniert vorgehen. Die Kämpfer einer schließlich siegreichen, doch kleineren Armee hingegen waren gezwungen, dem Feind geordnet und diszipliniert zu widerstehen.[220] Das liegt nicht zuletzt auch in Überlieferungsabsicht und -zufall begründet, hat es schließlich im Narrativ der Niederlage einer kleineren Armee selten einen Zweck, auf die Disziplinlosigkeit der größeren Armee hinzuweisen.

Die ritterlichen Zeitgenossen wussten um den Wert der Disziplin und idealisierten sie auch zur Tugend. Disziplinlose und tollkühne Alleingänge konnten dennoch ihren Wert haben, besonders da einem Kämpfer im unmittelbaren Feindkontakt die Lage oftmals deutlicher vor Augen stand als seinem Kommandeur. Doch auch abseits taktischer Fragen nutzte solche Disziplinlosigkeit dem ritterlichen Edelmann. Denn vor allem jenseits der kämpfenden Masse konnte er ritterliche Tugenden wie Mut und Geschick öffentlichkeitswirksam demonstrieren und so Ehre erlangen. Nicht grundlos stürzte sich Ulrich von Schellenberg 1513 bei Vicenza todesverachtend weit vor allen anderen Reitern auf die Feinde.[221]

3.2.3 *Die zentrale Tugend der Tapferkeit*

Grundlegender als Geschicklichkeit, Gehorsam oder Disziplin war die ritterliche Tugend der Tapferkeit. Alle Kampfkunst, jede anfängliche Besonnenheit und Ordnung waren nutzlos, wenn der ritterliche Kämpfer dem moralischen Druck nicht standhielt, um dem Feind gegenüberzutreten. *Erschrickstu gern | kain vechten nÿmmer gelerñ*,[222] rät der Fechtmeister Johannes Lichtenauer Ende des 14. Jahrhunderts.

Der Auseinandersetzung mit Feigheit und Mut kommt in den Quellen der deutlich größte Stellenwert in Bezug auf die ritterlichen Tugenden zu. Die Sorge um die Wahrnehmung des eigenen Mutes schlug sich nicht nur ritterlich-militärisch, sondern auch im restlichen Leben eines Edelmanns nieder. Feigheit galt als „cardinal sin of a nobleman".[223] Schließlich begleitete und motivierte die Sorge um die eigene Reputation und die Reputation der Familie ihn ständig. Wenig mochte ihn in seinem ritterlichen Selbstverständnis so treffen, als zu feige zu wirken, um an der Seite seiner Kameraden und

220 Vgl. Verbruggen, The art of warfare (1997), S. 48.

221 Vgl. oben, S. 65–68.

222 Peter von Danzig (2008), S. 8.

223 Vale, War and chivalry (1981), S. 26; vgl. weiterhin Mauntel, Gewalt in Wort und Tat (2014), S. 45f., 74f.; Contamine, La guerre au Moyen Age (1992), S. 410; Gabriel Zeilinger, Lebensformen im Krieg. Eine Alltags- und Erfahrungsgeschichte des süddeutschen Städtekriegs 1449/50 (Vierteljahrschrift für Sozial- und Wirtschaftsgeschichte. Beihefte 196), Stuttgart 2007, S. 152; Müller, Schauspiele der Gewalt (1996), S. 17.

Standesgenossen kämpfen zu können.[224] Dementsprechend werden Adlige nicht nur bloß als Kriegsleute charakterisiert. Unter den Adelsattributen, die mittelalterliche Autoren besonders gern hervorzuheben gedenken, taucht oftmals die Tapferkeit auf: Eyb d. J. nennt Wilwolts Großvater Georg von Schaumberg († vor 1440) also *einen tapffern ernnstlichen kriegsman.*[225] Einen der Hauptleute des Hans von Sagan im Krieg gegen Brandenburg charakterisiert Eyb sogar gleich durch drei mit der Tapferkeit konnotierte Adjektive: Er nennt diesen Jakubke von Wresovic einen *dürstigen, freydigen, kecken haubtman.*[226] Im Gegenzug traf es einen Adligen, erst recht wenn er Kriegsmann war, wurde ihm gerade diese Tugend abgesprochen. Eine der eindrücklichsten Episoden in der Überlieferung des Schweizerkrieges durch Willibald Pirckheimer beschreibt, wie ein von den Eidgenossen als Botin eingesetztes junges Mädchen unerschrocken den Höflingen Maximilians in Konstanz Widerworte gab. Als diese sie zur Preisgabe strategisch wichtiger Informationen über die Stärke und Verfassung der Schweizer bringen wollten, wusste sie ihnen immer wieder so frech wie geschickt zu antworten. Unter anderem wich sie der Frage nach der Kopfstärke ihrer nahe Konstanz bereitstehenden Landsleute aus, indem sie darauf verwies, dass die Höflinge sie doch hätten zählen können, wären sie nicht so sehr mit der Flucht vor ihnen beschäftigt gewesen.[227] Die angemessene Reaktion gegenüber männlichen Standesgenossen auf solche Beleidigungen wäre Gewalt gewesen. Gegen eine Frau, die darüber hinaus auch noch auf diplomatischer Mission unterwegs war, war dies hingegen kaum angebracht. Dennoch ließ sich einer der Edelleute dazu hinreißen, ihr mit der Hand am Schwert mit dem Tod zu drohen. Mit ihrer folgenden Antwort wusste sie schließlich nicht nur den Mann zu beschämen, sondern zugleich auch die hier versammelten Feinde der Eidgenossen, die den Angriff auf deren Stellungen im Gebirge nicht wagen wollten: *Plane* […] *te uirum fortem esse ostendis, dum puellae tam iuuenculae mortem inferre minitaris. Atquisi tanto digladiandi teneris desiderio, cur non in hostiles ruis stationes? Inuenies profecto illic uirum aliquem, qui confestim tuae respondeat ferocitati. Sed facilius est inermem ac innocentem inuadere puellam quam hosti occurrere armato et qui non uerbis, sed factis rem agere nouit.*[228]

224 Vgl. Vale, War and chivalry (1981), S. 26, 27; Verbruggen, The art of warfare (1997), S. 54–57.

225 Eyb d. J., Geschichten und Taten (2018), S. 86.

226 Ebd., S. 126.

227 Pirckheimer, Schweizerkrieg (1895), S. 112.

228 Ebd., S. 113.

Tapferkeit wurde im Adel, Rittertum und im Kriegswesen nicht grundlos hochgehalten. Schließlich wurden Gefechte vor allem auf psychologischer Ebene entschieden.[229] Ein mittelalterliches Heer setzte sich schließlich nicht aus Schachfiguren zusammen, sondern aus Männern, die auch damals mit den vielfach auf sie einstürzenden Eindrücken schnell überfordert sein konnten. Empathisch stellt Götz von Berlichingen bei seiner Schilderung der Schlacht im Nürnberger Wald im Jahr 1502 fest, dass den Markgräflichen beim Beschuss durch die Nürnberger *zum theill die weill nit kurtz* geworden wäre. Viele bekamen es unter den Donnerschlägen der Geschütze mit der Angst zu tun, *dann es khann nit ein jeglicher das gebolder leidenn.*[230] So ergriff auch bald darauf das *landtuolck*, also die wenig erfahrenen milizartigen Angehören des Heeres, bis auf ein Fähnlein die Flucht. Im kaum zu durchblickenden Rauch der Kanonen blieben außer diesem einen Fähnlein nur die professionellen Kämpfer zurück: Neben den adligen Reitern hielten an Fußvolk auch die Söldnertruppen der Landsknechte und eidgenössischen Reisläufer stand.[231]

Die Vorstellung vorbildlicher Tapferkeit, die selbst vermeintlich aussichtslose Situationen noch zum Erfolg wenden mochte, inspirierte so manchen ritterlichen Zeitgenossen. Die erwähnte tollkühne wie gescheiterte Handlung Veit Schotts 1475 vor Neuss lässt sich so besser verstehen.[232] Doch auch Wilwolt von Schaumbergs zwar kalkuliertes und dennoch gewaltiges Risiko eines amphibischen Angriffs auf die Artilleriestellungen nahe Sluis im Jahr 1492 scheint diesem Geist verpflichtet.[233] Der Reisige Schott wie auch der Hauptmann Schaumberg werfen bei ihren taktisch äußerst fragwürdigen Handlungen die grundlegende ritterliche Tugend des Mutes in die Waagschale. Der Erfolg scheint Schaumberg Recht zu geben. Noch im ersten Drittel des 19. Jahrhunderts erkennt Clausewitz zwar in der mit Ungehorsam verbundenen Tapferkeit ein grundlegendes Problem im Kriegswesen seiner Zeit. Zugleich schreibt er aber auch, dass *im Kriege tausendmal mehr verdorben wird durch Ängstlichkeit als durch Kühnheit, das brauchen wir wohl nur auszusprechen, um des Beifalls unserer Leser gewiß zu sein.*[234]

Erst wenn der Kämpfer tapfer war, konnte er weitere ritterliche Taten vollbringen. Im Kriegswesen wurden alle Kombattanten, vom Heerführer bis hin zum gemeinen Söldner, dementsprechend an ihrer Tapferkeit gemessen.

229 Vgl. dazu auch oben, S. 85.
230 Berlichingen, Fehd und Handlungen (1981), S. 66.
231 Ebd., S. 67; Haase, Die Schlacht bei Nürnberg (1887), S. 52f.
232 Vgl. oben, S. 82.
233 Vgl. oben, S. 86.
234 Clausewitz, Vom Kriege (1991), S. 367.

Bewundernd spricht Froben Christoph von Zimmern von dem Elsässer Ritter Friedrich Kappler (†1506), der *vil ritterlicher, namhafter thatten begangen* und *mit aigner handt mehrmals verpracht* habe. Er sei ein *herzhafter und unerschrockner mann gewesen.*[235] Als Beispiel solcher Tapferkeit beschreibt er das Verhalten Kapplers im Angesicht schnell heranrückender Feinde. Das folgende Gefecht meint Theodor Renaud ins Jahr 1493 östlich von Salins-les-Bains verorten zu können.[236] Hatte Kappler gerade erst *sein ordnung gemacht,* also seine Truppen in Formation gebracht, wurde er über eine schnell heranziehende Übermacht aufgeklärt. Also hielt er vor den formierten Männern frohgemut, *mit höchster modestia, ohne ainiche anzaig ainer forcht oder beweglichkait des gemiets* eine kurze Ansprache.[237] Tapferkeit drückte sich Zimmern zufolge also darin aus, sich von der Gefahr nicht zu sehr aufwühlen zu lassen. Noch viel mehr mochte Tapferkeit sich darin zeigen, der kommenden Bedrängnis mit einem kühnen Spruch zu begegnen: So versuchte er unter seinen Männern weniger einen unangebrachten Zorn auf den Feind hervorzurufen, sondern öffentlich frech die kommende Ungewissheit herauszufordern: *„Kommen sie? komen sie? das ist recht; wolauf, im namen Gottes, sie solen uns finden!*"[238] Er appellierte also an den Stolz und die Tapferkeit seiner Untergebenen.

Das ist typisch für die professionelle militärische Auseinandersetzung mit Tapferkeit und Furcht. Moderne Soldaten sind in der Regel weniger vom Hass auf den Feind motiviert und mehr von den Konsequenzen für das eigene Leben und die eigene Reputation.[239] Das war im Rittertum nicht anders. Weniger der Feind, zu dem in den seltensten Fällen ein wirklich emotionaler Bezug bestand, und vielmehr das eigene soziale wie militärische Umfeld motivierte letztlich den ritterlichen Kämpfer, der Gefahr ins Auge zu blicken.

Nicht jeder Rückzug geschah selbstverständlich aus Feigheit. Als Wilwolt von Schaumberg 1489 vor der Stadt Löwen mit seinen 60 ungeordnet plündernden Reitern von besagten 50 französischen Kürissern überrascht wurde, dachte auch er zuerst an die Flucht. Taktisch und waffentechnisch war er in diesem Moment unterlegen. Ludwig von Eyb verliert sich nicht in

---

235 Zimmern, Zimmerische Chronik, Bd. 2 (1881), S. 468.

236 Vgl. Theodor Renaud, Ritter Friedrich Kappler. Ein Elsässischer Feldhauptmann aus dem 15. Jahrhundert (Beiträge zur Landes-und Volkeskunde 21), Strassburg 1896, S. 72f.; er bezieht sich dabei vor allem auf Heinrich Ulmann, Kaiser Maximilian I. Auf urkundlicher Grundlage dargestellt. Bd. 1, Stuttgart 1884, S. 168–170.

237 Zimmern, Zimmerische Chronik, Bd. 2 (1881), S. 468.

238 Ebd.

239 Vgl. Keegan, The Face of Battle (1988), S. 70–72.

einer idealistisch einfachen Erklärung für den Mut Schaumbergs. Stattdessen beschreibt der Autor, wie Schaumberg abwägt: Selbst bei einer Flucht hätten er oder seine Reiter in Gefangenschaft geraten können. Sollte er aber *ritterlich* dem Feind *vnteraugen troffenn* haben, würde er – egal ob bei Sieg oder Niederlage – sein Gesicht wahren.[240] Die Flucht selbst war also weniger ein Problem als die damit verbundene schändliche Gefangennahme seiner selbst oder seiner Männer.

Ständig nagte der Zweifel an der Außenwirkung der eigenen Taten. Die Gratwanderung zwischen Feigheit und militärisch-rationaler Rechtfertigung von Flucht und Kapitulation war nicht nur eine praktische Sorge von Adligen, sondern auch eine äußerst bürokratische und wirtschaftliche Angelegenheit. Die Auszahlung von Lösegeld durch einen Kriegsherren für seine gefangenen Gefolgsleute hing schließlich unter anderem davon ab, zu welchem Zeitpunkt eines Gefechts sich ein Adliger wo hatte gefangen nehmen lassen. Schließlich hatte er die Pflicht, das Banner zu verteidigen solange dieses entrollt war.[241] Auch Didaktiker und Reformer widmeten sich dieser Frage. Johannes Rothe versuchte dementsprechend, seinen ritterlichen Adressaten Richtlinien an die Hand zu geben, wann sie guten Gewissens die Beine in die Hand nehmen durften:[242]

> Wer zcwene adir dry louffit an,
> Di eme sint glich, ane libis nod,
> Der heißit danne eyn tummer man
> Und suchit törlichin sinen tod.
>
> Wer sinen glichin fluhit
> Und getar sich eme nicht werin,
> Sin herzce sich blodiclichin schuhit
> Und wel sich nicht irnerin.

240 Vgl. Eyb d. J., Geschichten und Taten (2018), S. 197.

241 Vgl. Hammes, Ritterlicher Fürst (2011), S. 329–332; die Auseinandersetzung mit diesen Fragen beschäftigte nicht nur Adlige in Deutschland. In den Statuten des burgundischen Ordens vom Goldenen Vlies (1431, 1473) und René de`Anjous Halbmondorden (1453) galt eine Flucht, während das Banner entrollt war, als Ausschlusskriterium aus der Gemeinschaft; vgl. auch Vale, War and chivalry (1981), S. 42f., 59.

242 Rothe, Der Ritterspiegel (2009), Sp. 1873–1884; zu einem ähnlichen Ergebnis wie Rothe kommt etwa dreißig Jahre zuvor in Frankreich auch Honoré Bovet im ‚L'arbre des batailles', wenn es um den Kampf zwischen Christen geht; vgl. Bovet, L'arbre des batailles (2017), III, 7, S. 189f.

Der abir had eynen solchin mud,
Daz her sinen glichin tar bestehin
Und in nötin vordir were tud,
Der heißit kune, dez muez ich ihehin.

So einfach wie Rothe es erscheinen lässt, war es in der Praxis freilich kaum. 1489 landete Wilwolt von Schaumberg erstmals auf der Insel Cadzand.[243] Hatte er mit seinen 1300 Fußknechten bereits ein erstes Gefecht hinter sich gebracht, Kanonen erobert und zu brennen und plündern begonnen, tauchten plötzlich auf dem Meer zwei zur Schlacht gerüstete Karavellen auf. Während sich alles bereits zu den Schiffen und damit zur Flucht wandte, wollte *des hauptmans ritterlichs gemüth* [...] *das nit woll leydenn.*[244] Erst die Rückversicherung bei seinen Seeleuten verdeutlichte dem kaum in der nautischen Kriegsführung erfahrenen Ritter, dass sie mit ihren Schiffen keine Hoffnung haben konnten, gegen diesen Schiffstyp zu bestehen. So schloss er sich der Flucht seiner Truppen an.[245] Ein Rückzug aus dem Affekt heraus kam hingegen schlicht nicht in Frage. Waren die zahlreichen Gefechte Schaumbergs von vielen Momenten des Rückzugs und der Flucht vor dem Feind geprägt, bemüht sich Eyb immer wieder, darzustellen, dass dabei nicht Emotionen, sondern rationale Abwägungen den Ausschlag gaben. Das veranschaulicht er auch an der Art und Weise, wie Schaumberg selbst eine Flucht antrat. Nicht die Furcht (*zag*), sondern ein *menlich vnnd freydig hertz*[246] sollten das Handeln bestimmen: Als ein Sturm der Truppen Herzog Albrechts von Sachsen 1490 auf das belagerte Montfoort[247] in eine ungeordnete Flucht überging, blieb er im Schatten der Mauern stehen. Das tat er kaum aus übertriebener Furchtlosigkeit, sondern weil die Verteidiger Geschütze auf eine Brücke gebracht hatten, die er zuvor als Schanzmeister über den Graben gelegt hatte. Statt an der blutigen und kopflosen Flucht der Herzoglichen teilzunehmen, wartete er ab, bis das *getreng vergangen und das geschütz abgeschossen* war und folgte ihnen dann.[248]

Liegt der Fokus in der Betrachtung mittelalterlicher bewaffneter Konfliktführung nicht mehr auf Belagerungen und Schlachten, sondern den langen Phasen, in denen Armeen marschierten, Überfälle, Plünderungen, Verwüstungen und politische und strategische Schachzüge stattfanden, wird die

243 Zu seinem zweiten Unternehmen auf der Insel vgl. oben, S. 86.
244 Eyb d. J., Geschichten und Taten (2018), S. 207.
245 Vgl. ebd., S. 206f.
246 Ebd., S. 211.
247 Vgl. oben, S. 22.
248 Eyb d. J., Geschichten und Taten (2018), S. 211.

Rolle von Tapferkeit und Feigheit noch deutlicher: Es brauchte erfahrene Entscheidungsträger und ihre erfahrenen Berater, um einzuschätzen, wann ein Gefecht unausweichlich, wann vorteilhaft und wann irrsinnig war. Nicht nur die jeweiligen Kämpfer benötigten, um als zuverlässig zu gelten, ein Mindestmaß an Mut, sondern auch ihre Kommandeure. Sonst stand einerseits der Ausgang des Konfliktes in Frage. Andererseits verloren sie aber auch das Vertrauen ihrer Untergebenen, der Zivilbevölkerung und des jeweiligen Herrschers. Das Urteil über und die Beurteilung kriegerischer Tapferkeit vereinte also Befehlshaber und Untergebene, Adlige und Nichtadlige.[249] So wandte sich im Hundertjährigen Krieg die öffentliche Meinung gegen den französischen Adel, als dieser nicht gewillt war, die Engländer offen zu konfrontieren, ja sie wurden sogar des Verrats bezichtigt.[250] Ähnliche Erfahrungen machte Herzog Philipp von Cleve im Burgundischen Erbfolgekrieg: Wie bereits weiter oben geschildert, war er bei den Deutschen schließlich dafür berüchtigt, zu fliehen, *woe man im ritterlich begegennt*.[251] Der Abfall von Brüssel, Löwen und anderer Städte im Jahr 1489 und ihre erneute Unterwerfung unter Maximilian und seinen Sohn Philipp dem Schönen erfolgten laut Eyb d. J. ebenfalls aufgrund dieses Verhaltens.[252] In einem solchen Kontext lässt sich die Sitte der Herausforderung zu einer Entscheidungsschlacht an einem für beide Seiten akzeptablen Ort und einem festgelegten Tag besser begreifen. Johan Huizinga stellt fest, dass durch solche Bedingungen die Schlacht den Charakter eines Rechtsentscheids habe.[253] Durch ein solches Angebot stellte ein Kommandant aber vor allem auch den Mut und damit den Kampfeswillen des Gegners öffentlich in Frage. Johan Huizinga betont zwar auch, dass der besser positionierte in der Regel ablehnte. Dass einige Feldherren die Schlacht dennoch annahmen, zählt er hingegen zu den Indizien, die ihn schließen lassen, das Rittertum sei „ein handgreiflicher, aber im ganzen negativer Einfluß"[254] auf die Kriegsführung gewesen. Wurden aber diese Herausforderungen selten tatsächlich angenommen, dienten sie wohl vor allem Propagandazwecken, statt wirkliche Erwartungen eines Kampfes zu wecken. In bewaffneten Konflikten suchten die Kombattanten selten die direkte Konfrontation mit der Streitmacht des Gegners, sondern versuchten ihm indirekt und weit risikoärmer

---

249 Vgl. dazu auch Sablonier, Rittertum, Adel und Kriegswesen (1985), S. 540.

250 Verbruggen, The art of warfare (1997), S. 56f.

251 Eyb d. J., Geschichten und Taten (2018), S. 233; vgl. auch oben, S. 86.

252 Vgl. ebd., S. 200f.; Rabeler, Niederadlige Lebensformen (2006), S. 186.

253 Vgl. Huizinga, politische und militärische Bedeutung (1976), S. 25; vgl. insb. auch Wolfgang Schild, Schlacht als Rechtsentscheid, in: Steffen Martus/Marina Münkler/Werner Röcke (Hgg.), Schlachtfelder. Codierung von Gewalt im medialen Wandel, Berlin 2003, S. 147–168.

254 Vgl. Huizinga, politische und militärische Bedeutung (1976), S. 25.

über seine Ressourcen und Untertanen zu schaden. Deshalb gehörte der propagandistisch öffentlich ausgesprochene Vorwurf der Feigheit von Seiten des vermeintlich Kampfeswilligen selbstverständlich zum Kriegsverlauf dazu. Einen solchen Vorwurf sprach 1489 auch besagter Philipp von Cleve aus und handelte sich damit zwar keine Herausforderung zu einer Entscheidungsschlacht ein, doch zumindest zu einem Zweikampf. So lässt Eyb in den ‚Geschichten und Taten' dem eben genannten Abfall zahlreicher Städte von der Fraktion Herzog Philipps die Ablehnung dieser Herausforderung vorausgehen. Herzog Albrecht von Sachsen, als oberster Feldherr der Habsburger im Krieg in den Niederlanden, forderte Philipp von Cleve persönlich heraus. Denn Philipp hatte sich *hörn* lassen, *hertzog Albrecht künth ader west annderst nichts den die landt zuuerderben vnnd verherrn*, was für einen Fürsten ein Verbrechen sei.[255] Er implizierte also, dass aufgrund der mangelnden Kampfbereitschaft seines Gegners Leid und Zerstörung unter der Zivilbevölkerung wüchsen. Beide Fürsten tauschten daraufhin auch schriftlich ihre Vorwürfe aus. Albrecht von Sachsen machte dabei den Widerstand Cleves gegen die *rechten natürlichenn* [*Habsburger*] *erbherrn* für die Habsburger Zerstörungen verantwortlich.[256] Cleve hatte sich jedoch offenbar verrechnet, da Albrecht auch den implizierten Vorwurf der Feigheit nicht auf sich sitzen lassen wollte: *Aber damit das er in verstenndigtt, das er mer den lanndt verderben künth*, forderte er ihn zwischen Brüssel und Vilvoorde zu einem Zweikampf oder, wenn ihm das lieber sei, zu einem Gefecht von bis zu hundert Reitern auf jeder Seite.[257] Albrechts Männer begannen sich sogleich vorzubereiten. Aber Philipp von Cleve *wolt den fuchs nitt beissenn*: Er machte einen Rückzieher, da er den Verlust seiner Person für den Gewinn des Krieges als gravierender erachtete als den Verlust Albrechts für die Sache der Habsburger.[258] Es handelte sich hierbei nicht direkt um die Aufforderung zu einer Entscheidungsschlacht, sondern Albrecht rechtfertigte sich vielmehr durch die Herausforderung in seinem ritterlichen Mut und fand Bestätigung für sein zerstörerisches Vorgehen. Fochten Fürsten im Spätmittelalter solche Zweikämpfe nicht zuletzt aufgrund eben der Begründung Philipp von Cleves nie aus,[259] traf Albrecht dennoch einen wunden Punkt: Albrecht scheint auf diese Weise die ohnehin äußerst negativen Vorurteile der Mitglieder beider Konfliktparteien gegenüber dem Mut Cleves bestätigt zu haben. Die Erwartungshaltung an einen Kämpfer – vom Kommandeur über

255 Eyb d. J., Geschichten und Taten (2018), S. 200.
256 Ebd.
257 Ebd., S. 200.
258 Ebd.
259 Vgl. Werner Goez, Über Fürstenzweikämpfe im Spätmittelalter, in: Archiv für Kulturgeschichte 49 (1967), S. 135–163.

den adligen Reiter bis hin zum Fußknecht – war eben, dass er sich auch bei einem unsicheren Ausgang dem Feind entgegenzustellen wagte. Wer diese grundlegende Voraussetzung nicht erfüllte, konnte kaum ritterlich handeln und somit kaum als Krieger oder gar Ritter gelten. Seine Ehre als Adliger litt ebenso. Die Überlegungen, die Schaumberg vor Löwen getroffen haben soll, treffen also generell zu: Inwiefern mutiges Vorgehen den strategischen oder politischen Zielen der eigenen Fraktion nutzten, war dahingestellt. Stellte sich der ritterliche Kämpfer aber mutig einem für beide Seiten ungewissen Gefecht, würde bei jedem Ausgang kaum jemand Übles zu sagen haben.

Dieser Druck bestimmte das kriegerische Handeln von Individuen bis hin zu ganzen Armeen. Selbst etwas wagemutigere Hauptleute wollten es zwar selten riskieren, ihre Feinde aus einer schwachen Position heraus direkt zu konfrontieren. Der Vorwurf der Feigheit hingegen mochte den Feind, die eigenen Verbündeten und selbst den eigenen Kommandeur dann aber doch zu einer Konfrontation zwingen.[260] In ihrer Ehre als Krieger, Männer, Ritter oder Adlige getroffen, wagten nicht wenige daraufhin trotz aller taktischer Bedenken den Angriff. Jan Frans Verbruggen nennt diesbezüglich die Schlacht von Bannockburn 1314, in der der englische Ritter Sir Thomas Grey an einem unvorsichtigen Angriff auf eine schottische Spießformation teilnahm, um Vorwürfen der Feigheit zu entgehen. Anders als andere seiner Mitstreiter entging er dem Tod, doch sein Pferd wurde Opfer der schottischen Spieße und er geriet in Gefangenschaft.[261] Georg Schamdocher,[262] ein Gefolgsmann König Friedrichs III. der als Handrohrschütze[263] in der Schlacht bei St. Jakob an der Birs kämpfte, berichtet, wie sich dort ein französischer Söldner sehr ähnlich verhielt: Das Söldnerheer der Armagnaken hatte am 26. August 1444 in besagter Schlacht die Eidgenossen in die Siechenhäuser vor den Mauern Basels zurückgedrängt.[264] In Anbetracht der für Schweizer Kämpfer typischen

260 Vgl. Prietzel, Kriegführung im Mittelalter (2006), S. 42–51.

261 Vgl. Verbruggen, The art of warfare (1997), S. 47.

262 Vgl. Birgit Studt, Art. „Schamdocher, Georg", in: Verfasserlexikon. Die deutsche Literatur des Mittelalters. Bd. 8, Berlin, New York 1992, Sp. 600–601.

263 *Ich hielt auch dabay, ich hiet aber nur ein Ror in der hant*; Georg Schamdocher, Breve Chronicon Georgii Schamdocher Rerum ſub Friderico III. geſtarum ab A. MCCCCXL. ad A. MCCCCLXXIX, hrsg. von Andreas Felix Oefele, in: Andreas Felix Oefele (Hg.), Rerum Boicarum scriptores nusquam antehac editi, Augsburg 1763, S. 315–321, hier S. 317.

264 Zum Verlauf der Schlacht vgl. August Bernoulli, Die Schlacht bei St. Jakob an der Birs. Eine kritische Untersuchung, Basel 1877; Werner Meyer, „Also griffen die Eidgenossen das Volk an". Die Schlacht bei St. Jakob an der Birs. Hintergründe, Verlauf und Bedeutung, in: Werner Geiser (Hg.), Ereignis – Mythos – Deutung. 1444-1994, St. Jakob an der Birs, Basel 1994, S. 9–57.

kompromisslosen Grausamkeit und Todesverachtung[265] sollen die Franzosen zu einem Zeitpunkt des Gefechts überlegt haben, die bereits im ummauerten Gebäudekomplex eingeschlossenen Feinde stehen zu lassen und sich zurückzuziehen. Hans von Rechberg[266] und Thüring von Hallwyl, „nobles in the loose Habsburg affinity",[267] und auch andere deutsche *Graffen, Ritter und knecht* sollen daraufhin ihre Verbündeten bei der Ehre gepackt haben: Sie ermahnten sie, das *ſy in noch irn herrn dy ſchant nicht antetten, das die paurn da ſten lieſſen.*[268] Ein *Graff aus Armigeck* soll daraufhin seinen *hauffen* absitzen gelassen haben, während er auf seinem gepanzerten Pferd blieb, und verkündete: [*I*]*st peſſer hie mit Eren geſtorben dan in Franckreich mit ſchanden gelebt.*[269] Er *vacht ritterlich, und war auch da ros und man erſlagen.*[270] Besonders umsichtig oder diszipliniert war diese Handlung keineswegs. Sie weckte jedoch den Zorn der restlichen Franzosen, die nun auch absaßen und den Kirchhof stürmten.[271] Etliche weitere Beispiele, auch deutscher Opfer dieser Verhaltensmuster ließen sich anführen. So fand der niederadlige Neidhard Fuchs von Burgpreppach, ein ferner Verwandter Wilwolts von Schaumberg,[272] auf ähnliche Weise in Friesland den Tod: Als er sich in Anbetracht einer dreifachen Groninger Übermacht in eine taktisch günstigere Position zurückziehen wollte, zwangen ihn seine siegesverwöhnten Landsknechte durch Feigheitsvorwürfe zum Kampf. An der

---

265 *Dy Schweitzer ſtritten als dy man, und wertten ſich als dy heldt, und wurden ritterlich erſlagen, und manger armigeck mueſt sein geyſt da laſſen*, schreibt Georg Schamdocher; Schamdocher, Breve Chronicon (1763), S. 316. Vgl. auch Hans Rudolf Fuhrer/Robert-Peter Eyer, „Söldner" – ein europäisches Phänomen, in: Hans Rudolf Fuhrer/Robert-Peter Eyer (Hgg.), Schweizer in „fremden Diensten". Verherrlicht und verurteilt, Zürich ^{2}2006, S. 27–48, hier S. 41; dies., Grundzüge und Entwicklung des Söldnerwesens in der Eidgenossenschaft vom 14. bis zum 16. Jahrhundert, in: dies. (Hgg.), Schweizer in „fremden Diensten". Verherrlicht und verurteilt, Zürich ^{2}2006, S. 49–68, hier S. 60; Baumann, Landsknechte (1994), S. 26; Schmidtchen, Kriegswesen (1990), S. 232.

266 Der Ritter Hans von Rechberg war einer der berüchtigtsten Fehdeunternehmer seiner Zeit, vgl. Niklas Konzen, Aller Welt Feind. Fehdenetzwerke um Hans von Rechberg (†1464) im Kontext der südwestdeutschen Territorienbildung (Veröffentlichungen der Kommission für geschichtliche Landeskunde in Baden-Württemberg Reihe B, Forschungen 194), Stuttgart 2014; Thomas Marolf, "Er was allenthalb im spil". Hans von Rechberg, das Fehdeunternehmertum und der Alte Zürichkrieg, Menziken 2006.

267 Duncan Hardy, The 1444–5 expedition of the Dauphin Louis to the Upper Rhine in geopolitical perspective, in: Journal of Medieval History 38 (2012), S. 358–387, hier S 369, vgl. dort auch S. 368–369.

268 Schamdocher, Breve Chronicon (1763), S. 317.

269 Ebd.

270 Ebd.

271 Vgl. ebd.

272 Vgl. Rabeler, Niederadlige Lebensformen (2006), S. 286f.

Spitze der Formation führte er seine Söldner in eine Niederlage und in seinen und den Tod vieler seiner Mitstreiter.[273]

Die Weiterentwicklung des Kriegswesens in der Frühen Neuzeit hin zur Verwendung immer effizienterer und effektiverer Feuerwaffen weckte in so manchem Zeitgenossen die Sorge, die Bedeutung der ritterlichen Tugend der Tapferkeit würde nun ebenfalls in den Hintergrund gestellt. 1570 beschreibt Joachim Meyer diese Sorge gleich auf der ersten Seite seines Fechtbuchs. Er klagt in der an Pfalzgraf Johann Kasimir (1543–1592) adressierten Vorrede, dass durch das überhandnehmende *schedliche Geschütz* nun *dem aller mannlichsten und dapffersten Helden* durch *den aller geringsten und zaghaften* das Leben genommen werden könne.[274] Diese Entwicklung scheint ihm so sehr dem grundlegenden Verständnis ritterlichen Fechtens als des Ausdrucks des Siegs der Tugend über die Untugend zu widersprechen, dass er betont, dass sogar Feinde bisweilen *schmertzen und bethawren* ob des Tods des Tapferen durch den Furchtsamen verspürten.[275] Joachim Meyer hat selbstverständlich nicht unrecht, wenn er Veränderungen in der Bedeutung kriegerischer Tugenden seiner Zeit feststellt. Er betont jedoch gleich weiterführend auch, das Geschütz komme nicht ohne die traditionell bewaffneten und kämpfenden Truppen an der Seite aus.[276] Der Soldat, der sich in der Neuzeit statt Schwertern Feuerwaffen entgegenzustellt, war und ist zwar nicht mehr im selben Maßstab wie der mittelalterliche Kämpfer in seiner Fechtkunst gefordert. Diszipliniert und tapfer musste und muss er allemal sein. Der Veteran der napoleonischen Kriege Carl von Clausewitz widmete in seinem Werk ‚Vom Kriege' gleich ein ganzes Kapitel der „Kühnheit". Ihren zentralen Wert im Krieg, besonders auch unter den Befehlshabern, spricht er deutlich an: *Sie ist vom Troßknecht und Tambour bis zum Feldherrn hinauf die edelste Tugend, der rechte Stahl, welcher der Waffe ihre Schärfe und ihren Glanz gibt.*[277] Die im Rittertum propagierte Tugend des Mutes hatte also über das Mittelalter hinaus eine grundlegende Bedeutung.

Zusammengefasst lässt sich sagen, dass das Rittertum großen Wert auf einige einfache, doch in ihrer Umsetzung herausfordernde Grundsätze legte.

273 Vgl. Eyb d. J., Geschichten und Taten (2018), S. 294–296.

274 Meyer, Gründtliche Beschreibung (2011), S. 29.

275 Ebd.

276 Vgl. ebd., S. 29f.

277 Clausewitz, Vom Kriege (1991), S. 366; vgl. jedoch auch ebd., S. 366f.: *Je höher wir unter den Führern hinaufsteigen, je notwendiger wird es, daß der Kühnheit ein überlegender Geist zur Seite trete, daß sie nicht zwecklos, nicht ein blinder Stoß der Leidenschaft sei; denn immer weniger betrifft es die eigene Aufopferung, immer mehr knüpft sich die Erhaltung anderer und die Wohlfahrt eines großen Ganzen daran.*

Ritterliche Tugenden versuchten, auf simple Regeln heruntergebrochen, jenes Verhalten zu idealisieren, das im Kampf Erfolg und in der Gesellschaft Ehre bringen sollte. Diese Tugenden prägten nicht in Form überkomplexer Kataloge einer unerreichbaren Ethik, sondern als im Verhalten ausgedrückte Grundsätze ein Kämpferideal. Dabei standen sie nicht unbedingt gleichwertig nebeneinander. Bloße körperliche Kraft wurde zwar als Tugend verehrt, von tugendhafter Geschicklichkeit jedoch in der Fiktion wie in der kämpferischen Praxis wiederholt dominiert. Disziplin und Umsicht hatten trotz ihrer Idealisierung bisweilen zurückzustehen, um einen taktischen Vorteil zu erringen oder aber schlicht beispielhafte Tapferkeit zu demonstrieren.

3.3 Turnier, Tugend und Kriegspraxis

Nicht der Krieg selbst, sondern vor allem die Fähigkeit ritterlichen Normen folgend zu kämpfen, stand im Mittelpunkt der ritterlichen Kultur. Das Turnier im ausgehenden Mittelalter diente in diesem Sinne also nicht nur dem Einüben ritterlichen und adligen Verhaltens. „[S]pielerisch doch mit hohem Ernst“[278] wurde dieses Verhalten vor allem auch ehrbringend demonstriert und kontrolliert. „Auf diese Weise versicherten sich die Akteure und das Publikum der Gültigkeit [ihrer] Normen.“[279] Denn es war weitestgehend nebensächlich, ob der Kampf zum sogenannten ‚Ernst‘ oder zum ‚Schimpf‘ stattfand. Zum ‚Ernst‘ wurde weniger normiert und mit weniger Rücksicht auf das Wohlergehen des Gegners gefochten, zum ‚Schimpf‘ deutlich normierter und in der Regel im Kontext eines öffentlichen oder halböffentlichen Wettkampfes.[280] Durch Gewalt konnte selbst ohne einen kriegerischen Konflikt adlige Ehre bestätigt und gewonnen werden. Anders ausgedrückt, kam adlige Öffentlichkeit selbst im Frieden kaum ohne Zurschaustellung von Gewalt und dem

---

278 Andreas Ranft, Feste des deutschen Adels am Ausgang des Mittelalters, Form und Funktion, in: Simonetta Cavaciocchi (Hg.), Il tempo libero, economia e società (loisirs, leisure, tiempo libre, Freizeit) secc. XIII–XVIII (Istituto internazionale di Storia Economica "F. Datini", Prato, Serie II – Atti delle "Set-timane di Studi" e altri Convegni 26), Florenz 1995, S. 245–256, hier S. 246.

279 Prietzel, „Letzter Ritter“ (2018), S. 217.

280 Vgl. Burkart, Zweikampfpraktiken (2016), S. 11,; Daniel Jaquet, Fighting in the Fightschools late XVth, early XVIth century, in: Acta Periodica Duellatorum 2,2 (2015), S. 47–66, hier S. 51; ders., Die Kunst des Fechtens in den Fechtschulen. Der Fall des Peter Schwyzer von Bern, in: Uwe Israel/Christian Jaser (Hgg.), Agon und Distinktion. Soziale Räume des Zweikampfs zwischen Mittelalter und Neuzeit (Geschichte – Forschung und Wissenschaft 47), Berlin, Münster 2016, S. 243–258, hier S. 252; Vale, War and chivalry (1981), S. 78f.; Keen, Chivalry (2005), S. 164.

damit verbundenen Ringen um Ehre aus. Der Kampf nahm damit bei den sozialen Höhepunkten hoch- und spätmittelalterlicher Adelskultur in Form des Turniers einen festen Platz ein. Im ausgehenden Mittelalter waren Hoffest und Turnierveranstaltung schließlich so eng miteinander verbunden, dass der Begriff „Hof" für beide stehen konnte und für Zeitgenossen das eine wie selbstverständlich mit dem anderen einherging.[281]

3.3.1 *Ritterliche Männer kennen und erkennen*

Ein Hoffest bot dem dort versammelten Stand von Kämpfern eine hervorragende Bühne, sich einerseits in ritterlichem Glanz und mit ritterlichen Taten zu zeigen. Andererseits bot ein Turnier auszurufen eine gute Gelegenheit, auch jenseits des beschrankten Platzes sozial und politisch tätig zu werden. Ein spanischer Gesandter fasst 1436 sehr gut im Angesicht des Turniers in Schaffhausen die Funktionen des Turniers zusammen: Feindschaften wurden begraben, Freundschaften und Heiraten beschlossen und das Verhalten gegenüber *las cibdades e pueblos poderosos* ausgemacht.[282] Weit wichtiger scheint jedoch seine Erkenntnis, dass *los fidalgos su contynua morada es por sus castillos e casas fuertes* so überhaupt die Gelegenheit hätten, untereinander und mit adligen Verhaltensweisen vertraut zu werden.[283] Der Spanier untertreibt kaum. Ritterreise oder Hofdienst mochten Ansätze sein, junge Adlige in die adlige Welt und ihre Kultur einzuführen und sich im Netzwerk des regionalen, nationalen und internationalen Adels einzufinden.[284] Um diesen Adel und seine Kultur zu festigen, brauchte es hingegen regelmäßig einigende Momente. Es brauchte noch mehr als das. Der anonyme Verfasser des Ende des 14. Jahrhunderts geschriebenen ‚Klosters der Minne' stellt fest, dass wer dem Turnier fernbleibe einerseits untüchtig für den ernsten Kampf sei. Andererseits *weiß niemand wer er ist, Dü wappen sind unerkant*.[285] Froben Christoph von Zimmern schreibt über einen Vorfahren, den er als Werner von Zimmern identifiziert,[286] und dessen erste Turnierteilnahme 1311 in Ravensburg Folgendes: Sein Onkel Konrad habe ihn auf das Turnier geschickt, damit

281 Vgl. Ranft, Feste des deutschen Adels (1995), S. 253.

282 Ein spanischer Bericht über ein Turnier in Schaffhausen im Jahr 1436, hrsg. von Karl Stehlin, in: Basler Zeitschrift für Geschichte und Altertumskunde 14 (1915), S. 145–176, hier S. 153f.

283 Ebd., S. 153.

284 Vgl. Fouquet, „begehr nit doctor zu werden" (1998), S. 103–105.

285 „Das Kloster der Minne", hrsg. von Maria Schierling (Göppinger Arbeiten zur Germanistik 208), Göppingen 1980, Z. 1412–1413.

286 Dass Froben Christoph seinen Vorfahren kurzerhand von Heinrich, wie ihn der Herold Georg Rüxner nennt, zu Werner umbenennt, begründet er damit, in der Familie seien damals stets die Namen Konrad und Werner vergeben worden. Genealogisch ist ein

er *bafs erkennt und herfür zogen wurde.*[287] Froben Christoph spricht wohl kaum metaphorisch, wenn er vom ‚Erkennen' spricht. Wiederholt gab es Gelegenheiten, in denen Adlige von ihresgleichen nicht identifiziert werden konnten. Götz von Berlichingen weiß gleich von mehreren Situationen zu berichten, in denen selbst Fürsten diesem Umstand zum Opfer fielen oder diesen gar ausnutzten. Selbst Feinde erkannten sich so mitunter nicht. Als 1511 Gottfried mit dem Bamberger Bischof Georg Schenk von Limpurg Fehde führte, waren beide zur Hochzeit Ludwigs V. von der Pfalz und Sibylles von Bayern-München geladen. In der Heidelberger Herberge ‚Zum Hirschen' reichte der Bischof dem überraschten Berlichingen zur Begrüßung die Hand. Gegenüber einem Feind war dies kaum angebracht. Gottfried bot nach Aufklärung des Missverständnisses spöttisch an, ihm die gereichte *handt wider* zurückzugeben. Die Wut des rot *als wie ein krepß* anlaufenden Bischofs wurde freilich dadurch kaum gedämpft.[288] Als König Maximilian im Schweizerkrieg 1499 zu Truppen, die sich in Konstanz zu sammeln gedachten, stieß, tat er dies verkleidet (vgl. Abb. 10). Berlichingen erkannte ihn jedoch an der typischen Nase der Habsburger. [*D*]*enn ich hett inenn* [...] *vff ettlichen reichstegen* [...] *gesehenn.*[289]

Maximilians Tarnung flog also eigentlich genau aus einem der Gründe auf, warum Feste und Turniere abgehalten wurden: Diese Veranstaltungen gehörten zu den wenigen Gelegenheit, im Frieden überhaupt durch persönliche Präsenz einen Eindruck zu machen und einen Eindruck von anderen Standesgenossen zu bekommen. Das endete nicht bei der äußeren Erscheinung. Fest und Turnier boten in und außerhalb des Zeremoniells mannigfaltig Möglichkeiten, einen Eindruck der eigenen Tugenden zu vermitteln und einen Eindruck der Tugend anderer Standesgenossen zu gewinnen. Über die Turnierdisziplin des im Gruppenkampf ausgetragenen Turneis (vgl. Abb. 15),[290] schreibt Peter Suchenwirt in ‚Der Minne Schlaf' in der zweiten Hälfte des 14. Jahrhundert:

> Der turnay macht gesellen gût,
> Er lert auch lewt derchennen
> Ye nach der tat mit nennen.[291]

Werner jedoch kaum einzuordnen; vgl. Wolf, Von der Chronik zum Weltbuch (2002), S. 230f., Anm. 419.

287 Zimmern, Zimmerische Chronik, Bd. 1 (1881), S. 185.

288 Berlichingen, Fehd und Handlungen (1981), S. 90f.

289 Ebd., S. 61.

290 Vgl. Breiding, Rennen, Stechen und Turnier (2012), S. 66–69.

291 Peter Suchenwirt, Von der Mynn slaff, hrsg. von Alois Primisser, in: Alois Primisser (Hg.), Peter Suchenwirt's Werke aus dem vierzehnten Jahrhunderte. Ein Beytrag zur Zeit- und Sittengeschichte, Wien 1827, S. 96–100, hier Z. 242–244.

ABB. 10 Kaiser Maximilian in Reisekleidung (Hans Holbein d. Ä., 1510/1513, Silberstift auf Papier, Kupferstichkabinett, Staatliche Museen zu Berlin – Preußischer Kulturbesitz, Ident.Nr. KdZ 2509)

Fechtend lernten sich die Kämpfer also nicht nur kennen, sondern auch einschätzen und schätzen. So mochte ein Blick auf das Vermögen künftiger Verbündeter und Feinde möglich werden, bevor es auf dem Schlachtfeld dazu vielleicht zu spät war. Anerkennung und damit Ehre können somit im nichtkriegerischen Wettstreit für das Leben in Krieg und Frieden gewonnen werden. Suchenwirt schreibt weiter:

> Der turnay lert geparen
> In schimphen und in chriegen.[292]

Nun greift es vielleicht zu kurz, dieses ‚*geparen*' allein auf das Erlernen des rechten Fechtens zu reduzieren. Sich richtig im Kampf zu verhalten, bedeutet einerseits selbstverständlich, die Waffe beherrschen zu können oder taktisch geschickt im Turnei, also im Gruppenkampf, zu agieren. Suchenwirts ‚*geparen*' wird sich aber nicht allein auf die Kampfkunst an sich beziehen. Ludwig von Eyb d. J. schreibt einleitend in seinem Turnierbuch, *das der túrnir nit das minst ist, den adl zú gúten, ritterlichen vnd eerlichen sachen bringen mag*.[293] Im Turnier wollte auch gezeigt sein, dass man es verstand, mit seinen Standesgenossen beim und vor allem auch nach dem Kampf richtig umzuspringen. Die Kämpfer kommunizierten untereinander und mit einem Publikum aller Stände, welche Gewalt als legitim zu verstehen war.[294] Im Kampf wurde also nicht nur ritterlich vorbildliches, sondern auch adlig vorbildliches Kämpfen demonstriert und kontrolliert. Die Kämpfer sollten also die Normen des rechten Gewinnens und Verlierens verstehen, sodass schließlich beide Seiten ohne Gesichtsverlust, ja vielleicht sogar beide mit Ehrgewinn den Platz verlassen konnten. Das konnte mitunter auch bedeuten, dass man einen Kämpfer der Gegenseite vor einer Blamage rettete: Als der junge Markgraf Friedrich v. von Brandenburg (1460–1536) im Turnei in Stuttgart 1484 vom Pferd stürzte, hielt ihn Utz von Künßberg, ein Adliger der gegen ihn fechtenden Einhorngesellschaft davon ab, auf die Turnierschranken zu klettern. Denn eine übliche Ehrenstrafe im Turnier bestand darin, ein Opfer mit Kolbenschlägen zu bestrafen, um es dann anschließend schändlich auf ebendiese Schranken zu setzen.[295] Ironischerweise hatte Friedrich bei diesem Kampf ausgerechnet

292 Suchenwirt, Von der Mynn slaff (1827), Z. 226–227.

293 Ludwig von Eyb d. J., Das Turnierbuch des Ludwig von Eyb (cgm 961). Edition und Untersuchung, hrsg. von Heide Stamm (Stuttgarter Arbeiten zur Germanistik 166), Stuttgart 1986, S. 93.

294 Vgl. Prietzel, „Letzter Ritter" (2018), S. 214.

295 Zu Turnierstrafen vgl. ausführlicher unten, S.272–279.

versucht, einen Ritter der Einhorngesellschaft, Jörg von Rosenberg, aufgrund eines Rechtsstreits auf diese oder ähnliche Weise zu entehren.[296]

3.3.2 *Die militärische Relevanz des Turniers im ausgehenden Mittelalter*

Neben einer solchen Auseinandersetzung mit der ehrlichen Behandlung ihrer Standesgenossen widmeten sich die Turnierteilnehmer der Kontrolle und Demonstration ritterlicher Tugend. Schon im Turnier des 12. Jahrhunderts war dies laut Werner Rösener der Fall: „Das Turnier bot den Rittern die Chance, ihr Können im Umgang mit Pferden und Waffen sowie ihre Kühnheit und Selbstbeherrschung zu zeigen. Im Turnier wurden somit ähnlich wie im wirklichen Kampf jene Fähigkeiten eingeübt, die in der höfischen Dichtung in den Rang ritterlicher Tugenden erhoben wurden, wozu neben der Tapferkeit vor allem die Mäßigung, die kontrollierte Beherrschung der Kampfleidenschaft, gehörte."[297] Diese Funktionen des Turniers hatten sich auch im ausgehenden Mittelalter erhalten.

Um den Wert der Demonstration ritterlicher Tugend im Waffenspiel zu begreifen, muss zuerst die militärische Relevanz des Turniers Beachtung finden. Wie schon in der Antike[298] und in den Anfängen des Rittertums[299] wurde auch noch im ausgehenden Mittelalter der kämpferische Wettstreit als Training begriffen. Malcolm Vale stellt in diesem Sinne für England, Frankreich und Burgund die Nähe des Turniers zur zeitgenössischen Kriegsführung am Ende des Mittelalters heraus.[300] In Deutschland zeigt sich ein sehr ähnliches Bild: Anfang des 16. Jahrhunderts schreibt Ludwig von Eyb d. J. in den ‚Geschichten und Taten', dass das [*Turnier*] *in vnnsern lannden ein gemein ŭbenn ist*, sodass er sich durch diese Vertrautheit seines Publikums mit der Materie schließlich in der Beschreibung der Turniertaten seines Protagonisten zurückhalten wolle.[301] Turniere und andere Waffenspiele bei Hof werden in zahlreichen Quellen immer wieder als notwendige Übung für den Krieg aufgefasst. Das Eptinger Familienbuch setzt sich mit dieser Thematik durch die Wiedergabe eines im 15. Jahrhundert weitverbreiteten Ausschnitts aus der ‚Summa

296 Vgl. Eyb d. J., Geschichten und Taten (2018), S. 150–152. Vgl. zu dem Kampf auch Krieg, Fürstendienst (1999), S. 201–203.

297 Werner Rösener, Rittertum und Krieg im Stauferreich, in: Werner Rösener (Hg.), Staat und Krieg. Vom Mittelalter bis zur Moderne, Göttingen 2000, S. 37–63, hier S. 55; vgl. auch Keen, Chivalry (2005), S. 226.

298 Vgl. Johan Huizinga, Homo Ludens. Vom Ursprung der Kultur im Spiel (rororo Rowohlts Enzyklopädie 55435), Hamburg [21]2009, S. 76f.

299 Vgl. Verbruggen, The art of warfare (1997), S. 30–36.

300 Vgl. Vale, War and chivalry (1981), S. 63–87.

301 Eyb d. J., Geschichten und Taten (2018), S. 167.

Johannis' Bertholds von Freiburg aus dem 14. Jahrhundert auseinander:[302] *[I]n der Zeit deß frÿdes sollen sich die Ritter Knecht üben mit stechen, mit Turnieren mit schießen, mit ringen[,] werffen; und anderm damit sÿe gebraucht werden.*[303] Dazu schafft die Summa Johannis auch religiöse Legitimation mit Zitaten aus dem 2. Buch Samuel und dem Psalm 144.[304] In einer fiktionalen Chronik von der Entstehung des Turniers im Heiligen Römischen Reich von etwa 1430[305] stellt der kaiserliche Sekretär, Meister Philipp ganz in diesem Sinne des Trainings das Abhalten eines Turniers infrage:[306] Denn da die *ritter vnd knecht vil ritterlicher vnd grosser múe vnd arbait gehabt haben von des gemainen reichs wegen nún in das dritt jare,*[307] sei ein Turnier überflüssig. Sie hatten also Krieg geführt, was *warlich zúm dickermalen ainem ernstlichen túrney wol gleich ist gewesen.*[308] Dementsprechend habe er gehört, *das allt, júng vnd mittlmessig all gleich fraidig, tátig vnd geschigkt sein.*[309] Im Turnier wird damit deutlich der Zweck des Kriegstrainings erkannt, wozu in diesem Fall jedoch aufgrund der Kriegserfahrung der vergangenen drei Jahre wenig Bedarf bestehe. Zahlreiche

302 Vgl. Berthold von Freiburg, Die „Rechtssumme" Bruder Bertholds. Eine deutsche abecedarische Bearbeitung der „Summa Confessorum" des Johannes von Freiburg. Bd. IV: Buchstabenbereich R–Z, hrsg. von Daniela Kuhlmann, Freimut Löser, Georg Steer, Karl-Heiner Südekum und Wolfgang Klimanek (Texte und Textgeschichte 11), Berlin, New York 1987, S. 1860–1863.; vgl. auch Dorothea Christ, Das Familienbuch der Herren von Eptingen. Kommentar und Transkription (Quellen und Forschungen zur Geschichte und Landeskunde des Kantons Basel-Landschaft 41), Liestal 1992, S. 67f.

303 Familienbuch der Herren von Eptingen (1992), S. 189.

304 Vgl. ebd. im Eptinger Familienbuch: [...] *daß gebott Gott auch dem Volckh von Israel zuethuen iio Regum. io.* [*2 Sam 1,18*] *Præcepit Dominus ut docerent filios Israel arcum,et artem Sagittandi et dicit David In Psalmo Benedictus Dominus Deus Israel. qui docet manus meas ad proelium. amen* [*Ps 144,1*].

305 Zur unsicheren Datierung der Turnierchronik vgl. Heinz Krieg, Ritterliche Vergangenheitskonstruktion. Zu den Turnierbüchern des spätmittelalterlichen Adels, in: Hans-Joachim Gehrke (Hg.), Geschichtsbilder und Gründungsmythen (Identitäten und Alteritäten 7), Würzburg 2001, S. 89–118, hier S. 93f. Anm. 10.

306 Zur Turnierchronik selbst vgl. ebd., S. 104–111; Helgard Ulmschneider, Art. „Turnierchronik", in: Verfasserlexikon. Die deutsche Literatur des Mittelalters. Bd. 11, Berlin, New York 2004, Sp. 1569–1572; Klaus Graf, Herold mit vielen Namen: Neues zu Georg Rüxner alias Rugen alias Jerusalem alias Brandenburg alias..., in: Franz Niehoff (Hg.), Ritterwelten im Spätmittelalter. Höfisch-ritterliche Kultur der Reichen Herzöge von Bayern-Landshut (Schriften aus den Museen der Stadt Landshut 29), Landshut 2009, S. 115–125. Die bislang einzige Edition zweier Abschriften der Turnierchronik befindet sich in Heide Stamms Edition des Turnierbuchs Ludwig von Eybs d. J.; vgl. Eyb d. J., Turnierbuch (1986), S. 94–144, 235–292.

307 Ebd., S. 109.

308 Ebd.

309 Ebd.

ähnliche Quellen betonen diese Trainingsfunktion des Turniers.[310] Heinrich Wittenwiler geht Anfang des 15. Jahrhunderts trotz des Satirecharakters seines ‚Rings' sogar ins Detail. Er lässt seinen Protagonisten beispielhaft die durch die Turnierdisziplinen des ‚Stechens' (vgl. Abb. 11) und des ‚Turneis' (vgl. Abb. 15) erlernbaren Kriegsfertigkeiten darlegen:[311]

> Stechen lert uns riten
> Creftichleichen mit dem sper.
> Dar zuo so hilf der turner
> Daz swert vil ritterleichen füeren,
> Fleisch und pain und eisen rüeren.

Dass der Turnierkampf keineswegs allein in der Theorie und solcher Fiktion eine Vorbereitung auf den ernsten Kampf darstellte, demonstriert Georg von Ehingen in Bezug auf die Vorbereitung auf seine Ritterreise im Jahr 1456: So kontrastiert er den ernsten Kampf deutlich mit dem kämpferischen Wettstreit an den Höfen seines Herren Erzherzog Albrecht von Österreich. in Rottenburg am Neckar und in Freiburg. Den Kämpfen bei Hofe spricht er dabei nicht jeden Wert ab. Er erkennt im *rennen, stechen, dantzen und der glych* am Hof seines Herren einerseits eine Möglichkeit, generell dem Müßiggang zu entgehen. Andererseits habe er *durch sollich mein iebung inn ain geschicklichait* [...] *kumen* wollen, *die mir zuo meinen ritterlichen virnemen wolkumen und gantz dienstlich sin würde*.[312] Andreas Ranft sieht darin in erster Linie einen Beleg, dass das Leben am Fürstenhof „erlernt und regelrecht trainiert werden" musste.[313] Dies war zweifellos auch der Fall. Im weiteren Kontext wird jedoch deutlich, dass die Ritterreise, also die besagten *‚ritterlichen virnemen'*, mit der erklärten Absicht der Suche nach kriegerischen Konflikten geplant war: Er wollte so lange durch die Christenheit ziehen, *biß ich zuo ernstlichenn grossen*

310 So heißt es beispielsweise in Wittenwilers ‚Ring': *Dar umb so tuo des ersten das / Ze frides zeit (daz füegt im bas) / Und haiss sein gsinde tag und nacht / Üeben sich in ritterschaft / Mit stechenn und turnieren / Und anderm jubilieren*;
Heinrich Wittenwiler, Heinrich Wittenwilers Ring. Nach der Meininger Handschrift, hrsg. von Edmund Wiessner (Deutsche Literatur Realistik des Spätmittelalters 3), Leipzig 1931 [ND Darmstadt 1973], Z. 8289–8294; vgl. auch Alwin Schultz, Das Höfische Leben zur Zeit der Minnesänger, Leipzig ²1889, S. 111f., insb. S. 111, Anm. 5 und S. 112, Anm. 1.

311 Vgl. Wittenwiler, Ring (1931), Z. 909–913.

312 Ehingen, Reisen nach der Ritterschaft (1979), S. 38.

313 Andreas Ranft, Die Hofesreise im Spätmittelalter, in: Rainer Babel/Werner Paravicini (Hgg.), Grand Tour. Adeliges Reisen und europäische Kultur vom 14. bis zum 18. Jahrhundert (Beihefte der Francia 60), Ostfildern 2005, S. 89–103, hier S. 94.

sachen und handlungen kumen möcht.[314] Sein erklärtes Ziel war also schon beim Aufbruch der ernste Kampf. Im Vergleich dazu stellte für ihn der höfische kämpferische Wettstreit vor allem eine Möglichkeit des vorbereitenden Trainings dar.

Diese extreme Sicht teilten freilich nicht alle Zeitgenossen. Dennoch sahen sie die enge Verbindung zwischen dem Waffenspiel einerseits, das andererseits auf den ernsten Kampf vorbereitete. Das Erlernen von Kampftechniken und -taktiken, die für den ernsten Kampf relevant erschienen, ging Hand in Hand mit der öffentlichen Demonstration der Beherrschung derselben. Johan Huizinga spricht von einem „Element der Übung durch Wettkampf".[315] Rainer Welle verweist für die mittelalterlichen Ritterspiele darauf, dass der Unterschied zwischen „Spiel und Arbeit" hauptsächlich in ihrem „Affektstandard" liege.[316] Der ritterliche Wettkampf wurde dementsprechend technisch ähnlich genug und – zumindest in der Theorie – mit verringerter Intensität und Verletzungsabsicht ausgeführt.

Die auch dem spätmittelalterlichen Niederadel vertraute bewaffnete Konfliktführung in Gefechten kleiner Reitergruppen findet sich bereits Ende des 12. Jahrhunderts in den nordfranzösischen Anfängen der Turnierkultur. In kleine berittene Kampfverbände organisiert, die durch Verwandtschaft und Gefolgschaft verbunden waren, trafen die Kontrahenten auf einer weiten Ebene, unter kriegsähnlichen Bedingungen aufeinander. Hinterhalte und Überfälle waren dabei ebenso üblich wie das Geiselnehmen des besiegten Gegners.[317] War das Turnier im ausgehenden Mittelalter nun deutlicher an den Rahmen des Hofes und des höfischen Festes gebunden, fiel damit vor allem das Element der großen Fläche, die Raum für weitläufige Manöver bot, fort. Historiker, insbesondere wiederum Johan Huizinga, haben im Kontrast mit einem vermeintlichen militärischen Bedeutungsverlust des Rittertums zur selben Zeit in diesen, nun höfischeren Turnieren einen bloßen Ausdruck des adligen Rückzugs in die „Sphäre von Literatur, Fest und Spiel" gesehen.[318]

---

314 Ehingen, Reisen nach der Ritterschaft (1979), S. 39.

315 Huizinga, Homo Ludens (2009), S. 77.

316 Welle, „alle höbischeit" (1993), S. 2.

317 Vgl. Verbruggen, The art of warfare (1997), S. 35–36; Bennett, Why Chivalry? (2003), S. 57–60; Gassmann, Thoughts on the Role of Cavalry (2015), S. 168.

318 Huizinga, Herbst des Mittelalters (2006), S. 140; auch Werner Meyer schreibt noch 2010: „Das Turnier bildete einen wichtigen Bestandteil der ritterlichen Kultur, namentlich des Frauendienstes, und diente der öffentlichen Selbstdarstellung des Adels, im Spätmittelalter auch der sozialen Abgrenzung es Ritterstands gegen unten. Für die kriegerische Ertüchtigung brachte das Turnier den Teilnehmern wenig Gewinn; vgl. Werner Meyer, Ritter, Burgen, Schlachten. Das abendländische Kriegswesen, in: Christoph Kaindel/ Andreas Obenaus (Hgg.), Krieg im mittelalterlichen Abendland (Krieg und Gesellschaft 1),

Dieses Argument ist jedoch hinfällig, da die traditionelle adlig-berittene Kriegsführung ihre Bedeutung noch lange nicht eingebüßt hatte.[319]

So finden sich trotz aller Pracht, der vielen Spielformen des Kampfes und der spezialisierten Schutzausrüstung[320] auch noch im ausgehenden Mittelalter Ähnlichkeiten zwischen der Kriegsrealität der kleinen Reitergefechte und dem höfischen kriegerischen Schauspiel. Ludwig von Eybs ‚Geschichten und Taten' bergen zahlreiche solcher Parallelen: Gleich zu Beginn des ritterlichen Wegs des Protagonisten Wilwolt von Schaumberg beschreibt Eyb ein Turnier der Burgunder beim Reichstag in Trier im Jahr 1473, bei dem sie kämpften *als ob es ein recht velttschlagenn wer*.[321] Wilwolt selbst war in ein ähnlich verbissen ausgefochtenes Turnei, also einen Gruppenkampf, 1484 in Stuttgart verwickelt. Sehr gut wird dabei deutlich, dass trotz der fehlenden weiten Ebene der frühen Turniere selbst hier noch Disziplin und taktische Zusammenarbeit der beiden beteiligten Gruppen bedeutsam geblieben waren. Eyb schildert verschiedene taktische Züge, die schließlich die Mitglieder der fränkischen Einhorngesellschaft über ihre Brandenburger Gegner siegen ließen. Er beschreibt wie die Hauptleute der Gesellschaft die Front der Formation ihrer Edelleute so *recht vnnd woll gemacht* hätten,[322] dass niemand der Markgräflichen durchbrechen konnte. Ein solches Gedränge entstand, dass die Pferde *wie die schwein* quiekten und die Zuschauer vor lauter Staub nichts mehr sehen konnten.[323] Nach einem Massensturz, in dem unter anderen auch Schaumberg selbst unter seinem Pferd und unter den Hufen der Teilnehmer begraben wurde, entschied sich der Kampf in einer zweiten Runde für die Einhorngesellschaft.[324]

Die kriegsähnliche Herangehensweise an das in Kampfgruppen ausgefochtene Turnei überlebte das Ende dieser überregionalen Vier-Lande-Turniere im Jahr 1487: Auch noch 1530 wurde anlässlich des Augsburger Reichstags und der Belehnung König Ferdinands zum Württemberger Herzog

Wien 2010, S. 105–140, hier S. 109. Malcolm Vale geht ausführlicher auf diese Vorurteile in der Geschichtswissenschaft ein; vgl. Vale, War and chivalry (1981), S. 63–65.

319 Vgl. dazu besonders Kapitel 3.1.3 und 7.3.

320 Für einen guten Überblick über das deutsche Turnier im späten 15. und frühen 16. Jahrhundert vgl. Breiding, Rennen, Stechen und Turnier (2012); Peter Jezler, Turnierhöfe der oberdeutschen Adelsgesellschaften. Gestech und Rennen, Kolbenturnier, Schwertkampf um die Helmzier, Friedensrat, Standesgericht und Heiratsmarkt, in: Stefan Krause/ Matthias Pfaffenbichler (Hgg.), Turnier. 1000 Jahre Ritterspiele, München 2017, S. 41–59.

321 Eyb d. J., Geschichten und Taten (2018), S. 99; vgl. auch unten, S. 239f.

322 Ebd., S. 149.

323 Ebd.

324 Ebd., S. 148–152.

in Wellenburg ein solcher Kampf ausgetragen.[325] Unter den deutschen und ausländischen Kämpfern waren neben der Ritterschaft zahlreiche Grafen, Herren und auch Fürsten in insgesamt 12 Reitergruppen von jeweils 6 Mann vertreten. Selbst der Kaiser und der römische König nahmen teil. Das Kommando über ihre jeweilige Einheit überließen sie jedoch anderen.[326] Es ging äußerst hart zu, was klar durch die Regeln begünstigt wurde: So war in diesem *feldſcharmitzel* gestattet, *ainer den anderen anzůgan nach ſeinem wolgefallen und willen, wie in ainem offnen feldſtreit, hinden oder vornen, under augen oder beſeitz* [*nhd.: frontal oder flankierend*], *mit dem ſpieß, ſebel oder dolchen nach aines jedlichen wolgefallen, darmit er verhofft ſig zů erlangen*.[327] Was der Augsburger Chronist Clemens Sender (1475–1537) *ſtrencklich und arwaitſsam* nennt, bedeutete, dass man sich nur sehr bedingt zurückhielt: Während des zwei Stunden andauernden Gefechts erkannte man gut, *welcher darvor in kriegen iſt geweſſen*.[328] Selbst König Ferdinand wurde kaum verschont, sondern landete im Dreck; seinen Kontrahenten hatte er im selben Augenblick auch zu Boden geschickt. Scheinen die Kämpfer selbst dies alles recht gut überstanden zu haben, litten stattdessen andere: Viele mussten gleich zweimal ihre Pferde auswechseln, da die Tiere zu große Verletzungen davontrugen. Ein Knabe, also ein nichtkämpfender Gehilfe, fiel vom Pferd und wurde totgetrampelt.[329]

Nicht nur das in Gruppen gefochtene Turnei, sondern auch der in der Regel im Zweikampf mit dem Spieß ausgetragene Tjost zeigte noch genug Parallelen zur Kriegsrealität. Ein eindrückliches Beispiel bietet dazu der erste Zusammenstoß der deutschen Reisigen mit den französischen Kürissern 1489 bei Löwen. Der Hauptmann dieser gens d'armes griff Schaumberg persönlich an. In Deutschland war ein kurzes Anreiten mit dem Spieß im Krieg[330] wie im Turnier üblich.[331] Ohne vorherigen Galopp pflegten die Reiter nach

325 Vgl. Clemens Sender, Die Chronik von Clemens Sender von den ältesten Zeiten der Stadt bis zum Jahr 1536, hrsg. von Friedrich Roth, in: Friedrich Roth (Hg.), Die Chroniken der schwäbischen Städte. Augsburg. Bd. 4 (Die Chroniken der deutschen Städte vom 14. bis in's 16. Jahrhundert 23), Leipzig 1894, S. 1–404, hier S. 317–320.

326 Vgl. ebd., S. 17–19.

327 Ebd., S. 319f.

328 Ebd., S. 320.

329 Ebd.

330 So waren bspw. in der Schlacht bei Crossen 1478 beide Heere bloß zwei Spießlängen voneinander entfernt, bevor sie zum Angriff übergingen; vgl. Tresp, Kriegswesen und Kriegführung (2011), S. 139, 140.

331 In Wittenwilers ‚Ring' werden die Bewohner des Ortes Nissingen von ihrem Bürgermeister über viele Feinheiten des Kampfes zu Pferd unterrichtet. So heißt es dort auch:

drei Sprüngen des Pferdes den Gegner mit dem Spieß zu treffen.[332] In Frankreich war ein anderer Angriff üblich: *Der Franntzosen haubtman nach irer manir lis, was das pferdt lauffen mocht, daher farnn.* Mit dem längeren Spieß traf er den ebenfalls anreitenden Wilwolt früher. Er *draff in so hartt, das der spies zw drümern ging vnd sich herr Willwolts pferdt, als es ob es v̈ber rück aus vallen wollt, vff thett.*[333] Die Parallelen zum Turnier könnten nicht deutlicher sein. Ausgerechnet im ‚Theuerdank' wird eine solche Szene als vorbildlicher Turnierkampf des Protagonisten gezeichnet, auch wenn am Ende selbstverständlich Theuerdanks Gegner mitsamt dem Pferd zu Boden ging:

> Tewrdannck rennt hin aus freyem mů̊t
> Vnnd draff den Ritter alſo hart
> Das Er zů der ſelbigen fart
> Mit ſamt dem Roſs viel auf Die pan[334]

Schaumberg blieb nicht bloß im Sattel, sondern kommandierte als vorbildlicher Hauptmann daraufhin das folgende Gefecht. Seine jahrelange Turniererfahrung wird nicht wenig Anteil daran gehabt haben, dass er trotz eines solchen Treffers einen kühlen Kopf bewahrte und die Deutschen vor einer Niederlage bewahrte. Konnte sich die ältere Forschung über die Leistungen der ritterlichen Turnierkämpfer nur wundern,[335] hat die jüngere, wissenschaftlich begleitete und praktisch betriebene Auseinandersetzung mit dieser Turnierkultur aufgezeigt, wie viel körperliches und technisches Können das berittene Fechten tatsächlich voraussetzt.[336] Wenn Wilwolt von Schaumberg und

---

Des ersten schol er stapfen hin, / Dar nach bald: daz ist der sin; / Und wil er treffen alle zeit, / So nem den lauffe nit ze weit;

Wittenwiler, Ring (1931), Z. 8321f. Vgl. weiterhin auch den Reisebericht des venezianischen Gesandten Andrea de Franceschi, der über die ihm nicht vertraute deutsche Turnierdisziplin des ‚Rennens' schreibt: *Ma vanno de gallopo, et non fanno longo corso*; Andrea de Franceschi, Itinerario di Germania dell'anno 1492, hrsg. von Henry Simonsfeld, in: Miscellanea di storia veneta 2, 9 (1903), S. 275–345, hier S. 299.

332 Vgl. Peter Jezler, Ross und Reiter in Aktion. Gespräch mit dem aktiven Turnierreiter Arne Koets, in: Peter Jezler/Peter Niederhäuser/Elke Jezler (Hgg.), Ritterturnier. Geschichte einer Festkultur, Luzern 2014, S. 222–228, hier S. 226; Jezler, Turnierhöfe (2017), S. 52.

333 Eyb d. J., Geschichten und Taten (2018), S. 198.

334 Maximilian I. et al., Theuerdank (2003), Kap. 103.

335 So schreibt Hermann Wiesflecker über die gewaltigen, hölzernen Turnierspieße: „Wir wundern uns heute, wie man solche Bäume im Turnier tragen und steuern mochte"; Wiesflecker, Kaiser Maximilian I. Bd. 5 (1986), S. 393.

336 Vgl. Tobias Capwell, Ein Ritter des 21. Jahrhunderts. Praktische Erfahrungen bei historischen Turnierkämpfen um 1996–2014, in: Stefan Krause/Matthias Pfaffenbichler

Eberhard von Brandenstein also einige Jahre zuvor statt Helme geschmückte Haare trugen und nicht bloß nach dem Schild des Gegners, sondern nach einem kleinen darin befestigten Spiegel stachen, ist das nicht nur eine Demonstration des tollkühnen Wagemuts und der Geltungssucht junger Männer. Es beweist auch das hohe Maß ihres fechterischen Könnens. Sie trafen nicht nur beide ihr Ziel, sondern sogar so perfekt, dass es anschließend eine ernsthafte Auseinandersetzung gab, wer denn nun besser getroffen habe.[337]

Der höfische Kontext, die gewaltige Pracht der Turniere und zahlreiche Spielformen des ritterlichen Wettstreits im ausgehenden Mittelalter mögen schnell darüber hinwegtäuschen, dass sich zu dieser Zeit ein Trend abzeichnete, der sich bis ins 17. Jahrhundert fortsetzen sollte. So legt Helen Watanabe-O'Kelly dar, dass die Turnierkultur im Reich nicht bloß Bestand hatte. Orientiert an den Wandlungen im Kriegswesen entwickelten sich fortlaufend neue Formen der Zurschaustellung fechterischen Könnens im festlichen Kontext.[338] So blieb entsprechend der Spieß bis zum Dreißigjährigen Krieg ein beliebter Teil des Turniers, bis er in der Folgezeit im Krieg weniger Verwendung fand.[339] Etwa zur selben Zeit, ab den 1630ern, begannen Teilnehmer im höfischen Wettstreit auch ihre Geschicklichkeit mit der Reiterpistole zu demonstrieren.[340] Ähnliche Entwicklungen zeigen sich auch im ausgehenden Mittelalter: Vor allem Kaiser Maximilian mochte allein schon aus intrinsischer Motivation neue Turnierformen und Rüstungen entwickeln und entwickeln lassen; die

---

(Hgg.), Turnier. 1000 Jahre Ritterspiele, München 2017, S. 355–377; Jezler, Ross und Reiter in Aktion (2014); verbunden mit dieser praktischen Auseinandersetzung sind auch experimentalarchäologischen Forschungen; vgl. Alan Williams/David Edge/Tobias Capwell/Stefanie Stanzl-Tschegg, A technical note on the armour and equipment for jousting, in: Gladius 32 (2012), S. 131–148; Alan Williams/David Edge/Tobias Capwell, An Experimental Investigation of late Medieval Combat with the Couched Lance, in: Journal of the Arms and Armour Society 22, 1 (2016), S. 1–39.

337 Eyb d. J., Geschichten und Taten (2018), S. 165f.; ein sehr ähnlicher Kampf fand zwischen den beiden Franken Hans von Seckendorff und Heinrich von Waldenfels 1486 in Köln statt. Trotz eines kaiserlichen Verbots kämpften sie ebenfalls ohne Kopfbedeckung und nicht einmal mit einem Harnisch und verdienten sich dabei Ruhm und Ehre; vgl. Claudia Garnier, Der Handel mit der Ehre: Formen und Foren symbolischer Kommunikation des Ritteradels um 1500, in: Joachim Schneider (Hg.), Kommunikationsnetze des Ritteradels im Reich um 1500 (Geschichtliche Landeskunde 69), Stuttgart 2012, S. 197–220, hier S. 209f.

338 Helen Watanabe-O'Kelly, Triumphall shews. Tournaments at German speaking courts in their European context 1560–1730, Berlin 1992, S. 13–35; vgl. auch Watanabe-O'Kelly, Chivalry and professionalism (2003), S. 224f.

339 Watanabe-O'Kelly, Triumphall shews (1992), S. 17f.

340 Ebd., S. 21f.

Kriegsrealität ließ er dabei jedoch keineswegs aus dem Augen: So führte er den landsknechtischen Langspieß als Turnierwaffe ein[341] und bereits 1495, auf dem Reichstag zu Worms, kämpften *von fus vff gewapenntter fürsten vnnd grauen, herrn vnnd ritterschafft*[342] in zwei Gruppen nicht mehr zu Pferd. Stattdessen kämpften sie *lang vnd hartt* zu Fuß mit langen, breiten Schwertern um eine künstlich durch Turnierschranken gebildete Engstelle.[343] Der Wormser Bürgermeister Reinhart Noltz berichtet, die beiden Gruppen geharnischter Adliger *scharmützelten* statt mit Schwertern mit *messern,*[344] also schwertähnlichen, einschneidigen Waffen,[345] und Spießen.[346] Ähnliche Formen des Fußkampfes hatten sich, Watanabe-O'Kelly zufolge, bis 1560 an viele europäische Höfe verbreitet. Sie betont die Ähnlichkeit des mit Spieß und Schwert gefochtenen Gruppenkampfes mit der Kampfweise der Fußknechte der Zeit.[347]

Die ritterlichen Künste wurden also im Turnier gepflegt und geübt und das sollte auch die kommenden Jahrhunderte so bleiben. Dabei stellte der Turnierkampf selbstverständlich nur bedingt den eigentlichen Trainingsmoment dar. Zum Zeitpunkt des Eintritts in die Schranken hatten die ritterlichen Künste soweit ausgefeilt zu sein, dass man sich nicht bloßstellte.

Heinrich Wittenwiler lässt zu Beginn des 15. Jahrhunderts seinen Protagonisten Neidhard erklären, das Turnier diene insbesondere dazu

> Daz man da mit die ritterschaft
> Erzaig und dar zuo lerne.
> Dar umb so schült ȋr gerne
> Üeben euch in sölhen dingen,
> Daz euch dest ofter werd gelingen
> In ernst und auch in stritten.[348]

341 Müller, Gedechtnus (1982), S. 31f.; Schmidtchen, Kriegswesen (1990), S. 187.

342 Eyb d. J., Geschichten und Taten (2018), S. 273.

343 Ebd., S. 274.

344 Reinhart Noltz, Tagebuch des Reinhart Noltz, Bürgermeisters der Stadt Worms 1493–1509, mit Berücksichtigung der officiellen Acta Wormatiensia 1487–1501, hrsg. von Heinrich Boos, in: Heinrich Boos (Hg.), Monumenta Wormatiensia. Annalen und Chroniken (Quellen zur Geschichte der Stadt Worms 3), Berlin 1893, S. 371–584, hier S. 397.

345 Vgl. Kapitel 2, Anm. 28.

346 Noltz spricht zwar von *stangen.* Da er die in Worms zu Pferd genutzten Spieße jedoch genauso bezeichnet, darf wohl davon ausgegangen werden, dass auch zu Fuß Spieße Verwendung fanden; vgl. Noltz, Tagebuch (1893), S. 397.

347 Vgl. Watanabe-O'Kelly, Triumphall shews (1992), S. 26.

348 Wittenwiler, Ring (1931), Z. 903–908.

Ist für ihn die militärische Relevanz des Turniers also offensichtlich, so betont er eben auch, dass es im Wettkampf darum ginge, dass der Kämpfer besagte *‚ritterschaft Erzaig'*, also sein Vermögen im Umgang mit militärisch relevanten Techniken öffentlich unter Beweis stellte. Das Turnier erfüllt also eine Hand in Hand gehende Demonstrations- und Kontrollfunktion der Fähigkeiten und Fertigkeiten der Kämpfer. Sie zeigten und prüften gegenseitig, wie sie ritterlich vorbildlich aufzutreten verstanden. Die eigentliche Ausbildung aber fand größtenteils außerhalb dieser Veranstaltungen statt. Turniere gaben damit im Frieden den Anreiz, das Training nicht zu vernachlässigen und sich unter Waffen beweisen zu wollen und zu müssen.

3.3.3 *Die Demonstration von Tugend im Waffenspiel*

Betonen die Zeitgenossen also unmissverständlich, wie bedeutend ihnen das Training und die Demonstration der ritterlichen Kampfkünste im Turnier war, so darf es nicht mit einer möglichst praxisnahen Simulation und Demonstration der Bedingungen eines Gefechtes oder einer Schlacht verwechselt werden. Johan Huizingas Kritik am Turnierwesen äußert er schließlich nicht zuletzt auf Grundlage „seine[r] viel geringere[n] Natürlichkeit".[349] Und tatsächlich hatten neben der kriegerischen Elemente das Hofzeremoniell und das höfische Fest großen Einfluss über das Turnier gewonnen. Literarische Anleihen, die von der Antike bis hin zur Artusepik reichten, mochten das Geschehen rahmen und sogar mitbestimmen.[350] Die festliche und verspielte Rahmung vermochte das Geschehen auf dem Kampfplatz deutlich in ritterliche und adlige Traditionen zu verankern. Trotz Zeremonie und Inszenierung blieben die Demonstration und die Erprobung ritterlichen Verhaltens dabei jedoch erhalten. Selbst verkleidet musste sich der Turnierkämpfer schließlich mutig dem gegnerischen Angriff stellen und geschickt seine Waffen einzusetzen verstehen.

Damit ähnelt das Turnier in gewisser Weise der Jagd, die schließlich keineswegs eine Kriegssimulation war, von den Zeitgenossen jedoch ebenfalls als Kriegstraining verstanden wurde. Auch auf der Jagd wurden Waffen und Rüstungsteile getragen, sie wurde in kleinen Reitergruppen betrieben und der ausrichtende Herrscher und sein Hof hatten bei größeren Jagdveranstaltungen,

349 Vgl. Huizinga, Herbst des Mittelalters (2006), S. 110.

350 Vgl. Vgl. Klaus Oschema, Kräftemessen mit Regeln: das Ritterturnier als ritualisierter Kampf, in: Peter Jezler/Peter Niederhäuser/Elke Jezler (Hgg.), Ritterturnier. Geschichte einer Festkultur, Luzern 2014, S. 33–39; Stefan Matter, Als wie bei künig Artus Zeiten auch geschehen ... Von den Einflüssen höfischer Literatur auf das Turnierwesen, in: Peter Jezler/Peter Niederhäuser/Elke Jezler (Hgg.), Ritterturnier. Geschichte einer Festkultur, Luzern 2014, S. 41–48.

sehr ähnlich wie im Krieg, logistische Aufgaben zu stemmen.[351] Im ‚Weisskunig' vergleicht der Verfasser die Kriegsfertigkeit des fiktionalisierten Maximilian mit der des französischen Königs, indem er feststellt, wie viel ausdauernder der junge Weisskunig jage: [*D*]*er jung weiß kunig der ist der allerhertist krieger, dann uber hundert meil hetzt er ainen hirschen und reit demselben hirschen fur und fur nach.*[352]

Im Turnier fand diese Demonstration und Kontrolle von Tugend noch ausgeprägter statt: Ende des 16. Jahrhunderts schreibt Cyriacus Spangenberg im zweiten Teil seines Adelsspiegels, dass die *vhralte / lôbliche / Ritterliche vbung der Thurnier* [...] *anders nichts hat ſein sollen / denn eine verſiegelung aller Adelichen Tůgenden.*[353] Sollten kriegerische Tugenden also den Adligen auszeichnen, ja vom Nichtadligen abheben, dann mussten sie insbesondere im Turnier zu beobachten sein und dort geprüft werden. Johannes Rothe stellt um 1415 dementsprechend fest, dass guten Rittern die *untogunt* [...] *bitter* wäre, die schlechten hingegen *nicht vele ere habin* und deshalb *nicht getorrin in di torney rithin.*[354] Der Adlige, der Ehre hatte, der also gesellschaftsfähig ein aktiver, respektierter Teil der adligen Gemeinschaft sein konnte und wollte, turnierte. Die Brüder Werner (um 1423–1483) und Gottfried (um 1425–1508), Freiherren von Zimmern, unterschieden sich in diesem Aspekt radikal. Der ältere Werner, *ain starker, grader, langer herr,*[355] kümmerte sich in seiner Jugend als *ain frölicher, junger, angender herr*[356] wenig um die Verwaltung des zimmerischen Sitzes Meßkirch. Er überließ diese Verwaltung stattdessen seinen Amtleuten, wodurch das Schloss laut Froben Christoph von Zimmern *in ain abgang komen* wäre und er sich hoch verschuldete.[357] Zeitweilig musste er Meßkirch sogar seinem Bruder verpfänden. Er zog lieber den *fürstenhöven ritterspills halb* nach, wollte keinesfalls zu Hause bleiben oder untätig *verligen.*[358] Seine Karriere begann er schließlich auch als Höfling am Innsbrucker Hof, wo er der Hofgesellschaft und dem Herzog nicht allein als angenehmer Höfling, sondern besonders auch als hervorragender Kämpfer auffiel.[359] Inwiefern Froben

---

351 Vgl. Breiding, Rennen, Stechen und Turnier (2012), S. 75–78; Gassmann, Thoughts on the Role of Cavalry (2015), S. 154.

352 Maximilian I. et al., Der Weisskunig (1888), S. 96.

353 Zitat nach der unpaginierten Einleitung von Spangenberg, Der Ander Teil des Adelspiegels (1594).

354 Rothe, Der Ritterspiegel (2009), Z. 904–905; vgl. auch ebd., Z. 962–968, 997–998., 1011–1012.

355 Zimmern, Zimmerische Chronik, Bd. 1 (1881), S. 433.

356 Ebd., S. 332.

357 Ebd.

358 Ebd.

359 Ebd., S. 332–334; vgl. weiterhin Bastress-Dukehart, The Zimmern chronicle (2002), S. 64–67.

Christoph diesem Werdegang einen kritischen Beiklang geben wollte, sei dahingestellt. Machte Werner in der Fremde Karriere, kämpfte auf Turnieren und gründete schließlich den Zweig der Familie, von dem auch der überliefernde Chronist Froben Christoph abstammen sollte, schien sein Bruder das Gegenteil zu verkörpern.

Gottfried zeichnete sich zwar durch Tugenden aus, doch diese waren keineswegs ritterlich: Er war von *jugendt ain gotzförchtiger und vil bettender herr*. Später als Herrscher war er *ain gütiger, barmherziger herr über sine underthonen und armen leut gewest*.[360] Er erließ ihnen sogar Schulden und unterstützte sie in Notlagen. Dabei ruinierte er sich keinesfalls, sondern führte einen solch schlichten Haushalt, dass er *nit ain claine parschaft* anhäufte.[361] Wiederholt berichtet die Chronik, wie er seinen Verwandten großzügig Geld lieh.[362] Werners Tugenden und Weltgewandtheit hingegen schienen ihm fremd: So war er eher von kleinerer Statur, hielt sich *stetigs dahaim* auf und habe sich nicht verheiraten wollen. Kurz gesagt, war er *ain schlechter [nhd.: schlichter], frommer, alter teutscher Schwab*.[363]

Während des für das Haus Zimmern katastrophalen Beginns der Werdenbergfehde wurde diese gutmütige, doch weltfremde Art Gottfrieds besonders deutlich: Er versuchte sich zwar 1488 in Sigmaringen bei den Werdenberger Gegnern seines Neffen Johannes Werner d. Ä. (1454–1495) für diesen und seine Familie einzusetzen. Graf Hugo von Werdenberg hatte sich im Zuge der Reichsacht Johannes Werners zimmerische Besitzungen angeeignet. Der Werdenberger Graf verstand es nun in Sigmaringen, den etwa 63 Jahre alten Gottfried soweit zu überzeugen, dass *der sich kainer untrew mer zu denen von Werdenberg versach*.[364] Nicht zuletzt die Sicherheit der Frau und Kinder von Gottfrieds Neffen verstand Hugo dabei gegen ihn auszuspielen.[365] Dem geschickten Taktieren Johannes Werners, der seinen Kindern 1487 in Aussicht der kommenden Acht noch seine Güter überschrieben und sie in die Obhut Gottfrieds gegeben hatte,[366] stand die Naivität Gottfrieds gegenüber. Er glaubte den Worten Hugos, er wolle dank kaiserlichen Mandats die Güter lediglich bis Gottfrieds Großneffen *zu iren tagen kommen* seien in seinen Schutz nehmen.[367] So stand Gottfried ihm nicht mehr im Weg, auch Meßkirch und

360 Zimmern, Zimmerische Chronik, Bd. 1 (1881), S. 434.
361 Ebd.
362 Vgl. ebd., S. 424f., 434.
363 Vgl. ebd., S. 433.
364 Ebd., S. 541.
365 Vgl. ebd., S. 539–541.
366 Vgl. ebd., S. 533f.
367 Ebd., S. 540.

die zugehörige Herrschaft einzunehmen. Der Chronist, ein Urenkel besagten Johannes Werners d. Ä., nennt den gutgläubigen und naiven Gottfried bissig an dieser Stelle einen *fromme[n], eerliche[n] herr[en]*.[368] Es sollte bis ins Jahr 1503 dauern, dass unter der Führung eines dieser Großneffen, nämlich Johannes Werners d. J. (1480–1548), das Haus Zimmern mithilfe eines breiten Bündnisses und militärischer Gewalt Meßkirch zurückeroberte. Der seinen Bruder überlebte und in die Tage gekommene Gottfried war dabei jedoch nicht mehr involviert[369] Schwerer als die mangelnde Sozialkompetenz und das Ungeschick in politischen Dingen Gottfrieds scheint hier der mangelnde Respekt Hugos von Werdenberg gegenüber seinem Standesgenossen zu wiegen. Geschickt und mit *freundtlichen worten*,[370] so Froben Christoph, betrog er ihn um die Güter seiner Familie. Das rührte zweifellos nicht zuletzt daher, dass er sich anders als sein Bruder Werner zeitlebens *kainer turner, kains ritterspil oder jagens, dessgleichen sonst kainer weltlichen kurzweil oder gescheften* gewidmet hatte.[371] So hatte er sich kaum ins Netzwerk des Adels einfügen können, sich kaum in adliger Politik und adligem Sozialleben erprobt. Er hatte auch nie unter Waffen seinen Durchsetzungswillen demonstriert. Das wirklich Problematische scheint also seine geringe Präsenz in der adligen Öffentlichkeit und damit einhergehend eine mangelnde Anerkennung durch seine Standesgenossen gewesen zu sein. Hatte er öffentlich keine adligen Tugenden erwiesen, wird Hugo nicht grundlos auf entsprechende Mängel geschlossen haben. So heißt es auch von Hillay Zmora in Bezug auf das Turnierwesen: „[I]n such social circumstances, the presumption was natural that the absence of information as to the existence of a certain quality in an individual reflected the actual absence of that quality."[372]

3.3.4 *Das Turnier und die Kampfkunst*

Tugend bewies der Edelmann im Turnier selbst natürlich nicht zuletzt durch geschicktes Fechten. Das konnte, so abwegig es auch klingen mag, auch die Demonstration effektiver, doch zur Überwindung des Gegners weniger effizienterer Techniken sein. Krieg mag mit der „Vernichtung dessen, was

---

368 Zimmern, Zimmerische Chronik, Bd. 1 (1881), S. 541, vgl. auch Bastress-Dukehart, The Zimmern chronicle (2002), S. 105.

369 Nach der Eroberung holte Johannes Werner. den um die 77 Jahre alten Onkel jedoch zurück in die Stadt; vgl. ebd., S. 60; zur Rückeroberung von Messkirch vgl. auch Bastress-Dukehart, The Zimmern chronicle (2002), S. 151–153.

370 Zimmern, Zimmerische Chronik, Bd. 1 (1881), S. 540.

371 Ebd., S. 433.

372 Zmora, Feud in early modern Germany (2011), S. 70.

menschliches Leben im Vollsinn seiner Bedeutung konstituiert“,[373] verbunden sein. Doch selbst nach dem moderneren militärischen Verständnis eines Carl von Clausewitz *müßte es immer und ganz allein darauf ankommen, den Gegner niederzuwerfen, d. h. ihn wehrlos zu machen.*[374] Eine Vernichtung ist nicht notwendig. Wenn Gert Althoff also besonders für die Fehde herausstellt, dass die Gewalt „nicht auf die Vernichtung des Gegners, sondern auf sein Einlenken zielte“,[375] ist das von der Grundidee her absolut nichts Überkommenes. Dementsprechend orientierte sich in Krieg, Fehde und Frieden die ritterliche Fechtkunst auch nicht allein daran, den Gegner möglichst effizient ins Jenseits zu schicken. Das war zwar möglich und wurde auch gelehrt: „Die in den Fechtlehren des 15. Jahrhunderts angewandten Stücke weisen […] oftmals auf die Absicht hin, den Gegner wenn nicht zu töten, dann zumindest zu verletzen, […] – Techniken also, die für das Fechten ohne tödliche Absicht eigentlich zu gefährlich wären.“[376] Die ritterliche Kampfkunst und besonders das ungerüstete Bloßfechten mit dem Langen Schwert wies jedoch bereits zur Zeit der ersten Niederschrift der Kunst im 14. Jahrhundert eine „Vielzahl verschiedener (teils auch unpraktischer) Techniken“[377] auf. Diese priorisierten kunstvollere und damit weniger letale Fechtstücke statt einer raschen Beendigung des Kampfes.[378] Patrick Leiske sieht darin einen „Hinweis darauf, dass das Bloßfechten nicht (nur) aus einer Notwendigkeit heraus, sondern um seiner selbst willen praktiziert wurde.“[379] Vielmehr mag dies aber auch ein Hinweis darauf sein, dass besagte Überwindung des Gegners einen höheren Stellenwert hatte als dessen Tötung.

Selbst im ernsten Kampf ist eben das unachtsame Verletzen oder gar Töten eines Gegners ein unnötiger, vielleicht sogar ehrrühriger Verstoß gegen adlige oder gar gesamtgesellschaftliche Normen. Möglichst gewinnbringendes Fechten war also unter Umständen nicht jenes, dass zum Tod des Gegenübers führte, sondern jenes, das in den gegebenen Parametern den größten Erfolg versprach. Stand der ritterliche Kämpfer mit seinem Gegner jenseits des Kampfgeschehens oftmals in einer sozial oder politisch relevanten Beziehung, war es selten notwendig oder gar klug, ihm mehr zu schaden als für dessen Überwindung notwendig schien.

---

373 Kortüm, Militärische Gewaltkultur (2014), S. 131.
374 Clausewitz, Vom Kriege (1991), S. 214.
375 Althoff, Regeln der Gewaltanwendung (1998), S. 158.
376 Leiske, Höfisches Spiel (2018), S. 248.
377 Ebd.
378 Ebd., S. 248f.
379 Ebd., S. 249.

Auf dem Weg zu seinem neuen Dienstherren Albrecht von Sachsen und damit in den Krieg gegen den ungarischen König Matthias Corvinus (1443–1490) wurde Wilwolt von Schaumberg 1487 von einem alten Rivalen, Konrad Schott, überfallen. Beide Adlige waren zwar von Herzog Albrecht bestallt worden, doch befanden sie sich noch immer in ihrer bitteren, langjährigen Feindschaft.[380] Ohne dass Schaumberg ausmachen konnte, wer ihn attackierte, griff ihn Schott plötzlich mit einer Übermacht an.[381] Sein Feind Schott war der einzige Gegner, den Wilwolt hätte wiedererkennen können. Nach kurzem Kampf aber lief Schott das eigene Blut übers Gesicht und machte ihn so unkenntlich. Daher glaubte Schaumberg, er werde von seinen neuen Feinden, den Ungarn, angegriffen. *Darümb sie vast hartt hielttenn*,[382] erklärt Eyb und impliziert dabei, dass es bei einem Gefecht bloß gegen Schott offenbar Alternativen zur verbissenen Gegenwehr gegeben hätte. Denn Wilwolt wurde von sieben Berittenen angegriffen, während sie bloß zu fünft waren. Von diesen fünf war einer unbewaffnet und ein weiterer nahm gleich Reißaus. Selbst dann, im Angesicht eines vermeintlich ungarischen Feindes, schafften sie es, einen der Knechte Schotts kurzzeitig zu besiegen und zum Aufgeben zu zwingen. Dann wurden sie überwältigt. Trotz des bitteren Kampfes kam es aber beiderseits letztlich zu keinen Toten. Wilwolt wurde nach einer Beinverletzung mit vorgehaltener Waffe zum Aufgeben gezwungen.[383]

Sehr ähnlich wollte im Turnier demonstriert sein, dass die Kämpfer bis zur angemessenen Überwindung, nicht Tötung des Gegners zu fechten verstanden. Der allgemeine Schrecken aller Beteiligten bei Turnierunfällen ist ein gutes Zeugnis dafür, dass diese Demonstration nicht immer glückte. Die Adelsgemeinschaft erwartete jedoch, dass die Kämpfer entsprechend aufeinander Acht zu geben verstanden. Eine gewisse Gefahr für Leib und Leben war jedoch immer mit dem Turnier verbunden. Wer also sich und andere Kämpfer durch das Waffenspiel gefährdete oder gar ums Leben brachte, riskierte damit auch seine Seele. Das Hochmittelalter war dementsprechend von einem ausgesprochen starken kirchlichen Widerstand gegen das Turnierwesen und wiederholter kirchlicher Turnierverbote geprägt. Wurden diese frühen Waffenspiele mit scharfen Waffen ausgefochten, ist das auch kaum verwunderlich.[384]

---

380 Vgl. Rabeler, Niederadlige Lebensformen (2006), S. 172–175.

381 Vgl. Eyb d. J., Geschichten und Taten (2018), S. 175.

382 Ebd., S. 176.

383 Vgl. ebd.

384 Vgl. William Henry Jackson, Das Turnier in der deutschen Dichtung des Mittelalters, in: Josef Fleckenstein (Hg.), Das ritterliche Turnier im Mittelalter. Beiträge zu einer vergleichenden Formen- und Verhaltensgeschichte des Rittertums (Veröffentlichungen des Max-Planck-Institut für Geschichte 80), Göttingen 1985, S. 257–295, hier S. 270.

Einerseits wurden jedoch schließlich selbst von kirchlicher Seite Stimmen laut, die den Mangel an fähigen Kämpfern für die Kreuzzüge beklagten und dies dem starken Rückgang an Turnieren zuschrieben. Am 16. September 1316 widerrief Johannes XXII. mit der Bulle ‚Quia in futurorum' schließlich endgültig das letzte Turnierverbot seines Vorgängers Clemens V. von 1313.[385] Neue Sicherheitsvorkehrungen und spezialisierte, stumpfe Turnierwaffen hatten bis dahin bereits einen Teil des tödlichen Risikos des Waffenspiels abgeschwächt.[386] Die Kämpfe bewegten sich dennoch auch Jahrhunderte später so nah an der Kriegsrealität, dass teils schwere Unfälle geschahen.[387] Das ist bei dem zuweilen demonstrierten Wagemut nicht weiter verwunderlich.

Den Kontrahenten im Turnier am Leben lassen zu können, ist jedoch freilich noch keine allzu hohe Messlatte und nur bedingt eine Demonstration fechterischen Maßhaltens im Turnier. Maximilians ‚Theuerdank' hingegen impliziert im letzten Turnierkampf des Protagonisten, dass sich Turnierkämpfer trotz der meist sehr gut schützenden Rüstungen bewusst zurückzuhalten verstanden. Nach etlichen misslungenen Versuchen, dem Helden zu schaden, unternahm die Personifikation des Neids, der verräterische Neidhard, einen letzten Versuch: Er überzeugte sechs Ritter, zu versuchen, diesen im Turnierkampf zu töten.[388] Die ersten fünf scheiterten dabei. Der sechste Ritter schließlich war nicht bloß von der versprochenen reichen Belohnung motiviert, sondern auch erzürnt ob der Niederlage seines Sohnes, der als

385 Vgl. Martina Neumeyer, Vom Kriegshandwerk zum ritterlichen Theater. Das Turnier im mittelalterlichen Frankreich (Abhandlungen zur Sprache und Literatur 89), Bonn 1998, S. 158f.; Sabine Krüger, Das kirchliche Turnierverbot im Mittelalter, in: Josef Fleckenstein (Hg.), Das ritterliche Turnier im Mittelalter. Beiträge zu einer vergleichenden Formen- und Verhaltensgeschichte des Rittertums (Veröffentlichungen des Max-Planck-Institut für Geschichte 80), Göttingen 1985, S. 401–424, hier insb. S. 419f.; Thomas Zotz, Ritterliche Welt und höfische Lebensformen, in: Rittertum und ritterliche Welt, Berlin 2002, S. 173–230, hier S. 209; Verbruggen, The art of warfare (1997), S. 32.

386 Vgl. Dirk H. Breiding, Turniere und Turnierausrüstung in Mitteleuropa. Von den Anfängen bis zum ausgehenden 15. Jahrhundert, in: Stefan Krause/Matthias Pfaffenbichler (Hgg.), Turnier. 1000 Jahre Ritterspiele, München 2017, S. 23–39, hier S. 25; Jackson, Das Turnier (1985), S. 270f.; Werner Meyer, Ritterturniere im Mittelalter. Lanzenstechen, Prunkgewänder, Festgelage, Mainz 2017, S. 87.

387 Vgl. u. a. den Turniertod des Grafen Johann von Fürstenberg d. Ä. im Jahr 1443 im Kampf gegen Werner von Zimmern oder den recht glimpflich ausgegangen Turnierunfall im Rennen Wilwolts von Schaumberg gegen den Oberfranken Andreas von Wildenstein im Jahr 1479; Zimmern, Zimmerische Chronik, Bd. 1 (1881), S. 338f.; zur Datierung vgl. Sigmund von Riezler, Fürstenbergisches Urkundenbuch. Bd. 3: Quellen zur Geschichte der Grafen von Fürstenberg vom Jahre 1400–1479, Tübingen 1878, Nr. 343, hier insb. S. 257, Anm. 1; Eyb d. J., Geschichten und Taten (2018), S. 139f.

388 Maximilian I. et al., Theuerdank (2003), Kap. 99.

vierter gegen Theuerdank gekämpft hatte. Theuerdank ging die Sache frohgemut an, da er offenbar einen Kampf erwartete, der nicht die rasche Überwindung eines Feindes, sondern der Zurschaustellung von Kampfkunst und des ehrlichen Umgangs mit dem Gegner zum Ziel hatte. So begriff er *erst am letzten*, also fast zu spät, dass ihn sein Gegner gleich *(i)n zorn* und mit *groſſem neyd* angriff.[389] Kaum bemerkte er jedoch die veränderten Spielregeln, änderte er auch seine Art zu kämpfen: Gleich versetzte er dem Ritter einen solchen Schwertschlag auf den Kopf,

> Dermafs das derselbig streich haft
> Vnnd gieng Im durch seinen helm gůt
> Das Im herab sein rottes plůt
> Von seinem haubt dardurcher stofs.

Der Ritter ging überwältigt in die Knie und gab auf (vgl. Abb. 13).[390] Theuerdank hätte also von vornherein auch anders an den Kampf herangehen können. Es war offenbar nicht mehr möglich, am Gegner ausführlicher die eigene Fechtkunst zu demonstrieren und ihm vielleicht auch die Möglichkeit einzuräumen, die seine zu zeigen. Also musste er es dabei belassen, die eigene Kunstfertigkeit durch das sofortige Überwinden des Gegners deutlich zu machen.

Genau dieser Vorstellung folgt auch Clemens Jäger als er in der Liste der Gefahren, die Maximilian bestanden habe, die fiktionalisierte Theuerdank-Darstellung des Kampfes des Königs mit Claude de Vaudrey auf dem 1495er Wormser Reichstag paraphrasiert. Der von gleich mehreren Augenzeugen dokumentierte wirkliche Kampf lief vermutlich anders ab.[391] Wie im ‚Theuerdank' berichtet Jäger, der Burgunder hätte Maximilian mit dem Schwert den Ringpanzer durchstochen, was bedeutet, dass er wohl eine Lücke unter den Achseln oder im Hüftbereich des ansonsten guten Schutz bietenden Kürisses traf. *Als der loblich konig ſolches empfůnden hat er nit vil ſpiegel fechten machen sonder ſeinen Ernſt ſeinem mit kempffer auch erzaigen wollen vnd hatt Ime mit ſeinem ſtarcken ſtichen vnd ſtraichen ſo hefftig zůgeſetzt das er Ime mit ſeinem*

389 Maximilian I. et al., Theuerdank (2003), Kap. 106.

390 Maximilian I. et al., Theuerdank (2003), Kap. 106.

391 Vgl. ausführlicher zum Kampf in Worms und der entsprechenden Fiktionalisierung im ‚Theuerdank', Zotz, Adel, Bürgertum und Turniere (1985), S. 458–460; Prietzel, „Letzter Ritter" (2018), S. 210–216; vgl. auch Christoph Böhm, Die Reichsstadt Augsburg und Kaiser Maximilian I. Untersuchungen zum Beziehungsgeflecht zwischen Reichsstadt und Herrscher an der Wende zur Neuzeit (Abhandlungen zur Geschichte der Stadt Augsburg 36), Sigmaringen 1998, S. 221.

ſcharpffen ſchwerdt vnder den yechſen [*nhd.: Achsel*] *das* [*ring*]*pantzer zertrennt vnd zů dem hertzen kommen iſt.*[392] Entsprechend verletzt musste Vaudrey aufgeben. In dieser Beschreibung der Veränderung des Kampfverhaltens Maximilians räumt Jäger also jeden Zweifel daran aus, dass es im Turnier in der Regel weniger um die Bewährung in einer kriegsähnlichen Simulation ging. Vielmehr sollten die Kämpfer grundlegende ritterliche Tugenden in einer Meisterschaft demonstrieren, die die Kriegsrealität sogar übersteigen mochte. Wenn jedoch nötig, konnte ein guter Fechter das Spiegelfechten, also die „vorführung kunstmäszig ausgebildeten fechterkampfes“,[393] aufgeben und in kriegsähnlicher Brutalität dem Kampf ein schnelles Ende zu machen.

Wie in den Fechtbüchern Andre Paurnfeindts und insbesondere Joachim Meyers zum ungerüsteten Bloßfechten zu beobachten ist, entwickelte sich vor dem Hintergrund des nicht ernsten, oft städtischen Wettkampfes mit dem Langen Schwert sogar ein System, das größtenteils auf Stiche mit der Waffe verzichtete. Da diese Wettkämpfe teils ohne Schutzausrüstung ausgefochten wurden, wurde damit das Verletzungsrisiko minimiert. Damit einhergehend und wohl nicht auch zuletzt, um die sehr direkten Stiche zu ersetzen, lehrt besonders Meyer hochkomplexe Fechtstücke. Auch Techniken in derselben Tradition, die zuvor schnell und direkt zu einem Stich geführt hatten, endeten nun abgeändert in Schlägen. Ein stumpfes Fechtschwert, das selbst bei einem Stich noch eine gewisse Gefahr darstellte, richtete so in der Regel weniger Schaden an, sollte einer der beiden Kontrahenten die Beherrschung über die Waffe verlieren. War mit dem Stich dem Fechter hingegen eine Möglichkeit der raschen Beendigung des Kampfes genommen, so war er gezwungen, noch geschickter und kunstfertiger den Gegner zu überwinden. Büßten diese Techniken einen Teil der vorherigen Effizienz ein, waren sie immer noch effektiv. Weiterhin vermittelten sie, gepaart mit den komplexen Fechtstücken öffentlichkeitswirksam eine „gewisse Eleganz“ und vielleicht sogar eine „übertriebene Theatralik“, die auch „Vorführzwecken“ sehr entgegenzukommen scheint.[394] Meyer verstand seine Interpretation dabei durchaus als

---

392 Clemens Jäger, Ehrenspiegel, Buch VII (1559), fol. 309v.

393 Art. „Spiegelfechten“, in: Deutsches Wörterbuch von Jacob und Wilhelm Grimm. Bd. 16 (X,1), Leipzig 1905, Sp. 2245–2248, hier Sp. 2245.

394 Leiske, Höfisches Spiel (2018), S. 238, vgl. weiter S. 235–239. Meyer verzichtet bei seiner heutzutage meistbeachteten Lehre des Fechtens mit dem Langschwert zwar weitestgehend auf besagte Stichtechniken. In seinem Lehrsystem wendet er sich jedoch auch ausführlich weiteren Waffen zu. Dabei verweist er immer wieder zurück auf sein grundlegend erstes Kapitel zum Schwert. Sowohl die Lehre mit dem Dussack, dem Rapier, als auch mit dem Dolch und den für die Kriegsführung weiterhin unverzichtbaren

Vorbereitung für den ernsten Kampf. Gleich in der Vorrede zu seinem 1570er Werk stellt er die Relevanz der Fechtkunst auch für die von Feuerwaffen geprägte Kriegskunst seiner Zeit heraus.[395]

Der ‚Theuerdank' und Meyer zeigen also, dass im Turnier beziehungsweise generell im öffentlichen kämpferischen Wettstreit der bedingungslose, der schnelle Sieg zurückzustehen hatte. Das zeitgenössische Turnier versuchte den ernsten Kampf auch nur bedingt zu simulieren.[396] Vielmehr sollten sich die Kämpfer unter Gleichen und einer wertenden Öffentlichkeit in den Normen und Fertigkeiten ritterlichen Kämpfens beweisen: Dazu zählte auch, das rechte Maß an Gewalt demonstrieren zu können und zugleich einen möglichst guten Einblick in die eigene fechterische Kunstfertigkeit zu geben.

3.3.5 *Tapferkeit im Turnier*

Ritterliches Verhalten ist jedoch nicht allein auf die Beherrschung der ritterlichen Künste und militärischer Disziplin beschränkt. Das Turnier mochte ein "supreme test of physical stamina and endurance"[397] sein. Psychologisch ist der Stress des Trainings und der Prüfung unter Waffen jedoch von grundlegender Bedeutung, um einem Mann mögliche Hemmungen zu nehmen. Durch die Erhebung der Kampfkunst zur ritterlichen Kunst, durch das Feiern der kriegerischen Fähigkeiten und Fertigkeiten eines ganzen Standes rückte der Krieg nicht nur in den Bereich des Selbstverständlichen, sondern des Erstrebenswerten. Der Gegner mochte so nicht unbedingt entmenschlicht werden. Schließlich war es für den Adligen von ungeheurer Bedeutung, wer ihm gegenüberstand. Doch die Turniererfahrung machte es einfacher, gegen diesen den Spieß einzulegen und ihn vom Pferd zu rennen.

---

verschiedenen Stangenwaffen arbeiten teils exzessiv mit Stichen. In den einleitenden Worten zum Rapierfechten stellt Meyer fest, dass unter den Deutschen zwar *in ernstlichen sachen / gegen dem gemeinen feinde / das stechen auch zugelassen* gewesen sei. Ging es jedoch nicht gegen einen *gemeinen Feindt* [...], focht man also *in schimpflichen übungen*, sei das Stechen bei *Burgerlichen Teutschen* und auch bei *zusamen geschworen Kriegsleuten* verboten gewesen; Meyer, Gründtliche Beschreibung (2011), S. 271.

395 Ebd., S. 43f. Viele der gezeigten Techniken sollten zweifelsfrei auf ein ernstes Gefecht vorbereiten. Das gesamte Werk beschließt er letztlich mit einigen ausdrücklich für die Feldschlacht gedachten Instruktionen für das Fechten mit dem Langen Spieß unter der Überschrift *Ein kurtze Lehr wie du deinen Spieß in ernstlichen sachen zu Feld brauchen / und nach deinem vortheil führen solt*; Meyer, Gründtliche Beschreibung (2011), S. 478.

396 Dieses ‚simulacrum belli' war hingegen ursprünglich durchaus das Ziel des Turniers, vgl. Fleckenstein, Rittertum und ritterliche Welt (2002), S. 209f.; Neumeyer, Vom Kriegshandwerk zum ritterlichen Theater (1998), S. 28.

397 Vale, War and chivalry (1981), S. 80; vgl. auch Patrick Meehan, The Physicality of Service (2013), S. 99.

Weiterhin liegt die dem Kampf zugrundeliegende Herausforderung zuerst einmal nicht in all den physischen und technischen Details, sondern darin, sich mutig und in aller Öffentlichkeit dem gegnerischen Angriff zu stellen. Galt der Mut als grundlegende ritterliche Tugend, so bot das Turnier genug Gelegenheit, diesen zu prüfen. Die beschriebenen Zustände des Heidelberger Turneis 1484, in dem kaum zu durchblickender Staub aufgewirbelt wurde, jede Seite in enger Formation mit enormer Gewalt der anderen Seite einen Vorteil abzuringen versuchte und der dortige Massensturz von Pferden und Reiten geben bereits einen Einblick in den Stress und in die Gefahren, in die sich die Kämpfer wagten. Solche Unfälle oder ernste Verletzungen waren zwar nicht vorgesehen, dennoch musste der Kämpfer beispielsweise im Lanzenkampf zumindest mit der Erwartung der vollen Wucht des gegnerischen Angriffs zurechtkommen und diesen anschließend auch tapfer genug davontragen. Schließlich raste eine Waffenspitze auf ihn zu, in die jeweils die kinetische Energie eines auf etwa 30 km/h beschleunigten Pferdes,[398] Reiters und ihrer Ausrüstung konzentriert war. Ohne die Gelegenheit einer wirklichen Deckung oder die Chance eines Ausweichens mussten beide Kämpfer, egal wie geschickt sie waren, auf einen solchen, wuchtigen Stoß vorbereitet sein. Allein durch ein Ungeschick des Gegenübers oder die Form der Rüstung mochte der Stoß Wucht verlieren. Das sogenannte ‚Rennen' sollte optimalerweise mit der Entsattlung einer der beiden enden.[399] Beim ‚Stechen' (vgl. Abb. 11) war das Brechen des Spießes am Gegner das eigentliche Ziel. Ein Entsatteln hingegen wurde dabei unter anderem durch einen Sattel mit hoher Lehne erschwert.[400] Beim Rennen bewiesen gerade junge Edelmänner gerne ihren an Tollkühnheit grenzenden Mut, indem sie das Rennen als ‚Scharfrennen' (vgl. Abb. 12) nicht nur mit scharfen Spießen betrieben. Sie legten mitunter noch Rüstungselemente, wie sogar den Helm ab.[401] Auch das Stechen verlangte nicht geringe Nerven. Schließlich ermöglichte der am Bruststück verschraubte Helm, dass in dieser Form des Turniers sogar der Helm Trefferzone war.[402] War damit ein Stoß gegen den Kopf zwar relativ sicher, war die Erfahrung psychologisch zweifellos eindrücklich genug.

Die Zeitgenossen wussten sehr wohl um die psychische Belastung des Waffenspiels. So stellt ein spanischer Gesandter über ein Turnier der Ritterschaft 1436 in Schaffhausen fest, dass nicht unbedingt die technische Niederlage einen schlechten Eindruck auf die wachsamen Standesgenossen machte,

---

398 Vgl. Jezler, Turnierhöfe (2017), S. 52.
399 Vgl. Breiding, Rennen, Stechen und Turnier (2012), S. 60–63.
400 Vgl. ebd., S. 64–66.
401 Vgl. ebd., S. 60f.
402 Vgl. ebd., S. 64.

ABB. 11 Darstellung eines Stechens im Wolfegger Hausbuch (Privatbesitz) (public domain), fol. 20v–21r

ABB. 12 Darstellung eines Scharfrennens im Wolfegger Hausbuch (Privatbesitz) (public domain), fol. 21v–22r

sondern wie der Unterlegene mit dieser Niederlage zurechtkam: [*P*]*ero qualquiera de los que cayian sy desatentado non anle por triste cavallero, sy non grida disiendo fraxa, e alçada el braço fasta que le levanten.*[403] Auf diese Weise zeigte sich also selbst ein unter Waffen technisch Unterlegener immer noch tugendhaft genug. Das Ergebnis der zahlreichen bestrittenen Kämpfe stand bei der abschließenden Preisverleihung auch nicht sogleich fest.[404] Vielmehr zog sich das Turniergericht während des Tanzes am abschließenden Abend zurück, um über jene zu beraten, die als Beste mit einem Preis geehrt werden sollten. Erst nach jeder entsprechenden Entscheidung durften Damen diesen Turnierkämpfern die Turnierpreise überreichen. In Schaffhausen übergaben sie auf diese Weise vier Ringe für das Turnei und zwei für den Lanzenkampf. Sie traten vor die entsprechenden Adligen und sprachen sie nicht in erster Linie als die besten Fechter, sondern vor allem als die mutigsten an: [*Q*]*ue por el ser avido el mas desenbuelto e valyente de su Persona, era digno de aquel onor.*[405] Ein Jahrhundert später werden Adlige im Lanzenkampf immer noch nach diesen Maßstäben gemessen: So schreibt Clemens Sender über ein Stechen 1530 in Wellenburg anlässlich des Augsburger Reichstags, die acht adligen Kampfpaare hätten vor den *kinginen, fürſten und herrn* oftmals einander vom Pferd gestochen und *da ir geſchicklichait und konhait erzeigt.*[406]

Wie wurde diese Kühnheit erkannt? Wie es das Beispiel des Elsässer Ritters Friedrich Kapplers zeigt, drückte sich ritterliche Tapferkeit nicht unbedingt in außergewöhnlichen Gesten aus.[407] Gestik und Verhalten eines tapferen Turnierkämpfers waren für die anderen Turnierkämpfer und die Zuschauer einfacher zu beobachten, als dass diese Beobachtungen später zufriedenstellend zu Papier gebracht und in Details überliefert werden konnten. Das aufsehenerregende Kampfrennen[408] König Maximilians mit dem burgundischen Adligen Claude de Vaudrey am 5. September 1495 auf dem Wormser Reichstag[409] gibt einen recht guten Einblick, wie dieses Gebaren Ausdruck finden mochte: Beide ritten nacheinander aus ihren Zelten in die Schranken, jeder den *spis vff seinen sattell gesetzt.*[410] Statt Anfeuerungsrufe

403 Ein spanischer Bericht (1915), S. 64.
404 Vgl. dazu auch David Crouch, Tournament, London 2005, S. 107f.
405 Ein spanischer Bericht (1915), S. 156.
406 Sender, Die Chronik von Clemens Sender (1894), S. 317.
407 Vgl. oben, S. 130.
408 Das Kampfrennen wurde im Gegensatz zum normalen ‚Rennen' in Kürissen und mitunter auch mit gepanzerten Pferden bestritten; vgl. Breiding, Rennen, Stechen und Turnier (2012), S. 61, 73.
409 Vgl. Zotz, Adel, Bürgertum und Turniere (1985), S. 458–460.
410 Eyb d. J., Geschichten und Taten (2018), S. 273.

und Applaus empfing sie Stille. Denn schließlich hatte der König jedem Störenfried – egal welchen Standes – den Verlust des Kopfes angedroht.[411] Das ist eine deutliche Parallele zur gerichtlichen Zweikampfpraktik, die ebenfalls bei Strafe absolute Stille vom Publikum einforderte.[412] Diese stille Rahmung des Kampfes spiegelte in gewisser Weise aber auch das wider, was die ruhig, mit aufgestellter Waffe einreitenden Kontrahenten idealerweise fühlen sollten. So idealisiert der ‚Theuerdank' in einer fiktionalisierten Version[413] das Gemüt der Kämpfer zu Beginn des Kampfes folgendermaßen:[414]

Keiner redet darinn ein wort
Still hielten die zwen khůnen man
Bis der Trumetter einer fienng an
Zů plafen das dritmals mit ſchall
Wie dan gwonheit iſt in dem vall
Das hȯrten die zwen außerkorn
Namen Ire pferd mit den ſporn
Vnnd legten dapffer Ir ſpieſs ein

Nachdem die Spieße keinen Schaden hatten anrichten können, griffen Maximilian und Claude sowohl in der Realität als auch in der Fiktion zu den Schwertern. Kämpfend ließen sie nicht voneinander ab. Selbst einen gefährlichen Stich durch eine bloß mit Ringpanzer geschützte Stelle seines Harnischs ignorierte Maximilian in der fiktionalisierten Version des ‚Theuerdanks', [*d*]*ann Er daruon empfing kein beschwer*. Stach er seinem Gegner im Gegenzug daraufhin im ‚Theuerdank' siegreich unter die Achsel,[415] endete in der Realität der Kampf etwas unblutiger: Laut Ludwig von Eyb d. J., der persönlich dem Reichstag beiwohnte,[416] schaffte es Maximilian, Claude das Schwert zu nehmen, woraufhin dieser aufgab und der Kampf für beendet erklärt wurde.[417] Der Bericht des Wormser Bürgermeister Reinhart Noltz ähnelte bei der Bestimmung der Sieger hingegen mehr dem Schaffhauser Turnierbericht des spanischen Gesandten: Der zum Kampfrichter ernannte Fürst Rudolf von Anhalt-Zerbst (†1510) hätte schließlich *offentlichen mit recht* den Sieg des Königs festgestellt. Eine siegreich

411 Vgl. Eyb d. J., Geschichten und Taten (2018), S. 273.
412 Vgl. Zotz, Adel, Bürgertum und Turniere (1985), S. 459.
413 Vgl. Müller, Gedechtnus (1982), S. 170.
414 Maximilian I. et al., Theuerdank (2003), Kap. 77.
415 Ebd.
416 Rabeler, Niederadlige Lebensformen (2006), S. 167.
417 Vgl. Eyb d. J., Geschichten und Taten (2018), S. 174.

abschließende Handlung beschreibt Noltz hingegen nicht.[418] Der Kampfverlauf selbst scheint ausgereicht zu haben, dass sich der Kampfrichter ein Bild der Tugenden der Kämpfer machen konnte.

Zusammengefasst diente das Turnier dem Rittertum zur Kontrolle und Demonstration im Krieg relevanter ritterlicher Tugenden. Dies fand nicht unbedingt in der Simulation von Kriegszuständen statt, sondern oft genug in Situationen, in denen Tugenden noch ausgeprägter und meisterlicher als in der militärischen Praxis glänzen konnten. Dennoch verlor das Turnier technisch gesehen besagte Kriegsrealität nicht aus dem Blick. Das sollte auch die kommenden Jahrhunderte so bleiben.

3.4 Der Kampf des ritterlichen Lebens

Gefechte stellten nur Knotenpunkte im ritterlichen Leben dar, an denen sich für einen Moment ritterliche Tugend voll entfalten sollte. Für diesen Augenblick standen Kraft und Geschicklichkeit, Mut und Disziplin im Mittelpunkt. Die zahlreichen Turniere des ausgehenden Mittelalters sind neben anderer ihrer Funktionen auch ein Zeugnis dafür, dass ein Bedürfnis bestand, solche Momente ständig neu zu schaffen. Das Turnier ist jedoch nur ein Ausdruck dieses Bedürfnisses. Jene, die sich dem Rittertum verbunden fühlten, warteten idealerweise nicht, dass sich eine Gelegenheit zum Beweis ihrer Tugenden bot. Sie suchten diese Gelegenheiten aktiv selbst. In diesem Sinne hatte Georg von Ehingen zwar 1453 in Prag den Ritterschlag angenommen und sich auch gleich im Turnier beweisen dürfen. Doch sein Vater Rudolf verstand diese Entwicklung erst als Beginn des ritterlichen Lebenswegs seines Sohnes. Im heimatlichen Kilchberg belehrte er seinen Sohn nicht bloß, was er als *ritterschaft* verstand, sondern eben auch, wie er sich *hallten söllt*. Neben einem Geschenk von 400 Gulden teilte er ihm deshalb auch mit, *das sin will nitt wer, daß ich allso nach dieser zytt die ritterschafft in disen landen in der ruow an der fürsten höff und in herbergen allso da hinden nidersitzen.*[419] Offenbar taten genau das nicht wenige der Höflinge am Hof Albrechts von Habsburg.. Doch

---

418 Noltz, Tagebuch (1893), S. 397. Der Bericht der beiden Gesandten Zaccaria Contarini und Benedetto Trevisano vom Wormer Reichstag an Venedig erwähnt die mutigen Schläge der Kontrahenten ebenfalls. Da Contarini und Trevisiano auch schreiben, dass der Burgunder zustimmte, dass der Preis Maximilian zustünde, scheint die Entscheidung zumindest nicht völlig eindeutig gewesen zu sein. Heinz Angermeier, Deutsche Reichstagsakten unter Maximilian I. Bd. 5: Reichstag von Worms 1495. Teilbd. 2 (Deutsche Reichstagsakten, Mittlere Reihe 5, 2), Göttingen 1981, Nr. 1881, S. 1812.

419 Ehingen, Reisen nach der Ritterschaft (1979), S. 28.

Rudolf von Ehingen plante, seinen Sohn, als *newer ritter* gerüstet, im Frühling 1454 die Reise gen Rhodos zur Unterstützung des dort vor einer osmanischen Belagerung stehenden Johanniterordens machen zu lassen. Anschließend sollte er weiter zum Heiligen Grab zu pilgern – nicht zuletzt anstelle seines Vaters, der dies nicht hatte bewerkstelligen können.[420] Begeistert folgte Georg dieser Bitte seines Vaters, da *selbs mein will und gemiett nitt anderß stönde, dan nach und nach* [*sic!*] *der ritterschafft mit allem ernst nach zuo ziehen*.[421]

Der Gedanke, den Komfort der gewohnten Umgebung zu verlassen, um ein Leben ritterlicher Tugenden zu suchen, findet sich wiederholt in Georgs autobiographischem Werk: So begründet er bereits seine selbstständige Entscheidung, den Dienst im Frauenzimmer Eleonores von Schottland zu verlassen und an den Hof Erzherzog Albrechts VI. zu wechseln, mit dem Unwillen, *in der ruow und wollust zuo Yßpruck zuo verligen*. Stattdessen verlangte es ihn, zu einem *arbättsamen fürsten zuo kumen, mich in ritterlichen handlungen zuo gebruchen und alle ritterspil zuo lernen*.[422] Nach seiner Rückkehr von besagter Pilgerreise verbrachte er ein Jahr[423] am Hof seines Herren, Herzog Albrecht von Österreich, in Rottenburg am Neckar und Freiburg. Dort musste er jedoch feststellen, dass sein Herr *kain sunder handlung* habe und auch *kain handlung oder kriegerisch uffruor by kainem küng oder fürsten* sei. Also urteilte er, dass es ihm *nitt nutz wer, mein zytt allso zuo verlieren und still zuo ligen*: So wollte er *inn die treffenlichsten küngrych der kristenhait ziehen und so lang von aim rych inn daz ander, biß ich zuo ernstlichenn grossen sachen und handlungen kumen möcht*.[424]

Georgs Unwille, in Passivität seine Ritterschaft zu vergeuden, bedient sich hier wortwörtlich der aus der hochmittelalterlichen höfischen Literatur bekannten Motive des ‚versitzens' und ‚verligens'. ‚Verligen' bedeutet, gleich den ritterlichen Romanhelden Erec und Iwein in Trägheit seine Pflichten zu vernachlässigen.[425] In Maximilians ‚Theuerdank' erkennt der Vater des Romanhelden bei dessen Aufbruch diese ritterliche Pflicht deutlich: Denn trotz der Sorge um die Sicherheit seines Sohnes kann der fiktionalisierte Kaiser Friedrich ihm die Reise nicht ehrenvoll verbieten,

---

420 Ehingen, Reisen nach der Ritterschaft (1979), S. 28f.

421 Ebd., S. 29f.

422 Ebd., S. 20f.

423 Vgl. ebd., S. 27.

424 Ebd., S. 38f.

425 Vgl. Silvia Ranawake, Verligen und versitzen: Das Versäumnis des Helden und die Sünde der Trägheit in den Artusromanen Hartmanns von Aue, in: Martin Jones (Hg.), Chrétien de Troyes and the German Middle Ages (Publications of the Institute of Germanic studies 53), Cambridge 1993, S. 19–35.

Dann ein ritterlicher Held
Drumb wer khomen in die welt
Das er ſein leib nit ſolt ſparn
Sonnder in dem lannd umbfarn
Vnnd treiben ritterlich tatt[426]

Hier in Romanform wie auch in Ehingens Darstellung erhebt bereits dieser Aufbruch den Edelmann. Schon das Verlassen der vertrauten Umgebung erscheint tugendhaft, weil dieser erste Schritt für ritterlichen Ruhm unausweichlich war. Schließlich wartete in der Heimat keine Konfrontation, kein Ungleichgewicht, bestand wenig Bedürfnis nach den Tugenden, die der Edelmann in sich bergen sollte. Folglich zählt Enea Silvio Piccolomini den *animus inquietus* zu jenen Tugenden, die Wilhelm von Sachsen (1425–1482) und Georg von Podiebrad (1420–1471) beide zu den größten der deutschen *militie ductores* gleich nach Albrecht Achilles von Brandenburg machten.[427] Dieses Verlangen zum Aufbruch, des Zurückweisens des ‚verligens', ähnelt dem ‚Call to Adventure', das Richard Campbell in der Reise des archetypischen Helden ausmacht: Der Held bricht aus dem vertrauten Umfeld aus, hinein in eine „fateful region of both treasure and danger",[428] in der er sich entsprechend bewähren muss. Von dort kehrt er schließlich, an seinen Aufgaben gewachsen und entlohnt, zurück.

Der Bruch mit der vertrauten Umgebung wird in biographischen und autobiographischen Selbstdarstellungen des ausgehenden Mittelalters immer wieder thematisiert. Götz von Berlichingen hatte noch nicht einmal seinen ersten Harnisch angelegt und war damit immer noch bloß Knabe im Brandenburger Dienst, als er sich 1499, angesichts des Schweizerkriegs fragte, *was soll ich da ligenn, dann ich hett Jagsthausenn [den Familiensitz] schon genug*. Er brach unaufgefordert zu seinen Herren nach Ansbach und damit in den kommenden Krieg auf.[429] Das verligen-Motiv diente auch Wilwolt von Schaumberg als Rechtfertigung, das Leben am *fürstlichen brechtlichen hoff* Markgraf Albrechts von Brandenburgs, *des gleichen in teützschen lannden nit funden werden mocht*, wieder zu verlassen. Der junge Adlige fand im *rennen, stechen und allerlay kürtzweill* durchaus Gelegenheit, sich unter seinesgleichen und vor dem Fürsten darzustellen. Als der durch das Hofleben ruinierte Franke die Gelegenheit ergriff, für den Krieg gegen Hans von Sagan in den Dienst Johanns von Brandenburg

---

426 Maximilian I. et al., Theuerdank (2003), Kap. 9.
427 Piccolomini, Germania (2009), S. 209f.
428 Joseph Campbell, The hero with a thousand faces (Bollingen series 17), Novato, Calif. ³2008, S. 48.
429 Vgl. Berlichingen, Fehd und Handlungen (1981), S. 60.

zu treten, begründet er dies dennoch damit, dass *sein gemüth mer nach krigen vnnd ritterlichem breis dann nach lust vnnd gemach strebt.*[430] Dieser ‚Ritterliche Preis' sollte also jenseits des Hofes trotz der dort blühenden Turnierkultur, die somit als Teil der verligen-Problematik erscheint, im Krieg erworben werden.

Die Tugend, die der ritterliche Mann allein schon in der Entscheidung zum Aufbruch zu ehrenwerten Taten sehen mochte, in einer Geisteshaltung, der es nach Konflikt verlangte, mag heutzutage banal wirken. Die vereinzelten Momente des Gefechts waren jedoch nicht alles, in das er sich hineinwagte. Gleich nach seinem Aufbruch, sobald er das Pferd bestiegen hatte und in die Fremde ritt, begann ein Kampf für sich selbst. Anders als ein Gefecht ist dieser Kampf nicht nur ein kurzer Moment, der die volle Konzentration ritterlicher Tugenden verlangte. Stattdessen nagte diese Herausforderung am ritterlichen Edelmann bis zu seiner Heimkehr, während er die Strapazen meist still ertragen musste.

Enea Silvio Piccolomini zählt daher zu Kriterien, die einen Ritterschlag rechtfertigten, nicht nur Tugenden, die direkt im Gefecht nutzten. Er fordert auch, der Ritter solle in der Lage sein *humi dormire, eodem tempore inopiam et laborem tolerare, æstatem et hiemem iuxta pati.*[431] Ähnliche Anforderungen sind für den Ritter seit dem Hochmittelalter überliefert.[432] Johannes Rothe fordert im ‚Ritterspiegel' beispielsweise:[433]

Sal man den frede gewinne,
man muez darumme vaste rithin
Und uf di herferte dicke synne
Und biwilin ouch darumme strithin.

Mannig hertis legir ouch danne
habin tag und nacht zcu felde [...]

Sy mußin lidin hungir und dorst,
Vil dicke ouch gar große hitzce
Und von regin und winde frost,
Von donner, wettir und von blitzce.

430 Eyb d. J., Geschichten und Taten (2018), S. 122–124.

431 Piccolomini, Historia Austrialis (2009), S. 617; vgl. auch oben, S. 30.

432 Vgl. Patrick Meehan, The Physicality of Service (2013), S. 106; Verbruggen, The art of warfare (1997), S. 27; Mauntel, Gewalt in Wort und Tat (2014), S. 78.

433 Rothe, Der Ritterspiegel (2009), Z. 3741–3752.

Solche Strapazen sind oftmals in den Quellen wiederzufinden: Sigmund von Herberstein schreibt, beim Krieg in Italien im Juli 1509 seien viele Knechte *vnnd annder* von den Pferden gekippt, während er selbst von der *Hytz khein beschwärnus* gehabt habe. Im selben Jahr erkrankte er selbst jedoch nach einer Passüberquerung in Istrien so schwer, dass er sich dem Lebensende nah wähnte.[434] Auch Götz von Berlichingen schreibt vom entbehrungsreichen, kriegerischen Leben: Bereits als Knabe im Brandenburger Dienst erlebte er 1498 beim Feldzug in Burgund wie die Hitze von König Maximilians Heer, das Tag und Nacht in der Rüstung verbrachte, ihren Tribut forderte: Etliche traf offenbar der Hitzschlag. Im *hauffenn* seines Herren, Veit von Lentersheim, fielen drei burgundische Kürisser und etliche weitere Reiter wie betrunken *vnder die geull*, obwohl sie an dem Tag keinen Wein gesehen hätten. Weiterhin suchte ein schrecklicher Hagelsturm das Lager heim.[435] Ein Hitzestau im Harnisch war kein seltenes Problem. Götz selbst berichtet von weiteren Fällen des Hitzschlags unter den Brandenburger Reitern in der Schlacht im Nürnberger Wald am 19. Juni 1502.[436] Bis ins hohe Alter erlebte er kriegerische Konflikte gerade auch von dieser Seite. 1544 und damit 42 Jahre später zeigte er im Dienst Karls V. (1500–1558) in Frankreich, dass er diesen Strapazen immer noch gewachsen war. Bei diesem, seinem letzten Feldzug – er war mittlerweile etwa 64 Jahre alt –, litt er wohl ähnlich wie es die geharnischten Kämpfer getan hatten, denen er als Knabe im Burgunderfeldzug gedient hatte. Obwohl ihn die Ruhr plagte. *thett ich mein harnisch, dieweill wir gegenn denn feindenn zogenn, nit vonn mir*. Bei der Heimreise glaubte *manicher gutter junger gesell* kaum, der abseits der anderen reitende *allt kriegsman* werde das Ende des Weges erreichen. Götz belehrte sie eines Besseren. Wohl nicht zuletzt als Seitenhieb vermerkt er, dass stattdessen *dieselbigen zum theill dahindenn* geblieben seien.[437]

Auch der Hunger war ein immer wiederkehrender Begleiter der ritterlichen Kriegsleute. Beim Lothringenfeldzug 1475 war alles Landvolk vor dem Heer Karls des Kühnen, in dem derzeit Wilwolt von Schaumberg diente, geflohen. Für drei Tage waren kaum Nahrungsmittel, nichts zu trinken, geschweige denn ein Bissen Brot, aufzutreiben. Alles was den Burgundern blieb, waren Weintrauben.[438] Diesbach d. J. machte sehr ähnliche Erfahrungen: In französischen Diensten musste er beim Abzug des Heeres aus der Bretagne im November 1472 gleich fünf Tage ohne Brot auskommen.[439]

434 Herberstein, Selbst-Biographie (1855), S. 74, 77.
435 Berlichingen, Fehd und Handlungen (1981), S. 55.
436 Vgl. ebd., S. 68.
437 Ebd., S. 139.
438 Eyb d. J., Geschichten und Taten (2018), S. 116.
439 Diesbach, Aufzeichnungen Ludwig von Diesbachs (1986), S. 60.

Wie der ritterliche Mann mit diesen Erfahrungen zurechtkam, hatte Auswirkungen für ihn und seinen Dienstherren, so er denn einen hatte. Wusste er mit dem Leben im Sattel umzugehen, mochte er nicht unbedingt durch seine Fechtkunst, sondern durch seine Hartnäckigkeit und Geschwindigkeit seine größten Erfolge verbuchen. Das schnelle Reisen unter suboptimalen Bedingungen nennt Helgard Ulmschneider gerade einen von Götz von Berlichingens „stärksten Trümpfe[n]“, da er in seinen Fehden auf diese Weise oftmals seine Gegner zu überraschen verstand.[440]

Solche Strapazen hatten oft genug auch äußerst negativen Einfluss auf die Pläne eines Kriegsherren. 1474 schlug ein Sturm Maximilians von Habsburg auf Brügge fehl, da die Truppen, laut dem fiktionalisierten Weisskunig, zwei Nächte und drei Tage marschiert waren. Obwohl sie bereits den ersten Graben überschritten hatten und Maximilian sie persönlich anführte und zornig zum Angriff zu mahnen versuchte, war in den Großteil des Heeres vor Müdigkeit *ain grawss* gefallen und sie weigerten sich schlicht fortzufahren. *Also ward dem jungen weißen kunig [Maximilian] die cost und mue verloren.*[441] Selbst ein prächtiges, gut ausgestattetes Heer, wie jenes Karls des Kühnen von Burgund, büßte mit der Zeit nicht nur den Glanz, sondern mit Nachschubmangel und Verschleiß auch irgendwann die Moral ein. Sogar Eybs Vorzeigeritter Wilwolt von Schaumberg hielt es während des Lothringenfeldzugs des Herzogs im Januar oder Februar 1476 nach zwei Jahren ununterbrochenen Dienstes irgendwann nicht mehr aus: Zusammen mit seinen deutschen Waffenbrüdern nahm er Urlaub, um Kleidung und Rüstung wieder auf Vordermann zu bringen.[442] Die ganze Zeit über hatten sie im Feld verbracht, *ir harnisch verdorben, die kleider an iren leiben verfault vnd der pferdt zeug zwnichten worden.*[443]

Ein Adliger mochte also eine Ausbildung in der Kampfkunst erlangt haben und diese auch im Turnier oft genug erwiesen haben, einen guten Kriegsmann

---

440 Ulmschneider, Götz von Berlichingen (1974), S. 35.

441 Maximilian I. et al., Der Weisskunig (1888), S. 180, 473; für den geschichtlichen Kontext vgl. Wiesflecker, Kaiser Maximilian I. Bd. 1 (1971), S. 169f.

442 Diese Entscheidung mochte ihnen das Leben gerettet haben. In Speyer erreichte sie die Nachricht von der katastrophalen Niederlage der Burgunder bei Grandson (im Text fälschlicherweise Héricourt). Im folgenden Chaos aufseiten der Burgunder konnten sie den Herzog nicht erreichen und zogen deshalb heim. Inwiefern dies nur ein vorgeschobener Grund war und inwiefern der bei Eyb beschriebene Hergang der Wirklichkeit entspricht, bleibt allerdings offen; vgl. Rabeler, Niederadlige Lebensformen (2006), S. 119, Anm. 553; Helgard Ulmschneider, Geschichten und Taten Wilwolts von Schaumberg. Kritische Edition (Studien und Texte zum Mittelalter und zur frühen Neuzeit 21), Münster 2018, S. 119, Anm. 405.

443 Eyb d. J., Geschichten und Taten (2018), S. 118; vgl. auch Rabeler, Niederadlige Lebensformen (2006), S. 119f.

gab er damit aber noch nicht ab. Ebenso brachte ihn theoretisches und damit Wissen, das niedergeschrieben werden konnte, nur sehr bedingt weiter.[444] So will Philipp von Cleve kriegserfahrene Edelleute statt Geistliche, Doktoren und Juristen im Kriegsrat wissen, da letztere als Theoretiker kaum weiterhelfen könnten.[445] Im Jahr 1428 schrieb Herzog Ludwig der Bärtige von Bayern (1368–1447) seinem Sohn Ludwig dem Buckligen (1403–1445), als dieser gegen den niederbayerischen Adel zog: *Der krieg werdet dich lernen, wie du den treiben solt.*[446] Dieser Rat galt im Grunde genommen auch für jene ritterlichen Streiter, die keine Befehlsgewalt inne hatten. Sigmund von Herberstein wurde sogar nach neunjähriger Schullaufbahn in Wien von seinem Bruder Georg plötzlich im Jahr 1506 in den Krieg beordert. Nicht in der Funktion als Knabe, sondern gleich als voll gerüsteter Reiter, nämlich in seinem ersten Harnisch,[447] und als Anführer vier weiterer Reiter nahm er am Krieg König Maximilians gegen Venedig teil.[448] Im Grunde genommen hoffte Georg von Herberstein also, sein Bruder würde durch den Wurf ins kalte Wasser alles, was zur Kriegsführung gehörte, schon lernen. In diesem Sinne weist auch Helgard Ulmschneider darauf hin, dass Götz von Berlichingen ab 1500 erst im zweijährigen Dienst des für seine Fehden berüchtigten Hans Talacker von Massenbach die Fehdeführung lernte, für die er später ebenfalls so berüchtigt war.[449] Auch Berlichingen tat dies nicht mehr als Knabe, sondern legte dazu das erste Mal einen Harnisch an.[450]

Reisestrapazen sind nun aber keinesfalls nur der Kriegsführung eigen. Schließlich ist das zeitgenössische Reisen von zahlreichen solcher Momente gezeichnet. Sie waren ein eindrücklicher Teil aller möglichen Formen desselben und forderten mitunter einen hohen Zoll. So wurde Wilwolt von Schaumbergs Herr, Graf Wilhelm III. von Henneberg, 1480 bei der Rückreise von Rom auf freiem Feld bei Padua schwer krank. Ludwig von Eyb schreibt eindrücklich von der Sorge Wilwolts, ihn unterzubringen und wie der Graf

---

444 Vgl. dazu auch Vale, War and chivalry (1981), S. 31f.; Lutz Fenske, Der Knappe. Erziehung und Funktion, in: Josef Fleckenstein (Hg.), Curialitas. Studien zu Grundfragen der höfisch-ritterlichen Kultur (Veröffentlichungen des Max-Planck-Instituts für Geschichte 100), Göttingen 1990, S. 55–127, hier S. 85.

445 Vgl. Schmidtchen, Kriegswesen (1990), S. 277.

446 Textedition in Joseph Baader, Zur Geschichte der Kriegskunst, in: Anzeiger für Kunde der deutschen Vorzeit, NF 19 (1872), Sp. 185–188, hier Sp. 186; vgl. auch Schmidtchen, Kriegswesen (1990), S. 241.

447 Vgl. Herberstein, Familienbuch Sigmunds von Herberstein (1868), S. 319.

448 Vgl. Herberstein, Selbst-Biographie (1855), S. 72; ders., Antzaigen meines Lebens und Wesens (1805), S. 112.

449 Vgl. Ulmschneider, Götz von Berlichingen (1974), S. 40.

450 Vgl. Berlichingen, Fehd und Handlungen (1981), S. 63f.

schließlich in einem Dorf mit dem jungen Edelmann an seiner Seite starb.[451] König Alfonso v. von Portugal stellte laut dem Nürnberger Gabriel Tetzel 1466 teilnahmsvoll fest, *solch gross reis* […] *machet abgerittne pferd, müd leut und einen leeren beutel*.[452] Entbehrungen, Hunger und Krankheit schienen nie weit entfernt. Götz von Berlichingen beschreibt emotional, wie er von seinem Schwager Franz von Sickingen zur Ebernburg gerufen so schwer erkrankte, dass er seine Rüstung zum Teil in Heidelberg ließ und angesichts eines Überfalls feststellen musste: *es war mir alls wehe, das ich ebenn alls mehr geweint, alls gefochtenn habenn wollt*.[453]

Der didaktische Nutzen solcher entbehrungsreicher Reiseerfahrungen für das kriegerische Leben stand den Zeitgenossen so deutlich vor Augen, dass sie explizit auf den entsprechenden Lernvorgang eingingen: Ludwig von Diesbach d. J. verbrachte nicht erst 1472 die Tage hungrig im Sattel. Gleich seine ersten Reiterfahrungen als Knabe im Jahr 1466 beschreibt er als von *grossem hůnger unn ttůrschd, hÿcz unn ffroschd* geplagt. Er begleitete den Ritter Wilhelm von Luyrieux (†1470) vom französischen Hof in Montargis-en-Gatinois über Luyrieux in Savoyen bis hin nach Flandern an den dortigen Burgunderhof. Sein Leid schreibt er nur bedingt den Umständen selbst zu und mehr seiner geringen Toleranz. Denn er war noch jung und hatte *neÿ nûcz gerÿtten*.[454] Im darauffolgenden Jahr erging es ihm im Dienst seines Herren im Krieg aufseiten Savoyens gegen Mailand nicht viel besser: Er zog sich durch verdorbene Speisen, die er *von hůngerss wegen* zu sich genommen hatte, ein kaltes Fieber zu.[455]

Das Detail, dass der junge Ludwig während seines Dienstes bei Luyrieux das Reiten lernte, ist kaum trivial. Er erwähnt nur noch den Erwerb der französischen Sprache als andere Fertigkeit, die er sich aneignete.[456] Er bezieht sich in diesem Kontext also kaum ausschließlich auf die Fertigkeit des Reitens allein. Schließlich hatte er unseres Wissens den Weg aus dem heimatlichen Bern zum französischen Hof unfallfrei zu Pferd zurückgelegt und es würde verwundern, hätte der junge Adlige die Beherrschung eines Pferdes bisher nicht anständig gelernt. Wenn er schreibt, er hätte *gelertt rÿtten*,[457] bezieht er sich wohl vielmehr auf die Summe der zusätzlichen Erfahrungen und Herausforderungen, die mit dem berittenen Reisen in Krieg und Frieden einhergingen. Mark Mersiowsky spricht in diesem Zusammenhang dem ‚Reiten'

451 Eyb d. J., Geschichten und Taten (2018), S. 154–156.
452 Tetzel, Herrn Leo's von Rožmital Ritter-, Hof- und Pilger-Reise (1844), S. 182.
453 Berlichingen, Fehd und Handlungen (1981), S. 136.
454 Diesbach, Aufzeichnungen Ludwig von Diesbachs (1986), S. 38.
455 Ebd., S. 40.
456 Ebd., S. 38, 40.
457 Ebd., S. 40.

„den Sinn ritterlich-militärische[r] Mobilität" zu.[458] Diesen Lernvorgang greift auch Götz von Berlichingen auf, wenn er den jugendlichen Stolz, mit seinem Onkel 1495 auf dem Weg nach Worms am Tag *acht oder neun meil wegs* zurückgelegt zu haben, beschreibt. In Anbetracht seiner seitdem erlangten Erfahrung relativiert diese Leistung aber: Denn seitdem sei er *es woll gewonnt, vnd etwa inn wenigen tagenn vnnd nächtenn weite raiß volbracht, vnnd darbey nichts gessenn oder getrunckenn, welchs die notturfft also erfordert hat, dann es etwan nit annderst sein konnth.*[459] Während Mersiowsky aufgrund ebendieser Quellen herausstellt, dass die „Jahre im Tross eines Ritters"[460] dem Knaben zur Vorbereitung auf sein künftiges Leben dienen sollten, muss auch betont werden, dass sowohl Diesbach als auch Berlichingen anfangs in einem nicht-kriegerischen Kontext, nämlich auf Reisen, diese ersten, herausfordernden Erfahrungen sammelten und diesen Erfahrungsgewinn auch betonen.

Hinzukommt, dass die Grenzen zwischen einer Kriegsreise und jeder anderen Reiseform recht durchlässig scheinen. Der reisende Adlige mochte also nicht aktiv auf Streit aus sein, dieser ihn jedoch bald genug finden. Piccolomini schreibt 1458 in seiner ‚Germania': *Nullus inermis aut Suevus aut Franco iter ingreditur eques.*[461] Zwar bestand einerseits offenbar Sorge, dass ein Edelmann selbst im Gefolge eines Fürsten ohne Harnisch für einen Kaufmann gehalten werden könnte,[462] andererseits spricht allein die Fülle der für das Reisen beschriebenen Überfälle und kleinen Gefechte für sich. 1518, 60 Jahre später, weiß Ulrich von Hutten in einem berühmten Brief an seinen Freund Willibald Pirckheimer von diesen Umständen zu berichten: *[N]empe siquando egrediar domo, periculum est, in eos me incidam, quibuscum illi, quisquis est princeps, negocium sit aut bellum sit, quo me nomine invadant et abripiant; quod si mala mea fortuna contingat, dimidium facile patrimonii; alimitur in redemptionem; atque ita, unde defensionem speraveram, offensio incumbit, proinde hunc in usum equos alimus et arma comparamus, numeroso*

---

458 Mark Mersiowsky, Adlige Sozialisation im spätmittelalterlichen Süddeutschland, in: Horst Carl (Hg.), Gelungene Anpassung? Adelige Antworten auf gesellschaftliche Wandlungsvorgänge vom 14. bis zum 16. Jahrhundert ; zweites Symposion "Adel, Ritter, Reichsritterschaft vom Hochmittelalter bis zum Modernen Verfassungsstaat" (24./25. Mai 2001, Schloß Weitenburg) (Schriften zur südwestdeutschen Landeskunde 53), Ostfildern 2005, S. 103–138, hier S. 127.

459 Berlichingen, Fehd und Handlungen (1981), S. 54.

460 Mersiowsky, Adlige Sozialisation (2005), S. 127.

461 Piccolomini, Germania (2009), S. 209.

462 Vgl. Ordnung über die Hofeinrichtung des Markgrafen Johann, hrsg. von Adolph Friedrich Riedel, in: Adolph Friedrich Riedel (Hg.), Sammlung der Urkunden, Chroniken und sonstigen Quellenschriften für die Geschichte der Mark Brandenburg und ihrer Regenten. Bd. 2 (Codex diplomaticus Brandenburgensis 3), Berlin, Berlin 1860, S. 115–126, hier S. 115.

coinitatu stipamur, magnis et gravibus per omnia sumptibus; interim vel duorum iugerum itinere nisi armati non expatiamur; nullam licet villam inermi visere, non venatum, non piscatum exire licet, nisi ferreo.[463] Selbst unter Zusicherung von Geleit, ritten Adlige lieber gemeinsam und bewaffnet, wie es Eyb d. J. von den Heimreisenden aus der Turnierlandschaft Franken nach dem Mainzer Turnier von 1480 berichtet.[464]

1465, also sieben Jahre nachdem Piccolomini in der ‚Germania' über die unsicheren Straßen in Schwaben und Franken schreibt, erlebte die Reisegruppe um den böhmischen Herren von Rožmitál diese Unsicherheit hautnah mit. Schon bald nach dem Aufbruch bei Nürnberg zahlte sich die Vorkehrung Rožmitáls aus, dass *iedermann, herr, edelmann und knecht, sein armprust selbs an seinem sattel must fürn.*[465] Gleich im Hohenloher Land warteten zwei Hinterhalte auf sie, auf dem Weg nach Heidelberg zwei weitere.[466] Diese Umstände blieben jedoch nicht allein auf Deutschland beschränkt. Rožmitáls Begleiter Gabriel Tetzel beschriebt eine äußerst gefährliche Reise durch Iberien, wo die Straßen mitunter so unsicher wurden, dass die Reisegruppe fürchtete, *man wurd uns in dem land all ermorden und nemen uns was wir hetten*, weshalb sie *stets mit werender hand* reiten mussten.[467] Als das Fehdewesen im Heiligen Römischen Reich schließlich Mitte des 16. Jahrhunderts deutlich abgeklungen war, schreibt Froben Christoph von Zimmern vom gerüsteten Reiten mit einem massiven bewaffneten Gefolge nur noch als vergangene Sitte.[468]

Die Stellung von Geleitschutz mochte mitunter der Ehren halber geschehen, fußte jedoch auf eben diesen sehr realen Gefahren. Niclas von Popplau berichtet, dass er, *damit ich meinen Zug desto sicher anstellen möchte*, durchs Ennsland zusätzlich zu dem Reisigen, den ihn die dortigen Grafen von

463 Ulrich von Hutten, Vlrichi de Hvtten eqvitis ad Bilibaldum Pirckheymer patricivm Norimbergensem epistola vitae svae rationem exponens. Augsburg, 25. Oktober 1518, hrsg. von Eduard Böcking, in: Vlrichi Hvtteni Eqvitis Germani Opera Qvæ Reperiri Potvervnt Omnia. Ulrichs von Hutten Schriften. Bd. 1, Leipzig 1859, S. 195–217, hier S. 202.

464 [...] *vnd wiewoll sie versicherung vnnd gleitt hetten, nichts desterweniger hetten sie irer sachenn acht, bestelten ir veltt*; Eyb d. J., Geschichten und Taten (2018), S. 145.

465 Tetzel, Herrn Leo's von Rožmital Ritter-, Hof- und Pilger-Reise (1844), S. 146.

466 Ebd.

467 Tetzel beschreibt an dieser Stelle den Weg durch das im Krieg befindliche Katalonien, wo selbst der Versuch, Geleit zu bekommen, zur Gefangenschaft eines Dieners und des Herolds seines Herren führte. Infolgedessen wäre fast ein Gefecht ausgebrochen; vgl. ebd., S. 190. Aber selbst in manchen Städten wie Haro machte *morderisch bos volk* [...] *manchen auflauf* gegen die Reisenden: Wie in Olmedo konnte es auf diese Weise zu regelrechten Gefechten kommen; vgl. ebd., S. 167, 173.

468 Vgl. Zimmern, Zimmerische Chronik, Bd. 1 (1881), S. 311.

Schauenberg zum Geleit stellten, weitere zwölf Fußknechte mit Armbrusten in Dienst nahm.[469] Waren die Reisenden direkt oder indirekt in eine Fehde involviert, barg jede noch so kurze Reisestrecke die Gefahr, an Leib, Leben oder Gütern versehrt zu werden. So wendete Geleit, kurzfristig angefordert, wiederholt von Gegnern Götz von Berlichingens einen Überfall des Edelmanns ab.[470]

Weil das Fehdewesen gerne auch Unbeteiligte traf, bewährte sich das gerüstete Reiten selbst in vermeintlich sicheren Umständen. In der Fehde spielten Geschwindigkeit und das Überraschungsmoment eine große Rolle. Daher konnte es vorkommen, dass ohne viel weitere Kommunikation gleich *mit ainandern darein gehawen*[471] wurde. Als Werner von Zimmern Mitte des 15. Jahrhunderts auf dem Weg zur Uracher Residenz der Württemberger war,[472] gerieten er und seine Reiter nahe Trochtelfingen überraschend in einen Kampf gegen Hamann von Reischach (†1466). Dabei waren beide Edelleute im Grunde gute Freude, stellten aber erst spät fest, dass sie gar nicht an Feinde geraten waren. Dass es dennoch auf keiner Seite zu Verlusten kam, ist wohl nicht zuletzt ihren Harnischen zu verdanken: Hamann, der derzeit *der reichsstet, auch der grafen von Werdenberg vil und lange jar feind* war, ritt *wol gerust*, doch auch Werner wird als *eben so wol gerust* beschrieben. Hatte die Rüstung unter Umständen die Identität Hamanns verschleiert, rettet sie ihm beim persönlichen Aufeinandertreffen mit Werner während des Gefechts das Leben. Denn dieser schlug ihm *sein harnasch dermaſsen in den leib*, dass er gezwungen war, sich gefangen zu geben. Kaum erkannten sich die beiden, wurde Hamann *gleich widerumb ledig gelassen*.[473]

Das harte, von Opfern und Gefahren geprägte Leben jenseits des prachtvollen Fürstenhofes und des heimatlichen Hauses erlebten Adlige auf den

469 Popplau, Reisebeschreibung (1998), S. 26.

470 Vgl. Berlichingen, Fehd und Handlungen (1981), S. 81, 97.

471 Zimmern, Zimmerische Chronik, Bd. 1 (1881), S. 418.

472 Der Chronist datiert das Gefecht nicht. Dennoch lässt sich der Zeitraum etwas eingrenzen: Werner von Zimmern war auf dem Weg nach Urach, wo die dortige Burg 1442 zur Württemberger Residenz ausgebaut worden war. Da die Chronik an anderer Stelle erwähnt, dass Werner dem Grafen Ludwig in Urach als Rat diente, ist offenbar impliziert, dass er auf dem Weg zu dieser Residenz war. Rat war Werner ab spätestens 1450; vgl. ebd., S. 415f.; Irmgard Kothe, Der fürstliche Rat in Württemberg im 15. und 16. Jahrhundert (Darstellungen aus der württembergischen Geschichte 29), Stuttgart 1938, S. 90, 103; Als terminus ante quem steht das Jahr 1466 mit dem Tod Hamanns von Reischach, mit dem er sich hier schlug; vgl. Christoph Friedrich von Stälin, Wirtembergische Geschichte. Bd. 3: Schwaben und Südfranken. Schluß des Mittelalters. 1269–1496, Stuttgart 1856, S. 561.

473 Zimmern, Zimmerische Chronik, Bd. 1 (1881), S. 417f.

internationalen Adelsreisen. Sie suchten es dort geradezu.[474] Im 15. Jahrhundert hatten unter diesen Fahrten die Pilgerfahrt zu heiligen Stätten und die Ritterreise zu fürstlichen Höfen die größte Bedeutung.[475] Die Ritterreise darf ab der zweiten Hälfte des 15. Jahrhunderts gar als „Massenerscheinung" gelten.[476] Zwar war diese besonders auch von höfischen Waffenspielen geprägt.[477] Doch deutsche Edelleute nahmen auf der Reise selbst von Herrschern Ritterschläge an, die ihren Gästen keine Gelegenheit zu solcher ritterlich-kriegerischen Bewährung boten. Der Ritterschlag Ludwigs von Diesbach d. Ä. ist dabei nur eines vielen Beispielen: Wie schon ausgeführt, nahm er zwar seinen Ritterschlag 1447 vor Pescara an. Die geplanten Waffentaten wurden ihm durch die Aufgabe der Feinde König Alfonsos jedoch unmöglich gemacht.[478] 1466 schlug Edward IV. von England gleich vier der im Turnierkampf herausragenden Begleiter des Freiherren von Rožmitál zum Ritter. Ebenso wie Diesbach d. Ä. zwei Jahrzehnte früher wurden sie mit goldenem Abzeichen in dessen Hoforden aufgenommen. Edward verbot den Böhmen und ihren Begleitern dennoch entschieden, ihre zuvor in Deutschland und Burgund bewunderte Turnierkunst vorzuführen.[479] Der Umstand der Reise selbst scheint allen

---

474 Vgl. Paravicini, Erkenntniswert der Adelsreise (2017), S. 13; In den Bestätigungsschreiben, die sich der Berner Patrizier Konrad von Scharnachtal für seine Reisen ausstellten ließ, werden Todesgefahr und Beschwerlichkeiten ausdrücklich erwähnt; vgl. ders., Konrad von Scharnachtal, in: Jan Hirschbiegel/Harm von Seggern (Hgg.), Ehrenvolle Abwesenheit. Studien zum adligen Reisen im späteren Mittelalter, Ostfildern 2017, S. 195–256, hier S. 214f., 247.

475 Werner Paravicini, Von der Heidenfahrt zur Kavalierstour. Über Motive und Formen adeligen Reisens im späten Mittelalter, in: Horst Brunner (Hg.), Wissensliteratur im Mittelalter und in der frühen Neuzeit. Bedingungen, Typen, Publikum, Sprache (Wissensliteratur im Mittelalter 13), Wiesbaden 1993, S. 91–130, hier insb. S. 99–108.

476 Fouquet, „begehr nit doctor zu werden" (1998), S. 97.

477 Vgl. Paravicini, Heidenfahrt zur Kavalierstour (1993), S. 104.

478 Vgl. oben, S. 34f.

479 Vgl. Tetzel, Herrn Leo's von Rožmital Ritter-, Hof- und Pilger-Reise (1844), S. 155, 157. England war bis 1453 vom Hundertjährigen Krieg und seit 1455 von den immer wieder aufflammenden Rosenkriegen geprägt, was Adlige ihr Rittertum eher auf dem Schlachtfeld suchen ließ und die Pflege und Entwicklung einer eigenen höfischen Turnierkultur erschwerte. Richard Barber verortet in Bezug auf die Turnierkultur am Königshof nur eine „handful of skilled enthusiasts". Er spricht sogar davon, dass die dortigen Ritter „less at home in the lists" gewesen seien als die Ritter auf dem Festland und dass vor der Krönung Edwards IV. 1461 für mehr als 50 Jahre das Turnierwesen „effectively disappeared" sei. Ein neuer Aufschwung der Turnierkultur habe erst in den 1460ern begonnen. Weiterhin stellt Malcolm Letts auch in Bezug auf die im Text beschriebene Episode keine Abneigung des Königs gegen Turniere an seinem Hof fest und schließt wie Barber, dass Edwards Ablehnung des Rennens wohl in der Sorge begründet gewesen sei, die englischen Edelleute übertroffen zu sehen; vgl. Richard W. Barber, Malory's Le Morte Darthur and court

Beteiligten schließlich ausreichender Beweis gewesen zu sein, den Ritterschlag als gültig und ehrlich genug anzuerkennen.

Bei der Pilgerreise wird dies noch offensichtlicher: Auch wenn Edelleute nicht unter Waffen nach Jerusalem reisten, so galt doch die Ritterschaft vom Heiligen Grab vielen als die ehrenvollste. Dafür argumentiert Felix Fabri in beispielloser Ausführlichkeit. Er zählt dabei auch all jene Gründe auf, die in der Forschung als ursächlich für die Adelsreise an sich genannt werden: Er nennt die Bedeutung für den Adel der Pilger, nämlich *das die Ritterſchafft Adenlicher iſt denn ſonst kein ander*[480] und sie durch die Wallfahrt zur *aller heyligſten stett der gantzen Welt* auch die *aller heyligſt* sei.[481] Ebenso betont er als seinen 13. Punkt den Erfahrungsgewinn, da durch die Reise *die Ritterſchafft mehr geůbt vnd erfarner* sei als jede andere. Von Weltkenntnis bis hin zur Selbsterkenntnis führt er ausführlich die Gewinne einer mit diesem Ritterschlag verbundenen Reise für den Edelmann aus.[482] Zu den Motiven einer Adelsreise gehört, Werner Paravicini zufolge, aber eben auch das Üben von Ritterschaft.[483] Wie bereits thematisiert, hebt Fabri den Grabeskirchenritterschlag gerade wegen des fehlenden Elements menschlichen Blutvergießens hervor. Zwar fordert er gleich danach dazu auf, das Heilige Land mit Waffengewalt zurückzuerobern.[484] Mochte die Aufforderung auch ernst gemeint sein, wirkliche ritterliche Bewährung folgte kaum darauf. Zur Zeit der Pilgerfahrt, im Jahr 1483, war an einen Kampf um das Heilige Land kaum mehr zu denken. Die Kreuzzugsidee mit dem Ziel Jerusalems begeisterte seit dem 13. Jahrhundert nur noch wenige.[485] Die Fronten der Glaubenskämpfe hatten sich längst fort von der Levante nach Spanien, Rhodos und vor allem auch auf den Balkan verschoben. Die deutschen Ritter, die wie Georg von Ehingen im Dienst ihres Glaubens das Schwert ergriffen, zogen also nicht mehr als Kreuzzugsheer Richtung Jerusalem, sondern reisten zum Heidenkampf an jene Orte.[486] Eine Bewährung, die sehr deutlich ins Licht ritterlicher Ideale

culture under Edward IV, in: James Patrick Carley/Felicity Riddy (Hgg.), Arthurian Literature XII, Cambridge 1993, S. 133–155, hier S. 141–146; Malcolm Letts, The travels of Leo of Rozmital through Germany, Flanders, England, France, Spain, Portugal and Italy. 1465–1467 (Works issued by the Hakluyt Society Series 2), Cambridge 1957, S. 48, Anm. 5.

480 Fabri, Ejgentliche beſchreibung (1556), fol. 73r.

481 Ebd., fol. 71r.

482 Ebd., fol. 72v–73r.

483 Vgl. Werner Paravicini, Bericht und Dokument. Leo von Rožmitál unterwegs zu den Höfen Europas (1465–1466), in: Archiv für Kulturgeschichte 92, 2 (2010), S. 253–307, hier S. 285–292.

484 Vgl. oben, S. 28f.

485 Vgl. Martin Kaufhold, Die Kreuzzüge, Wiesbaden ³2011, S. 134–137.

486 Vgl. Paravicini, Heidenfahrt zur Kavalierstour (1993), S. 96–99, insb. S. 98.

getaucht ist, zeichnet Fabri dagegen in seinem 20. Argument, in dem er die Grabesritter *kúner denn die andern* nennt, da sie bei der Schiffsreise ins Heilige Land nicht nur wiederholt fechten müssten, sondern oftmals durch die *waſſer vnnd* [...] *die Türcken / vnd Heyden* bei der Überfahrt oft im *todt ſtreidt* seien.[487] Über die kriegerischen Handlungen, die andere Ritterschläge auszeichneten, hebt er weiterhin die Bewährung durch die einmalige physische Belastung. Denn diese Ritterschaft wäre die *ſchwereſte vnd herteste* und ferner *waghaftiger vnd mißlicher am leben*. Damit meint er einerseits, andere wären inmitten von *kurtzweil vnd freude vnd lust* Ritter geworden. Jerusalemritter müssten den Ritterschlag jedoch *ſawer erwerben / mit hunger / dorſt / hitze / froſt / geſtanck / verachtung / vbel liegen / etc.*[488] Zugleich wagten jene Edelleute, die sich übers Meer nach Jerusalem begäben, mehr als ihre Standesgenossen. Diese könnten sich bei ihren erfochtenen Ritterschlägen im Kampf beschützen oder zumindest im Notfall fliehen. Auf dem Meer könnte man sich vor keiner der Gefahren hüten und ihnen auch nicht entfliehen. Ohne Waffen im Heiligen Land führen zu dürfen, wäre er ohne Möglichkeit der Gegenwehr den Angriffen der Nichtchristen jenseits des Meeres ausgesetzt.[489] Fabri will also aufzeigen, wie ein tapfer zu bestehender, beispielloser Kampf, eine Herausforderung physischer Gewalt nach der nächsten, den Jerusalemritter über seine mit Waffen kämpfenden und durch Waffen geschützten Standesgenossen hebt. Was Fabri also mit der Pilgerreise zum Heiligen Grab als Extrem verstanden wissen will, gilt wohl auch für die Adelsreise an sich: Die Reise galt als eine ähnliche Leistung wie die im Gefecht vollbrachten ritterlichen Taten. Selbst wenn der Edelmann also nicht direkt im Umfeld eines Ritterschlags mit Waffen glänzen konnte oder gar durfte, scheint das Unternehmen der Reise an sich als kämpferische Herausforderung genug gegolten zu haben, sodass die Ritterwürde angemessen schien.

3.5 Zwischenfazit

Im ausgehenden Mittelalter definierten jene Verhaltensweisen das Rittertum, die dem Kämpfer simple und doch grundsätzliche Regeln an die Hand gaben, mit denen er überleben, Ehre erlangen und diese bewahren konnte. Die durch Taten zum Ausdruck gebrachte ritterliche Tugend blieb auch in der anbrechenden Zeit der Massenheere relevant und notwendig. Da sich

487 Fabri, Ejgentliche beſchreibung (1556), fol. 73v–74r.
488 Ebd., fol. 74v.
489 Vgl. ebd.

der Adel über seine normgerechte Gewaltausübung definierte, stand die Demonstration, Kontrolle und Verehrung kriegerischer Tugend im Mittelpunkt der ritterlich-adligen Kultur. Sowohl in Feldschlachten als auch in scharmützelartigen kleineren Gefechten verließen sich nichtadlige und adlige Kämpfer auf ritterliche Disziplin, Mut, körperliche Kraft und Geschicklichkeit. Im ‚Ernst' und besonders im ‚Schimpf' der Turniere versuchten Männer dementsprechend ihrem Adel und ihrem Rittertum gerecht zu werden. Doch auch jenseits des Kampfes zeigte sich die Tugend des ritterlichen Kämpfers in Leidensfähigkeit, Durchhaltevermögen und Widerstandsfähigkeit. So hing nicht nur der Kriegsfahrt, sondern auch der Reise selbst der Glanz ritterlicher Kultur an. Diese Relevanz ritterlicher und adliger Tugend schwand nicht mit dem Übergang des Mittelalters in die Frühe Neuzeit. Jenen Wandlungen unterworfen, die eine lebendige Kultur auszeichnen, lebte sie innerhalb der Adelskultur fort.

KAPITEL 4

Die deutliche Sprache der Gewalt und der Machtverlust der Ritterschaft

Definierte sich der Adelsstand über ritterliche Gewaltausübung, so war auch Gewalt selbst keineswegs eine Randerscheinung der Kultur des Spätmittelalters. Geächtet war sie erst recht nicht. Schreibt der oberste Pfälzer Hauptmann Georg Wispeck 1504 während des Landshuter Erbfolgekriegs an den Viztum der Pfalz, Ludwig von Eyb d. J., *wir werden mit bitten nichts zuweg bringen, wir müſſen es mit den Fäuſten erlangen,*[1] ist das keine drastische Forderung. Gewalt verlief nicht immer in geregelten Bahnen, ja der Griff zum Schwert schien oft verlockender als der Weg vor Gericht oder die Hoffnung auf die Gnade eines Fürsten. Denn Gewalt vermochte Tatsachen zu schaffen, die oftmals mangels einer wirklichen zentralen Exekutivmacht oder etwa eines fürstlichen, königlichen oder gar staatlichen Gewaltmonopols im Reich schwer wieder rückgängig zu machen waren. So war das abendländische Rittertum nicht zuletzt entstanden, um in Ermangelung an Zentralgewalten Herrschaft dezentral zu stützen. Erst im Verlauf des Spätmittelalters vermochten fürstliche Machthaber nach und nach wieder die Kontrolle und Definitionshoheit über die Kriegsführung und Gewaltausübung an ihren Höfen zu bündeln.[2] Diese schleichende Entwicklung ist kaum ein Kampf von Legitimität gegen Illegitimität, von Vertretern des Rechts gegen kriminelle Edelleute und Räuber. Sie mochte zwar langfristig zur heutigen Staatlichkeit führen. Vorstaatliche Strukturen in spätmittelalterlichen Königreichen und Fürstentümern können jedoch kaum ein Argument sein, niederadliger Gewalt gegenüber fürstlicher Gewalt die Legitimität abzusprechen.

Die Konzentration der Kontrolle von Gewaltausübung an Fürstenhöfen trug zwar langfristig zur internen Friedenssicherung bei. Das war auch im 15. Jahrhundert kein neuer Gedanke. 1458 schreibt der spätere Pius II., Enea Silvio Piccolomini, in seiner ‚Germania': [*H*]*inc discordie inter vos crebre et assidua bella crassantur, ex quibus rapine, incendia, cedes et mille malorum emergunt*

1 Würdinger, Urkunden-Auszüge (1862), Nr. 118, S. 34.

2 Leopold Auer, Mittelalterliches Kriegswesen im Zeichen des Rittertums, in: Christoph Kaindel/Andreas Obenaus (Hgg.), Krieg im mittelalterlichen Abendland (Krieg und Gesellschaft 1), Wien 2010, S. 65–79, hier S. 66f.; Sablonier, Rittertum, Adel und Kriegswesen (1985), S. 562–565.

 | DOI:10.1163/9789004527010_006

genera, quemadmodum ibi intervenire necesse est, ubi plura dominantur capita.[3] Wiederholt drückt er große Bewunderung für das militärische Potential der Deutschen aus. Würden sie sich nur wie einst Karl dem Großen jetzt Friedrich III. unterwerfen, würden sie zu altem Ruhm zurückkehren und ihre Herrschaft ausdehnen, *quando viris, equis armisque et rei militaris peritia non minus quam veteres abundatis.*[4]

Solche Forderungen verkennen jedoch, dass Fürsten und selbst Könige und Kaiser wenig Interessen über die Förderung ihres Geschlechts hinaus hatten und zeigten. Fürstliche Gerichte und fürstliche Gewaltausübung waren alles andere als unparteiisch oder gar von der Person des Fürsten und seinen Ambitionen zu trennen. Sie ließen sich meist weniger von bloßen Konzepten oder Werten bewegen. Wie auch der restliche Adel sorgten sie sich vor allem, dass ihre Stimme in Entscheidungsprozessen Gewicht hatte und ihre Ansprüche auf Herrschaft, Grund und Boden gewahrt blieben.[5] So wenig sich Kaiser Maximilians Untertanen oftmals um Unterstützung und Heerfolge für seine ambitionierten Pläne kümmerten, so wenig Willen zeigte er mitunter, ihre Konflikte zu lösen. 1513 fielen Kaufleute dem Kaiser in Augsburg zu Füßen und *verclagtenn* Götz von Berlichingen und seinen befreundeten Standesgenossen Hans von Selbitz *vff das hochst*, weil diese einen Kaufmannszug überfallen und damit *vnuberwindtlichenn schadenn* angerichtet hätten.[6] Berlichingen schreibt in seiner Lebensbeschreibung, dass er im Zuge einer Fehde mit Nürnberg durch einen Fehler eines Kundschafters den falschen Wagen eines Kaufmannszugs angegriffen und damit kaum Beute gemacht habe. Die Kaufleute um den mächtigen Augsburger Kaufmann Anton Welser seien mit ihren Anklagen somit *verdorbenn leutt.*[7] Konnte der Kaiser von diesen Details nichts wissen, reagierte er doch äußerst unwillig. Wie Berlichingen später erfreut *bey eines furstenn gewaltigen* erfuhr, entgegnete Maximilian: „*Wie geets zu? Wann ein kauffman ein pfeffer sackh verleurt, so soll man das gantz reich auffmannen, vnnd souill zuschickenn habenn, vnnd wann henndel vorhandenn sein, das kay. mt. vnd dem gantzenn reich viell daran gelegenn ist, das kunig reich, furstenthumb, hertzogthumb vnnd annders anntrifft, so khan euch niemandt naher bringen!*“[8]

---

3 Piccolomini, Germania (2009), S. 216.

4 Ebd.

5 Martin Kaufhold, Europas Werte. Wie wir zu unseren Vorstellungen von richtig und falsch kamen ; ein historischer Essay, Paderborn 2013, S. 115.

6 Berlichingen, Fehd und Handlungen (1981), S. 96.

7 Ebd.

8 Ebd.

Der Unwille Maximilians, seinen Untertanen zur Seite zu stehen, wenn er selbst mehr Umstände daraus hatte, als dass er Nutzen daraus zog, war keine Ausnahme für einen Fürsten. Der Hochadel gehörte zu den mächtigsten Kräften im Reich. Das brachte ihn jedoch vor allem in die Position, sich den eigenen Ambitionen folgend zu Recht und Unrecht gegen Schwächere durchsetzen zu können, anstatt für Frieden oder Ordnung zu sorgen. Ein Konflikt in der Nachbarschaft eines Fürsten konnte über Jahre hinweg andauern, während dieser mehr Sorge aufbrachte, sich nicht allzu sehr darin zu verstricken als dass er für Frieden sorgte.

In der Bebenburger Fehde, ein seit 1432 schwelendes und schließlich offen ausbrechendes Vorspiel zum Großen Städtekrieg,[9] standen Konrad von Bebenburg und zweihundert *ritter und vom adel* einem Städtebündnis aufseiten Schwäbisch Halls gegenüber. Auch Fürsten, allen voran Albrecht Achilles von Brandenburg als Dienstherr Konrads, waren in den Konflikt involviert, hielten sich jedoch bei den Kampfhandlungen weitestgehend im Hintergrund. Während Ritterschaft und Städte sich offen in zahlreichen Gefechten und auch Belagerungen bekämpften, waren die Fürsten vorsichtiger. Zwar erklärte Markgraf Albrecht am 2. Juli 1444 Schwäbisch Hall die Fehde. Denn die Stadt hatte mit Dorf und Schloss Honhardt nicht nur Bebenburger Besitz eingenommen, sondern damit auch einen Angriff auf ihn als Lehensherren vollführt. Doch statt seine Fehde offen zu führen, suchte er den Weg der Diplomatie. So konnte schließlich 1446 ein vorläufiger Frieden gefunden werden, bis der Konflikt 1449 erneut und diesmal unter markgräflicher Führung als Großer Städtekrieg ausbrach.[10] Die vorsichtige, zurückhaltende Rolle der Fürsten, während um sie herum Ritterschaft und Städte brannten und plünderten, charakterisiert Graf Froben Christoph von Zimmern etwa einhundert Jahre später folgendermaßen: *Mitlerweil safsen die fürsten still und sahen durch die finger, wo das wetter hinaufs welt. Also triben die stett und der adel sollich schnapen uf ainandern wol bei anderhalben jar.*[11]

Wer es sich im politisch komplexen Reich des Spätmittelalters und der Frühen Neuzeit leisten konnte, der saß einen Konflikt oft lieber aus, wenn dieser ihn nicht direkt betraf und wenig Vorteile versprach. Dabei waren gerade hochrangige Mediatoren besonders prädestiniert, Konflikte zu beenden oder einzudämmen. Schließlich fanden gerade Fehden nicht als blinder Ausbruch

9 Vgl. Gerhard Lubich, Geschichte der Stadt Schwäbisch Hall. Von den Anfängen bis zum Ausgang des Mittelalters (Veröffentlichungen der Gesellschaft für Fränkische Geschichte Reihe 9, Darstellungen aus der Fränkischen Geschichte 52), Würzburg 2006, S. 192–204.

10 Vgl. ebd., S. 206–212.

11 Zimmern, Zimmerische Chronik, Bd. 1 (1881), S. 305f.

von Gewalt statt, sondern wurden besonders intensiv auch auf diplomatischem Weg betrieben.[12]

Doch selbst so manche Vermittlungsversuche und Schlichtungstage wurden weniger als Chance auf Frieden genutzt. Vielmehr boten sie ein weiteres Werkzeug der Konfliktführung. Denn ein Waffenstillstand, der mit einer Verhandlung einherging, konnte eine Partei ins Hintertreffen bringen oder sogar den Konflikt in die Länge ziehen. Schließlich hatte besonders die überlegene Seite oft mehr Vorteile davon, weiter beim Gegner zu plündern, dessen Länder zu besetzen oder schlicht seine Ressourcen durch die Verzögerung zu strapazieren. Die über sechzehn Jahre andauernde Werdenbergfehde[13] zeichnete sich insbesondere durch das geschickte Ausmanövrieren der Freiherren von Zimmern am königlichen Hof durch die Grafen von Werdenberg aus. Durch Rufmord der Reichsacht unterworfen und ins Exil getrieben, scheiterten gleich zwei zimmerische Generationen immer wieder daran, König Maximilian auf dem Verhandlungsweg zu einer endgültigen Entscheidung zu bewegen. 1497 sabotierten die Werdenberger, die derweil auf den Besitzungen derer von Zimmern saßen, eine in Innsbruck angesetzte Schlichtung, indem sie einfach nicht erschienen. So *köndten die königclichen commissarii nichts fruchtbarlichs handlen,*[14] während die Armut der zimmerischen Fraktion sie bald wieder zur Abreise zwang.[15] 1503 erreichte Johannes Werner d. J. von Zimmern endlich mit dem Schwert, was er, sein Bruder und sein Vater vor ihrem Tod nicht auf friedliche Weise hatten regeln können: Mithilfe eines breiten militärischen Bündnisses holte er sich den Familiensitz Meßkirch mit Gewalt zurück und schaffte so vollendete Tatsachen. Im Jahr darauf konnten alle Parteien auf dem Augsburger Reichstag vor König Maximilian zu einer Einigung kommen.[16]

So scheint es kaum verwunderlich, wenn gerade beim Studium adliger Lebensbeschreibungen der Eindruck entstehen mag, dass diplomatische Lösungsversuche der gewalttätigen Konfliktaustragung mehr im Weg standen als dass sie nutzten. Denn Gewalt schien deutlich Gewinn zu bringen und dort klare Ordnungen zu schaffen, wo zuvor lange und unfruchtbar verhandelt worden war. Die zahlreichen Konflikte Götz Berlichingens scheinen dieser Ansicht – vom interpersonellen Umgang bis hin zu jahrelangen Fehden – immer wieder Recht zu geben. So überfiel 1515 Götz im Zuge seiner Mainzer

12 Vgl. Althoff, Schranken der Gewalt (1999), S. 16–18.
13 Vgl. Bastress-Dukehart, The Zimmern chronicle (2002), S. 88–153.
14 Zimmern, Zimmerische Chronik, Bd. 2 (1881), S. 7f.
15 Vgl. Bastress-Dukehart, The Zimmern chronicle (2002), S. 141f.
16 Vgl. ebd., S. 151–153.

Fehde den Mainzer Bundesrat Doktor Johann Küchenmeister.[17] Als dieser, statt sich gefangen zu geben, anfing, mit Götz *viell tagleistenn*, also verhandeln zu wollen, kürzte der Franke die Diskussion kurzerhand mit dem Schwert ab: Mit der Schwertfläche *schmirt* [*er*] *inn ein wenig vbernn kopff*.[18] Doktor Küchenmeister hörte zwar auf zu verhandeln, musste jedoch umgehend medizinisch versorgt werden, da sich das Schwert des Berlichingers beim Schlag etwas gewendet hatte, sodass er ihn mit der Schneide traf.[19] Die Schwertführung mit einer Eisenhand war vielleicht doch weniger subtil als Götz es gerne gehabt hätte.

Auch die zweijährige Fehde Götz von Berlichingens 1512 bis 1514 gegen Nürnberg[20] zeichneten zahlreiche unfruchtbare Verhandlungsversuchen aus; mehrfach tauchte eine der beiden Parteien nicht einmal am festgesetzten Tag auf.[21] Der Edelmann beklagt sich in seiner Lebensbeschreibung deshalb wiederholt, ihm seien, so aufgehalten, hunderttausende Gulden an aussichtsreicher Beute durch die Lappen gegangen. Denn für den Zeitraum der Verhandlungen hätte er Überfälle auf Nürnberger Kaufmannszüge vorbereitet gehabt, die nun ausbleiben mussten.[22] Eine Fehde gegen den Mainzer Erzbischof Albrecht von Brandenburg in den Jahren 1515 bis 1516 erklärte der Berlichinger sogar erst, nachdem die Mainzer Amtleute wenig Willen gezeigt hatten, ernsthaft eine friedliche Einigung herbeiführen zu wollen. Wie dem Briefverkehr der Mainzer Seite zu entnehmen ist, stimmten sich diese intern ab, die Verhandlungen hinauszuzögern.[23] So erschienen sie zu einem Verhandlungstag in Adelsheim schlicht nicht. In Tauberbischofsheim spielten die beiden Schlichter und Amtleute von Mainz sogar Brett und höhnten, dass Berlichingen sie nicht mit den zuvor befehdeten Nürnbergern verwechseln sollte. Beleidigt musste er unverrichteter Dinge wieder abziehen. [*V*]*nd ich dacht auch was ich zuschaffenn hett, vnd thet darnach ein abklag ann bischoff vonn Meintz vnd ließ inn darob sitzenn*.[24] Er zögerte nicht lange und setzte umgehend Mainz und seinen Verbündeten so sehr zu, dass der Erzbischof einem Friedensersuchen des Edelmanns kein halbes Jahr später mehr als bereit war, nachzukommen. Dabei

17 Vgl. Ulmschneider, Götz von Berlichingen (1974), S. 81.
18 Berlichingen, Fehd und Handlungen (1981), S. 109.
19 Vgl. ebd.
20 Vgl. Ulmschneider, Götz von Berlichingen (1974), S. 57–78.
21 Vgl. ebd., S. 61f.
22 Vgl. Berlichingen, Fehd und Handlungen (1981), S. 94f.
23 Vgl. Albert Schreiber, Die Veranlassung zu der Fehde Götz von Berlichingens mit dem Erzstifte Mainz. Mit 9 bisher ungedruckten Briefen Götz von Berlichingens, in: Zeitschrift für die Geschichte des Oberrheins 54/NF 15 (1900), S. 494–507, hier insb. S. 497.
24 Berlichingen, Fehd und Handlungen (1981), S. 107.

hatte Bischof Albrecht zuvor noch verlauten lassen, die Fehde würde bloß mit Gottfrieds Tod ein Ende finden.[25]

4.1 Die fürstliche Sympathie für adlige Gewalttäter

Kaiser Maximilian scheint 1513 Götz von Berlichingens Gewalt gegen die Augsburger Kaufleute aber nicht bloß geduldet zu haben, weil ein Einmischen ihn mehr beschwert als ihm genutzt haben wird. Der Unwille des Kaisers, auf das vorgebrachte Anliegen zu reagieren, beruhte nämlich offenbar nicht nur auf einer Antipathie gegenüber den Bittstellern. Er scheint auch eine gewisse Sympathie gegenüber dem Vorgehen der Edelleute gehegt zu haben. Denn als er vom Überfall des einhändigen Berlichingen und einbeinigen Selbitz hörte, soll er laut Götz gerufen haben: *„Heilliger gott, heilliger gott, was ist das? Der ein hatt ein hanndt, so hat der annder ein bein, wann sie dann erst zwo henndt hettenn, vnd zwey bein, wie wollt ir dann thun?"*[26] Seine erste Reaktion auf den Überfall war also eher spöttisch, was das Unrecht an den Kaufleuten der ansonsten von ihm favorisierten Stadt Augsburg[27] betraf. Die beiden Edelmänner, die die räuberischen Reiter führten, schien der kriegerische Kaiser jedoch mehr zu bewundern als zu verurteilen. Der Respekt war mitnichten einseitig: Wiederholt und auch an dieser Stelle betont Berlichingen, dass er niemals *ettwas wider kay. mt. oder das hauß Osterreich gehanndelt hab.*[28] Versagten die Augsburger Kaufleute also darin, ihren Streit mit Berlichingen auch zu einem Streit des Kaisers zu machen, so schien sich dieser mehr an der räuberischen deutschen Ritterschaft zu freuen.

Neben Maximilian ließen sich auch weitere Herrscher von den ritterlichen Fertigkeiten unzweifelhafter Rechtsbrecher mehr beeindrucken als dass sie deren Verbrechen verfolgten. So beschreibt Froben Christoph von Zimmern eine recht ähnlich anmutende Geschichte eines offensichtlichen Burgfriedensbruchs auf dem Schloss Lichtenberg im Elsass. Den dortigen Herren Jakob

---

25 Vgl. Ulmschneider, Götz von Berlichingen (1974), S. 78–92, insb. S. 88; Berlichingen, Fehd und Handlungen (1981), S. 107–114, insb. S. 114.

26 Ebd., S. 96.

27 Vgl. Freimut Löser, „Letzter Ritter" und „Bürger zu Augsburg": Zur Selbstdarstellung Kaiser Maximilians I., in: Martin Kaufhold (Hg.), Augsburg im Mittelalter, Augsburg 2009, S. 72–96, hier S. 77f.; Rolf Kießling, Warum Augsburg? Zum Verhältnis des Hauses Habsburg zur Stadt am Lech, in: Heidrun Lange-Krach (Hg.), Maximilian I. 1459–1519. Kaiser. Ritter. Bürger zu Augsburg 2019, S. 15–21.

28 Berlichingen, Fehd und Handlungen (1981), S. 96f.; vgl. auch Ulmschneider, Götz von Berlichingen (1974), S. 73f.

von Lichtenberg (1416–1480), seit 1458 Graf,[29] beschreibt er in zahlreichen Geschichten als starken, geradezu riesenhaften Mann, der sich mit ebenfalls sehr großen Männern und solchen *ainer ungleublichen sterke* umgab.[30] Im Hofgesinde Jakobs war auch ein Edelmann aus dem Geschlecht derer von Beilstein. Auf dem Schloss herrschte von jeher die Sitte, dass jeder, egal welchen Standes, morgens ein Holzscheit in die Küche zu bringen habe. Ansonsten verweigerte ihm der Koch die Suppe. Als nun der Koch *sein gerechtigkait* von besagtem Beilstein forderte, der kein Scheit brachte, soll dieser entrüstet in den Hof gegangen sein.[31] Denn dort hatte er einen mit Holz gepackten Esel erblickt. Diesen nahm er sich mitsamt dem Holz auf die Schulter und trug ihn in die Küche, nur um ihn auf den äußeren Rost des Kamins zu werfen. Inwiefern Esel und Rost diese Machtdemonstration überstanden, überliefert Froben Christoph nicht. Es folgte *grose clag* vor Herrn Jakob und *von etlichen dienern* wurde der Vorwurf des Burgfriedensbruchs laut.[32] Doch der Herr von Lichtenberg zeigte sich, wie schon Maximilian in Augsburg, eher von der ritterlichen Fertigkeit seines Dieners beeindruckt. So ließ er bloß verlauten, *wen ainer under seinen dienern das nachthue, so welle er den Beilstain darumb straffen*.[33] So sehr scheinen die beiden Adligen Gewalt verehrt zu haben, dass ihre illegitime, doch bemerkenswerte Ausübung den Herrn und seinen Diener selbst im engen Kreis der Burgbewohner näher zusammenbrachte als sie zu spalten.

Tätliche Angriffe scheinen selbst im höfischen Umgang mit einem Fürsten ein Mittel gewesen zu sein, um dessen Aufmerksamkeit als Mitglied des Adels zu erlangen. Das galt natürlich nur, wenn sich die Gewalt nicht gegen den Fürsten persönlich richtete. So steckt im Ursprungsmythos der Basler Herren von Eptingen trotz aller Anachronismen doch ein Moment wirklichen ritterlichen Selbstverständnisses. Laut dem Eptinger Familienbuch stammte die Familie vom römischen Verräter Lucius Sergius Catilina (†62 v. Chr.) ab. Er soll im Eptinger Mythos versucht haben, Karl den Großen zu hintergehen. Seine beiden Söhne hätten nach seinem Tod und ihrer Vertreibung schließlich wieder versucht, in die Gunst des römischen Kaisers zu kommen. Die beiden

---

29 Vgl. Battenberg, Hanau-Lichtenberg (1995), S. 421.

30 Zimmern, Zimmerische Chronik, Bd. 1 (1881), S. 468. Mit dreien jener Gefolgsleute soll er sogar drei Franzosen vor einem verabredeten Zweikampf durch ihre Statur abgeschreckt haben, den Kampf auch nur aufzunehmen. Diese seien laut Froben Christoph vor Gericht gezogen, das ihnen recht gegeben habe, dass *die Franzosen nit schuldig seien zu kempfen wider die, so nit mentschen seien, wie ander mentschen, sonder risen*; ebd. S. 471.

31 Ebd., S. 468.

32 Ebd.

33 Ebd.

Ritter erlangten seine Aufmerksamkeit, als sie ihre Zelte bei Rheinfelden aufschlugen. Als Karl aber einen Knecht zur Nachforschung schickte und dieser ihnen gegenüber *nit vernunfft* gebrauchte, *ward er von ihnen geschlagen, daß er sich klagt*. Der überraschte Kaiser, davon *befremdet*, hörte auf den Rat eines alten Ritters und schickte nun stattdessen seinen Marschall, sodass schließlich die beiden Brüder vorsprechen und wieder in kaiserliche Gunst kommen konnten.[34]

Wie nahe dieser Mythos der spätmittelalterlichen Wirklichkeit war, zeigt wiederum die Zimmerische Chronik: Froben Christophs Urgroßvater Werner soll durch Fremdverschulden am Hof Sigismunds des Münzreichen in Ungnade gefallen sein. Wie auch schon die beiden fiktiven Eptinger wollte er deshalb dem Fürsten persönlich gegenübertreten und sich, laut dem Chronisten, sogar entschuldigen. Als der Türhüter, *der dann wol gewist, wie herr Wörnher in ungnaden*, den Freiherren deutlich abwies, griff der für seine Kraft bekannte Werner zur Gewalt: Er erzürnte so sehr, dass er ihn *bim haar aufgehaben* und die Stiege hinabwarf.[35] So übertrieben dies klingen mag, beschrieben zeitgenössische Fechtbücher explizit entsprechende Wurftechniken, die sich der modisch langen Haare bedienen.[36] Werner konnte nach diesem Wutausbruch ungehindert eindringen und sich mit seinem Herren aussprechen, um darauf in noch *gröſserm ansehen* zu stehen.[37]

So mancher Fürst war von den Gewaltausbrüchen seiner adligen Diener und der Mitglieder der Ritterschaft nicht nur angetan. Er unterstützte diese oft genug bei ihren Gewalttaten und Fehden. Nicht zufällig erfuhr Götz von Berlichingen 1513 bei einem Fürsten von den Worten Maximilians gegenüber den beraubten Kaufleuten. Ritterschaft und Fürsten standen sich in Mitteln und Ambitionen solcher Formen der Konfliktführung oft nahe. Selbst der für seine rücksichtslosen Raubzüge berüchtigte Hans Talacker von Massenbach[38] hatte während seiner Fehdetätigkeit gemeinsam mit Berlichingen und dessen *guten freundenn vnnd gesellenn* [...] *auch gute hernn vnd fursten, vnd anndere, da sie sich vnnderschleifften* [*nhd.: Zuflucht fanden*], *vnnd sicher sein kunthen*.[39]

---

34 Familienbuch der Herren von Eptingen (1992), S. 182f.

35 Zimmern, Zimmerische Chronik, Bd. 1 (1881), S. 416f.

36 Vgl. u. a. Hans Talhoffer, Fechtbuch, Schwaben 1467 (Bayerische Staatsbibliothek München, Cod.icon. 394a), fol. 101v; Codex Wallerstein um 1420/um 1470/1556 (Universitätsbibliothek Augsburg, Cod.1.6.4°.2), fol. 57r–48v, 70v–71r.

37 Zimmern, Zimmerische Chronik, Bd. 1 (1881), S. 417; vgl. auch Wolf, Von der Chronik zum Weltbuch (2002), S. 362f.

38 Vgl. Karl Klunzinger, Thaten und Schicksale des Hans von Massenbach, genannt Thalacker, in: Württembergische Jahrbücher für vaterländische Geschichte, Geographie, Statistik und Topographie, 1 (1855), S. 158–175.

39 Berlichingen, Fehd und Handlungen (1981), S. 72.

Mitte des 16. Jahrhunderts, als sich die landesherrlichen Ambitionen fast gegen die ritterschaftliche Eigenständigkeit durchgesetzt hatten, schreibt Graf Froben Christoph von Zimmern zurückblickend über die *strafsenräuber* in jenem *tenebros[um] secul[um]* etwa ein halbes Jahrhundert zuvor: Als sein Onkel, Freiherr Gottfried Werner von Zimmern (1484–1554), am Stuttgarter Hof Herzog Ulrichs von Württemberg (1487–1550) diente, habe dort einmal ein Franziskanermönch gegen ebendiese ‚Straßenräuber' gepredigt. Er forderte, diese zu fangen, vors Gericht zu bringen und *peinlich* anzuklagen. Schließlich verlangte er, nicht ohne deutliche Schadenfreude, diese *in stiffel und sporen an liechten galgen* aufzuhängen. Die Predigt erreichte wohl kaum die Reaktion, die er sich erhofft hatte. Denn Herzog Ulrich hatte Froben Christoph zufolge *vil seltzams gesünds* an seinem Hof und besonders die Franken darunter *waren über den münch übel zufriden.*[40] Ernst Schenk von Tautenberg, den der Autor noch kurz zuvor einen von *vil statlicher grafen und herren* am Württemberger Hof hervorhebt,[41] rief sogar zur Ermordung des Barfüßers auf: Er *wolt den münch nur todt haben und wolt seltzam mit ime umbgeen.* Denn schließlich beharrten diese Franken laut Froben Christoph stolz darauf, ein altes Privileg zu haben, *uf den strafsen unstrefflichen zu rauben und aim andern das sein zu nemen.*[42]

Fürsten wie Ulrich von Württemberg verhalfen solchen räuberischen Adligen wiederholt an ihren Höfen zu großem Ansehen und hatten Sympathie für deren gewalttätiges Vorgehen. Markgraf Friedrich v. von Brandenburg (1460–1536) soll seinen jungen Adligen sogar geraten haben: „*Es geet wol hin, den kaufleuten die deschen schütlen, aber allain am leben solt ir inen nichs thon.*"[43] Richtet man den Fokus bloß auf den fehdeführenden Niederadel, so mag bald der Verdacht aufkommen, dass insbesondere dieser der Ordnung und dem Frieden im Reich im Weg gestanden habe. Einerseits ist sicher der semantisch aufgeladene und anachronistische Raubritterbegriff wissenschaftlich unangebracht.[44] Andererseits ist nicht von der Hand zu weisen, dass

---

40 Zimmern, Zimmerische Chronik, Bd. 2 (1881), S. 393f.

41 Ebd., S. 392.

42 Ebd., S. 393; vgl. auch Hillay Zmora, State and nobility in early modern Germany. The knightly feud in Franconia, 1440–1567 (Cambridge studies in early modern history), Cambridge 1997, S. 2f.

43 Zimmern, Zimmerische Chronik, Bd. 2 (1881), S. 394.

44 Dieser lässt sich erst im 17. Jahrhundert belegen und fand anschließend im 19. Jahrhundert größere Verbreitung und wissenschaftliche Beachtung; vgl. Kurt Andermann, Art. „Raubritter", Stand: 09.05.2011, Historisches Lexikon Bayerns, URL: https://www.historisches-lexikon-bayerns.de/Lexikon/Raubritter, Abgerufen: 05.08.2022; zur wissenschaftlichen Auseinandersetzung mit dem Begriff des ‚Raubritters' vgl. insb. auch Görner, Raubritter (1987); die Beiträge im Sammelband Kurt Andermann (Hg.), „Raubritter" oder

niederadlige Konflikt- und Fehdeführung weit mehr Gründe als bloß die Auseinandersetzung um einen realen oder vorgeschobenen Rechtskonflikt hatte. Allein schon der in den Kampfhandlungen zu erlangende Gewinn an Ehre und Beute konnte viele Edelleute motivieren.[45] Weiterhin stellte eine Fehde natürlich auch eine weitere Möglichkeit dar, den eigenen politischen Rivalen zu schaden. Götz von Berlichingen schreibt zwar selbst in seinem Werk dagegen an, dass Missgönner und Unwissende ihm seine Handlungen *zum ergstenn vnd vbelstenn außlegenn woltenn*.[46] Dennoch gibt er offen zu, seine zweijährige Fehde gegen Nürnberg kaum aufgrund eines vermeintlichen Rechtsbruchs losgetreten zu haben. Stattdessen *will ich niemandt bergenn, ich hett willenn auch derenn vonn Nurnnberg feindt zu werdenn*. So beschreibt er, wie er 1512 mutwillig mithilfe eines Überfalls während seiner Fehde gegen den Bamberger Bischof *die vonn Nurnnberg auch inn das spill gebracht* habe.[47]

4.2 Rücksichtslose Gewalt als Instrument fürstlicher Politik

Die Sympathien von Vertretern des Hochadels gegenüber solchen räuberischen Mitgliedern der Ritterschaft beruhte nicht zuletzt auf den grundsätzlich doch sehr ähnlichen Formen ihrer Konfliktführung. Hillay Zmora betont, dass Fürsten in Franken zwischen 1440 und 1570 die „chief agents“ von Fehden gewesen seien. Fehden innerhalb der Ritterschaft und zwischen dem gemeinen Adel und Fürsten hielten sich fast die Waage.[48] Wie die Ritterschaft sorgte sich auch der Hochadel im Konfliktfall in erster Linie um die Mittel, Verbündeten und Strategien, um militärisch gegen Feinde vorzugehen und damit seine Ambitionen zu verfolgen. Die Durchsetzung eines häufig bestenfalls vagen Rechtsanspruchs rückte dabei oft genug in den Hintergrund. Die

---

„Rechtschaffene vom Adel“? Aspekte von Politik, Friede und Recht im späten Mittelalter (Oberrheinische Studien 14), Sigmaringen 1997 und Werner Rösener, Zur Problematik des spätmittelalterlichen Raubrittertums, in: Helmut Maurer/Hans Patze (Hgg.), Festschrift für Berent Schwineköper. Zu seinem siebzigsten Geburtstag, Sigmaringen 1982, S. 469–488.

45 Vgl. Hillay Zmora, Adelige Ehre und ritterliche Fehde: Franken im Spätmittelalter, in: Klaus Schreiner/Gerd Schwerhoff (Hgg.), Verletzte Ehre. Ehrkonflikte in Gesellschaften des Mittelalters und der frühen Neuzeit (Norm und Struktur 5), Köln 1995, S. 92–109; Klaus Graf, Gewalt und Adel in Südwestdeutschland, Stand: 09.05.2000, URL: http://hsozkult.geschichte.hu-berlin.de/BEITRAG/essays/grkl0500.htm, Abgerufen: 05.08.2022; Konzen, Aller Welt Feind (2014), S. 40f.

46 Berlichingen, Fehd und Handlungen (1981), S. 52.

47 Ebd., S. 91.

48 Zmora, Feud in early modern Germany (2011), S. 12.

Auseinandersetzungen um die Hohenzollernburg in der ersten Hälfte des 15. Jahrhunderts sind ein gutes Beispiel dafür, wie Grafen und selbst Fürsten versuchten, Macht vor Recht gelten zu lassen.

Am 8. Mai 1423 eroberte ein Bündnis aus 18 Reichsstädten, darunter Augsburg und Ulm, gemeinsam mit Graf Eitel Friedrich I. von Hohenzollern (†1439) die vom Grafen Friedrich XII. ‚Oettinger' von Hohenzollern gehaltene Hohenzollernburg. Eitel Friedrich hatte den städtischen Truppen motivierend und als Ratgeber zur Seite gestanden, um seinem räuberischen Bruder die gut gelegene und befestigte gemeinsame Residenz wieder zu entreißen. Friedrich Oettinger hatte Eitel Friedrich zuvor nicht nur aus der Burg vertrieben, sondern den Bruderstreit rücksichtslos zum Schaden von Freund und Feind geführt.[49] Unter großem Jubel der städtischen Knechte, unter diesen auch der bekannte Augsburger Chronist Burkhart Zink (1396–um 1475), wurde das Schloss schließlich *in den grund geschlaift*,[50] sprich *eingenomen, geblindert und biſs in grundt zerstört und zerbrochen.*[51] Die anfängliche Freude Eitel Friedrichs über die Niederlage seines Bruders wich bald der Reue, hatte er schließlich *sein selbs und aigens nest* [...] *geschendt und zu boden gericht.*[52] Keine drei Monate nach der Schleifung der Burg, am 28. Juli, beschwerte er sich in einem Brief bei den Städten über die angerichtete Zerstörung.[53] Doch die Städte, die maßlosen Raubzüge seines Bruders noch in bester Erinnerung, erwirkten bei Kaiser Sigismund, dass dieser am 25. Oktober den Wiederaufbau verbot. Er erlaubte den Städten, einen solchen Bau zu verhindern. Damit sorgte er vor allem dafür, dass er, was die Ausführung eines erzwungenen Baustopps anging, kaum zur Verantwortung gezogen werden konnte.[54] Eitel Friedrich aber hatte sich in den Kopf gesetzt, das Schloss wiederaufzubauen, da es schließlich zur Hälfte ihm gehört hatte *und darvon er den namen het.* Er suchte *rath bei seinen nechsten freunden und verwandten,* die ihm ebenfalls beipflichteten, *das er*

---

49 Zum Streit und der Fehde der Brüder vgl. Schmid, Belagerung, Zerstörung und Wiederaufbau (1867), S. 1–44; Zimmern, Zimmerische Chronik, Bd. 1 (1881), S. 270f.

50 Burkhard Zink, Chronik des Burkard Zink. 1368–1468, hrsg. von Ferdinand Frensdorff und Matthias Lexer, in: Ferdinand Frensdorff (Hg.), Die Chroniken der schwäbischen Städte. Augsburg. Bd. 2 (Die Chroniken der deutschen Städte vom 14. bis ins 16. Jahrhundert 5), Leipzig 1866, S. 1–330, hier S. 131.

51 Zimmern, Zimmerische Chronik, Bd. 1 (1881), S. 275.

52 Ebd., S. 276.

53 Vgl. Rudolf von Stillfried/Traugott Maercker, Hohenzollerische Forschungen. Bd. 1: Schwäbische Forschung, Berlin 1847, S. 235, Anm. 66.

54 Vgl. Johann Friedrich Böhmer/Wilhelm Altmann, Regesta Imperii XI. Die Urkunden Kaiser Sigmunds (1410–1437). Bd. 1, Innsbruck 1896, Nr. 5662, Schmid, Belagerung, Zerstörung und Wiederaufbau (1867), S. 63, 82.

den Zollnerperg widerumb einnemen und pawen sollte.[55] Der Plan schien recht simpel gewesen zu sein: Das gewaltige Bündnis der 18 Reichsstädte hatte beinahe ein Jahr, nicht wenige Ressourcen und den Rat Eitel Friedrichs gebraucht, die gut gelegene Burg zur Aufgabe zu zwingen. So setzte er 1430 darauf, schnell und mit ausreichend Verpflegung den Zollernberg zu besetzen und dort erste Befestigungen zu errichten. Auf diese Weise hoffte er wohl, dass sich niemand finden würde, die Mittel aufzubringen, dem ehemaligen Verbündeten seine Familienburg wieder nehmen zu wollen. Die Städte gingen jedoch energischer vor, als es der Graf erwartet hatte: [*D*]*ie stett der verainigung, wie sie das gewar, vermainten sie den paw zu verhündern, wolten auch weiter kain raubschloſs ires erachtens alda haben.*[56] Es blieb nicht bloß bei einer ersten schriftlichen Protesterklärung Eitel Friedrichs am 28. Juli:[57] Die Bauarbeiten wurden eilig vorangetrieben und es hätte nur noch acht Tage gebraucht, den Berg gegen eine Belagerung zu sichern. Ebenso eilig hatten jedoch auch die Städte Truppen zusammengezogen und ließen überraschend 6000 Mann Fußvolk und Reiter eines Morgens am Berg aufmarschieren. Der Graf hatte dies offenbar nicht kommen sehen, traf die Armee schließlich bloß auf etwa dreißig Bauarbeiter, die mit ansehen mussten, wie *das schön haus* wieder zerstört wurde.[58] Auch wenn die Reichsstädte zuvor auf den kaiserlichen Befehl verwiesen hatten, der ihnen ausdrücklich erlaubte, einen Wiederaufbau zu verhindern,[59] hatte er wohl nicht mit einer solch scharfen Reaktion gerechnet. So nennt die Zimmerische Chronik etwa hundert Jahre später das alles andere als illegale Vorgehen der Städte *dester weniger loblich oder zu rümen, seitmals sie unbewart gehandelt, auch sich der graf zu inen nichs args oder feindlichs versehen.*[60]

Hatte Eitel Friedrich Macht vor Recht gelten lassen wollen, so hatte er sich dennoch letztlich gehörig verrechnet. Erst sein Sohn Jos Niklas sollte wieder eine Familienburg auf dem Zollernberg betreten. Dabei agierte er weitaus geschickter, auch wenn im Zuge des Wiederaufbaus der Burg Hohenzollern erneut ähnliche Mechanismen griffen. Diesmal jedoch manövrierte der Hochadel die Städte auf ganzer Linie aus: Jos Niklas' Vorfahren pflegten *mertails ire sachen uf die faust* [*zu*] *setzten.*[61] Er ging die Sache weit diplomatischer an: Er nutzte seine Beziehungen aus dem Österreicher Hofdienst, den Streit Erzherzog Albrechts VI. von Österreich mit der nahegelegenen Herrschaft

55 Zimmern, Zimmerische Chronik, Bd. 1 (1881), S. 280.
56 Ebd., S. 81.
57 Schmid, Belagerung, Zerstörung und Wiederaufbau (1867), S. 82.
58 Zimmern, Zimmerische Chronik, Bd. 1 (1881), S. 281.
59 Vgl. Stillfried et al., Hohenzollerische Forschungen (1847), S. 239, Anm. 78.
60 Zimmern, Zimmerische Chronik, Bd. 1 (1881), S. 281.
61 Ebd.

Hohenberg, aber auch den Unwillen des Adels gegenüber den selbstbewusst auftretenden Städten. Das Schicksal und die vermeintlich unwürdige Behandlung der schwäbischen Hohenzollern hatte Aufsehen erregt und selbst über die Grenzen des Reiches hinweg hatten *menigclich mit disem grafen ain mitleiden und betauren, das die stett also wider die billichkait handleten und ain sollichen grofsen muetwillen und hochmuet,* [...] *getriben.*[62] Vom Herzog Philipp von Burgund über König Kasimir II. von Polen bis hin zu den direkt benachbarten Freiherren von Zimmern und dem verwandten hohenzollerischen Markgrafen von Brandenburg schlossen sich Adlige zusammen, die nicht nur Geld, sondern auch diplomatischen Einfluss und Truppen bereitstellten, den Wiederaufbau zu unterstützen. Als 1454 und genau 31 Jahre nach Schleifung der Burg,[63] schließlich mit kaiserlicher Zustimmung[64] der Bau begann, legte Herzog Albrecht von Österreich, der Bruder Kaiser Friedrichs III., nicht nur persönlich den Grundstein für seinen Zögling Jos Niklas. Er lagerte sein Heer von 1 500 Reitern *den stetten, wie man sagt, zu trutz umb den Zollnerberg.*[65] War Albrecht von Brandenburg nicht persönlich anwesend, so hatte er doch seine Räte und Reiter geschickt. Auch der Markgraf von Baden und viele schwäbische Adlige stellten Truppen. Der Beginn des Baus wurde zum festlichen Ausdruck adliger Macht. Sogar ein Turnier, die wohl deutlichste festliche Inszenierung adlig-kriegerischen Selbstverständnisses,[66] wurde auf der Baustelle abgehalten.[67] In Rekordzeit, vom 25. Mai bis zum 29. Juni, wurde das Schloss so weit befestigt, dass Graf Jos Niklas *sich hinfüro von den stetten oder andern kaines überfalls oder gewalts mehr dorft besorgen.*[68] So beeindruckend dieses Vorgehen und die adlige Machtdemonstration sein mögen, hatten sich die Adligen hierzu weitestgehend rechtlich abgesichert. Die Reichsstädte

62 Zimmern, Zimmerische Chronik, Bd. 1 (1881), S. 282.

63 Schmid, Belagerung, Zerstörung und Wiederaufbau (1867), S. 87.

64 Vgl. Joseph Chmel/Friedrich, Regesta Chronologico-Diplomatica Friderici III. Romanorum Imperatoris. (Regis IV.). Auszug aus den im k. k. geheimen Haus-, Hof- und Staats-Archive zu Wien sich befindenden Reichsregistraturbüchern vom Jahre 1440–1493. Nebst Auszügen aus Original-Urkunden, Manuscripten und Büchern. Zweite Abtheilung. Vom Jahr 1452 (März) bis 1493, Wien 1840, Nr. 3011, S. 306.

65 Zimmern, Zimmerische Chronik, Bd. 1 (1881), S. 284.

66 Vgl. die Kapitel 3.3 und 6.

67 Zimmern, Zimmerische Chronik, Bd. 1 (1881), S. 284f.; vgl. auch Thomas Fritz, Ulrich der Vielgeliebte (1441–1480). Ein Württemberger im Herbst des Mittelalters. Zur Geschichte der württembergischem Politik im Spannungsfeld zwischen Hausmacht, Region und Reich (Schriften zur südwestdeutschen Landeskunde 25), Leinfelden-Echterdingen 1999, S. 158f.

68 Zimmern, Zimmerische Chronik, Bd. 1 (1881), S. 285.

dachten dementsprechend auch kaum daran, militärisch gegen den Grafen und seine Verbündeten vorzugehen.

Darin lag die grundlegende Strategie der Österreicher, die weit mehr im Schilde führten als bloß einem Grafen helfen zu wollen. Denn in diesem Fall waren es nicht die Zollern, die mit Gewalt dort Fakten zu schaffen versuchten, wo lange Verhandlungen zuvor gescheitert waren. Der Bau der Zollernburg diente als perfekter Vorwand, die nahegelegene Herrschaft Hohenberg, insbesondere die Städte Rottenburg, Schömberg, Binsdorf und Horb, zu besetzen. Seit 1410 war diese Herrschaft von den Habsburgern an die schwäbischen Reichsstädte verpfändet gewesen. Die Verhandlungen, diese Verpfändung wieder zu lösen, zogen sich über Jahre hinweg. Bevor Herzog Albrecht 1454 zum Zollernberg zog, ergriff er also die Gelegenheit, nutzte das Öffnungsrecht, das ihm und seinen Reitern die Tore in allen vier Städten öffnete, besetzte sie und erzwang dort die Erbhuldigung.[69] Erbarmungslos griff der Habsburger durch: *[E]s hiefs „compelle intrare, vogel is oder stürb!“*[70]

Die Entwicklungen hin zu Vorformen der Staatlichkeit im Verlauf des Spätmittelalters dürfen also nicht darüber hinwegtäuschen, dass an wirklich staatliche Strukturen noch kaum zu denken war. Das Kalkül von Hochadel und Fürsten unterschied sich kaum von dem des Niederadels. Auch sie setzten oft genug ihren Willen mit dem Schwert durch, anstatt sich auf diplomatische oder juristische Lösungsstrategien zu verlassen. Es wäre also zu verkürzt gedacht, die spätmittelalterlichen Konflikte und Fehden des Nieder- und des Hochadels als ein Ringen um ein fürstliches Gewaltmonopol zu zeichnen.[71] Lauro Martines stellt fest: „[T]he historian of violence is inclined to tell his story from the viewpoint of government. Subtly he makes himself counsel for the prosecution.“[72] Für eine Zeit, in der die Fürsten keineswegs durchweg mit einem solchen ‚government‘ verwechselt werden sollten, sondern nur als Stärkste neben vielen weiteren großen und kleinen Machthabern standen, ist dies umso bedeutender. Verurteilt der Historiker also, selbst in einem so offensichtlichen Fall wie Götz von Berlichingens, Mitglieder der Ritterschaft als ‚Raubritter‘, dann impliziert dies bald, dass es im Gegenzug weitestgehend objektiv über Recht und Ordnung wachende Mächte gab.

---

69 Vgl. Wilhelm Baum, Die Habsburger in den Vorlanden 1386–1486. Krise und Höhepunkt der habsburgischen Machtstellung in Schwaben am Ausgang des Mittelalters, Wien 1993, S. 340–344, insb. S. 343; Zimmern, Zimmerische Chronik, Bd. 1 (1881), S. 282–284.

70 Ebd., S. 284.

71 So kann Joseph Morsel in Franken eine entsprechende Strategie nicht ausmachen; vgl. Morsel, Die Erfindung des Adels (1997), S. 348f.

72 Martines, The historical approach (1972), S. 15.

Andere Entwicklungen, wie die Landfriedensbewegung, die letztlich 1495 im Ewigen Landfrieden gipfelte, zielten nicht zufällig deutlich auf eine Monopolisierung der Gewalt an Fürstenhöfen ab. Peter Moraw stellt heraus, dass „sich, soweit man Einblick hat, die Binnenstruktur dieser Landfrieden [...] recht autokratisch ausnimmt." Ein Landfriede konnte bald das „getarnte Herrschaftsinstrument des regional Stärksten sein".[73] Der Unterschied scheint damit vor allem darin zu liegen, dass dieser sich nun den Anstrich größerer Legitimität geben und Widerstand illegalisieren konnte. Der zimmerische Chronist Froben Christoph schreibt Mitte des 16. Jahrhunderts rückblickend auf das vorherige Saeculum wiederholt von der Abhängigkeit der Schwachen von der Willkür dieser Mächtigen:

> Es ist umb diese jar [ca. 1412] und auch hernach ganz übel in unsern landen gestanden und ganz unfridlich gewest; wer baſs megen, hat den andern in sack geschoben.[74]

> Eben in dem jar das schloſs Zoller zerstert [1423], do ist sonst gar nahe aller unfrid in deutschen landen hin und wider gewest, wer baſs künden, hat mer geton, und hat sich der schwecher leiden müßen, auch an manchen orten gedulden, das er von merers schutz und schurms wegen von aim mechtiger ist beschwert und einzogen worden.[75]

Diese Worte erinnern an den berühmten Brief Ulrichs von Hutten an Willibald Pirckheimer im Jahr 1518. Beinahe einhundert Jahre nach den beschriebenen Verhältnissen hatte sich offenbar kaum etwas geändert. Denn Hutten schreibt, er müsse sich zum eigenen Schutz einem Fürsten unterwerfen, *quod nisi fuero, omnes sibi omnia in me licere putant*.[76] Doch selbst unter fürstlichem Schutz war er nun stattdessen der Willkür der Feinde jenes Fürsten ausgesetzt. So musste er sich stets sorgen, ausreichend wehrhaft und bewaffnet zu bleiben. Er beschreibt anschaulich, die geringe Schwelle seiner Zeitgenossen, zur Gewalt zu greifen:

---

73 Moraw, Staat und Krieg (2000), S. 110; vgl. auch Hendrik Baumbach/Horst Carl, Was ist Landfrieden? Und was ist Gegenstand der Landfriedensforschung?, in: Hendrik Baumbach (Hg.), Landfrieden – epochenübergreifend. Neue Perspektiven der Landfriedensforschung auf Verfassung, Recht, Konflikt (Zeitschrift für Historische Forschung. Beiheft 54), Berlin 2018, S. 1–50, hier insb. S. 27–33.

74 Zimmern, Zimmerische Chronik, Bd. 1 (1881), S. 227.

75 Ebd., S. 279.

76 Hutten, Vlrichi de Hvtten, 25. Oktober 1518 (1859), S. 202.

> [S]i contumacius mea tuear aut iniuriam etiam persequar, bellum nascitur; siquid patientius remittam aut de meo etiam concedam, iam omnium statim iniuriis pateo, cum quantum uni concessum est, concedi sibi velint singuli, pretia propriæ iniuriae.[77]

Hutten bezieht sich dabei besonders auf seine niederadligen Standesgenossen und sogar Familienmitglieder. Doch Anteil an den beschriebenen Zuständen hatten eben auch jene Fürsten, denen Hutten sich gezwungenermaßen unterwarf.

Das Kalkül eines Götz von Berlichingen war dem Hochadel alles andere als fremd. Die von Hutten beschriebenen Zustände zeigen deutliche Parallelen zum Schicksal der beiden Brüder Diebold (†1499) und Gangolf (†1523) von Hohengeroldseck. Der streitsüchtige Diebold hatte sich in seiner *hochstreufse*[*n*] *und unverträgliche*[*n*] Art[78] mit dem Pfalzgrafen Philipp dem Aufrichtigen angelegt, der seinem Epitheton in diesem Konflikt keinesfalls gerecht wurde. Als sich Diebold in den Schutz des Habsburgers Sigismund des Münzreichen begab und infolgedessen 1486 eine Verhandlung in Innsbruck angesetzt wurde,[79] schützte dies den dort wartenden Diebold – ganz nach den Worten Huttens – keineswegs vor den kommenden Angriffen: Wohl nicht zuletzt, um Habsburg die Pfälzer Macht zu demonstrieren,[80] belagerte Philipp mit einer gewaltigen Übermacht[81] die Burg Hohengeroldseck. Das tat er ohne vorherige Fehdeerklärung[82] und damit gegen das geltende Recht der

77 Hutten, Vlrichi de Hvtten, 25. Oktober 1518 (1859), S. 202.

78 Zimmern, Zimmerische Chronik, Bd. 1 (1881), S. 376.

79 Thomas Förster, Die Eroberung der Burg Hohengeroldseck 1486, in: Zeitschrift für die Geschichte des Oberrheins 152 (2004), S. 165–187, hier S. 172.

80 Vgl. ebd., S. 174–176. Laut Froben Christoph von Zimmern konnte der Pfalzgraf dies *nit anders* [...] *erachten, dann das im sollichs zu drotz beschehen*; Zimmern, Zimmerische Chronik, Bd. 1 (1881), S. 376.

81 Laut der ‚Edelsasser Cronick' Bernhard Hertzogs stand den 70 Verteidigern ein übertrieben großes Heer aus tausenden Reitern, Fußknechten, Schweizer Söldnern und moderner Artillerie gegenüber. Über 8000 Mann sollen vor die Burg gezogen sein; vgl. Bernhard Hertzog, Chronicon Alsatiae. Edelsasser Chronick unnd außfürliche beschreibung des untern Elsasses am Rheimstrom, Straßburg 1592, S. 128 und insb. S. 131; vgl. auch Förster, Burg Hohengeroldseck (2004), S. 174.

82 Hatte die Belagerung am 31. Juli begonnen, war die Fehdeerklärung des Pfalzgrafen erst am 1. August ausgestellt worden; vgl. ebd., S. 172. Laut der Zimmerischen Chronik erreichte sie Diebold in Innsbruck sogar erst nach der Eroberung der Burg; vgl. Zimmern, Zimmerische Chronik, Bd. 1 (1881), S. 377.

goldenen Bulle[83] und wider adlige Normen.[84] Als Philipp die Burg nach sechswöchiger Belagerung einnahm, verleibte er sich trotz anderweitiger Zusagen gleich auch die Burghälfte von Diebolds Bruder Gangolf ein: Denn *was mit dem schwert ingenomen, wellt er auch mit dem schwert behalten.*[85] *Es war an dem allem nit genug*: Die Hohengeroldsecker, *vom haus Österreich verlassen*, das offenbar ebenso überrumpelt war wie seine neuen Diener, konnten nichts gegen den Verlust quasi aller ihrer Güter tun. Sie mussten sogar mitansehen, wie die Pfalz auch noch das Wittum von Gangolfs Ehefrau, Kunigunde von Monfort, schluckte.[86] Lange nachdem die Pfalz im Landshuter Erbfolgekrieg im Jahr 1504 die Burg verloren hatte, gelang es erst 1511 bis 1519 Gangolfs gleichnamigem Sohn, einem treuem Diener Kaiser Maximilians, Hohengeroldseck und die weiteren Familiengüter zurückzuerlangen. Der Kaiser schlug ebenfalls Profit daraus, hatte er die Güter schließlich zu Habsburger Lehen gemacht.[87]

Die Sulzer Linie der Geroldsecker war im Konflikt mit den Württembergern einer ähnlich aggressiven fürstlichen Politik ausgesetzt.[88] Den Verlust der Herrschaft Sulz an den späteren Herzog von Württemberg, Graf Eberhard im Bart (1445–1496), kommentiert Froben Christoph von Zimmern folgendermaßen: *Also hat Würtemberg die herrschaft Sulz auch verschluckt, wie andere grafschaften und herrschaften mer.*[89] An anderer Stelle wird er noch deutlicher und erklärt, wie die Territorialisierungsbestrebungen Württembergs im Spätmittelalter so erfolgreich sein konnten: *Aber der zwitracht under den grafen, herrn, und denen vom adel hat Würtenberg uf die füſs und in das increment, wie iezo, vor auch gen gepracht.*[90] Dies trifft auch auf die Politik anderer Landesherrschaften zu. Hochadel und Ritterschaft mochten zwar mitunter auf sehr

---

83 Laut Kapitel 17 der Bulle durften erst drei Tage nach offizieller Fehdeerklärung Kampfhandlungen beginnen; vgl. Wolfgang D. Fritz, Die Goldene Bulle Kaiser Karls IV. vom Jahre 1356 (MGH Font. iur. Germ. 11), Weimar 1972, S. 73.

84 Wäre Philipp Teil des Niederadels gewesen, wäre er für ein solches Vergehen gegen die adlige Ehre im Turnier von seinen ritterschaftlichen Standesgenossen verprügelt worden. Vgl. dazu auch unten, S. 272–279.

85 Zimmern, Zimmerische Chronik, Bd. 1 (1881), S. 377.

86 Ebd.

87 Ebd., S. 377–379; zur Belagerung von Hohengeroldseck vgl. insb. Förster, Burg Hohengeroldseck (2004); Heiko Wagner, Die Kurpfalz in der Ortenau. Die Belagerung der Burg Geroldseck im Jahre 1486, in: Geroldsecker Land 44 (2002), S. 19–34; zur Rückerlangung der Geroldsecker Güter vgl. Oskar Kohler, Die späteren Geroldsecker. Studien zu ihrer Hausgeschichte, in: Die Ortenau 39 (1959), S. 165–191, hier S. 178–180.

88 Vgl. Casimir Bumiller, Die Geschichte der Burg Albeck bei Sulz am Neckar, in: Casimir Bumiller (Hg.), Krieg Fehde Belagerung. Die Geschichte der Burg Albeck bei Sulz am Neckar, Stuttgart 2015, S. 8–143, hier S. 81–87.; Zimmern, Zimmerische Chronik, Bd. 1 (1881), S. 306–312.

89 Ebd., S. 309.

90 Ebd., S. 312.

ähnlich rücksichtslose Mittel zurückgreifen, um ihre Ambitionen durchzusetzen. Hochadlige Gewalt setzte sich oft schlicht gegen den Widerstand niederer Stände durch, weil die Ritterschaft einerseits militärisch meist schlechter aufgestellt war. Andererseits waren diese Stände so konfliktdurchsetzt, dass sie selten eine Front gegen fürstliche Ambitionen bieten konnten beziehungsweise kurzfristige fürstliche Hilfe oft genug auf Kosten langfristigen Machtverlusts akzeptierten.

4.3 Zwischenfazit und Ausblick

Rechtliche und moralische Problematiken waren kaum der ursprüngliche Grund, warum letztlich im 16. Jahrhundert die ritterschaftliche Fehde ausstarb und die Ritterschaft einen großen Teil ihrer Macht und Unabhängigkeit einbüßte. Vielmehr konnten sich in den zahlreichen Konflikten des ausgehenden Mittelalters die Territorialherren als die politisch und militärisch Potenteren weit effektiver gegen andere Stände durchsetzen, während diese zunehmend in Abhängigkeiten gerieten. Das entschieden sie letztlich jedoch nicht nur militärisch. Einerseits schafften sie es im Verlauf des Spätmittelalters – insbesondere des 15. Jahrhunderts – die bewaffnete Konfliktführung von Seiten anderer Stände zu delegitimieren. Die Fehde wurde langfristig durch den ‚Großen Krieg' der Fürsten abgelöst.[91] Es war aber nicht allein der Ewige Landfriede, der die Fähigkeit des Niederadels zur selbstständischen bewaffneten Konfliktführung mit der Zeit so sehr einschränkte, dass legitime Gewalt mit Fortschreiten des 16. Jahrhunderts nur noch von den Fürsten ausgehen konnte. Schließlich mangelte es zu Beginn des Jahrhunderts noch an Exekutivmacht und dem Willen, diese durchzusetzen. Auch noch 1532, 37 Jahre nach Ausrufung des Ewigen Landfriedens, bemühte sich Karls V. ‚Carolina' noch, rechte und unrechte Fehde zu unterscheiden.[92] Richtete sich der Deutsche Bauernkrieg kaum gegen die Territorialherren, traf er mit grausamer Härte vor allem den Klerus und den restlichen Adel. Wurde die Erhebung letztlich erbarmungslos niedergeschlagen, so hatte sich die Wut des gemeinen Mannes doch zuvor bereits ausreichend genug gegen Kirche und Niederadel entladen, um vielen die Mittel zu nehmen, selbstständig das Leben in den vielerorts zerstörten Klöstern und Burgen fortzusetzen. Im urbanen Umfeld ließ sich jedoch ein

---

91 Vgl. Moraw, Staat und Krieg (2000), S. 105–111.

92 Vgl. Reinhard Scholzen, Franz von Sickingen. Ein adeliges Leben im Spannungsfeld zwischen Städten und Territorien (Beiträge zur pfälzischen Geschichte 9), Kaiserslautern 1996, S. 30, 51.

Auskommen finden und insbesondere am Fürstenhof sogar eines, das adlige Legitimation versprach.[93] Wenn mitunter auch der Konkurrenz Nichtadliger im Fürstendienst ausgesetzt, war das ritterschaftliche Gewaltpotential doch im Kriegsdienst in den frühneuzeitlichen Fürstenheeren sehr willkommen. Die identitätsstiftenden ritterlichen Momente der bewaffneten Konfliktführung und des Waffenspiels ordneten sich fürstlicher Kontrolle unter. Die ritterschaftliche Welt der Fehden und der Ritterreise büßte damit viel ihrer internationalen Ausrichtung ein und konzentrierte sich zunehmend auf den Dienst am Fürsten und an dessen Hof.[94]

---

93 Vgl. Günther Franz, Der deutsche Bauernkrieg, Darmstadt [12]1984, S. 478; Werner Paravicini, Adelsherrschaft in der Krise: der Bauernkrieg von 1525, in: Ulf Christian Ewert/Andreas Ranft/Stephan Selzer (Hgg.), Noblesse. Studien zum adeligen Leben im spätmittelalterlichen Europa, Ostfildern 2012, S. 97–130, hier S. 101–103.

94 Vgl. Urs Martin Zahnd, Von der Heiliglandfahrt zur Hofreise. Formen und Funktionen adeliger und patrizischer Bildungsreisen im spätmittelalterlichen Bern, in: Rainer Babel/Werner Paravicini (Hgg.), Grand Tour. Adeliges Reisen und europäische Kultur vom 14. bis zum 18. Jahrhundert (Beihefte der Francia 60), Ostfildern 2005, S. 73–88, hier S. 87; Paravicini, Die ritterlich-höfische Kultur (2011), S. 53; Vale, War and chivalry (1981), S. 9.

KAPITEL 5

Ritterliche Ehre und ehrliche Taten

5.1 Die gewaltsame Behauptung adliger Ehre

Rittertum und Adel blieben über das Mittelalter hinaus deutlich mit der Idee kriegerischen, gewalttätigen Handelns verbunden. Der ritterliche Mann, der sich entschloss, zur Waffe zu greifen und diese auch einzusetzen, verstand sich dabei als Teil einer Gemeinschaft, die sich in ihrer Ehre und sozialen Beziehungen über Gewalt nicht bloß legitimierte. Die Mitglieder dieser ritterlich-adligen Gesellschaft verständigten sich untereinander und nach außen hin auch entsprechend mit Schwertern und Kanonen. Aus ihrer Mitte gewannen Adlige und all jene, die sich ihren Werten verbunden fühlten, also die Motive ihrer Gewalttaten. War Adel daher eng mit Gewaltausübung verbunden, so war Gewaltausübung an sich noch lange nicht edel. Norbert Elias, der die mittelalterliche Ritterschaft in ihrem Gewalthandeln offen von ihren Trieben gesteuert sah,[1] muss deshalb deutlich widersprochen werden.[2]

Mit Befremden berichtet Froben Christoph von Zimmern über Graf Johann von Fürstenberg d. J., einem Stiefsohn seines Großvaters Werner von Zimmern: Vergeblich hatte Werner versucht, ihn nach seiner Heirat 1444 zu erziehen. Doch statt zu *adenlichen kurzweilen lust* zu zeigen, erfreute sich der Junge am Anblick der Viehschlachtung beim Metzger, was Froben Christoph *ain anzaig ains tirrannischen, grimmen und bluotdurstigen gemüets* nennt. Als *unherrlicher junger graf* unterhielten ihn also Tod, Blut und Leid, statt dass er die Herausforderungen der adligen Jagd und des Waffenspiels suchte.[3] Dieses harsche Urteil traf der Chronist so einfach, weil es nicht den Normen der Adelsgemeinschaft entsprach. Handelte er außerhalb dieser Normen, positionierte er sich außerhalb der Gruppe, etwas, was diese kaum akzeptieren wollte. Fast wie in einem kausalen Zusammenhang nennt Froben Christoph nur noch als

---

1 Er schreibt, für die weitestgehend ländlich geprägte Ritterschaft sei „eine starke und beständige Dämpfung der Triebe oder Affekte weder nötig, sie ist weder möglich, noch nützlich"; Norbert Elias, Über den Prozeß der Zivilisation. Soziogenetische und psychogenetische Untersuchungen. Bd. 2: Wandlungen der Gesellschaft: Entwurf zu einer Theorie der Zivilisation (Suhrkamp-Taschenbuch Wissenschaft), Frankfurt am Main [17]1992, S. 322.

2 Vgl. Gerd Schwerhoff, Zivilisationsprozeß und Geschichtswissenschaft: Norbert Elias' Forschungsparadigma in historischer Sicht, in: Historische Zeitschrift 266 (1998), S. 561–605; Kaeuper, 'Civilizing Process' (2000).

3 Zimmern, Zimmerische Chronik, Bd. 1 (1881), S. 340.

 | DOI:10.1163/9789004527010_007

weiteres Detail aus dem Leben Johanns, dass er sich nie verheiratet habe. Brach er die Normen der Gemeinschaft, so offenbar das Narrativ, scheint niemand sich mit ihm verbunden haben zu wollen. Diese Frage nach der Konformität individuellen Handelns mit den Handlungsvorstellungen der Gemeinschaft spiegelt sich in der Zuweisung von Ehre oder der entsprechenden Verweigerung derselben.[4] Ehre sorgte für zuverlässiges Verhalten des Individuums und der Gruppe. „[M]ost men in most ages act more confidently when they can feel that what they want to do is not so distant from what they should do."[5] Folgte Gewalt um der Ehre willen also Normen, wurde sie kontrollierbar, nutzbar und berechenbar.

Für die adlige Gesellschaft war diese Normierung ihres Tuns ausschlaggebend und damit Ehre existentiell. Denn Adlige lehnten es ab, sich über materiellen Besitz zu definieren. Wie bereits Max Weber feststellt und Knut Görich am Beispiel Friedrich Barbarossas und Friedrichs II. aufzeigt, versorgte stattdessen Ehre die Adelsgemeinschaften mit Struktur und Hierarchie.[6] Das ist keine dem Mittelalter eigene Erscheinung. Vielmehr ist „Ehre [...] ein Zentralbegriff jeder aristokratischen Kultur",[7] in der Mitglieder einer vergleichsweise übersichtlichen Oberschicht aufeinander angewiesen sind.[8] Wer also sein soziales Ansehen erhalten oder gar bessern wollte, musste sich in einer Fülle von Erwartungshaltungen und Verhaltensregeln zu bewegen verstehen. Teil davon war die Anwendung von Gewalt. Dass Ehre und Gewalt in derselben sozialen Gruppe zentrale Rollen einnahmen, bedingt sich gegenseitig. Anthropologen und Historiker stellen gleichermaßen fest, dass jede Gesellschaft, die besonders von Ehre geprägt ist, äußerst kompetitiv ist. Ihre Mitglieder legen viel Wert auf „the defence of cherished rights and the

---

4 Vgl. Schreier, Ritterhelden (2019), S. 57; Sven Rabeler, Das Familienbuch Michels von Ehenheim (um 1462/63–1518). Ein niederadliges Selbstzeugnis des späten Mittelalters. Edition, Kommentar, Untersuchung (Kieler Werkstücke Reihe E, Beiträge zur Sozial- und Wirtschaftsgeschichte 6), Frankfurt am Main 2007, S. 30; Zmora, Feud in early modern Germany (2011), S. 67.

5 Kaeuper, Chivalry and Violence (2001), S. 51.

6 Vgl. Weber, Wirtschaft und Gesellschaft (1972), S. 534–538; Knut Görich, Die Ehre Friedrich Barbarossas. Kommunikation, Konflikt und politisches Handeln im 12. Jahrhundert (Symbolische Kommunikation in der Vormoderne), Darmstadt 2001; ders., Ehre als Ordnungsfaktor. Anerkennung und Stabilisierung von Herrschaft unter Friedrich Barbarossa und Friedrich II, in: Bernd Schneidmüller (Hg.), Ordnungskonfigurationen im hohen Mittelalter (Konstanzer Arbeitskreis für Mittelalterliche Geschichte, Vorträge und Forschungen 64), Ostfildern 2006, S. 59–92.

7 Paravicini, Die ritterlich-höfische Kultur (2011), S. 5; vgl. auch ders., Erkenntniswert der Adelsreise (2017), S. 40; Friedrich, „symbolische Ordnung" (2005), S. 128f.

8 Vgl. Zmora, Feud in early modern Germany (2011), S. 67.

correction of perceived wrongs through showy acts of physical violence."[9] Insbesondere im mittelalterlichen Adel und im Rittertum waren einerseits Ehre und andererseits das Vermögen, andere unterwerfen zu können, eng miteinander verbunden.[10] Schließlich führt jeder Stand den Wettkampf um die ihn definierenden und zugleich beschränkten Ressourcen mit den standeseigenen Mitteln. In der lateinischen Christenheit erkannten mittelalterliche Adlige ihren höheren Status gerade in dem Recht, mit kriegerischer Gewalt auf Ehrkonflikte reagieren zu können.[11]

Dies liegt schon daran, dass es in dieser Kultur schwer möglich war, eine an die Oberfläche tretende Auseinandersetzung um Ansehen und Anerkennung auf friedliche Weise auszutragen. Denn Gewalt vermochte deutliche Ordnungen zu schaffen. So kam um 1480 Wilwolt von Schaumberg am Lorenztag, dem 10. August, im oberfränkischen Hof an der Saale zum jährlichen Tanz, um diesem als Zuschauer beizuwohnen. Stattdessen wurde ihm die Ehre zugesprochen, einen der Tänze zu führen. Diese Ehre führte bald zur Schande. Denn der Edelmann kannte die *krumen dentz* nicht und er blieb im Angesicht *vill hübscher frauen junckfrauen vnnd gutter gesellen* schließlich überfordert mit seiner Tanzpartnerin stehen. [*E*]*in* [...] *gros geschrey vnnd iuchtzen über in* folgte.[12] War Schaumberg deutlich an der Erwartungshaltung der Festbesucher gescheitert, die ihm im Tanz, also einer für den Adel gesellschaftlich bedeutenden Angelegenheit, eine Ehrenposition zugesprochen hatten, so drohte er nun in der sozialen Rangordnung abzufallen.

Stattdessen verschob er den Konflikt auf eine Ebene, die ihm weit vertrauter war: Er machte einen gewissen Edelmann aus dem Geschlecht derer von Schirnding als Anstifter des Spotts aus. Diesem gegenüber ließ er verlauten, ihm das nicht zu verzeihen, drohte ihm also Vergeltung an. Trotz des halbherzigen Versuchs Kunz von Lüchaus, einem Verwandten Schirndings, noch zu vermitteln, standen die Zeichen auf Kampf. Lüchau schaffte es zwar noch für den Abend, Wilwolt zu überreden, ihm seine Waffe zu überlassen, sodass es schien, die Konfrontation werde vertagt. Doch als Schirnding später beim Abreiten versuchte, Schaumberg niederzureiten, waren Fakten geschaffen und Lüchau musste sich deutlich auf die Seite seines Verwandten positionieren. Der vorerst entwaffnete Schaumberg versprach auch ihm Vergeltung.[13] Nur auf den ersten Blick scheint hier eine irrationale Eskalation stattzufinden. Die

---

9 Kaeuper, Chivalry and Violence (2001), S. 149.
10 Ebd., S. 130, 159f.; Friedrich, „symbolische Ordnung" (2005), S. 129, 131f.
11 Vgl. Kaeuper, Chivalry and Violence (2001), S. 190.
12 Eyb d. J., Geschichten und Taten (2018), S. 170f.
13 Vgl. ebd., S. 171.; Rabeler, Niederadlige Lebensformen (2006), S. 422.

Emotionen scheinen den Teilnehmern die Kontrolle zu entreißen, wodurch ein Kampf unabwendbar zu werden drohte. Näher betrachtet, folgt diese Verschärfung der Auseinandersetzung durchaus Gesetzmäßigkeiten. Emotionen werden ihre Rolle gespielt haben. Doch in der ganz eigenen Logik adliger Ehre war die Emotionalisierung eines Konflikts keine Voraussetzung dafür, dass es zu Handgreiflichkeiten kam. Gewalt war „nicht nur irgendeine Attitüde […], sondern Legitimation“[14] für einen Edelmann. Ein Adliger mochte also unter Umständen nicht leicht zum Zorn zu reizen sein, zum Kampf hingegen schon.

Diese Eskalation verhalf Wilwolt schließlich ein Stück Kontrolle zurückzugewinnen. Zwar war an diesem Abend niemand im Kampf unterlegen. Doch Schaumberg war vom passiven Verlierer zum aktiven Herausforderer geworden. Und er hatte die Konfrontation schnell auf eine Ebene verschoben, die durch ihre klaren Spielregeln andere, teils nuanciertere Strategien adliger und höfischer Verhaltensregeln in den Hintergrund rückte.

So ließ sich auch Götz von Berlichingen Ende September 1502 in einer Hammelburger Herberge nicht lange durch einen betrunkenen Knecht des Saalecker Amtmanns Endres von Gemünd provozieren. Auf dem Weg zu den Knechten seines damaligen Herrn und Onkels Neidhard von Thüngen hielt ihn dieser sogenannte ‚Affe‘ auf, *hett vill windts in der nassen, trib vill seltzamer redt*.[15] Schließlich griff er Götzens gesellschaftliche Stellung als jungen Edelmann an, indem er frech die Berechtigung von dessen Anwesenheit selbst in Frage stellte: *„Was will der junckher thun, will er auch zu vnns?“* Götz erkannte zwar, dass *er mich vermeint vff zubringen*, ließ sich jedoch nicht beirren. So machte er dem ‚Affen‘ erst einmal deutlich, dass ein Gebaren, als sei er selbst ein Junker, für einen gemeinen Knecht einige Nummern zu groß sei: *„Was darff ich deiner junckherey vnnd deines gespeiß oder follerey* […].“[16] Götz hielt sich jedoch nicht weiter damit auf, den Knecht mithilfe adliger Standesgenossen oder gar rechtlicher Schritte die ständische Hierarchie einzubläuen. Neben seinem Blut zeichneten eben nicht Worte, sondern Taten den Adel aus. „[…] *wan wir einmall im veldt zusamen stossenn, da wollenn wir sehenn wehr junckher oder knecht sey!*“[17] Um den Michaelistag, den 29. September, wurde Götz in Begleitung Neidhards von Thüngen des Saalecker Amtsmanns und seines frechen Knechts gewahr. Alleine griff Berlichingen nahe des fränkischen Dorfs Obereschenbach die beiden im Galopp mit angelegter Armbrust an. Beide flohen in das nahegelegene Dorf, während die Kontrahenten unterwegs

---

14 Melville, Das öffentliche Duell (2016), S. 130.

15 Berlichingen, Fehd und Handlungen (1981), S. 70.

16 Ebd.

17 Ebd.

Armbrustbolzen austauschten, die jedoch nicht trafen oder auf der Rüstung *zu spreißelnn gienng*[*en*]. Zwar *ranndt* Berlichingen schließlich den ‚Affen' mit dem Schwert *zu bodenn, das sein gaull mit der nassenn vf der erdenn lag.*[18] Im Dorf wendete sich das Blatt aber schließlich, da die Bauern gegen Götz zu den Waffen griffen. Zeitweilig umzingelt, zeitweilig seine Gegner vor sich hertreibend, musste er sich also wieder hinauskämpfen. Als die Bauern schließlich sturmschlugen, ritt er davon. Götz hatte nicht nur seinen Gegner trotz Unterzahl gleich in die Flucht geschlagen und diesen und einen *gantze*[*n*] *hauff baurnn*[19] in Atem gehalten, sondern ihn sogar mitsamt des Pferds zu Boden gebracht. Die ritterliche Tat hatte in Götzens Augen demnach offenbar erwiesen, wer von beiden von Adel sei. Er hatte Mut und Geschick mit Waffen und Pferden erwiesen, sein Gegner beides missen lassen. Die unfreiwillig hineingezogenen Bauern werden ebenfalls ihre eigenen Lehren gezogen haben, was Adel ausmachte. Beinahe unversehrt und in seiner Ehre bestätigt kehrte Gottfried schließlich zu Neidhard zurück, der auf einem Feld außerhalb des Dorfs auf die Rückkehr seines Dieners wartete.[20]

Solche klaren Mittel der Konfliktlösung kamen um 1480 auch Schaumberg in Hof an der Saale gelegen. Denn Wilwolts Biograph nimmt bereits zu Anfang der Beschreibung des Vorfalls vorweg, wo dessen Stärken lagen: Schaumberg habe *sich sein tag mer reütterey* [*also der berittenen Kleinkriegsführung*][21] *den tanzens gefliessenn.*[22] Während sich die Festgesellschaft spöttisch an seiner Unfähigkeit, ihrer Erwartungshaltung in der Beherrschung von Kunsttänzen zu entsprechen, ergötzte, holte er den Konflikt auf diese grundlegendere Ebene des Rittertums. Wenn schon nicht in höfischen, dann konnte er sich doch in ritterlichen Tugenden hervortun. Auseinandersetzungen auf der Ebene der Gewalttaten auszutragen, war ihm anders als der höfische Reigentanz vertraut. Dabei ging es kaum um ethische oder rechtliche Fragen.[23] Es ging hier auch nicht darum, der Gegenseite ähnlich einer Fehde möglichst großen materiellen Schaden zuzufügen. Vielmehr sorgten sich Schaumberg und auch Berlichingen auf diese Weise um ihre künftige Anerkennung. Jeder würde sich von nun an zweimal überlegen, ihnen zu spotten.[24] Dementsprechend ließ

---

18 Berlichingen, Fehd und Handlungen (1981), S. 71.
19 Ebd., S. 71.
20 Ebd., S. 71f.
21 Vgl. oben, S. 101.
22 Eyb d. J., Geschichten und Taten (2018), S. 170.
23 Vgl. Huizinga, Homo Ludens (2009), S. 95.
24 So schreibt Oren Falk über die mittelalterliche, skandinavische Zweikampfkultur: "[T]he violence of the duel is not intended to mend past wrongs but to create future rights"; Oren Falk, Bystanders and Hearsayers First. Reassessing the Role of the Audience in Duelling,

Wilwolt ein bald darauf folgendes überfallartiges Reitergefecht gegen Kunz von Lüchau auch nicht mit der üblichen Forderung nach Urfehde enden. Er tat sich mit einem Knecht und den Edelmännern Hans von Seckendorff und dem künftigen Brandenburger Hofmeister und Hauptmann Paul von Absberg (um 1450–1503)[25] zusammen. Gemeinsam passten sie Lüchau und zwei seiner Begleiter beim Zisterzienserkloster Heilsbronn ab. Die Parallelen zu Götzens Kampf mit dem ‚Affen' sind offensichtlich. Als Wilwolt diesen nach kurzem Gefecht und einer Verfolgungsjagd persönlich *mit stichen vnnd schlegen* in die Enge getrieben hatte, verkündete er, dass er *weder vrfehd ader glübs* verlange und sich Lüchau bei Bedarf gerne rächen möge.[26] Schaumberg trug also bewusst den Konflikt nicht als Fehde und damit als Rechtskonflikt aus. Es ging ihm vielmehr um ein Statement. Es reichte ihm, die eigene adlige Ehre mittels seiner kriegerischen Potenz eingefordert und damit seine soziale Stellung behauptet zu haben. Dass er seinem unterlegenen Gegenüber keine erzwungene Urfehdeerklärung abnahm und ihn damit nicht der Möglichkeit beraubte, in Zukunft zurückzuschlagen, stärkte nur die Aussage, dass er sich seiner ritterlichen Tugend und damit seiner adligen Ehre sicher war.

Gewalt half also, Ehrkonflikte auf eine Kommunikationsebene zu bringen, auf der mit ritterlichen die grundlegendsten adligen Tugenden zählten. Dabei musste der Kampf nicht einmal gegen jene ausgetragen werden, mit denen der Konflikt um die eigene Ehre bestand. So stand im Jahr 1475 der Berner *edel, wis, tapfer und streng riter, her Adrian von Bůbenberg, her zů Spietz*, auf der falschen Seite, während Bern sich im Burgunderkrieg aufseiten Frankreichs schlug. Er war *mit kleinem anhang Burgunsch*, während die profranzösische Seite im Berner Rat deutlich überwog.[27] Die Folgen waren für ihn als Adligen radikal: War er noch im Jahr zuvor Schultheiß und damit Stadtoberhaupt gewesen, wurde ihm, so lange der Konflikt währte, verboten, dem Rat beizuwohnen und damit im Grunde jedes politische Handeln untersagt.[28] Das heißt, er war innerhalb der Ritterschaft und unter den Patriziern, die die

in: Mark Douglas Meyerson/Daniel Thiery/Oren Falk (Hgg.), 'A great effusion of blood'? Interpreting medieval violence, Toronto Ont. 2004, S. 98–130, hier S. 107.

25 Vgl. Heinrich Wilhelm, Ritter Paul von Absberg, Amtmann zu Gunzenhausen 1490 bis 1503, in: Alt-Gunzenhausen. Beiträge zur Geschichte der Stadt und des Kreises 1 (1924), S. 58–63; Ulmschneider, Götz von Berlichingen (1974), S. 41–43.

26 Eyb d. J., Geschichten und Taten (2018), S. 171f.

27 Anshelm, Berner-Chronik, Bd. 1 (1884), S. 81.

28 Zum Konflikt zwischen Bubenberg und der von Niklas von Diesbach dominierten profranzösischen Seite im Berner Rat vgl. Arnold Esch, Alltag der Entscheidung. Berns Weg in den Burgunderkrieg, in: Berner Zeitschrift für Geschichte und Heimatkunde 50 (1988), S. 3–64.

aristokratische Berner Oberschicht bildeten, isoliert und verlor einen großen Teil seines Einflusses. Ehre war eine äußerst öffentliche Angelegenheit und diese Öffentlichkeit wurde Bubenberg jetzt genommen. Folgte man einem Verständnis von Ehre als akkumulierbarem Wert, der angehäuft und investiert werden kann, wie es oftmals im Verständnis von Pierre Bourdieus Kapitaltheorie getan wird,[29] ist dies nur bedingt verständlich. Denn der Ritter hatte sich in der Vergangenheit in seinen Ämtern, darunter eben auch das des Stadtoberhaupts, nicht nur politisch verdient gemacht, sondern auch militärisch hervorgetan.[30] Bourdieu zufolge hätte er ein großes Kapital an Ehre angehäuft, das nun jedoch geflissentlich von seinen politischen Gegnern übergangen wurde.

Eine Erklärung böte im Kontext von Bourdieus Theorie, eine krasse Fehlinvestition Bubenbergs, was sein Ehrkapital anging. Eine wohl bessere Erklärung bietet hingegen Rudolf Schlögls Verständnis von Ehre als Kommunikationsmedium. Das bedeutet, dass die soziale Anerkennung oder Achtung einer Person davon abhängt, inwiefern ihr Kommunikation zugestanden wird. Martin Kaufhold zufolge kämpften Adlige im Spätmittelalter „weniger um abstrakte Werte als um angemessene persönliche Anteile am Geschehen, an der Entscheidung und auch an verteilten Ländereien."[31] Ehre entscheidet, wie relevant eine Person wirkt, sich mit ihr bei der Verteilung solcher Anteile ernsthaft auseinanderzusetzen. War sie damit in allem sozialen Handeln von Bedeutung, bedingte sie größere Konflikte nur indirekt.[32] In keiner der 278 fränkischen Adelsfehden zwischen 1440 und 1570 war Ehre die Ursache selbst.[33] Sie wurde jedoch als Anlass, zum Führen und zum Beenden solcher Auseinandersetzungen instrumentalisiert. Ursache für Bubenbergs Konflikt innerhalb Berns war schließlich nicht ein Ehrkonflikt an sich, sondern waren politische Differenzen. Erst diese Differenzen führten dazu, dass die bisherige

29 Vgl. Pierre Bourdieu, Ökonomisches Kapital, kulturelles Kapital, soziales Kapital, in: Reinhard Kreckel (Hg.), Soziale Ungleichheiten (Soziale Welt. Sonderband 2), Göttingen 1983, S. 183–198; dieses Konzept greift die Forschung immer wieder auf. Vgl. u. a. Klaus Schreiner/Gerd Schwerhoff (Hgg.), Verletzte Ehre. Ehrkonflikte in Gesellschaften des Mittelalters und der frühen Neuzeit (Norm und Struktur 5), Köln 1995; Ludgera Vogt, Ehre in traditionalen und modernen Gesellschaften. Eine soziologische Analyse des "Imaginären" am Beispiel zweier literarischer Texte, in: Ludgera Vogt (Hg.), Ehre. Archaische Momente in der Moderne (Suhrkamp-Taschenbuch Wissenschaft 1121), Frankfurt am Main 1994, S. 291–314; Friedrich, „symbolische Ordnung" (2005), S. 128–130.

30 Vgl. Karl Friedrich Wälchli, Adrian von Bubenberg (Berner Heimatbücher 122), Bern 1979, S. 19–25.

31 Kaufhold, Europas Werte (2013), S. 115.

32 Vgl. dazu auch Schreier, Ritterhelden (2019), S. 60f.

33 Vgl. Zmora, Feud in early modern Germany (2011), S. 51.

Anerkennung des Ritters unter den politischen Entscheidungsträgern Berns litt. So wirkt sich Ehre schließlich entscheidend darauf aus, wer Einfluss nehmen kann. Diese Anerkennung ist Schlögl zufolge unbeständig, muss also immer aufs Neue eingefordert und eingeräumt werden.[34] Das misslang Bubenberg. Er beharrte aus einer entsprechend schwachen Position heraus auf einer nicht mehrheitsfähigen Haltung. Dadurch verlor er das Vermögen, dass er politisch, aber darüber hinaus auch persönlich Gehör fand. In diesem Milieu war eine Trennung „zwischen personellen und thematischen Bezügen" kaum möglich.[35] Dementsprechend der Möglichkeit beraubt, seine Ehre einzufordern, zog sich Bubenberg entwürdigt auf sein Schloss Spiez zurück.[36] Bald jedoch bot ihm das Rittertum die Gelegenheit, seine Ehre im Berner Rat wiederzuerlangen. Seine Gesellschaft zum Roten oder Mittellöwen, eine der noch bis heute bestehenden Gesellschaften und Zünfte Berns,[37] hielt weiterhin zu ihm. Da die Militärorganisation der Stadt über diese Gesellschaften und Zünfte lief, konnten ihm seine Stubengesellen den militärischen Oberbefehl über das befestigte Städtchen Murten verschaffen, wo er am 9. April 1476 mit 1500 Mann aus Bern eintraf. Denn wollte Karl der Kühne Bern direkt angreifen, führte einer der Wege direkt am befestigte Murten vorbei. So kam es, dass zwei Monate später, am 9. Juni, die Burgunder mit etwa 20 000 Mann[38] beim Marsch auf Bern vor Murten zogen und eine zwölftägige Belagerung begann. Nun belagert, hielten die zahlenmäßig weit unterlegenen Verteidiger den Beschuss und den Sturm auf die Mauern nicht zuletzt dank der strikt von Bubenberg eingeforderten Disziplin und seiner guten Führung

---

34 Vgl. Rudolf Schlögl, Der frühneuzeitliche Hof als Kommunikationsraum. Interaktionstheoretische Perspektiven der Forschung, in: Frank Becker (Hg.), Geschichte und Systemtheorie. Exemplarische Fallstudien (Campus historische Studien 37), Frankfurt am Main 2004, S. 185–226, hier S. 208, insb. Fußnote 88 und insb. ders., Hierarchie und Funktion. Zur Transformation der stratifikatorischen Ordnung in der Frühen Neuzeit, in: Marian Füssel (Hg.), Soziale Ungleichheit und ständische Gesellschaft. Theorien und Debatten in der Frühneuzeitforschung (Zeitsprünge 15,1), Frankfurt am Main 2011, S. 47–63, hier S. 55–57.

35 Schlögl, Der frühneuzeitliche Hof (2004), S. 208, Anm. 88.

36 Vgl. Anshelm, Berner-Chronik, Bd. 1 (1884), S. 81.

37 Im Verzeichnis der Stubengesellen von 1475 ist Adrian einer der drei Edelleute; vgl. Urs Martin Zahnd, Die Berner Zunft zum Mittellöwen im Spätmittelalter (Geschichte der Berner Zunft zu Mittellöwen 1), Bern 1984, S. 68; vgl. auch Roland Gerber, Gott ist Burger zu Bern. Eine spätmittelalterliche Stadtgesellschaft zwischen Herrschaftsbildung und sozialem Ausgleich (Forschungen zur mittelalterlichen Geschichte 39), Weimar 2001, S. 359–362.

38 Vgl. Albert Winkler, The Battle of Murten: The Invasion of Charles the Bold and the Survival of the Swiss States, in: Swiss American Historical Society Review 46/1 (2010), S. 8–34, hier S. 21.

aus. Am 22. Juni schließlich besiegte ein zahlenmäßig überlegenes Entsatzheer aus Eidgenossen, Lothringern und Mitgliedern der Niederen Vereinigung die Burgunder empfindlich noch im eigenen Belagerungslager. Angriffe Bubenbergs aus Murten während der Schlacht hatten nicht geringen Anteil am Sieg.[39]

Nach dieser militärischen Leistung war die Ehre des Ritters wiederhergestellt. Eine anonyme Basler Chronik berichtet, *herr Adrion von Bobenberg* [...] *und alle, die in Murthon warent, hieltent sich so ritterlichen, das man in grosz lob eer und danck gab und seyt.*[40] Es war einerseits sicher ein guter Schachzug, dass Bubenbergs Stubengesellen ihm gerade ein Amt verschafft hatten, in dem er sehr deutlich Farbe für Bern und gegen das ursprünglich von ihm favorisierte Burgund bekennen konnte und musste.[41] Andererseits war es nicht dieses Bekenntnis, sondern der Waffenruhm, der den Zeitgenossen im Gedächtnis blieb und der für das Ende seiner politischen Isolation innerhalb Berns verantwortlich gemacht wurde. Der Berner Zeitgenosse Valerius Anshelm schreibt ausdrücklich, dass sich der Ritter *so riterlich hielt, dass im mit êr und lob sin alte stat ward wider geben.*[42] Vorbildlich ausgeübte Gewalt ermöglichte ihm also wieder den Zugang zu den relevanten gesellschaftlichen Kreisen. Gert Melville spitzt diesen Mechanismus soweit zu, dass er feststellt, dass verlorene Ehre „nur durch Gewalt" wiedererlangt werden konnte.[43] In Auseinandersetzungen um die Ehre verfügten Adlige jedoch freilich noch über weitere Möglichkeiten. Nicht jeder einmal verweigerte Handschlag und nicht jedes unbedachte Wort führten gleich zu vergossenem Blut. Möglichkeiten der Vermittlung und Aussöhnung wurden also mitunter erschöpft, bevor auf das Mittel der Gewalt zurückgegriffen wurde. Schließlich unternahm beispielsweise Kunz von Lüchau im oben aufgeführten Konflikt Schaumbergs und Schirndings einen Versuch, zwischen beiden zu vermitteln. Wilwolt ging sogar anfangs auch darauf ein und übergab ihm seine Waffe, bevor der Konflikt schließlich eskalierte, als Schirnding ihn zu überreiten versuchte. Wäre Gewalt für die Edelmänner die einzige Lösungsstrategie ihres Konfliktes gewesen, hätten weder Schaumberg noch Lüchau so gehandelt. Doch Gewalt zählte als charakteristisch adlige Herangehensweise an Konflikte und durfte

39 Vgl. Winkler, The Battle of Murten (2010), insb. S. 23–33; Alfred Ziegler, Adrian von Bubenberg und sein Eingreifen in die wichtigsten Verhältnisse der damaligen Zeit (Archiv des Historischen Vereins des Kantons Bern 12/1) 1887, S. 50–69.

40 Die Anonyme Chronik der Burgunderkriege. 1473–1479, hrsg. von August Bernoulli, in: August Bernoulli (Hg.), Basler Chroniken. Bd. 5, Leipzig 1895, S. 499–527, hier S. 521f.

41 Vgl. Uwe W. Dörk, Totenkult und Geschichtsschreibung. Eine Konstellationsgeschichte zwischen Mittelalter und Moderne (Bern und Ulm), Göttingen 2018, S. 78, Anm. 192.

42 Anshelm, Berner-Chronik, Bd. 1 (1884), S. 81.

43 Melville, Das öffentliche Duell (2016), S. 132; vgl. dazu auch Schreiner et al., Verletzte Ehre (1995).

dementsprechend erwartet werden. Julian Pitt-Rivers schreibt im Kontext von Zweikämpfen: „The ultimate vindication of honour lies in physiscal violence and when other means fail the obligation exists […] to revert to it.“[44] Das galt auch hier.

Bubenberg hatte erfolgreich versucht, seine Ehre gewaltsam zu restaurieren und sie dadurch wiedererlangt. Tatsächlich erschien er vier Tage nach der Schlacht, am 26. Juni, wieder im Rat der Stadt Bern.[45] Im Folgenden vertrat er auch Bern mit weiteren Gesandten auf einem Tag in Freiburg,[46] was er später ebenfalls als Teil von einer Gesandtschaft am französischen Hof tat.[47] Nachdem er 1476 kurzzeitig das vom Rat verliehene Schultheißenamt der Stadt Payerne bekleidet hatte, wurde er schon 1477 wieder in das Amt des Schultheißen von Bern gewählt.[48]

Diese Beispiele zeigen, dass Ehre aktiv eingefordert sein wollte. Die rechte Tat war dabei weit bedeutender als die rechte Idee. Als Niclas von Popplau auf seiner Ritterreise 1484 Santa María de la Sede in Sevilla betrat, folgte er dem gängigen Brauch einer solchen Reise und brachte sein Wappen in der Kathedrale an. Als Spitze gegen die örtlichen Adligen, von denen er nur wenige für *ehrliebend und recht ehrkundig* hielt, setzte er einen lateinischen Spruch unter sein Wappen: *Benefacta male locata malefacta arbitror. Daß ist: Übel angewendete Wohltat, achte ich vor eine Ubelthat.* Die laut ihm wenig ehrkundigen Adligen Sevillas konnten dies *nach rechten Sinne keineswegs verstehen.*[49] Doch seinen Lesern, denen er hier auch gleich seine Übersetzung des Ennius-Zitats an die Hand gibt, will er umso deutlicher sein Verständnis ehrlichen Verhaltens aufzeigen: Nicht der Gedanke oder Wille, sondern letztlich die Wirkung der Handlung selbst war ausschlaggebend.[50] So bedeutend also persönliche Überzeugungen sein mochten, betrafen diese zuerst einmal

44 Julian Pitt-Rivers, Honour and social status, in: John George Peristiany (Hg.), Honour and shame. The values of Mediterranean society (The nature of human society series, Chicago 1965, S. 19–78, hier S. 29.

45 Vgl. Wälchli, Adrian von Bubenberg (1979), S. 31.

46 Anton Philipp von Segesser/Joseph Karl Krütli (Hgg.), Die eidgenössischen Abschiede aus dem Zeitraume von 1421 bis 1477 (Amtliche Sammlung der ältern eidgenössischen Abschiede 2), Lucern 1863, Nr. 844, S. 601.

47 Vgl. Wälchli, Adrian von Bubenberg (1979), S. 31.

48 Vgl. ebd.

49 Popplau, Reisebeschreibung (1998), S. 98.

50 Vgl. dazu insb. Hammes, Ritterlicher Fürst (2011), S. 313–317. Maurice Keen beobachtet im späteren Mittelalter einen Trend, dass Adlige nicht mehr unbedingt den Ritterschlag von einem besonderen Fürsten, sondern viel mehr von jemandem, der hervorragende Taten vollbracht hatte, zu erlangen versuchten. Selbst Fürsten suchten so den Ritterschlag von gewöhnlichen Edelleuten, sodass letztlich beide Seiten auf diese Weise geehrt wurden; vgl. Keen, Chivalry (2005), S. 77f.

ABB. 13 Theuerdanks ständiger Begleiter, der Ehrenhold (hinten links), wohnt einem seiner Turnierkämpfe bei (kolorierter Holzschnitt von Leonhard Beck in Maximilian I. von Habsburg / Melchior Pfintzing / Marx Treitzsaurwein, Die geuerlicheiten vnd einsteils der geſchichten des loblichen ſtreytparen vnd hochberümbten helds vnd Ritters herr Tewrdannckhs, Nürnberg 1517 (Bayerische Staatsbibliothek München, Rar. 325 a), Kap. 106)

nur die Selbstachtung einer Person, was heute mit dem nicht unumstrittenen Begriff der ‚inneren Ehre' beschrieben werden kann.[51] Taten selbst und noch

51 Vgl. Wilhelm Korff, Ehre, Prestige, Gewissen, Köln 1966, S. 25f., insb. auch Anm. 47; Ludgera Vogt, Zur Logik der Ehre in der Gegenwartsgesellschaft. Differenzierung, Macht, Integration (Suhrkamp-Taschenbuch Wissenschaft 1306), Frankfurt am Main 1997, S. 17f.

vielmehr die Wahrnehmung von Taten in der Öffentlichkeit hingegen trugen zu jener Ehre bei, die zeitgenössisch eine der entscheidenden Handlungsmotivationen Adliger war. Denn Taten verschafften nicht nur Aufmerksamkeit, sondern zugleich die Rechtfertigung, diese Aufmerksamkeit auch zu verdienen. Die Öffentlichkeit ist es also, die in der ritterlich-adligen Kultur zählte: Es reichte für Maximilian von Habsburg eben nicht, dass er als ritterlicher Romanheld Theuerdank große Taten vollbrachte. Er stellte sich eine stets wachsame Öffentlichkeit in Form der Figur des ‚Ehrenholds' zur Seite:

> Der Ernhold bedeut das gerucht / vnd gezeügnus / der warhait so einem yeden menſchen bis in sein grůben nachuolgt Sy sein gůt oder pőſz / Darumb wirdet Er bemeltem Jungen Füſsten Tewrdanck für / vnd fur zůgeſtellt / sein leben wesen vnnd getaten zůo offenwaren vnd zubezeügen mit der warhait[52]

Wenn der Kaiser also schreiben lässt, der Romanheld habe seine Abenteuerfahrt [*a*]*llein umb die loblichen eer*[53] unternommen, ist dies nicht in erster Linie idealistisch oder reiner literarischer Topos, sondern zielt ins Herz adliger Handlungsmotivation. Ehre war nicht ein innerer Wert, der befriedigt werden wollte, sondern vor allem ein erkennbarer Zugewinn in den Augen anderer. [*E*]*in múe vmb sonst thút niemmands ger, dann was ist es ainem nútz, wann er lanng slecht vnd wider geslagen wúrdt vnd kúmbt weder eere noch danngk daraús?*,[54] heißt es in einer bis weit ins 16. Jahrhundert verbreiteten fiktionalen Turnierchronik von etwa 1430.[55] Edelleute, wie der idealisierte Theuerdank, wollten von anderen Adligen als relevant genug für eine Auseinandersetzung mit ihrer Person wahrgenommen werden. Wer im Extremfall, wie Adrian von Bubenberg, von den sozial und politisch bedeutsamen Kommunikationszusammenhängen ausgeschlossen war, musste eben durch Taten dafür sorgen, dass über ihn gesprochen wurde und er so nicht mehr zu ignorieren war.

Ein Adliger mochte also persönlich keinen direkt materiell messbaren Vorteil aus einem Kampf ziehen. Das standesimmanente Werkzeug ritterlicher Gewalt sorgte aber dafür, dass er seine Ehre und damit sein Ansehen aufrechterhielt oder durch Kampfesruhm sogar besserte.

52 Maximilian I. et al., Theuerdank (2003), Nachwort.
53 Ebd., Kap. 106.
54 Eyb d. J., Turnierbuch (1986), S. 109.
55 Zur Turnierchronik vgl. weiterhin Kapitel 3.3.2, Anm. 306.

5.2 Ehre, Gewalt und materieller Gewinn

Vollbrachte ein Adliger ritterliche Taten, war er nicht selten dem Vorwurf ausgeliefert, er wäre stattdessen auf materiellen Gewinn aus. Eine Erwartungshaltung, ein Adliger sollte ausschließlich der Ehre wegen kämpfen, gab es jedoch nicht. Ganz im Gegenteil waren militärischer und materieller Erfolg, nicht zuletzt durch Beute, kaum zu trennen. Für Adlige wie Nichtadlige hatten Geldstrafen für ehrenrühriges und Belohnungen für ehrliches Verhalten Tradition.[56] Schließlich waren viele Adlige gerade auf materielle Gewinne angewiesen, um ihren Stand halten zu können.[57] Gerade deshalb wirkten Gesten der Ablehnung angebotener materieller Belohnungen umso mehr. Die finanziell sehr anspruchsvolle Ritterreise war beispielsweise oft gerade auf die Großzügigkeit der besuchten Fürsten angewiesen.[58] Besonders im höfischen Kontext, in dem auch diese Reisen standen, konnte das Handeln Adliger nur bedingt auf Gewinnmaximierung ökonomischer Natur abzielen. Vielmehr investierte der Adlige hier in die Wahrung und womöglich sogar Besserung des eigenen Ansehens, der eigenen Ehre. So lehnte der böhmische Freiherr Leo von Rožmitál auf Ritterreise gerade im kämpferischen Kontext im Winter 1465/6 am Burgunderhof in Brüssel eine Belohnung von Seiten Philipps des Guten ab. Er und seine Diener hatten die prächtige Hofkultur Burgunds mit ihren Tänzen, gegenseitigen Einladungen der Mitglieder der Hofgesellschaft und auch dem Austausch von Geschenken erlebt. Zwei dieser Diener, der Böhme Václav Šašek von Bířkov[59] und der Nürnberger Gabriel Tetzel,[60] verfassten Berichte der Reise. Tetzel berichtet zwar, dass der Freiherr *mit allen dingen ser ein kostlich freudenreichs leben, das unmassen vil gelts kostet*, führte, ihn aber der Herzog *mit allen sachen* aushielt.[61] Auch schreibt er vom Austausch von Geschenken zwischen der Reisegruppe und dem jungen Herzog Karl, Philipps Sohn.[62] Šašek berichtet, der Herzog Philipp habe den Freiherren von Rožmitál und seine Diener nach zahlreichen Vorführungen ihrer Kampffertigkeiten in seine Schatzkammer führen lassen. Nach der üblichen Besichtigung der Schätze sollte sich Rožmitál schließlich auf Befehl des Herzogs von den dortigen Schätzen, dem Herzog zu Ehren, nehmen, was ihm gefalle. Das lehnte er deutlich ab:

56 Vgl. Hammes, Ritterlicher Fürst (2011), S. 329–333.
57 Vgl. Keen, Chivalry (2005), S. 153f.
58 Das wird sehr schön am Beispiel der Reise Georgs von Ehingen deutlich; vgl. Paravicini, Ehingens Reise (2000), S. 557. Vgl. auch Schmidt, Georg von Ehingen (1997), S. 113f.
59 Bířkov, De Leonis a Rosmital (1844).
60 Tetzel, Herrn Leo's von Rožmital Ritter-, Hof- und Pilger-Reise (1844).
61 Ebd., S. 152.
62 Ebd.

Er habe die Reise für die *virtutis militaris exercendae* unternommen. *Pecunia et opes parari facile possunt, sed nominis fama in perpetuum duratura est.*[63] Dieser vermeintliche Widerspruch der beiden Reisebeschreibungen ließe sich durch den Kontext der Gaben des Herzogs auflösen. Der Herzog beglich in Tetzels Bericht einerseits wie üblich Ausgaben seines böhmischen Gastes bei Hofe. Aber auch der übliche Austausch von Geschenken trug in der Regel zur Ehre der Beteiligten bei. Schließlich zeichnete die Abkehr vom nichtadligen kommerziellen Denken und eine damit verbundene Freigiebigkeit den Adel aus. Die „Gabe bestimmt das Ethos des Adels".[64] Dieses ideale adlige Verhalten schreibt auch der ‚Weisskunig' dem darin idealisierten Maximilian zu. Dieser wollte nicht *ain kunig des gelts, sonder ich wil werden ein kunig des volks und aller der, die gelt haben.*[65] Dementsprechend habe er schon in seiner Jugend das Geld, das sein Vater ihm geben ließ, unter seine *grafen, herrn, ritter und knecht* verteilen lassen.[66] Die dann folgende Begründung gibt gute Einblicke in den Stellenwert des Geldes in den Augen des Kaisers: Er sei so freigiebig, da ein König schließlich seine Feinde *mit dem volk und nit mit dem gelt* bekämpfe. Die *geitigkeit*, also den Geiz, hingegen sieht er als Abkehr von *der gerechtigkait und der eren.*[67] Den Zugang zum militärischen Potential seiner Untertanen suchte Maximilian laut dem Weisskunig also nicht über eine gut gefüllte Schatzkammer, sondern durch die Anerkennung und damit durch die Ehre, die er sich durch Freigiebigkeit erwarb. Auch wenn dies im Lichte der stark vom Söldnerwesen bestimmten Kriegsführung seiner Zeit etwas idealistisch klingt, so trifft es doch einen Punkt adligen Selbstverständnisses: Statt in eine wirtschaftliche Überlegenheit zu investieren, investierte der Adlige in seine Ehre und damit in seine Beziehungen.

Diese adlige Freigiebigkeit wird also bei Tetzel beschrieben und findet sich auch in Šašeks Bericht von der Führung in der burgundischen Schatzkammer wieder. Der Freiherr selbst bediente sich später am englischen Hof als Alternative zum Kampf ebenfalls der Gabe in Form des Geschenks von Turnierausrüstungen an den dortigen König. Denn Edward IV. hatte verboten, dass der Böhme mit seinen Anhängern ihre Tjostfertigkeiten präsentierte.[68] Ein ähnliches Verhältnis zwischen Gabe und Gewalt findet sich auch 1495 auf

63 Bířkov, De Leonis a Rosmital (1844), S. 27. Vgl. auch Paravicini, Bericht und Dokument (2010), S. 285–288.
64 Langmaier, Felix Hemmerli und der Dialog (2018), S. 47.
65 Maximilian I. et al., Der Weisskunig (1888), S. 70.
66 Ebd.
67 Ebd., S. 72; vgl. auch oben, S. 48.
68 Tetzel, Herrn Leo's von Rožmital Ritter-, Hof- und Pilger-Reise (1844), S. 157; vgl. zum Turnierverbot Edwards auch Kapitel 3.4, Anm. 479.

dem Wormser Reichstag im Verhalten des burgundischen berühmten Turnierkämpfers Claude de Vaudrey und des von ihm geforderten Widersachers König Maximilian von Habsburg: Wie der Wormser Bürgermeister Reinhart Noltz berichtet, schenkte der König nach seinem Sieg die gewonnene Goldkette und den Goldring gleich weiter an den unterlegenen Burgunder. Dieser, durch die Gabe des ruhmreichen Siegers nun auch geehrt, schenkte den Preis gleich weiter an Maximilians Ehefrau, Königin Bianca Maria Sforza.[69] Ein Adliger investierte bei Hof, beim höfischen Fest und dort besonders im Turnier teils solch gewaltige materielle Mittel, dass die gewonnen Preise ohnehin mehr als Ehrenpreise zu verstehen sein sollten.[70] Den Profit hingegen suchte man vor allem in der Ehre. Der Gewinn von Ehre durch Geschenke und durch ritterliche Taten lag also nahe beieinander. Was Manuel Braun im Kontext des anonymen ‚Roman d'Eneas' und Veldekes Eneasroman feststellt, gilt auch hier: „Ehre [muss] entweder durch Gewalt immer neu behauptet oder durch Gabe immer neu erkauft werden."[71]

Der Herzog von Burgund handelte Rožmitál gegenüber an sich also nicht falsch. Doch bei Šašek konkurrierten diese beiden Möglichkeiten wohl zeitlich auf viel zu engem Raum miteinander. Denn die Führung durch die Schatzkammer knüpfte offenbar so unmittelbar an die Kampfvorführungen der Gäste an, dass durchaus der Eindruck entstehen konnte, der Herzog entlohne den Freiherren mehr für seine ritterlichen Taten als dass er ihn der Ehre halber beschenke. Dementsprechend stellt auch Rožmitál persönlich die *[p]ecunia et opes* der *nominis fama* strikt gegenüber. Die ritterliche Tat sollte für Rožmitál also den weit beständigeren Ruhm bringen und nicht stattdessen gleich mit materiellen Dingen ausgeglichen werden.

Eine weitere Perspektive auf diesen Konflikt bietet die Ritterreise des Ritters Niclas von Popplau. Durchaus mit der Reise des Freiherren von Rožmitál vertraut,[72] musste auch er sich mit dem Konflikt zwischen Gaben und

---

69 Noltz, Tagebuch (1893), S. 396f.; vgl. auch Zotz, Adel, Bürgertum und Turniere (1985), S. 460.

70 Vgl. Peter Jezler, Gesellschaftsturniere. Die Turnierhöfe der deutschen Ritterschaft im Spätmittelalter, in: Peter Jezler/Peter Niederhäuser/Elke Jezler (Hgg.), Ritterturnier. Geschichte einer Festkultur, Luzern 2014, S. 57–72, hier S. 72; Bei der Amberger Hochzeit 1474 wurden bspw. die Preise dem ständischen Rang der Teilnehmer nach verliehen, sodass ein Fürst eine Spange im Wort von 300 Gulden gewinnen konnte. Die Spange, die ein Graf erstreiten konnte, war jedoch bloß 50 Gulden wert, der ausgelobte Ring für die Ritter 30 Gulden und der Ring für die Edelleute bloß 20 Gulden; vgl. Spieß, Ständische Abgrenzung (1992), S. 195.

71 Vgl. Braun, Violentia und Potestas (2005), S. 456.

72 Vgl. Radzikowski, Reisebeschreibung (1998), S. 10f., 64, Anm. 252, S. 127, Anm. 791.

Waffentaten auseinandersetzen, fand dabei jedoch noch deutlichere Antworten als Rožmitál. So läuft wiederholt an zahlreichen Höfen dasselbe Spiel ab: Nach seiner ausdrücklichen Ablehnung fürstlicher Geschenke drohte ihm ein Fürst in der Regel mit Gunstverlust, sodass er diese letztlich dennoch annahm. Einerseits ist dies in Popplaus Fall dem direkten Schutz seiner Ehre geschuldet. Denn wiederholt versuchten Höflinge ihm nachzusagen, er habe es besonders auf die reichen Geschenke ihres Herren abgesehen. So war es sicherer, diese gleich ganz abzulehnen. Nach eigener Aussage führte er ohnehin genug Mittel für seine Reisen mit sich, um nicht auf Geschenke angewiesen zu sein.[73] Andererseits bedrohten 1483 diese Verleumdungen in Innsbruck nicht nur seine Ehre als Adligen, sondern auch als Ritter. Denn er war mit viel Aufwand und einem überdimensionierten Spieß, den niemand in Innsbruck außer er selbst führen konnte, in die Stadt eingezogen. Er wollte also mit aufsehenerregenden ritterlichen Taten Ehre erlangen. Der Plan ging anfangs auch auf. Viele am Hof hatten sich mit größter Begeisterung auf den Ritter und seine außergewöhnliche Ausrüstung gestürzt, wollten von ihm lernen und seine Kunst sehen.[74] Herzog Sigismund persönlich verbrachte sogar fast vier Stunden allein mit seinem Gast in dessen Kammer, um mit ihm *von mancherley Künsten* zu reden. So versuchte er ihn vergebens zu überzeugen, ihm die Turnierkunst mit diesem Spieß zu lehren.[75] Bis dahin war Popplaus Versuch des Ehrerwerbs am Innsbrucker Hof also geglückt: Seine außergewöhnlichen ritterlichen Fertigkeiten sorgten nicht nur dafür, dass sein Name in aller Munde war, sondern verschafften ihm auch exklusiven Zugang zur Quelle der Ehre am Innsbrucker Fürstenhof, nämlich den Zugang zu Herzog Sigismund. Dieser Zugang war freilich an jedem Hof umkämpft. So verstanden es einige Räte des Herzogs, Popplaus Motivationen im Lichte des Konflikts zwischen materiellen Gütern und Ruhm möglichst negativ zu zeichnen. Als nämlich der für einige Tage erkrankte Ritter endlich bereit war, seine Turnierkunst zu präsentieren, verweigerte ihm das der Herzog. Popplau ließ es nicht bei dem fadenscheinigen Argument, der Fürst wolle die Gesundheit des Ritters nicht gefährden, beruhen. So schreibt er, die eigentliche Ursache sei gewesen, dass *etliche seiner Räthe* Sigismund gewarnt hätten, er müsse Popplau nach dessen Vorführung *wenigst hundert Ducaten zur Verehrung schencken*.[76] Das wollte der Herzog offenbar nicht aufbringen und so war dem Ritter die Möglichkeit, öffentlich ritterlichen Ruhm und damit schließlich mehr Ehre zu erringen, genommen. Bei der Abreise

---

73 Vgl. Paravicini, Der Fremde am Hof (2004), S. 319.

74 Vgl. dazu ausführlicher oben, S. 74f.

75 Popplau, Reisebeschreibung (1998), S. 32.

76 Ebd.

lässt Popplau entsprechend verlauten, dass ein solches Geschenk nicht nötig gewesen wäre. *Dann ich nicht ein solcher Abentheuer wäre, der von dergleichen Ritterspielen, die ich Fürsten und Herren zu Ehren thät, Geld oder Verehrung* [*also Geschenke*] *annehme.*[77] Ihm war also bewusst, dass ihn die Räte in die Nähe der sogenannten ‚gernden liute' und ‚Abenteurer' zu rücken versuchten. Waren beide Gruppen Angehörige des fahrenden Volkes, hielten sich ‚Gernde Liute' vor allem in Hoffnung auf die zu erwartenden Gaben bei Hofe auf, ‚Abenteurer' hingegen setzten sich zwecks Profits gefährlichen Situationen aus.[78] Trotz weiterer nun auch öffentlicher Verleumdungen seiner Räte und der entschiedenen Ablehnung Popplaus war der Herzog nach diesen Worten Popplaus weiterhin nicht davon abzubringen, ihm dennoch Geschenke zu machen und ihm sogar bis ins bayerische Wasserburg ein Schiff zu stellen.[79]

Ein Grund für die deutliche Ablehnung materieller Entlohnung für höfisch vollbrachte Waffentaten konnte also sein, dass so die gewonnene Ehre weniger getrübt werden konnte. Die deutliche Ablehnung einer materiellen Gegenleistung war jedoch auch in einem sozialen Abgrenzungsversuch begründet. Popplau selbst wollte sich gerade von jenen abheben, die für ihre ritterlichen Taten Geld und Geschenke annahmen. Nicht zuletzt mochte das eine Abgrenzung von nichtadligen Kämpfern sein. Gerade der aus dem bürgerlichen Milieu stammende Popplau wird darum besonders besorgt gewesen sein.[80] Denn viele versuchten aus der professionellen Anwendung von Gewalt Profit zu schlagen und das besonders im höfischen Umfeld. Ein Ritter und Adliger war eben kein Kämpe, der noch im 14. Jahrhundert professionell sein Leben gegen Geld stellvertretend für andere im Gerichtskampf feil bot. Er war auch keiner seiner ebenso gemein geborenen geistigen Nachfahren. Diese Fechter, Fecht- oder Schirmmeister verdienten ihren Lebensunterhalt oftmals von Ort zu Ort ziehend durch Wettkämpfe und vor allem durch die Zurschaustellung oder die Lehre der Fechtkunst.[81] Sie waren also durchaus Experten in den ritterlichen Kampfkünsten. Zugleich standen sie hingegen sonstigem fahrenden Volk zweifelhaften Rufes recht nahe. Mit Gauklern, Spielleuten oder Tänzern, die für Geld ihre Kunst betrieben,[82] wollte sich ein Ritter kaum

---

77 Popplau, Reisebeschreibung (1998), S. 33.

78 Ernst Schubert, Fahrendes Volk im Mittelalter, Bielefeld 1995, S. 7–12.

79 Popplau, Reisebeschreibung (1998), S. 32f.

80 Vgl. dazu Paravicini, Besonders adlig (2017), S. 541–543.

81 Vgl. Schubert, Fahrendes Volk im Mittelalter (1995), S. 233–244.

82 Vgl. ebd., S. 226–233; Jaquet, Fightschools (2015), S. 56f.; Leiske, Höfisches Spiel (2018), S. 59, Anm. 135, S. 209; Hans-Peter Hils, Reflexionen zum Stand der hauptberuflichen Fechter des Späten Mittelalters unter Berücksichtigung historischer Rechtsquellen, in: Gundolf Keil (Hg.), Würzburger Fachprosa-Studien. Beiträge zur mittelalterlichen

gemein machen. Darin mag auch ein Grund liegen, dass sich Popplau, wie beschrieben, weigerte, den Herzog in seine Turnierkunst einzuweihen. Die Nähe zur Tätigkeit eines Schirmmeisters war unter Umständen zu groß.

Der Konflikt zwischen Ehre und materiellem Gewinn zeigt sich auch immer wieder in der Kriegsrealität der Zeit. Dies beginnt gleich mit der Frage der Entlohnung für Kriegsdienste. Zweifellos ist auch hier nicht die Regel, dass Adlige Sold ablehnten. Wie gesagt, wollten schließlich Kriegsdienst und allgemein ein adliger Lebensstil finanziert sein. Der Rittertitel verlangte von seinem Träger sogar eine noch repräsentativere Lebensführung als die eines titellosen Edelmanns.[83] Der lange mit Armut ringende Wilwolt von Schaumberg hatte gleich fünf Ritterschläge abgelehnt. 1489, nach dem Sturm und der üblichen Plünderung des brabantischen Tienens, schlug ihn sein Herr, Herzog Albrecht von Sachsen, das sechste Mal zum Ritter und insistierte, dass er den Titel nun auch annähme. Schaumberg beugte sich endlich diesem Druck, aber das eben ausdrücklich auch aufgrund seines im Krieg erwirtschafteten Vermögens. Darunter befand sich auch die *redliche gutte beüth, die ob fünfftzehenhundertt gülden werth*.[84] Doch so weit konnten viele verarmte Adlige gar nicht denken. Allein schon am Krieg teilzunehmen konnte äußerst kostenaufwändig sein. So manchem Adligen reichte sein Sold nicht und er musste deshalb darauf bauen, dass er neben der festgesetzten Besoldung weiteren materiellen Gewinn aus dem Krieg ziehen konnte. Genau so erging es eben lange Zeit auch Wilwolt von Schaumberg: Nachdem sein burgundischer Hof- und Kriegsdienst 1477 nach dem Tod Karls des Kühnen definitiv vorbei war, hatte er am Brandenburger Hof Albrecht Achilles' das in besagtem Dienst erwirtschaftete Vermögen wieder verbraucht. Als sich ein Konflikt zwischen Albrechts Sohn Johann und dem Herzog von Sagan verschärfte, konnte er im Frühjahr 1478[85] mit drei weiteren Reitern im Gefolge zumindest vorübergehend in Brandenburger Dienste treten. Über den Monatssold von acht Gulden schreibt Ludwig von Eyb, dass dies *nit ein grosser anfanck in einem frembden lannd* gewesen sei.[86] Als *iunger gesell, der nit vbrig gellt im beütl, als er desmals hett* und sich *gern nern*, also verpflegen, wollte,[87] passte Schaumberg seine Strategie im kommenden Feldzug entsprechend an: Er nutzte seine Erfahrung *voriger kriegsleüfft, legt all sein vermögen vff kunthschafft, halff im gott vnd das glück, das er den veinden vill*

Medizin-, Pharmazie- und Standesgeschichte aus dem Würzburger medizinhistorischen Institut (Würzburger medizinhistorische Forschungen 38), Würzburg 1995, S. 201–219.

83 Vgl. Kaeuper, Chivalry and Violence (2001), S. 192.

84 Eyb d. J., Geschichten und Taten (2018), S. 196.

85 Vgl. Rabeler, Niederadlige Lebensformen (2006), S. 125.

86 Eyb d. J., Geschichten und Taten (2018), S. 124.

87 Ebd.

abprach.[88] Die Beute, die er diesen Worten entsprechend mithilfe göttlichen Beistands und des Glücks gemacht hatte, war sogar so groß, dass sie die Verpflegungsbedürfnisse des Franken deutlich überstieg. Der Wirt, zu dem er sie brachte, war ihm letztlich nach den Abzügen für Verpflegung und Unterkunft zur allgemeinen Überraschung 150 Gulden schuldig.[89]

In der Regel wurden Reiter in den soeben beschriebenen Gruppen von meist zwei bis vier Kämpfern bestallt. Bis Mitte des 15. Jh. wären solche Einheiten unter anderem als ‚Gleven', ‚Spieße' oder ‚Lanzen' bezeichnet worden.[90] Nicht jeder Reiter verfügte über entsprechende Waffen, Rüstung, Ausrüstung und Pferde. So trugen gemeinsam mit weiteren Faktoren gerade im Spätmittelalter Weiterentwicklungen in Waffen- und Rüstungstechnik zu einer steigenden finanziellen Belastung bei. Dementsprechend war es schon seit dem 13. Jahrhundert üblich geworden, dass selbst Lehnsherren ihre Vasallen beim Rüsten finanziell unterstützten.[91] So mancher arme Adlige, selbst wenn er wie Schaumberg bloß einige Reiter zu versorgen hatte, war also in fremdem Dienst allein schon der Verpflegung wegen auf Sold angewiesen. Das Problem der Finanzierung vervielfachte sich selbstverständlich für jene, die dutzende oder hunderte Kämpfer führten. Einige adlige wie nichtadlige Soldunternehmer stellten gar tausende Söldner auf.[92] Nicht selten wurde schlicht erwartet, dass Rekrutierung und Besoldung dieser Truppen vorerst auf Kosten des Rekrutierenden beziehungsweise des Kommandeurs stattfanden, wenn diese nicht ohnehin ein und dieselbe Person waren. Zuweilen blieb der Sold des Auftraggebers auch so lange aus, dass der Kommandeur irgendwann gezwungen sein konnte, auf eigene Mittel zurückzugreifen. Sonst drohten Unruhe oder Ungehorsam in seiner Truppe.[93] Im Briefwechsel Ludwigs von Eyb d. J., der 1504 als Pfälzer Viztum mit Graf Balthasar von Schwarzburg verhandelte, findet sich ein solcher Fall eines in Geldnot geratenen Söldnerführers: Der Graf von Schwarzburg hatte im Landshuter Erbfolgekrieg 29 Reiter für die Pfälzer Seite angeworben. Diese Reiter, *meinen Wagen und meine 6 Trabanten*, also

88 Eyb d. J., Geschichten und Taten (2018), S. 124.

89 Ebd., S. 124f.

90 Vgl. Schulze, Die Gleve (1940), S. 5–7, 37–51.

91 Beck, Bayerns Heerwesen (1911), S. 131f.

92 Vgl. Baumann, Landsknechte (1994), S. 166–168.

93 Vgl. Fritz Redlich, The German military enterpriser and his work force. A study in European economic and social history (Vierteljahrschrift für Sozial- und Wirtschaftsgeschichte. Beihefte 47), Wiesbaden 1964, S. 32f.

Leibwächter,[94] konnte er seiner *Armuth und unvermögenshalb* hingegen nicht mehr unterhalten und bat dringend darum, ihm Sold zu schicken.[95]

Solche Soldschulden mussten selbstverständlich auch beglichen werden. Doch die spätmittelalterliche notorische fürstliche Geldknappheit machte dies nicht immer einfach. Nicht jeder Adlige konnte es sich leisten, so loyal und geduldig wie Franz von Sickingen zu sein: 1520 lieh er Karl V. erst *treu, wolmainent unnd gehorsam* zinsfrei 20 000 Gulden und diente ihm bald darauf ohne Beanstandung auch noch im Krieg.[96] Denn 1521 stellte er im Dienst des Kaisers 3 000 Reiter und 12 000 Fußknechte auf und fiel mit ihnen in Frankreich ein. Wiederum blieb er auf den Kosten sitzen. Schließlich schuldete ihm der Kaiser 96 000 Gulden.[97] Was wohl ursprünglich nicht zuletzt als politischer Schachzug gedacht war, stürzte den Edelmann in gewaltige finanzielle Nöte und trug letztlich zu seinem Niedergang bei.[98] Andere Adlige konnten oder wollten sich eine solche Kulanz erst gar nicht leisten. Als vorgeschobener Grund oder aus ehrlicher Not heraus gehörten unbeglichene Soldzahlungen zu den häufigsten Fehdegründen. Es gab schließlich gerade für Adlige kaum andere Möglichkeiten, entsprechenden Forderungen Nachdruck zu verleihen als mithilfe von Feuer und Schwert. Wie es die Ironie will, produzierten solche Fehden mitunter gleich weitere Konflikte derselben Art. Denn schließlich mochte so mancher Schuldner wirklich knapp bei Kasse sein und war dennoch darauf angewiesen, sich mittels besoldeter Truppen zur Wehr zu setzen. Diese wiederum mochten durchaus nach Ende der einen Fehde ausgebliebene Zahlungen durch erneute Fehden einfordern.[99]

Doch nicht jeder Adlige lebte in Armut. Dass Ehre und eben damit soziale Beziehungen gegenüber materiellen Gütern nach Möglichkeit priorisiert werden sollten, schlägt sich insbesondere in biographischen wie autobiographischen Werken immer wieder nieder: Als Kaiser Maximilian 1514 für den Entsatz des von den Venezianern belagerten Meran *etliche hundert Steyerische phärdt* ausheben wollte, waren auch Sigmund von Herberstein und sein Bruder Georg darunter.[100] Als in Feldkirch der kaiserliche Sekretär Hans

---

94 Vgl. Kortüm, Militär am Hof (2005), S. 185f.; Art. "Trabant", in: Deutsches Wörterbuch von Jacob und Wilhelm Grimm. Bd. 21 (XI,I,1), Leipzig 1935, Sp. 941–952.

95 Würdinger, Urkunden-Auszüge (1862), Nr. 74, S. 19.

96 Flersheim et al., Die Flersheimer Chronik (1874), S. 69.

97 Vgl. ebd., S. 70f.

98 Vgl. Scholzen, Franz von Sickingen (1996), S. 188–190.

99 Vgl. Janine Fehn-Claus, Ansätze einer Typologie der Fehdegründe, in: Horst Brunner (Hg.), Der Krieg im Mittelalter und in der frühen Neuzeit. Gründe, Begründungen, Bilder, Bräuche, Recht (Imagines medii aevi 3), Wiesbaden 1999, S. 93–138, hier S. 114–118.

100 Herberstein, Selbst-Biographie (1855), S. 79.

Renner mit den beiden Brüdern über ihren Sold verhandeln wollte, stellten die beiden keinerlei Forderungen: *Mein Brueder wollt nichts begern. Setzt soliches seiner Maj. zw Irem gefallen, was Ime fürgeschlagen das nämb er an.* Sigmund tat es ihm gleich. „[*M*]*it dergleichen leuten wär guet zu hanndlen*", stellte darauf der Sekretär erfreut fest.[101] Das war wohl weniger ihrer Naivität und mehr ihrer geringen Priorisierung materieller Dinge geschuldet. Gerade der jüngere Sigmund hatte eine gute Bildung genossen, die ihm sogar wiederholt harscher Kritik seiner Standesgenossen aussetzte.[102] Der militärische aber auch der zivile Dienst waren ihm offenbar sehr wichtig, Sold dabei aber nebensächlich. Er bot nach Ablauf des eben genannten Dienstvertrags sogar an, unbesoldet und allein *vmb Plosse Vnndterhalltung oder Profanndt* weiter zu dienen, was jedoch abgelehnt wurde. So musste er mit den 86 Reitern, die er mittlerweile befehligte, wieder heimziehen.[103] Diese geringe Sorge um seine Besoldung zeigt sich erneut bei seinem Ritterschlag am 26. September desselben Jahres, dem sich direkt eine Verhandlung über seine Bestallung in das Amt eines Kommissars bei Hofe anschloss. Weder war er informiert, was *der Commissarien Ambt oder tun wäre*, noch wusste er, was er für ein Jahr des Dienstes verlangen sollte. So nahm er mit 300 Gulden erneut den ersten Betrag an, der ihm angeboten wurde.[104]

Es scheint unwahrscheinlich, dass Herberstein bloß der Inszenierung wegen wiederholt Unkenntnis vorgab. Bereits, dass er zugibt, dass er nicht darüber im Bilde war, welche Aufgaben das Amt umfasste, zeigt, dass er offenbar tatsächlich unzureichend informiert war. Dass er aber die geringe Achtung seiner Besoldung als überlieferungswürdig erachtet, weist darauf hin, dass allein schon in diesem Umstand eine gewisse Ehre zu vermuten ist. Niederadlige wie hochadlige Standesgenossen wussten solche Abkehr von ökonomischen Werten zu schätzen – allen voran natürlich der Dienstherr: Wer sich mehr kümmerte zu dienen als besoldet zu werden, ist einem Herrscher wohl der liebste Diener und mag schneller in seiner Gunst steigen. Herzog Georg der Bärtige von Sachsen (1471–1539) erinnerte 1516 die einheimische Ritterschaft sogar, dass es eine Zeit gegeben hätte, in der diese ihm unbesoldet gedient hätte. Sollten sie also unbesoldet *irer eldern fustappen volgenn*, würde er sie auch wieder in seiner Gunst fremden Edelleuten vorziehen.[105] Solcher Argumente

101 Herberstein, Selbst-Biographie (1855), S. 79.

102 Vgl. ebd., S. 71, 83; Herberstein, Antzaigen meines Lebens und Wesens (1805), S. 112.

103 Herberstein, Selbst-Biographie (1855), S. 80.

104 Ebd., S. 81f.

105 Beschwerde der Ritterschaft, nach dem Landtag November 1516 dem Herzog übergeben, und Georgs Antwort, hrsg. von Woldemar Goerlitz, in: ders. (Hg.), Staat und Stände unter den Herzögen Albrecht und Georg. 1485–1539 (Schriften der Sächsischen Kommission für

wiederum bediente sich auch die niederadlige Seite einer solchen Beziehung. Als König Maximilian 1495 auf dem Wormser Reichstag die Besteuerung durch den Gemeinen Pfennig durchzusetzen versuchte, stieß diese Steuer insbesondere bei der fränkischen Ritterschaft auf Widerstand. Auf dem Schweinfurter Rittertag im Dezember desselben Jahres betonten diese im Zuge ihres Protestes deutlich ihre treuen Dienste und ihr Blutvergießen für Maximilian und seine Vorfahren. Michel von Ehenheim ergänzt in seiner Familienchronik ausdrücklich, dass diese Kriegsdienste für Maximilian und seinen Vater Friedrich *onn sollt* geschehen seien und sie sich deshalb nicht besteuern lassen wollten.[106]

Götz von Berlichingen stellt wiederholt in seiner Lebensbeschreibung solche Treuebekundungen durch unentgeltlichen Kriegsdienst dar: Er betont, *das ich viell churfurstenn vnnd furstenn, auch meins gleichenn vnd andernn hoch oder nider stanndts, vnnd schir vom hochstenn biß vff denn niderstenn onne alle besoldung auß freyem willenn, mein leib vnd lebenn, blut vnnd gutt inn irenn hendeln vnd kriegen inn geuerlichkaitt begebenn, vnnd darob auch grosse nott erlittenn.*[107] Anders als viele seiner Standesgenossen erklärt er deutlich, welche Auswirkungen die Anerkennung hatte, die er zugunsten seines Soldverzichtes erlangte. Das konnte mitunter ein simples do ut des sein: 1514 unterstützte er mit weiteren Standesgenossen Franz von Sickingen mit 70 bis 80 Pferden in dessen Fehde gegen Worms. Trotz Sickingens Angebot, Götz und auch dem Edelmann Hans Thomas von Rosenberg ihre Kosten zu erstatten, weigerten sich beide. Beide wollten ihm *vergebenns diennen, auß der vrsach, das wir beidt inn gleichenn fellenn woll der leut auch etwa bedorfftenn.*[108]

In anderen Fällen gestaltete sich dies komplexer: Gottfrieds Dienst 1502 für Markgraf Kasimir von Brandenburg war weniger von klar ausgleichbaren Leistungen bestimmt. So diente er nach eigenen Worten dem Markgrafen ohne Sold, da dieser ihn als Knabe erzogen hatte.[109] Gerade in dieser Asymmetrie von Leistungen, die eben auch nicht mit Sold ausgeglichen werden konnten, zeigt Ehre besondere Wirkung: Gottfried brachte auf eigene Kosten 1502 vier bewaffnete Reiter in einen Konflikt des Markgrafen mit Nürnberg um den Kirchweihschutz des Ortes Affalterbach. Auch sein Bruder Philipp stand im markgräflichen Dienst und Gottfried schreibt, sie beide hätten

---

Geschichte 32), Leipzig 1928, Nr. 9, S. 502–505, hier S. 505, Anm. 2; vgl. dazu auch Deutschländer, Dienen lernen, um zu herrschen (2012), S. 263.

106 Ehenheim, Familienbuch Michels von Ehenheim (2007), S. 82f.; vgl. zur Auseinandersetzung Ehenheims und der Fränkischen Ritterschaft mit dem gemeinen Pfennig Bach, Der ritterschaft in eren (2002), S. 104f.

107 Berlichingen, Fehd und Handlungen (1981), S. 131.

108 Ebd., S. 105; vgl. auch Ulmschneider, Götz von Berlichingen (1974), S. 79f.

109 Berlichingen, Fehd und Handlungen (1981), S. 65.

weder Sold bekommen noch begehrt, denn sie hätten das *aus guttenn freyen willenn gethann.*[110] Doch noch nicht genug: In Sorge, der Markgraf hätte sonst *khein gefallenns*[111] an seinem Dienst, bemühte sich der junge Adlige an quasi jedem der kleineren Streifzüge des in einem solchen Konflikt üblichen Täglichen Kriegs gegen Nürnberg teilzunehmen. Schließlich griff selbst Markgraf Kasimir persönlich ein, um seinen übereifrigen Diener zum Maßhalten anzuhalten. Sein Verhalten jedoch hatte auf jeden Fall Aufmerksamkeit erweckt: Der Brandenburger Hauptmann Paul von Absberg holte sich Götz im Feld auf die ehrenvolle Position direkt an seine Seite.[112]

In der Schlacht im Nürnberger Wald am 19. Juni des Jahres war es Gottfrieds Eigeninitiative zu verdanken, dass die Wagenburg der Nürnberger offenblieb, da er im rechten Moment den vordersten Fuhrmann vom Pferd stieß und anschließend die Lücke verteidigte.[113] Götz war sich der Bedeutung dieser Tat für seine Ehre nach eigener Aussage offenbar lange nicht im vollen Umfang bewusst. Das änderte sich erst einige Zeit darauf, als *die bestenn vnnd geschickstenn ritter vnnd knecht* Frankens zu einem Tag in Ansbach zusammenkamen.[114] Auch der Hauptmann der Brandenburger in besagter Schlacht, Paul von Absberg, war anwesend. Der Ritter war nicht bloß als Brandenburger Hofmeister und Hauptmann bekannt. Er wusste sich auch durch persönlichen Kampfeinsatz an der Seite seiner fränkischen Standesgenossen auszuzeichnen. So war er auch einer jener beiden Adligen gewesen, die um 1480 im oben geschilderten Reitergefecht Wilwolts von Schaumberg gegen Kunz von Lüchau gefochten hatten.[115]

Der einzige weitere Name, den Berlichingen noch nennt, ist jener Jörg von Rosenbergs (†1505).[116] Jörgs Anwesenheit zeigt, dass Gottfried kaum untertreibt,

---

110 Berlichingen, Fehd und Handlungen (1981), S. 68.

111 Ebd., S. 65.

112 Ebd.

113 Vgl. oben, S. 125.

114 Berlichingen, Fehd und Handlungen (1981), S. 68.

115 Vgl. oben, S. 205.

116 Die Forschung hatte einige Schwierigkeiten, die Verwandtschaftsverhältnisse innerhalb der Rosenberger Familie und Jörgs Platz im Stammbaum zu klären, insbesondere, da es mehrere Vertreter dieses Namens in der Familie gab. Sowohl Johann Gottfried Biedermann als auch Hermann Bauer widmen sich zwar sehr umfassend dem Geschlecht, widersprechen sich jedoch nicht nur gegenseitig in einigen grundlegenden Dingen, sondern insbesondere in Bauers Fall auch im eigenen Werk selbst. Erst Walther Möllers Bearbeitung der Familie bringt mehr Licht in die Verwandtschaftsverhältnisse und kann bis auf wenige Details auch durch Helmut Neumeiers jüngere Forschungen bestätigt werden; vgl. Johann Gottfried Biedermann, Geschlechts-Register der reichsfrey unmittelbaren Ritterschaft Landes zu Francken löblichen Orts Ottenwald. Welches aus denen bewährtesten Urkunden, Kauff-Lehen u. Heyrathsbriefen, gesammelten Grabschriften

wenn er von den *‚bestenn vnnd geschickstenn'* schreibt: Jörg war gemeinsam mit seinen Vettern Arnold und Michael durch ihre rege Fehdetätigkeit bekannt und berüchtigt. Am Brandenburger Hof wird er aber besonders auch einen gewissen Ruf erlangt haben, weil er einerseits unter dem Schirm von Kasimirs Großvater Albrecht Achilles einen aufsehenerregenden Zweikampf gegen Sigmund von Stetten gewonnen hatte.[117] Diese Kampffertigkeiten, aber insbesondere auch seine soziale und politische Bedeutung bewies er andererseits auch 1484 in einem Konflikt mit Kasimirs Vater Friedrich v. Der junge Markgraf Friedrich hatte ihn öffentlich in einem Vier-Lande-Turnier zu Stuttgart mit Schlägen strafen wollen. Der Brandenburger musste jedoch aufgrund des taktisch geschickten Widerstands der fränkischen Einhorngesellschaft, die zu ihrem Mitglied Jörg hielt, schließlich aufgeben.[118] Doch auch Jörg selbst nutzte die Turnierstrafe gegen seine Gegner: So wird Götz von Berlichingen ihn besonders als denjenigen gekannt haben, der seinen Onkel zweiten

u. eingeholten genauen Nachrichten von innen beschriebenen gräflich-freyherrlich- u. edlen Haeusern in gegenwärtige Ordnung verfasset u. richtig zusammengetragen worden, Culmbach 1751, Tab. CCCCVI A; Hermann Bauer, Die Herren von Rosenberg, in: Zeitschrift des Historischen Vereins für das Württembergische Franken 9, 2 (1872), S. 177–221, hier insb. S. 209f.; Walther Möller, Stammtafeln westdeutscher Adels-Geschlechter im Mittelalter, Bd. 2 (Bibliothek klassischer Werke der Genealogie 2,2), Neustadt an der Aisch [ND 1996] 1933, S. 188–190, dort insb. Tab. LXXIV und S. 191; Helmut Neumaier, Ritteradlige Herrschaftsbildung im Schüpfergrund. Das Briefbuch des Albrecht von Rosenberg (†1572). Urkundenregesten 1385–1565 und Urkundenanhang 1561–1564 (Veröffentlichungen der Gesellschaft für Fränkische Geschichte Reihe 3 10), Würzburg 2006, S. 26–28; ders., Albrecht von Rosenberg. Ein außergewöhnliches Adelsleben unter drei habsburgischen Kaisern, Münster 2011, S. 30–37. So ist es verständlich, dass Helgard Ulmschneider Jörg von Rosenberg in der Edition von Berlichingens „Mein Fehd und Handlungen" noch als seinen gleichnamigen Neffen 2. Grades identifiziert; vgl. Berlichingen, Fehd und Handlungen (1981), S. 69, Anm. 103. In ihrer Edition der „Geschichten und Taten Wilwolts von Schaumberg" hingegen identifiziert sie ihn richtig, seine Vettern Arnold und Michael hingegen fälschlich als seine Brüder; vgl. Eyb d. J., Geschichten und Taten (2018), S. 147f., Anm. 268. Dass es sich 1502 in Ansbach bloß um den bei Möller als Georg II. geführten Jörg handeln kann, zeigt schon, dass sein von Ulmschneider identifizierter Neffe Georg laut Möllers Stammtafel als Georg III. erst 1508 geboren wurde.

117 Vgl. Ludwig von Eyb d. Ä., Schriften. Denkwürdigkeiten – Gültbuch – Briefe an Kurfürst Albrecht Achilles 1473/74 – Mein Buch, hrsg. von Matthias Thumser (Veröffentlichungen der Gesellschaft für Fränkische Geschichte: I. Reihe, Fränkische Chroniken 6), Neustadt/Aisch 2002, S. 96f.; Friedrich Albert von Langenn, Herzog Albrecht der Beherzte, Stammvater des königlichen Hauses Sachsen. Eine Darstellung aus der sächsischen Regenten-, Staats- und Culturgeschichte des XV. Jahrhunderts, großentheils aus archivalischen Quellen, Leipzig 1838, Nr. 12, S. 538–541; sogar noch 1501 und 1502 hatte er kurz davor gestanden erneut einen Zweikampf auszufechten; vgl. Graf, Gewalt und Adel (2000).

118 Vgl. Eyb d. J., Geschichten und Taten (2018), S. 148–152; vgl. auch Krieg, Fürstendienst (1999), S. 201–203.

Grades, Konrad von Berlichingen, 1481 brutal in Heidelberg verprügelt hatte. Gemeinsam mit weiteren Mitgliedern der Einhorngesellschaft, darunter auch Wilwolt von Schaumberg, schlug er Konrad halb tot und setzte ihn dann entwürdigend auf die Turnierschranken.[119] Das kriegerische Leben Jörgs fand schließlich ein ebenso kriegerisches Ende: Als oberster Hauptmann führte er die Pfälzer Truppen zeitweilig im Landshuter Erbfolgekrieg. Er starb dabei im Jahr 1505 an den Folgen einer Armverletzung: Er war von einer Handbüchse getroffen worden, als er gemeinsam mit Georg Wispeck die Pfälzer bei der Wiedereroberung von Traunstein in den Kampf geführt hatte.[120]

Bei besagtem Tag in Ansbach drei Jahre zuvor schienen sich also tatsächlich Mitglieder der sozialen und militärischen Elite Frankens zusammengefunden zu haben. In der Herberge *zum Hauckhenn* kam das Gespräch schließlich auch auf die Schlacht vor den Toren Nürnbergs. Der alte Veteran Jörg von Rosenberg schrieb den Sieg nicht zuletzt den *gutt vnnd willig leutt* des Markgrafen zu. Der Hauptmann Paul von Absberg ließ es sich daraufhin nicht nehmen, dieses Lob seiner Männer sofort weiter zu spezifizieren: Er stellte heraus, dass niemand in der Schlacht *williger* als die beiden Berlichinger gewesen sei.[121] Dieser Wille drückte sich also in der bezeugbaren Handlung aus. Es wird erneut deutlich, dass die Tat im Mittelpunkt der Anerkennung der Ehre steht. Götz, der von beiden offenbar ungesehen im Hintergrund stand, war nach eigenen Worten überrascht. Er musste sich bei einem neben ihm stehenden Mann erst einmal versichern, dass er richtig gehört habe und dass tatsächlich er und sein Bruder gemeint gewesen seien. Rückblickend meint er, dass dieses Lob *mein vnnd meines bruders selligenn besoldung gewest.*[122] Ausdrücklich stellt er das in direktem Kontrast zu der abgelehnten Entlohnung für seine Dienste. Später erfuhr er über Freunde und Verwandte, dass der Markgraf und die Mitglieder seines Hofes bis hin zu den Knechten, ihnen *preiß, rhum, lob vnnd ehr nachgeredt haben.* Dies sei ihnen trotz ihrer Armut *auch lieber gewest, dann goldt vnnd silber, welchs wir nit darfur genommen habenn wolltenn.*[123]

Zusammengefasst war für den Edelmann idealerweise Anerkennung der Lohn adliger und ritterlicher Tugend. Denn diese war im Umgang mit seinesgleichen essentiell. Das widersprach dem Kampf um andere Werte, wie

119 Vgl. Eyb d. J., Geschichten und Taten (2018), S. 147f.; Familienbuch der Herren von Eptingen (1992), S. 381. vgl. ausführlicher zu Turnierstrafen unten, S. 272–279.

120 Vgl. Armin Gugau, Untersuchungen zum Landshuter Erbfolgekrieg von 1504/1505. Die Schäden und ihre Behebung (Geschichtswissenschaften Band 31), München 2015, S. 58f., Anm. 50, 51, S. 74.

121 Berlichingen, Fehd und Handlungen (1981), S. 68f.

122 Ebd., S. 69.

123 Ebd.

materielle Güter, jedoch nur bedingt. Da der Adel sich jedoch primär über seine in Ehre ausgedrückten sozialen Beziehungen definierte, war die Inanspruchnahme beziehungsweise die Ablehnung materieller Vorteile ein beliebtes Mittel, Adel und adlige Tugend in den Mittelpunkt der Diskussion zu stellen. Ein Edelmann wie Götz von Berlichingen konnte dadurch seine Treue gegenüber den Brandenburgern Ausdruck verleihen. Niclas von Popplaus Absichten als adliger Ritterreisender konnten auf diese Weise jedoch ebenfalls in Frage gestellt werden.

5.3 Die Bedeutung der Öffentlichkeit

Ehrbekundungen in der adligen Kultur fanden nur sehr bedingt über das geschriebene Wort statt und sind für die Forschung deshalb schwer zu greifen. Auch für Zeitgenossen hatte die wenig beständige Natur der Ehre Konsequenzen. Zwar zeugt der spätmittelalterlich zunehmende Trend zu adligen biographischen und autobiographischen Werken vom Versuch einiger, Ehre weniger flüchtig werden zu lassen. Die meisten dieser Werke wurden schließlich verfasst, um das Leben des oder der Protagonisten im Sozialgefüge ihrer Zeit als vorbildlich einzuordnen. Das bedeutet, diese Werke sollten auch aktiv Anteil daran haben, die Ehre für die Protagonisten und ihre Nachkommen zu erhalten.[124] Schriftlichkeit blieb jedoch nur Hilfsmittel adliger Kommunikation. Adlige waren darauf angewiesen, dass ihre Taten als erwähnenswert genug erkannt wurden, dass andere aktiv darüber sprachen. So ist der Einblick Berlichingens in diese Kultur besonders wertvoll. Er formuliert es sehr treffend, wenn er schreibt, dass *nicht nur* sein Herr, Markgraf Kasimir, *sonnder auch* dessen oberste Räte, Hauptleute, Ritter und Knechte in seiner Abwesenheit seine Leistung in der Schlacht vor Nürnberg gelobt hätten.[125] Besonders die Meinung der übrigen Ritterschaft zählte und ihre Gunst galt es zu erhalten oder gar zu gewinnen.

5.3.1 *Essentielle Zeugen*

Denn die Ehre eines Ritters entschied sich keineswegs allein direkt am Fürstenhof durch seinen Herrn, sondern eben auch in Trinkstuben unter den niederadligen Standesgenossen. Diese waren schließlich nicht bloß Publikum, sondern direkt an dem Vorgang des Zuspruchs von Ehre beteiligt. Oren Falk stellt in Bezug auf die skandinavische, mittelalterliche Zweikampfkultur

124 Vgl. Rabeler, Familienbuch Michels von Ehenheim (2007), S. 45.
125 Berlichingen, Fehd und Handlungen (1981), S. 69.

heraus, man spreche besser nicht von "witnesses to a fight […], but of fighters to a witness."[126] Die Anerkennung dieser Zeugen galt es zu riskieren, um sich so durch den Kampf nicht nur gegenüber dem Kontrahenten, sondern insbesondere in der Hierarchie dieses sozialen Umfeldes zu behaupten.[127] Im deutschen Spätmittelalter war dies im deutlich größeren Maßstab ebenso der Fall: Maximilians idealisierter Romanritter Theuerdank war, wie erwähnt, stets auf die Anwesenheit der metaphorischen Figur des Ehrenholds angewiesen. Denn mit ihm hatte er immer das *gerucht vnd gezeügnus der warhait*[128] und damit eine Öffentlichkeit um sich. Wenn sich nämlich Ehre in sozialer Anerkennung ausdrückte, brauchte es schließlich einen sozialen Rahmen, in dem diese Anerkennung stattfinden konnte. Erst eine würdige Öffentlichkeit vermochte ehrliches Verhalten zu erkennen und damit Ehre zuzusprechen. Ohne ein entsprechendes Publikum mochte die Selbstachtung des Individuums wachsen, seine Ehre jedoch kaum. Dieses Publikum hatte also aktiven Anteil und Verantwortung im Prozess der Vermittlung von Ehre. Mitunter fand dies in der Mundpropaganda nur einer Person statt. Die wohl vorbereitete Heimkehr eines Edelmanns aus dem Krieg oder von einer Adelsreise war aus diesem Grund von grundlegender Bedeutung, um die vollbrachten Leistungen auch gewürdigt zu wissen.[129] Zwar konnten Adlige auf Ritterreise durch Abzeichen von Adelsgesellschaften, Empfehlungsschreiben oder Urkunden ihren Status, Charakter oder sogar etwaige Taten bezeugen lassen.[130] Doch war das persönliche Zeugnis von Standesgenossen eine mindestens ebenso wertvolle Hilfe. Dies mochte wie im Falle Niclas von Popplaus oder Ludwig von Diesbachs d. Ä. das Wiedererkennen und die folgende Fürsprache am Hofe eines Fürsten sein.[131] Doch war einem Adligen das Wort seiner Standesgenossen eben auch für die Verbreitung des in der Fremde erlangten Waffenruhms eine große Hilfe. Eine dieser seltenen „Kostbarkeiten",[132] dieser mündlichen Steigerung ritterlicher Ehre unter Standesgenossen ist neben der Episode Berlichingens in Ansbach ein Moment aus der Ritterreise Georgs von Ehingen. Als der Ritter krankheitsbedingt 1458 einen Monat in der Stadt Valenciennes ausgeharrt hatte, fand dort ein Turnierkampf statt. Von einem nahen Fenster betrachtete er gemeinsam mit Adligen des dortigen Hofes einen Kampf des Deutschen

126 Falk, Bystanders and Hearsayers (2004), S. 99.
127 Vgl. Friedrich, „symbolische Ordnung" (2005), S. 129.
128 Maximilian I. et al., Theuerdank (2003), Nachwort.
129 Vgl. Paravicini, Erkenntniswert der Adelsreise (2017), S. 13.
130 Vgl. Paravicini, Ehingens Reise (2000), S. 562–565.
131 Vgl. Popplau, Reisebeschreibung (1998), S. 139; Gruben, Die waldtfahrt (1893/96), S. 121; vgl. besonders auch Ranft, Die Hofesreise (2005), S. 96f.
132 Paravicini, Ehingens Reise (2000), S. 568.

Heinrich Sasse und des burgundischen Höflings Jean de Rebreuviette. Als ein Gast, der auf der Rückreise von einer Ritterreise und ritterlichen Taten war, hatte sein Wort wohl einiges Gewicht. Er klärte seine Zuhörer nicht bloß über den Charakter des von ihm favorisierten Deutschen auf. Er hatte mit dem Ritter de Rebreuviette in Iberien und auch im nordafrikanischen Ceuta gekämpft und rühmte ihn als *vaillans et des renomméz chevaliers des crestiens*.[133] Georg, der in seinem eigenen Reisebericht in großer Detailfülle seinen Sieg im Zweikampf gegen einen muslimischen Kämpfer bei Ceuta beschreibt,[134] weiß laut Georges Chastellain (1405–1475) ähnliches und noch viel mehr von Rebreuviette zu berichten: Er rühmt als Zeuge dessen Taten in Granada und auch in Ceuta. Der Ritter habe zwei Zweikämpfe gewonnen und den Kopf des zweiten Gegners auf der Schwertspitze zum kastilischen König gebracht.[135] Das ist ebenfalls eine Parallele zu Georgs Zweikampf, dem nach seinem Sieg der Kopf seines Gegners durch Ceuta vorangetragen worden sein soll.[136]

Fehlten solche Zeugen hingegen, mochte das auf das Verhalten Adliger deutliche Auswirkungen haben. Gerade in einem größeren Gefecht war die Perspektive aufgrund der Menge an physischen und psychischen Einschränkungen meist zu sehr eingeschränkt, um auch noch das Verhalten der eigenen Mitstreiter im Auge zu behalten. Das zeigt sich ebenso dramatisch wie anschaulich bei der Verletzung Lorenz von Schaumbergs 1478 vor den Mauern des pommerischen Saatzig. Ludwig von Eyb d. J. schildert, wie dessen Neffe, Wilwolt von Schaumberg, im Brandenburger Dienst als Schanzmeister fungiert hatte. Vor dem Sturm auf die Mauern hatte Wilwolt gemeinsam mit dem jungen Markgrafen Friedrich v. von Brandenburg und weiteren Edelleuten den Ritterschlag erhalten. *Wilwolt lys die aber vallenn*:[137] Er nahm die Ritterwürde, wohl aus Kostengründen, nicht an. Dabei hatte der junge Mann offenbar schon reiche Beute vor Augen, um sich diese endlich leisten zu können. Doch Lorenz von Schaumberg, *den er auch woll zw zeitten an seines vatters statt gehalttenn*,[138] wurde beim Erklimmen einer Sturmleiter von einem Stein auf den Helm getroffen. Er blieb wie tot liegen. Wilwolt *begab* […] *allen vorteill*

133 Georges Chastellain, Chronique. Les fragments du livre IV, révélés par l'additional manuscript 54156 de la British Library, hrsg. von Jean-Claude Delclos (Textes littéraires français 394), Genf 1991, S. 164; vgl. besonders auch Paravicini, Ehingens Reise (2000), S. 557–562; Werner Paravicini ist es zu verdanken, dass Georg von Ehingen als der Jean de Rebreuviette lobende Ritter in der Chronik Georges Chastellains identifiziert werden kann.

134 Vgl. Ehingen, Reisen nach der Ritterschaft (1979), S. 57–62.

135 Vgl. Paravicini, Ehingens Reise (2000), S. 560.

136 Vgl. Ehingen, Reisen nach der Ritterschaft (1979), S. 60f.

137 Eyb d. J., Geschichten und Taten (2018), S. 137.

138 Ebd., S. 135.

vnnd gewin und eilte ihm zu Hilfe. Er rief auch *ettlich sein freünt*, ihm beizustehen, indem er ihnen deutlich zu machen versuchte, dass *ritterlich eer vnnd hülff eins sülchen erbern mans* doch *zeitliche*[*m*] *gewin* vorzuziehen seien.[139] Schließlich half den beiden endlich ein Edelmann, dessen Namen – Hans von Weißdorf – Eyb selbstverständlich der Ehre wegen nicht unerwähnt lässt. Doch die Beute und damit auch die Möglichkeit, die Ritterwürde finanziell abgesichert annehmen zu können, blieben für Wilwolt vorerst aus.[140] Hier stehen sich ideales Verhalten und gelebte Wirklichkeit deutlich gegenüber: Die ‚ritterlich eer', die Wilwolt und Hans von Weißdorf hier beweisen, wird ihnen im Kreis der Schaumberger sicherlich Anerkennung gebracht haben. Die anonyme Masse der übrigen Angreifer und der Adligen unter ihnen werden jedoch für ihr Verhalten kaum sanktioniert worden sein. Denn schließlich ergriffen sie die Möglichkeit, sich ehrlich und standesgemäß zu bereichern:[141] Sie griffen die Mauern an und versorgten sich auf diese Weise nicht bloß mit Beute, sondern auch mit kriegerischem Ruhm.

War ein größeres Gefecht also kaum zu überblicken, so war offenbar auch die Erwartungshaltung recht gering, für außergewöhnliche, ritterliche Taten geehrt zu werden. Gottfried von Berlichingen ist einer der wenigen Deutschen, die überhaupt detaillierte Schilderungen der Abläufe ihrer Gefechte verfasst haben. So wissen wir von ihm auch um seine ritterliche Tat 1502 in der Schlacht vor den Toren Nürnbergs: Er brachte durch das Herabstechen des vordersten Fuhrmanns die Nürnberger Wagenburg zum Stehen. Er verhinderte so, dass die Feinde ihre rollende Befestigung vor den Brandenburgern schließen konnten. Diese aus Eigeninitiative heraus geborene Tat ging jedoch noch weiter: So *behillt ich dieselbig luckhenn onne geheiß vnnd beuelch meins haubtmans oder annderer mit gottes gnad vnd hilff innen, das sie die wagennburg nit gar schliessenn konthen.*[142] Trotz dieser herausragenden Rolle war er sich, wie schon bereits beschrieben, über Tage hinweg offenbar nicht bewusst, inwiefern er mit seiner Tat aufgefallen war. Bedenkt man also seine überraschte Reaktion auf die ehrenden Worte Absbergs ist es kein Wunder, dass sich andere Adlige in ihren Selbstzeugnissen mit der Beschreibung größerer Gefechte und oft auch ihrer Rolle darin weitestgehend zurückhielten.

Georg von Ehingen ist dafür ein hervorragendes Beispiel: Über die portugiesische Verteidigung Ceutas im Jahr 1457 liefert er zwar die wichtigsten Informationen. Er schreibt auch, dass ihm eines der Viertel der Stadt zur

139 Eyb d. J., Geschichten und Taten (2018), S. 135.
140 Vgl. ebd., S. 135–137.
141 Vgl. Vale, War and chivalry (1981), S. 28.
142 Berlichingen, Fehd und Handlungen (1981), S. 16; vgl. auch oben, S. 125.

Verteidigung unterstellt wurde, über das dementsprechend die Ehinger Fahne wehte.[143] Seine Tätigkeit als Kommandeur oder Kämpfer während der drei Tage, in denen die Stadt immer wieder bestürmt wurde, lässt er jedoch völlig außen vor. Ähnlich verhält es sich mit den übrigen Feldzügen und Gefechten seiner Reise. Die Kämpfe in den sieben Monaten, die Ehingen mit seinen Begleitern nach der Belagerung von Ceuta in Nordafrika ausfocht, fasst er nur kurz zusammen: Es hätte *vill ritterlicher handlungen inn Affrica [gegeben], da dann mein gesell und ich das best detten wider die haiden und Moren.*[144] Doch den Zweikampf im Tal zwischen dem maurischen und dem portugiesischen Heer schildert er in außergewöhnlicher Detailtreue. Denn für diesen Zweikampf waren die Scharmützel zwischen beiden Heeren abgeblasen und der Kampf selbst sogar mit Trompeten angekündigt worden. Es waren also genügend Zeugen anwesend und ein Rahmen gegeben, dass Ehingen es sich erlauben konnte, den Kampf Streich für Streich zu schildern. Diesen Zeugen verdanken wir schließlich auch, dass sich Parallelüberlieferung zu dem Zweikampf erhalten hat.[145] Das Ziel eines Zweikampfes war dementsprechend auch nicht in jedem Fall die Unterwerfung oder gar Vernichtung des Gegners. Ein Edelmann aufseiten des Feindes war schließlich immer noch ein Edelmann. Bot sich eine Gelegenheit, Gnade walten lassen, hatten Sieger und Besiegter langfristig mehr Vorteile als dass der Überlegene die Konsequenzen des Todes seines Gegners trug. Vielmehr galt es also, öffentlich ritterliche Tugend und mit ihr persönliche Kampfbereitschaft, Tapferkeit und vorbildliches Verhalten im Angesicht der Gefahr zu präsentieren.[146] Nicht immer führte ein Weg an der Tötung des Kontrahenten vorbei. Yuval Harari betont im Zusammenhang mit eben genanntem Zweikampf Ehingens, dass frühneuzeitliche Krieger im Tötungsvorgang an sich nicht identitäts- oder persönlichkeitsstiftende Momente sahen. Anders als in neuzeitlicher Wahrnehmung wird das Töten und auch das erstmalige Töten nicht als prägender Punkt in der Biographie des Kriegers und Soldaten wahrgenommen.[147] Malte Prietzel vermutet sogar, dass die direkte Zuschreibung der Tötung von Gegnern im Kampf eher abträglich

143 Vgl. Ehingen, Reisen nach der Ritterschaft (1979), S. 52.

144 Ebd., S. 62.

145 Vgl. Ehrmann, Ehingen, Tl. 2 (1979), S. 97; vgl. aber insbesondere auch Paravicini, Ehingens Reise (2000), S. 565–567.

146 Vgl. Prietzel, Kriegführung im Mittelalter (2006), S. 266–277, insb. S. 273 und 275. Falk, Bystanders and Hearsayers (2004), S. 106; Friedrich, „symbolische Ordnung" (2005), S. 128f.; Christian Jaser, Ernst und Schimpf – Fechten als Teil städtischer Gewalt- und Sportkultur, in: Uwe Israel/Christian Jaser (Hgg.), Agon und Distinktion. Soziale Räume des Zweikampfs zwischen Mittelalter und Neuzeit (Geschichte – Forschung und Wissenschaft 47), Berlin, Münster 2016, S. 221–242, hier S. 230.

147 Vgl. Harari, The ultimate experience (2008), S. 64f.

für den Ruhm eines ritterlichen Helden wäre. So blieben die Toten einer Schlacht bis auf die Erwähnung der bedeutendsten Gefallenen in der Regel Zahlen einer anonymen Masse.[148]

Andere Mechanismen griffen für den Edelmann im Konflikt mit Gegnern außerhalb des eigenen sozialen Horizonts.[149] In besagtem Zweikampf Ehingens reichte seine soziale Bindung zum Gegner nur so weit, dass er ihn als *mechtige*[*n*] *haid*[*en*][150] eines Zweikampfs für würdig erachtete. Zurückhaltung oder Gnade gegenüber diesem Feind versprach weder Ehre noch anderen Gewinn, sodass der Tod eines der beiden unausweichlich war. Nach seinem Sieg rührte er den Toten jedoch nicht weiter an, sondern nahm nur dessen Schwert an sich. Er überließ es den portugiesischen Verbündeten, die Leiche zu enthaupten und ihm den Kopf voranzutragen.[151] Erkannten Edelleute dem Feind jedoch nicht einmal den Status des muslimischen Gegners Ehingens zu, war im Kampf erwiesene Tugend kaum der Erwähnung wert. Jene, die die Wahl hatten, griffen gegen solche Feinde also weniger bereitwillig zur Waffe. So soll ein Rat Maximilians im Schweizerkrieg gegen die persönliche Schlachtbeteiligung des Königs argumentiert haben, als dieser im Angesicht der Schande der Initiativlosigkeit der Reichstruppen *sine person gern gewagt hått'*: Er *sǒlte sin und so vil êrenlǘten person nit an die schnǒden, bǒssen puren waugen.*[152] Ehrhafte Personen wollte der Rat nicht durch vermeintlich so tief unter ihnen stehende, keiner Auseinandersetzung würdige Nichtadlige in Gefahr gebracht sehen. Anders als in anderen Auseinandersetzungen kämpfte Maximilian persönlich in diesem Krieg tatsächlich nicht mehr.

Ist zum kämpferischen Gewinn ritterlicher Ehre der Beweis von Tugend ausschlaggebender als der Sieg, wurden Zweikämpfe und sogar Turnierkämpfe mitunter nicht einmal bis zum deutlichen Sieg oder gar zum Tod eines der Kontrahenten ausgefochten. Der Schirm gebende Fürst gab oft schon lange vor einer Entscheidung das Zeichen, die Kämpfer zu trennen. Beide hatten sich schließlich ritterlich-adliger Ehre als würdig erwiesen. Für das 14. Jahrhundert beschreibt die Zimmerische Chronik einen entsprechenden Zweikampf zwischen Herzog Reinold von Urslingen und dem Freiherrn Ulrich

148 Vgl. Prietzel, Was ist Krieg im Mittelalter? (2017), S. 26. Stefanie Rüther verweist darauf, dass die besonders verlustreiche Gefechte „nicht den Erwartungen der Akteure und ihren Vorstellungen von einem regelhaften Verlauf solcher Treffen" entsprochen hätten und eine Auflistung der getöteten Adligen in der Chronistik dies verdeutlicht hätte; vgl. Rüther, Ordnungen der Gewalt? (2019), S. 255.

149 Vgl. dazu ausführlicher auch Kapitel 6.2.

150 Ehingen, Reisen nach der Ritterschaft (1979), S. 57.

151 Vgl. ebd., S. 60f.

152 Anshelm, Berner-Chronik, Bd. 2 (1886), S. 220.

von Hornberg vor den Herzögen Leopold und Friedrich von Österreich. Ein Grund sollen Beleidigungen gewesen sein. Die Österreicher Herzöge brachen den Kampf ab, nachdem *baid kempfer ein guete weil mit ainandern gefochten, das niemands wol wissen oder urthailn mocht, welcher der bösser*. Anschließend vertrugen sich die beiden Kämpfer wieder.[153] Diese Sitte, den Kampf vorzeitig abzubrechen, konnte aber durchaus zu Verstimmungen führen, gerade wenn einer der beiden kurz vor dem Sieg stand. So forderte 1521 auf dem Linzer Hauptplatz ein Spanier die einheimischen Adligen zum Kampf auf Leben und Tod heraus. Sebastian von Losenstein nahm die Herausforderung an.[154] Kurz bevor er im darauffolgenden Kampf seinem Gegner den *geraus machen* konnte, schritt jedoch der österreichische Erzherzog und spanische Infant Ferdinand I. ein und schrie *fried zu nemen*.[155] Losenstein, der anfangs stark in die Defensive gezwungen worden war, war damit *ubl zufriden* und meinte, er wisse nicht, *wie es Im ergangen wer*, wenn nicht er, sondern *der Spanier den vortl vor Ime gehabt*. Schließlich zog er jedoch *mit frolokhen* ab.[156] Weiterer Schaden an Leib, Leben oder Ehre schienen nicht mehr nötig. Auch bewahrte ein Fürst so seine offensichtlich tugendhaften Gefolgsleute vor unnötiger Schande und Schaden.

Die Sitte des Zweikampfs überlebte Mittelalter und Frühe Neuzeit. Bis ins 19. Jahrhundert hinein traten adlige wie gemeine Kämpfer aus der anonymisierenden Masse heraus, um Leib und Leben für ihre und die Ehre ihrer Seite einzusetzen.[157] Eine Schlacht wurde auf diese Weise in der Regel nicht vermieden oder entschieden. Doch hatte ein Zweikampf durchaus einen Mehrwert für die kampfbereiten Heere, stimmte er doch moralisch auf die kommende Schlacht ein. Die Kämpfer selbst konnten sich kaum eine bessere Bühne als den Ort zwischen gleich zwei Armeen von Zeugen wünschen.

5.3.2 *Der Kampf in der Hand der Öffentlichkeit*

Diese Öffentlichkeit der Gewalt sorgte also für ein Publikum, das die Ehre schließlich weiterverbreiten konnte. Gerade auf sozialer Ebene wurde dieses Publikum jedoch in einer weit aktiveren Rolle benötigt, als bloß Ehre zu

---

153 Zimmern, Zimmerische Chronik, Bd. 1 (1881), S. 372.

154 Vgl. Kaiser Ferdinandi hochlöblicher gedechtnus, Hochzeit und Verehlung mit Künigin Anna von Hungern vnd Behemb zu Linz gehalten, und was sich bey dem damall gehaltnen Turnier ain Spanier vnderstanden, die löbliche Teutsche nation zuuerachten, vnd anerboten, sich mit ainen Herrn oder Rittersmann vmb leib vnd leben zukempfen, wie es Ime geraten und letzlichen bezalet worden, hrsg. von Franz Isidor Proschko, in: Bericht über das Museum Francisco-Carolinum 15 (1855), S. 7–10, hier S. 7–9.

155 Ebd., S. 9.

156 Ebd., S. 10.

157 Vgl. Gassmann, Thoughts on the Role of Cavalry (2015), S. 163.

bestätigen und zu mehren. Es war eine passive, mitunter aber auch eine sehr aktive Kontrollinstanz. Passiv stand den Kämpfern mit zunehmend größerem und bedeutenderem Publikum die Pflicht vor Augen, sich den Normen der zeitgenössischen Konfliktführung zu beugen. Das Publikum konnte durchaus auch aktiv werden und zum Wohle der Kämpfer oder gleich der ganzen Gemeinschaft in den Kampf eingreifen. 1480 ließ Wilwolt von Schaumberg in einem Erbschaftsstreit seinem fränkischen Landsmann Martin Zollner von Rotenstein beim Vier-Lande-Turnier in Mainz eine Turnierstrafe zuteilwerden. Trotz entsprechender Verbote im Turnierrecht fühlte sich Zollner dazu bewegt, die erlittene Schmach auf dem Heimweg zu rächen: Die Franken und damit auch er und Wilwolt reisten gemeinsam heim nach Franken. Der Gegner und die relevanten Zeugen waren für Martin also bereits alle versammelt. Schon bald ritt er mit seinem Spieß zu Wilwolt und forderte, er als *stoltzer junckher*[158] solle ihn nach den Schlägen im Turnier nun auch versuchen, im Feld zu schlagen. Nach wenigen Worten nahm dieser die Herausforderung an und ritt aus der Reisegruppe heraus, um sich ihm zu stellen. Die Verwandtschaft der beiden ging jedoch gleich dazwischen. Sie erinnerte sie der Gefahr, durch solches Übertreten der Turnierrechte ihre Zugangsberechtigung zu kommenden Turnieren zu verspielen.[159] Martin mochte grundsätzlich die für seinen Stand richtige Vorgehensweise gewählt haben: In seiner Ehre als Adliger gekränkt, versuchte er diese im Konflikt mit Schaumberg Auge in Auge kämpfend wiederherzustellen. Emotional etwas zu sehr involviert, hatte er sich anscheinend jedoch über die korrekten Modi einer solchen Auseinandersetzung wenig Gedanken gemacht. Andererseits mag diese theatralische Darbietung gerade auf die Anwesenheit der als Korrektiv handelnden Verwandten gebaut haben. Beide Kontrahenten konnten so ihre ritterliche Gewaltbereitschaft und den tugendhaft-ritterlichen Mut vor den Augen ihrer Verwandten und Landsleute demonstrieren, ohne Gefahr zu laufen, rechtlich belangt zu werden oder gar Leib und Leben zu riskieren. Schaumbergs ‚Geschichten und Taten' berichtet gleich noch von einem zweiten, ähnlichen Fall: 1500 hätten konspirierende Landsknechte in einem *Iudas ratth*[160] dafür gesorgt, dass Wilwolts schwer erkrankter Herr und Gönner Herzog Albrecht der Beherzte in Bedrängnis geriet. Denn aufgrund ausstehender Soldschulden wurde der kranke Herzog von Sachsen im Belagerungslager vor Groningen festgehalten. Nachdem Schaumberg gemeinsam mit Albrechts *grauen vnnd*

158 Eyb d. J., Geschichten und Taten (2018), S. 145.

159 Zur Auseinandersetzung Wilwolt von Schaumbergs mit Martin Zollner vgl. ebd., S. 141–147, hier insb. 145f.; Rabeler, Niederadlige Lebensformen (2006), S. 135–138.

160 Eyb d. J., Geschichten und Taten (2018), S. 309f.

[der] edle[n] ritterschafft[161] diesen ausgelöst hatte, traf er im Lager auf einen der Rädelsführer, den Fußknechtshauptmann Goderd von Bemmel: *[D]em getreüen man, ging zw hertzenn die gros büberey an seinem herrn begangen, gewan von scheydenn [nhd.: er zog das Schwert], vermeint denn buben zw erstechenn.*[162] Auch hier schritten, wie schon beim Heimritt von Mainz zwanzig Jahre zuvor, Dritte ein: Hugo von Leisnig *vnnd ander* hielten Schaumberg auf, da sie sich im Angesicht der vielen Landsknechte um ihrer aller Freiheit und Leben sorgten.[163] Dabei gab es wohl kaum einen Widerspruch zwischen diesem öffentlichen Gefühlsausbruch und der Erwartung, dass Dritte ohnehin einschreiten werden. Ganz im Gegenteil konnte sich Schaumberg diese Emotionen wohl gerade leisten, weil er auf das Korrektiv der Öffentlichkeit vertrauen konnte. Schon aufgrund ihres ritterlich-kriegerischen Selbstverständnisses mochten sich Adlige zu solchem Gebaren besonders hinreißen lassen. Die Grenze zwischen Drohverhalten und der Absicht, wirklich Gewalt zu tun, war dabei schmal. Wie nun schon wiederholt zu erkennen war, waren nicht wenige Edelleute bereit, es bei einer Drohung und der bloßen Demonstration der eigenen Gewaltbereitschaft bleiben zu lassen. Viele jedoch scheuten auch nicht, aus dieser Bereitschaft Realität werden zu lassen, sodass auf Worte und Gesten Taten folgten. Dieses Verhalten war ohne Frage Teil der Auseinandersetzung um ritterliche und adlige Ehre.

Gewaltbereitschaft beschränkte sich jedoch nicht allein auf Rittertum und Adel. Vielmehr scheinen Formen der öffentlichen Demonstration von Gewaltbereitschaft unter Männern ständeübergreifend, ja sogar kultur- und epochenübergreifend äußerst üblich zu sein. Zeitgenössisch zeigte sich Gewalt im städtischen Umfeld des Spätmittelalters, so Peter Schuster, vor allem in Form des Zweikampfs. Dabei liefen die meisten Konfrontationen ohne die physische Verletzung eines der Beteiligten ab. Stattdessen blieb es in Deutschland oft bloß bei dem gleichwohl illegalen und damit gut dokumentierten Tatbestand des sogenannten ‚Messerzückens'.[164] Stadtbewohner trugen auf der Straße in der Regel Wehren wie Schwerter, Dolche oder zumindest Messer.[165] Diese Messer mochten Brotmesser sein, konnten aber auch schwertähnliche Dimensionen

---

161 Eyb d. J., Geschichten und Taten (2018), S. 311.

162 Ebd.

163 Ebd.

164 Vgl. Peter Schuster, Der alltägliche Zweikampf: Messerzücken und Gewalt in spätmittelalterlichen Städten, in: Uwe Israel/Christian Jaser (Hgg.), Agon und Distinktion. Soziale Räume des Zweikampfs zwischen Mittelalter und Neuzeit (Geschichte – Forschung und Wissenschaft 47), Berlin, Münster 2016, S. 259–266, hier insb. S. 258, 261.

165 Vgl. Tlusty, martial ethic (2011), S. 161, 174.

annehmen.[166] So kann man sich dieses Messerzücken mitunter wohl sehr ähnlich wie Wilwolts Schwertziehen vor Groningen vorstellen. Oren Falk verweist darauf, dass sich diese teils sehr emotionalen Demonstrationen von Gewaltbereitschaft selbst in der Gegenwart wiederfinden: Studien im Mittelmeerraum unter Gesellschaften, denen eine Neigung zu tätlichen Gewaltausbrüchen nachgesagt wird, zeigen große Parallelen zu obigen Beispielen. Der Grad der Eskalation von Gewalt steht deutlich im Wechselspiel mit den Zuschauern, sodass Gewalt im rechten Maß eine soziale Rolle spielen kann, damit der Ehre genüge getan ist. Auf diese Weise kann sie gezügelt werden, um damit sowohl Hass als auch Mut sicher zu demonstrieren. Falk verweist ausgerechnet auch auf die beschriebene Funktion des Zückens einer Waffe – in diesem Fall wieder auf das Messerziehen – in Gemeinschaften im griechischen Bergland.[167] So erkannte John Campbell in den 1950ern bei den gewaltsamen Konflikten der griechischen Sarakatsanen, dass deren „fights seldom lead to a killing [...] and even when they seem to be in the grip of ungovernable rage they do not draw a knife unless they see, or sense, that there are witnesses uncommitted by kinship obligation who will prevent them from using it."[168] Besser hätte man das Zusammenspiel zwischen ritterlicher Ehre und Gewalt in der Öffentlichkeit kaum beschreiben können. Die Öffentlichkeit hatte nicht die Aufgabe, Gewalt zu verhindern, sondern deren sozialverträgliche Anwendung aktiv und passiv zu überwachen und dann zu bezeugen. Schließlich waren es diese Zeugen, die Ehre einerseits einräumen würden. Es wurde andererseits von ihnen erwartet, genug Raum zu schaffen, in welchem sich ehrliche Taten bestmöglich entfalten konnten.

War die Öffentlichkeit mit ihrer Erwartungshaltung an die ritterliche Tugend des adligen Individuums vor allem auf die normgerechte Verhaltensweise im Sinne der Adelsgemeinschaft bedacht, konnte das den Adligen auch umbringen. Nichts anderes geschah schließlich, führte ein Zweikampf oder jeder andere der Reputation halber geführte Kampf zum Tod. Auch in anderen Situationen konnte es ein Edelmann nicht über sich bringen, die Sicherheit der Unehre vorzuziehen. Denn schließlich fiel jedes Abweichen von

---

166 So war bspw. das Ziehen von *Schwert ader messer* im Krakauer Stadtrecht mit der gleichen Strafe belegt. An anderer Stelle wird auch explizit von Messern verschiedener Größe gesprochen, seien sie *klein ader grosz*; Balthasar Behem, Die alten Zunft- und Verkehrs-Ordnungen der Stadt Krakau. Nach Balthasar Behemś Codex Picturatus in der K. K. Jagellonischen Bibliothek, hrsg. von Bruno Bucher, Wien 1889, S. 7, 30; vgl. auch Kapitel 2, Anm. 28.

167 Vgl. Falk, Bystanders and Hearsayers (2004), S. 103.

168 John Kennedy Campbell, Honour, family and patronage. A study of institutions and moral values in a Greek mountain community, Oxford 1964, S. 97.

ritterlich-adligen Normen letztlich auf das adlige Kollektiv zurück, sodass es solches Gebaren in den eigenen Reihen kaum tolerieren konnte. Die Ritterschaft war eine übersichtliche Gruppe und jeder Verlust eines tugendhaften Edelmannes schmerzte. Wichtiger erschien es jedoch, die Gemeinschaft ideell zusammenzuhalten. Denn in erster Linie machte neben der Abstammung die gemeinschaftlich durch Ehre ausgedrückte gegenseitige Anerkennung den Adel aus. Musste ein Mitglied der Adelsgemeinschaft zwischen seinem Tod und der Gefährdung der Ehre aller wählen, sollte er idealerweise die kollektive Ehre bewahren.[169] Sein vorbildlicher Tod festigte die Identität und damit den Zusammenhalt des Adels, sein Opfer diente der Anerkennung seiner Familie und seiner Nachkommen. Unter Todesgefahr soll der Freiherr von Rožmitál 1466 in Santiago zu seinen Begleitern gesagt haben, *nomen tamen nostrum et virtutis in ultimum conservatae gloria manebit perennis*.[170] Dieser Logik sah sich auch Franz von Sickingen gezwungen unterzuordnen, als am Ende des maßgeblich von ihm vorangetriebenen Ritterkrieges im April 1523 die Fürsten Kurtriers, der Kurpfalz und Hessens persönlich mit ihren Truppen vor seinem Schloss Nanstein erschienen. Sickingen habe *unerschrockhen* den Aufmarsch wahrgenommen, schreibt sein Schwager Philipp von Flersheim.[171] Dem Rat, sich noch rechtzeitig zu retten, wollte er keineswegs nachkommen und *zeigt inen an, wie es ime nachgeredt möchte werden, das er aus seinem haus fliehen, was auch seine diener von im wurden halten, so er von inen flöhe unnd sie allein in der noth steckhen solt lassen; da wolle er bey inen stehen unnd halten, nit, wie er wol thuen möcht, von inen reithen*.[172] Um keinen Makel an seinem Ruf als Edelmann zuzulassen und aus herrscherlicher Sorge um die Untertanen bemühte er sich, ritterlichen Mut zu zeigen und seine Burg persönlich zu verteidigen. Deutlich spricht er auch den sozialen Druck an, dies zu tun. Der Edelmann Sickingen musste bleiben, der Mann Franz hätte es vorgezogen, fortzureiten. Nur Tage später fand er durch den Artilleriebeschuss der Belagerer den Tod.[173]

Die Zuschauer, welche die unmittelbare Öffentlichkeit bildeten, konnten jedoch noch weit aktivere Rollen bekleiden, als bloß ehrliches Kämpfen zu ermöglichen, zu erzwingen und zu bezeugen. Ein Zweikampf fand schließlich nicht umsonst in klaren Grenzen statt und stellte dementsprechend einen Sonderfall dar. In anderen Fällen mochte Ehre im Zuge einer gewalttätigen

169 Oren Falk spricht von Ehre als „a far scarcer commodity than life"; Falk, Bystanders and Hearsayers (2004), S. 106; vgl. auch Kaeuper, Chivalry and Violence (2001), S. 154f.

170 Bířkov, De Leonis a Rosmital (1844), S. 82; vgl. dazu auch Paravicini, Bericht und Dokument (2010), S. 290.

171 Flersheim et al., Die Flersheimer Chronik (1874), S. 77.

172 Ebd.

173 Vgl. Scholzen, Franz von Sickingen (1996), S 262–271.

Auseinandersetzung die Anwesenden zwingen, nicht nur Raum zu schaffen, sondern sich in diesem auch zu positionieren. Anerkennung konnte so gezollt werden oder wurde deutlich verweigert. Schließlich standen in Hof an der Saale weder Wilwolt von Schaumberg noch Kunz von Lüchau und dessen Schirndinger Verwandter alleine in ihrem Konflikt. Nachdem Lüchaus Versuch, die Eskalation einzudämmen, gescheitert war, waren er und weitere der Festgesellschaft gezwungen, Farbe zu bekennen. So hatte Schirnding, als er Wilwolt beim Abreiten zu überreiten versuchte, *ettlicher seiner gesellschaft* bei sich.[174] Doch andererseits sprangen *ettlich Voyttlender*, also Vogtländer, die Wilwolt von seiner Zeit am Brandenburger Hof kannte, ihm zur Seite.[175] Kurze Zeit später vermochte Wilwolt schließlich schnell die beiden Edelleute Hans von Seckendorff und Paul von Absberg zur Rache gegen Kunz von Lüchau aufzubringen. Wilwolts Herausforderung und umso mehr die Reaktion Schirndings zwangen viele der Feiernden zu reagieren und Position zu beziehen. Eskalierte eine Konfrontation so weit, hatte der folgende Kampf nur noch bedingt etwas mit Fairness zu tun. Gerechtigkeit war auch nicht das Ziel. Nicht wer Recht hatte, sondern wer der Aufmerksamkeit der Mehrheit als würdig erachtet wurde, mehrte schließlich seine Ehre. Wer durch Beziehungen oder vielleicht sogar sein aktuelles Verhalten mehr und mächtigere Anwesende auf seine Seite ziehen konnte, demonstrierte sich als durchsetzungsfähiger. „[T]he de facto achievement of honour depends upon the ability to silence anyone who would dispute the title."[176] Agonale Momente vermischten sich mit nichtagonalen. Das erklärt auch, warum es kurz darauf für Wilwolt kein Problem darstellte, dass er mit den beiden Edelleuten und einem Knecht zu viert den zu dritt reitenden Lüchau angriff.[177] Wichtiger schien zu sein, dass er nicht nur Edelleute fand, die sich auf seine Seite geschlagen hatten, sondern dass diese sogar bereit waren, dafür zu kämpfen und damit auch Leib und Leben zu wagen. Das war selbstverständlich keine einseitige Sache. Schließlich konnten auch jene, die sich auf seine Seite schlugen, durch ihren Einsatz ihre Treue beweisen und dadurch wiederum Ehre finden. In ähnlichen Situationen würden sie somit

174 Eyb d. J., Geschichten und Taten (2018), S. 171.
175 Ebd.
176 Pitt-Rivers, Honour and social status (1965), S. 24.
177 Vgl. Eyb d. J., Geschichten und Taten (2018), S. 171f. Eine gewisse Fairness ist zumindest im Gefecht gegen Lüchau dennoch zu finden: So griffen Seckendorff und Absberg zwar gemeinsam einen der beiden Begleiter Lüchaus an. Wilwolt und sein Knecht hingegen kämpften zu zweit gegen Lüchau und den zweiten Begleiter. So war es Wilwolt schließlich auch persönlich, der ihn schwer am Kopf verletzte und nach besagter Verfolgung stellte.

auch weit eher auf die Unterstützung jener hoffen können, mit denen sie sich zuvor solidarisch gezeigt hatten.

5.4 Zwischenfazit

War der grundlegende Wert des Adels seine Ehre, so setzte er viel daran, diese zu mehren und reagierte empfindlich, diese zu wahren. Ehre sorgte für das Einhalten adliger und ritterlicher Normen und dementsprechender Tugenden. Sie machte damit adlige Gewalt kontrollierbar, nutzbar und berechenbar. Schließlich führte jeder Stand den Streit um die beschränkten, ihn definierenden Ressourcen mit den Mitteln, die ihm zur Verfügung stehen. Adel rechtfertigte sich also in seiner Ehre durch gewalttätige Handlungen. Damit war das Ziel seines Kämpfens mehr der öffentliche Beweis ritterlicher und adliger Tugend. Nicht immer griff er also zur Waffe, um den Feind unbedingt zu besiegen oder ihn gar zu vernichten. Das Kämpfen war vielen Edelleuten jedoch auch ein Broterwerb. Ein ehrliches und tugendhaftes Adelsleben war auf ein gewisses Vermögen angewiesen. Die Priorisierung der Tugend über materielle Werte durch die Adelsgemeinschaft öffnete jedoch zum einen die Tür für Kritik am Adel individueller Edelleute, schienen sie allzu begierig auf ökonomische Gewinne zu sein. Zum anderen vermochte sich ein Adliger durch öffentlich wirksam inszenierte Ablehnung solcher Gewinne Anerkennung zu verschaffen. Nicht die Absicht ritterlichen Taten, sondern ihre Ausübung in der Öffentlichkeit waren das Entscheidende. Diese Öffentlichkeit war nötig, das Urteil über ritterliche Tugend zu sprechen, Anerkennung auszusprechen und schließlich das Wort dieser Anerkennung weiterzutragen. Fehlten also Zeugen, waren ehrliche Taten kaum möglich. Die Öffentlichkeit war jedoch mehr als bloß wertende und propagandierende Kraft. Öffentlich bewegte sich der Edelmann nicht nur unter potentiellen Zeugen, sondern auch unter möglichen Verbündeten und Gegnern, die durch seine Beziehungen und Taten zum Handeln bewegt werden sollten. Öffentlich sah er sich ebenso in gewissen Situationen vor die Wahl gestellt, es bloß bei einer Drohung zu belassen oder doch im Kampf seine Ehre zu wahren. Öffentlich mochte er sich auch gezwungen sehen, in einen fast sicheren Tod zu gehen. Sein Tod konnte ihm und seiner Familie angenehmer sein, als die Anerkennung jener einzubüßen, die von Bedeutung schienen, und so gesellschaftlich an den Rand gedrängt zu werden.

KAPITEL 6

Ritterliche Gewalt als Mittel der sozialen Kommunikation

6.1 Die gesellschaftliche Rolle der Damen und das soziale Gewicht des Turniers

Die Öffentlichkeit, auf die der Edelmann angewiesen war, um sein adliges und ritterliches Verhalten zu repräsentieren und zu affirmieren, bestand nicht nur aus wehrfähigen, männlichen Angehörigen des Ritterstands. Versuchte sich der Edelmann in seinem Gewalthandeln in das Zentrum der Aufmerksamkeit zu stellen, hatte er mit Angehörigen anderer Stände, mit hierarchisch Höhergestellten und nicht zuletzt Frauen zu tun. Kommunizierte der Edelmann mittels Gewalt, dann musste er verstehen, diese auf die verschiedenen Mitglieder der mittelalterlichen Gesellschaften angepasst einzusetzen. Kommunikation ist nie einseitig. Wie der männliche Adlige seine soziale Anerkennung mittels Gewalt in Ernst und Schimpf einforderte, so reagierte sein näheres und weiteres Umfeld nicht nur darauf. Es agierte auch, um sich im Wechselspiel mit adliger Gewalt seinerseits sozial zu positionieren. Wenn der Adlige kämpfte, dann tat er das schließlich oft im Auftrag anderer, unter der Aufsicht anderer und oftmals auch zum Vorteil anderer. Besonders den adligen Damen kam in dem Dialog eine nicht unerhebliche Bedeutung zu.

6.1.1 *Das idealisierte Verhältnis zur Gewalt im Turnier*

Die gesellschaftliche Verortung adliger Gewalt findet sich idealisiert im Turnier wieder. Denn wie es in jedem Repräsentationszusammenhang der Fall ist, bildete auch das Turnier des 15. und 16. Jahrhunderts ab, wo im relevanten Sozialgefüge die Veranstalter die Teilnehmer verorteten. Die wenigen kämpfenden Protagonisten konnten nur entsprechend wirken, wenn die restlichen Teilnehmer in den ihnen idealtypisch zugeschriebenen sozialen Rollen mitwirkten. Veranstaltete also ein Fürst ein Turnier, so stand dieser auch im Zentrum allen Geschehens.[1] Der Fürst, in Konkurrenz mit der Ritterschaft, verstand sich als Quelle von Ehre und Rittertum.[2] Das Zeremoniell und der öffentliche Wettkampfcharakter eines Turnierkampfes waren wohl die beste

1 Vgl. Ranft, Feste des deutschen Adels (1995), S. 249.
2 Vgl. Keen, Chivalry (2005), S. 234f.

 | DOI:10.1163/9789004527010_008

Möglichkeit, Deutungshoheit und alleinigen Verfügungsanspruch über das ritterliche Kämpfen zu reklamieren.[3] Das fürstliche Turnier inszenierte nämlich nicht bloß den Fürsten, ob er nun mitfocht oder nicht, als Mittelpunkt des Kampfes. Der Fürst bestimmte auch, wer überhaupt geladen war und kämpfte, ja wer letztlich aufgrund seiner Taten geehrt wurde. Eine solche Ehrung geschah beispielsweise dem Ritter Friedrich von Flersheim (†1477) auf dem Reichstag zu Trier 1473: Im Gefolge Karls des Kühnen nahm er an den dortigen Turnieren teil. Am 7. Oktober zeigten sich morgens sechs deutsche hoch- und niederadlige Turnierkämpfer in der Disziplin des sogenannten Scharfrennens (vgl. Abb. 12).[4] Abends hingegen erwiderte der Burgunderherzog diese Demonstration mit gleich 26 Kämpfern aus Hoch- und Niederadel. Passend zu Karls Charakter und Machtansprüchen hielten sich seine *fürstenn vnnd herrn* dabei kaum zurück. Eyb d. J. weiß zu berichten, dass dabei gekämpft wurde, *als ob es ein recht veltschlagenn wer*.[5] Auch Clemens Jäger schreibt 1555 von diesem *Veldſcharmützel*.[6] In sehr ähnlichem Ton wie in älteren mittelniederländischen Quellen[7] heißt es bei ihm, dass kaum Schwerter und Spieße ganz geblieben seien. Ebenso seien Männer wie Pferde verwundet worden.[8] Jäger ebenso wie die mittelniederdeutschen Quellen listen unter den Kämpfern auch einen *friderich von flaſſen*[9] beziehungsweise einen *Fredrijc de Flersson*.[10] Es wird sich um den in burgundischen Diensten stehenden Friedrich von Flersheim gehandelt haben.[11] Denn die Flersheimer Chronik berichtet bezüglich

3 Vgl. Hammes, Ritterlicher Fürst (2011), S. 347f.

4 Vgl. Diebold Schilling, Die Berner-Chronik des Diebold Schilling. 1468–1484. Bd. 1, hrsg. von Gustav Tobler, Bern 1897, S. 112; Clemens Jäger, Ehrenspiegel, Buch I–VI (1555), fol. 325v; für einen Überblick über die Quellen zu den Turnieren auf dem Reichstag zu Trier vgl. Hans Helmut Pöschko, Turniere in Mittel- und Süddeutschland von 1400 bis 1550. Katalog der Kampfspiele und der Teilnehmer. Diss. phil., Stuttgart 1985, S. 81.

5 Eyb d. J., Geschichten und Taten (2018), S. 99.

6 Clemens Jäger, Ehrenspiegel, Buch I–VI (1555), fol. 326r.

7 Vgl. Frederik III. en Karel de Stoute te Trier 1473, hrsg. von Henri Ernst Moltzer, in: ders. (Hg.), Frederik III en Karel de Stoute te Trier 1473, naar het Berlijnsche Handschrift en een fragment van ‚Die enighe sprake ende vereneghinge die sunte Augustinus hadde mit God' (Bibliotheek van Middelnederlandsche Letterkunde 44), Groningen, Leiden 1890, S. 6–35, hier Z. 501f.; Fragment van een gedicht betreffende de samenkomst van Keizer Frederik III met Karel Van Bourgondie te Trier, in 1473, hrsg. von Johannes Tideman, in: Verslagen en Berigten uitgegeven door de Vereeniging ter bevordering der Oude Nederlandsche Letterkunde 4 (1847), S. 42–66, hier S. 50f.

8 Clemens Jäger, Ehrenspiegel, Buch I–VI (1555), fol. 326r.

9 So ebd., fol. 325v; *Frederick de Flassen* bei Fragment van een gedicht (1847), S. 50.

10 Frederik III. en Karel (1890), Z. 496.

11 Werner Paravicini stellt aufgrund burgundischer Quellen Friedrich von Flersheims Karriere am Burgunderhof dar und weist in diesem Zusammenhang auch auf dessen Turniertätigkeit hin; vgl. Werner Paravicini, Deutsche Adelskultur und der Westen im

dieses Fürstentreffens Karls des Kühnen und Friedrichs III. in Trier, dass dem Kaiser der deutsche Ritter ins Auge fiel. Offenbar in jenem scharmützelähnlichen Kampf der 26 Hoch- und Niederadligen zeigte sich der Flersheimer so *hefftig geuebt unnd mannlich*, dass er den *best dannckh*, also einen Turnierpreis, erhielt. Kaiser Friedrich habe ihn dann sogar *ganntz gnediglichen* [...] *angesprochen*.[12]

Viele Adlige erwarteten in diesem Sinne, sich durch ihre ritterlichen Fertigkeiten auch an fremden Höfen einen Namen machen zu können. Einige führten auf ihrer Ritterreise zu diesem Zweck sogar ihre Turnierausrüstung mit. So war die Enttäuschung mitunter groß, wenn sogar an Königshöfen, wie bisweilen in England oder Frankreich, die heimisch vertraute Turnierkultur keinen Anklang, ja sogar Ablehnung fand.[13]

Da das Turnier des Spätmittelalters in der Regel im urbanen Umfeld abgehalten wurde,[14] bestand das Publikum selbstverständlich nicht bloß aus Adligen, sondern zu einem sehr großen Teil auch aus Gemeinen. So war neben der Prachtentfaltung auch die Zurschaustellung des adelsständischen militärischen Potentials eine deutliche Machtdemonstration gegenüber den politisch und sozial niederer gestellten Bauern, Städtern und Bürgern. Hoch- und Niederadel trat vor städtischer Kulisse geschlossen als ein Adel mithilfe einer Zurschaustellung gemeinsamer ritterlicher und damit kriegerischer Werte auf. Adlige repräsentierten und affirmierten damit einander, doch insbesondere auch allen Nichtadligen, wer über die Mittel, die Normen und das Können verfügte, Waffen auf rechte Weise zu führen.[15] „Im Turnier präsentierte sich so die gesamte Aristokratie als eine nach außen hermetisch abgeschlossene Gruppe."[16]

---

späten Mittelalter. Eine Spurensuche am Beispiel der Wittelsbacher, in: Joachim Ehlers (Hg.), Deutschland und der Westen Europas im Mittelalter (Vorträge und Forschungen 56), Stuttgart 2002, 457–506, hier S. 466–458.

12 Flersheim et al., Die Flersheimer Chronik (1874), S. 34.

13 So fand Georg von Ehingen bei seiner Ritterreise 1457 keine Gelegenheit, am französischen Hof zu turnieren; vgl. Ehingen, Reisen nach der Ritterschaft (1979), S. 41; Leo von Rožmitál und seine Begleiter durften am Hof Edwards IV. von England nicht einmal gegeneinander Rennen veranstalten; vgl. Kapitel 3.4, Anm. 479.

14 Vgl. Zotz, Adel, Bürgertum und Turniere (1985), insb. S. 473-484, ders., Stadt, Adel und Ritterturnier, in: Peter Jezler/Peter Niederhäuser/Elke Jezler (Hgg.), Ritterturnier. Geschichte einer Festkultur, Luzern 2014, S. 49–56, hier hier insb. S. 50f.

15 Vgl. Morsel, Die Erfindung des Adels (1997), S. 355f.; Menzel, Der Fürst als Feldherr (2003), S. 33.

16 Garnier, Der Handel mit der Ehre (2012), S. 203; vgl. auch Zmora, Feud in early modern Germany (2011), S. 132.

Gerade weil Krieg zu führen und Waffen zu tragen rechtlich gesehen keineswegs Adelsprivilegien waren,[17] war eine öffentliche Demonstration adliger Normen umso bedeutender. Unter gewissen Umständen kämpften auch Bürger im Turnier. Schließlich veranstaltete die städtische Oberschicht ihre eigenen Turniere und versuchte durch dieses Aufgreifen ritterlicher Verhaltensweisen aristokratische oder gar adlige Repräsentation zu betreiben.[18] Nichtadlige stellten in der Regel und in erster Linie die Masse der bloß als Publikum fungierenden Teilnehmer. Jürgen Habermas erklärt einen solchen Repräsentationsrahmen folgendermaßen: „[D]as Volk [bildet] die Kulisse, vor der die Herrschaftsstände […] sich selbst und ihren Status darstellen. Das Volk gehört, indem es von der repräsentierten Herrschaft ausgeschlossen wird, zu den Konstitutionsbedingungen dieser repräsentativen Öffentlichkeit."[19] Meist verschweigen die Quellen diese Zuschauer komplett und setzen sie offenbar voraus. Dennoch wird mitunter deutlich, dass besagtes Volk zwar auch, aber nicht bloß Kulisse war, sodass Habermas zum Teil widersprochen werden muss. Die Reaktionen und sogar die Bewertungen des Geschehens durch Bürger und andere Nichtadlige hatten durchaus Gewicht. Ein adliger Neidhard Fuchs konnte 1499 von seinen Landsknechten mit Vorwürfen der Feigheit dazu gezwungen werden, gegen eine friesische Übermacht zu kämpfen und auf diese Weise den Tod finden.[20] So wurde mitunter auch im Turnier das Verhalten des Adels von der Sorge um Anerkennung durch das gemeine Volk geleitet: 1484 in Köln schafften es die Bürger sogar beinahe, die lokalen Adligen zu einem Stechen gegen den auf Ritterreise befindlichen Niclas von Popplau zu zwingen. Der turnier- und kriegserfahrene Popplau hatte beabsichtigt, wie bereits erwähnt, mithilfe seines mitgeführten Stechzeugs und überdimensionierten Spießes auf Reisen zu Ehren zu kommen.[21] Die Bürger Kölns sahen einen solch ausgerüsteten Ritter offenbar als Herausforderung an, die erwidert werden sein wollte: *Zu Cölln hatten ettliche gesagt, es wäre dem gantzen Adel eine Schande, daß keiner im Lande wäre, der da vermochte, oder dörfte, mir mit dem langen Spieß wiederstand thun.*[22] Die Adligen machten anfangs keine

17 Vgl. Kapitel 7.1.

18 Vgl. Zotz, Adel, Bürgertum und Turniere (1985), S. 484–499.

19 Jürgen Habermas, Strukturwandel der Öffentlichkeit. Untersuchungen zu einer Kategorie der bürgerlichen Gesellschaft (Suhrkamp-Taschenbuch Wissenschaft 891), Frankfurt am Main ^{14}2015, S. 17; vgl. auch Andreas Ranft, Einer von Adel. Zu adligem Selbstverständnis und Krisenbewußtsein im 15. Jahrhundert, in: Historische Zeitschrift 263, 2 (1996), S. 317–343, hier S. 338.

20 Vgl. Eyb d. J., Geschichten und Taten (2018), S. 295f. Vgl. auch oben, S. 136f.

21 Vgl. oben, S. 215.

22 Popplau, Reisebeschreibung (1998), S. 39.

Anstalten, sich mit dem Ritter messen zu wollen. Doch durch besagte *Rede etlicher Burger wurden die Edlen zum Theil gereitzt.* So fanden sich schließlich drei *trunckene Edelleuthe*, die gegen ihn stechen wollten, auch wenn diese laut Popplau wenig verstanden, *was zu solchen ritterlichen Spielen gehöret.*[23] Popplau entschärfte offenbar die Situation, indem er betonte, er sei *nicht allhier als ein Stecher*, jedoch deutlich anzeigte, dass er vor einem Kampf nicht zurückschrecken würde.[24]Diese ‚trunkenen' Adligen mögen aber nur bedingt beispielhaft für das Rittertum oder gar die ritterliche Turnierkultur sein.

Doch auch der bereits erwähnte Utz von Künßberg ermahnte im selben Jahr wie Popplaus Vorfall in Köln den jungen Markgrafen Friedrich V. im Stuttgarter Vier-Lande-Turnier, sein Ansehen beim Publikum in Betracht zu ziehen:[25] Der Versuch Friedrichs, nach seiner Niederlage über die Schranken zu klettern, würde das Volk, also *der gemein man*, nämlich *dafür habenn, er wer geschlagenn vnnd vff die schrankenn gesetzt.*[26] Das schien dem Brandenburger Grund genug zu sein, seinen Plan zu ändern.

Trotz des Ausschlusses des Nichtadels vom Kampf im Adelsturnier waren Nichtadlige dennoch in Rüstung in deutlicher Überzahl auf dem Platz vertreten. Die zeitgenössischen Quellen sprechen davon, dass außerhalb der Schranken hunderte, wenn nicht tausende von der jeweiligen Stadt gestellte Geharnischte für Ordnung und Frieden sorgten.[27] Im ernsten, kriegerischen Konflikt beanspruchen die adligen Reisigen immer noch eine Dominanz über nichtadliges Fußvolk, auch wenn sie auf ihre Unterstützung im Gefecht angewiesen waren. In ähnlichem Verhältnis sorgten ebensolche Fußknechte im Turnier für jene Sicherheit, die den Edelleuten ihre ritterliche Machtdemonstration erlaubte.

Ähnlich wie die Gemeinen findet auch der Klerus in Turnierbeschreibungen ritterschaftlicher Selbstzeugnisse kaum Erwähnung. Das wird nicht zuletzt an der langen Geschichte kirchlicher Turnierverbote gelegen haben. Aufgrund der Jahrhunderte währenden feindseligen kirchlichen Einstellung gegenüber Turnieren hatte sich ein Zeremoniell ohne viel Raum für den Klerus geformt. Als fürstliche Veranstalter von Turnieren tauchen Kleriker im ausgehenden Mittelalter jedoch schließlich auf. Selbst im Festprogramm so manchen Papstes im 15. Jahrhundert durften die Waffenspiele nicht fehlen.[28] Da den ausrichtenden Kirchenfürsten zuweilen die Expertise bei der Vorbereitung fehlte, holten sie

23 Popplau, Reisebeschreibung (1998), S. 39.
24 Ebd.
25 Vgl. auch oben, S. 142f.
26 Eyb d. J., Geschichten und Taten (2018), S. 151.
27 Vgl. Zotz, Adel, Bürgertum und Turniere (1985), S. 478.
28 Neumeyer, Vom Kriegshandwerk zum ritterlichen Theater (1998), S. 158f.

sich Hilfe bei jenen Ritterbürtigen, die noch zweihundert Jahre zuvor für ihre Turnierteilnahme unter Umständen exkommuniziert worden wären.[29]

Der männliche Adel als Ganzes beanspruchte natürlich den größten Raum im Turnier für sich. Verstanden sich diese Adligen, egal ob Fürsten, Ritter oder bloße Edelmänner, als Gemeinschaft von ritterlichen Kämpfern, so standen sie sich in den Turnierschranken auch weitestgehend auf Augenhöhe gegenüber. Im Hofzeremoniell konnte sich der Adlige nur sehr bedingt frei bewegen. Das Turnier hingegen egalisierte diese Strukturen für einen Moment auf eine Ebene, auf welcher plötzlich wieder die grundlegenden kriegerischen Werte zählten. Es garantierte dem Adligen damit die Möglichkeit, zuverlässiger noch als im oft unübersichtlichen Kriegsverlauf, mit eigener physischer Kraft und körperlicher Geschicklichkeit Ehre zu erlangen.[30] In den Schranken gab es also, zumindest von der Idee her, keine Fürsten oder Könige, sondern nur Adlige. Eine vielfach überlieferte Turnierchronik von etwa 1430[31] hält in den Regeln des ersten fiktiven Turniers 938 in Magdeburg unter König Heinrich I. fest, dass *ain kónig oder fúrst in den XII [Turnier]gesellschaften kainer sein [soll], sondern, so er thurnirt, soll er alls ain annder gast zú den gesellschaftn, die jm getaillt werden, gehórn.*[32] Im Turnier war der männliche Adlige idealerweise unter den Kämpfern. Abseits des beschrankten Platzes und des dortigen Kampfes waren also weitestgehend andere Mitglieder der Adelsgemeinschaft maßgeblich für die Beurteilung des Geschehens. Bezüglich des 1485er Ansbacher Vier-Lande-Turniers schreibt Michel von Ehenheim: *[U]ff dem schranckhen* [...] *darauff marggraff Albrecht zu Branndennburg, churfurst, mit seinem frauenzimmer stundt unnd annder frauen aus den vier lanndenn und die junckfrau[en].*[33] Die

29 So wurde Wilwolt von Schaumberg vom Bamberger Bischof Georg Schenk von Limpurg 1505 beauftragt, sich anlässlich dessen Einritts als neuer Bamberger Bischof um Spieße und Schwerter fürs Turnier zu kümmern; vgl. Sven Rabeler, Der Niederadel und die höfische Festkultur des Spätmittelalters. Wilwolt von Schaumberg, in: Gerhard Fouquet/ Harm von Seggern/Gabriel Zeilinger (Hgg.), Höfische Feste im Spätmittelalter (Mitteilungen der Residenzen-Kommission der Akademie der Wissenschaften zu Göttingen / Sonderheft 6), Kiel 2003, S. 64–72, hier S. 67.

30 Vgl. Karl-Heinz Spieß, Kommunikationsformen im Hochadel und am Königshof im Spätmittelalter, in: Gerd Althoff (Hg.), Formen und Funktionen öffentlicher Kommunikation im Mittelalter (Vorträge und Forschungen / Konstanzer Arbeitskreis für Mittelalterliche Geschichte 51), Stuttgart 2001, S. 261–290, hier S. 275f.; Melville, Das öffentliche Duell (2016), S. 131; Ranft, Feste des deutschen Adels (1995), S. 253; Zmora, Feud in early modern Germany (2011), S. 132f.

31 Zur Turnierchronik vgl. Kapitel 3.3.2, Anm. 306.

32 Eybs d. J. Turnierbuch; Eyb d. J., Turnierbuch (1986), S. 134.

33 Ehenheim, Familienbuch Michels von Ehenheim (2007), S. 67.

jenseits der Schranken genannten ausschlaggebenden Personen waren entweder fürstlich oder weiblich.

Der Fürst, selbst wenn er nicht kämpfte, war bei seinen höfischen Turnieren eine unverzichtbare Referenzgröße, beanspruchte er schließlich auch jenseits davon das Zugeständnis von Ehre.

6.1.2 *Turnierkampf vor weiblichen Augen*

Ein Turnier an sich aber war auch ohne die Reaktionen und die Wertung eines Fürsten möglich. Das traf auf die adligen Zuschauerinnen kaum zu. Ein ritterlicher Adliger konnte ohne einen Fürsten gut und gerne auskommen, ohne die Berücksichtigung der weiblichen Mitglieder seines Standes jedoch keineswegs. Selbst der wohl einflussreichste deutsche Fechtmeister des Mittelalters, Johannes Lichtenauer, kommt nicht umhin, in seiner Fechtlehre zumindest mit wenigen Worten die Damenwelt zu berücksichtigen. Die knappe, doch vielfach[34] aufgegriffene Vorrede zu Beginn seiner ‚Zettel' – fechterischen Merkversen – nennt drei Faktoren, die der junge Ritter zu berücksichtigen habe, um zu Ehren zu kommen:

> Junck ritter lere | Got lieb haben frawen | Jü ere | So wechst dein ere | vbe° ritterschaft vnd lere | kunst die dich zÿret | vnd in kriegen | zů eren hofieret[35]

Schon aufgrund seiner Profession legt Lichtenauer bereits hier großen Wert auf die Bedeutung der Fechtkunst. Auch die restlichen seiner verschlüsselt formulierten ‚Zettel' sind ausschließlich kampftechnischer Natur. Dennoch ist es ihm offenbar ein Anliegen, zumindest einleitend, die Liebe zu Gott und daneben das Ehren der Damen als grundlegend für die Ehre des Ritters darzustellen.

Was Lichtenauer allgemein für das ritterliche Leben formuliert, findet idealisiert Umsetzung in der adligen Turnier- und Festkultur. Galten weibliche Adlige als „Schmuck und Publikum" des Turniers,[36] waren sie besonders als dessen Publikum unabdingbar. Die Damen machten „das Fest erst zum vollendeten gesellschaftlichen Ereignis."[37] Ritterschaftliche Selbstzeugnisse streichen die Anwesenheit von Damen immer wieder deutlich heraus, ja

---

34 Vgl. Leiske, Höfisches Spiel (2018), S. 48.

35 Da Lichtenauer selbst nichts schriftlich überliefert zu haben scheint, hier nach Peter von Danzig (2008), S. 28.

36 Paravicini, Die ritterlich-höfische Kultur (2011), S. 25.

37 Ranft, Feste des deutschen Adels (1995), S. 149.

ergänzen mitunter sogar die langen Listen der männlichen Teilnehmer niederadliger Turniere mit einer Erwähnung der Anzahl oder gar einer Liste der Teilnehmerinnen. Ähnlich verhält es sich im Turnierbuch des Georg Rüxner.[38] Eine entsprechend hohe Anzahl an Teilnehmerinnen war also gewünscht. So forderte für das Regensburger Vier-Lande-Turnier 1487 der Ritter Wilhelm von Wolfstein als *haubtman des turners* den bayerischen Edelmann Hans Judman zu Affecking, er möge *zu Ern dem thurner und Lannde dein haußfrawen und freuntin thurners gewonten mit bringen*.[39] In anderen Fällen wird noch deutlicher, dass die Aufforderung zur Damenbegleitung obligatorisch zu verstehen ist: 1486 richtete die Gesellschaft ‚im Einhorn' in Bamberg ein Turnier aus. Siegmund von Gebsattel, selbst Mitglied der Gesellschaft, schreibt, dass jedes Mitglied *ein frawn oder Jungfrawen* mitzubringen hatte.[40] Die mindestens fünf Jahre ältere Satzung der Einhorngesellschaft fordert sogar für ein von der Gesellschaft ausgerichtetes Turnier, dass ein *gesel zwo erbare frauen mit ime bringen* solle. Für jede ausbleibende Frau habe er fünf Gulden Strafe an die Gesellschaft zu zahlen.[41] Ähnliches verlangt etwa zeitgleich, 1480, die Ordnung der Gesellschaft zum gekrönten Steinbock für den Fall, dass die Gesellschaft ein Turnier ausrichtete: Sie schreibt deutlich die Anzahl der adligen Begleiterinnen für jedes Gesellschaftsmitglied seinem Stand entsprechend fest. Der Herzog von Berg und König der Gesellschaft hatte also gemeinsam mit achtzehn Edelfrauen zu erscheinen, ein Graf mit sechs, ein Freiherr mit vier, ein Ritter mit zwei und ein Edelknecht hingegen bloß mit einer.[42] Sie legt auch fest, dass für jede dieser geforderten *frauwen und jungfrauwen*, die

---

38 Vgl. Georg Rüxner, Anfang vrſprung vnnd herkommen des Thurnirs in Teutscher nation. Wieuil Thurnier biſz vff den letſten zů Worms / auch wie / vnd an welchen ortten die gehalten / vnd durch was Fůrſtenn / Grauen / Herrn / Ritter vnnd vom Adel / ſie ieder zeit beſůcht worden ſindt. Zů lobwirdiger gedechtnuß Rőmiſcher Keyſerlicher Maieſtat / vnnſers allergnedigſten Herrn / vnd alles Tetſchen Adels / Hohen vnd Nidern ſtands voreltern / außgangen, Simmern 1530; vgl. u. a. auch Ehenheim, Familienbuch Michels von Ehenheim (2007), S. 86f.; Familienbuch der Herren von Eptingen (1992), S. 366; Eyb d. Ä., Schriften (2002), S. 399–401.

39 Wilhelm von Raidenbuch, Turnier zu Regensburg im Jahre 1487. Aus Raidenbuchers Turnierbuch, hrsg. von Ludwig Albert von Gumppenberg, in: Ludwig Albert von Gumppenberg (Hg.), Die Gumppenberger auf Turnieren. Nachtrag zur Geschichte der Familie von Gumppenberg, Würzburg 1862, S. 137–154, hier S. 140.

40 Siegmund von Gebsattel, Eigenhändige Aufzeichnung des Siegmund von Gebsattel über die Turniere von 1484–1487, hrsg. von Hans Philipp Werner von und zu Aufseß, in: Anzeiger für Kunde der deutschen Vorzeit NF 1 (1853/54), Sp. 67–69, hier Sp. 68.

41 Statuten der Einhorngesellschaft (Textedition), hrsg. von Joseph Morsel, in: Historische Anthropologie 22, 1 (2014), S. 35–40, hier S. 36f.

42 Vgl. Spieß, Ständische Abgrenzung (1992), S. 195.

ausblieb, eine Strafe von 10 Gulden zu zahlen sei.[43] Ähnliche Bestimmungen stellte auch die Gesellschaft zum Esel auf.[44] Das galt sogar für den Fall, dass das Gesellschaftsmitglied selbst fern blieb: So besuchte Graf Wolfgang von Öttingen das 1484er Stuttgarter Vier-Lande-Turnier nicht. Der König seiner Gesellschaft zum Leitbracken und Kranz, Konrad Spät, berechnete ihm darauf für die beiden Frauen, die er hätte mitbringen müssen, 20 Gulden Strafe.[45]

Der Aufwand, genug Damen für das Turnier zu gewinnen, war also groß. Die Quellen zu realen wie fiktiven Turnieren legen ganz in diesem Sinne großen Wert darauf, die Bedeutung der Zuschauerinnen für die Kampfmotivation der Kämpfer herauszustellen. Die Vermutung scheint nahezuliegen, dass das Turnier gerade durch das Ausleben literarisch idealisierter Liebe und Frauenverehrung dem spätmittelalterlichen Adel einen Ausweg aus einer sonst zu harschen Realität bot. Johan Huizingas so bahnbrechender wie vielkritisierter Blick auf die spätmittelalterliche Festkultur drückt dies sicher am besten aus: „Fortwährend straft die Wirklichkeit das Ideal Lügen. Daher zieht es sich mehr und mehr in die Sphäre von Literatur, Fest und Spiel zurück."[46] Wie schon zuvor angemerkt, sind Realität und Ideal jedoch kaum Gegensätze. Denn die Aufgabe der Forschung sollte schließlich nicht sein, in einer Realität das unausweichliche Scheitern des Strebens nach überhöhten Normen nachzuzeichnen. Stattdessen gilt es, den Ausdruck und die Umsetzung besagter Ideale in der Realität auszumachen, ja sogar anhand dieser erst zu erkennen.[47] Das Zeremoniell eines Festes versuchte Ideale abzubilden und hob sie damit zugleich in die Realität.

So finden sich die kaum subtilen Geschlechterrollen und erotischen Konnotationen, die mit dem Turnier einhergehen, sowohl im idealistisch überzeichneten Roman wie in der Realität. Maximilians Ritterroman ‚Theuerdank' ist schließlich ganz der Schilderung des Versuchs des ritterlichen Helden

43 Gesellenbrief der Turniergesellschaft zum gekrönten Steinbock (1480), hrsg. von Wilhelm Franck, in: Mittheilungen des Vereins für Geschichte und Alterthumskunde in Frankfurt am Main 2, 1 (1861), S. 43–52, hier S. 46.

44 Vgl. Andreas Ranft, Adelsgesellschaften. Gruppenbildung und Genossenschaft im spätmittelalterlichen Reich (Kieler historische Studien 38), Sigmaringen 1994, S. 170.

45 Vgl. Konrad Speth, Epistola Conradi Späth ad Comitem Wolffium de Oettingen, ratione Torneamenti, de Anno 1484, hrsg. von Johann Heinrich von Falckenstein, in: Johann Heinrich von Falckenstein (Hg.), Johann Heinrichs von Falckenstein Antiqvitates Nordgavienses Oder Nordgauische Alterthümer und Merckwürdigkeiten, fortgesetzt in dem Hochwürdigen Dom-Capitel der Aureatensischen Kirche, oder Hochfürstl. Hochstifft Eichstett, Franckfurth, Leipzig 1733, Nr. CCCLII, S. 307–308; Paravicini, Die ritterlich-höfische Kultur (2011), S. 98.

46 Huizinga, Herbst des Mittelalters (2006), S. 140.

47 Vgl. oben, S. 16.

gewidmet, mittels des Bestehens zahlreicher Gefahren die Gunst der Königin Ehrenreich zu gewinnen. So verkündet der Protagonist:

> Ich hoff auch mit meiner hanndt
> Ir huld noch bafs zůerwerbenn
> Oder darumb zůsterben
> Dann yetz ift komen der tag
> Das Ich wol bewern mag
> Das fo Ich aus dem Cronicken
> Gelernt hab vnnd hiftorien[48]
>
> [...] Er wolt auf die fart
> Gewinnen die Künigin zart
> Durch ritterlich tat vnnd eer
> Oder in der welt nit mer
> Leben [...][49]

Nach einer überwältigenden Zahl von Kämpfen, Jagdabenteuern und Turnieren gelingt ihm das schließlich auch und es kommt zur Heirat. In der Realität des spätmittelalterlichen Turniers ist diese Motivation ausdrücklich zu finden: Denn wie der spanische Gesandte 1436 feststellt, war eines der Zwecke von Turnieren schließlich, Heiraten zu beschließen.[50] Wie bereits zuvor erwähnt, liegt der Ursprung dieses Phänomens in der Brautsuche durch Gruppen unverheirateter, oft wenig begüterter junger Adliger. Diese zogen schon seit dem 12. Jahrhundert von Turnier zu Turnier und Konflikt zu Konflikt. Ein Ziel gerade der ärmeren Vertreter dieser Kriegergemeinschaften war, dank ihrer ritterlichen Taten letzten Endes für ihren Anführer und jener für sein Gefolge eine gute Partie zu erstreiten.[51]

Wiederholt treten auch im Spätmittelalter gerade die jungen männlichen Angehörigen des Adelsstandes in die Turnierschranken, um dort die Gunst der Zuschauerinnen zu gewinnen. Bereits die ersten Turniertätigkeiten Wilwolts von Schaumberg werden entsprechend beschrieben: Am Hof des Brandenburgers Albrecht Achilles' habe er im Angesicht *vill hübscher frauen vnnd*

---

48 Maximilian I. et al., Theuerdank (2003), Kap. 8.

49 Ebd., Kap. 9.

50 *Ally se tratan casamientos e se concluyen*; Ein spanischer Bericht (1915), S. 154; vgl. auch oben, S. 139; bereits Thomas Zotz und Hillay Zmora verweisen darauf; vgl. Zotz, Adel, Bürgertum und Turniere (1985), S. 484; Zmora, Feud in early modern Germany (2011), S. 107.

51 Vgl. Duby, „Jugend" (1986), S. 110–112; vgl. auch oben, S. 70f.

iunckfrauen, lust zw sülchem ritterspill gebend im Turnier *sein heill versucht.*[52] Er war damit auch eine Zeit lang erfolgreich und vermochte, dass diese *ab im gefallens trugen.*[53] Das dauerte so lange bis er sein im Dienst bei Karl dem Kühnen erwirtschaftetes Geld *eingebüst* hatte und die Gelegenheit ergriff, Söldner im Brandenburger Dienst zu werden.[54]

Nicht nur den jungen Niederadligen konnte dieses Verlangen, dem weiblichen Geschlecht zu gefallen, zum Verhängnis werden. Der junge Markgraf Friedrich von Brandenburg wurde 1484 in Stuttgart laut Ludwig von Eyb d. J. ebenfalls ein Opfer des Bedürfnisses, die dortigen Zuschauerinnen zu beeindrucken. Laut seinem Turnierbuch sollen in Übereinstimmung mit Georg Rüxners Überlieferung 122 Frauen und Jungfrauen dort versammelt gewesen sein.[55] Wie nun schon wiederholt angeführt, wollte Friedrich von Brandenburg Jörg von Rosenberg eine der Turnierordnung entsprechende Prügelstrafe im Turnei zukommen lassen. Im Angesicht dieser Strafe ernannten Rosenbergs Helfer, die Mitglieder der Einhorngesellschaft, ihren Gesellschaftskönig Dietz von Thüngen und Wilwolts Onkel Georg von Schaumberg (†1494) zu ihren Hauptleuten, um ihrem Mitglied Rosenberg beizustehen. Ein Teil der Taktik Thüngens und des älteren Schaumbergs war, die Jugend ihres Kontrahenten auszunutzen:[56] [*N*]*achdem der marggraf die zeitt ein iunger fürst* war, rechneten die beiden mit der Sicherheit erfahrener Turnierkämpfer damit, *er würd sich zuuörderst vor denn frauenn vnnd iunckfrauen sehen lassenn.*[57] Waren sie sich also seiner Position in der Formation der Brandenburger sicher, gelang es ihnen schließlich tatsächlich, ihm vor den Plätzen der adligen Zuschauerinnen eine Falle zu stellen und letztlich vom Pferd zu bringen.[58]

So prominent war der Gedanke, für die Gunst der Damen zu streiten, dass Wittenwiler seinen Protagonist Neidhart im satirischen ‚Ring' Anfang des 15. Jahrhunderts auch auf die anderen Zwecke des Turniers hinweisen lässt.

---

52 Eyb d. J., Geschichten und Taten (2018), S. 122.

53 Ebd.

54 Ebd., S. 123.

55 Allein schon die ausrichtende schwäbische Gesellschaft vom Leitbracken und Kranz hatte 84 Frauen und Jungfrauen mitgebracht, im Gefolge der hochadligen Damen kamen 42 weitere; vgl. Eyb d. J., Turnierbuch (1986), S. 191; Rüxner, Anfang vrſprung vnnd herkommen des Thurnirs (1530), fol. 351v–352r. Andere Frauen scheinen nicht dabei gewesen zu sein, rechnet das Turnierbuch Rüxners auf der folgenden Seite für die weiblichen Gäste eines Festmahls des Grafen von Württemberg mit 18 Tischen, was sieben Damen pro Tisch bedeuten würde. Auch die teils namentlich erwähnten männlichen Gäste sitzen an jedem Tisch mit sechs oder sieben Personen.

56 Vgl. Eyb d. J., Geschichten und Taten (2018), S. 149f.

57 Ebd., S. 150.

58 Ebd., S. 150f.

Den Bauern und damit implizit den adligen eigentlichen Adressaten des Werks sagt Neidhard deutlich, das Turnier sei

> [...] nit erdacht um daz allain,
> Daz man hofier den frawen rain[59]

Nicht jede Frau wird diese Rolle gerne angenommen haben. So gibt Theuerdanks Königin Ehrenreich zwar am Ende seiner Abenteuer und nach seinem letzten Turniersieg zu:

> [...]dieweil das iſt beſchehen
> Vnnd Ich selber hab geſehen
> Solt Ir mir dester lieber ſein[60]

Manche nichtfiktive Edelfrau wird sich jedoch womöglich eher ihren zuvor geäußerten Worten angeschlossen haben:

> Die Künigin In bey hanndt nam
> Sprach / Ir habt Ewr macht wol bewert
> Ich het das von Eüch nit begert[61]

Auch der Herold Georg Rüxner stellt fest, dass die Damen wohl mehr Spaß an den Tänzen auf Turnierveranstaltungen als an den Kämpfen selbst hatten: Für das fiktive fünfte der beschriebenen Turniere, vermeintlich im Jahr 996 in Braunschweig abgehalten, stellt er 1530 fest, nachdem die Turnierkämpfe ihr *ende hettenn / wardt vff den Donerſtag der dantz Frawen vnd Junckfrawen zu eren furgenommen / damit Frawen vnd junckfrawen Ir freůde auch haben möchten.*[62]

Eine gesellschaftliche Trennung zwischen Gewalt erduldender Weiblichkeit und Gewalt übender Männlichkeit sei jedoch damit keineswegs impliziert! Wenn schon Werner der Gärtner im ‚Helmbrecht' in der zweiten Hälfte des 13. Jahrhunderts das Turnier als eine *site* der Ritter beschreibt, *dâ liebtens sich den frouwen mite,*[63] so zeigten sich einige der Adressatinnen auch im Spätmittelalter durchaus angetan von dem gewalttätigen Spektakel zu ihren Ehren. Viele edle Zuschauerinnen scheinen Gefallen an ihrer Rolle gehabt und sie auch sehr

---

59 Wittenwiler, Ring (1931), Z. 900–901.
60 Maximilian I. et al., Theuerdank (2003), Kap. 106.
61 Ebd.
62 Rüxner, Anfang vrſprung vnnd herkommen des Thurnirs (1530), fol. 83v.
63 Werner der Gärtner, Helmbrecht, hrsg. von Friedrich Panzer und Kurt Ruh (Altdeutsche Textbibliothek 11), Berlin/Boston [10]1993, Z. 925–926.

aktiv ausgefüllt zu haben. Eyb d. J. schreibt von lachenden Zuschauerinnen, als sich 1477 Wilwolt von Schaumberg und der Ritter Götz von Ende in Leipzig statt den üblichen kleinen Turnierschilden mit Stahlplatten verstärkte Federkissen vor die Brust gebunden hatten. Das folgende Federgestöber war den *frauen vnd iunckfrauen lüstig zw sehenn.*[64]

Noch viel mehr schreibt Eyb auch von Frauen, die initiativ nach Turnierkämpfen verlangten. Andreas Ranft stellt für das höfische Fest heraus, wie gerade die besonders mit Ehre ausgestatteten Damen wiederum anderen Ehre zugestehen konnten. Dabei betont er besonders jene in der Nähe des Fürsten.[65] Solche Damen mochten auch im Turnier entsprechend Kämpfe einfordern. 1495 in Worms wurde den Rittern und Fürsten um König Maximilian, alle ausgestattet mit *namen der altten taffelrunder*, die *aller schönst iunckfraw* aus dem Frauenzimmer der Königin an die Seite gestellt.[66] Auch wenn neben ihrer Schönheit wenig über ihre sonstigen Qualitäten geschrieben steht, verstand die junge Frau ihre Rolle hervorragend zu spielen: So ließ sie die Ehre des Artusschauspiels um sich herum nicht bloß über sich ergehen, sondern brachte das Fest durch einen Wechsel des Sagenstoffes in eine Ordnung, die ihrer frisch gewonnenen Macht besser gelegen kam. Kein Stoff scheint dafür so geeignet wie die Nibelungensage und ihre Hauptfigur Kriemhild mit dem Schauplatz Worms, also dem Ort besagten Reichstags. So wählte die junge Frau unter den Rittern und Fürsten des Reiches den mit kriegerischem Ruhm aus allen herausragenden Herzog Albrecht den Beherzten von Sachsen. Sie stellte fest: *Aller lobes reichster fürst, eür ritterlichen tugennt ist vnuerborgen, wie in diser statt Wurms vor zeittenn die aller manlichsten künig, fürsten vnnd ritter ir wanung gehabtt, vnnd an in breis zugewinen vnnd verliessen, mancher khüner reck iren hoff gesucht, vor den kungin vnnd frauen ir werdes lob gemert, manche ritter spill, auch kempfflich ernst im rosen gartenn vnnd andern enden geübtt.*[67] Als solchen ritterlichen Helden erkannte sie auch den Herzog: Sie forderte Herzog Albrecht also als *bott* der *frauen und iunckfrauenn vom werden adell hie versamett* auf, *vor vnser künigin vnnd vnns,*[68] ganz wie die Helden vor Kriemhild im literarischen Rosengarten zu Worms,[69] nun hier in ebendieser Stadt Worms zu kämpfen. Denn es sei auch sein *erenn werdes lob durch alle welisch*

64 Eyb d. J., Geschichten und Taten (2018), S. 167.
65 Ranft, Feste des deutschen Adels (1995), S. 249.
66 Eyb d. J., Geschichten und Taten (2018), S. 274.
67 Ebd., S. 274f.
68 Ebd., S. 275.
69 Vgl. Joachim Heinzle, Art. „Rosengarten zu Worms“, in: Verfasserlexikon. Die deutsche Literatur des Mittelalters. Bd. 8, Berlin, New York 1992, Sp. 187–192; vgl. auch Helgard Ulmschneiders Angaben in Eyb d. J., Geschichten und Taten (2018), S. 275, Anm. 946.

vnnd deützsche lantt erclungen, vnnd [*er werde*] *im reich der aller teürsten einer geacht.* Selbstverständlich kam der Fürst der Aufforderung nach und wählte als Gegner seinen Günstling Wilwolt von Schaumberg.[70]

Diese Geschlechterbeziehungen und das bisweilen sogar von den Frauen eingeforderte Imponieren der Männer ist allein mit der Suche des jungen Adels nach einer Braut kaum zu erklären. Die Quellen sprechen schließlich auch in diesem Kontext konsistent von ‚Frauen und Jungfrauen', also von verheirateten und unverheirateten Edelfrauen.[71] Diese verheiraten Frauen waren in der Regel keine Witwen, sondern kamen an der Seite ihrer Männer zum Turnier. Auch die ehrenvolle Übergabe der Turnierpreise, der ‚Dänke', an entsprechend ausgezeichnete Turnierkämpfer fand nicht nur durch heiratsfähige Frauen statt. In den gut dokumentierten Vier-Lande-Turnieren übergeben in der Regel jeweils zwei adlige Ehefrauen und zwei Jungfrauen die vier Preise.[72]

Die von Duby beschriebene Brautsuche durch Gruppen junger Adliger ist also noch nicht Erklärung genug. Mit der Zeit ging dieses Werben adliger Junggesellen um wohl begüterte Witwen und Jungfrauen allgemein als ein Werben der adligen Männlichkeit um die Weiblichkeit in Brauch und Tradition über. Seit dem 12. Jahrhundert schreibt die höfische Literatur der Liebe des Mannes zur Frau nicht nur kultivierende Funktionen zu. Die Liebe würde diesen auch tapferer, kühner machen.[73] Denn jenseits dieser Ursprünge, jenseits der ritterlich-adligen, ja selbst jenseits der mittelalterlichen Kultur ist das gewaltsame Ringen von Männern um die Gunst von Frauen eine urmenschliche Sache. „It is a matter of nature, not of nurture",[74] schreibt Hillay Zmora.

Das Turnier bot eine hervorragende Bühne, diesen Trieb auszuleben. Dazu schaffte es auch Raum für einen Mehrgewinn für mehr als nur die direkt Beteiligten. Nicht Mann und Frau, sondern die Vertreter des weiblichen und männlichen Adels hatten hier Anteil. Wohlgemerkt spricht nämlich die ‚*aller schönst iunckfraw*' 1495 nicht für sich allein, sondern als Botin aller anderen

70 Vgl. Eyb d. J., Geschichten und Taten (2018), S. 275.

71 Die Bezeichnung ‚Jungfrau' verweist also ausschließlich auf den Familienstand der weiblichen Adligen und nicht darauf, ob sie bereits sexuell aktiv waren. Tatsächlich war es nicht unüblich, dass Edelfrauen bereits vor der Hochzeit Geschlechtsverkehr hatten; vgl. Elmar L. Kuhn, Der Blick auf die Standesgenossen. Der schwäbische Adel im Spiegel der Zimmernschen Chronik, in: Casimir Bumiller/Bernhard Rüth/Edwin Ernst Weber (Hgg.), Mäzene, Sammler, Chronisten. Die Grafen von Zimmern und die Kultur des schwäbischen Adels, Stuttgart 2012, S. 158–180, hier S. 175.

72 Vgl. bspw. die im Eptinger Familienbuch festgehaltene Preisverleihungen: Familienbuch der Herren von Eptingen (1992), S. 365, 383, 386f. Ähnliches findet sich bei den zahlreichen von Rüxner dokumentierten Turnieren.

73 Vgl. Zotz, Ritterliche Welt (2002), S. 228.

74 Zmora, Feud in early modern Germany (2011), S. 98.

Frauen. Der folgende Kampf des Herzogs von Sachsen gegen Schaumberg musste dementsprechend auch nicht bis zur Niederlage einer der beiden geführt werden. Beide wurden am Ende geehrt. Wurde die junge Dame also hervorgehoben, bemühte sie sich auch andere zu ehren, ohne dabei jemanden zu erniedrigen. Wurde der Herzog mit einem Kampf geehrt, suchte er gleich jenen Gefolgsmann miteinzubeziehen, der sich ihm in vergangenen Kriegen und Schlachten besonders verdient gemacht hatte. Statt also Teil des Streits um einen Ehepartner oder eine Geliebte zu sein, führten die junge Dame und der ritterliche Krieger ihren Standesgenossen vor, welche Funktionen Edelfrau und Edelmann in der Adelsgesellschaft zu erfüllen hatten: Der Mann hatte ihr – der Frau wie der Gesellschaft – durch Tugend und Taten zu dienen. Das schloss deutlich sichtbar ritterliche Tugend und Gewalttaten mit ein. Die Frau hatte entsprechende kriegerische Taten zu würdigen. Das heißt, sie hatte jene öffentlich hervorzuheben und zu ehren, die solche Taten vollbrachten. Denn schließlich trug sie die Verantwortung, die ritterliche Gesellschaft zu reproduzieren: Sie wollte oder zumindest sollte einen möglichst fähigen Mann heiraten, um schließlich auch ähnlich tugendreiche Kinder zur Welt zu bringen und sie in ebensolchen Tugenden zu erziehen. Darauf sei später noch zurückgekommen.

Der Kommunikationsvorgang zwischen Gewalttaten vollbringender Männlichkeit und diese Taten würdigender Weiblichkeit lief nicht immer reibungslos ab und es brauchte Taktgefühl, die Gefühle und Ansprüche aller zu berücksichtigen: Vor dem Kampf des sächsischen Herzogs und des fränkischen Ritters hatte der Turnierkampf Claude de Vaudreys gegen König Maximilian stattgefunden. Dieser war für Maximilian keine geringe Angelegenheit. Er hatte sogar bei Todesstrafe jede Störung verboten. Nach seinem Sieg zeigte er sich umso großzügiger und schenkte seinen Preis dem Burgunder. Dieser wiederum reichte die gewonnene Goldkette und den Goldring der Königin Bianca Maria Sforza. Dies rückte den Kampf womöglich von einer Atmosphäre, die in gewisser Weise an einen ernsten Zweikampf erinnern mochte,[75] mit der Einbeziehung einer Frau wieder in die Sphäre des Hofes und Turniers. Wie es scheint, kümmerte sich Maximilian selbst während dieses Kampfes nicht um seine wenig geliebte zweite Ehefrau. Im ‚Theuerdank' hingegen stilisiert er den Kampf selbstverständlich als Verteidigung der Ehre der Königin Ehrenreich, also seiner literarisch überhöhten ersten Ehefrau Maria von Burgund.[76] Dementsprechend sorgten sich offenbar andere um die Einbeziehung der Königin und hielten somit Bianca Marias Ehre und die Ehre der Veranstaltung aufrecht.

75 Vgl. Zotz, Adel, Bürgertum und Turniere (1985), S. 459.
76 Vgl. Maximilian I. et al., Theuerdank (2003), Kap. 77.

Neben Vaudrey hebt der Wormser Bürgermeister Reinhart Noltz dabei auch den Pfalzgrafen Philipp den Aufrichtigen hervor: Denn die Königin war von den Geschehnissen offenbar emotional getroffen, wurde *fast trurig und weinet*, sodass ihr Philipp *zu einem tröster* an die Seite gegeben wurde.[77]

Andere Frauen aber vermochten durchaus Begeisterung und Spaß mit dem Kampfgeschehen zu verbinden. Fanden adlige Männer Gefallen daran, um die Gunst einer Edelfrau zu fechten, so gab es auch Edelfrauen, die mitnichten etwas daran auszusetzen hatten. Eyb d. J. immerhin war der Überzeugung, wie schon der große antike Liebesdichter Ovid *schreibt, das ein yeglich fraw von eren sünderlich lieb, lust vnnd wollgeuallen zw menlichen, vnerschrocken vnd keckenn ernnsthafften manen tragen, gedenckennd, das die selben eher ader dapfferlicher etwas von frauen wegen wagen ader thun dürffen den heimgebacken ader weibisch mener*.[78] Daran schließt er die Darstellung eines Liebesabenteuers Wilwolts von Schaumberg zu einer der Öffentlichkeit unbekannten Geliebten an. Einerseits war diese Beziehung sehr offensichtlich vor allem sexueller Natur und die geschilderten Begleitumstände teils so unromantisch und bisweilen unfreiwillig komisch, dass ihr in der Forschung mitunter Oberflächlichkeit vorgeworfen wird. Ebenso wurde auch versucht, die geschilderten Geschehnisse in den Bereich der Satire zu rücken.[79] Andererseits illustriert die Beziehung sehr gut, dass dem Streiten des ritterlichen Edelmanns für eine Dame eine Erotik innewohnte, die ihre Wirkung selbst jenseits der adligen Öffentlichkeit nicht zwingend verlor. Als Grundlage der Liebe steht der Kampf, der den ritterlichen Mann begehrenswert macht. Die beiden Liebhaber gingen sogar ihre *bulschafft* mit einer *abred vnd beschliessung* ein: Sie *beualhe im* [...], *in irem dinst ritterlich vnnd eerlich zw lebenn, dar zw welt sie im weder mangl noch gebrechen lassen*.[80] Sie stattete den verarmten Wilwolt also so gründlich und reich für das Turnier aus, dass viele, die ihn als armen Edelmann kannten, verwundert ob der Pracht waren. Auch Neider versuchten der geheimen Beziehung auf die Schliche zu kommen, sodass er bisweilen sogar in Lebensgefahr schwebte.[81] Deutlich stellt Horst Wenzel fest, dass der im Hochmittelalter literarisch überhöhte „spirituale Moment der Liebe" hier ausbleibt.[82] Stattdessen steht die Liebe verändert als sexuelle Beziehung da

77 Noltz, Tagebuch (1893), S. 397; vgl. auch oben, S. 213f.

78 Eyb d. J., Geschichten und Taten (2018), S. 160.

79 Vgl. Wenzel, Höfische Geschichte (1980), S. 296–299; Gerhild Scholz Williams, License to Laugh: Making Fun of Chivalry in Some Medieval Texts, in: Monatshefte für deutschen Unterricht, deutsche Sprache und Literatur 78 (1986), S. 26–37, hier insb. S. 34.

80 Eyb d. J., Geschichten und Taten (2018), S. 160.

81 Vgl. ebd., S. 160f.

82 Wenzel, Höfische Geschichte (1980), S. 296.

und der Mann zieht sogar jenseits von Leidenschaft und Zuneigung deutlichen Nutzen, ja sogar materiellen Gewinn aus der Beziehung. Obwohl Eyb d. J. kaum großes literarisches Talent zugeschrieben werden kann, steht er mit dieser Idee nicht alleine da: Auch der literarische Held in Maximilians ‚Theuerdank' zieht schließlich aus seiner Abenteuerfahrt deutlichen persönlichen Nutzen. Die mächtige Königin, deren Liebe er sich erstreitet, wird schließlich seine Ehefrau und er damit Herrscher. Dennoch lässt er ihr gegenüber verlauten, er sei *Eüch zů lieb* ausgezogen, habe Widrigkeiten erlitten und trete schließlich *[a]llein vmb die loblichen eer*[83] vor sie. Das Streiten allein um Liebe und Ehre widerspricht sich hier also kaum mit dem Gewinnen einer Königin und ihres Reiches. Ja selbst, sich dabei ihrer Mittel zu bedienen, ist für ihn kein Problem. Ganz wie bei Wilwolt von Schaumberg wird dies besonders in seinen Turnierkämpfen vor den Augen seiner Geliebten deutlich: Denn als er endlich am königlichen Hof eintraf, fehlte ihm – ähnlich dem Franken – die entsprechende Turnierausrüstung. So lässt er sich von der Königin ausrüsten:

> Wiewol Ich nit hab harnisch vil
> Roſs vnnd was mir notdorfftig iſt
> So hoff Ich doch was mir gepriſt [nhd.: mangelt]
> In der Edlen küngin harniſch haus
> Zůfynnden vnnd mich rüſten daraus[84]

Bediente sich also ein literarischer Held im Dienst von Liebe und Ehre in der Waffenkammer seiner Angebeteten, so war dies für einen so ritterlichen wie verarmten Edelmann in der Realität sicher keine Schande.

Nicht nur die von der Geliebten finanzierte prächtige Ausrüstung brachte Schaumberg in Gefahr, sollten seine Neider herausfinden, mit wem er seine Affäre hatte. In Lebensgefahr begab er sich auch, weil er in ihrer Anwesenheit im Turnier umso waghalsiger kämpfte. Sogar sein zukünftiger Gönner Albrecht von Sachsen und dessen Bruder Ernst versuchten vergeblich einzuschreiten, als er und sein Gegner ein Rennen ohne Helme veranstalteten: Wilwolt und Eberhard von Brandenstein trugen statt Helmen *gewaschen vnnd geschmückte har* und versuchten nach kleinen im Schild befestigten Spiegeln zu stechen.[85] Wäre einer der beiden nur ein wenig unachtsam gewesen oder wäre eines der Pferde einen Moment ihrer Kontrolle entglitten, hätten sie durchaus das Schicksal so manch anderer Todesopfer des ritterlichen Waffenspiels geteilt.

83 Maximilian I. et al., Theuerdank (2003), Kap. 106.
84 Ebd., Kap. 100.
85 Eyb d. J., Geschichten und Taten (2018), S. 166; vgl. auch oben, S. 149f.

Einleitend zu dem Kampf, der wohl in den 1480ern stattfand,[86] erklärt Eyb, dass die *iungen, so es lesenn werden, exempel daraus nemen süllenn*: Oft habe Wilwolt für die weibliche Gunst turniert, also *dem [Damen]schleyr gefalsam, sich in schimpff vnnd ernnst* [...] *sehen lassenn*. Das draufgängerische Rennen gegen Brandenstein reiht der Autor darin ein, schreibt, er habe es *aus warenn schuldenn* gegenüber jener, *die in manigueltig erfreutt vnnd zwhertzenn lag*, getan.[87] Das war nicht nur waghalsig, sondern darf sicher auch dumm genannt werden. Selbst Eyb gibt, Thomasin von Zerklaere zitierend, zu, dass die Liebe *dem thorn mer thumbheitt* gebe. Dennoch könne *ein yeglicher iunger edellman von guttem adell nimer sein, es werd sein hertz vnnd gemüt einer werden frauen ader iunckfrauen in züchten vnnd erenn zwgestellt*. Diese bewege ihn *in fremde lanndt, eer vnnd ritterlich breis suchen*. Andernfalls würde er sich in *verlegenheitt*, also im ‚verligen'[88] üben, *vnerlichen hendeln* nachgehen und sich mit seinen Bauern in Weinhäusern betrinken.[89]

Gerade dieses Element der außerehelichen Liebe und Erotik wurde bereits ausgiebig von der Forschung bezüglich der Rolle der Frauen im Turnier und insgesamt in der ritterlichen Kultur untersucht. Nicht zuletzt ist dies auch der umfassenden Forschung zur Minne zuzuschreiben.[90] Nicht jede Quelle passt sich dabei in die vor allem in Bezug auf die höfische Literatur erforschten Minneidee ein. So nimmt insbesondere die Zimmerische Chronik kaum ein Blatt vor dem Mund, wenn sie die sexuellen Abenteuer von Gestalten wie Mechthild von der Pfalz (1419–1482) thematisiert. Auch wenn er sich mit einem moralischen Urteil zurückhält, stellt Froben Christoph von Zimmern doch sachlich fest, dass die zweifache Witwe ein *überflaischgirige*[*s*] *weib*[91] gewesen sei.[92] Nach dem Tod ihrer beiden Gatten, des Grafen von Württemberg und des Erzherzogs von Österreich, verblieb sie in ihrem Witwensitz in Rottenburg am Neckar und richtete dort einen Musenhof ein, an dem es mit sexueller Zucht offenbar nicht weit her war. In einer Geschichte in Froben Christophs Chronik

86 Vgl. Rabeler, Niederadlige Lebensformen (2006), S. 133.

87 Eyb d. J., Geschichten und Taten (2018), S. 165f.

88 Zum ‚verligen' vgl. oben, S. 166–169.

89 Eyb d. J., Geschichten und Taten (2018), S. 164f.

90 Vgl. Ranft, Feste des deutschen Adels (1995), S. 149; Meyer, Ritterturniere im Mittelalter (2017), S. 73–80; Keen, Chivalry (2005), S. 91f.; Patrick Meehan, The Physicality of Service (2013), S. 97–101.

91 Zimmern, Zimmerische Chronik, Bd. 1 (1881), S. 453.

92 Vgl. zum Ausbleiben der Verurteilung sexuellen Verhaltens von Seiten Froben Christophs von Zimmern Gerhard Fritz, „Hini zum teufel mit solchen unreinen leuten!". Was ist erlaubt und was ist verboten? – Grenzen sexueller Devianz in der Chronik der Grafen von Zimmern (um 1550), in: Beiträge zur Rechtsgeschichte Österreichs (2019), S. 96–114, hier S. 103.

geht der Turnierkampf direkt mit dem sexuellen Akt einher. Von einem Fenster habe Mechthild bei einer Fasnacht einem *grofs rennen und stechen*[93] auf dem Marktplatz zugesehen. Derweil wurde der Niederadlige Veit von Emershofen zu ihrer Überraschung unter ihrem Rock mit ihr intim. Keineswegs hätte sie etwas dagegen einzuwenden gehabt.[94]

6.1.3 *Das weibliche Urteil*

Menschliche Triebe, Liebe oder Schmuck reichen jedoch nicht aus, der Rolle der Damen im Turnier gerecht zu werden. Wie im Alltag, so wurden Edelfrauen schließlich auch in Fest und Turnier nicht allein auf diese Charakteristika beschränkt. Um die Gunst der Frauen zu fechten, bedeutete nicht bloß, sie wie Objekte zu erkämpfen, auch wenn dies die höfische Literatur immer wieder zu vermitteln scheint oder gar vermittelt. Es ist auch das Urteil der Frauen, aus dem der männliche Adel Identität gewann, und der Kampf der Männer, der den Damen Identität verlieh. Grundlegend beginnt dies auf der Ebene des sozialen Geschlechts. Dieses mochte für Zeitgenossen zwar enger mit dem biologischen Geschlecht verbunden sein als in der Postmoderne. Äußere Geschlechtsmerkmale machten jedoch auch im Mittelalter noch nicht Mann oder Frau aus.[95] Ein Edelmann vermochte sich nur in herausragenden Momenten ritterlich zu zeigen und damit dem männlichen Idealbild zu entsprechen. Ebenso erkannte man Frau und Mann vor allem in besonderen Augenblicken Weiblich- und Männlichkeit zu. Zu diesen zählte das Turnier: Dadurch, dass der Adlige ritterlich für die Damen kämpfte, erkannte er ihr ihre gesellschaftlich weibliche Rolle zu. Indem die Dame dem Ritter einräumte, tugendhaft gekämpft zu haben, erkannte sie wiederum ihm seine gesellschaftlich männliche Rolle zu.[96] Nicht allein in Fragen der Männlichkeit war die weibliche Ehrung von Nöten. Das Idealbild einer Königin im ‚Theuerdank' heißt nicht von ungefähr ‚Ehrenreich'. Am Ende des Werkes klärt der Autor Melchior Pfintzing zum einen auf, dass sich hinter jener Figur Maria von Burgund verbirgt. Zum anderen legt er aber auch dar, dass der sprechende Name sich auf ihr ehrliebendes Herz und

---

93 Zimmern, Zimmerische Chronik, Bd. 1 (1881), S. 454.

94 Ebd., S. 454f.; auch Werner Meyer verweist in Bezug auf die Verbindung von Erotik und Turnier auf diese Geschichte; vgl. Meyer, Ritterturniere im Mittelalter (2017), S. 78. Vgl. zur Rolle der Sexualität in der Zimmerischen Chronik insb. auch Gerhard Fritz, der gleich mit besagter Geschichte einleitet: Fritz, „Hini zum teufel" (2019), insb. 96f.

95 Vgl. Bea Lundt, Das Geschlecht von Krieg im Mittelalter. Der Ritter – eine Ikone heldenhafter Männlichkeit, in: Christoph Kaindel/Andreas Obenaus (Hgg.), Krieg im mittelalterlichen Abendland (Krieg und Gesellschaft 1), Wien 2010, S. 411–435, hier S. 414f., 419f.

96 Vgl. ebd., S. 425; vgl. auch Rogge, Kämpfer als Schreiber (2016), S. 98; ders., Kämpfer und ihre Körper. Bemerkungen zur „kriegerischen Männlichkeit" im späten Mittelalter, in: Amalie Fößel (Hg.), Gewalt, Krieg und Geschlecht im Mittelalter, Bern 2020, S. 125–138.

Gemüt beziehe, *das Sy neben andern hochgebornen Frawen* gehabt habe. Sie habe Theuerdank schließlich *zů solhen Eerlichen vnd durftigen ſachen geholffen vnd gefürdert / dardurch Er / Rum Sig / vnd Er erlangt.*[97] An anderer Stelle wird der Roman noch deutlicher: Der Bösewicht Unfallo fasst [*m*]*it klůgen worten*[98] zusammen, nach welchen Kriterien seine Königin Ehrenreich einen Mann suche: Physische Attribute, eine edle Geburt, Vernunft, Weisheit und das Verlangen zu Taten im Dienst der Königin zählt er auf. Diese [*d*]*urftig*[99] vollbrachten ritterlichen Taten zählen jedoch für sich allein noch nicht. Das Urteil der Königin sei ausschlaggebend:

> Wo Er dann solch alles vollendt
> Vnnd mein Fraw ſeine dinſt erkenndt
> So wird Er erst wirdig geacht.[100]

Nicht bereits die Tat, sondern erst das Urteil über diese Tat verschaffte die entsprechende Ehre. Dieses Urteil fällte im ‚Theuerdank' die Königin, im Turnier hingegen waren daran nicht unwesentlich die Damen beteiligt. Mitnichten war dies eine rein zeremonielle Angelegenheit. Zeremonielle Aufgaben hatten Frauen zwar allemal, darunter nicht zuletzt die besagte Übergabe der Turnierdänke. Das Urteil über die Vergabe der Preise traf ein männliches Turniergericht. Dieses „soufliert der Dame",[101] die sie dazu auswählten, wer als Tapferster und Geschicktester gelte. In Schaffhausen 1436 trat sie vor diesen und verkündete, dass er als solcher dieser Ehre würdig sei, steckte ihm einen Ring, den Turnierdank, an den Finger und tanzte dann mit ihm. Das wiederholte sich, bis alle Dänke vergeben waren.[102] Ein solcher Vortanz wurde einem Sieger nicht selten gewährt. Selbst wenn sich die Dame ständisch über ihm befand, tanzte sie mit ihm.[103] Einige der Damen wurden abseits dieses Zeremoniells noch initiativ tätiger: Dass die Einhorngesellschaft ihr Gesellschaftsmitglied Jörg von Rosenberg 1484 in Stuttgart durch ritterliches Vermögen und gutes Taktieren vor der Turnierstrafe des jungen Markgrafen

---

97 Maximilian I. et al., Theuerdank (2003), Nachwort.
98 Ebd., Kap. 75.
99 Ebd.
100 Ebd.
101 Andreas Ranft, Die Turniere der vier Lande: Genossenschaftlicher Hof und Selbstbehauptung des niederen Adels, in: Zeitschrift für die Geschichte des Oberrheins 142, NF 103 (1994), S. 83–102, hier S. 68, Anm. 65.
102 Ein spanischer Bericht (1915), S. 156; vgl. dazu auch Jezler, Gesellschaftsturniere (2014), S. 70.
103 Vgl. Ranft, Feste des deutschen Adels (1995), S. 274.

Friedrich gerettet hatte,[104] konnte den Damen kaum entgangen sein. Schließlich war der offenbar auf weibliche Zuneigung bedachte Friedrich direkt vor ihren Augen in die dort bewusst gelegte Falle der Gesellschaft geraten. Die Damen vom *schwebischen adel* waren von der Leistung der fränkischen Kämpfer so beeindruckt, dass sie die *gantzen gesellschaft des Eingehürns* zu einem *costlich bancket* einluden.[105] Bei diesen Damen handelte es sich wohl um jene Begleiterinnen der Mitglieder der schwäbischen Gesellschaft vom Leitbracken und Kranz, die mit 84 Frauen und Jungfrauen den größten Teil der 122 adligen Zuschauerinnen stellten.[106] Sehr anschaulich beschreibt Eyb d. J., wie die Damen dafür zu sorgen gedachten, dass den Franken genug Ehre zuteilwurde. Dabei scheinen die Parallelen zum Lob Götz von Berlichingens durch Paul von Absberg vor den herausragenden fränkischen Rittern und Knechten in der Ansbacher Herberge offensichtlich.[107] In Ansbach hatten sich 1502 noch Jörg von Rosenberg und Paul von Absberg gesorgt, ihre Standesgenossen zu ehren. Keine zwanzig Jahre zuvor in Stuttgart geschah ebendiesen beiden gemeinsam mit Wilwolt von Schaumberg und den anderen Mitgliedern der Einhorngesellschaft[108] sehr Ähnliches: Sie wurden von den Damen *mit wercken vnnd geberden hoch* geehrt. Wie es die Art der schwäbischen Frauen sei, wurden sie *mit schönen, hübschen subtilen wortten redreich* gerühmt: Sie hätten sich *stöltzlich, ritterlich, menlich vnnd brechtlich gehalten.*[109] Bemühten sich Absberg und Rosenberg in der Ansbacher Herberge die Ehre ihrer männlichen Standesgenossen auch einige Zeit nach der Schlacht durch öffentliches Rühmen aufrechtzuerhalten, so war die Art der Damen eine andere. Kaum weniger bedeutend versicherten sie, sie wollten *das hernach zwlanger gedechtnus iren kinden zuerkennen geben, begertten daruff eines yeglichen namen vnd geschlecht zwwissenn.*[110] Denn schließlich fiel den Damen die Kindererziehung zu.

So überliefert auch die Flersheimer Chronik bezüglich der Ehefrau Friedrichs von Flersheim (†1473), dass sie sich um entsprechende ritterliche Vorbilder für ihre Kinder sorgte. Dementsprechend ließ diese Margarete von Randeck drei Wandteppiche machen, von denen zwei mit Jagdszenen geschmückt waren.

---

104 Vgl. oben, S. 248.
105 Eyb d. J., Geschichten und Taten (2018), S. 153.
106 Vgl. Kapitel 6.1.2, Anm. 55.
107 Vgl. oben, S. 255.
108 Dass Paul von Absberg als Gesellschaftsmitglied in Stuttgart zugegen war, findet sich u. a. im Turnierbuch Ludwigs von Eyb d. J., wo auch die anderen Turnierbesucher aus der Gesellschaft verzeichnet sind; vgl. Eyb d. J., Turnierbuch (1986), S. 188.
109 Eyb d. J., Geschichten und Taten (2018), S. 153.
110 Ebd.

Der dritte hingegen, der einzige, den Philipp von Flersheim in der Chronik näher beschreibt, zeigt eine Turnierszene: War *bey iren zeiten viel thurnier gewesen*, habe in den jungen Jahren ihrer Kinder keines mehr stattgefunden.[111] Friedrich hatte als Mitglied der Gesellschaft vom Wolf zusammen mit seiner Frau Margarete tatsächlich viele Turniere besucht.[112] *[Z]u einer gedechtnus*, so schreibt ihr Enkel Philipp von Flersheim Mitte des 16. Jahrhunderts, ließ sie ihren Kindern deshalb ein *thurnierthuech wurckhen*, auf dem sich acht ihrer Vorfahren und acht Vorfahren ihres Mannes *schlagen*.[113] Margarete von Randecks Bemühen um ritterliche Vorbilder für ihre Kinder trug offenbar Früchte: Auch wenn zwei der vier Söhne aufgrund der Armut der Familie Kleriker werden mussten,[114] zeichneten sich der jüngere Friedrich (†1477) und Hans (1440–1519) im Waffendienst bei den bedeutendsten Herrschern ihrer Zeit aus: Als *treffentlicher ritter in der welt* diente Friedrich zuerst in der Kurpfalz und zeichnete sich dann unter Karl dem Kühnen von Burgund *in allen ritterlichen uebungen* und in *welschen tenntzen* so *geschickhlich* aus, dass *es ihm ein sonnderliche ehr gewesen*.[115] Als Kammerherr hatte er schließlich direkten und persönlichen Umgang mit dem Fürsten. Nicht fern von der Leiche Herzog Karls fand sein Bruder Hans mit weiteren Suchenden deshalb 1477 bei Nancy auch den toten Friedrich. Hinterließ er der verschuldeten Familie ein großes Vermögen, so war sein Tod als gut vernetztes und tugendhaftes Familienmitglied doch ein herber Schlag[116] Die Familie musste die Hoffnungen also auf Hans setzen, den die schon frühe ritterliche Erziehung seiner Mutter kaum weniger geprägt zu haben schien: Ursprünglich Domherr zu Trier, hatte *er kein lust zur geistlicheit*, überließ das Domdekanat seinem Bruder Ruprecht und widmete sich einem ritterlichen Leben.[117] Er wurde aufgrund seiner Taten wiederholt zum Ritter

---

111 Flersheim et al., Die Flersheimer Chronik (1874), S. 14.

112 Vgl. ebd., S. 32.

113 Ebd., S. 14. Zwar lässt der Chronist an dieser Stelle auch schreiben, die Turniere seien *ein zeit lanng abgangen*. Dies bezieht sich jedoch ausschließlich auf die überregionalen Großveranstaltungen. Tatsächlich fand ab 1452 und wenn man Georg Rüxner Glauben schenken würde, sogar ab 1439 kein überregionales Turnier mehr statt. Ludwig Albert von Gumppenberg stellt jedoch bereits 1862 fest, dass das auf regionaler Ebene der Turnierkultur kaum einen Abbruch tat; vgl. Ludwig Albert von Gumppenberg (Hg.), Die Gumppenberger auf Turnieren. Nachtrag zur Geschichte der Familie von Gumppenberg, Würzburg 1862, S. 22–24; vgl. besonders auch Ranft, Die Turniere der vier Lande (1994), S. 90f.; es lohnt sich auch ein Blick auf die Liste der von Hans Helmut Pöschko gesammelten Turniere in besagter Zeit: Pöschko, Turniere in Mittel- und Süddeutschland (1985), S. 68–93.

114 Vgl. oben, S. 55.

115 Flersheim et al., Die Flersheimer Chronik (1874), S. 32.

116 Ebd., S. 41–43.

117 Ebd., S. 31.

geschlagen, lehnte jedoch jedes Mal ab, die Ritterwürde anzunehmen, da er diese bei einer ausgebliebenen Jerusalemsfahrt erlangen wollte.[118] Schließlich folgte er Kaiser Maximilian viele Jahre und kämpfte *in etlichen zugen* an seiner Seite.[119] 1518 sandte Maximilian dem mittlerweile 78 Jahre alten Hans aus Augsburg mit einem persönlich unterzeichneten Brief eine Ausgabe des ‚Theuerdanks'. Der Kaiser begründete das Geschenk, da Hans *bei etwan viel geschichtenn darin begriffenn gewesen* sei und sich *redlich, ehrlich unnd wol erzeigt* habe. Philipp weist darauf hin, dass sein Vater damit vom Kaiser von seinen Taten *selbst zeugnus* bekommen habe.[120] Der Versuch der Mutter, ihre Kinder durch Mittel wie besagte Wandteppiche schon früh auf ein ritterliches Leben hin zu prägen, scheint ihr also geglückt zu sein. Nicht nur militärisch hatten die Söhne dem Vorbild, das die Mutter ihnen vermitteln hatte wollen, nachgeeifert. Sie nahmen sich beide auch das Turnier, das der Teppich schließlich auch darstellte, sehr zu Herzen: Von Friedrich weiß die Chronik seines Neffen, wie gesagt, zu berichten, er habe sich *in allen ritterlichen uebungen* am Burgunderhof *trefflichen unnd furnemblichen geschickhlich gehalten*.[121] Friedrichs früher Tod 1477 verhinderte jedoch, dass er die Wiederbelebung der überregionalen Turnierkultur in Form der Vier-Lande-Turniere 1479 erlebte. Doch sein Bruder Hans nahm rege am überwiegenden Teil dieser von 1479 bis 1487 gehaltenen Großveranstaltungen teil.[122] Schreibt Philipp von Flersheim auch nicht davon, so zeichnete jener sich gleich im ersten, dem Würzburger Turnier aus: Vertreter aus 180 Geschlechtern, davon 24 von der rheinischen Turnierlandschaft, waren laut Georg Rüxner nach Würzburg gekommen.[123] Als bester dieser Rheinländer soll Hans den für sie vorgesehenen Turnierdank aus den Händen der unverheirateten Elisabeth von Aufseß erhalten haben.[124]

118 Flersheim et al., Die Flersheimer Chronik (1874), S. 2.

119 Ebd., S. 51.

120 Ebd.; zu den Dienstverhältnissen des Vaters Friedrich und seiner beiden Söhne vgl. auch Gerhard Fouquet, Pfälzer Niederadel am Königshof und an Fürstenhöfen im späten Mittelalter, in: Mitteilungen des Historischen Vereins der Pfalz 108 (2010), S. 399–413, hier S. 408–411.

121 Flersheim et al., Die Flersheimer Chronik (1874), S. 32.

122 In den Teilnehmerlisten des überwiegenden Teils der Vier-Lande-Turniere taucht er auf. So hat er von neun großen Turnieren offenbar sechs Stück besucht. Hans Helmut Pöschko bietet einen Überblick über die besuchten Turniere, wobei zu beachten ist, dass es sich aufgrund des Alters des 1440 geborenen Hans von Flersheim erst ab den Einträgen ab 1479 um ihn handeln kann; vgl. Pöschko, Turniere in Mittel- und Süddeutschland (1985), S. 291.

123 Rüxner, Anfang vrſprung vnnd herkommen des Thurnirs (1530), fol. 313r.

124 Vgl. ebd., fol. 312v; zu Elisabeth von Aufseß vgl. Otto Frh. von u. zu Aufsess, Geschichte des uradelichen Aufseß'schen Geschlechtes in Franken. Nach den Quellen bearb. und hrsg. von Otto Freiherr von und zu Aufseß, Berlin 1888, S. 182; das Neubeurer Turnierbuch hingegen lässt eine *Frau von Lichtenſtein* den Dank überreichen; Bartholomäus Haller,

Fordern fünf Jahre später die Damen in Stuttgart also, die Namen der Mitglieder der Einhorngesellschaft zu wissen, um durch die Erinnerung an deren Taten ihre Kinder zu erziehen, spricht aus ihnen wohl derselbe Geist, der damals Margarete von Randeck beseelte. Zugleich konnte eine Dame einem ritterlichen Kämpfer wohl kaum mehr Anerkennung zuteilwerden lassen, als ihn zum Vorbild der kommenden Generation der Ritterschaft zu erheben.

Das mochte sich hingegen auch ins Gegenteil verkehren. Wurde den Damen im Turnier die Macht zuerkannt, selbstständig zu ehren, so vermochten sie auch zu entehren. Ganz im Verständnis von Ehre als Kommunikationsmedium konnten sie Individuen also von der Kommunikation und damit in diesem Zusammenhang vom Turnier ausschließen. Das geschah vor allem bei der Zulassung zum Turnier.

Im Fall, dass ein Turnier nicht der Autorität eines Fürsten unterstand, sondern die Ritterschaft selbst das Waffenspiel veranstaltete, flachten Autorität und Hierarchie ab. Wie bereits am Beispiel des jungen Markgrafen Friedrich 1484 in Stuttgart ersichtlich wird, scherten sich dabei die Teilnehmer nicht einmal besonders um den Willen eines Fürsten. Vielmehr stellten sie sich ihm, wenn nötig, während des Turnierkampfs bewaffnet und kampfbegierig entgegen. Die flache Hierarchie bedeutete, dass in diesen Turnieren Vertreter der Ritterschaft selbst aushandelten, wer zugelassen und für Vergehen gestraft wurde. Gemeinsam mit männlichen Turnierrichtern beziehungsweise Turnierherren begaben sich zu diesem Zweck auch Damen in den Saal, in dem die mit Helmzieren versehenen Helme der potentiellen Turnierkämpfer ausgestellt waren. Für 1436 schreibt der anonyme spanische Gesandte, dass jene Damen, *que quisieron yr ver la sala de los yelmos*,[125] am Urteil teilnahmen, was impliziert, dass Edelfrau zu sein genügte, um den Raum betreten und dort eine Klage erheben zu können. Infolge der durch Turnierrichter und Damen erhobenen Vorwürfe wurden schließlich die Angeklagten entweder ganz vom Turnier ausgeschlossen, wurden von ihren Standesgenossen während des Turneis verprügelt oder anschließend an diese Prügel auch noch zusätzlich schmählich auf die Turnierschranken gesetzt. In der Phase der Helmschau

Nachrichten über die Turniere zu Würzburg und Bamberg in den Jahren 1479 und 1486, hrsg. von Ludwig Albert von Gumppenberg, in: Archiv des Historischen Vereins für Unterfranken und Aschaffenburg 19, 2 (1867), S. 164–210, hier S. 193. Michel von Ehenheims komplett abweichende Auflistung der überreichten Dänke erklärt sich daraus, dass er statt die Würzburger die Mainzer Dänke nennt; vgl. Ehenheim, Familienbuch Michels von Ehenheim (2007), S. 87; zu den vier Dänken des Mainzer Turniers vgl. Rüxner, Anfang vrſprung vnnd herkommen des Thurnirs (1530), fol. 331v–332r.

125 Ein spanischer Bericht (1915), S. 150.

ABB. 14 Helmschau durch Damen und Turnierrichter um 1480 in Konrad Grünenbergs Wappenbuch. Rechts in der Bildmitte wird ein Turnierhelm entfernt, da sein Besitzer vom Waffenspiel ausgeschlossen wurde (Wappenbuch Konrad Grünenbergs, Bayerische Staatsbibliothek München, BSB Cgm 145, S. 233)

hatten adlige Frauen also den größten Einfluss auf die Verteilung von Ehre und wer damit Zugang zur versammelten Adelsgemeinschaft hatte.

Wohlgemerkt handelte es sich nicht bloß um einen kriegerischen Wettkampf. Gerade größere Turniere waren eine der wenigen Gelegenheiten, sich politisch, sozial und kulturell auszutauschen und zu betätigen. Völliger Ausschluss aus dem Turnier fand dann statt, wenn die adlige Abstammung des Beklagten in Frage stand. Uneheliche Söhne waren damit ausgeschlossen.[126] Je nach Veranstaltung musste ein Edelmann aber auch den Adel seiner vier Großeltern oder auch sechzehn Vorfahren in direkter Linie nachweisen. Ab 1479 forderten die Turniere der vier Lande zusätzlich, dass ein Familienmitglied in den letzten 50 Jahren turniert habe.[127] Dies nachzuweisen wurde mitunter so schwierig, dass selbst alte, gut situierte und angesehene Geschlechter, wie jenes der Ehinger, Schwierigkeiten hatten, entsprechende Nachweise zu bringen. 1481 wurde Burkhart von Ehingen in Heidelberg vom Turnier ausgeschlossen, da er keine turnierenden Vorfahren vorweisen konnte. Auch sein durch die Ritterreise berühmter Bruder Georg konnte nach einem Ausschluss in Stuttgart 1484 erst 1485 in Ansbach endlich mit in die Schranken reiten.[128] Die turnierende Adelsgesellschaft versuchte sich also durch die rechte Abstammung und schließlich ab 1479 auch durch die Tradition des kriegerischen Wettkampfs von anderen, die ebenfalls beanspruchten ‚adlig' zu sein, abzugrenzen. Dass dies erst jetzt, Ende des 15. Jahrhunderts, geschah, mag zunächst überraschen. Joseph Morsel stellt jedoch heraus, dass sich fürstliche wie ritterliche Adlige unter dem Begriff ‚Adel' und damit als Gemeinschaft erst um 1440 zusammenfanden. Noch musste ausgehandelt werden, wer genau letzten Endes zu dieser Gruppe gehören sollte. Soziale, politische und ideologische Auseinandersetzungen nach oben und unten gingen damit einher.[129] So verwundert es wenig, wenn gerade in dieser Zeit und schließlich 1479 mit Wiederbelebung der überregionalen Turnierkultur diese Auseinandersetzungen an jenem Ort geführt wurden, an dem sich der Adel nicht nur zusammenfand, sondern diesen Adel zu feiern gedachte.

Die Helmschau im Turnier sorgte also dafür, dass nur an der Adelsgemeinschaft teilhaben konnte, wer in ihren Augen als adlig galt. Tauschte ein Kämpfer erst einmal auf dem Turnierplatz Schläge mit anderen Teilnehmern aus, zeigte das nicht nur, dass er akzeptierter Teil des Adels war. Er konnte sich auf diese

---

126 Haller, Nachrichten über die Turniere (1867), S. 174.

127 Vgl. Jezler, Gesellschaftsturniere (2014), S. 63; Morsel, Die Erfindung des Adels (1997), S. 354.

128 Wenzel, Höfische Geschichte (1980), S. 279f.

129 Vgl. Morsel, Die Erfindung des Adels (1997), insb. S. 325.

Weise auch unter diesen auszeichnen, sich unter ihnen hervorheben, Ehre gewinnen. Denn wer im Turnier kämpfte, konnte sogar einen Preis gewinnen, den ihm eine Dame zu überreichen hatte. Wie beschrieben, fand oft auch ein Vortanz mit ihr statt. Doch nicht nur die durch Preise Geehrten durften tanzen, sondern jeder, der zum Turnierkampf zugelassen war. Die 1485er Heilbronner Turnierordnung verbot entsprechend jedem die Teilnahme am Tanz, *dann die so zue dem Turnier gehören*.[130] Dies war jedoch bloß eine Verschriftlichung älterer Bestimmungen aus der Zeit, in der sich der Adel begrifflich zu definieren begann: 1436 stellt der spanische Gesandte in Schaffhausen fest, dass nur jene Damen zum Tanz auffordern durften, die in den Linien aller vier Großeltern ihren Adel nachweisen konnten. Dieselben Voraussetzungen beschreibt er im folgenden Satz für die Turnierteilnahme.[131] Wer also gegen den männlichen Adel kämpfen durfte, durfte auch mit dem weiblichen Adel tanzen.[132] Wer würdig war, die Schläge des männlichen Adels zu empfangen, dem reichte der weibliche Adel die Hand zum Tanz. Die Intensität des Turnierkampfs ist nun schon wiederholt deutlich geworden. Doch auch von den Damen wurde der den Turniertag beschließende Tanz mit ebenfalls großem Einsatz betrieben. Bewundernd beobachte besagter Spanier 1436 die Ausdauer der Damen beim Tanz, die sie nicht hätten aufbringen können, hätten sie dem Alkohol nicht gehörig zugesprochen. Jene, die sich beim Trinken zurückhielten, schienen hingegen allein vom Heiligen Geist gestärkt durchzuhalten.[133]

Dass neben den Turnierrichtern den Damen die Macht zugesprochen wurde, zu entscheiden, wer diesen Zugang zum Kampf mit den Herren, zur schließlichen Ehrung durch die Damen und zum Tanz mit ihnen erhielt, erklärt sich aus ihrer sozialen Funktion. Die weiblich mitbestimmte Helmschau sorgte dafür, dass die Herren später im Kampf sicher sein durften, sich auf Augenhöhe zu begegnen. Entsprechend fiel es einfacher, ehrlich im Gefecht zu gewinnen und zu verlieren, Ehre zugesprochen zu bekommen und zuzusprechen. Im abschließenden gemeinsamen Tanz konnte sich der Adel ebenfalls als eine Gemeinschaft zusammenfinden, in der es keine Schande war, jedem die Hand zu reichen. Joseph Morsel weist darauf hin, dass der Tanz, in dessen Ablauf Paare zusammenfanden, sich auftrennten und wieder neue

---

130 Familienbuch der Herren von Eptingen (1992), S. 339; im selben Wortlaut auch bei Eyb d. J., Turnierbuch (1986), S. 208.

131 *Ninguno non era osado de tomar dama para dançar, synon fidalgo sin macula de todos quatro abuelos, nin dexan entrar en el torneo synon fidalgo de todos quatro costados.* Ein spanischer Bericht (1915), S. 148.

132 Vgl. zur Rolle des Tanzes bei den Festen des Adels auch Ranft, Feste des deutschen Adels (1995), S. 247.

133 Vgl. Ein spanischer Bericht (1915), S. 152.

Paare bildeten, die adlige Ehestruktur symbolisieren könnte.[134] Wie schon angemerkt, war das Turnier auch zugleich ein Heiratsmarkt. Besonders die adligen Damen hatten also ein Interesse daran, gleich zu Beginn jene auszusondern, die für sie und ihre Standesgenossinnen als Kandidaten keinesfalls in Frage kommen sollten.[135] Weiterhin war es nicht in ihrem Sinne, die Anwesenheit jener Herren zu dulden, die statt einer Edelfrau eine Gemeine geheiratet hatten. Der spanische Gesandte schreibt über die Damen in Schaffhausen, diese machten in einem solchen Fall *grand escarmiento*. Denn dürften sich Adlige ohne den Verlust ihrer Privilegien *con villanas por ser ricas* verheiraten, würden adlige Töchter nie heiraten können.[136]

So oberflächlich, ja vielleicht sogar selbstsüchtig, wie dies klingt, waren die Funktionen der Damen im Turnier und in der Gesellschaft nicht angelegt. Verstand sich der Adel besonders auch als Heiratsgemeinschaft, stellten die Edelfrauen die horizontalen Bindeglieder zwischen den Geschlechtern dar. Dementsprechend wachten sie darüber, dass diese Gemeinschaft strukturell intakt blieb. Die Edelmänner hingegen setzten als Haupt ihrer Familien in der männlichen Linie das Geschlecht fort.[137] Diese gesellschaftliche Struktur erklärt auch, weshalb Frauen darüber wachten, wer als Adliger würdig war, im Turnier zu kämpfen und somit geehrt zu werden. So spricht Morsel „dem Turnier eine zentrale Rolle bei der gesamt- und inneradligen Strukturierung zu".[138] Sonderten Frauen nicht sofort jene Kandidaten aus, die in ihren Augen ohnehin ihrer Aufmerksamkeit nicht würdig, also unehrlich waren, konnte es passieren, dass Edelfrauen am Ende verpflichtet waren, ausgerechnet diese Kämpfer zu ehren. Denn schließlich hatten Frauen nach dem Kampf weit weniger Spielraum, sich den Männern zu entziehen. So besagt die Ordnung des 1487er Regensburger Vier-Lande-Turniers, *der Ritter* [*der*] *alda mit dem kolbn das pest thut* solle den Dank durch die *schönst frau* empfangen.[139]

---

134 Vgl. Joseph Morsel, La noblesse contre le prince. L'espace social des Thüngen à la fin du Moyen Âge (Franconie, v. 1250–1525) (Beihefte der Francia 49), Stuttgart 2000, S. 340; ders., Geschlecht versus Konnubium? Der Einsatz von Verwandtschaftsmustern zur Bildung gegenüberstehender Adelsgruppen (Franken, Ende des 15. Jahrhunderts), in: Historische Anthropologie 22, 1 (2014), S. 4–44, hier S. 26; ähnliche Entwicklungen lassen sich, wie Morsel feststellt, auch bei Tänzen des spätmittelalterlichen Bürgertums bspw. in Form von Geschlechtertänzen finden; vgl. Morsel, Geschlecht versus Konnubium? (2014), S. 26f., insb. auch Anmerkung 65.

135 Vgl. dazu auch Zmora, Feud in early modern Germany (2011), S. 107.

136 Ein spanischer Bericht (1915), S. 151.

137 Vgl. Morsel, Die Erfindung des Adels (1997), S. 350f., 354.

138 Morsel, Geschlecht versus Konnubium? (2014), S. 11.

139 Raidenbuch, Turnier zu Regensburg im Jahre 1487 (1862), S. 144; Ähnliche Formulierungen finden sich auch in einer Turniereinladung von etwa 1485; vgl. Zmora, Feud in early modern Germany (2011), S. 102, 104.

Diese schönste Frau sorgte also besser mit ihren Standesgenossinnen dafür, dass kein in ihren Augen Unwürdiger Zugriff auf einen Preis aus ihren Händen oder Zugang zu einem Tanz mit ihr erhielt. Zugleich konnten die von ihnen für ehrwürdig empfundenen Edelmänner, dank dieser Vorauswahl, unter Gleichen um die eigene und besonders auch die Ehre ihrer Geschlechter streiten.

Das im ‚Schimpf' abgehaltene Turnier verdichtete die Kultur des Adels und des Rittertums an einen Ort und schuf so einfache Möglichkeiten für alle relevanten Beteiligten, an der Kommunikation mittels Gewalt und Ankerkennung unmittelbar teilzunehmen. Sehr ähnlich der höfischen Literatur suchten Edelleute deshalb auch jenseits des Turniers immer wieder das weibliche Umfeld. Urteilte die Dame über ritterliche und adlige Ehre und gab diese weiter, war dies also nur bedingt sexuell konnotiert. Vor seinem Feldzug zur Befreiung seines im friesischen Franeker belagerten Sohns Heinrich feierte Herzog Albrecht der Beherzte von Sachsen mit seinen fürstlichen Freunden auf dem Augsburger Reichstag 1500 seinen Abschied: Er zog nachts mit Musikern, seinen fürstlichen Freunden und reichlich Alkohol auch vor das königliche Frauenzimmer.[140] Es sollte sein letzter bedeutender Kontakt mit der adligen Frauenwelt sein, bevor er in Friesland starb. Eyb d. J. scheint die abschließende ritterliche Handlung des berühmten Kriegers mit dieser ungewöhnlichen Beschreibung also deutlich die Ehre zusprechen zu wollen, die ihm narrativ möglich schien. In anderen Fällen nahm sich die Demonstration ritterlicher Tugend im weiblichen Umfeld deutlich banaler aus. Froben Christoph von Zimmerns Vorliebe für absurde und ungewöhnliche Geschichten trägt uns beispielsweise einen Vorfall zu, bei dem Ende der 1480er ein Diener des Passauer Bischofs mit seinem Pferd auf dem Dach des Pferdestalls des Meßkirchner Schlosses endete: Als Bischof Friedrich von Öttingen (†1490) seine Schwester Margaretha in Meßkirch besuchte, versuchte besagter Diener seine Reitkunst vor ihrem Frauenzimmer vorzuführen. Dabei verlor er die Kontrolle über sein Pferd. Der Chronist, ein Enkel Margarethas, gibt zu, dass er selbst nicht weiß, wie es Ross und Reiter über einen Misthaufen schließlich auf das Dach des Stalles geschafft hatten.[141]

Im ernsten bewaffneten Konflikt brachen die Mechanismen, die Frauen zu einem wichtigen Teil ritterlichen Ehrgewinns machten, räumlich und zeitlich weit auf: Das ritterliche Kampfgeschehen konnte womöglich erst Wochen und Monate später und hunderte Kilometer entfernt von den wirklich relevanten Gruppen gewürdigt werden. Bezeichnend sind deshalb die

140 Eyb d. J., Geschichten und Taten (2018), S. 302.
141 Zimmern, Zimmerische Chronik, Bd. 1 (1881), S. 501.

Momente, in denen dies anders war: Als Wilwolt von Schaumberg im Dienste Albrechts von Sachsen 1496 Kastellan der holländischen Stadt Woerden war,[142] trat sein entfernter Verwandter Neidhard Fuchs an ihn heran, um mit seiner marodierenden Söldnerkompanie Schutz zu finden. Jener hatte durch seine Raubtätigkeiten den Utrechter Bischof Friedrich IV. von Baden (1458–1517) zwar nicht angegriffen, jedoch dessen Land ungebeten betreten. Der frisch eingesetzte Bischof zog nun mit einem gewaltigen Heer heran, um dem Treiben ein Ende zu setzen. Da der Bischof ein enger Verbündeter seines Herren war, wagte es Schaumberg nur, seinem Verwandten den Schutz der Mauern der Stadt und der dort positionierten Artillerie anzubieten. Persönlich eingreifen wollte er jedoch nicht.[143] Das versetzte ihn in eine einmalige Lage, denn *er hatt in allen schlahenn, darin er gewest, mitt im vnd andernn selbst als vill zwschaffen gehabtt, das er keins recht gesehenn, aber das möcht er sehenn.*[144] Diese bislang ungekannte Zuschauerrolle zelebrierte er ausgiebig, lud die schönsten Edelfrauen und Bürgerinnen der Stadt zum Bankett auf dem Schweig-Utricht, einem besonders dicken Turm der Stadt, und moderierte ihnen das Geschehen vor den Mauern.[145] Durch seine Einladung und die vor den Damen demonstrierte militärische Expertise nutzte er das drohende Gefecht, um seine Adels- und Ritterehre zu mehren, ohne selbst auf dem Feld stehen zu müssen. Die Frauen Woerdens hingegen scheinen ihrer Integration in das Geschehen keineswegs abgeneigt gewesen zu sein. Als der Bischof schließlich den Angriff auf die kampfbereiten Landsknechte nicht wagen wollte, sollen sie äußerst enttäuscht gewesen sein: Die *frauen vnnd jungckfrauen hetten das zwsehen der schlacht wol leydenn mogen, möcht in alls kurzweillig sein gewest als frauen Crimhilttenn im rosenn gartenn.*[146] Nicht zufällig bemüht Eyb das zweite Mal den Rosengartenvergleich: Wie die junge Frau in Worms ein Jahr zuvor,[147] will er auch in Woerden die Frauen als jene dargestellt wissen, die wie Kriemhild im Wormser Rosengarten ritterlichen Kampf forderten, ja diesen Kampf sogar genossen.

Diese recht nah am Gesellschaftsideal orientierte Rollenverteilung konnte nicht immer eingehalten werden. Frauen waren als Kombattantinnen schon aufgrund ihrer beschriebenen sozialen Funktionen nicht vorgesehen. Sie sollten ritterliche und andere männliche Tugenden beurteilen, als Mütter weitergeben und der Gemeinschaft durch ihre verbindende Funktion Ehre bringen. Die Gewaltausübung und damit das Bewahren und Erstreiten von

142 Vgl. Rabeler, Niederadlige Lebensformen (2006), S. 288f.
143 Vgl. ebd., S. 286f.; Eyb d. J., Geschichten und Taten (2018), S. 281f.
144 Ebd., S. 282.
145 Vgl. ebd., S. 282f.
146 Ebd., S. 283.
147 Vgl. oben, S. 250f.

Ehre, aber auch schlicht die Verteidigung von allem Schützenswerten sollte dem Mann zufallen.

Willibald Pirckheimers Schwester Caritas, Äbtissin des Nürnberger Klarissenklosters, schreibt davon, wie Mitglieder von Nürnberger Adels- und Patrizierfamilien im Zuge der Reformation 1525 drei Schwestern aus dem Konvent brachten. Da sich die Familien der Schwestern zum Protestantismus bekannten, sich die jungen Frauen jedoch weigerten, St. Klara zu verlassen, *wolten [sie] die kind mit gewalt hinaußzerren. Do wertten sich die starcken ritterin mit wortten und wercken.*[148] Dramatisch schildert Caritas den langen Kampf der Schwestern, die trotz erbitterter Gegenwehr aus dem Konvent gebracht wurden. Dass die Äbtissin ihre Mitschwestern explizit als Ritterinnen bezeichnet, verweist auf eine Notlage, auf eine Ordnung, die aus den Fugen geraten war. Die Schwestern versuchten sich entgegen sozialer Normen ritterlicher und damit männlicher Tugend zu bedienen, um in ihren Augen ihre Seele zu retten.

In anderen potentiell gewalttätigen Konfliktsituationen verstanden Damen aber durchaus die Strukturen der internationalen Adelsgemeinschaft zu nutzen und so Macht auszuüben. Das gelang ihnen gerade, weil sie gesellschaftlich nicht als Gewalttäterinnen vorgesehen waren. Die adlige Ehefrau Jehan de Karkuelvants, des französischen Hauptmanns von Arras, wusste, dass sie – anders als die nichtadligen Frauen der Stadt – als Teil der internationalen Adelsgemeinschaft die Gnade eines deutschen Edelmannes beanspruchen konnte. Als Arras also an die Streitkräfte unter Wilwolt von Schaumberg fiel, beeilte sie sich, 4000 Gulden in Wertgegenständen aus ihrem Haushalt vor den fränkischen Ritter selbst zu tragen. Anders als bei den Burgundern in seiner Begleitung war nämlich der Raub an einer Edelfrau für einen deutschen Edelmann, insbesondere für einen Hochdeutschen, entehrend.[149] Inwiefern wir Schaumbergs in den ‚Geschichten und Taten' geäußerten Worten trauen können, seine *angeborne natur vnd vffgeerbte tugent* hielten ihn davon ab, die Dame zu berauben,[150] sei dahingestellt. Er erklärt den Burgundern nämlich auch, dass Worte von etwaigem schändlichem Verhalten von den *Deützschen meiner lannd arrt* nach Oberdeutschland getragen würden[151] und solche Räuber deshalb unter ihresgleichen verachtet würden.[152] Die Sitten der

148 Caritas Pirckheimer, Briefe von, an und über Caritas Pirckheimer (aus den Jahren 1498–1530), hrsg. von Josef Pfanner (Caritas Pirckheimer – Quellensammlung 3), Landshut 1966, Nr. 61, S. 128.

149 Vgl. Eyb d. J., Geschichten und Taten (2018), S. 250f.; vgl. auch oben, S. 19.

150 Ebd., S. 251.

151 Ebd.

152 Vgl. ebd., S. 250f.

Burgunder mochten andere sein, die Sitte der französischen Dame ähnelte hingegen sehr der Sitte ihrer deutschen Standesgenossinnen im Turnier: Nachdem Wilwolt seine Mitstreiter überzeugen konnte, der Frau ihren Besitz zu lassen, stimmte sie eine Lobrede auf die deutsche Ritterschaft an. Sie beließ es aber nicht nur bei dieser Anerkennung der Tugend, sondern versprach, *der Deützschen lob gegen allen meinen freünden vnd guttes günern zuberümen, vnd eür thun auszusprechen.*[153]

Dieser Schutz der Edelfrau durch ihre und vor ihren männlichen Standesgenossen führte auch zu Situationen, in denen sich fehdeführende Edelmänner mit den Ehefrauen ihrer adligen Feinde unterhalten und Freundlichkeiten austauschen konnten. Nach einem fehlgeschlagenen Überfall Götz von Berlichingens auf seinen Feind Konrad Schott im Jahr 1518 traf er zufällig auf dessen Ehefrau, Dorothea von Absberg.[154] Alle Reiter bis auf einen ließ er zurück und ritt zu ihrem Wagen. Als ob kein Konflikt zwischen ihren Familien herrschte, unterhielten sie sich höflich. Trotz keines direkten Verwandtschaftsverhältnisses verband die beiden doch ihr Stand, sodass Dorothea Götz sogar als ‚*Schwager*' ansprach.[155]

Stand der adligen Dame also besonderer Schutz vor Gewalttaten zu, durfte eine nichtadlige Frau kaum darauf hoffen. Als Teil der Terrorstrategie, die das belagerte Gent 1492 zur Aufgabe brachte, war Wilwolt von Schaumberg einer der Hauptleute der Truppen, die die Stadt von der Versorgung mit Lebensmitteln abschneiden sollten. Alle, die sich aus der Stadt wagten, *man vnnd frauenn*, machten sie schonungslos nieder.[156]

6.2 Ritterlich-adlige Gewalttaten der Inklusion und Exklusion

Nicht alle adlige Gewalt war ritterliche Gewalt. Neben der Integration jener Gruppen, die für die ehrliche Ausübung ritterlicher Gewalt relevant waren, demonstrierte das Turnier auch den Umgang mit dem, was adligem und damit ritterlichem Umgang nicht würdig war. Es spiegelte damit wiederum adliges Gebaren auch jenseits des Turniergeschehens wider.

153 Eyb d. J., Geschichten und Taten (2018), S. 251.

154 Vgl. Ulmschneider, Götz von Berlichingen (1974), S. 96.

155 Berlichingen, Fehd und Handlungen (1981), S. 118; Götz von Berlichingen verwendet in seiner Lebensbeschreibung die Anrede ‚Schwager' ebenfalls wiederholt für nichtverwandte Standesgenossen; vgl. ebd., S. 80, Anm. 157.

156 Eyb d. J., Geschichten und Taten (2018), S. 240.

Die etwa 1430 abgefasste fiktionale Turnierchronik[157] betont, ein Turnier solle dem Zweck dienen, dass *ein jeder rittermessiger man nach ritterlichen eern vnd adellichen túgennden imm túrney vor anndern, die strafper wúrden, bekennt mocht werden.*[158] Jene, denen die Damen und die Vertreter der Edelmänner bei der Helmschau einen Mangel an Adel aussprachen, wurden öffentlich gedemütigt. Egal, wie die Bestrafung ausfiel, war diese mit Gewalt verbunden. Zwei Formen lassen sich unterscheiden: Die eine richtete sich gegen den Helm und die Helmzier eines Ausgeschlossen, die andere gegen den Körper eines Turnierkämpfers.

Welche der beiden Strafen zur Anwendung kam, orientierte sich an adliger Tugend und adligem Blut. Wer also seine adlige Herkunft nicht einwandfrei nachweisen konnte oder nichtadliges Verhalten an den Tag gelegt hatte, wurde gestraft.[159] Mit potentiellen Teilnehmern, die vermeintliche Mängel in ihrer Genealogie aufwiesen, wollte man sich keinesfalls gemein machen. Ihr kompletter Ausschluss vom Turnier war damit verbunden, dass ihre Symbole der Zugehörigkeit zur turnierenden Adelsgesellschaft entfernt und gewaltsam misshandelt wurden. Helm und Helmzier wurden *an die gassen geworff vnd dar vff gedretten*, wie Gebhart Dacher über den Ausschluss des Baslers Henmann Seevogel beim Schaffhauser Turnier 1436 zu berichten weiß.[160] Er war nicht von Adel, sondern entstammte einem Basler sogenannten Achtburgergeschlecht und sollte acht Jahre später, 1444 als Hauptmann der Basler bei St. Jakob an der Birs im Kampf sterben.[161] In Schaffhausen jedoch galt er als kaum würdig, sich den Waffen des Adels zu stellen. Der Konstanzer Chronist Claus Schultheiß ebenso wie der spanische Gesandte berichten, Henmann Seevogel wäre *ze tod geschlagen* worden, hätte er sich über den Ausschluss versucht hinwegzusetzen.[162]

In der Regel wurden Frauen bei diesen Bestrafungen selbst nicht handgreiflich. Es war vielmehr ihr Urteil, das ihre männlichen Standesgenossen zum gewalttätigen Strafen bewegte. Der männliche Adel unterwarf sich also

157 Vgl. Kapitel 3.3.2, Anm. 306.

158 Eyb d. J., Turnierbuch (1986), S. 109.

159 Zum spätmittelalterlichen Diskurs um Geburts- und Tugendadel vgl. oben, S. 45f., 50.

160 Gebhard Dacher, Die „Konstanzer Chronik“ Gebhart Dachers. „By des Byschoffs zyten volgiengen disz nachgeschriben ding vnd sachen …“ Codex Sangallensis 646: Edition und Kommentar, hrsg. von Sandra Wolff (Konstanzer Geschichts- und Rechtsquellen 40), Ostfildern 2008, S. 556.

161 Vgl. Karl Vischer-Merian, Henman Sevogel von Basel und sein Geschlecht, Basel 1880.

162 Claus Schultheiß hier zitiert nach Johannes Stetter/Gebhard Dacher, Die Chroniken Stetters, des Anonymus und Dachers, hrsg. von Philipp Ruppert, in: Philipp Ruppert (Hg.), Das alte Konstanz in Schrift und Stift. Die Chroniken der Stadt Konstanz, Konstanz 1891, S. 1–269, hier S. 188; vgl. auch Ein spanischer Bericht (1915), S. 151.

beim Strafen, ganz ähnlich wie im eigentlichen Turnierkampf, einerseits den Turnierrichtern, andererseits aber auch der adligen Weiblichkeit und ihrer Beurteilung, wer in welchem Umfang Anteil an der Gemeinschaft haben sollte. Ausnahmen dieses Verhältnisses zwischen urteilender Weiblichkeit und vollstreckender Männlichkeit scheinen hingegen die angetane Schande noch zu steigern. So ergriff Susanne von Thüngen am 10. Januar 1486 in Bamberg offenbar selbst die Initiative, um Michael von Seinsheim vom dortigen Vier-Lande-Turnier auszuschließen. Was er getan haben soll, ist nicht überliefert, bekannt ist nur, dass er ein Verwandter ihres Ehemannes Wolf von Seinsheim gewesen zu sein scheint. Während der Helmschau im Rathaus, die den Kämpfen am nächsten Tag vorausging, griff Susanne zu einem *Hackmeſſer*. Damit schlug sie auf *Helm und Kleinat* Michael von Seinsheims ein.[163] Die Zerstörung der Helmzier selbst war tatsächlich regulärer Teil des Turniers und wurde in der abschließenden Phase des anfänglich mit Kolben gekämpften Turneis vorgenommen. Die Kämpfer griffen nach dem sogenannten ‚Hauptturnier' im ‚Nachturnier' zu stumpfen Schwertern und versuchten sich gegenseitig durch geschicktes Fechten und Reiten die Verzierungen an den Helmen zu zerschlagen.[164] Susanne von Thüngen war sich sicher der Symbolik bewusst, wenn sie als Frau abseits dieses Nachturniers statt mit dem darauf spezialisierten Turnierschwert[165] mit einem gewöhnlichen Hackmesser auf Michael von Seinsheims Abzeichen der Zugehörigkeit zur turnierenden Adelsgemeinschaft einschlug. Wäre diese Inszenierung nicht ihr Ziel gewesen, wäre es ihr sicher einfacher gefallen, einen der anwesenden Herren um seinen Dolch oder ein Schwert zu bitten, statt sich ein Hackmesser zu organisieren.[166]

163 Haller, Nachrichten über die Turniere (1867), S. 209; vgl. auch Zmora, Feud in early modern Germany (2011), S. 105; Morsel, La noblesse contre le prince (2000), S. 340, 344; ders., Geschlecht und Repräsentation. Beobachtungen zur Verwandtschaftskonstruktion im fränkischen Adel des späten Mittelalters, in: Otto Gerhard Oexle/Andrea von Hülsen-Esch (Hgg.), Die Repräsentation der Gruppen. Texte – Bilder – Objekte (Veröffentlichungen des Max-Planck-Instituts für Geschichte 141), Göttingen 1998, 259–325, hier S. 296.

164 Gamber, Ritterspiele und Turnierrüstung (1985), S. 521.

165 Die immer wieder aktualisierten Turnierordnungen, die anlässlich der Vier-Lande-Turniere beschlossen wurden, gehen explizit auf die Spezifikationen der Schwerter ein. Dies tut auch die Ordnung des besagten Bamberger Turniers; vgl. Wilhelm von Raidenbuch, Turnier zu Bamberg im Jahre 1486. Aus Raidenbuchers Turnierbuch, in: Ludwig Albert von Gumppenberg (Hg.), Die Gumppenberger auf Turnieren. Nachtrag zur Geschichte der Familie von Gumppenberg, Würzburg 1862, S. 132–136, hier S. 132.

166 Wenn schon nicht einen Fremden, so hätte sie einen der zahlreichen Teilnehmer aus ihrer Thünger Verwandtschaft fragen können: Ihr Vater Hilbrand kämpfte nicht nur im Turnier, sondern gewann auch den fränkischen Turnierdank, während der Mainzer Hofmeister Dietz von Thüngen nicht nur Mitglied und ehemaliger König der das Turnier organisierenden Einhorngesellschaft war. Er wurde auch zum Turnierrichter gewählt; vgl.

Anschließend versäumte Susanne auch nicht, wie üblich, Helm und Helmzier zu Boden zu werfen: Sie warf sie *forn zum Rathaus zwn laden heraus an den marck*, was vermuten lässt, dass die Helmschau nicht im damals gebräuchlichen, heute sogenannten ‚Alten Rathaus' auf der künstlichen Regnitzinsel stattfand, sondern im Saal des vorherigen Rathausgebäudes und damit am heutigen Grünen Markt.[167] Hatte bereits im Saal eine gewisse Öffentlichkeit von *manchem Herrn*[,] *Ritter und Knecht* das Schauspiel betrachtet, bezog Susanne von Thüngen damit die nichtadligen wie adligen Besucher des Marktes und damit stellvertretend ganz Bamberg in ihre entehrende Handlung mit ein. Überraschend wurden auch *als pald* ein einreitender Herzog und zwei seiner Söhne Zeugen des Geschehens.[168] Die Dame hatte offenbar Erfolg, taucht Michael von Seinsheim nicht nur in keiner der Teilnehmerlisten des Turniers auf, sondern scheint auch sonst anderen Turnieren ferngeblieben zu sein.[169] Was sie zu dieser Tat bewog, scheint nicht überliefert zu sein. Das Ereignis jedoch war offenbar so außergewöhnlich, dass Bartholomäus Haller es in den sonst sehr sachlich in Listenform gefassten Überblick über das Bamberger Turnier aufnahm.

Empfanden die Damen und Turnierrichter hingegen Mängel an den Tugenden eines Adligen, so wurde dieser nicht ausgeschlossen, sondern gewaltsam gezüchtigt. Peter Suchenwirt erwähnt schon in der zweiten Hälfte des 14. Jahrhunderts, das Turnier nutze, um Lügner mit Schlägen zu strafen, sodass *si der lug gedenchen*.[170] Auch Johannes Rothe erwähnt in seinem normativen Ritterspiegel um 1415, dass unehrlich lebende Ritter nicht zu Turnieren erscheinen würden. Jene, die von unstandesgemäßem Raub und Mord lebten, ja sogar Klosterschwestern nicht verschonten, hätten es nämlich dort ziemlich bitter. Denn

> Sy wordin villichte ser geslagin
> Von fromen rittern und knechtin,

Haller, Nachrichten über die Turniere (1867), S. 194, 196, 208; Eyb d. J., Turnierbuch (1986), S. 193, 195, 198, 200, 201.

167 Vgl. Bernhard Schimmelpfennig, Bamberg im Mittelalter. Siedelgebiete und Bevölkerung bis 1370 (Historische Studien 391), Lübeck 1964, S. 89.

168 Bartholomäus Haller nennt ihn bloß *herzog Ernſt*. Weder bei ihm noch bei Rüxner oder Eyb lässt sich ein Herzog dieses Namens als Teilnehmer des Bamberger Turniers nachweisen; Haller, Nachrichten über die Turniere (1867), S. 209. Auch Pöschko führt ihn bloß „ohne Geschlechtsnamen"; vgl. Pöschko, Turniere in Mittel- und Süddeutschland (1985), S. 286.

169 Vgl. ebd., S. 429.

170 Suchenwirt, Von der Mynn slaff (1827), Z. 232–237.

Di vornommen hettin der [kloster]jungfrowin clagin
Und eyn solchis lastir bedechtin.[171]

Das Schlagen eines Rangniederen geht weit auf die Unterwerfungshandlungen an den Anfängen des Rittertums zurück. Erhielt ein künftiger Ritter im Zuge der Schwertleite seit Ende des 12. Jahrhunderts einen Backenstreich, so sorgte sich im spätmittelalterlichen Turnier gleich die ganze soziale Gruppe der Ritterschaft darum, ein unehrliches Mitglied spüren zu lassen, dass es sich durch seinen Lebenswandel unter sie gestellt hatte.[172]

Ist die Rekonstruktion eines Katalogs sogenannter ritterlicher Tugenden für das Mittelalter ein Schritt in die falsche Richtung,[173] so bieten spätmittelalterliche Turnierordnungen immerhin einen Katalog von Untugenden, die den Adel minderten, ausgedrückt in Handlungen, die *wider eere vnd wider den adl*[174] wären. Bewusst nicht als komplette Liste formuliert, werden mitunter Handlungen, wie Lügen, Ehebrechen, Gotteslästern, Vereinnahmung von Kircheneigentum, aber auch das Treiben von Kaufhandel aufgezählt.[175] Ein weiterer Katalog von Vergehen, wie das Betreiben von Ketzerei, Meineid, verschiedene Formen des Treuebruchs, Straßenraub, das Entführen und Misshandeln von Edelfrauen, besonders auch Klosterschwestern, aber auch die Flucht im Kampf und das Wuchern wurden noch zusätzlich zu der Prügelstrafe durch das Schrankensetzen bestraft.[176] Nach dem Verprügeln wurde der Straffällige also mitsamt dem Sattel vom Pferd gerissen und auf der den Kampfplatz umgebenden Barriere platziert (vgl. Abb. 15). Diese Strafen waren oft mit dem Verlust von Teilen der Ausrüstung, wie dem Pferd, oder gleich der ganzen Turnierausrüstung verbunden.[177]

So wurden also in den Turnierschranken nicht nur direkt durch den Wettkampf ritterliche Tugenden demonstriert und geprüft. Das Turnier selbst diente mit der Helmschau und den folgenden Formen der Bestrafung auch zur indirekten Demonstration und Prüfung jener ritterlichen und auch nicht direkt ritterlichen Adelstugenden, die dem Adel eigen sein sollten. Das nahmen die Teilnehmer so ernst, dass für fremde Besucher der Eindruck entstehen konnte, dieses Strafen rücke zu Ungunsten der Übung und Demonstration

171 Rothe, Der Ritterspiegel (2009), Z. 965–968.
172 Garnier, Der Handel mit der Ehre (2012), S. 213f.
173 Vgl. Kapitel 1.1.
174 Eyb d. J., Turnierbuch (1986), S. 208.
175 Vgl. ebd., S. 202–206.
176 Eyb d. J., Turnierbuch (1986), S. 206–208.
177 Vgl. Jezler, Gesellschaftsturniere (2014), S. 67–69.

der Kriegstüchtigkeit in den Vordergrund.[178] Die entsprechenden Turnierordnungen aus dem letzten Drittel des 15. Jahrhunderts bieten nun endlich auch detaillierte, wenn auch nicht vollständige Listen der Vergehen, für die ein Adliger gestraft werden durfte. Um Teil der exklusiven Elite zu bleiben, unterwarfen sich Adlige also den strengen Normen und dem Urteil der Turniergemeinschaft.[179] Anders als normative Schriften oder fiktionale Literatur formulierten Turnierordnungen Normen adligen Verhaltens, die auf gewalttätige Weise durchgesetzt werden konnten. Zugleich mochte diese Verlagerung der Bestrafung normverletzenden Verhaltens in die Turniergerichtsbarkeit helfen, die zahlreichen in Gewalt ausufernden Adelskonflikte und die damit einhergehenden Fehden des ausgehenden 15. Jahrhunderts einzuschränken.[180]

Die Prügelstrafe selbst fand während des sogenannten Hauptturniers, also des Kolbenturniers, statt. Nachdem die trennenden Seile durchgehauen und die beiden Parteien zusammengestoßen waren, setzte die Phase des Strafens ein. Die damit beauftragten Edelleute suchten die ihnen zuvor von den Turnierrichtern und Damen gewiesenen Standesgenossen. Diese wurden daraufhin eingekreist und Kolbenschläge regneten auf ihre Rüstung (vgl. Abb. 15). Niemand durfte ihnen dabei zu Hilfe kommen, während sie selbst die Strafe zu erdulden hatten.[181] Wer versuchte, der Strafe gleich ganz zu entgehen, riskierte die gesellschaftliche Ächtung: Der Spanier Pero Tafur weiß als Zeuge eines Schaffhauser Turniers 1438 zu berichten, dass jenen, die aus diesem Grund dem Hauptturnier fernzublieben versuchten, die doppelte Strafe drohte. Bei einer dritten Weigerung zu erscheinen, *non lo resçiben nin lo an por fidalgo, porque refusó de vemir al juego de los fidalgos*.[182]

---

178 Das merkt bspw. der anonyme spanische Gesandte über das Schaffhausener Turnier 1436 im Vergleich zu den ihm bekannten Turnieren in Kastilien an; vgl. Ein spanischer Bericht (1915), S. 155.

179 Vgl. Ranft, Die Turniere der vier Lande (1994), S. 89, 98f, insb. auch Anm. 65, 70; Ranft, Feste des deutschen Adels (1995), S. 253; Prietzel, „Letzter Ritter" (2018), S. 218.

180 Vgl. Zmora, Feud in early modern Germany (2011), S. 100.

181 *So [die Gruppe der Turnierkämpfer ein]getaillt ist vnd [man] aúfplásst, so sollen die zwischen den sailen die sail abhawen vnd sy dann lassen túrniren vnd straffen die, die strafber sein*; Eyb d. J., Turnierbuch (1986), S. 135; vgl. auch Ein spanischer Bericht (1915), S. 153–155. Zmora, Feud in early modern Germany (2011), S. 101f.; Peter Jezler bietet einen insgesamt sehr guten Überblick über den Ablauf des Strafens und des niederadligen Turniers an sich, auch wenn er die Phase des Strafens erst an das Ende der „Kolbenschlacht" verortet; vgl. Jezler, Gesellschaftsturniere (2014), S. 67.

182 Pero Tafur, Andanças é viajes de Pero Tafur por diversas partes del mundo avidos. (1435–1439), hrsg. von Marcos La Jiménez de Espada (Colección de libros españoles raros ó curiosos 8), Madrid 1874, S. 266.

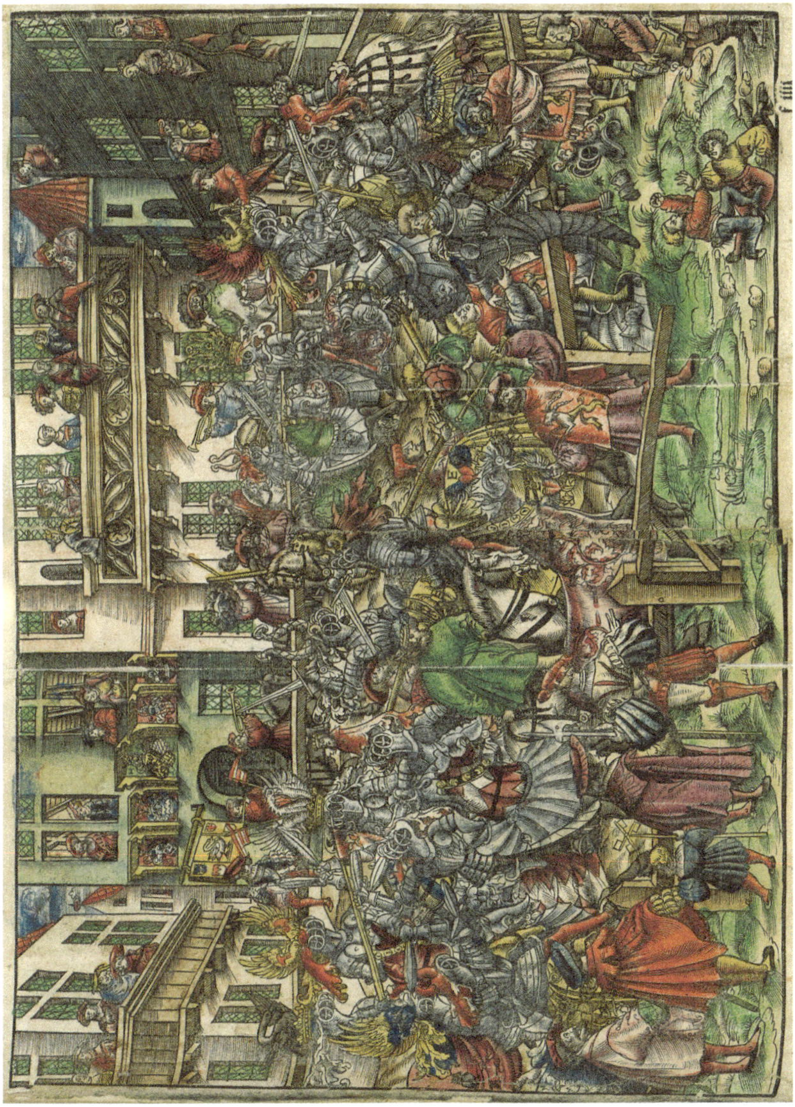

ABB. 15 Die Turnierdisziplin des ‚Turneis' in Georg Rüxners Turnierbuch. Die linke Bildhälfte nimmt die Darstellung einer Prügelstrafe ein, rechts im Vordergrund wurde ein Turnierkämpfer auf die Schranken gesetzt. In Fenstern und auf Balkonen ist im Hintergrund ein größtenteils weibliches Publikum zu sehen (altkolorierter Holzschnitt, Georg Rüxner, Anfang vrſprung vnnd herkommen des Thurnirs in Teutscher nation, Simmern, 1532, (Rheinische Landesbibliothek Koblenz, 89A/1519 P-SOM), eingelegt zwischen fol. 33v und 34r, von dilibri Rheinland-Pfalz (www.dilibri.de) freundlich zur Verfügung gestellt)

Dass sich ein Edelmann den Schlägen entziehen wollte, ist jedoch nicht allein wegen der öffentlichen Demütigung nachvollziehbar. Denn es handelte sich keineswegs um eine Handlung, die pro forma durchgeführt wurde. Zwar waren Schläge unterhalb des Sattels und auf ungerüstete Körperstellen ausdrücklich untersagt. Doch vermochte mit entsprechendem Einsatz auch das stumpfe Trauma eines Holzkolbens durch die Platten einer Turnierrüstung hindurch genug Schaden anzurichten. Wiederholt finden sich Berichte von lebensgefährlich verletzten Opfern dieser Prügelstrafe:[183] War bereits 1480 in Mainz ein Berlichinger *vast ÿbell* geschlagen worden,[184] traf es genau ein Jahre später abermals zwei Mitglieder dieses fränkischen Geschlechts: Unter den etwa 26 in Heidelberg gestraften Adligen wurden die beiden Berlichinger Konrad und Engelhard nicht nur als einzige zusätzlich auf die Schranken gesetzt.[185] Ludwig von Eptingen weiß als Zeuge zu ergänzen, sie seien *vast übell geschlagen worden*. Konrad traf es besonders hart: Er wurde *für Todt von seinem Pferdt herab auff die schranckhen gehebt*. Dort kam er zwar wieder zu sich, musste jedoch *darauff bleÿben auff seinem Sattell sitzende, biß zue endt deß Turniers*.[186] Konrad, Götz von Berlichingens Onkel zweiten Grades, hatte offenbar noch offene Rechnungen mit der Einhorngesellschaft oder zumindest mit dem Gesellschaftsmitglied Jörg von Rosenberg. Jörg hatte nämlich laut Eyb d. J. mit Konrad *zwthun*.[187] Konrad war Jörg kein Fremder, hatte er ab 1470 nach einer Fehde der Pfalz, Würzburgs und Mainz' gegen die Rosenberger das Rosenberger Schloss Boxberg für acht Jahre als Amtmann verwaltet. Womöglich bot der Berlichinger auch als treuer Diener und Rat Albrechts von Brandenburg ein gutes Ziel für die Einhorngesellschaft, war er gemeinsam mit Engelhard und weiteren Berlichingern Gründungsmitglied der fürstlichen Bärengesellschaft. Diese Turniergesellschaft hatte Albrecht 1481, im Jahr besagten Turniers, ausdrücklich als fürstliches Gegengewicht zu der

183 Vgl. Jezler, Gesellschaftsturniere (2014), S. 67; entsprechende Bestimmungen zum Schutz des zu Strafenden finden sich gleich zu Beginn der Turnierordnungen der Vier-Lande-Turniere für das 1479er Würzburger Turnier; vgl. Wilhelm von Raidenbuch, Turnier zu Würzburg im Jahre 1479. Aus Raidenbuchers Turnierbuch, hrsg. von Ludwig Albert von Gumppenberg, in: Ludwig Albert von Gumppenberg (Hg.), Die Gumppenberger auf Turnieren. Nachtrag zur Geschichte der Familie von Gumppenberg, Würzburg 1862, S. 62–70, hier S. 64.

184 Familienbuch der Herren von Eptingen (1992), S. 364.

185 Vgl. Wilhelm von Raidenbuch, Turnier zu Heidelberg im Jahre 1481. Aus Raidenbuchers Turnierbuch, hrsg. von Ludwig Albert von Gumppenberg, in: Ludwig Albert von Gumppenberg (Hg.), Die Gumppenberger auf Turnieren. Nachtrag zur Geschichte der Familie von Gumppenberg, Würzburg 1862, S. 72–74, hier S. 73, 74; Rüxner, Anfang vrſprung vnnd herkommen des Thurnirs (1530), fol. 336r, 337r.

186 Familienbuch der Herren von Eptingen (1992), S. 381.

187 Eyb d. J., Geschichten und Taten (2018), S. 148.

im selben Jahr gegründeten Einhorngesellschaft ins Leben gerufen.[188] Was auch der Grund war, Jörg von Rosenberg ergriff gemeinsam mit dem Rest der Gesellschaft, darunter auch Wilwolt von Schaumberg, die Gelegenheit, Konrad seinen Platz zu weisen. Womöglich ging die Strafe nicht einmal direkt von einer Klage Rosenbergs oder der Gesellschaft aus. Stattdessen scheinen Konrad und Engelhard in Heidelberg das erste Mal ein Turnier besucht zu haben.[189] Wie bereits die Würzburger sah auch die Heidelberger Turnierordnung vor, dass jene, deren Eltern zwar Turniere geritten hatten, die selbst jedoch keine mehr besucht hätten, trotz allem zu strafen seien.[190]

Wie schon im Falle anderer Vergehen gegen die Adelsgemeinschaft beschrieben, wurden beide *geflagen unnd enpfanngn*.[191] Wie es Siegmund von Gebsattel über Balthasar Stiebar schreibt, bedeutete dies, man *entpfing* den Gestraften *als eyn newen durnyrer*.[192] Scheint nicht sicher, ob der erstmalige Turnierbesuch der Berlichinger der einzige Grund für deren brutale Strafe war, so ging es auch Stiebar mit den Schlägen offenbar so schlecht, dass Siegmund von Gebsattel schreibt, er *het Im gern geholffen*. Auch wenn er dies laut Turnierordnungen nicht durfte, so gibt er stattdessen an, dass er *vor großem gedreng nit zu Im komen* konnte.[193]

188 Vgl. Statuten der Einhorngesellschaft (2014), S. 35, Anm. 75; Gründung der Bärengesellschaft (Textedition), hrsg. von Joseph Morsel, in: Historische Anthropologie 22, 1 (2014), S. 40–44, hier S. 43, 44; Albrecht Achilles von Brandenburg, Kurf. Albrecht an M. Johann, hrsg. von Felix Priebatsch, in: Felix Priebatsch (Hg.), Politische Correspondenz des Kurfürsten Albrecht Achilles. Bd. 3 (Publikationen aus den königlich-preußischen Staatsarchiven 71), Leipzig 1898, Nr. 733, S. 47.

189 Hans Helmut Pöschko verortet Konrad zwar bereits 1479 ins Würzburger Turnier, doch stützt er sich dabei offenbar auf einen Brief Konrads, in dem er Albrecht von Brandenburg davon unterrichtet, dass er plane, der Einladung des Würzburger Bischofs zum Turnier nachzukommen und um die Erlaubnis bittet in dessen Dienst treten zu dürfen. Da Konrad weder in anderen Quellen zum Würzburger Turnier auftaucht, noch der Dienst bei Bischof Rudolf von Scherenberg zustande kam, scheint er seine Pläne nicht weiterverfolgt zu haben; vgl. Pöschko, Turniere in Mittel- und Süddeutschland (1985), S. 94, 224; Konrad von Berlichingen, Ritter Konrad von Berlichingen an Kurf. Albrecht, hrsg. von Felix Priebatsch, in: Felix Priebatsch (Hg.), Politische Correspondenz des Kurfürsten Albrecht Achilles. Bd. 2 (Publikationen aus den königlich-preußischen Staatsarchiven 67), Leipzig 1897, Nr. 502, S. 469–470; Kurt Andermann, Bei Fürsten und Kaisern wohlgelitten. Konrad von Berlichingen (+1497), in: Zeitschrift für Bayerische Landesgeschichte 78 (2015), S. 573–593, hier S. 584.

190 Vgl. Eyb d. J., Turnierbuch (1986), S. 170, 200; Haller, Nachrichten über die Turniere (1867), S. 174.

191 Raidenbuch, Turnier zu Heidelberg im Jahre 1481 (1862), S. 73, 74.

192 Gebsattel, Eigenhändige Aufzeichnung (1853/54), Sp. 69.

193 Ebd; weitere Regelungen zur Behandlung solcher neuen Turnierer beschreibt Jezler; vgl. Jezler, Gesellschaftsturniere (2014), S. 69.

Übten sich Adlige gerade im Turnier darin, zu demonstrieren, wie sie ihre Standesgenossen möglichst kunstfertig, doch zugleich respektvoll und sicher zu überwinden verstanden, schlug dies beim Strafen teils ins krasse Gegenteil um. Ritterliche Adlige griffen sehr bewusst zu nichtritterlicher und nichtadliger Gewalt. Weder Fechtkunst noch Disziplin noch der schonende Umgang mit dem Feind waren gefragt, um das Opfer gemeinsam verprügeln zu können. Diese außergewöhnliche Gewalt war für den Gestraften also höchst unerfreulich, doch die Gewalt richtete sich nur bedingt gegen ihn. Vielmehr demonstrierten die restlichen Adligen auf diese Weise die Bedeutung ihrer Werte, verfestigten und bestätigten sie. Zugleich zeigten sie auch, dass sie bereit waren, diese zu verteidigen. Pero Tafur erklärt dies als Außenstehender vielleicht am besten: Er zählt die bekannten Gründe zu strafen auf und ergänzt, es werden auch andere Vergehen bestraft, *por donde los fidalgos deviesen menos valer*.[194] So verteidigte der Adel hier nicht bloß die eigenen Werte, sondern gleich die eigene Ehre. Wer die Anwesenheit eines Adligen hinnahm, von dem er wusste, dass er sich gegen die Werte der Gemeinschaft vergangen hatte, riskierte das Ansehen aller. Die Vergehen eines einzelnen Mitglieds der Gemeinschaft mochte also bald öffentlich das Vergehen aller sein. Entsprechend scharf musste das Kollektiv durchgreifen, dass es nicht zu solchen Abweichlern kam.

Die Brutalität konnte dabei vermitteln, dass in diesem Moment nicht mehr Gleiche mittels Gewalt auf einer Ebene kommunizierten. Stattdessen schwanden die Idee technisch ausgefeilter Kampfkunst und der agonale Gedanke kämpferischer Fairness zugunsten der gewalttätigen Zurschaustellung eines Machtgefälles zwischen einer adligen Gemeinschaft und eines durch nichtadliges Verhalten gezeichneten Adligen. Denn das Ziel des Kampfes war nicht mehr der Streit um die Ehre des einzelnen Edelmanns oder die Ehre eines individuellen Geschlechts, sondern es galt die Ehre der Adelsgemeinschaft zu wahren. In diesem Moment demonstrierte die Gemeinschaft geschlossen, dass für alles, was nicht mehr Teil ihrer selbst war, auch nicht mehr alle gemeinschaftseigenen Regeln galten. Das war insbesondere deshalb wichtig, weil diese Verschiebung zwischen Adel und Nichtadel nur für diesen Moment anhalten sollte. Denn anders als jene, die gleich bei der Helmschau ausgeschlossenen wurden, waren die geschlagenen Adligen immer noch die Schläge wert. Stellten sie sich stoisch, mutig und zäh ihrer Strafe, bewiesen sie den strafenden adligen Kämpfern, dass sie tugendhaft ihrem erlesenen Kreis wert waren. Die Gewalt strafte sie, hielt sie jedoch in der Adelsgemeinschaft und führte sie wieder in diese ein. So frustrierend es für den heutigen Leser

194 Tafur, Andanças é viajes de Pero Tafur (1874), S. 265.

ist, so bezeichnend ist doch, dass der Grund der Strafe für den individuellen Adligen kaum überliefert ist. Pero Tafur stellt 1438 fest: [*Y*]*a purgado é pasada su penitencia.*[195] Also reicht es den Zeitgenossen größtenteils, festzuhalten, wer geschlagen wurde und damit wieder Teil der Gemeinschaft war. Sehr selten ist also die Überlieferung, man habe beispielsweise jemanden *von der weiber wegen geſchlagen, das ſie nicht edl sein.*[196]

Was im Turnier galt, zeigte sich auch im ernsten Konflikt: Adlige hatten als Gemeinschaft wenig Interesse an einem regellosen Konflikt. Der Kampf fand zwar mit scharfen Waffen statt und Tote waren unausweichlich. Die Gemeinschaft zelebrierte jedoch Ehre und Tugend, die sich durchaus in militärischen Erfolgen ausdrücken mochten. Der Preis von Tod und Vernichtung musste dafür bisweilen gezahlt werden, durfte gegenüber Standesgenossen jedoch nicht das Ziel sein. Stattdessen schafften es diese Edelleute, ein System der Schonung aufzurichten, in dem der besiegte adlige Gegner nicht einmal mehr unbedingt im Gefecht gefangengenommen werden musste. Im sogenannten ‚ritterlichen' oder ‚Feldgefängnis' stellte er sich stattdessen an einem festgelegten Tag zu einer festgelegten Zeit, um den Ort zu erfahren, an dem er bleiben sollte, bis sein Lösegeld gezahlt war.[197] Dieses System funktionierte gut. Selbst unter Glaubensfeinden fanden Adlige mitunter genug Gemeinsamkeiten, um sich einander nicht einkerkern zu müssen: 1428 geriet der Ritter Friedrich von Flersheim (um 1396–1473) in die Gefangenschaft eines hussitischen Edelmanns. Dieser ließ ihn sogar ohne weiteres Pfand wieder heimziehen, um sein Lösegeld zu organisieren. Da er dabei nur mäßig erfolgreich war, versuchten ihn seine Vettern und Schwäger von der Rückkehr nach Böhmen abzuhalten. Er lehnte entschieden ab: [*S*]*ie sollen es nit gedenckhen, dann sein herr* [*sein Geiselnehmer*] *habe im vertraut, so hab er zugesagt sich zu stellen, das wolle er ob gott will halten, unnd khere sich nichts daran, ob schon gesagt wolt werden, als ob er seinem herrn nit schuldig glauben zu halten als einem unglaubigen ketzer; dann sein ehr sey im lieber, unnd wer ine daruber tringen unnd ine verhindern wolt, das er sein ehr unnd glauben nit halten, den wolt er fur seinen feindt halten, auch feindtlich gegen ime hanndlen, unnd solt ime sein leib darauf gehen. Unnd khöndte er auch deren einen, so ine abfanngen wolt, er wer vetter, schwager oder*

---

195 Tafur, Andanças é viajes de Pero Tafur (1874), S. 266.

196 Raidenbuch, Turnier zu Regensburg im Jahre 1487 (1862), S. 151; das findet sich auch bei Rüxner, Anfang vrſprung vnnd herkommen des Thurnirs (1530), fol. 393r.

197 Vgl. Kapitel 1.1, Anm. 21. Zur Lösegeldpraxis vgl. auch Volker Schmidtchen, Ius in bello und militärischer Alltag. Rechtliche Regelungen in Kriegsordnungen des 14. bis 16. Jahrhunderts, in: Horst Brunner (Hg.), Der Krieg im Mittelalter und in der frühen Neuzeit. Gründe, Begründungen, Bilder, Bräuche, Recht (Imagines medii aevi 3), Wiesbaden 1999, S. 25–56, hier S. 35–39.

wer er wolt, umb das leben bringen, er wolte niemanndts verschonen.[198] Um die Normen der Adelsgemeinschaft, also die eigene Ehre, zu wahren, drohte er, die eigenen Verwandten gleich fremden, nichtadligen Gegnern schonungslos zu töten. Entsprechend gekränkt fiel auch die Reaktion der Vettern und Schwäger aus: *so fahe in der teufel ab, er soll hinfahren; mache ers guet, so habe ers guet.*[199] Die in Briefen an seine Mutter überlieferte Geschichte des nach Lösegeld und Freiheit suchenden Friedrich setzte sich noch weiter fort und führte ihn schließlich sogar an den Hof Kaiser Sigismunds.[200] Dieser war im Krieg mit den Osmanen begriffen, sodass Flersheim kurioserweise mit vollem Einsatz an mehreren Gefechten in Serbien teilnahm und sich dadurch den Dank des Kaisers verdiente. Sigismund setzte sich schließlich auch für einen Gefangenenaustausch seines treuen Ritters ein.[201] Glücklich fasst Friedrich zusammen: *Unnd maihne, das das kheinem ritter nie wiederfahren sey, als mir, das einer der ketzer gefanngen sey gewesen, unnd das er sich in derselben gefenckhnus mit den Thurckhen unnd heiden geschlagen hab, unnd dem Röm. kaiser hinweg geholffen hab* [...].[202]

Aus der Perspektive eines militärisch überlegenen Edelmanns ergaben sich aufgrund dieser Mechanismen nicht nur Vorteile. Einige Unterlegene mochten ihre relative Freiheit zu Ungunsten ihrer Ehre und des Geldbeutels des Siegers ausnutzen und das Feldgefängnis brechen. Geschah dies, griffen jedoch rechtliche und entehrende Maßnahmen. Dass der überwundene adlige Feind trotz seines Eides fliehen könnte, war hingegen nicht das einzige Problem: Er gab schließlich unter der Garantie des Schutzes von Leib und Leben auf. Das brachte Wilwolt von Schaumberg und seine Feinde 1498 in Friesland in ein verzwicktes Dilemma. Als Hauptmann über Reiter und Fußvolk hatte er mit seinen Reisigen die Verfolgung feindlicher Truppen aufgenommen, die er auch bald an einer Furt so weit in die Enge getrieben hatte, dass sie sich ergeben wollten. Nun wusste Schaumberg aber, dass seine nachrückenden Landsknechte sich als Nichtadlige um ein Feldgefängnis ihrer Feinde wenig scheren würden. Gefangene solcher Todesgefahr auszusetzen, kam für den Ritter nicht in Frage, sodass er zum Schrecken der Friesen deren Kapitulation ausschlug.[203] Schließlich erfuhr Schaumberg, der sich die *aygen har außgerauft haben*[204] wollte, dass ihm die Landsknechte den Befehl verweigert hatten und gar nicht

198 Flersheim et al., Die Flersheimer Chronik (1874), S. 19f.
199 Ebd., S. 20.
200 Vgl. ebd., S. 20–24.
201 Vgl. ebd., S. 25–30.
202 Ebd., S. 29.
203 Vgl. Eyb d. J., Geschichten und Taten (2018), S. 291f.
204 Ebd., S. 292.

kamen. Die panischen Friesen hingegen suchten, Waffen und Rüstung von sich werfend, das Heil in der Flucht über den Fluss.[205]

Die Episode nimmt bereits vorweg, dass der Adlige vom Nichtadligen und der Nichtadlige vom Adligen weniger normierte Behandlung erwarten durfte. Den Kampf an der Seite eines kriegstüchtigen Nichtadligen aber verachteten Adlige deshalb keinesfalls.[206] Ein Adliger sah schlicht wenig Interesse und Vorteil in der Gefangennahme eines gemeinen Kämpfers. Im direkten Kampf wurden sie deshalb oft genug niedergemacht,[207] in anderen Situationen, beispielsweise bei der Aufgabe einer Burg, im Gegensatz zu ihren adligen Mitstreitern aber auch freigelassen.[208] Bei der Aufgabe des Schlosses Nanstein am Ende von Sickingens Ritterkrieg 1523 ließen die drei siegreichen Fürsten die Bürger auf der Burg und das sickingische Fußvolk deshalb schlicht laufen. Sie mussten bloß schwören, für drei Monate nicht mehr gegen sie zu kämpfen. Der Rest der Burgbesatzung hingegen wurde ausnahmslos festgesetzt.[209]

„Wer […] durch die adligen Gegner keine Schonung zu erwarten hatte, gab auch selbst kein Pardon".[210] Böhmen oder Eidgenossen, die sich im Angesicht großer feindlicher Übermacht und entsprechendem Mangel eigener adliger Streitkräfte stark auf ihre Fußknechte verlassen mussten, machten aus der Gnadenlosigkeit, die sie zu erwarten hatten, ihrerseits eine Pflicht: In grausamer Disziplin drohten böhmische und Schweizer Kriegsordnungen jedem Mitstreiter mit dem Tod, wenn er während eines Kampfes Gnade gewährte, statt zu töten.[211] Effizient waren sie also darauf aus, mit der Vernichtung ihrer Feinde ihre Konflikte schnell zu beenden. Dem Edelmann hingegen nutzte in seinem ewigen gesellschaftlichen Schutzauftrag solch eine Vernichtung kaum. Sein Erfolg und damit auch seine Ehre erwuchsen schließlich nicht primär aus dem Sieg, sondern aus dem Kampf selbst.[212]

Gegenüber dem Anderen, modern gesprochen der ‚Outgroup', galten für den Adligen also andere, mitunter auch gar keine Regeln der Konfliktführung. Das betraf insbesondere jene, die jenseits jeder sozialen Gruppe standen, zu der

205 Vgl. Eyb d. J., Geschichten und Taten (2018), S. 292.

206 Vgl. Sablonier, Rittertum, Adel und Kriegswesen (1985), S. 541.

207 Vgl. Schmidtchen, Kriegswesen (1990), S. 70, 224; Prietzel, Kriegführung im Mittelalter (2006), S. 121f.

208 Vgl. Schmidtchen, Ius in bello (1999), S. 38.

209 Vgl. Flersheim et al., Die Flersheimer Chronik (1874), S. 79, 82.

210 Schmidtchen, Ius in bello (1999), S. 38.

211 Vgl. ebd., S. 38–50; ders., Kriegswesen (1990), S. 70–73, S: 231f.,; Nell, Landsknechte (1965), S. 37f., 50f., Fuhrer et al., europäisches Phänomen (2006), S. 35; Verbruggen, The art of warfare (1997), S. 48; Mauntel, Gewalt in Wort und Tat (2014), S. 142f.

212 Vgl. ebd., S. 109.

ein Adliger auch im Frieden Anschluss finden mochte. Neben Rebellen oder Geächteten galt diese Gnadenlosigkeit und bisweilen sogar zynische Gewaltanwendung also vor allem Ausländern. Als 1478 nach dem Brandenburger Sieg bei Crossen einige überlebende serbische Reiter des Feindes plündernd durchs Land zogen, setzten die Brandenburger sogar Kopfgelder aus: Jeder Kopf eines dieser sogenannten ‚Retzen' brachte einen ganzen Gulden ein[213] – *darümb sie auch alle sterbenn musten.*[214] Die Edelleute, die sich nun zusammentaten und ihnen eine Falle stellten, zeigten dementsprechend selbst ihren Gefangenen kein Erbarmen und schlugen ihnen die Köpfe ab. Anschließend veranstaltete der junge Markgraf Johann mit den Kleidern, Waffen und Pferden der zuvor getöteten Serben vor dem Brandenburger Frauenzimmer ein Turnier. Nach dem Waffenspiel trugen er und seine Höflinge die Kleider auch zum Tanz.[215] Der Fremde, der als marodierender Söldner nur Schaden anzurichten zu verstehen scheint, wird hier quasi entmenschlicht zur Jagd freigegeben. Bloß seine exotische Kampfausrüstung, er selbst jedoch kaum, verdient es im höfischen Kontext, dem Adel einen gewissen Wert zu bringen.

6.3 Zwischenfazit

Das Turnier als verdichtetes und dennoch sehr lebendiges Idealbild adliger Gesellschaftsordnung zeigt deutlich, wie sehr der adlige und männliche Krieger in seinem Kämpfen auf die restlichen Mitglieder der mittelalterlichen Gesellschaften angewiesen war. Er stellte sich in seiner ritterlichen Machtdemonstration dem Urteil aller Stände. Idealerweise lernten diese sich als Gemeinschaften und Individuen gegenüber ihm gesellschaftlich zu verorten und zeigten ihm mittels ihres Urteils und Kampfauftrags wiederum seinen Platz. Diese Mechanismen behielten solange ihre Relevanz, wie sie auch jenseits des Turniers wirkmächtig blieben. Die Damen hatten auch dort unter besonderem Schutz der männlichen Adelsgemeinschaft Anteil daran, ritterliche Tugend zu beurteilen und ritterliche Ehre und Tugend weiterzutragen. Somit waren sie nicht nur Zeugen oder Opfer jener durch ritterliches Verhalten getätigten Gewalt, sondern auch direkt daran beteiligt, diese zu reproduzieren.

Die ehrliche Behandlung eines Standesgenossen wollte in Schimpf und Ernst gewahrt bleiben. Im Turnier war sein Tod zu vermeiden, im Ernst war er bedauerlich. Wer jedoch temporär oder dauerhaft außerhalb jener Gruppen stand, die der Adel für schützenswert erachtete, der hatte dies im Konflikt

213 Vgl. Eyb d. J., Geschichten und Taten (2018), S. 131f.
214 Ebd., S. 132.
215 Vgl. ebd.

deutlich zu spüren. Ein unehrenhafter Edelmann konnte durch entsprechend brutale Strafe wieder in den Kreis der Seinen integriert werden. Gegenüber einem bürgerlichen Fußknecht oder ausländischen berittenen Söldner nichtadliger Herkunft fehlte jedoch der soziale Anreiz, ihm eine rücksichtsvolle Behandlung zukommen zu lassen. Den Fußknecht mochte man unter Umständen in adliger Überheblichkeit entwaffnet heimlaufen lassen. Den plündernden Fremden hingegen schaffte man lieber gleich aus der Welt.

KAPITEL 7

Die Exklusivität ritterlicher Gewalt

7.1 Nichtadlige unter Waffen

Identifizierte und repräsentierte sich der Adel über kriegerische Gewalt, so griff er im ausgehenden Mittelalter schon lange nicht mehr exklusiv zur Waffe oder war auch nur der einzige Stand, der Krieg führte. Wirtschaftliche und soziale Veränderungen im 13. Jahrhundert und nicht zuletzt das auf den Tod Kaiser Friedrichs II. im Jahr 1250 folgende Interregnum verhalfen Städten dazu, dass sie ihr Selbstbewusstsein zunehmend auch politisch und rechtlich auszudrücken vermochten.[1] Infolge der Pestwellen des 14. Jahrhunderts konnten Bauern und Bürger weiter wirtschaftlich profitieren.[2] Wer Macht hatte und erst recht, wer Macht beanspruchte, musste diese auch aufrechtzuhalten und durchzusetzen verstehen. Gewalt mochte nicht das erste Mittel städtischer oder bürgerlicher Rechtfertigung sein. Ein gewisser (politischer) Freiheitsanspruch wollte sich jedoch im Ernstfall militärisch Geltung verschaffen. Zu Beginn des 14. Jahrhunderts fehlte es in der Regel meistens noch an Techniken und Ressourcen, um nichtadlige Ansprüche ohne adlige Kämpfer und deren Know-How verteidigen zu können. Trotz etwaiger Ausnahmen wurden Kriege im Reich vorerst noch grundsätzlich von berittenen Streitkräften geführt. Diese waren meist adlig. Ausnahmen wie die Schlachten 1315 am Morgarten oder 1302 bei Kortrijk (diese jenseits der Reichsgrenzen in Flandern) verstärken diesen Eindruck noch. Denn sie zeigen vor allem auf, dass ein im Kern aus Nichtadligen gebildetes Heer adligen Reitern nur mit außerordentlichen Mitteln beikommen konnte. Am Morgarten liefen die Habsburger den Streitkräften aus Uri, Schwyz und Unterwalden in eine Falle: Die Habsburger Reiter wurden in Marschformation an einer Engstelle von oben herab durch Schweizer Fußtruppen angegriffen. Bei Kortrijk trug der

1 Vgl. Martin Kaufhold, Deutsches Interregnum und europäische Politik. Konfliktlösungen und Entscheidungsstrukturen. 1230–1280 (Monumenta Germaniae Historica Schriften 49), Hannover 2000, S. 226; ders., Baukultur und Bürgerstolz im mittelalterlichen Augsburg, in: ders. (Hg.), Städtische Kultur im mittelalterlichen Augsburg, Augsburg 2012, S. 7–19, hier S. 8f.; Hans Mottek, Wirtschaftsgeschichte Deutschlands. Ein Grundriss. Bd. 1: Von den Anfängen bis zur Zeit der Französischen Revolution, Berlin ^{5}1973, S. 165–170.

2 Vgl. ebd., S. 193–196; Baumann, Georg von Frundsberg (1984), S. 43; Martin Kaufhold, Wendepunkte des Mittelalters. Von der Kaiserkrönung Karls des Großen bis zur Entdeckung Amerikas, Ostfildern 2004, S. 166f.

 | DOI:10.1163/9789004527010_009

Kampfplatz ebenfalls entscheidend zur Niederlage der französischen Reiter bei: Im sumpfigen Gelände und durch Fallgruben aufgehalten, konnten sie kaum ihre Kampfkraft gegen das städtische Fußvolk entfalten.[3] Das war klug, doch auf der Grundlage solcher nicht zuverlässig reproduzierbarer Zustände ließ sich kaum ein Heer aufstellen oder ein Krieg organisieren. Die politische Freiheit deutscher Städte war im Konfliktfall also neben der Aufstellung bürgerlicher Fußtruppen weiterhin in erster Linie auf die Bestallung berittener, meist adliger Söldner angewiesen. Diese oft dem Umland entstammenden Adligen wiederum fanden in solchen Solddiensten ein standesgemäßes Auskommen.[4] Trotz der Standesunterschiede bestand schließlich keine grundsätzliche Feindschaft zwischen Adel und Städten.[5] Neben den adligen Reitern leistete auch die Stadtaristokratie Kriegsdienst zu Pferd. Ein gewisses adliges Selbstverständnis dieser Patrizier ist dabei nicht zu leugnen.[6] Das darf jedoch nicht darüber hinwegtäuschen, dass in der städtischen Kultur der Kriegsdienst und der Besitz und das Führen von Waffen nicht in erster Linie als Ausdruck adliger oder gar ritterlicher Ansprüche geschah. Jürg Gassmann zeigt anhand einer ganzen Reihe bürgerlicher Biographien des 15. und 16. Jahrhunderts auf, dass der Aufstieg in militärische und zivile Ämter im städtischen Dienst oftmals eng miteinander verwoben waren.[7] Nicht nur die Oberschicht war gut bewaffnet. Die Privilegien und auch die Pflichten jedes wehrfähigen freien Mannes, Waffen zu besitzen und im Ernstfall zu ihnen zu greifen, lassen sich bis ins germanische Recht zurückverfolgen.[8] Manfred Link schätzt für die erste Hälfte des 15. Jahrhunderts die Zahl dieser Wehrfähigen und -pflichtigen auf etwa 14 Prozent der Gesamtbevölkerung der mitteldeutschen Städte (auf dem Land vermutet er etwa 10 Prozent).[9] Das Phänomen des städtischen Tragens von Schwertern, Dolchen und ähnlichen Waffen bis etwa 1700 ist also nicht unbedingt Reproduktion adliger oder auch nur städtisch-aristokratischer Verhaltensweisen. Es ist vielmehr Ausdruck der Freiheit der städtischen Einwohner.[10] Städtische Söldner waren oft weniger für die Stadtverteidigung und -wache selbst und mehr für aktivere Aufgaben wie Streifzüge vorgesehen.

---

3 Vgl. Schmidtchen, Kriegswesen (1990), S. 225–229.

4 Vgl. Manfred Linck, Stadt und Militär im Spätmittelalter. Die militärische Macht der mitteldeutschen Städte zur Zeit der Hussitenkriege (Forum Moderne Militärgeschichte 11), Berlin 2017, S. 29–31.

5 Vgl. Paravicini, Die ritterlich-höfische Kultur (2011), S. 51, 52f.

6 Vgl. oben, S. 97.

7 Vgl. Gassmann, Honour and Fighting (2015), S. 156–159.

8 Vgl. ebd., S. 140f.

9 Vgl. Linck, Stadt und Militär (2017), S. 22.

10 Tlusty, martial ethic (2011), S. 31, 130f., 161.

Im Verteidigungsfall fungierten sie in der Regel als Reserve. So wurde die Verteidigung der Stadt stolz von den Mitgliedern der Stadtgemeinschaft selbst übernommen.[11] Entsprechend beeindruckt zeigt sich Piccolomini in der ‚Germania' auch über ihre Waffenkammern: *Non solum nobilis sed cives quoque ex plebe nati armamentaria in domibus habent et ad quosvis inopinatos incursus sive rumores armati contunio prodeunt.*[12] Anders als der verpflichtende Waffenbesitz, der auch streng kontrolliert und Mängel gegebenenfalls sanktioniert wurden,[13] war das Waffentragen heikler. Augsburg beispielsweise verbot bereits ab Mitte des 14. Jahrhunderts immer wieder Bürgern, Gästen und ausdrücklich auch dem Klerus das innerstädtische Waffentragen. Nur Bürgermeister, Vogt und deren Leute waren davon ausgenommen.[14] Die Regelungen waren von Stadt zu Stadt unterschiedlich, vor allem, da der bürgerlich-städtische Ausdruck von Freiheit oft genug der städtischen Sicherheit zuwiderlief. Die Stadtregierung war „in einem Dilemma zwischen dem Gebot des Stadtfriedens und dem stadtbürgerlichen Recht auf Selbstbewaffnung gefangen".[15] Das Leben zwischen den Mauern war alles andere als friedlich. Gerade die unruhig nach Geltung und Abenteuer strebende Jugend war nicht allein ein adliges Phänomen. Es ist vielmehr ein grundsätzlich anthropologisches Problem, dass männliche Jugendliche beim Erwachsenwerden Rangstreitigkeiten und Rivalitäten gewalttätig und oft genug auch bewaffnet auszutragen versuchen.[16] Wenn sich Knaben des Augsburger Bischofs und Knaben der Bürger um 1450 am Augsburger Dom prügeln,[17] ist das für diese jungen Männer keineswegs eine banale Angelegenheit. Ohne auf die größeren sozialen oder politischen Problematiken Rücksicht zu nehmen, versuchten sie ihr Übermaß an Kraft und jugendlichen Stolz mit ihrem Anspruch an Status in Einklang zu bringen. In diesem Fall geriet ihnen ein schlichtend eingreifender Bürger in den Weg, der schließlich nicht nur den Schlägen der parteiergreifenden Diener des Bischofs ausgesetzt war. Er bleib offenbar auch noch

11 Vgl. Tlusty, martial ethic (2011), S. 11–45; Linck, Stadt und Militär (2017), S. 22–24; Thomas Engelke, Eyn grosz alts Statpuech. Das „Gelbe Stadtbuch" der Stadt Regensburg; Forschungen und Edition (Regensburger Studien und Quellen zur Kulturgeschichte 2), Regensburg 1995, S. 105, mit Verweisen auf ebd., Nr. 16, 22, 379 und 461.

12 Piccolomini, Germania (2009), S. 209; vgl. dazu auch Tlusty, martial ethic (2011), S. 1; Jaser, Ernst und Schimpf (2016), S. 227.

13 Vgl. Linck, Stadt und Militär (2017), S. 12f.

14 Vgl. Kießling, Bürgerliche Gesellschaft (1971), S. 94f.

15 Vgl. Jaser, Ernst und Schimpf (2016), S. 228.

16 Vgl. Sieferle, Einleitung (1998), S. 19f.

17 Vgl. Martin Kaufhold, Prügeleien am Stadtpyr: Ein zerrissener Mantel und die politischen Kämpfe der Reichsstadt (um 1450), in: Martin Kaufhold (Hg.), Augsburg im Mittelalter, Augsburg 2009, S. 52–71.

auf zerrissenen Kleidern sitzen.[18] Der Adel versuchte bei seinen Nachkommen diese jugendliche Streitlust in ritterliche Bahnen zu lenken.[19] Willibald Pirckheimer ist nicht der einzige Bürger, der nach ebensolchem kriegerischem Ruhm strebte.[20] Auch viele andere junge Männer aus dem Bürgertum verspürten das Verlangen, ihr Glück im kriegerischen Abenteuer zu suchen. Pirckheimers Nürnberger Mitbürger Christoph Fürer (1479–1537) war nicht nur als Ratsherr, Montanunternehmer und Großkaufmann bekannt,[21] sondern *mer reuterisch, dann mich mein vater gelert hette.*[22] Er vereint in seiner Person viele der aufgezeigten kriegerischen Elemente des bürgerlich-städtischen Umfelds. Im Alter von ungefähr 13 Jahren kam er 1492 als Diener nach Venedig, wo während seines dreijährigen Aufenthalts sein Verlangen nach kriegerischen Abenteuern und ritterlichen Taten geweckt wurde: Die deutschen Söldner, die als Teil der 1495 gegründeten Heiligen Liga gegen den französischen König Charles VIII. nach Italien zogen, inspirierten den mittlerweile 15 oder 16 Jahre alten Diener. Anders als Pirckheimer stellte ihn kein Vater vor die Wahl, sich auf nur eine Karriere festzulegen: [*D*]*erwegen mir der krieg nichts weniger dann die kaufmannschaft hoch tet lieben, derwegen ungeacht, daß mich mein vater auf kriegen nie gewist noch gezogen hat, empfieng ich doch damals in meiner jugent ein kriegswurzel, die mir mein leben lang nie entging.*[23] In seiner knappen Lebensbeschreibung beschreibt er im Folgenden, was bereits von adligen Jugendlichen bekannt ist: [*B*]*is in das 33. jar meines alters, als ich mich verheyrath, hab ich allerlay, so einen jungen weltlichen gesellen zustehet, versucht*:[24] Für sich und drei berittene Gefolgsleute ließ er Rüstungen anfertigen, die er auch gleich in drei Feldzügen trug. Bei seinem letzten Feldzug 1519 gegen Ulrich von Württemberg – und damit nach seiner Hochzeit 1512 und seiner Ernennung zum Ratsherrn 1513 – hatte er den Befehl über 600 Fußknechte und 130 Reiter inne.[25] Er nahm auch an bürgerlichen Turnieren teil, darunter sogar zwei Scharfrennen (vgl. Abb. 12),[26] also der weit gefährlicheren Tjostvariante mit scharfen Spießen. Das war alles andere als untypisch für die städtische

18 Vgl. Kaufhold, Prügeleien am Stadtpyr (2009), S. 52–56, 67f.
19 Vgl. oben, Kapitel 2.3.
20 Vgl. oben, S. 62f., 126.
21 Vgl. Gerhard Seibold, Christoph Fürer, in: Fränkische Lebensbilder 10 (1982), S. 67–96.
22 Christoph Fürer, Christoph Fürers Lebenserinnerungen (Fragment). Fürerisches Geschlechterbuch, Fol. 555ff., hrsg. von Johann Kamann, in: Mitteilungen des Vereins für Geschichte der Stadt Nürnberg 28 (1928), S. 282–284, hier S. 283.
23 Ebd.
24 Ebd.
25 Ebd.
26 Ebd., S. 283f.

Oberschicht.[27] Sehr anschaulich bezeugt dies für Augsburg der Bürger Marx Walther (1456–1511) mit seinem Turnierbuch, das eines der frühesten seiner Art überhaupt war.[28] Eine kriegerische, ja ritterliche Kultur war also auch in der städtischen Oberschicht lebendig und in vielen Dingen ähnelte sie der adligen. Nicht jeder dieser jungen Draufgänger war in diesem Streben zu Abenteuern und ritterlichen Taten erfolgreich. Valerius Anshelm schreibt im Kontext der Schlacht bei Dornach, 1499, vom dortigen Tod des Basler Bürgersohns Hans Ulrich Jungermanns.[29] Er widmet dem jungen Mann und seinem Lebenswandel einen ganzen Abschnitt. Seinen Vater Hans Jungermann (1441–1504), ein Kaufmann, ‚Sechser', also Zunftvorstandsmitglied, der Zunft zum Schlüssel und Ratsherr,[30] nennt Anshelm einen *vast richen, aber me unwisen* Mann. Da dessen Sohn Hans Ulrich durch die schulische Erziehung schon bald mit einer *wolgschafnen jungfrowen verglicht was*, beschloss der Vater zum Leidwesen des Sohns ihn besser zum Reisigen zu machen. Einen *wibschen geistlichen* in der Familie zu haben, wollte er offenbar kaum mit der Familienehre vereinbaren. Weder die Anschaffung eines Pferdes noch die erzwungene Gesellschaft von *můtwillgen gassenjunkherren* oder die Heirat machten aus dem Jungen einen *manlichen weltlichen junkherren*. Stattdessen kam er so auf die schiefe Bahn, frönte dem Glücksspiel und wohnte statt zu Hause quasi im Bordell. Sein Weg führte bald darauf ins Gefängnis und schließlich in die städtische Verbannung.[31] Sein vermeintliches Glück, dass er als Sohn aus gutem Hause von Graf Heinrich von Fürstenberg am 18. Juli 1499 in Dienst genommen wurde,[32] wandte sich gleich vier Tage später ins Unglück: Denn unter dem Kommando Fürstenbergs erlitt das königliche Heer vor dem Schloss Dorneck im Kanton Solothurn am 22. Juli eine empfindliche Niederlage. Hans Ulrich, den der Graf als Trabant, also als Diener oder Leibwächter,[33] bestallt hatte, starb ohne auch nur die Rüstung anlegen zu können, ohne den Tod seines neuen Herren verhindert zu

---

27 Vgl. Zotz, Adel, Bürgertum und Turniere (1985), S. 484–499.

28 Vgl. Marx Walther, Marx Walthers Turnierbuch. Mit Familienchronik und Stiftungsverzeichnis, hrsg. von Daniel J. M. Huber (Editionen und Übersetzungen 1), Königsbrunn 2014.

29 Vgl. oben, S. 36f.

30 Vgl. Staehelin, Wappenbuch (1948), S. 25; Staehelin ist beim Sterbejahr Hans Jungermanns offenbar ein Fehler unterlaufen. Er scheint es mit dem Todesjahr von Hans' Vater Heinrich verwechselt zu haben; vgl. ebd., S. 24; Hans starb nämlich laut Paul Koelner 1504; vgl. Koelner, Die Zunft zum Schlüssel in Basel (1953), S. 251f.

31 Anshelm, Berner-Chronik, Bd. 2 (1886), S. 231f.

32 Vgl. Sigmund von Riezler, Fürstenbergisches Urkundenbuch. Bd. 4: Quellen zur Geschichte der Grafen von Fürstenberg vom Jahre 1480–1509, Tübingen 1879, Nr. 283n, S. 267.

33 Vgl. Kapitel 5.2, Anm. 94.

haben, von niemandem betrauert.[34] Anshelm wird das vertane Leben des jungen Mannes an dieser Stelle wohl nicht zuletzt thematisiert haben, weil es die Haltung des Heeres gut widerspiegelt, das sich absolut nicht kampfbereit bei Dornach lagerte: Statt ihren kriegerischen Pflichten nachzukommen, wurden die teils betrunkenen Belagerer vor Schloss Dorneck von der angreifenden Entsatzstreitmacht beim Spielen oder sogar im Bad überrascht, sodass eine entschlossene Verteidigung für viele Königliche viel zu spät zustande kam.[35]

Von einem solchen umfassenden Scheitern zu lesen, ist selten. Eine Adelsfamilie traf der gewaltsame Tod eines Sohns im Kampf zwar ebenfalls hart. Doch fügte sich der Tod eines Edelmannes gut in adlige Standesehre ein, ja konnte zum Vorbild unter Standesgenossen und zur Ehre der Familie beitragen. Starben aber unbetrauerte Außenseiter wie Hans Ulrich Jungermann, lohnt es sich für einen Chronisten wie Anshelm bloß, ihre Namen als abschreckendes Beispiel zu nennen. Durch die soziale Entwurzelung dieser quasi heimatlosen Männer sollte eigentlich die Chance auf entsprechende autobiographische Quellen recht klein sein. Schließlich müssten solche Krieger den Eintritt zurück in eine Gemeinschaft finden, um für diese mit einer Überlieferungsabsicht Didaktisches oder Erinnerungswürdiges aufzuschreiben. Dennoch ist uns eine nachträglich recht unglücklich betitelte Quelle mit den ‚Erlebnissen eines deutschen Landsknechts'[36] überliefert: Hier bietet nämlich nicht ein Landsknecht, sondern ein anonymer Soldreiter eine außergewöhnlich pessimistische Sicht auf die Zeit seines Kriegsdienstes ab 1484 oder 1486 bis 1493.[37] Er entstammte vermutlich der Stadt Erfurt.[38] Er schreibt nicht darüber, was ihn letztlich antrieb, doch er nennt Ungehorsam als den Grund, dass er von seinem Vater im Alter von acht Jahren fortlief. Zwei Jahre später verließ er ebenfalls den *fromen man*, der ihn in Frankfurt am Main aufgenommen und dem *verloren und mutwilligen sone* Lesen und Schreiben beigebracht hatte und ihm noch *vhil guts gethann* hätte. Der Junge schloss sich stattdessen 1486 als Söldner kaiserlichen Truppen an.[39] Nach den recht unzuverlässigen Angaben des Autors war er zum Zeitpunkt seiner Bestallung zehn oder zwölf Jahre

34 Vgl. Anshelm, Berner-Chronik, Bd. 2 (1886), S. 232.
35 Vgl. Wiesflecker, Kaiser Maximilian I. Bd. 2 (1975), S. 348f.; vgl. auch unten, S. 320–323.
36 Erlebnisse eines deutschen Landsknechts (1869).
37 Vgl. Wilhelm Johann Albert von Tettau, Erlebnisse eines deutschen Landsknechts (1484–1493), von ihm selbst beschrieben. Ein Beitrag zur Geschichte des schwarzen Heeres, in: Mittheilungen des Vereins für die Geschichte und Alterthumskunde 4 (1869), S. 1–51, hier S. 2, 4.
38 Vgl. ebd., S. 2.
39 Erlebnisse eines deutschen Landsknechts (1869), S. 6.

alt, wird also vielleicht als Knabe oder Trossbube gedient haben, auch wenn dies nie thematisiert wird.[40] Die Entscheidung des jungen Mannes scheint weniger aus rationalen Gründen wie der familiären Ehre oder wirtschaftlichem Mangel erfolgt zu sein. Vielmehr mag der Junge sich aus Abenteuerlust, Fernweh oder kindlich-jugendlichem Leichtsinn für das Leben im Krieg entschlossen haben. Das Söldnerleben führte ihn von Frankreich bis Ungarn auf zahlreiche Kriegsschauplätze seiner Zeit. Schließlich schloss er sich der ungarischen Söldnerarmee, dem Schwarzen Heer,[41] an. Nach dem Tod König Matthias Corvinus' im Jahr 1490 konnte die so teure wie schlagkräftige Armee nicht mehr lange aufrechterhalten werden.[42] Schließlich weigerten sich die unbesoldeten Söldner gegen die Türken zu ziehen und hielten sich stattdessen nicht nur an den Feinden, sondern an Ungarn selbst schadlos. Der anonyme Söldner versucht die Räuberei zu rechtfertigen, indem er schreibt, er und die anderen Söldner des Schwarzen Heeres hätten schließlich *wedder [die eigenen] hende noch fuesse gefressen* können. Infolgedessen stellten die ungarischen Stände ein eigenes Heer gegen ihre ehemaligen Söldner auf, um diese *auss der [schwert]scheyden* zu bezahlen.[43] Das Heer der ungarischen Stände erschlug einen Teil der marodierenden Söldner in einer großen Schlacht im Jahr 1492. Andere wurden gejagt und getötet. Der Autor selbst entkam nur durch eine glückliche Wendung.[44] Verbittert findet er deutliche Worte für das Verhalten der ungarischen Krone und des Königtums an sich: *An diese geschicht magk woll eyn iglicher gedenken, das er nicht vhil gelts bey eynem Konige oder fursten lasse stehen, dan er wirdt zwletzt nicht anderst bezalt.*[45] Trotz zweier Ritterschläge, die er während seines Söldnerlebens erhielt, brachte ihm dieses Leben also bloß Misserfolg und Unglück. Nur mit Gottes Behütung, so der Autor, habe er das lebendig überstehen konnte. Elf Jahre nachdem er seinen Vater verlassen hatte, kam er nach Hause zurück und kehrte, so wie es scheint, dem Kriegsdienst für immer den Rücken.[46] Der Text nimmt sich dementsprechend als Warnung des ehemaligen Söldners aus, es ihm nicht gleich zu tun.

---

40 Vgl. Tettau, Erlebnisse (1869), S. 4.

41 Zur Geschichte des Schwarzen Heeres vgl. Zoltán Tóth, Matyas Kiraly idegen zsoldosserege, Budapest 1925; Uwe Tresp, Söldner aus Böhmen. Im Dienst deutscher Fürsten: Kriegsgeschäft und Heeresorganisation im 15. Jahrhundert (Krieg in der Geschichte 19), Paderborn 2004, S. 69–72.

42 Vgl. ebd., S. 71f.

43 Erlebnisse eines deutschen Landsknechts (1869), S. 15.

44 Vgl. ebd., S. 15–17.

45 Ebd., S. 17.

46 Vgl. ebd.

Das ritterliche Leben reizte also auch Nichtadlige, die genauso bewaffnet und beritten wie ihre adligen Kampfgefährten ihr Glück und vielleicht auch ihre Ehre im Krieg suchten. Wie der Bürgerssohn Christoph Fürer fanden sie es manchmal auch.

Darum soll es im weiteren Kapitel nur bedingt gehen. Denn auch die weniger privilegierten Schichten aus den Städten und besonders vom Land suchten zunehmend im 15. Jahrhundert ihr Glück und Auskommen im Kriegswesen. Ursache dafür waren vor allem Überbevölkerung und der wirtschaftliche und soziale Wandel des Spätmittelalters: Trotz aller Kriege und sonstiger Missstände wuchs die oberdeutsche Bevölkerung, die spätere Hauptrekrutierungsgruppe der Landsknechte,[47] konstant. Für Oberschwaben geht David Sabean beispielsweise ab 1450 von einem jährlichen Bevölkerungsanstieg von einem bis eineinhalb Prozent aus.[48] Die Bevölkerung war damit 1479 bereits um über ein Drittel oder gar über die Hälfte gewachsen, und hatte sich bereits vor 1500 und spätestens bis 1520 sogar verdoppelt. Zugleich verhalf der wirtschaftliche und soziale Wandel des Spätmittelalters den einen zum Erfolg, andere hatten das Nachsehen. Die 1470er und 1480er brachten zwar Kapital und sozialen Wandel durch Veränderungen in Produktion, Handel, Kredit- und Wechselwesen.[49] Verlierer dieses Wandels gab es aber selbst in der Stadt: So mancher Geselle hatte wenig Hoffnung auf eine Zukunft in Selbstständigkeit, nicht jeder Unternehmer hatte mit seinem Betrieb mit den Entwicklungen mithalten können. Ebenso hatte bei weitem nicht jeder Stadtbewohner die exklusive Stellung eines Zunftmitglieds inne, um vom Aufschwung überhaupt profitieren zu können.[50] Aber nicht nur in der Stadt gab es diese Verlierer.[51] Auf dem Land konnten viele, gerade auch junge Männer aufgrund der Überbevölkerung und der Verschiebung wirtschaftlicher Macht in die Städte hinein nicht mehr der Arbeit ihrer Väter nachgehen. Die Abkehr vom Ackerbau hin

---

47 Vgl. Baumann, Landsknechte (1994), S. 33.

48 Vgl. David Warren Sabean, Probleme der deutschen Agrarverfassung zu Beginn des 16. Jahrhunderts. Oberschwaben als Beispiel, in: Peter Blickle (Hg.), Revolte und Revolution in Europa (Historische Zeitschrift, N.F., Beiheft 4), München 1975, S. 132–150, hier S. 140; Baumann, Landsknechte (1994), S. 68; David Warren Sabean, Landbesitz und Gesellschaft am Vorabend des Bauernkriegs. Eine Studie der sozialen Verhältnisse im südlichen Oberschwaben in den Jahren vor 1525 (Quellen Und Forschungen Zur Agrargeschichte 26), Stuttgart 1972, S. 37f., 128, Anm. 12.

49 Vgl. Baumann, Georg von Frundsberg (1984), S. 43f.

50 Vgl. ebd., S. 45.

51 Vgl. Mottek, Wirtschaftsgeschichte (1973), S. 197–217; David Warren Sabean gibt für das ausgehende Mittelalter einen guten Überblick über die wirtschaftliche und soziale Situation in Oberschwaben; vgl. Sabean, Landbesitz und Gesellschaft (1972); Krause, Mode in Stahl (2016), S. 24.

zur weniger arbeitsintensiven Viehwirtschaft machte weitere Arbeitskräfte frei. Das hatte bereits im 14. Jahrhundert in der Eidgenossenschaft weitere Arbeitskräfte zum Solddienst, zum Reislauf, getrieben.[52] Statt den sozialen Abstieg zum Tagelöhner oder Knecht zu erleiden, suchten und fanden also auch in Oberdeutschland viele und besonders junge Männer ein Auskommen als Söldner.[53] Schnell setzte sich für Fußknechte ein Lohn von vier Rheinischen Gulden im Monat durch, was sich auch im 16. Jahrhundert trotz Wertverfalls der Währung hielt.[54] Die Hälfte oder sogar der größte Teil dieses Soldes ging allein für die Verpflegung verloren.[55] Andererseits hatte aber ein Tagelöhner der Zeit bloß mit etwa eineinhalb Gulden Lohn im Monat zu rechnen. Ebenso machte schließlich auch die Aussicht auf Beute das Soldgeschäft attraktiv.[56] Nicht bloß aus purem Patriotismus schlossen sich den eidgenössischen Söldnern deshalb auch ‚Freiheiter' beziehungsweise ‚Freiheiten' an, die statt für Sold bloß um Beute kämpften.[57] Im letzten Viertel des 15. Jahrhunderts bot sich Kriegsherren also eine große Menge überschüssiger Arbeitskräfte als Söldner.[58]

Angebot ist bekanntlich die eine Sache, die Nachfrage nach Söldnern aber wuchs gewaltig, gerade in den 1480ern. Das 15. Jahrhundert markiert den Wiederaufstieg des Fußvolks. Fußknechte wurden im Reich einerseits durch die Wagenburgen der Hussiten, also beweglichen Feldbefestigungen, und andererseits durch die Taktik der spießbewehrten Formationen der Eidgenossen zu einem ernstzunehmenden Faktor in der Kriegsführung. Auch wenn die Hussiten und durch sie böhmische Söldner für Kriegsherren anfangs mehr Aufmerksamkeit als die Schweizer Bewaffnung und Taktik erfuhren,[59] ebneten schließlich letztere den Weg zur Kriegsführung der folgenden Jahrhunderte. Infolge der Serie vernichtender Niederlagen Herzog Karls des Kühnen zwischen 1474 und 1477 stieg die Nachfrage nach eidgenössischen Reisläufern. Bald waren auch Landsknechte gefragte Söldner, da sie nach Schweizer

---

52 Vgl. Baumann, Landsknechte (1994), S. 24, 69.

53 Vgl. Baumann, Georg von Frundsberg (1984), S. 45f.

54 Vgl. Baumann, Landsknechte (1994), S. 86, 88.

55 Vgl. Beck, Bayerns Heerwesen (1911), S. 155–158.

56 Baumann, Georg von Frundsberg (1984), S. 45.

57 Vgl. Max Jähns, Heeresverfassungen und Völkerleben. Eine Umschau (Allgemeiner Verein für Deutsche Literatur 10,2), Berlin 1885, S. 173; Delbrück, Kriegskunst. Mittelalter (2008), S. 681.

58 Vgl. Vale, War and chivalry (1981), S. 154f.

59 Vgl. Tresp, Söldner aus Böhmen (2004); ders., Trabanten und Kriegsunternehmer. Das böhmische Söldnerwesen im ausgehenden Mittelalter, in: Rudolf Ebneth (Hg.), Der Landshuter Erbfolgekrieg. An der Wende vom Mittelalter zur Neuzeit, Regensburg 2004, S. 99–122; Baumann, Landsknechte (1994), S. 27–29; Schmidtchen, Kriegswesen (1990), S. 212–220.

Vorbild zu kämpfen verstanden.[60] Die eidgenössischen Hellebarden- und Langspießkämpfer und ihre Taktik tief gestaffelter Formationen, sogenannte Gevierthaufen, wurde aber nicht nur von den Deutschen in Form besagter Landsknechte oder später in den berühmten spanischen ‚Tercios' kopiert und verbessert.[61] Der Langspieß im Verbund mit Handfeuerwaffen prägte vielmehr die europäische Infanteriekriegsführung bis ins 17. Jahrhundert.[62] Das Söldnertum von Nichtadligen an sich war noch nichts Neues. Aufgaben, die die berittenen Edelleute im und jenseits des Kampfes nicht leisten konnten oder wollten, forderten schon seit den Anfängen des Rittertums weitere Kämpfer und Arbeitskräfte. Das konnten schlicht Bauern zum Schanzen, aber auch Spezialisten wie Belagerungsingenieure, Artilleristen oder Bogen- und Armbrustschützen sein.[63] Die Innovationen der Kriegsführung des 15. Jahrhunderts bestachen rein technisch gesehen gerade durch ihre Simplizität: Die Hussiten und durch sie die böhmischen Söldner setzten auf das vorhandene Potential der böhmischen Bauern und Bürger. Aus der Wagenburg heraus kämpften sie mit den ihnen bekannten (Dresch)flegeln, Feuer- und Stangenwaffen. Auch der Umgang mit Pferden und Wagen war vielen von ihnen aus ihrem beruflichen Alltag bekannt.[64] Ähnlich verhielt es sich mit den Eidgenossen: Die Hellebarde mochte erst im 13. und 14. Jahrhundert entwickelt worden sein,[65] der Umgang mit Stangenwaffen an sich war aber ebenfalls kein Novum in der europäischen Kriegsführung. Abgesehen davon war einem großen Teil der freien wie unfreien nichtadligen Bevölkerung vielleicht nicht der tagtägliche Umgang mit Kriegswerkzeug, jedoch mit Handwerkszeug wie Sensen, Dreschflegeln oder Mistgabeln vertraut. Die Leistung der militärischen Entwicklungen des 15. Jahrhunderts bestand in der Nutzung und daraufhin dem Ausbau dieses vorhandenen Potentials bis dahin, dass es in deutliche Konkurrenz zur traditionellen adlig-berittenen Kriegsführung treten konnte. All die bereits erwähnten Faktoren kamen dem entgegen: Die

60 Vgl. Gassmann, Honour and Fighting (2015), S. 160.

61 Vgl. Baumann, Das Söldnerwesen (1978), S. 46f.; ders., Landsknechte (1994), S. 29–36; Wiesflecker, Kaiser Maximilian I. Bd. 5 (1986), S. 501f.; Liepold, Wider den Erbfeind (1998), S. 86–88.

62 Vgl. Hans Delbrück, Geschichte der Kriegskunst. Die Neuzeit. Vom Kriegswesen der Renaissance bis zu Napoleon, Berlin 1920 [ND Hamburg 2008], S. 188–196.

63 Baumann, Das Söldnerwesen (1978), S. 11; ders., Landsknechte (1994), S. 14.

64 Vgl. Volker Schmidtchen, Karrenbüchse und Wagenburg. Hussistische Innovationen zur Technik und Taktik des Kriegswesens im späten Mittelalter, in: Volker Schmidtchen (Hg.), Wirtschaft, Technik und Geschichte. Beiträge zur Erforschung der Kulturbeziehungen in Deutschland und Osteuropa (Schriften des Nordostdeutschen Kulturwerks Lüneburg, Berlin 1980, S. 83–108, hier S. 94, 101; Schmidtchen, Kriegswesen (1990), S. 218.

65 Vgl. ebd., S. 188–190; Fuhrer et al., Grundzüge und Entwicklung (2006), S. 54–57.

durch das Bevölkerungswachstum und die wirtschaftlichen wie sozialen Veränderungen arbeitslosen oder unzufriedenen Arbeitskräfte fanden im Solddienst eine Alternative. Zum städtischen wirtschaftlichen Aufschwung kamen die Innovationen im Berg- und insbesondere dem Silberbergbau in der zweiten Hälfte des 15. Jahrhunderts: Auch wenn der Fürst als Inhaber der Berg- und Münzregale somit über größere ökonomische Mittel verfügte, die er im Krieg investieren konnte,[66] war er oft genug auf weitere Geldquellen angewiesen, sodass das spätmittelalterliche Kreditwesen zum Nutznießer und Antrieb der nun folgenden „Vermassung"[67] des Krieges wurde.[68] Ab etwa der zweiten Hälfte des 15. Jahrhunderts nahm die Größe der Armeen deutlich zu. Bis dahin waren Armeen einiger hundert Söldner im Reich schon bemerkenswert.[69] Wilhelm Beck nennt für Bayern als Zeitpunkt der ersten nachweisbaren Bestallung „größere[r] Kontingente von Fußvolk" das Jahr 1458.[70] Im Kern wurden Armeen damit schließlich nicht mehr nur aus einigen hunderten bis tausenden Reitern gebildet, sondern neben diese traten tausende bis zehntausende Fußknechte. Nach 1484[71] nimmt Philipp von Seldeneck in seinem Kriegsbuch für die Berechnung der Ausrüstung einer Wagenburg ein Heer von 12 000 Fußknechten und 3 000 Reisigen an.[72] Der Weg zu den frühneuzeitlichen Massenheeren war beschritten.[73]

Die Einordung des Rittertums in diese Entwicklung ist nicht einfach. Schließlich findet im Spätmittelalter ein Wandel statt, der besonders deutlich an den gewaltigen Niederlagen adliger Reiter gegen Heere nichtadliger Kämpfer deutlich wird. Auch die Forschung zeichnet deshalb mitunter das Bild der Verdrängung einer ritterlichen Kriegsführung, belastet mit überkommenen Traditionen, durch ein rationaleres, durchorganisiertes und moderneres Söldnerwesen. In diesem Sinne wird dem adligen Reisigen des Spätmittelalters im Vergleich zu den zeitgenössischen Fußknechten zuweilen sogar jeder militärische Wert abgesprochen: „Gegen die beweglichen, mit schweren

66 Vgl. Mottek, Wirtschaftsgeschichte (1973), S. 196f.

67 Sablonier, Rittertum, Adel und Kriegswesen (1985), S. 542, 548.

68 „Der Kredit wurde zur Folge und zum Faktor einer neuen Kultur des Krieges, die jeden noch so gut bestellten Haushalt in die Knie zu zwingen vermochte"; Mathias Kluge, Verschuldete Könige. Geld, Politik und die Kammer des Reiches im 15. Jahrhundert (Monumenta Germaniae Historica Schriften 77), Wiesbaden 2021, S. 46–59, insb. S. 48; vgl. auch Keen, Chivalry (2005), S. 229f.

69 Tresp, Söldner aus Böhmen (2004), S. 123.

70 Vgl. Beck, Bayerns Heerwesen (1911), S. 106f.

71 Vgl. Schmidtchen, Kriegswesen (1990), S. 244.

72 Vgl. Seldeneck, Kriegsbuch des Philipp von Seldeneck (1963), S. 71; Schmidtchen, Kriegswesen (1990), S. 102.

73 Vgl. Tresp, Söldner aus Böhmen (2004), S. 123; Rogg, „Kriegsordnung" (2002), S. 361.

Hieb- und durchschlagkräftigen Schusswaffen ausgerüsteten Fußtruppen hatten die adligen Herren in ihren schweren Harnischen keine Chance",[74] schreibt Werner Meyer. Eine Auseinandersetzung mit den Wurzeln derartiger Vorurteile im 19. Jahrhundert wurde bereits wiederholt vorgenommen und scheint an dieser Stelle nicht weiter nötig. Der kriegsuntaugliche, unbewegliche Küriss ist zwar ein beliebter moderner Topos, der aber auf keiner ausreichenden Quellenbasis steht.[75] Aufgrund der Auseinandersetzung mit dem ritterlichen Verhalten im Zuge dieser Arbeit scheint eine Neubewertung des Rittertums, des Adels und der traditionellen adligen Kampfweise in der anbrechenden Zeit der Vermassung der Kriegsführung hingegen angemessen. Die herausgearbeitete Auffassung ritterlicher Tugend verspricht eine neue Perspektive. Ein Verständnis ritterlichen Verhaltens, das durch die höfische Literatur des Hochmittelalters geprägt ist, vermag mit ihrer langen Liste von Tugenden hingegen weniger Kontinuitäten im ausgehenden Mittelalter zu erkennen. Das wirkt sich auch auf die Einschätzung von Fachleuten bezüglich der Kriegsführung der Zeit aus: Uwe Tresp spricht für das ausgehende Mittelalter von einer „allmähliche[n] Verdrängung ritterlicher Traditionen aus dem Bereich des Militärwesens".[76] „Nach dem Versagen des lehensrechtlichen Feudalismus war im militärischen Bereich mit dem Rittertum [...] auch sein Ethos untergegangen",[77] schreibt Rainer Wohlfeil. Volker Schmidtchen urteilt unter dem Eindruck besagter Niederlagen adliger Reiterheere im 14. und 15. Jahrhundert, dass „die Ritterschaft als ‚Wehrstand' überholt war."[78]

Zu leicht wird aber bei der Erforschung von Entwicklungen übersehen, was diese Entwicklungen erfolgreich übersteht. Die Kriegsführung des ausgehenden Mittelalters steht schließlich nicht nur im Zeichen eines Wandels und der Innovation. Wie die Arbeit bis hier gezeigt hat, prägt die Kriegsführung dieser Zeit auch die tradierte Erfahrung, der Konservatismus und die Kontinuität. Zuerst soll deshalb im Folgenden das Verhalten der Fußknechte im ausgehenden Mittelalter untersucht werden und was das Rittertum für sie bedeutete. Danach wird die Auseinandersetzung von Adligen und Reisigen mit diesen Fußknechten betrachtet. Ein besonderer Schwerpunkt liegt in diesem letzten Teil der Arbeit auf einer Auseinandersetzung an der Schwelle zum

74 Meyer, Ritter, Burgen, Schlachten (2010), S. 124.

75 Vgl. u. a. Prietzel, Was ist Krieg im Mittelalter? (2017), S. 20–24; Breiding, Arms and Armour (2010); vgl. auch Kapitel 3.2.1, Anm. 158.

76 Tresp, Söldner aus Böhmen (2004), S. 123.

77 Rainer Wohlfeil, Ritter – Söldnerführer – Offizier. Versuch eines Vergleiches, in: Arno Borst (Hg.), Das Rittertum im Mittelalter (Wege der Forschung 349), Darmstadt ^{2}1976, S. 316–348, hier S. 333.

78 Schmidtchen, Kriegswesen (1990), S. 43.

16. Jahrhundert und der anbrechenden Frühen Neuzeit, dem Schweizerkrieg im Jahr 1499. In diesem gut dokumentierten Konflikt prallten adlige Reiter und Befehlshaber, Landsknechte und Eidgenossen auf erbitterte Art und Weise aufeinander.

7.2 Der gemeine Fußknecht und seine Tugend

Das Rittertum war durch den Kampf grundlegend mit der nichtadligen Kriegsführung verbunden. Es fand gleich im Kontext des Privilegs und der Pflicht jedes freien Mannes, eine Waffe zu tragen und im richtigen Kontext auch zu nutzen, Eingang ins nichtadlige Leben. Denn der Umgang mit diesen Waffen war vielen freien Städtern und Bauern keineswegs fremd. So wie sie sich in ihrer Freizeit, in Schützenbruderschaften oder bei Wettkämpfen mit Armbrust und Handbüchse übten, so taten sie dies alles auch mit Nahkampfwaffen.[79] Wie bereits thematisiert, wurde die Kampfkunst, das Fechten, ständeübergreifend praktiziert. Dabei blieb sie rein begrifflich eine ‚ritterliche', wenn nicht sogar ‚adlige' Kunst.[80] Kämpfen an sich war noch nicht ritterlich. Rechtes Kämpfen war es hingegen schon. Der Fechtmeister Joachim Meyer stuft in diesem Sinne kunstloses Kämpfen zum *unnützen Bawren getresch* herab, dem alle, die der Zucht und Ehrbarkeit der *Mannlichkeit* nachstrebten, entsagen sollten.[81] Die Ende des 15. Jahrhundert entstehenden überregionalen bürgerlichen, gildenähnlichen Fechtbruderschaften[82] sind Zeugnis davon, dass das Kämpfen Teil des bürgerlichen Selbstverständnisses geworden war. Mit und neben diesen Bruderschaften veranstalteten die auf städtische Ausbildungsmonopole bedachten Kampfkunstexperten, sogenannte Fechtmeister, feierlich begangene Ausbildungsveranstaltungen namens ‚Fechtschulen'.[83] Diese Fechtmeister unterrichteten für adliges wie nichtadliges Publikum den Umgang

79 Vgl. Jaquet, Fechtschulen (2016), S. 253; Tlusty, martial ethic (2011), S. 189–222, insb. S. 210–217; Theo Reintges, Ursprung und Wesen der spätmittelalterlichen Schützengilden (Rheinisches Archiv 58), Bonn 1963; Daniel J. M. Huber, Maximilian und die Augsburger Turniere und Schützenfeste, in: Heidrun Lange-Krach (Hg.), Maximilian I. 1459–1519. Kaiser. Ritter. Bürger zu Augsburg 2019, S. 91–97, hier insb. S. 94–97. Für eine umfassende Untersuchung zu Armbrustschützenvereinigungen jenseits der Reichsgrenzen vgl. Laura Crombie, Archery and crossbow guilds in medieval Flanders, 1300–1500, Woodbridge, Suffolk/Rochester, NY 2016.

80 Vgl. oben, S. 115f.

81 Meyer, Gründtliche Beschreibung (2011), S. 36.

82 Vgl. Jaser, Ernst und Schimpf (2016), S. 223f.

83 Vgl. Jaquet, Fightschools (2015); Tlusty, martial ethic (2011), S. 211; Jaser, Ernst und Schimpf (2016).

mit allen möglichen Nahkampfwaffen als ritterliche Kunst, so wie es beispielsweise 1495 Peter Schwyzer von Bern als *aller ritterlichen geweren bewerter vächtmeister in Baden bewarb*. Darunter waren auch modernere Fußknechtswaffen wie der Lange Spieß und die Hellebarde.[84] Zu diesen Fechtlehrern und ihren Schulen zog es in den Städten die besonders streitbaren Einwohner: „Gerade die städtischen Fechtschulen boten einer agonal definierten Jungmännerkultur wie etwa dem notorisch fechtaffinen studentischen Milieu oder den Handwerkergesellen ein Forum für männliche Vergemeinschaftung".[85] Diese hier in der ritterlichen Kunst ausgebildeten jungen Männer sind oft dieselben, die es hinaus in die Welt zieht, um sich zu beweisen. Dieses Potential nutzten und brauchten die Städte auch. Ludwig von Eyb d. Ä. (1417–1502) überliefert ein Memorandum eines kaiserlichen Tags zu Nürnberg im Jahr 1480: Für den Türkenkrieg sollten in erster Linie Unverheiratete und damit auch Kinderlose herangezogen werden. Ihre Nachbarn sollten diese *mitburger* benennen, sodass die Gemeinde bei ihrem Tod nicht mit der Versorgung von Kindern *beswert wurde*.[86] Doch auch für die Zukunft war die Wehrfähigkeit der Stadt sicherzustellen. So sehr sie auch in der Kampfkunst geschult waren, gehörte zum Kriegführen doch mehr.[87] Deshalb wären die Eidgenossen, Pirckheimer zufolge, gerade im Soldgeschäft besonders aktiv, *quod iuuentutem in militari disciplina exercere cuperent*.[88] Die junge männliche Bevölkerung wurde von den Städten also aufgrund ihrer Streitlust, ihrer vergleichbaren Entbehrlichkeit und zur militärischen Ausbildung in den Krieg geschickt.

Die Fußknechte aus der bäuerlichen und städtischen Bevölkerung zeigten also grundsätzlich einige Gemeinsamkeiten mit den adligen Reisigen ihrer Zeit. Unterschiede zu diesen Reitern scheinen jedoch immer wieder auf. Besonders jene Knechte, die den Krieg als Söldner zum Beruf machten, passten deutlich weniger als der Adel in eine friedliche Gesellschaftsordnung. Der Krieg war ihre Heimat.[89] Ende des 15. Jahrhunderts verdichtete sich durch den Bedarf immer größerer Zahlen an Söldnern ein sozialer Raum, dessen Mitglieder

---

84 Er bot den Unterricht für den berittenen wie unberittenen Kampf an. Als Waffen nennt er Schwert, Langes Messer, Dolch und verschiedene Stangenwaffen wie Spieß oder Hellebarde; vgl. Jaquet, Fechtschulen (2016), S. 253f.; Zitat nach Friedrich-Emile Welti, Kulturgeschichtliche Mitteilungen, in: Anzeiger für Schweizerische Alterthumskunde 7 (1895), S. 448–449, hier S. 449.

85 Jaser, Ernst und Schimpf (2016), S. 229.

86 Eyb d. Ä., Schriften (2002), S. 455.

87 Vgl. oben, Kapitel 3.4.

88 Pirckheimer, Schweizerkrieg (1895), S. 66.

89 Vgl. dazu auch Mauntel, Gewalt in Wort und Tat (2014), S. 80–82.

in erster Linie an die Normen dieser engeren Gruppe gebunden waren. Sie waren weniger als städtische Aufgebote mit ihrer Heimatstadt oder Adlige mit ihrer Familie und ihrem Stand verbunden. „Warfare changed from a warrior-dominated culture to a soldier-dominated culture",[90] schreibt Jürg Gassmann. Der Adlige sollte es vermeiden zu ‚verligen', um Vermögen und Ehre durch den Kampf zu erlangen. Danach kehrte er jedoch in der Regel wieder heim und konnte sich dort nicht bloß ausruhen. Er durfte sich als Lohn seiner Taten auch Sozialprestige erhoffen. Die Entlohnung des gemeinen Söldners hingegen fand fast ausschließlich im Krieg selbst statt. Als Motivation einer Meuterei von Landsknechten im Jahr 1500 vor dem belagerten Groningen, der letzten Bastion der aufständischen Friesen gegen Herzog Albrecht von Sachsen,[91] nennt Eyb d. J., dass sie *nit dinst bekumen* würden und *bossen reys lauffenn*, also als Marodeure leben müssten, sollte es nun Frieden geben.[92] Das war ein übliches Los für die Masse an gemeinen Söldnern, die am Ende eines Krieges entlassen wurden.[93] So sehr Wilwolt von Schaumberg also seine Söldner als Kampfgefährten betrachten mochte, er verstand auch, dass sie letztlich von anderen Dingen motiviert waren: Aus der Feder Eybs d. J. sind gleich mehrere Reden Schaumbergs vor Landsknechten überliefert, in denen er sie zwar zum ritterlichen Sieg auffordert, ihnen aber zur Motivation einen *güldenne*[*n*] *perg* an Beute im Land in Aussicht stellt[94] oder die edel geborenen und reich ausgestatteten Feinde sogar als diesen Goldberg personifiziert.[95] Entwurzelt, wie viele professionelle Söldner sein konnten, sorgten sie sich weniger um ihren Leumund jenseits des Kriegerlebens. Gerade Landsknechte sind somit für ihren geradezu barbarischen Umgang mit den ihnen Unterlegenen und besonders auch der Zivilbevölkerung bekannt. So sollen sie sich nicht einmal gescheut haben, die Leichen ihrer Feinde zu verstümmeln, das Fett auszuhauen, zu verkaufen oder damit Spieße und Stiefel zu fetten.[96] Offenbar ohne Möglichkeit einzuschreiten, musste Schaumberg 1488 mitansehen, wie Landsknechte den Bauern des brabantischen Dorfes Asse nicht nur die Aufgabe verweigerten; sie

90 Gassmann, Honour and Fighting (2015), S. 139, vgl. auch S. 161.

91 Vgl. Rabeler, Niederadlige Lebensformen (2006), S. 245.

92 Eyb d. J., Geschichten und Taten (2018), S. 309.

93 Zu dieser sogenannten ‚Gartezeit' vgl. Baumann, Landsknechte (1994), S. 131–145; Vale, War and chivalry (1981), S. 155.

94 So 1492 im Kampf gegen das Kaas- en Broodvolk; vgl. Eyb d. J., Geschichten und Taten (2018), S. 223.

95 So 1496 im Kampf gegen den Bischof von Utrecht vor Woerden; vgl. ebd., S. 282.

96 Vgl. Ernst Schubert, Mobilität ohne Chance. Die Ausgrenzung des fahrenden Volkes, in: Winfried Schulze (Hg.), Ständische Gesellschaft und soziale Mobilität (Schriften des Historischen Kollegs Kolloquien 12), München 1988, S. 113–164, hier S. 160f.; Schmidtchen, Ius in bello (1999), S. 39f.

räucherten sie sogar aus dem Kirchturm aus und ließen jene, die den Sprung in die Tiefe wagten, in ihre Spieße stürzen. *Wiewoll das erbermlich vnnd nit christlich was zwsehen, mocht man doch den knechten sölichs nit erwern, vnnd must in iren willen lassen.*[97] Man mag argumentieren, dass solche Taten die Gemeinschaft der Landsknechte zusammenschweißten. Außenstehende, wie Schaumberg, waren jedoch von dem schlicht grausamen Verhalten abgestoßen, dem sie offenbar keinen Riegel vorschieben konnten. Rolf Peter Sieferle nennt solche offenbar zwecklose Gewalt um ihrer selbst Willen „reine und damit vollständig böse Gewalt".[98]

Die Entwurzelung dieser Söldner bedeutete aber auch, dass sie entbehrlicher für einen Kriegsherren waren, als es Lehnsleute oder fremde adlige Söldner sein konnten.[99] Die größte Sorge, die der Kriegsherr haben musste, war, dass er sie rechtzeitig zu besolden verstand und sie ihm derweil aus Sorge um ihren professionellen Ruf die Treue hielten. Unmoralisch mochten sie mitunter handeln, Vertragsbrüchigkeit jedoch schädigte das Geschäft. Wie eben thematisiert, konnte ein Kriegsherr nach Ablauf des Vertrags solche Söldner wieder fallen lassen, was viele in Armut, Bettelei oder zum Leben als Räuber und Plünderer zwang. Ein Konflikt des Utrechter Bischofs mit marodierenden Landsknechten, der 1496 vor den Mauern von Woerden ausgetragen wurde, war aus solch einer Situation heraus entstanden.[100] Während Schaumbergs Bankett über den Mauern von Woerden[101] erläuterte er seinen Gästen, dass der Bischof den Kampf seines Adels gegen die Söldnerkompanie Neidhard Fuchs' kaum wagen würde: Der Feind würde stattdessen beraten und feststellen, dass sie gegen *pöß verwegen bubenn* kämpften. Der Verlust eines der Fürsten, Grafen, Herren oder Edlen aus ihrem Heer würde schwerer für sie wiegen, als die Landsknechte auf der anderen Seite des Schlachtfeldes zu besiegen. So zogen sie schließlich wieder ab.[102]

Eine soziale Gruppe ist auf Verhaltensnormen angewiesen und jede Berufsgruppe zeichnet sich durch ein Berufsethos aus, an dem ihre Eignung gemessen wird.[103] Auch nichtadlige Söldner entwickelten also eine eigene Berufsehre, ein Gemeinschaftsgefühl und Treue gegenüber ihren Kameraden. Sie verstanden sich gewerkschaftsähnlich zu organisieren und übten auf diese Weise selbst

97 Eyb d. J., Geschichten und Taten (2018), S. 189f.
98 Sieferle, Einleitung (1998), S. 25.
99 Vgl. dazu auch Schmidtchen, Kriegswesen (1990), S. 42f.
100 Vgl. Eyb d. J., Geschichten und Taten (2018), S. 281.
101 Vgl. oben, S. 267.
102 Eyb d. J., Geschichten und Taten (2018), S. 283.
103 Vgl. Bennett, Why Chivalry? (2003), S. 42.

Macht gegenüber ihren Dienstherren aus.[104] Diese Berufsehre trugen sie auch mit in den Kampf. Nur folgten sie dabei mitunter anderen Normen als ihre adligen Kampfgenossen. Die so oft geäußerte Idee, dass die Erfolge spätmittelalterlicher Fußknechte auf ihrer Priorisierung des Sieges und der Disziplin anstelle von Ehre basierten, muss damit deutlich zurückgewiesen. werden.[105] Die Vermassung des Krieges und die Ansprüche an Organisation und Logistik förderten selbstverständlich neue Formen, über die Kriegsführung zu schreiben und zu denken. Theoretische Werke wie Niccolò Machiavellis ‚Dell'arte della guerra' von 1519/1520,[106] aber auch deutlich praktischer angelegte Schriften, wie der 1477er Brandenburger Mobilmachungsplan,[107] mögen zum Eindruck eines strukturierten, übersichtlicheren Krieges beitragen. Die kämpfenden Einheiten scheinen sich in deutlicheren Zahlenverhältnissen aufrechnen und gegeneinander formieren zu lassen als in der Vergangenheit. Diese Schriften hatten durchaus Einfluss auf die Kriegsführung der folgenden Jahrhunderte.[108] Doch sind sie nur ein Aspekt der Selbst- und Fremdwahrnehmung dieser Männer und dem, was sie letztlich als gute Kämpfer auszeichnete. Der einfache Fußknecht war schließlich nicht Adressat solcher Werke. Der Anbruch einer neuen Epoche der Kriegsführung und einer neuen sozialen Gruppe von Kämpfern konnte die grundlegend nötigen Voraussetzungen, die Tugenden, der jeder dieser Männer gerecht zu werden hatte, nicht umfassend neu definieren. Wenn also Quellen sowohl adliger wie auch nichtadliger Provenienz nichtadlige Kämpfer im Licht des Rittertums zeichnen, ist das nicht nur ihrer

104 Vgl. Baumann, Landsknechte (1994), S. 109–112; Hermann Romer, Reisläufer und Landsknechte: Strukturelemente des Krieges um 1500, in: Peter Niederhäuser (Hg.), Vom „Freiheitskrieg" zum Geschichtsmythos. 500 Jahre Schweizer- oder Schwabenkrieg, Zürich 2000, S. 29–50, hier S. 33f.; Werner Meyer, Eidgenössischer Solddienst und Wirtschaftsverhältnisse im schweizerischen Alpenraum um 1500, in: Stefan Kroll (Hg.), Militär und ländliche Gesellschaft in der frühen Neuzeit (Herrschaft und soziale Systeme in der Frühen Neuzeit 1), Münster 2000, S. 23–39, hier S. 35.

105 So u. a. geäußert durch Malcolm Vale bezüglich der eidgenössischen Siege im Burgunderkrieg: „Their aim was victory, not honour"; Vale, War and chivalry (1981), S. 156. „Nicht um der höheren eigenen Ehre herausgestellte individuelle Tapferkeit war gefragt, sondern die Bereitschaft, sich anonym der Masse der Kampfgenossen einzufügen und dem gemeinsamen taktischen Vorgehen unterzuordnen"; Schmidtchen, Kriegswesen (1990), S. 235.

106 Vgl. Niccolò Machiavelli, Dell'arte della guerra, hrsg. von Rinaldo Rinaldi, in: ders. (Hg.), Opere di Niccolò Machiavelli. Bd. 1,2, Turin 1999, S. 1217–1483.

107 Brandenburgischer Mobilmachungsplan (1884).

108 Vgl. Tlusty, martial ethic (2011), S. 135; Cornel Zwierlein, Discorso und Lex Dei. Die Entstehung neuer Denkrahmen im 16. Jahrhundert und die Wahrnehmung der französischen Religionskriege in Italien und Deutschland (Schriftenreihe der Historischen Kommission bei der Bayerischen Akademie der Wissenschaften 74), Göttingen 2006, S. 460–470.

Befangenheit im vertrauten Vokabular zuzuschreiben. Ebenso wenig versuchen diese Quellen eidgenössische Reisläufer oder deutsche Landsknechte durch Zuschreibung ritterlichen Verhaltens als ebenso fair wie Edelleute darzustellen oder in vermeintlicher Befolgung kriegsrechtlicher Bestimmungen besondere Legitimation als Krieger zukommen zu lassen.[109]

Die Idee, was vorbildhaftes Kämpfen bedeutete, musste genau wie ritterliches Verhalten selbst stets neu ausgehandelt werden. Im ausgehenden Mittelalter änderte sich diese Idee aber nicht grundlegend, nur der Kreis ihrer Anhänger weitete sich aus.[110] In der Schlacht bei Heemskerk im Jahr 1492[111] griffen der Hauptmann Wilwolt von Schaumberg, die abgesessenen Edelleute und die Landsknechte gemeinsam die feindliche Übermacht an, *sprungen ritterlich in sie, stachen sie vonn stund* [*nhd.: sofort*] *in die flucht.*[112] Den Sturm auf Arras im selben Jahr durch die adligen wie nichtadligen Söldner unter Schaumberg beschreibt Ludwig von Eyb mit ähnlichem Vokabular.[113] Standesunterschiede sind dabei noch lange nicht vergessen. Eyb beschreibt beispielsweise, wie Wilwolt als Hauptmann während eines plötzlichen Kampfes 1497 im geldrischen Batenburg schnell die *edeln vnnd pesten knecht* um sich sammelt.[114] Ähnliches schreibt er auch an anderer Stelle, beispielsweise über die gegnerischen Verteidiger 1479 im pommerischen Saatzig.[115] Das Attribut des Adels scheint ihm ritterliches Verhalten bereits vorauszusetzen, im Falle der Knechte aber sieht er sich veranlasst, ihre militärische Eignung als die ‚pesten' ausdrücklich zu betonen.

Die Tugenden, die gemeine Fußknechte an der Seite und auch gegen adlige Kämpfer auszeichneten, waren dieselben, an denen auch Edelleute im Krieg gemessen wurden. Ritterliches Verhalten bedeutete für beide Gruppen nicht allein das Festhalten an tradierten Normen der Gewaltausübung um ihrer selbst willen, sondern weil diese nachweislich Erfolg versprachen. Entsprechend werden beispielhaft kämpfende nichtadlige Knechte insbesondere im Licht der ritterlichen Tugenden der Disziplin und des Mutes gezeichnet:

---

109 So geäußert in Prietzel, Was ist Krieg im Mittelalter? (2017), S. 20; Meyer, Ritter, Burgen, Schlachten (2010), S. 109.

110 Vgl. Müller, Ritterlich-adlige Lebenskultur (2007), S. 210; Kaeuper, Chivalry and Violence (2001), S. 192f.

111 Vgl. Rabeler, Niederadlige Lebensformen (2006), S. 225–227.

112 Eyb d. J., Geschichten und Taten (2018), S. 226.

113 Vgl. oben, S. 85.

114 Eyb d. J., Geschichten und Taten (2018), S. 269.

115 Vgl. ebd., S. 135.

Die vielgerühmte und gnadenlos durchgesetzte Disziplin der Eidgenossen oder Landsknechte im Gefecht, „drilled to the beat of a drum“,[116] mag für den Zeitgenossen ebenso militärisch vorbildlich gewirkt haben, wie das Manövrieren und Angaloppieren einer dicht geschlossenen Formation gepanzerter Reiter, wie es seit Jahrhunderten üblich war. Sogar die Protagonisten wurden dabei nicht komplett ausgetauscht. Schließlich standen die mitunter adligen Doppelsöldner, Hauptleute, ja bisweilen sogar ein Feldherr wie Georg von Frundsberg in den vordersten Gliedern des Gevierthaufens.[117]

War die Disziplin adliger Kämpfer bisweilen anfällig für ihre Ehrsucht, also ihr Verlangen, sich vor anderen hervorzutun, konnte auch die Disziplin des gemeinen Söldners unter seiner Motivation leiden: Er hatte im Kampf zwar sein Ansehen und die kollektive Ehre seiner Kameraden im Hinterkopf, kämpfte aber schließlich weit offener für ökonomische Werte als es sich ein Edelmann in der Regel leisten konnte. Schaumberg sah es deshalb 1498 bei Laaxum während der Schlacht gegen eine vielfachte Übermacht[118] geboten, seine Söldner deutlich zurück zur Disziplin zu rufen. Als nämlich ein Teil der Feinde floh, begann sich die Formation aufzulösen. Er schrie sie an, sie sollten *eer vnnd leben liber, den das gutth* sein lassen, um nicht der restlichen friesischen Armee ausgeliefert zu sein.[119] Wiederholt verboten Kriegsordnungen genau aus diesem Grund unter Androhung von schweren, ja sogar Kapitalstrafen das Plündern während der Schlacht, ein Zeichen, dass diesem Problem nur bedingt beizukommen war.[120]

Weit mehr beeindruckte die Zeitgenossen jedoch die Demonstration der wohl prägendsten ritterlichen Tugend durch Fußknechte: Das war das mutige, ja sogar todesverachtende Kämpfen, für das besonders eidgenössische Kombattanten berühmt waren. Abgesehen von der bereits thematisierten zentralen Bedeutung des Mutes in der Kriegsführung an sich, war dies im Angesicht der Dominanz der berittenen Kriegsführung vor der Zeit der Fußknechtsheere umso wichtiger. Denn der Angriff von Reitern setzte gerade auf die psychologische Schockwirkung und die folgende Unordnung beim Feind. Weigerten sich Fußknechte in geradezu fanatischer Sturheit und unter teils

116 Vale, War and chivalry (1981), S. 151f., 155.

117 Vgl. Baumann, Landsknechte (1994), S. 125; Rogg, „Kriegsordnung“ (2002), S. 359, Anm. 7.

118 Mit etwa 1500 Mann besiegten die Männer Schaumbergs etwa 6000 und 15000 Friesen; vgl. Johannes Adriaan Mol, Het militaire einde van de Friese vrijheid. De slag bij Laaxum, 10 juni 1498, in: Millennium. Tijdschrift voor Middeleeuwse Studies 13 (1999), S. 3–20, zu den Zahlenverhältnissen vgl. dort S. 10–12; vgl. auch Rabeler, Niederadlige Lebensformen (2006), S. 223 und zu den Zahlenverhältnissen dort auch Anm. 1094.

119 Eyb d. J., Geschichten und Taten (2018), S. 289.

120 Vgl. Schmidtchen, Ius in bello (1999), S. 39–50; Baumann, Landsknechte (1994), S. 91; Nell, Landsknechte (1965), S. 38.

gewaltigen Verlusten nachzugeben, überlegte es sich ein Reiter in Zukunft zweimal, ob er es wagen wollte, gegen die Spieße ihrer Formation anzurennen. Das war nur bis zu einem gewissen Grad irrational, konnten die nichtadligen Knechte bei Flucht oder Niederlage kaum auf die Gnade der Reiter hoffen. Gemeine Fußknechte selbst wiederum nahmen im Gefecht in der Regel keine Gefangenen. Böhmen und Schweizer machten sogar jeden nieder, der Anstalten machte, dies zu tun.[121] Jene, die ihre Ehre, die Ehre ihrer Gemeinschaft oder die Ehre ihrer Heimat höher als das eigene Leben schätzten, waren schreckliche Feinde. Sie im Kampf zu besiegen, bedeutete in der Regel die Inkaufnahme großer Verluste. Valerius Anshelm überliefert für die Schlacht im Schwaderloh, am 11. April 1499, in der die Eidgenossen die Truppen des Schwäbischen Bundes *uss dem veld riterlich geschlagen und verjagt*[122] hatten, wie die Schweizer Hauptleute ihren Fußknechten die eigenen Werte ins Gedächtnis riefen: Die Ehre, der Name und Lob und Freiheit der ganzen Eidgenossenschaft stünden ebenso auf dem Spiel wie Land, Leute, Frauen und Kinder, sodass sie *weder lib noch gůt sparen* sollten.[123] In der Schlacht bei Frastanz, 9 Tage später, so überliefert Pirckheimer, mussten die königlichen Reisigen am Fuße eines Hügels tatenlos zusehen, wie die eigenen Fußknechte von den Schweizern in die Flucht geschlagen wurden. Nur ein Reisiger, ein gewisser *Ilsing*, wollte das Angriffsverbot der vermeintlichen Schande wegen nicht achten. Seine Mitstreiter erkannten jedoch die Zwecklosigkeit eines Angriffs den Abhang hinauf. Unter der Aufforderung an sie, ihm zu folgen, ritt er bloß in Begleitung eines Dieners auf die Feinde zu, sah sich im Stich gelassen, kehrte schließlich um und musste zu allem Überdruss unter seinem Pferd befreit werden, als eine Geschützkugel es zu Fall brachte. Die gemeinen Fußknechte der Eidgenossen auf dem Hügel hätten trotz etwaiger Verluste einem Reiterangriff nicht einfach nachgegeben. Möchte man also Pirckheimer glauben, hatte diese ernüchternde Tatsache die Reiter bei Frastanz zu bloßen Zuschauern degradiert. Als die königlichen Fußknechte das Gefecht den Hügel hinauf verloren hatten, mussten sich schließlich auch die Reiter der Flucht anschließen, ohne ihren Mut gegen die besser positionierten Schweizer auf die Probe stellen zu können.[124]

Das psychologische Kräftemessen im Krieg hatte seine Bedeutung kaum verloren und die Schweizer hatten verstanden, dass sie durch die fanatische Unterordnung des Lebens des Individuums unter die Ehre der Gemeinschaft die Überhand behalten konnten. Das schlug sich auch in ihrer Kampfweise nieder: Schweizer Gevierthaufen schritten nicht nur geschlossen auf den Feind zu. Die

121 Vgl. Kapitel 6.2, Anm. 211.
122 Anshelm, Berner-Chronik, Bd. 2 (1886), S. 165.
123 Ebd., S. 166.
124 Pirckheimer, Schweizerkrieg (1895), S. 86f.

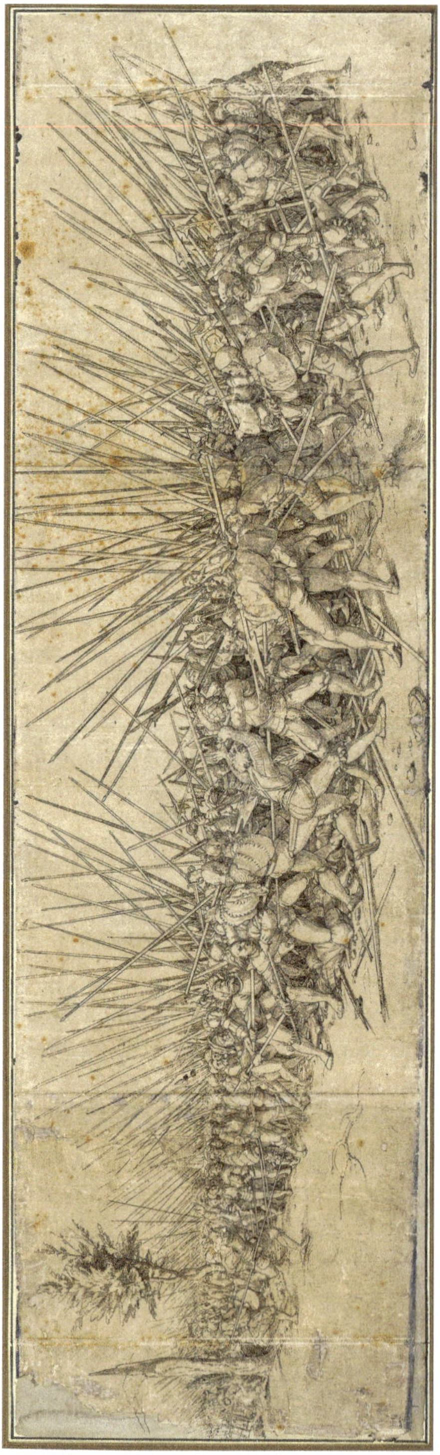

ABB. 16 Ein Landsknechtshaufen im brutalen Gefecht mit einem Gevierthaufen Schweizer Reisläufer (Hans Holbein d. J., nach 1524, Graphische Sammlung ALBERTINA, Wien, Inv.-Nr. 17243)

Eidgenossen rannten ihn mitunter mit ihren Spießen in wilder Aggressivität an oder geradezu nieder.[125] Übernahmen die Landsknechte nicht nur Teile der eidgenössischen Bewaffnung und Kampfweise, sondern auch deren Habitus, zeigte sich dies auch in ihrem Mut. In der Schlacht bei Dornach am 22. Juli 1499, als die eidgenössischen Truppen die ungeschützten königlichen Belagerungslager überrannten, hielten, laut Pirckheimer, selbst im Angesicht der Niederlage noch einige der Veteranen aus: *Magna igitur ueteranorum pars in uestigiis haerens potius honeste mori quam turpiter terga uertere uoluit.*[126] Es handelte sich nicht um jene unzureichend ausgerüsteten und schlecht ausgebildeten Kontingente, die in den vergangenen Gefechten des Krieges so oft vor den Eidgenossen geflohen waren. Es waren vielmehr erfahrene Landsknechte aus dem Geldernkrieg, der einen Monat zuvor sein Ende gefunden hatte, und die nun durch die Leichtfertigkeit ihres Feldherrn Heinrich von Fürstenberg (1464–1499) zu Tode kamen. Den Schweizern selbst fiel dieser Unterschied auf. So schreibt ein anonymer, wohl dem Umfeld des Churer Domstifts entstammender Autor[127] noch im selben Jahr: *Da haben die Khnecht uß dem Geller Landt by 5000*[128] *ſich ſo ſtreitbar vnd dapfferlich gehalten, das die Eydtgenoßen ſy für all Schwäbiſch vnd Landtskhnecht hochloben vnd preyſen, vnd ſägen ſy haben Inen den aller ſchweriſten hertiſten widerſtandt* [...] *gethon.*[129] Der Kampf habe so heftig getobt, dass die Stangenwaffen und Schwerter beider Seiten letztlich zu Bruch gegangen seien. Er beschreibt einen brutalen Kampf, in dem beide Seiten schließlich mit Beimessern, Kolben, und den bloßen Händen aufeinander eingestochen, -geschlagen und -gekratzt hätten.[130] Das sollte nur ein Vorgeschmack auf die hässliche Rivalität der eidgenössischen Söldnertruppen und der deutschen Landsknechte im kommenden Jahrhundert sein.[131]

---

125 Vgl. Fuhrer et al., Grundzüge und Entwicklung (2006), S. 60; Schmidtchen, Kriegswesen (1990), S. 232.

126 Pirckheimer, Schweizerkrieg (1895), S. 117f.

127 Vgl. Andre Gutmann, Die Schwabenkriegschronik des Kaspar Frey und ihre Stellung in der eidgenössischen Historiographie des 16. Jahrhunderts. Bd. 1 (Veröffentlichungen der Kommission für geschichtliche Landeskunde in Baden-Württemberg, Reihe B, Forschungen 176), Stuttgart 2010, S. 163.

128 Tatsächlich waren es wohl eher um die 2000 Mann; vgl. Vgl. Eugen Tatarinoff, Die Beteiligung Solothurns am Schwabenkriege bis zur Schlacht bei Dornach 22. Juli 1499, Solothurn 1899, S. 166.

129 Acta des Tyrolerkriegs (1869), S. 145; unabhängig davon verweist auch Kaspar Frey auf den Mut der aus Geldern gekommenen Knechte bei Dornach; vgl. Frey, Schwabenkriegschronik (2010), S. 899.

130 Vgl. Acta des Tyrolerkriegs (1869), S. 144f.

131 Vgl. Peter Mertens, Schweizer Reisläufer – deutsche Landsknechte: eine mörderische Rivalität, in: Hans Rudolf Fuhrer/Robert-Peter Eyer (Hgg.), Schweizer in „fremden Diensten“. Verherrlicht und verurteilt, Zürich ^{2}2006, S. 69–85.

Die Todesverachtung der kriegserfahrenen Landsknechte in Geldern war kein Einzelfall: Den Worten Ludwigs von Eyb d. J. zufolge stellten sich früher im Jahr in einem geldrischen Dorf 18 plündernde Landsknechte nicht bloß etwa 200 wütenden Bauern. Sie schworen auch gemeinsam, ihre Beute zu verteidigen oder zu sterben. Sie sollen die Bauern tatsächlich zurückgeschlagen haben, wobei jedoch nur zwei Knechte überlebten.[132] Drei Jahre später verblieben zu Beginn der Schlacht im Nürnberger Wald nach dem ersten Artilleriebeschuss nicht grundlos das reisige Zeug, die Schweizer Söldner und die Landsknechte im Feld, während der Rest des Heeres der Brandenburger bis auf ein Fähnlein Reißaus nahm.[133]

Die sture Verweigerung der Flucht nahm bisweilen groteske Ausmaße an. Das scheint sich gut in das bisweilen „archaisch-irrational[e] Brauchtum"[134] der letztlich doch sehr konservativen Eidgenossen einzupassen.[135] Eine in Werten und Verhalten progressive oder gar nüchtern-rationale Kriegerkultur ist kaum vorstellbar. „Bestimmte Konventionen, gewisse Riten und Gebräuche werden von jeder Kriegerschar eingehalten, von den kriegerisch ja keineswegs ‚dekadenten' schweizerischen Fußknechten beispielsweise in ganz ausgeprägter, nach modernen Maßstäben sehr wenig rational-pragmatischer Weise."[136] Die Weigerung Henrys V. von England, 1415 ein Stück des Weges zum Nachtlager zurückzureiten, um ja kein Stück vor dem Feind zurückzuweichen,[137] erscheint in einem solchen Kontext deutlich weniger extrem. Pirckheimer schreibt von brennenden und plündernden eidgenössischen Truppen, die aufgrund von Feindsichtungen zwei Stunden mitten im eistreibenden Rhein ausharrten. Die Umkehr wäre ehrlos gewesen, das Vorrücken ins Ungewisse unvernünftig. Also nahmen sie, keinen Grad von ihren Konventionen abweichend, in Kauf, dass ihnen Gliedmaßen erfroren und einige sogar starben.[138] War das in diesem Fall extrem und keinesfalls pragmatisch, so entbehrte es doch nicht einer gewissen Logik, die hinter diesem Brauch steckte: *Adeo seuere tarn hic*

132 Vgl. Eyb d. J., Geschichten und Taten (2018), S. 299.

133 Vgl. oben, S. 129.

134 Baumann, Landsknechte (1994), S. 26.

135 „Wer versucht, das Kriegswesen der spätmittelalterlichen Eidgenossenschaft, insbesondere das Verhalten im Feld und in der Schlacht, nach politischen, taktischen oder gar strategischen Überlegungen rational nachzuvollziehen, gelangt zu fundamentalen Fehldeutungen"; Werner Meyer, Alteidgenössisches Kriegertum und Söldnerwesen, in: Christoph Kaindel/Andreas Obenaus (Hgg.), Krieg im mittelalterlichen Abendland (Krieg und Gesellschaft 1), Wien 2010, S. 177–205, hier S. 188; vgl. auch seine weiteren Ausführungen ebd., S. 188–191.

136 Sablonier, Rittertum, Adel und Kriegswesen (1985), S. 539f.

137 Vgl. oben, S. 81.

138 Vgl. Pirckheimer, Schweizerkrieg (1895), S. 77f.

quam alibi iussa ac militarem seruabant disciplinam. Quae res praecipuam eis peperit laudem et utilitatem.[139] Auch wenn die Historizität der ausschließlich durch Pirckheimer überlieferten Begebenheit in Frage gestellt werden könnte,[140] hat seine Botschaft hier Bedeutung. Schließlich zogen auch in anderen Situationen Schweizer Aufgebote und Söldner regelmäßig den Tod der Niederlage und der Flucht vor. So erscheint ihr Ehrverständnis nicht bloß in einer stolz hochgehaltenen Tradition, sondern deutlich mit dem Blick auf die Zukunft. Der Vorteil (‚utilitas'), der ihnen zusammen mit dem Ruhm (‚laus') aus ihrer unbarmherzigen Disziplin erwuchs, war schließlich der Ruf, unnachgiebige, geradezu fanatische Kämpfer im und jenseits des Gefechts zu sein. Jeder, der sich also gezwungen sah, sich für die Ehre der Gemeinschaft zu opfern, arbeitete präventiv daran, die Gemeinschaft in Zukunft zu schützen: Vor einem drohenden Gefecht oder Krieg würden Feinde der Eidgenossen in Zukunft die Grenzen der Opferbereitschaft der Schweizer Kampfgemeinschaft nicht so leichtfertig in Frage stellen. Oft genug funktionierte das auch: Der Nördlinger Hauptmann Georg von Emershofen berichtet an Nördlingen, gleich zu Beginn der Schlacht im Schwaderloh hätte der Großteil der Landsknechte bloß unter dem Eindruck des Geschreis der Schweizer bereits die Flucht ergriffen, ohne sie auch nur gesehen zu haben.[141] Der Schweizer Valerius Anshelm zeichnet das Bild, das sich den verbleibenden, letztlich unterlegenen Truppen des Schwäbischen Bundes bot, eindrücklich: Einen Moment noch auf den Knien die üblichen Vaterunser und Ave-Marias betend, sprangen die Eidgenossen *mit grossem grim uf, und liefend wie die wietenden lŏwen durch den wald den berg ab* und seitwärts durch den Rauch der Geschütze hindurch in die Formation der Feinde hinein.[142]

Ihr Kampfverhalten sprach für sie und wurde nicht grundlos als ‚ritterlich' bezeichnet. Valerius Anshelm erlaubt sich dementsprechend auch einmal eine schön formuliere Spitze gegen die Ritterschaft aufseiten des Schwäbischen Bundes, als eine eidgenössische Nachhut zu Fuß eine mehrfache Übermacht an Reitern am 29. Mai 1499 bei Rielasingen in Schach gehalten hatte:[143] [*S*]*o wartend sie sich doch mit spiessen, bůchsen und steinen so riterlich, dass die riterlichen růter* [...] *mit spot und verlust abzugend.*[144] ‚Ritterlich' nannte er die

139 Pirckheimer, Schweizerkrieg (1895), S. 78.

140 Vgl. Reicke, Pirckheimer und die Reichsstadt (1920), S. 177; Fritz Wille, Willibald Pirckheimer. Der Schweizerkrieg. In lateinischer und deutscher Sprache, Baden 1998, S. 135, Anm. 19.

141 Vgl. Klüpfel, Urkunden, Bd. 1 (1846), S. 316.

142 Anshelm, Berner-Chronik, Bd. 2 (1886), S. 166f.

143 Vgl. auch oben, S. 92.

144 Anshelm, Berner-Chronik, Bd. 2 (1886), S. 204.

ABB. 17 Hans Wal setzt sich gegen Reisige des Schwäbischen Bundes zur Wehr (Johannes Stumpf, Gemeiner loblicher Eydgnoſchafft Stetten, Landen vnd Vǒlckeren Chronick wirdiger thaaten beschreybung. Bd. 2, Zürich 1548, (Zentralbibliothek Zürich, AW 40: 1–2, https://doi.org/10.3931/e-rara-5076 / Public Domain Mark) fol. 331r)

Fußknechte aufgrund ihres Kampfverhaltens, die Reiter jedoch an dieser Stelle nur aufgrund ihrer Standeszugehörigkeit zur Ritterschaft.

Was Nichtadligen also schließlich ihre zentrale Bedeutung im Kriegswesen des ausgehenden Mittelalters sicherte, waren nicht allein die sozioökonomischen Wandlungen des Spätmittelalters, die Angebot und Nachfrage an Söldnern ermöglicht hatten, und auch nicht allein neue Waffen oder Taktiken. Nichtadlige verstanden vor allem auch die ritterlichen Tugenden für sich zu vereinnahmen, die dem Adelsstand lange Zeit geholfen hatten, seine exklusive

Rolle im Kriegswesen zu sichern. Das wurde vom Adel nicht nur mit Neid bedacht. Wer ähnliche Tugenden und Normen befolgte, mit dem ließ sich ehrlich kommunizieren.

Am 25. März 1499 drängten Truppen aufseiten des Schwäbischen Bunds von Frastanz aus eidgenössische Truppen in Scharmützeln bis nach Werdenberg zurück und plünderten und verbrannten Schwyzer Dörfer und Dörfer der Herren von St. Gallen und von Sax. Beim Scharmützeln schafften es zwanzig Reiter den Glarner Knecht Hans Wal zu isolieren. *Als er sach, das es nüt anders was den sterben,*[145] setzte er sich an einem günstigen Ort mit dem Spieß zur Wehr und entsattelte drei der zwanzig Reisigen. Von Verletzten oder gar Toten ist nicht die Rede. Der Ritter Niklas von Brandis, Vogt von Feldkirch, machte dem ein Ende und versprach ihn *um siner manheit wegen* Leib und Leben zu schonen, sollte er sich gefangen geben.[146] Wal saß hinter ihm auf und wurde nach Feldkirch gebracht, wo er *für ein wunder beschouwet* wurde.[147] Aufgrund seiner *redlichen wer*[148] beziehungsweise *um siner redlichen manheit willen*[149] ließen ihn die Reisigen schließlich entgeltlos mit Brief und Siegel wieder ziehen.[150] Nahmen Schweizer in der Regel keine Gefangenen und erwarteten, allein schon weil sie größtenteils Nichtadlige waren, keine Gnade, hob ritterlich gezeigte Tugend Hans Wal hier auf eine Stufe, auf der er von Edelleuten für einen Moment fast wie ein Standesgenosse behandelt wurde.

Auch Götz von Berlichingen erlebte während des Bauern- und Bürgeraufstands des ‚Armen Konrads'[151] 1514 gegen die Politik Ulrichs von Württemberg einen solchen Moment ständeübergreifenden Respekts vor dem Feind. In

145 Brennwald, Schweizerchronik (1910), S. 390.

146 Ebd.

147 Frey, Schwabenkriegschronik (2010), S. 831.

148 Ebd.

149 Anshelm, Berner-Chronik, Bd. 2 (1886), S. 160.

150 Ursprünglich von Kaspar Frey überliefert, haben die Anekdote mit nur leicht verändertem Wortlaut auch Brennwald und Anshelm übernommen. Mitte und Ende des 16. Jahrhunderts schließen sich dem Johannes Stumpf und Cyriakus Spangenberg an; vgl. Frey, Schwabenkriegschronik (2010), S. 831 insb. auch Anm. 235; Brennwald, Schweizerchronik (1910), S. 390; Anshelm, Berner-Chronik, Bd. 2 (1886), S. 160; Johannes Stumpf, Gemeiner loblicher Eydgnoſchafft Stetten, Landen vnd Võlckeren Chronick wirdiger thaaten beschreybung. Bd. 2, Zürich 1548, fol. 330v–331r; Spangenberg, Der Ander Teil des Adelspiegels (1594), fol. 153v–154r, 264r.

151 Zum ‚Armen Konrad' vgl. Robert Kretzschmar/Peter Rückert, Der „Arme Konrad" in Württemberg 1514. Selbstverständnis, Artikulation und Kommunikation, in: Sigrid Hirbodian/Robert Kretzschmar/Anton Schindling (Hgg.), „Armer Konrad" und Tübinger Vertrag im interregionalen Vergleich. Fürst, Funktionseliten und „Gemeiner Mann" am Beginn der Neuzeit (Veröffentlichungen der Kommission für geschichtliche Landeskunde in Baden-Württemberg, Reihe B, Forschungen 206), Stuttgart 2016, S. 33–62.

den Weingärten außerhalb Waiblingens wurde er bei der Suche nach einem Aufrührer von *drey waidliche[n] gesellenn*[152] überrascht, die bis zu den Knien gerüstet waren und je einer eine Handbüchse, eine Hellebarde und einen Langspieß führte. Sie waren also geradezu typisch nach Art der Landsknechte oder Reisläufer bewaffnet. Götz und seine beiden Diener hatten zwar nicht den Aufrührer gefunden, dafür jedoch zufällig einen guten Blick auf eine in Schlachtordnung heranmarschierende Armee der Aufständischen werfen können. So hatten sie bei diesem Anblick vor Staunen *das maull offenn*,[153] als sie überrumpelt wurden. Ungerüstet und nur leicht bewaffnet, wie die drei Reiter waren, hätten sie ohne Frage den Kürzeren gezogen. Als Götz auf die Nachfrage der Männer hin log, dass er bloß spazierengeritten sei, schlug einer vor, doch jetzt zu kämpfen.[154] Gottfried charakterisiert ihn als *feinne[n] weidtliche[n] bestanndenne[n] gesell[en] vnnd kriegßman*.[155] Als Götz ihm darlegte, dass er, bloß zum Spazierenreiten ausgerüstet, kaum kämpfen könnte, gerüstet aber bereit gewesen wäre, ihm *ein gutte antwurt* zu geben, ging der Mann gleich darauf ein: „*Wir sehenn es woll[,] ir werdtt vnns lieber geschickht vnnd gefast darzue.*" Götz reagierte beeindruckt, er erkenne, dass sein Gegenüber ein *kriegßman* sei.[156] Schließlich ließen die drei Aufständischen ihn unter gegenseitigen Schwüren tatsächlich auch ziehen, sodass er und seine Diener rasch zurück nach Waiblingen ritten und sich zum Kampf rüsteten. Als sie zurückkehrten, waren ihre neuen Bekanntschaften jedoch verschwunden. Offenbar sehr darum in Sorge, dass er nun für einen Feigling gehalten werden mochte, erkundigte sich Götz sogar bei einem vorbeiziehenden Hauptmann der Feinde, der zu Verhandlungen in Waiblingen gewesen sei. Als dieser Hauptmann, Hans Wagenbach, erbost anbot, seine Knechte für diesen Treuebruch zu bestrafen, lehnte Berlichingen das entschieden ab. Ihm war wichtiger, dass die drei erführen, dass er und seine Diener den Kampfplatz wieder aufgesucht und damit ihren Teil des Schwurs gehalten hätten. Unter Kriegsleuten, selbst wenn sie Nichtadlige waren, wollte er offenbar seinen Ruf nicht beschmutzt wissen. Auf den Kampf selbst hingegen, so gesteht er Wagenbach, sei er gar nicht erpicht gewesen:[157] „*Dann wann wir schonn einander fundenn, vnnd einander all sechs erwurgt hettenn, so wehr doch die sachenn nichts destweniger vertragenn, vnnd gericht wordenn. Darumb so thu inn nichts!*"[158] Lange nach

152 Berlichingen, Fehd und Handlungen (1981), S. 98.
153 Ebd.
154 Vgl. ebd., S. 98f.
155 Ebd., S. 99.
156 Ebd.
157 Vgl. ebd., S. 99f.
158 Ebd., S. 100.

Ende des Aufstands bot einer dieser Männer Berlichingen sogar an, in seinen Dienst zu treten, was ihn sehr erfreute, sei er doch ein *rechtschaffenner*, ja sogar der *feinst kriegsman* in Württemberg.[159] Auch wenn Standesschranken zwischen Adel und Nichtadel im Kriegswesen bis ins 20. Jahrhundert weiterbestanden, werden sie in solchen Momenten doch durchlässig. Ein Adliger erkannte gemeinen Knechten genug Ehre zu, dass er mit ihnen nicht nur einen Kampf verabredete, sondern diese Verabredung auch noch versuchte zu halten. Er schrieb sogar darüber! Ähnlich verhielten sich die drei Kriegsleute: Ihr Verhältnis als Feinde zu Berlichingen hielt sie nicht davon ab, mit ihm Konversation zu betreiben. Ja die Herausforderung zum Kampf erscheint mehr gemeinsamen Normen als Kriegsleute geschuldet, als dass einer von ihnen wirklich darauf erpicht gewesen sei, sich zu schlagen.

Kämpften Nichtadlige als Söldner in der Regel in erster Linie für ökonomische Werte, so hatte Ehre in dieser Profession keine geringe Bedeutung. Schließlich sorgte sich auch ein Söldner um seine Wirkung auf Freund und Feind und den Ruf seiner Kameraden, seines Fähnleins oder seiner Kompanie. Beleidigungen und andere ehrmindernde Taten mochten dementsprechend sehr übel genommen werden. Definierte sich der Söldner ähnlich des Edelmannes schließlich grundlegend über die Möglichkeit, sich unter seinesgleichen gewalttätig behaupten zu können, brach sich diese Gewaltfähigkeit in agonalen wie nichtagonalen Gewaltausbrüchen immer wieder Bahn. Besonders die erbitterte Feindschaft zwischen den auf dem Söldnermarkt konkurrierenden Landsknechten und ihren ehemaligen Vorbildern, den Schweizer Reisläufern, war davon betroffen.[160] Ehrkränkungen, wie sie in der Ritterschaft zu Zweikämpfen führten, taten dies auch unter gemeinen Söldnern.[161] Gleich zweimal bot Wilwolt von Schaumberg als oberster Hauptmann 1492 vor den Mauern des belagerten Sluis seinen Untergebenen die Möglichkeit, ihre persönlichen Konflikte mit Kämpfern der Gegenseite mit der Waffe zu lösen: Während eines Scharmützels war ein Schweizer der Feinde mit einem Landsknecht unter Schaumbergs Befehl *zuwortten* gekommen, wie *es offt* [...] *geschicht*. Schaumberg stellte für den öffentlichen Kampf unter klaren Regeln *vff einen benantten tag vnnd stund geleitt, schutz, schirm vnnd platz*.[162] Äußerst schwer verletzt tötete der Reisläufer den Landsknecht. Acht Tage später wiederholte

159 Berlichingen, Fehd und Handlungen (1981), S. 100.

160 Vgl. Mertens, mörderische Rivalität (2006).

161 Vgl. Eric Burkart, Kommentar zur Sektion, in: Uwe Israel/Christian Jaser (Hgg.), Agon und Distinktion. Soziale Räume des Zweikampfs zwischen Mittelalter und Neuzeit (Geschichte – Forschung und Wissenschaft 47), Berlin, Münster 2016, S. 169–179, hier S. 176.

162 Eyb d. J., Geschichten und Taten (2018), S. 238.

sich dasselbe Spiel mit zwei Reisigen beider Seiten, nur dass der sächsische Sieger, ganz nach Adelsart, seinen Feind aus Sluis gefangensetzte.[163] Damit war die Ehre für Schaumbergs Seite wiederhergestellt: Eyb schließt, damit sei der *verlust des vorigen kampffs der fus knecht wider vergleicht*.[164] Für den Schweizerkrieg, sieben Jahre später, nennt Valerius Anshelm wiederholt die Beschimpfungen gegenüber den Eidgenossen als Grund, dass ihre Aufgebote Orte stürmten, das Land verbrannten und mit Raubzügen überzogen.[165]

Orientierten sich nichtadlige Fußknechte grundsätzlich eher an ökonomischen Werten, unterschieden sie sich damit zwar von adligen Kämpfern, die oft genug schon durch ihre Standesehre zum Griff zur Waffe motiviert waren. Viele Verhaltenszüge nichtadliger Fußknechte deckten sich dennoch mit dem Rittertum. Erfolgreiche Kriegsleute, Söldner und später Soldaten griffen Ehrvorstellungen und Tugenden auf, die aus dem Rittertum bereits bekannt waren. Das mag mitunter aufgrund der versuchten Verortung neuer Formen der Kriegsführung in vorhandenen kriegerischen Traditionen geschehen sein, doch in erster Linie eher, weil sich diese Verhaltensweisen bewährten. Abgesehen von der Motivation sprachen ihnen Außenstehende – seien es bürgerliche Chronisten aus der Schweiz oder adlige Biographen aus dem Reich – mit der Benennung dieses Verhaltens als ‚ritterlich' die Zugehörigkeit zu einer Schicht professioneller Krieger zu. Das Rittertum zeigt sich also mitnichten in Form überkommener Verhaltensmuster. Vielmehr bleibt es in einer Zeit militärischen Wandels ein bewährtes Maß für gute Kämpfer und vorbildliche Kampfesleistungen.

7.3 Professionalität, adlige Hauptleute und die Dominanz gepanzerter Reiter

Das Rittertum löste sich militärisch zwar nicht vom Adel, vermochte jedoch Nichtadlige zunehmend in die Kriegsführung zu inkorporieren. Der Adel,

163 Vgl. Eyb d. J., Geschichten und Taten (2018), S. 238–240.

164 Ebd., S. 240.

165 Besonders beliebt unter den Truppen des Schwäbischen Bundes war dabei die Beleidigung ihrer Feinde durch das Nachahmen von Kuhlauten; vgl. u. a. Anshelm, Berner-Chronik, Bd. 2 (1886), S. 125f., 129f., 170f.; vgl. auch Mertens, mörderische Rivalität (2006), S. 80f.; Claudius Sieber-Lehmann/Thomas Wilhelmi/Christian Bertin (Hgg.), In Helvetios – Wider die Kuhschweizer. Fremd- und Feindbilder von den Schweizern in antieidgenössischen Texten aus der Zeit von 1386 bis 1532 (Schweizer Texte, Neue Folge 13), Bern 1998.

ebenso wie seine traditionelle Art beritten zu kämpfen, blieb nicht nur im Kriegswesen bestehen. Beides blieb weiterhin auch relevant.

Ein großer Teil der Hauptleute, der Reisigen und nicht zuletzt Söldnerführer und Kriegsunternehmer waren Adlige. Auch wenn Kommandogewalt im ausgehenden Mittelalter grundsätzlich nicht von der Geburt abhängig war, so besetzten schließlich doch Adlige oft genug diese Führungspositionen. Selbst jene, die diese nicht inne hatten, wurden häufig in Artikelsbriefen, also den Ordnungen, die Rechte und Pflichten im Landsknechtshaufen regelten, allein aufgrund ihres Adelsstandes bei den Befehlshabern statt den einfachen Söldnern aufgeführt. Ebenso erhielten sie, selbst wenn sie nicht explizit als Doppelsöldner fochten, durch ihre edle Geburt mitunter besseren Sold.[166] Vor der Schlacht bei Heemskerk im Jahr 1492 begleiteten, wie selbstverständlich, die *verstendigsten vom adell* Wilwolt von Schaumberg bei seiner Besichtigung der anrückenden Feinde.[167] Das war keineswegs allein ständischen Vorbehalten geschuldet, sondern beruhte häufig auf deren größerer Erfahrung.

Selbst im Vorfeld von Krieg und Fehde war der Adel für die Aushebung von Truppen unerlässlich: Viele Edelleute verfügten aufgrund ihrer Lehensverpflichtungen und ihrer Vernetzung zu verwandten und befreundeten Edelleuten über ein gewisses Rekrutierungspotential, das ihnen ab etwa den 1470ern den Einstieg ins Geschäft des Soldunternehmertums erleichterte.[168] So wenig vertrauten Nichtadlige zuweilen auf ihre Fertigkeiten Krieg zu führen, dass 1525 im Deutschen Bauernkrieg Edelleute in Kommandofunktionen gezwungen wurden. Götz von Berlichingen schildert eindrücklich die Panik der Ritterschaft um den heimatlichen Hornberg herum und wie er schließlich von den Bauern in den Orten Gundelsheim und Buchen für einen Monat als Hauptmann verpflichtet wurde.[169] Auch wenn die Bauern des Odenwälder Haufens Götz sicher schon aufgrund seines Rufes auf ihrer Seite wissen wollten,[170] so beschreibt der Berlichinger auch, dass er keinesfalls der erste oder einzige war, dem sie diese Position des militärischen Oberbefehls angetragen hatten. So hatten sich in Gundelsheim viele Adlige eingefunden, die ohne fürstliche Unterstützung vor dem drohenden Bauernheer keinen

166 Vgl. Baumann, Das Söldnerwesen (1978), S. 143; Liepold, Wider den Erbfeind (1998), S. 130–138.

167 Eyb d. J., Geschichten und Taten (2018), S. 225.

168 Vgl. Sablonier, Rittertum, Adel und Kriegswesen (1985), S. 539f.; Redlich, German military enterpriser (1964), S. 10; Romer, Reisläufer und Landsknechte (2000), S. 35. Ähnliches lässt sich in Böhmen beobachten; vgl. Tresp, Trabanten und Kriegsunternehmer (2004), S. 115.

169 Vgl. Berlichingen, Fehd und Handlungen (1981), S. 122–124; Ulmschneider, Götz von Berlichingen (1974), S. 133–151.

170 Vgl. ebd., S. 146f.

anderen Ausweg wussten, als den Schutz ihrer Güter, das eigene Wohl und das ihrer Familie mit den Bauern auszuhandeln.[171] Auch Götz fand sich schließlich dort ein. Auf dem Weg ins Wirtshaus kam ihm der mainzische Amtmann Marx Stumpf von Schweinberg entgegen. Der Edelmann, dem Götz noch neun Jahre zuvor den heute weltberühmten Schwäbischen Gruß entgegengeschrien hatte,[172] hatte sich gerade vor den bäuerlichen Hauptleuten aus einer Verpflichtung, Hauptmann zu werden, herausgeredet. Laut Berlichingen bat Stumpf ihn nun eingehend, Fürsten und Ritterschaft *zu gutt* den angetragenen Befehl zu übernehmen.[173] Das heißt, die mordenden und plündernden Bauern würden vielleicht von einem Adligen mehr in Zaum gehalten. Inwiefern man Gottfrieds widersprüchlichen Beschreibungen vertrauen kann, wie es schließlich dazu kam, dass er die Position tatsächlich für einen Monat bekleidete, ist unmöglich zu klären.[174] Sein autobiographisches Werk hat er nicht zuletzt zur nachträglichen Rechtfertigung verfasst.[175] Dass die Bauern versuchten, Adlige für militärische Führungspositionen zu gewinnen, ist jedoch offensichtlich. Dabei hatte Berlichingen keinesfalls eine Reputation als Heerführer oder Kommandeur von Fußknechten, hatten die meisten seiner Unternehmungen doch ausschließlich in Form der Reiterei einer Fehde stattgefunden. Allein sein Adel schien ihn jedoch in den Augen der Bauern als Anführer ihres Haufens zu prädestinieren. Neben Florian Geyer (†1525) hatten die Bauern schließlich wenige Adlige, die sie als erfahrene Führungspersönlichkeiten unterstützen konnten.[176] Zu den militärischen Gründen des Scheiterns des Aufstands der Bauern zählt die Forschung neben unzureichender Ausrüstung und Ausbildung auch den Mangel an Führungspersonal und berittenen Streitkräften,[177] die beide überwiegend vom Adel gestellt wurden.

171 Vgl. Berlichingen, Fehd und Handlungen (1981), S. 123.

172 Vgl. ebd., S. 110; Ulmschneider, Götz von Berlichingen (1974), S. 146.

173 Berlichingen, Fehd und Handlungen (1981), S. 123f.

174 Vgl. Ulmschneider, Götz von Berlichingen (1974), S. 145–151.

175 Vgl. ebd., S. 134.

176 Vgl. Franz, Der deutsche Bauernkrieg (1984), S. 84; Manfred Meyer, Die historische Rolle und Bedeutung Florian Geyers, in: Wissenschaftliche Zeitschrift der Karl-Marx-Universität Leipzig, Gesellschafts- und sprachwissenschaftliche Reihe 14 (1965), S. 479–487, hier insb. S. 483–487.

177 Vgl. Thomas Nipperdey/Peter Melcher, Bauernkrieg, in: Thomas Nipperdey (Hg.), Reformation, Revolution, Utopie. Studien zum 16. Jahrhundert (Kleine Vandenhoeck-Reihe 1408), Göttingen 1975, S. 85–112, hier S. 103; Paravicini, Adelsherrschaft in der Krise (2012), S. 116.

7.3.1 *Die Präferenz für den Kampf zu Pferd*

Dominant erschien der Adel eben nicht nur in Führungspositionen. Im Vergleich zu jenen, die zu Fuß fochten, galten die Reiter, also das adlig dominierte reisige Zeug, trotz aller militärischen Wandlungen der Zeit in der Regel als bedeutender und ausschlaggebender. Die schiere Masse allein machte Fußknechte noch nicht per se zum Rückgrat einer Armee.[178] Hat sich der vorhergehende Teil des Kapitels vor allem mit Momenten beschäftigt, in denen sich das Fußvolk vorbildlich – ritterlich – durchzusetzen verstand, so zeigt das den Trend auf, dass gut ausgebildete und ausgerüstete nichtadlige Fußknechte in der Lage waren, militärisch zum Adel und seiner traditionellen Kriegsführung aufzuschließen. Ein solches Aufschließen bedeutete, dass dem Adel seine „ehemals unbestrittene Monopolstellung als Elitekrieger [...] nicht mehr selbstverständlich gegeben“[179] war. Er verlor seine Stellung damit jedoch nicht, sondern teilte sie mitunter mit Nichtadligen. Oft genug schienen sich die althergebrachten Vorurteile gegenüber dem Fußvolk immer noch als berechtigt herauszustellen. Nicht jedes Aufgebot und auch nicht alle Söldner konnten Ende des 15. Jahrhunderts den Mut und die Disziplin der zuvor thematisierten Landsknechts- und Reisläuferveteranen vorweisen. Gerade Aufgebote von Fußknechten gaben mitunter ein erbärmliches bis hin zu einem lächerlichen Bild ab. Militärische Exzerzierübungen oder ein von der Obrigkeit organisiertes Waffentraining fand im Reich selten bis kaum statt – selbst nicht in der militärisch so potenten Eidgenossenschaft. Wer abseits des freizeitlichen Fechtens Fortschritte im Gebrauch des Waffenhandwerks machen wollte, tat dies in der Regel, wenn eine Fechtschule angeboten wurde. Im Frieden boten sich zur Übung des militärischen Marschierens und der Bewegung in Formation lediglich festliche Umzüge an. Das eigentlich nötige Handwerk lernte der Fußknecht also offenbar in der Regel im kriegerischen Konflikt selbst.[180] Diese Kriegserfahrung konnte nicht jeder zu Fuß fechtende Söldner und nur wenige Aufgebote im Reich vorweisen.

Die Niederlage der Habsburger und des Schwäbischen Bundes im Schweizerkrieg war zwar einerseits der fragwürdigen Gesamtstrategie und dem halbherzigen Einsatz König Maximilians, seiner Berater und obersten Befehlshaber geschuldet. Der Esslinger Bürgermeister und Bundesrat Hans Ungelter ließ sich am 24. Juli sogar dazu hinreißen, an Esslingen zu schreiben, das impulsive

---

178 Vgl. Sablonier, Rittertum, Adel und Kriegswesen (1985), S. 548.

179 Ebd.

180 Vgl. Walter Schaufelberger, Der Alte Schweizer und sein Krieg. Studien zur Kriegsführung vornehmlich im 15. Jahrhundert, Frauenfeld ^{3}1987, S. 42–55; Gassmann, Honour and Fighting (2015), S. 162f., insb. auch S. 161, Anm. 92.

und verwirrende Verhalten des Königs *sei ganz ungegründet und kindisch.*[181] Die Niederlage war jedoch auch dem unzuverlässigen Fußvolk geschuldet. Größtenteils schlecht ausgerüstet, ausgebildet und mitunter auch ungeschickt geführt, vermochte es den eidgenössischen Truppen nur selten kompetent Widerstand zu leisten.[182] Das Unverständnis und die Frustration der Reiter aufseiten des Schwäbischen Bundes für das Verhalten der so oft zahlenmäßig überlegenen Fußknechte scheint nachvollziehbar. Wiederholt mussten sie einspringen, um die sich anbahnende Katastrophe einer Niederlage, wenn schon nicht abzuwenden, dann zumindest abzumildern. Die Schlacht im Schwaderloh zeichnet sich schließlich nicht nur durch die frühe Flucht eines großen Teils der Fußknechte des Schwäbischen Bundes aus. Jene, die blieben und den Eidgenossen im Gevierthaufen noch versuchten, die Stirn zu bieten, taten dies nicht allein. Keineswegs ausschließlich eine reine Kavallerie, saßen *etlich vom adel*[183] aus dem reisigen Zeug ab – Valerius Anshelm vergisst nicht, die bedeutendsten Namen zu erwähnen[184] – und stellten sich mit den offenbar eben noch zum Reiterkampf verwendeten Spießen ins vorderste Glied der Fußknechte. Das Signal war deutlich: Statt sich beritten die Möglichkeit zur Flucht offen zu lassen oder gleich zu fliehen, wollten sie als Vorbild die erschütterten Fußknechte zum Sieg führen oder dabei sterben. Der Berner Chronist urteilt bewundernd, dass die Schweizer die feindliche Übermacht kaum bezwungen hätten, hätten sich alle dermaßen gewehrt wie diese Edelleute. Doch von der Flucht vieler ihrer Feinde motiviert, stießen die Eidgenossen *nit on schweiss und blůt* schließlich die ersten drei Glieder des gegnerischen Gevierthaufens nieder. Waren ihre Anführer direkt vor ihren Augen gefallen, floh auch der Rest der Fußknechte.[185]

Diese Unzuverlässigkeit des Fußvolks im Vergleich zu Reisigen erklärt, dass Mitglieder des Schwäbischen Bundes bei ihren Truppenaufstellungen Reitern den Vorzug vor Fußknechten geben durften, ja sogar wollten. Selbst Fürsten machten von dem Recht Gebrauch: 1490 wurde den Markgrafen von Brandenburg zugestanden, für je 500 veranschlagte Fußknechte stattdessen 100 Reisige aufzubieten.[186] Im Schweizerkrieg 1499 schließlich bestimmten die Stände des Bundes, dass der Adel und auch die Städte statt der geforderten Anzahl Fußknechte im Verhältnis 1 zu 3 gerne auch Reisige schicken durften.[187] Das taten

181 Klüpfel, Urkunden, Bd. 1 (1846), S. 366.
182 Vgl. Baumann, Georg von Frundsberg (1984), S. 64.
183 Anshelm, Berner-Chronik, Bd. 2 (1886), S. 167.
184 Vgl. ebd.
185 Vgl. ebd.
186 Vgl. Klüpfel, Urkunden, Bd. 1 (1846), S. 82f.
187 Vgl. ebd., S. 298.

die Städte tatsächlich auch, wie unter anderem aus der Korrespondenz Hans Ungelters an seine Heimatstadt Esslingen am 14. April hervorgeht. In diesem Schreiben, drei Tage nach der Schlacht im Schwaderloh, berichtet er auch von der Abneigung der fürstlichen Aufgebote an der Seite städtischer Fußknechte zu kämpfen.[188] Bereits am Vortag hatte er nach einem Bericht über die Schlacht sehr ähnlich vermerkt, dass die fürstlichen Hauptleute nicht nur bloß den Kampf an der Seite der Fußknechte meiden wollten, sondern ihre bloße Anwesenheit ablehnten.[189] Im Kontext der erschreckenden Niederlage im Schwaderloh ist das kaum verwunderlich: Gleich zu Beginn und vor jedem Feindkontakt hatten etliche Fußknechte trotz der Überzahl der schwäbischen Bundestruppen bereits die Flucht ergriffen.[190] So drückt Georg von Emershofen in seinem Schreiben an Nördlingen am 14. April ebenfalls sein Unverständnis aus, wieso die Knechte geflohen seien und sogar Rüstung und Waffen von sich geworfen und sich voll Panik in den Rhein gestürzt hätten. Viele starben so nicht einmal durch die Hand der Eidgenossen, sondern ertranken.[191]

Wie hat man sich den Zustand eines solchen Aufgebots vorzustellen, dass andere es vorzogen, es nicht an ihrer Seite zu wissen? Ein kurzer militärischer Konflikt der Stadt Augsburg mit dem Augsburger Bischof neun Jahre vor dem Schweizerkrieg zeigt deutlich, wie es um die Wehrhaftigkeit einer Stadt und der Verfassung eines städtischen Aufgebots bestellt sein konnte: Im Juli 1490 belagerte der Augsburger Bischof Friedrich von Zollern (1451–1505) im Zuge eines Streits mit der Stadt Augsburg um die Rechte an den Bauern in Schwabmünchen diese Bauern in ihrem Kirchhof.[192] Die Stadt bot, um dem

188 Vgl. Klüpfel, Urkunden, Bd. 1 (1846), S. 317.

189 Vgl. ebd., S. 315.

190 Vgl. oben, S. 307.

191 Vgl. Klüpfel, Urkunden, Bd. 1 (1846), S. 316.

192 Vgl. Theodor Dreher, Das Tagebuch über Friedrich von Hohenzollern, Bifchof von Augsburg (1486–1505), hiftorisch erläutert und zum Lebensbilde erweitert, Sigmaringen 1888, S. 232–234; Sender, Die Chronik von Clemens Sender (1894), S. 58–60; Georg Demer/ Ulrich Walther/Wilhelm Rem, Fortsetzungen der Chronik des Hector Mülich, hrsg. von Ferdinand Frensdorff, in: Friedrich Roth (Hg.), Die Chroniken der schwäbischen Städte. Augsburg. Bd. 4 (Die Chroniken der deutschen Städte vom 14. bis in's 16. Jahrhundert 23), Leipzig 1894, S. 405–470, hier S. 409f.; Achilles Pirmin Gasser, Annales De Vetustate Originis, Amoenitate Situs, Splendore Ædificiorum, Ac Rebus Gestis Civium Reipublicæ Que Augstburgensis, Multo Sane Labore, Summa Etiam Fide Perdiu Collecti, Et Juxta seriem Annorum Nativitatis Jesu Christi, Ad Romanorum Imperatorum Franorumque Regum Tempora, Nec Non Tam, Ad Politici Quam Ecclesiastici Ibidem Magistratus Fastos, Accuratissimo Ordine Digesti, hrsg. von Johannes Burchard Mencken, in: Johannes Burchard Mencken (Hg.), Scriptores rerum Germanicarum praecipue Saxonicarum. In Qvibvs Scripta Et Monvmenta Illvstria, Pleraqve Hactenvs Inedita, Tvm Ad Historiam Germaniae Generatim, Tvm Speciatim Saxoniae Svp. Misniae, Thvringiae Et Varisciae

zu begegnen, buchstäblich die Hälfte ihres militärischen Potentials auf. Selbst die Bürgermeister Johann Langenmantel (†1505) und Hilpolt Ridler (†1507/08) und Teile des Rates zogen mit den etwa 2000[193] bis 4060[194] Fußknechten und etwa 100 Reisigen[195] aus, um den 900[196] bis 1300[197] Belagerern im Dienst des Bischofs Einhalt zu gebieten. Dem Beobachter bot sich ein Bild, das, wenn nicht Belustigung, dann Besorgnis erweckt haben mochte: Durch einen langen Frieden aus der Übung gekommen, zogen sie nicht in breiter Formation Richtung Schwabmünchen, sondern marschierten in Zweierreihe, in *longa et inepta ſerie*.[198] Der Augsburger Chronist Clemens Sender spricht ihnen alle Ordnung ab, vergleicht sie mit Schmalvieh, also Ziegen, Schafen oder Schweinen.[199] Andere Chronisten beschwören das Bild von Schuljungen (*bini et bini, ſcholarium inſtar*)[200] oder übers Land fliegenden Gänsen.[201] Sender verweist auch auf die mangelhafte Ausrüstung: Neben einigen gut in Harnisch gerüsteten Augsburgern, sollen andere ganz ohne Rüstung ausgezogen sein, manche sogar in Badhemden, was vielleicht der Sommerhitze geschuldet sein mag. Ohne ausreichend ihre Versorgung gesichert zu haben, ließen sie sich gleich ob der Hitze mehrere Fässer Wein nachschicken.[202] Neben dieser mangelnden Disziplin und Vorbereitung ließen sie sich nicht einmal nach einem Drittel des Weges von ihrem Vorhaben wieder abbringen: Die Armee hatte durch ihre mangelnde Ordnung noch nicht einmal komplett das Gögginger Tor verlassen,[203] als acht Kilometer weiter vorne in der Vorhut im Dorf Inningen die Umkehr beschlossen wurde: Der Ritter Egloff von Rietheim und der Bürgermeister des Dorfes Kaufbeuren überzeugten die Befehlshaber, dass sie

---

Spectantia, Vel Nvnc Primvm In Lvcem Protrahvntvr, Vel Cvm Codicibus Mss. Collata Notvlis Illvstrantvr. Bd. 1, Leipzig 1728, Sp. 1317–1954, hier Sp. 1710–1712; auch Paul von Stetten erwähnt kurz mit einem Verweis auf Gasser die Begebenheit; vgl. Paul von Stetten, d. Ä., Geschichte Der Heil. Rôm. Reichs Freyen Stadt Augſpurg. Aus Bewåhrten Jahr-Bůchern und Tůchtigen Urkunden gezogen, Frankfurt am Main/Leipzig 1743, S. 232. Vielen Dank an Dr. Heidrun Lange-Krach für den freundlichen Hinweis auf die Stelle bei Paul von Stetten.

193 Achilles Pirmin Gasser schreibt, dass manche von 2000, andere von 3000 Fußknechten sprechen; vgl. Gasser, Annales De Vetustate Originis (1728), Sp. 1711.

194 Vgl. Sender, Die Chronik von Clemens Sender (1894), S. 59.

195 Vgl. Gasser, Annales De Vetustate Originis (1728), Sp. 1711.

196 Vgl. Demer et al., Fortsetzungen der Chronik des Hector Mülich (1894), S. 409.

197 Vgl. Gasser, Annales De Vetustate Originis (1728), Sp. 1711.

198 Ebd., Sp. 1711.

199 Vgl. Sender, Die Chronik von Clemens Sender (1894), S. 59.

200 Gasser, Annales De Vetustate Originis (1728), Sp. 1711.

201 Vgl. Demer et al., Fortsetzungen der Chronik des Hector Mülich (1894), S. 409.

202 Vgl. Sender, Die Chronik von Clemens Sender (1894), S. 59.

203 Vgl. Demer et al., Fortsetzungen der Chronik des Hector Mülich (1894), S. 409.

als Vermittler den Konflikt beilegen würden. Die Bauern in Schwabmünchen ließen sich am kommenden Tag auf ähnliche Weise überzeugen und wurden prompt von ihren Feinden hintergangen: Die Bischöflichen nahmen den Kirchhof ein, plünderten ihn und machten Gefangene. Die Augsburger waren jedoch schon längst, die Ordnung nun völlig auflösend, heimgezogen. Clemens Sender urteilt, dass die Augsburger, hätten sie es auf einen Kampf ankommen lassen, alle gestorben wären. Das bischöfliche Heer, das Friedrich von Zollern aus dem Allgäu herangebracht hatte, hätte nämlich aus gut gerüsteten, *starck*[*en*] *männer*[*n*] *und kriegsleut*[*en*] bestanden, die in Schlachtordnung auf die Augsburger gewartet hätten.[204] Doch selbst ohne Feindkontakt ging die Sache nicht ohne Verluste für das Augsburger Aufgebot zu Ende: Drei Männer überlebten den Marsch in der Julihitze nicht, darunter auch Wilhelm Artzt, ein Mitglied der Herrenstube und der Kaufleutezunft. Artzt, dessen damals etwa zehnjährige Tochter Sybilla später als Ehefrau des mächtigen Jakob Fugger in die Geschichte eingehen sollte,[205] war stark übergewichtig und trug zudem eine schwere Rüstung. Vom Hitzschlag getroffen, starb er in der Zollstube des Augsburger Roten Tors.[206] Die Stadt hatte sich lächerlich gemacht: Bereits beim Auszug lachten Fremde ebenso wie Augsburger das Aufgebot aus.[207] Auch der *adel*, also wohl der Landadel des Umlands, schloss sich dem Spott an: Die Augsburger Truppen hätte sich nicht so angestellt, hätten sie nur *ain man gehebt, der fein lebtag nun ain mal hett horren fagen von kriegen*.[208] Der Augsburger Rat nahm sich dies zu Herzen und bestallte den erfahrenen *kriegsman* Georg Krebs dauerhaft als Hauptmann.[209] Die Quellen schweigen an dieser Stelle, ob Krebs die Augsburger Stadtgemeinde militärisch ausbildete. Einen solch desorganisierten Auszug hätte er jedoch in Zukunft verhindert.

In den neun Jahren hin zum Schweizerkrieg 1499 hatte sich aber allgemein an der Qualität städtischer Aufgebote wenig verändert. Es verwundert also kaum, wenn ein Abschied des Schwäbischen Bundes am 15. Juni 1499 die Städte noch einmal deutlich aufforderte, im Fall, dass sie keine Fußknechte in ausreichender Zahl und in entsprechender Ausrüstung aufstellen könnten, gerne

---

204 Sender, Die Chronik von Clemens Sender (1894), S. 59f.

205 Vgl. Martha Schad, Die Frauen des Hauses Fugger von der Lilie (15.–17. Jahrhundert). Ausgsburg – Ortenburg – Trient (Studien zur Fuggergeschichte 31), Tübingen 1989, S. 19, 161; Christoph Bellot, „Auf welsche art, der zeit gar new erfunden." Zur Augsburger Fuggerkapelle, in: Gernot Michael Müller (Hg.), Humanismus und Renaissance in Augsburg. Kulturgeschichte einer Stadt zwischen Spätmittelalter und Dreissigjährigem Krieg (Frühe Neuzeit 144), Berlin, New York 2010, S. 445–490, hier S. 472, Anm. 70.

206 Gasser, Annales De Vetustate Originis (1728), Sp. 1712.

207 Ebd., S. 1711.

208 Demer et al., Fortsetzungen der Chronik des Hector Mülich (1894), S. 410.

209 Ebd.

auch Reiter schicken sollten.[210] Am 17. April, also sechs Tage nach der Schlacht im Schwaderloh, schreibt Ungelter an seine Heimatstadt Esslingen, er wolle drei *edel redlich Gesellen* in Dienst nehmen. Weiterhin rät er dazu, wenn möglich noch weitere 10 bis 20 Reisige zu bestallen.[211] Das ist kein geringer Anteil: Da Esslingen bloß etwa 200 Fußknechte aufzubringen hatte,[212] hätte er damit im günstigsten Fall 69 Knechte und damit über ein Drittel des Fußvolks durch Reiter ersetzt. Als Grund für diese Umstrukturierung des Esslinger Aufgebots nennt er deutlich den schlechten Ruf, den sich das Fußvolk im Schwaderloh verdient hätte: [...] *denn jedermann habe ein gross Erschrecken ob den flüchtigen Buben.*[213] Fähige Reisige fanden sich vor allem im Adel, sodass Ulm schon am 10. April beschlossen hatte, statt 300 ihrer Fußknechte 100 Reisige aus dem Adel, diesem zum Gefallen, in Sold zu nehmen.[214] Dass ausgerechnet Angehörige der Ritterschaft in ihrer traditionellen Rolle als gepanzerte Reiter Ende des Mittelalters statt der nichtadligen Fußknechte eingesetzt werden sollten, spricht für ihre anhaltende militärische Bedeutung Bände.

7.3.2 *Der taktische und strategische Wert Reisiger am Beispiel des Schweizerkriegs*

Der große Vorteil der Habsburger und des Schwäbischen Bundes im Schweizerkrieg war nicht zuletzt, dass sie auf deutlich mehr Reisige zurückgreifen konnten als die Eidgenossen und ihre Verbündeten. Die großen Siege über Burgund ein viertel Jahrhundert vor dem Schweizerkrieg, die mit hauptausschlaggebend für den Ruf der eidgenössischen Fußknechte in der lateinischen Christenheit waren, hatten nicht ausschließlich diese zu verantworten. Ludwig von Eyb d. J. stellt die Vorgänge stark vereinfacht dar, wenn er den Sieg der Niederen Vereinigung in der Schlacht bei Nancy 1477 einem Angriff der Lothringer und Österreicher Reisigen zuschreibt.[215] Dennoch weist das durchaus auf den Umstand hin, dass auch das reisige Zeug eine nicht geringe Bedeutung im Kampf an der Seite der Aufgebote und Reisläufer der Eidgenossen in den Burgunderkriegen 1474–1477 hatte. Der Untergang Karls des Kühnen und seiner gefürchteten Armee war nicht allein durch städtische Widersacher und nichtadliges Fußvolk geschehen. Die Niedere Vereinigung, die sich letztlich gegen Burgund stellte, umfasste selbst Sigismund den Münzreichen von Tirol und Herzog René II. von Lothringen (1451–1508), der sogar

210 Vgl. Klüpfel, Urkunden, Bd. 1 (1846), S. 352.
211 Ebd., S. 318.
212 Vgl. ebd., S. 290, 351, 354.
213 Ebd., S. 318f.
214 Vgl. oben, S. 71.
215 Vgl. Eyb d. J., Geschichten und Taten (2018), S. 121.

persönlich an der Seite seiner Reitertruppen kämpfte. Daher weist Malcolm Vale als Argument für die ausgesprochen große militärische Bedeutung schwer gepanzerter Reiter Ende des Mittelalters darauf hin, dass gerade die Siege, in denen die Eidgenossen die Habsburger und Lothringer Reisigen an ihrer Seite wussten, besonders entscheidend ausfielen.[216]

Der Kriegsschauplatz des Schweizerkriegs hingegen war vielerorts denkbar ungeeignet für die berittene Kriegsführung, die die Truppen aufseiten des Schwäbischen Bundes gewöhnt waren. Wie Pirckheimer im ‚Bellum Suitense' festhielt und auch als Hauptmann des Nürnberger Aufgebots an die Stadt Nürnberg schrieb, waren die Reiter auf dem gebirgigen Kriegsschauplatz im Grenzgebiet der Eidgenossenschaft und ihrer Verbündeten wahrlich nicht die beste Lösung. An Nürnberg schreibt er am 19. Mai 1499, die *alten haubtleut unsers herrn kunigs* [*Maximilian seien*] *unwillig,* [...] *vermeynen auch unfruchbar zu seyn, die reysigen in diese pirg zu furen, dann sy daselbst nichtz mugen ausrichten.*[217] Pläne, die Eidgenossen auf eine Ebene zu locken, um dort Geschütze und Reisige, an denen beides den Schweizern mangelte, optimal einsetzen zu können, kamen erst gar nicht über die Planungsphase heraus[218] oder schlugen fehl. Denn die Schweizer *licet ob equitatus timorem nequaquam in plana descenderent.*[219] Diese Angst der Schweizer vor den Reitern in einer offenen Schlacht wie auch im Täglichen Krieg wird immer wieder deutlich. Gerade im guerillakriegsähnlichen Täglichen Krieg, den die ausschwärmenden Reisigen des Bundes mit *ferr*[*um*] *et igni*[*s*][220] betrieben,[221] kam ihnen ihre hohe Effizienz und Geschwindigkeit bei vergleichsweise kleinen Gruppen zugute. Währenddessen mussten sich die Eidgenossen hüten, diesen kleinen Einheiten ausschließlich in der geschlossenen Masse eines Gevierthaufens entgegenzutreten. Jack Gassmann vermutet, selbst Gruppen von 10 bis 30 Reitern seien 40 bis 80 Fußknechten noch überlegen.[222] Schlecht disziplinierte

216 Vgl. Vale, War and chivalry (1981), S. 127f.

217 Willibald Pirckheimer, An den Nürnberger Rat. Lindau, 19. Mai 1499, hrsg. von Emil Reicke, in: Emil Reicke/Arnold Reimann (Hgg.), Willibald Pirckheimers Briefwechsel. Bd. 1 (Veröffentlichungen der Kommission zur Erforschung der Geschichte der Reformation und Gegenreformation 4), München 1940, S. 82–84, hier S. 83; vgl. auch ders., Schweizerkrieg (1895), S. 97.

218 Vgl. ebd., S. 109.

219 Ebd., S. 110.

220 Ebd., S. 123.

221 Zum Täglichen Krieg während des Schweizerkriegs vgl. Alois Niederstätter, Der Schwaben- oder Schweizerkrieg. Die Ereignisse und ihre Bedeutung für Österreich-Habsburg, in: Peter Niederhäuser (Hg.), Vom „Freiheitskrieg" zum Geschichtsmythos. 500 Jahre Schweizer- oder Schwabenkrieg, Zürich 2000, S. 51–71, hier S. 57.

222 Vgl. Gassmann, Thoughts on the Role of Cavalry (2015), S. 166.

eidgenössische Fußknechte, die trotz anderslautender Befehle zum Plündern auszogen, fielen dementsprechend wiederholt feindlichen Streifreitern zum Opfer.[223] Ähnliches geschah auch in größeren Gefechten: Sobald die eidgenössische Ordnung im Angriff oder zur Verfolgung Anzeichen der Auflösung zeigte, drohten Reiter, die nun ungedeckten Fußknechte niederzureiten. Das rettete beispielsweise in der Schlacht im Schwaderloh etlichen der fliehenden Fußknechte des Schwäbischen Bundes das Leben. Quellen aus der Perspektive beider Seiten berichten übereinstimmend, dass die weit disziplinierteren Reiter selbst noch auf der Flucht die Schweizer bedrängten, um die Fußknechte zu entlasten:[224] Die Eidgenossen *ab insecutione destiterunt equitatus potissimum correpti timore, quo ipsi penitus carebant*.[225] Der Nördlinger Hauptmann Georg von Emershofen vermutet, andernfalls hätte nicht ein Drittel der Fußknechte des Schwäbischen Bundes überlebt.[226] So verließen sich die Eidgenossen nicht allein auf die Spieße und Hellebarden ihrer Gevierthaufen, sondern wählten in fast jedem Gefecht Berge, Wälder, Sümpfe oder befestigte Talsperren (Letzinen), um auf diese Weise die Reisigen des Bundes nicht ungeschützt konfrontieren zu müssen. Reisige erfüllten also schon allein dadurch ihren Zweck, dass sie den Eidgenossen Bewegungsfreiraum nahmen. Das erklärt auch die Verwunderung der todesgewissen Eidgenossen und die Empörung ihrer Feinde, als am 29. Mai 1499 bei Rielasingen 1000 bis 1500 Reisige des Schwäbischen Bundes nicht den Nahkampf mit der eidgenössischen Nachhut von bloß 500 bis 600 Fußknechten wagten und letztlich *mit spot und verlust abzugend*.[227] Mochten sich die Fußknechte auch in einen Sumpf zurückgezogen haben, was einen berittenen Angriff erschwerte,[228] schien das Urteil der Zeitgenossen nicht wohlwollend gewesen zu sein: Hans Ungelter vermutet noch am selben Tag in einem Schreiben an Esslingen, hätten sich die Reiter richtig verhalten, wären alle Eidgenossen getötet worden. Dabei geht er zu diesem Zeitpunkt sogar noch von einem Zahlenverhältnis von 500 Reitern zu 500 Knechten aus.[229] Sehr ähnliches schreibt auch Georg von Emershofen an Nördlingen.[230] Spöttelnd dichtet der Luzerner Niklas Schradin, die Schweizer hätten so manchen Edelmann verletzt,

223 Vgl. Anshelm, Berner-Chronik, Bd. 2 (1886), S. 130; Klüpfel, Urkunden, Bd. 1 (1846), S. 295.
224 Vgl. Frey, Schwabenkriegschronik (2010), S. 839; Pirckheimer, Schweizerkrieg (1895), S. 82; Klüpfel, Urkunden, Bd. 1 (1846), S. 314, 316.
225 Pirckheimer, Schweizerkrieg (1895), S. 82.
226 Vgl. Klüpfel, Urkunden, Bd. 1 (1846), S. 316.
227 Anshelm, Berner-Chronik, Bd. 2 (1886), S. 204.
228 Vgl. zum Gefecht bei Rielasingen auch oben, S. 92.
229 Vgl. Klüpfel, Urkunden, Bd. 1 (1846), S. 339.
230 Vgl. ebd., S. 342.

Der gegen jinn wolt werden ritter
Daß ward manchem edlen zu bitter[.][231]

Ritterlich und damit vorbildlich hätten sich die Franken und Schwaben hier also kaum verhalten. Pirckheimers ‚Bellum Suitense' thematisiert dies ausführlicher, in Form einer Auseinandersetzung unter der Reisigen. Als nach viel Streit untereinander sowohl Franken als auch Schwaben schließlich den Angriff verweigerten, sprach der Hauptmann der Schwaben den Franken schließlich, genau wie Schradin, ihre ritterliche Befähigung ab und nannte sie feige und unwürdig, beritten Krieg zu führen.[232] Alle Beleidigungen und Anschuldigungen reichten nicht aus, die Reiter zum Angriff zu bewegen. Die Erwartungshaltung aller Beteiligten an die Leistung der Reisigen war eine andere als das, was bei Rielasingen geschehen war. Waren die Franken und Schwaben eine solche Feldschlacht gegen einen Gevierthaufen nicht gewöhnt und verweigerten deshalb den Angriff? Pirckheimer schreibt bezüglich eines sehr ähnlich verlaufenen Vorfalls nahe Thayngen etwa zwei Monate später,[233] König Maximilian hätte gewisse Vorurteile vor allem gegenüber den fränkischen Reisigen gehabt: *Non enim ignarus erat, quid sibi de equitatu illo praecipue Franconico polliceri quiret.*[234] Pirckheimer äußert sich keinesfalls unparteiisch über die fränkischen Edelleute, die auf die Nürnberger herabblickten. Wichtiger ist seine Erwartung und die mutmaßliche Erwartung Maximilians, wenn es um das Verhalten reisigen Zeugs im Gefecht geht. Pirckheimer als Fußknechtshauptmann und der erfahrene Kämpfer und Feldherr Maximilian empfanden Reisige per se entschlossenem Fußvolk nicht unterlegen. Ebenso scheinen auch die Eidgenossen bei Rielasingen und Thayngen gedacht zu haben. In beiden Fällen schließlich versuchten sie sich in sicheres Gelände zu retten.

Was geschah, wenn das nicht möglich war und die Eidgenossen kompetenten Reisigen gegenüberstanden, wird in der letzten großen Schlacht des Krieges deutlich. Bei Dornach, am 22. Juli 1499, griffen die Schweizer aus der Deckung des Schartenwaldes und vom Hochland des Gempenplateaus herab die Lager der Königlichen an.[235] Diese belagerten mit 15 000 bis 16 000 Mann[236] das

231 Schradin, Schwabenkrieg (1847), S. 39.

232 Vgl. Pirckheimer, Schweizerkrieg (1895), S. 91. Zum sogenannten ‚Thaynger Sturm' vgl. Johannes Winzeler, Geschichte von Thayngen, Thayngen 1963, S. 243–251.

233 Vgl. Pirckheimer, Schweizerkrieg (1895), S. 118–120.

234 Ebd., S. 125.

235 Für einen Überblick über den Verlaufs und das Nachspiels der Schlacht bei Dornach vgl. Tatarinoff, Die Beteiligung Solothurns (1899), S. 149–196.

236 Vgl. ebd., S. 166; Marco A. R. Leutenegger, Nach geschlagener Schlacht: Kein „einzig Volk" von Siegern, in: Jahrbuch für solothurnische Geschichte 72 (1999), S. 219–245, hier S. 229.

ABB. 18 Die Schlacht bei Dornach am 22. Juli 1499 unterhalb des Schlosses Dorneck: Reisige greifen im Vordergrund die eidgenössischen Fußknechte an, während sich rechts im Hintergrund die geldrischen Landsknechte bereits im Kampf befinden (Ausschnitt aus: Diebold Schilling-Chronik 1513, Eigentum Korporation Luzern (Standort: ZHB Luzern, Sondersammlung), S 23 fol., fol. 197r)

Schloss Dorneck. Auf dem Gelände, das sich ihnen jenseits des Waldes bot, waren Reiter deutlich in ihrem Element. Bei Dorneck lagerte auch die nach dem Vorbild der burgundischen Ordonnanzkompanien hervorragend ausgebildete und gerüstete burgundische Leibgarde Maximilians, die sogenannte ‚Welsche Garde'[237] mit etwa 400 Mann. Sie sollte zusammen mit den anderen

237 Vgl. Wiesflecker, Kaiser Maximilian I. Bd. 5 (1986), S. 507.

etwa 1600 Reitern[238] trotz des Überraschungsmoments das Blatt fast noch wenden: Die Belagerung führte mit Graf Heinrich VII. von Fürstenberg ein äußerst überheblicher Heerführer, der trotz vielfach überlieferter Warnungen ohne die geringsten Vorsichtsmaßnahmen sein Heer feiern, spielen und trinken ließ. Bereits der Angriff der etwa 1500 Mann[239] der eidgenössischen Vorhut fiel entsprechend verheerend aus. Fürstenberg selbst zählte zu den Opfern, bevor sich die Schlacht wirklich entfaltete.[240] Erst stellten sich dann jedoch die aus dem Geldernkrieg herbeigeführten etwa 2000 Landsknechte[241] im brutalen Kampf den insgesamt um die 5000 Schweizern[242] entgegen.[243] Schließlich nahmen die Reisigen in den entfernter gelegenen Lagern, darunter vor allem auch die Welsche Garde, den Kampf wahr. Sie hielten den Vorstoß der Eidgenossen mit Angriffen von mehreren Seiten her auf, wobei sie aufgrund der mangelnden feindlichen Reiter kaum gestört werden konnten. Jene Schweizer, die sich bei der Verfolgung von ihren Haufen entfernt hatten, wurden leichte Opfer. Pirckheimer schreibt, die königliche Leibwache sei den Fliehenden zu Hilfe gekommen *ac imperterriti magno impetu persequentes inuadunt, sternunt et perimunt*.[244] Nur wenige Schweizer hätten es so zurück zu den Gevierthaufen geschafft.[245] Pietro Bonomi, ein Gesandter Maximilians an den Herzog von Mailand,[246] schilderte dem Herzog am 1. August das Eingreifen der Welschen Garde in noch drastischeren Worten: [*P*]*oi la guardia de Borgognoni tutti quelli che poterono giungere con li cavalli tagliorono a peze*.[247] Bei zu starker Gegenwehr ließen die Reiter vom einen Haufen ab und griffen den anderen an. Kaspar Frey berichtet, wie die Reisigen *allenthalben in sy gan*[248] ließen, also von allen Seiten immer wieder in die Gevierthaufen einbrachen. Von den beiden Schweizer Haufen wurde erst einer in den Wald zurückgetrieben. Auch der andere Haufen wurde von der Welschen Garde so sehr bedrängt, dass er sich unter großen Verlusten wieder mit dem bereits

238 Vgl. Tatarinoff, Die Beteiligung Solothurns (1899), S. 166f.

239 Vgl. ebd., S. 172.

240 Vgl. ebd., S. 178; Niederstätter, Schwaben- oder Schweizerkrieg (2000), S. 67.

241 Vgl. Tatarinoff, Die Beteiligung Solothurns (1899), S. 166.

242 Vgl. ebd., S. 174; Leutenegger, Nach geschlagener Schlacht (1999), S. 229.

243 Vgl. auch oben, S. 305.

244 Pirckheimer, Schweizerkrieg (1895), S. 118.

245 Vgl. ebd.

246 Vgl. Emilio Motta/Emilio Tagliabue, Pel quarto centenario della battaglia di Calven e Mals, 22 Maggio 1499. La Battaglia di Calven e Mals secondo le relazioni degli ambasciatori Milanesi (con alcuni documenti inediti sulla vittoria degli Svizzeri a Dornach), Roveredo GR 1899, S. 20.

247 Ebd., Nr. 68, S. LXXVI.

248 Frey, Schwabenkriegschronik (2010), S. 900.

zurückgezogenen vereinen musste.[249] Obwohl sie einen großen Teil des feindlichen Heeres in die Flucht geschlagen hatten, befanden sich die Schweizer, von allen Seiten angegriffen, plötzlich in der Defensive. Pirckheimer, selbst kein Zeuge der Schlacht, behauptet, der Schweizer Rückzug auf die Anhöhen aus Furcht vor den Reitern und die einbrechende Dunkelheit hätten die Schlacht schließlich beendet. Denn die *Caesariani paucitat*[*es*] hätten nun nicht mehr den Mut für einen weiteren Angriff finden können.[250] Tatsächlich verschob sich aber nach etwa dreistündigem Kampf gegen 7 Uhr plötzlich und zur allgemeinen Überraschung das Stärkeverhältnis, als frische Verstärkungen mit 1000 Mann aus den eidgenössischen Orten Zug und Solothurn auf dem Schlachtfeld erschienen. Die königlichen Truppen flohen oder zogen sich nun zurück.[251] Trotz des frühen Verlustes ihres Feldherren, trotz des Überraschungsmoments und trotz der Flucht vieler ihrer Kameraden hatten die kriegserfahrenen königlichen Truppen nicht allein Tapferkeit, sondern auch Kriegsgeschick demonstriert.

Die Schlacht bei Dornach zeigt, dass die Zukunft der Kriegsführung nicht in einer vermeintlichen Überlegenheit professioneller Fußtruppen lag. Selbst die tapferen und gut disziplinierten Schweizer Fußknechte fürchteten aus guten Gründen Reitertruppen. Die Landsknechte aus Geldern hatten gezeigt, dass sie alleine, aber noch viel mehr im Verbund mit Reitern den Schweizern die Stirn bieten wollten und konnten. Trotz der Niederlage demonstrierten die adligen Reisigen, die hier kämpften, warum die traditionelle ritterliche Kampfweise noch lange nicht bedeutungslos geworden war. Die Offensive, die die Schweizer noch zu Beginn der Schlacht mit schrecklicher Effektivität gezeigt hatten, ging im Verlauf des Gefechts durch das Eingreifen der Reiter bald verloren und die Königlichen ergriffen bis zum Auftauchen der Schweizer Verstärkungen die Initiative.

Weder im Täglichen Krieg noch in der Schlacht selbst waren Reiter bedeutungslos geworden. Ganz im Gegenteil zeigte sich wieder und wieder, dass Fußknechte und sogar die gefürchteten Kämpfer der Eidgenossenschaft viel Sorge aufbrachten, auf offenem Gelände eine direkte Konfrontation mit ihnen möglichst zu vermeiden. Das Spätmittelalter endete nicht mit dem zur

---

249 Vgl. Frey, Schwabenkriegschronik (2010), S. 900.; vgl. auch die übersichtlichere Zusammenfassung Gutmanns ebd., S. 900f. Anm. 545; die teils von Frey beeinflussten Schilderungen Brennwalds und Anshelms gehen an einigen Stellen mit noch deutlicheren Worten auf die Notlage der Eidgenossen ein; vgl. Brennwald, Schweizerchronik (1910), S. 452; Anshelm, Berner-Chronik, Bd. 2 (1886), S. 229.

250 Pirckheimer, Schweizerkrieg (1895), S. 118.

251 Vgl. Tatarinoff, Die Beteiligung Solothurns (1899), S. 181–183.

Bedeutungslosigkeit herabgestuften ritterlichen Reiter. Stattdessen war es mehr als nur adlige Tradition, die die militärische Bedeutung der Nachfahren der hochmittelalterlichen Ritter wahrte.

7.4 Zwischenfazit und Ausblick

Das ausgehende Mittelalter erlebte militärische Veränderungen, die die zu Pferd streitenden Adligen nicht zu verdrängen vermochten. Nun aber stand eine Masse an nichtadligen Kämpfern an ihrer Seite auf den Schlachtfeldern. Diese Männer teilten nur bedingt die Ideale und Motivationen des Adels. Im Kampf selbst hingegen kamen sich Adel und Nichtadel nahe und teilten Ideale eines guten Kämpfers und seiner Tugenden. Wie insbesondere anhand des Schweizerkrieges aufgezeigt, war der Wert guter taktischer und strategischer Entscheidungen eines Fürsten, seiner Feldherren und Kriegsräte wohlbekannt. Die meisten der adligen und erst recht der nichtadligen Kombattanten beeinflussten diese jedoch kaum aktiv und dennoch hatten sie einen ausschlaggebenden Anteil an Sieg oder Niederlage. Denn ohne gute Kämpfer waren die meisten strategischen und taktischen Entscheidungen schließlich nutzlos. So betonen die Quellen in besonderem Maße jene Tugenden, die in direkter Kontrolle derjenigen waren, die mit den Entscheidungen ihrer Befehlshaber leben mussten. Keineswegs war das ein bloßer Rückgriff auf überkommene Verhaltensmuster, sondern Fortführung einer bewährten Tradition. Jeder Kämpfer hatte mit der Geschicklichkeit, der körperlichen Kraft, der Disziplin und dem Mut jene ritterlichen Tugenden an der Hand, die sich seit Jahrhunderten bewährt hatten. Und jene, die wie Pirckheimer, Ungelter oder Emershofen unmittelbar oder auch Jahrzehnte später über diese Männer schrieben, beurteilten sie auf eine Weise, die der Leserschaft vertraut war und dennoch nichts an ihrer Aktualität verloren hatte.

Die zunehmende Bedeutung großer Mengen an nichtadligen Fußknechten in der spätmittelalterlichen Kriegsführung führte unweigerlich zur Frage, inwiefern Adlige und ihre Kampfweise ritterlich gerüstet und beritten noch Bedeutung hatten. Nicht nur als Befehlshaber und in Führungsposition im Landsknechtsheer vermochten sich Adlige in der kriegerischen Lebenswelt zu behaupten, über die sie sich identifizierten. Auch ritterlich gerüstet und beritten demonstrierten sie weiterhin in kleinen Gefechten und großen Schlachten, dass ihre tradierte Kampfweise noch nicht obsolet geworden war. Inwiefern berittene Streitkräfte einem entschlossenen Gevierthaufen rein technisch überlegen waren, kann sicher diskutiert werden. Im Verständnis der Zeitgenossen aber stellten Reisige eine Gefahr dar, die sogar den eidgenössischen Aufgeboten und Reisläufern ihre sonst so todesverachtende Standhaftigkeit nur begrenzt rechtfertigte.

Wichtiger ist, dass das Spätmittelalter eine Entwicklung mit sich brachte, die dem ritterlichen Reiter nicht die Zähne zog, sondern ihm ein fähiges Fußvolk und schließlich auch Artillerie an die Seite stellte. Durch die Wandlungen des Kriegswesens im 15. Jahrhundert eigneten sich nichtadlige Fußknechte Waffen, Taktiken und vor allem auch ritterliche Tugenden an, mit denen sie endlich mit Reisigen im Verbund zusammenarbeiten konnten. Das Fußvolk verdrängte das Rittertum oder gar die ritterliche Kriegsführung nicht aus dem Kriegswesen. Der Adel und die berittene Kriegsführung blieb Teil der militärischen Wandlungen der folgenden Jahrhunderte. Erst die Erfahrung der Weltkriege sollte deutliche Brüche schaffen.[252] Auch wenn der Dreißigjährige Krieg eine Zäsur damit setzte, dass die im ausgehenden Mittelalter noch so wichtigen Rüstungen aus Kostengründen zunehmend weniger getragen wurden, zeigt der Einsatz reisigen Zeugs beziehungsweise mittlerweile von Kavallerie Kontinuität. Allein schon die Masse der Reiter spricht für sich. Im Dreißigjährigen Krieg kämpften anfangs etwa ein Viertel oder ein Drittel der Soldaten einer Feldarmee zu Pferd. Ab 1635 bestand oftmals über die Hälfte aus Kavallerie.[253] Adel und Reiter fristeten also auch weit über das 16. Jahrhundert hinaus keinesfalls ein Randgruppendasein im Militärwesen, auch wenn weitere soziale Gruppen und militärische Waffengattungen einen Platz an ihrer Seite fanden. So entwickelte sich die Kavallerie der Frühen Neuzeit mit neuen Taktiken und Waffen weiter, blieb dabei jedoch deutlich von adligem Denken und ständischem Vormachtsanspruch dominiert.

252 Vgl. dazu oben, S. 96.

253 Vgl. Peter Hamish Wilson, The Thirty Years War. Europe's tragedy, Cambridge, Mass 2011, S. 623; Marcus Junkelmann, Waffen und Ausrüstung am Beginn des Dreißigjährigen Krieges, in: Annette Frese/Frieder Hepp/Renate Ludwig (Hgg.), Der Winterkönig. Heidelberg zwischen höfischer Pracht und Dreißigjährigem Krieg, Remshalden 2004, S. 67–75, hier S. 71.

Auswertung

1519 setzte Philipp von Flersheim in Speyer Franz von Sickingen ein Viertel eines Parmesankäses vor. Sein Schwager hatte ihm den Käse in der Vergangenheit nach einem Überfall als Anteil an der Beute zukommen lassen. Franz ergriff gleich die Gelegenheit, *uberlaut* der Gemeinschaft adliger und hochadliger Herren, darunter auch Georg von Frundsberg, von den Umständen des Überfalls zu berichten.[1] Ein Stück Käse wurde so in der Gemeinschaft adliger Krieger zum Zeichen ritterlicher Lebensführung und verhalf Sickingen, seine ritterliche Ehre zu mehren.

Ehre, Norm, Tugend und Kontrolle bestimmten das adlige und ritterliche Leben. Der Adlige kämpfte und herrschte. Nicht jeder Adlige tat das. Es gab auch Adlige, die studierten, Adlige, die historiographisch tätig wurden, und Adlige, die sich auf die Familiengüter ihrer Familie zurückzogen, von ihren Einkünften lebten und die Einsamkeit genossen. Diese Männer lebten damit jedoch nicht adlig. Sie lebten abseits der Adelsgesellschaft, abseits dessen, was die Gemeinschaft von ihnen erwartete und erhoffte. Denn die adlige Gemeinschaft kämpfte und herrschte. Sie gab und nahm: Als kriegerische Oberschicht saßen sie am einen Tag im Richterstuhl, am anderen lieferten sie sich mit großer Ernsthaftigkeit als reich geschmückte Turnierkämpfer dem Urteil der adligen Damen und ihrer Untertanen aus. Sie schworen, Witwen und Waisen zu schützen, diese zu produzieren ging ihnen jedoch meist einfacher und deutlich ehrbringender von der Hand. Wie Schachspieler wichen sie in Kriegen und Fehden der direkten Konfrontation aus, nur um sich in anderen Situationen so stur wie mutig den Spießen, Schwertern und Geschützkugeln ihrer Feinde auszusetzen. Stunden- und tagelang lauerten sie auf die wehrlosen Schützlinge ihrer Feinde und führten schließlich stolz ihren Freunden und Verwandten die errungene Beute vor. Was der Edelmann als Krieger erbeutete, konnte er später einsetzen, um seinen Lebensstil zu finanzieren und es zuweilen in ehrbringen Gesten auch weitergeben. Selbst ein Käse konnte so zum Symbol ritterlicher Lebensführung werden.

Das Rittertum des ausgehenden Mittelalters lebte in einer Welt, die Stärke als Tugend zelebrierte und mit Ehrfurcht von jenen sprach, die sich todesmutig der Übermacht des Feindes entgegenstellten, selbst wenn dieser Feind nur Haus und Hof verteidigte. Schlugen die Glocken eines Dorfes aus Furcht vor einem Überfall im einen Moment noch Sturm, so brachen die dortigen Bauern im nächsten Moment in Jubel aus, ritt dann doch nicht ein feindlicher

1 Flersheim et al., Die Flersheimer Chronik (1874), S. 67.

 | DOI:10.1163/9789004527010_010

Räuber, sondern der lange vermisste räuberische Freund ihres Herren ein. Sein viel genutztes Schwert würde diese Bauern nicht treffen, den Ruhm seiner Waffentaten, Raubzüge und Abenteuer feierten sie also nur zu gern. Ritterlich streitend ließ der adlige Mann Leichen, zerstörte Existenzen, Witwen und Waisen zurück. Teils sogar offen zynisch nimmt er diese Opfer bereitwillig in Kauf. Ritterliche Ehre trübt sich in den Quellen durch solche Rücksichtslosigkeit und solches Leid kaum. In der Darstellung und Bewertung kriegerischer Exzellenz führen diese direkten Folgen der Gewalt selten zu einem Bruch.

Es war nicht das Gefühl und nicht die in einem sorgsam vergoldeten Traum versinkende Erinnerung an eine überkomplexe Welt der Tugenden und Normen, die dem Rittertum im ausgehenden Mittelalter Leben gaben. Es war die praktisch gelebte Überzeugung, dass der ritterliche Mann kraft seines Körpers, seiner Waffen und seines Willens überlegen wäre. Es war die Überzeugung, die Überlegenheit einer vermeintlich besseren Geburt habe sich in kriegerischer Vortrefflichkeit auszudrücken. Dieser wohlgeborene Mann setzte sich dem öffentlichen Urteil aus, um in seinem Rittertum und Adel bestätigt zu werden. Die Kriterien, um dieses Urteil zu treffen, formulierten jedoch weder Nichtadlige noch adlige Damen. Jene Tugenden kennzeichneten seine ritterliche und damit auch adlige Überlegenheit, die ihm das Verhalten an die Hand gaben, dass seine Ehre und die Ehre seiner Familie einen bewaffneten Konflikt überstehen konnten. An diesen Tugenden ließ er sich in Krieg und Frieden, in Schimpf und Ernst messen. Der Adlige wollte zuversichtlich sein, *mitt eren bÿ andren rÿttren unn cknechtten tzů belÿben, wa man die eer ersůchen wett.*[2]

Die Verhaltensweisen waren weder einem Stand, einer Kultur oder gar einer Epoche vorbehalten. Doch der Anspruch, dass eine durch Zähigkeit, Mut, Disziplin oder Geschick geprägte Handlung Ausdruck einer sozialen Überlegenheit war, formierte eine Wirklichkeit, die sich immer wieder zu bestätigen schien. Denn so einfach gehalten diese Tugenden waren, so anspruchsvoll waren sie in der Umsetzung. Wurden Adel und Nichtadel gleichermaßen an ihnen gemessen, zeigte sich doch oftmals der Adel mehr überzeugt, sein Leben zugunsten von Tugend und Ehre zu wagen. Denn tat er das nicht, gefährdete er mit seiner Anerkennung auch seine Existenz. Sein nichtadliger Kampfgefährte hingegen konnte zurück auf das Feld oder in die Werkstatt gehen. Der Tod war ihm zu kostspielig, der Lohn fürs Sterben zu gering. Jenen Nichtadligen jedoch, die als professionelle Söldner oder in der kompromisslosen Kampfweise von Böhmen und Eidgenossen ihre Kriegertugenden immer wieder unter Beweis stellten, behalten die Chronisten auch nicht die Bezeichnung ‚ritterlich' vor. Gerne kontrastieren sie in entsprechenden Fällen die ritterliche Tugend

2 Diesbach, Aufzeichnungen Ludwig von Diesbachs (1986), S. 50.

Nichtadliger mit entsprechenden Mängeln, die sie bei Adligen zu erkennen glauben.

Fand sich Rittertum mit seinen Tugenden also auch jenseits der politischen und sozialen Eliten der Zeit, so löste es sich dennoch keineswegs vom Adel und erst recht nicht vom niederadligen Stand, der Ritterschaft. Als Teil des adligen und besonders auch höfischen Lebensstils hatte das Rittertum mit seiner Verherrlichung gewalttätigen Handelns Bestand.[3] Politisch mochte der Niederadel fürstlicher Macht auf Dauer nicht gewachsen sein und die ökonomischen und sozialen Veränderungen im Übergang zur Frühen Neuzeit gingen nicht spurlos an ihm vorbei. Der militärische Wandel im ausgehenden Mittelalter aber machte den ritterschaftlichen Kämpfer alles andere als überflüssig. Als Offizier, Söldnerführer und selbst als Fußknecht fand er in der professionellen Ausübung physischer Gewalt ein standesgemäßes Auskommen und war aufgrund seiner Erfahrung, Überzeugung und oft auch schlicht aufgrund seiner edlen Geburt sehr willkommen. Diese schien einem Kriegsherren schließlich militärische Exzellenz zu versprechen. Vor allem aber in der Funktion als Kämpfer zu Pferd setzte der Niederadlige die Traditionen seiner Vorfahren fort – auch wenn er mit der Zeit vielleicht den Spieß gegen Pistolen und das Schwert gegen den Säbel austauschen mochte. Spätestens der herbe Schlag des Deutschen Bauernkriegs stellte die Ritterschaft politisch, sozial und ökonomisch geschwächt an den Beginn der Frühen Neuzeit. Selbst in ihrer Konfliktführung war sie durch die Durchsetzung des Ewigen Landfriedens schließlich deutlich eingeschränkter als zuvor. Das grundlegend Ritterliche hingegen war überlebensfähiger: Im Militär blieben Tugenden wie Geschick, Disziplin und vor allem stolz demonstrierter Mut weiterhin jene Tugenden, die einen adligen Reiter und Offizier auszeichnen und die er den nichtadligen Truppen vorleben sollte. Doch auch im Zivilleben sollten die ursprünglich ritterlichen Tugenden ein Maßstab bleiben, an dem sich Männer und insbesondere adlige Männer maßen und messen ließen. Im Duell rechtfertigten sie teils bis ins 20. Jahrhundert todesmutig ihre Ehre. Selbst heute hält sich die Überzeugung mitunter hartnäckig, das eigene Ansehen mit der Faust verteidigen zu müssen. Nicht jeder Mann scheint über die Idee hinausgewachsen zu sein, seine vermeintliche soziale Überlegenheit in physischer Gewalt begründen zu können.

3 Maurice Keen schreibt über das Fortleben der ritterlich-adligen Kultur bei Hofe von einem „change of the chivalric courtier's wardrobe rather than change of heart“; Keen, Chivalry (2005), S. 249; vgl. auch Sablonier, Rittertum, Adel und Kriegswesen (1985), S. 565.

Quellen- und Literaturverzeichnis

Ungedruckte Quellen

Codex Wallerstein um 1420/um 1470/1556 (Universitätsbibliothek Augsburg, Cod.I.6.4°.2).

Grünpeck, Joseph, Historia Friderici et Maximiliani, Wien ca. 1515 (Österreichisches Staatsarchiv Wien, HHStA HS B 9).

Jäger, Clemens, Ehrenspiegel des Hauses Österreich. Buch I–VI, Augsburg 1555 (Bayerische Staatsbibliothek München, BSB Cgm 895).

Jäger, Clemens, Ehrenspiegel des Hauses Österreich. Buch VII, Augsburg 1559 (Bayerische Staatsbibliothek München, BSB Cgm 896).

Talhoffer, Hans, Fechtbuch, Schwaben 1467 (Bayerische Staatsbibliothek München, Cod.icon. 394a).

Thun'sches Skizzenbuch (The Museum of Decorative Arts in Prague, GK 11.572-B).

Gedruckte Quellen

Acta des Tyrolerkriegs, hrsg. von Conradin von Moor und Christian Kind, in: Rätia 4 (1869), S. 111–149.

Adelphus, Johannes, Ausgewählte Schriften. Bd. 2: Historia von Rhodis. Die Türckisch Chronica, hrsg. von Bodo Gotzkowsky (Ausgaben der deutschen Literatur des XV. bis XVII. Jahrhunderts 86), Berlin 1980.

Angermeier, Heinz, Deutsche Reichstagsakten unter Maximilian I. Bd. 5: Reichstag von Worms 1495. Teilbd. 2 (Deutsche Reichstagsakten, Mittlere Reihe 5, 2), Göttingen 1981.

Anshelm, Valerius, Die Berner-Chronik des Valerius Anshelm. Bd. 1–2, hrsg. von Emil Bloesch, Bern 1884–1886.

Beccarie, Raimond de/Ulrich Budry, Kriegs Regiment. Wie ein tapffer Volck zum Krieg auffzubringen / ins Feld außzurůſten vnd anzufůhren ſeye: vnd wie ſich ein Feld Oberſter in allem fall zuverhalten habe / den Krieg vermittelſt der Gnaden Gottes / glůcklich zu fůhren vnd zuvollenden, Montbéliard 1594.

Behem, Balthasar, Die alten Zunft- und Verkehrs-Ordnungen der Stadt Krakau. Nach Balthasar Behemś Codex Picturatus in der K. K. Jagellonischen Bibliothek, hrsg. von Bruno Bucher, Wien 1889.

Berlichingen, Götz von, Mein Fehd und Handlungen, hrsg. von Helgard Ulmschneider (Forschungen aus Württembergisch-Franken 17), Sigmaringen 1981.

Berlichingen, Konrad von, Ritter Konrad von Berlichingen an Kurf. Albrecht, hrsg. von Felix Priebatsch, in: ders. (Hg.), Politische Correspondenz des Kurfürsten Albrecht Achilles. Bd. 2, Leipzig 1897, Nr. 502, S. 469–470.

Beschwerde der Ritterschaft, nach dem Landtag November 1516 dem Herzog übergeben, und Georgs Antwort, hrsg. von Woldemar Goerlitz, in: ders. (Hg.), Staat und Stände unter den Herzögen Albrecht und Georg. 1485–1539, Leipzig 1928, Nr. 9, S. 502–505.

Bířkov, Václav Šašek von, De Leonis a Rosmital nobilis bohemi Itinere per partes Germaninae, Belgii, Britanniae, Franciae, Hispaniae, Portugalliae atque Italiae annis MCCCCLXV–VII. Suscepto Commentarius coaevus, hrsg. von Johann Andreas Schmeller, in: ders. (Hg.), Des böhmischen Herrn Leo's von Rožmital Ritter-, Hof- und Pilger-Reise durch die Abendlande 1465–1467. Beschrieben von zweien seiner Begleiter, Stuttgart 1844, S. 1–142.

Böhmer, Johann Friedrich/Wilhelm Altmann, Regesta Imperii XI. Die Urkunden Kaiser Sigmunds (1410–1437). Bd. 1, Innsbruck 1896.

Bovet, Honoré, L'arbre des batailles, hrsg. von Reinhilt Richter-Bergmeier (Textes littéraires français 644), Genève 2017.

Brandenburg, Albrecht Achilles von, Kurf. Albrecht an M. Johann, hrsg. von Felix Priebatsch, in: ders. (Hg.), Politische Correspondenz des Kurfürsten Albrecht Achilles. Bd. 3, Leipzig 1898, Nr. 733, S. 47.

Brennwald, Heinrich, Schweizerchronik, hrsg. von Rudolf Luginbühl (Quellen zur Schweizer Geschichte. 1. Abteilung. Chroniken 2), Basel 1910.

Chastellain, Georges, Chronique. Les fragments du livre IV, révélés par l'additional manuscript 54156 de la British Library, hrsg. von Jean-Claude Delclos (Textes littéraires français 394), Genf 1991.

Chmel, Joseph/Friedrich, Regesta Chronologico-Diplomatica Friderici III. Romanorum Imperatoris. (Regis IV.). Auszug aus den im k. k. geheimen Haus-, Hof- und Staats-Archive zu Wien sich befindenden Reichsregistraturbüchern vom Jahre 1440–1493. Nebst Auszügen aus Original-Urkunden, Manuscripten und Büchern. Zweite Abtheilung. Vom Jahr 1452 (März) bis 1493, Wien 1840.

Clausewitz, Carl von, Vom Kriege. Hinterlassenes Werk des Generals Carl von Clausewitz. Vollständige Ausgabe im Urtext. 3 Teile in einem Band, hrsg. von Werner Hahlweg, Bonn [19]1991.

Commynes, Philippe de, Mémoires. Bd. 1, hrsg. von Joël Blanchard (Textes littéraires français 585), Genève 2007.

Cronica de Berno, in: Gottlieb Ludwig Studer (Hg.), Die Berner-Chronik des Conrad Justinger, Bern 1871, S. 295–301.

Dacher, Gebhard, Die „Konstanzer Chronik" Gebhart Dachers. „By des Byschoffs zyten volgiengen disz nachgeschriben ding vnd sachen …" Codex Sangallensis 646: Edition und Kommentar, hrsg. von Sandra Wolff (Konstanzer Geschichts- und Rechtsquellen 40), Ostfildern 2008.

Das Familienbuch der Herren von Eptingen. Kommentar und Transkription, hrsg. von Dorothea Christ (Quellen und Forschungen zur Geschichte und Landeskunde des Kantons Basel-Landschaft 41), Liestal 1992.

„Das Kloster der Minne“, hrsg. von Maria Schierling (Göppinger Arbeiten zur Germanistik 208), Göppingen 1980.

Demer, Georg/Ulrich Walther/Wilhelm Rem, Fortsetzungen der Chronik des Hector Mülich, hrsg. von Ferdinand Frensdorff, in: Friedrich Roth (Hg.), Die Chroniken der schwäbischen Städte. Augsburg. Bd. 4, Leipzig 1894, S. 405–470.

Die Anonyme Chronik der Burgunderkriege. 1473–1479, hrsg. von August Bernoulli, in: ders. (Hg.), Basler Chroniken. Bd. 5, Leipzig 1895, S. 499–527.

Die lere ſo dem Keyſer Maximilian inn ſeiner erſten jugent gemacht / vnnd durch eynen erfarnen trefflichen mann seiner Kriegßråth im zů geſtelt iſt, in: Die vier bücher Sexti Julii Frontini, des Conſulariſchen manns, von den gůten Råthen und Ritterlichen anſchlegen der gůten hauptleut, Mainz 1532, fol. 45v–51r.

Diesbach d. J., Ludwig von, Die autobiographischen Aufzeichnungen Ludwig von Diesbachs. Studien zur spätmittelalterlichen Selbstdarstellung im oberdeutschen und schweizerischen Raume, hrsg. von Urs Martin Zahnd (Schriften der Berner Burgenbibliothek 17), Bern 1986.

Ehenheim, Michel von, Das Familienbuch Michels von Ehenheim (um 1462/63–1518). Ein niederadliges Selbstzeugnis des späten Mittelalters. Edition, Kommentar, Untersuchung, hrsg. von Sven Rabeler (Kieler Werkstücke Reihe E, Beiträge zur Sozial- und Wirtschaftsgeschichte 6), Frankfurt am Main 2007.

Ehingen, Georg von, Reisen nach der Ritterschaft. Teil I: Edition, hrsg. von Gabriele Ehrmann (Göppinger Arbeiten zur Germanistik 262), Göppingen 1979.

Ein anonymer Romzugsbericht von 1452 (Ps-Enenkel) mit den zugehörigen Personenlisten (Teilnehmerlisten, Ritterschlagslisten, römische Einzugsordnung), hrsg. von Achim Thomas Hack (Zeitschrift für deutsches Altertum und deutsche Literatur. Beihefte 7), Stuttgart 2007.

Ein Brandenburgischer Mobilmachungsplan aus dem Jahre 1477, in: Kriegsgeschichtliche Einzelschriften des großen Generalstabs 1,3 (1884), S. 1–36.

Ein spanischer Bericht über ein Turnier in Schaffhausen im Jahr 1436, hrsg. von Karl Stehlin, in: Basler Zeitschrift für Geschichte und Altertumskunde 14 (1915), S. 145–176.

Erlebnisse eines deutschen Landsknechts (1484–1493), von ihm selbst beschrieben (Textedition), hrsg. von Wilhelm Johann Albert von Tettau, in: Mittheilungen des Vereins für die Geschichte und Alterthumskunde 4 (1869), S. 6–17.

Eschenbach, Wolfram von, Parzival, hrsg. von Karl Lachmann, in: ders. (Hg.), Wolfram von Eschenbach. Werke, Berlin ^{5}1891, S. 11–388.

Eyb d. Ä., Ludwig von, Schriften. Denkwürdigkeiten – Gültbuch – Briefe an Kurfürst Albrecht Achilles 1473/74 – Mein Buch, hrsg. von Matthias Thumser (Veröffentlichungen der Gesellschaft für Fränkische Geschichte: I. Reihe, Fränkische Chroniken 6), Neustadt/Aisch 2002.

Eyb d. J., Ludwig von, Das Turnierbuch des Ludwig von Eyb (cgm 961). Edition und Untersuchung, hrsg. von Heide Stamm (Stuttgarter Arbeiten zur Germanistik 166), Stuttgart 1986.

Eyb d. J., Ludwig von, Geschichten und Taten Wilwolts von Schaumberg. Kritische Edition, hrsg. von Helgard Ulmschneider (Studien und Texte zum Mittelalter und zur frühen Neuzeit 21), Münster 2018.

Fabri, Felix, Ejgentliche beſchreibung der hin vnnd wider farth zu dem Heyligen Landt gen Jeruſalem / vnd furter durch die groſſe Wůſteney zu dem Heiligen Berge Horeb Sinay / darauß zuuernemen was wunders die Pilgrin hin vnd wider auff Land vnd waſſer zu erfahren vnd zu beſehen haben / Vber die maß kurtzweilig vnd lůstig zu leſen / ſonderlich denen ſo der Heiligen ſchrifft ettwas erfahrn ſein, Frankfurt am Main 1556.

Flersheim, Philipp von/Lorentius Fohenstein, Die Flersheimer Chronik. Zur Geschichte des XV. und XVI. Jahrhunderts. Zum ersten Mal nach vollständigen Handschriften, hrsg. von Otto Waltz, Leipzig 1874.

Fortsetzungen des Königshofen. Von 1091–1544, hrsg. von Franz Joseph Mone, in: ders. (Hg.), Quellensammlung der badischen Landesgeschichte. 1. Band, Karlsruhe 1848, S. 251–309.

Fragment van een gedicht betreffende de samenkomst van Keizer Frederik III met Karel Van Bourgondie te Trier, in 1473, hrsg. von Johannes Tideman, in: Verslagen en Berigten uitgegeven door de Vereeniging ter bevordering der Oude Nederlandsche Letterkunde 4 (1847), S. 42–66.

Franceschi, Andrea de, Itinerario di Germania dell'anno 1492, hrsg. von Henry Simonsfeld, in: Miscellanea di storia veneta 2, 9 (1903), S. 275–345.

Frederik III. en Karel de Stoute te Trier 1473, hrsg. von Henri Ernst Moltzer, in: ders. (Hg.), Frederik III en Karel de Stoute te Trier 1473, naar het Berlijnsche Handschrift en een fragment van ‚Die enighe sprake ende vereneghinge die sunte Augustinus hadde mit God', Groningen, Leiden 1890, S. 6–35.

Freiburg, Berthold von, Die „Rechtssumme" Bruder Bertholds. Eine deutsche abecedarische Bearbeitung der „Summa Confessorum" des Johannes von Freiburg. Bd. IV: Buchstabenbereich R–Z, hrsg. von Daniela Kuhlmann, Freimut Löser, Georg Steer, Karl-Heiner Südekum und Wolfgang Klimanek (Texte und Textgeschichte 11), Berlin, New York 1987.

Frey, Kaspar, Die Schwabenkriegschronik des Kaspar Frey und ihre Stellung in der eidgenössischen Historiographie des 16. Jahrhunderts, hrsg. von Andre Gutmann (Veröffentlichungen der Kommission für geschichtliche Landeskunde in Baden-Württemberg, Reihe B, Forschungen 176), Stuttgart 2010.

Friderici I. constitutiones, hrsg. von Ludwig Weiland, in: ders. (Hg.), Constitutiones et acta publica imperatorum et regum. Bd. 1: 911–1197, Hannover 1893, S. 191–463.

Fritz, Wolfgang D., Die Goldene Bulle Kaiser Karls IV. vom Jahre 1356 (MGH Font. iur. Germ. 11), Weimar 1972.

Fürer, Christoph, Christoph Fürers Lebenserinnerungen (Fragment). Fürerisches Geschlechterbuch, Fol. 555ff., hrsg. von Johann Kamann, in: Mitteilungen des Vereins für Geschichte der Stadt Nürnberg 28 (1928), S. 282–284.

Gärtner, Werner der, Helmbrecht, hrsg. von Friedrich Panzer und Kurt Ruh (Altdeutsche Textbibliothek 11), Berlin/Boston [10]1993.

Gasser, Achilles Pirmin, Annales De Vetustate Originis, Amoenitate Situs, Splendore Ædificiorum, Ac Rebus Gestis Civium Reipublicæ Que Augstburgensis, Multo Sane Labore, Summa Etiam Fide Perdiu Collecti, Et Juxta seriem Annorum Nativitatis Jesu Christi, Ad Romanorum Imperatorum Franorumque Regum Tempora, Nec Non Tam, Ad Politici Quam Ecclesiastici Ibidem Magistratus Fastos, Accuratissimo Ordine Digesti, hrsg. von Johannes Burchard Mencken, in: ders. (Hg.), Scriptores rerum Germanicarum praecipue Saxonicarum. In Qvibvs Scripta Et Monvmenta Illvstria, Pleraqve Hactenvs Inedita, Tvm Ad Historiam Germaniae Generatim, Tvm Speciatim Saxoniae Svp. Misniae, Thvringiae Et Varisciae Spectantia, Vel Nvnc Primvm In Lvcem Protrahvntvr, Vel Cvm Codicibus Mss. Collata Notvlis Illvstrantvr. Bd. 1, Leipzig 1728, Sp. 1317–1954.

Gebsattel, Siegmund von, Eigenhändige Aufzeichnung des Siegmund von Gebsattel über die Turniere von 1484–1487, hrsg. von Hans Philipp Werner von und zu Aufseß, in: Anzeiger für Kunde der deutschen Vorzeit NF 1 (1853/54), Sp. 67–69.

Gesellenbrief der Turniergesellschaft zum gekrönten Steinbock (1480), hrsg. von Wilhelm Franck, in: Mittheilungen des Vereins für Geschichte und Alterthumskunde in Frankfurt am Main 2, 1 (1861), S. 43–52.

Giovio, Paolo, Historiarum sui temporis. Bd. 1, Straßburg 1556.

Gruben, Hans von der, Die waldtfahrt gethan zu dem heiligen grab durch herr Ludwigen von Diesbach, rittern, und seinen diener Hanss von der Gruben. Geschrieben durch den obgenandten Hanss von der Gruben, hrsg. von Max von Diesbach, in: Archiv des Historischen Vereins des Kantons Bern 14 (1893/96), S. 117–151.

Gründung der Bärengesellschaft (Textedition), hrsg. von Joseph Morsel, in: Historische Anthropologie 22, 1 (2014), S. 40–44.

Grünpeck, Joseph, Historia Friderici III et Maximiliani I, hrsg. von Joseph Chmel, in: ders. (Hg.), Der österreichische Geschichtsforscher. Bd. 1, Wien 1838, S. 64–97.

Gunderam, Matthias, Textedtion seiner Lebensbeschreibung Lucas Cranachs d. Ä., hrsg. von Carl Eberhard Reimer, in: ders. (Hg.), Hiſtorisch-critiſche Abhandlung über das Leben und die Kunſtwerke des berühmten deutschen Mahlers, Lucas Cranach, Hamburg 1761, S. 26–31.

Gunderam, Matthias, Zeugniß des Cranach'ſchen Hauslehrers Matthias Gunderam zu Wittenberg, welches ſich im Thurmknopfe daſelbſt befindet, in: Joseph Heller (Hg.), Lucas Cranach's Leben und Werke, Nürnberg [2]1854, S. 279–282.

Habsburg, Maximilian I. von/Melchior Pfintzing / Marx Treitzsaurwein, Die Abenteuer des Ritters Theuerdank. Die geuerlicheiten vnd einsteils der geschichten des loblichen streytparen vnd hochberümbten helds vnd Ritters herz Tewrdannckhs.

Kolorierter Nachdruck der Gesamtausgabe von 1517, hrsg. von Stephan Füssel, Köln 2003.

Habsburg, Maximilian I. von/Marx Treitzsaurwein, Der Weisskunig, hrsg. von Alwin Schultz (Jahrbuch der Kunsthistorischen Sammlungen des Allerhöchsten Kaiserhauses 6), Wien 1888.

Haller, Bartholomäus, Nachrichten über die Turniere zu Würzburg und Bamberg in den Jahren 1479 und 1486, hrsg. von Ludwig Albert von Gumppenberg, in: Archiv des Historischen Vereins für Unterfranken und Aschaffenburg 19, 2 (1867), S. 164–210.

Harff, Arnold von, Die Pilgerfahrt des Ritters Arnold von Harff von Cöln durch Italien, Syrien, Ägypten, Arabien, Äthiopien, Nubien, Palästina, die Türkei, Frankreich und Spanien, wie er sie in den Jahren 1496 bis 1499 vollendet, beschrieben und durch Zeichnungen erläutert hat, hrsg. von Eberhard von Groote, Köln 1860.

Herberstein, Sigmund von, Mein Sigmunden Freyherrn zu Herberstain, Neyperg und Guttenhag, Raittung, und Antzaigen meines Lebens und Wesens wie hernach volgt, hrsg. von Márton György Kovachich in: ders. (Hg.), Sammlung kleiner, noch ungedruckter Stücke, in welchen gleichzeitige Schriftsteller einzelne Abschnitte der ungarischen Geschichte aufgezeichnet haben. Bd. 1, Ofen 1805, S. 111–287.

Herberstein, Sigmund von, Selbst-Biographie. 1486–1553, hrsg. von Theodor Georg von Karajan, in: ders. (Hg.), Johannes Tichtels Tagebuch. Sigmunds von Herberstein Selbstbiographie. Johannes Cuspinians Tagebuch. Georg Kirchmairs Denkwürdigkeiten, Wien 1855, S. 67–396.

Herberstein, Sigmund von, Das Familienbuch Sigmunds von Herberstein. Nach dem Originale herausgegeben, hrsg. von Josef Zahn, in: Archiv für Österreichische Geschichte 39 (1868), S. 293–415.

Hertzog, Bernhard, Chronicon Alsatiae. Edelsasser Chronick unnd außfürliche beschreibung des untern Elsasses am Rheimstrom, Straßburg 1592.

Hutten, Ulrich von, Vlrichi de Hvtten eqvitis ad Bilibaldum Pirckheymer patricivm Norimbergensem epistola vitae svae rationem exponens. Augsburg, 25. Oktober 1518, hrsg. von Eduard Böcking, in: Vlrichi Hvtteni Eqvitis Germani Opera Qvæ Reperiri Potvervnt Omnia. Ulrichs von Hutten Schriften. Bd. 1, Leipzig 1859, S. 195–217.

Ilsung, Sebastian, Auszug aus dem Ilsung. Ehrenbuch, Sebastian Ilsungs Reißen, Orden und Gesellschafften auch anderes betr., hrsg. von Philipp Wilhelm Gottlieb Hausleutner, in: Schwäbisches Archiv 2 (1793), S. 338–343.

Ilsung, Sebastian, Textedition in „Sebastian Ilsung als Spanienreisender und Santiagopilger", hrsg. von Volker Honemann, in: Klaus Herbers (Hg.), Deutsche Jakobspilger und ihre Berichte, Tübingen 1988, S. 81–95.

Johann v., Wild- und Rheingraf, Autobiographische Aufzeichnungen des Wild- und Rheingrafen Johann V., hrsg. von Hans-Walter Herrmann, in: Ernst-Dieter Hehl (Hg.), Deus qui mutat tempora. Menschen und Institutionen im Wandel des Mittelalters, Sigmaringen 1987, 335–353.

Kaiser Ferdinandi hochlöblicher gedechtnus, Hochzeit und Verehlung mit Künigin Anna von Hungern vnd Behemb zu Linz gehalten, und was sich bey dem damall gehaltnen Turnier ain Spanier vnderstanden, die löbliche Teutsche nation zuuerachten, vnd anerboten, sich mit ainen Herrn oder Rittersmann vmb leib vnd leben zukempfen, wie es Ime geraten und letzlichen bezalet worden, hrsg. von Franz Isidor Proschko, in: Bericht über das Museum Francisco-Carolinum 15 (1855), S. 7–10.

Keyſer Friederichs III. Inriten zu Rome / Anno 1452, hrsg. von Jakob Wencker, in: ders. (Hg.), Dissertatio De Pfalburgeris Ad Cap. XVI. Aur. Bull. Revisa & aucta ex actis & documentis publicis Archivi Argent. Accesserunt Disquisitiones dua de Usburgeris & Glevenburgeris, Straßburg 1698, S. 109–112.

Klüpfel, Karl August, Urkunden Zur Geschichte Des Schwäbischen Bundes (1488–1533.). Bd. 1: 1488–1506 (Bibliothek des litterarischen Vereins in Stuttgart 14), Stuttgart 1846.

Labach, Peter Stern von, Belegerung der Statt Wienn. Jm jar / Als man zallt nach Cristi geburt / tauſend fünffhundert vnnd in newnundtzwaintzigiſten beſchehn kürtzlich angetzaigt, hrsg. von Karl Weiss, in: Karl Weiss/Albert Camesina (Hgg.), Niclas Meldeman's Rundansicht der Stadt Wien während der Türkenbelagerung im Jahre 1529, Wien 1863, S. 1–21.

Lappitz, Andreas Kuzál von, Autobiographie, hrsg. von Johann Wilhelm von Wurmbrand, in: ders. (Hg.), Collectanea Genealogico-Historica, Ex Archivo Inclytorum Austriae Inferioris Statuum, Ut Et Aliis Privatis Scriniis, Documentisque Originalibus Excerpta, Viennae Austriae, Wien 1705, S. 63–68.

Libellus de magnificentia ducis Burgundiae in Treveris visa conscriptus, hrsg. von Wilhelm Vischer, in: ders. (Hg.), Basler Chroniken. Bd. 3, Leipzig 1887, S. 332–360.

Liliencron, Rochus von, Die historischen Volkslieder der Deutschen vom 13. bis 16. Jahrhundert. Bd. 1, Leipzig 1865.

Luther, Martin, Eine Predigt, daß man Kinder zur Schule halten ſolle, in: Martin Luthers Werke. Kritische Gesamtausgabe. Bd. 30, Abt. 2, Weimar 1909, S. 508–588.

Machiavelli, Niccolò, Discorsi sopra la prima Deca di Tito Livio. Libri I–II, hrsg. von Rinaldo Rinaldi, in: ders. (Hg.), Opere di Niccolò Machiavelli. Bd. 1,1, Turin 1999, S. 411–940.

Machiavelli, Niccolò, Ritracto delle cose della magna, hrsg. von Alessandro Montevecchi in: ders. (Hg.), Opere di Niccolò Machiavelli. Bd. 2, Turin 1986, S. 182–188.

Machiavelli, Niccolò, Dell'arte della guerra, hrsg. von Rinaldo Rinaldi in: ders. (Hg.), Opere di Niccolò Machiavelli. Bd. 1,2, Turin 1999, S. 1217–1483.

Melanchthon, Philipp, Philippi Melanthonis Opera Quae Supersunt Omnia. Bd. 6, hrsg. von Karl Gottlieb Bretschneider (Corpus Reformatorum 6), Halle a.d. Saale 1839.

Meyer, Joachim, Gründtliche Beschreibung der freyen Ritterlichen und Adelichen kunst des Fechtens in allerley gebreuchlichen Wehren, mit schönen und nützlichen Figuren gezieret und fürgestellet. Transkription des Fechtbuchs, hrsg. von Wolfgang Landwehr (Bibliothek der historischen Kampfkünste 3), Herne 2011.

Motta, Emilio/Emilio Tagliabue, Pel quarto centenario della battaglia di Calven e Mals, 22 Maggio 1499. La Battaglia di Calven e Mals secondo le relazioni degli ambasciatori Milanesi (con alcuni documenti inediti sulla vittoria degli Svizzeri a Dornach), Roveredo GR 1899.

Narratio de conflictu Laupensi, hrsg. von Johann Friedrich Böhmer und Alfons Huber, in: dies. (Hgg.), Fontes rerum Germanicarum. Geschichtsquellen Deutschlands. Bd. 4, Stuttgart 1868, S. 6–16.

Noltz, Reinhart, Tagebuch des Reinhart Noltz, Bürgermeisters der Stadt Worms 1493–1509, mit Berücksichtigung der officiellen Acta Wormatiensia 1487–1501, hrsg. von Heinrich Boos, in: ders. (Hg.), Monumenta Wormatiensia. Annalen und Chroniken, Berlin 1893, S. 371–584.

Ordnung über die Hofeinrichtung des Markgrafen Johann, hrsg. von Adolph Friedrich Riedel, in: ders. (Hg.), Sammlung der Urkunden, Chroniken und sonstigen Quellenschriften für die Geschichte der Mark Brandenburg und ihrer Regenten. Bd. 2, Berlin, Berlin 1860, S. 115–126.

Pappenheim, Matthäus von, Von dem vralten Stammen vnd herkommen der Herren von Calatin/ yetzund zů vnnser zeit die Edlen zů Bappenhaim / Biberbach / Wildenstain / vnd Elgaw / des hailigen Römischen Reichs Erbmarschälck etc. auß den vrål̊tisten Historien gezogen/ vnd in Latein beschriben durch Herrn Mattheum zů Bappenhaim Marchalck etc. Doctor / vnd Thumbherr zů Augspurg. Anno 1495. Aber yetzt an vilen ortern durch auß gebessert/ Corrigiert / gemert / vnd inn das Teutsch tranßferiert / erstlich im truck außgangen, Augsburg 1554.

Peter von Danzig. Transkription und Übersetzung der Handschrift 44 A 8, hrsg. von Dierk Hagedorn (Bibliothek der historischen Kampfkünste 2), Herne 2008.

Piccolomini, Enea Silvio, Antonii Panormitae De Dictis Et Factis Alphonsi Regis Aragonvm Libri Qvatvor. Commentarium in eofdem Aeneæ Syluij quo capitatim cum Alphonfinis contendit, hrsg. von Jakob Spiegel, Basel 1538.

Piccolomini, Enea Silvio, Germania, hrsg. von Maria Giovanna Fadiga (Il ritorno dei classici nell'Umanesimo 4, Edizione nazionale dei testi della storiografia umanistica 5), Firenze 2009.

Piccolomini, Enea Silvio, Historia Austrialis. Teil 2, hrsg. von Martin Wagendorfer (SS rer. Germ. N. S. 24), Hannover 2009.

Pirckheimer, Caritas, Briefe von, an und über Caritas Pirckheimer (aus den Jahren 1498–1530), hrsg. von Josef Pfanner (Caritas Pirckheimer – Quellensammlung 3), Landshut 1966.

Pirckheimer, Willibald, Wilibald Pirckheimers Schweizerkrieg, hrsg. von Karl Rück, München 1895.

Pirckheimer, Willibald, An den Nürnberger Rat. Lindau, 19. Mai 1499, hrsg. von Emil Reicke, in: Emil Reicke/Arnold Reimann (Hgg.), Willibald Pirckheimers Briefwechsel. Bd. 1, München 1940, S. 82–84.

Pirckheimer, Willibald, Cl. Viri, D. Bilibaldi Pirckeymheri, Senatoris quondam Nurenbergensis, Vita, hrsg. von Karl Rück in: ders. (Hg.), Wilibald Pirckheimers Schweizerkrieg, München 1895, S. 139–152.

Planitz, Hans von der, Planitz an Kurfürst Friedrich, Nürnberg 1523 Februar 4:, hrsg. von Hans Virck und Ernst Wülcker, in: dies. (Hgg.), Berichte aus dem Reichsregiment in Nürnberg 1521–23, Leipzig 1899 [ND Hildesheim/New York 1979], S. 355–360.

Popplau, Niclas von, Reisebeschreibung Niclas von Popplau, Ritters, bürtig von Breslau, hrsg. von Piotr Radzikowski (Prace Instytutu Historii Wyzśzej Szkoły Pedagogicznej w Kielcach 8), Krakau 1998.

Raidenbuch, Wilhelm von, Turnier zu Heidelberg im Jahre 1481. Aus Raidenbuchers Turnierbuch, hrsg. von Ludwig Albert von Gumppenberg, in: ders. (Hg.), Die Gumppenberger auf Turnieren. Nachtrag zur Geschichte der Familie von Gumppenberg, Würzburg 1862, S. 72–74.

Raidenbuch, Wilhelm von, Turnier zu Regensburg im Jahre 1487. Aus Raidenbuchers Turnierbuch, hrsg. von Ludwig Albert von Gumppenberg, in: ders. (Hg.), Die Gumppenberger auf Turnieren. Nachtrag zur Geschichte der Familie von Gumppenberg, Würzburg 1862, S. 137–154.

Raidenbuch, Wilhelm von, Turnier zu Würzburg im Jahre 1479. Aus Raidenbuchers Turnierbuch, hrsg. von Ludwig Albert von Gumppenberg, in: ders. (Hg.), Die Gumppenberger auf Turnieren. Nachtrag zur Geschichte der Familie von Gumppenberg, Würzburg 1862, S. 62–70.

Reichs-Tags Abſchied zu Coſtniß Anno 1507 aufgerichtet, hrsg. von Heinrich Christian von Senckenberg und Johann Jakob Schmauss, in: dies. (Hgg.), Neue und vollſtändigere Sammlung der Reichs-Abſchiede, welche von den Zeiten Kayſer Conrad des II. bis jetzo, auf den Teutſchen Reichs-Tagen abgefaſſet worden, ſammt den wichtigſten Reichs-Schlüſſen, ſo auf dem noch fürwährenden Reichs-Tage zur Richtigkeit gekommen sind. Zweyter Theil derer Reichs-Abſchiede von dem Jahr 1495 bis auf das Jahr 1551 incluſive, Frankfurt am Main 1747, S. 112–119.

Riezler, Sigmund von, Fürstenbergisches Urkundenbuch. Bd. 3: Quellen zur Geschichte der Grafen von Fürstenberg vom Jahre 1400–1479, Tübingen 1878.

Riezler, Sigmund von, Fürstenbergisches Urkundenbuch. Bd. 4: Quellen zur Geschichte der Grafen von Fürstenberg vom Jahre 1480–1509, Tübingen 1879.

Rothe, Johannes, Der Ritterspiegel, hrsg. von Christoph Huber und Pamela Kalning, Berlin 2009.

Rüxner, Georg, Anfang vrſprung vnnd herkommen des Thurnirs in Teutscher nation. Wieuil Thurnier biſz vff den letſten zů Worms / auch wie / vnd an welchen ortten die gehalten / vnd durch was Fůrſtenn / Grauen / Herrn / Ritter vnnd vom Adel / ſie ieder zeit beſůcht worden ſindt. Zů lobwirdiger gedechtnuß Rőmiſcher Keyſerlicher Maieſtat / vnnſers allergnedigſten Herrn / vnd alles Tetſchen Adels / Hohen vnd Nidern ſtands voreltern / außgangen, Simmern 1530.

Schamdocher, Georg, Breve Chronicon Georgii Schamdocher Rerum ſub Friderico III. geſtarum ab A. MCCCCXL. ad A. MCCCCLXXIX, hrsg. von Andreas Felix Oefele, in: ders. (Hg.), Rerum Boicarum scriptores nusquam antehac editi, Augsburg 1763, S. 315–321.

Scheurl, Christoph, Christoph Scheurl's Geschichtbuch der Christenheit von 1511–1521, hrsg. von Joachim Karl Friedrich Knaake, in: Jahrbücher des deutschen Reiches und der deutschen Kirche im Zeitalter der Reformation 1 (1872), S. 1–179.

Schilling, Diebold, Die Berner-Chronik des Diebold Schilling. 1468–1484. Bd. 1, hrsg. von Gustav Tobler, Bern 1897.

Schradin, Niklas, Der Schwabenkrieg vom Jahre 1499, besungen in teutschen Reimen durch Nicolaus Schradin zu Lucern 1500, in: Der Geschichtsfreund 4 (1847), S. 3–66.

Schrenck von Notzing, Jakob, Die Heldenrüstkammer (Armamentarium Heroicum) Erzherzog Ferdinands II. auf Schloß Ambras bei Innsbruck. Faksimiledruck der lateinischen und der deutschen Ausgabe des Kupferstich Bildinventars von 1601 bzw. 1603, hrsg. von Bruno Thomas, Osnabrück 1981.

Segesser, Anton Philipp von/Joseph Karl Krütli (Hgg.), Die eidgenössischen Abschiede aus dem Zeitraume von 1421 bis 1477 (Amtliche Sammlung der ältern eidgenössischen Abschiede 2), Lucern 1863.

Seldeneck, Philipp von, Das Kriegsbuch des Philipp von Seldeneck vom Ausgang des 15. Jahrhunderts. Untersuchung und kritische Herausgabe des Textes der Karlsruher Handschrift, hrsg. von Kurt Neubauer, Heidelberg 1963.

Sender, Clemens, Die Chronik von Clemens Sender von den ältesten Zeiten der Stadt bis zum Jahr 1536, hrsg. von Friedrich Roth, in: ders. (Hg.), Die Chroniken der schwäbischen Städte. Augsburg. Bd. 4, Leipzig 1894, S. 1–404.

Solms, Reinhard zu, Beschreibung Vom Ursprung, anfang und herkhomen des Adels, Adelichen vnderhaltungen vnd aufferlegtem gebürlichem beuelch, wie sich der Adel seinem Tittel nach halten vnd herwiderumb solle gehalten werden. Alles mit berichtlichen vrsachen angezeygt, Frankfurt am Main 1563.

Spalatin, Georg, Dissertatio geneal. historica de Alberti dvcis Saxoniæ liberis, in: Johann Burkhard Mencke (Hg.), Scriptores Rervm Germanicarvm, Praecipve Saxonicarvm, in quibus scripta et monumenta illustria pleraque hactenus inedita tum ad historiam Germaniae generatim tum speciatim Saxoniae sup., Misniae, Thuringiae et Varisciae spectantia illustrantur. Bd. 2, Leipzig 1728, Sp. 2123–2174.

Spangenberg, Cyriacus, Adels Spiegel. Hiſtoriſcher Ausführlicher Bericht: Was Adel sey und heiſſe / Woher er komme / Wie mancherley er ſey / Und Was denselben ziere und erhalte / auch hingegen verſtelle vnd schwåche […], Schmalkalden 1591.

Spangenberg, Cyriacus, Der Ander Teil des Adelspiegels. Was Adel mache / befördere / ziere / vermehre / vnd erhalte: Vnd hinwider dehnſelben schweche / verſtelle / verunehre vnndveracht mache, Schmalkalden 1594.

Speth, Konrad, Epistola Conradi Späth ad Comitem Wolffium de Oettingen, ratione Torneamenti, de Anno 1484, hrsg. von Johann Heinrich von Falckenstein, in:

ders. (Hg.), Johann Heinrichs von Falckenstein Antiqvitates Nordgavienses Oder Nordgauische Alterthümer und Merckwürdigkeiten, fortgesetzt in dem Hochwürdigen Dom-Capitel der Aureatensischen Kirche, oder Hochfürstl. Hochstifft Eichstett, Franckfurth, Leipzig 1733, Nr. CCCLII, S. 307–308.

Statuten der Einhorngesellschaft (Textedition), hrsg. von Joseph Morsel, in: Historische Anthropologie 22, 1 (2014), S. 35–40.

Stetten, d. Ä., Paul von, Geschichte Der Heil. Rôm. Reichs Freyen Stadt Augſpurg. Aus Bewåhrten Jahr-Bůchern und Tůchtigen Urkunden gezogen, Frankfurt am Main/Leipzig 1743.

Stetter, Johannes/Gebhard Dacher, Die Chroniken Stetters, des Anonymus und Dachers, hrsg. von Philipp Ruppert, in: ders. (Hg.), Das alte Konstanz in Schrift und Stift. Die Chroniken der Stadt Konstanz, Konstanz 1891, S. 1–269.

Stumpf, Johannes, Gemeiner loblicher Eydgnoſchafft Stetten, Landen vnd Vôlckeren Chronick wirdiger thaaten beschreybung. Bd. 2, Zürich 1548.

Suchenwirt, Peter, Von der Mynn slaff, hrsg. von Alois Primisser, in: ders. (Hg.), Peter Suchenwirt's Werke aus dem vierzehnten Jahrhunderte. Ein Beytrag zur Zeit- und Sittengeschichte, Wien 1827, S. 96–100.

Tafur, Pero, Andanças é viajes de Pero Tafur por diversas partes del mundo avidos. (1435–1439), hrsg. von Marcos La Jiménez de Espada (Colección de libros españoles raros ó curiosos 8), Madrid 1874.

Tetzel, Gabriel, Des böhmischen Herrn Leo's von Rožmital Ritter-, Hof- und Pilger-Reise durch die Abendlande. Beschrieben durch Gabriel Tetzel von Nürnberg, hrsg. von Johann Andreas Schmeller, in: ders. (Hg.), Des böhmischen Herrn Leo's von Rožmital Ritter-, Hof- und Pilger-Reise durch die Abendlande 1465–1467. Beschrieben von zweien seiner Begleiter, Stuttgart 1844, S. 143–196.

Thein, Christophs von, Die Selbstbiographie Christophs von Thein. 1453–1516, hrsg. von Adam Wolf, in: Archiv für Österreichische Geschichte 53,1 (1875), S. 103–123.

Wallhausen, Johann Jacob von, Ritterkunst. Darinnen begriffen / I. Ein Trewhertziges Warnungſchreiben wegen deß Betrůbten Zuſtands jetziger Christenheit. II. Unterricht aller Handgriffen / ſo ein jeder Cauallirer hochnôtig zu wiſſen bedarff, Frankfurt am Main 1616.

Walther, Marx, Marx Walthers Turnierbuch. Mit Familienchronik und Stiftungsverzeichnis, hrsg. von Daniel J. M. Huber (Editionen und Übersetzungen 1), Königsbrunn 2014.

Winterthur, Johann von, Chronica Iohannis Vitodurani. Die Chronik Johanns von Winterthur, hrsg. von Friedrich Baethgen (MGH SS rer. Germ. N. S. 3), Berlin 1955.

Wittenwiler, Heinrich, Heinrich Wittenwilers Ring. Nach der Meininger Handschrift, hrsg. von Edmund Wiessner (Deutsche Literatur Realistik des Spätmittelalters 3), Leipzig 1931 [ND Darmstadt 1973].

Würdinger, Josef, Urkunden-Auszüge zur Geschichte des Landshuter Erbfolgekrieges. (1503–1505), München 1862.

Zimmern, Froben Christoph von, Zimmerische Chronik. Bd. 1–4, hrsg. von Karl August Barack, Freiburg i. B./Tübingen ²1881.

Zink, Burkhard, Chronik des Burkard Zink. 1368–1468, hrsg. von Ferdinand Frensdorff und Matthias Lexer, in: Ferdinand Frensdorff (Hg.), Die Chroniken der schwäbischen Städte. Augsburg. Bd. 2, Leipzig 1866, S. 1–330.

Literatur

Algazi, Gadi, Herrengewalt und Gewalt der Herren im späten Mittelalter. Herrschaft, Gegenseitigkeit und Sprachgebrauch (Historische Studien 17), Frankfurt am Main 1996.

Althoff, Gerd, Regeln der Gewaltanwendung im Mittelalter, in: Rolf Peter Sieferle/Helga Breuninger (Hgg.), Kulturen der Gewalt. Ritualisierung und Symbolisierung von Gewalt in der Geschichte, Frankfurt am Main 1998, S. 154–170.

Althoff, Gerd, Schranken der Gewalt. Wie gewalttätig war das „finstere Mittelalter“?, in: Horst Brunner (Hg.), Der Krieg im Mittelalter und in der frühen Neuzeit. Gründe, Begründungen, Bilder, Bräuche, Recht, Wiesbaden 1999, S. 1–23.

Althoff, Gerd/Jürgen Sarnowsky/Nikolas Jaspert/Kurt Andermann/Malte Prietzel/Martin Clauss (Hgg.), Krieg im Mittelalter (Damals. Sonderband 2017), Darmstadt 2017.

Andermann, Kurt, Studien zur Geschichte des pfälzischen Niederadels im späten Mittelalter. Eine vergleichende Untersuchung an ausgewählten Beispielen (Schriftenreihe der Bezirksgruppe Neustadt im Historischen Verein der Pfalz 10), Speyer 1982.

Andermann, Kurt (Hg.), „Raubritter“ oder „Rechtschaffene vom Adel“? Aspekte von Politik, Friede und Recht im späten Mittelalter (Oberrheinische Studien 14), Sigmaringen 1997.

Andermann, Kurt, Art. „Raubritter“, Stand: 09.05.2011, Historisches Lexikon Bayerns, URL: https://www.historisches-lexikon-bayerns.de/Lexikon/Raubritter, Abgerufen: 05.08.2022.

Andermann, Kurt, Bei Fürsten und Kaisern wohlgelitten. Konrad von Berlichingen (+1497), in: Zeitschrift für Bayerische Landesgeschichte 78 (2015), S. 573–593.

Andresová, Klára, Military Camps in Military Manuals, in: Alexander S. Wilkinson/Graeme Kemp (Hgg.), Negotiating conflict and controversy in the early modern book world, Leiden, Boston 2019, S. 163–177.

Anglo, Sydney, The martial arts of Renaissance Europe, New Haven, Conn. 2000.

Arnold, Klaus/Sabine Schmolinsky/Urs Martin Zahnd/Jörg Hillmann/Markus Späth (Hgg.), Das dargestellte Ich. Studien zu Selbstzeugnissen des späteren Mittelalters und der frühen Neuzeit (Selbstzeugnisse des Mittelalters und der beginnenden Neuzeit 1), Bochum 1999.

Art. "Trabant", in: Deutsches Wörterbuch von Jacob und Wilhelm Grimm. Bd. 21 (XI,I,1), Leipzig 1935, Sp. 941–952.

Art. „Brandschatzung" und „Brandschatzen", in: Deutsches Rechtswörterbuch. Wörterbuch der älteren deutschen Rechtssprache. Bd. 2, Weimar 1935, Sp. 449–450.

Art. „Kunst", in: Deutsches Wörterbuch von Jacob und Wilhelm Grimm. Bd. 11 (V), Leipzig 1873, Sp. 2666–2684.

Art. „Mensch", in: Deutsches Wörterbuch von Jacob und Wilhelm Grimm. Bd. 12 (VI), Leipzig 1885, Sp. 2021–2033.

Art. „Reise", in: Deutsches Rechtswörterbuch. Wörterbuch der älteren deutschen Rechtssprache. Bd. 11, Weimar 2007, Sp. 769–773.

Art. „Reiterei", in: Deutsches Wörterbuch von Jacob und Wilhelm Grimm. Bd. 14 (VIII), Leipzig 1893, Sp. 782.

Art. „Spiegelfechten", in: Deutsches Wörterbuch von Jacob und Wilhelm Grimm. Bd. 16 (X,I), Leipzig 1905, Sp. 2245–2248.

Art. „Stab", in: Deutsches Rechtswörterbuch. Wörterbuch der älteren deutschen Rechtssprache. Bd. 13, Weimar 2018, Sp. 1129–1145.

Art. „Stallbruder", in: Deutsches Wörterbuch von Jacob und Wilhelm Grimm. Bd. 17 (X,II,1), Leipzig 1919, Sp. 609–611.

Art. „stegreif", in: Deutsches Wörterbuch von Jacob und Wilhelm Grimm. Bd. 17 (X,II,1), Leipzig 1919, Sp. 1386–1393.

Askew, Graham N./Federico Formenti/Alberto E. Minetti, Limitations imposed by wearing armour on Medieval soldiers' locomotor performance, in: Proceedings of the Royal Society B 279 (2012), S. 640–644.

Auer, Leopold, Formen des Krieges im abendländischen Mittelalter, in: Manfried Rauchensteiner/Johann Christoph Allmayer-Beck (Hgg.), Formen des Krieges. Vom Mittelalter zum „Low-Intensity-Conflict", Graz 1991, S. 16–43.

Auer, Leopold, Mittelalterliches Kriegswesen im Zeichen des Rittertums, in: Christoph Kaindel/Andreas Obenaus (Hgg.), Krieg im mittelalterlichen Abendland, Wien 2010, S. 65–79.

Aufsess, Otto Frh. von u. zu, Geschichte des uradelichen Aufseß'schen Geschlechtes in Franken. Nach den Quellen bearb. und hrsg. von Otto Freiherr von und zu Aufseß, Berlin 1888.

Baader, Joseph, Zur Geschichte der Kriegskunst, in: Anzeiger für Kunde der deutschen Vorzeit, NF 19 (1872), Sp. 185–188.

Bach, Rainer, Der ritterschaft in eren. Das Bild des Krieges in den historiographischen Schriften niederadliger Autoren des 15. und frühen 16. Jahrhunderts (Imagines medii aevi 10), Wiesbaden 2002.

Bachmann, Christoph, Art. „Öffnungsrecht“, Stand: 15.09.2009, Historisches Lexikon Bayerns, URL: https://www.historisches-lexikon-bayerns.de/Lexikon/Öffnungs recht, Abgerufen: 05.08.2022.

Barber, Richard W., Malory's Le Morte Darthur and court culture under Edward IV, in: James Patrick Carley/Felicity Riddy (Hgg.), Arthurian Literature XII, Cambridge 1993, S. 133–155.

Barber, Richard W., When is a knight not a knight?, in: Stephen Church/Ruth Harvey (Hgg.), Medieval Knighthood. Bd. 5: Papers from the sixth Strawberry Hill Conference 1994, Woodbridge 1994, S. 1–17.

Barthold, Friedrich-Wilhelm, George von Frundsberg oder das deutsche Kriegshandwerk zur Zeit der Reformation 1833.

Bastress-Dukehart, Erica, The Zimmern chronicle. Nobility, memory and self-representation in sixteenth-century Germany, Aldershot 2002.

Battenberg, Friedrich, Hanau-Lichtenberg, in: Meinrad Schaab/Hansmartin Schwarzmaier (Hgg.), Handbuch der Baden-Württembergischen Geschichte. Bd. 2: Die Territorien im Alten Reich, Stuttgart 1995, S. 417–422.

Bauer, Hermann, Die Herren von Rosenberg, in: Zeitschrift des Historischen Vereins für das Württembergische Franken 9, 2 (1872), S. 177–221.

Baum, Wilhelm, Die Habsburger in den Vorlanden 1386–1486. Krise und Höhepunkt der habsburgischen Machtstellung in Schwaben am Ausgang des Mittelalters, Wien 1993.

Baumann, Reinhard, Das Söldnerwesen im 16. Jahrhundert im bayerischen und süddeutschen Beispiel. Eine gesellschaftsgeschichtliche Untersuchung (Neue Schriftenreihe des Stadtarchivs München 99), München 1978.

Baumann, Reinhard, Georg von Frundsberg. Der Vater der Landsknechte und Feldhauptmann von Tirol. Eine gesellschaftsgeschichtliche Biographie, München 1984.

Baumann, Reinhard, Landsknechte. Ihre Geschichte und Kultur vom späten Mittelalter bis zum Dreißigjährigen Krieg, München 1994.

Baumbach, Hendrik/Horst Carl, Was ist Landfrieden? Und was ist Gegenstand der Landfriedensforschung?, in: Hendrik Baumbach (Hg.), Landfrieden – epochenübergreifend. Neue Perspektiven der Landfriedensforschung auf Verfassung, Recht, Konflikt, Berlin 2018, S. 1–50.

Beck, Wilhelm, Bayerns Heerwesen und Mobilmachung im 15. Jahrhundert, in: Archivalische Zeitschrift 18 (1911), S. 1–232.

Beckmann, Gustav, Deutsche Reichstagsakten unter Kaiser Sigmund. 4. Abt.: 1433–1435 (Deutsche Reichstagsakten, Ältere Reihe 11), Gotha 1898.

Beckmann, Gustav, Deutsche Reichstagsakten. König Albrecht II. Abt. 1, 1. Hälfte: 1438 (Deutsche Reichstagsakten, Ältere Reihe 13), Gotha 1908.

Beintker, Eduard, Über die Handschriften und den Verfasser der Geschichten und Thaten Wilwolts von Schaumburg. 1. Teil (Wissenschaftliche Beilage zu den Schulnachrichten des Gymnasiums zu Anklam), Anklam 1883.

Bellot, Christoph, „Auf welsche art, der zeit gar new erfunden.“ Zur Augsburger Fuggerkapelle, in: Gernot Michael Müller (Hg.), Humanismus und Renaissance in Augsburg. Kulturgeschichte einer Stadt zwischen Spätmittelalter und Dreissigjährigem Krieg, Berlin, New York 2010, S. 445–490.

Bennett, Matthew, Why Chivalry? Military 'Professionalism' in the Twelfth Century: The Origins and Expressions of a Socio-Military Ethos, in: David J. B. Trim (Hg.), The chivalric ethos and the development of military professionalism, Leiden 2003, S. 41–64.

Benson, Larry Dean, Malory's Morte Darthur, Cambridge ²1977.

Berger, Peter L./Thomas Luckmann, Die gesellschaftliche Konstruktion der Wirklichkeit. Eine Theorie der Wissenssoziologie (Conditio humana), Frankfurt (Main) ⁵1977.

Bernoulli, August, Die Schlacht bei St. Jakob an der Birs. Eine kritische Untersuchung, Basel 1877.

Bernoulli, August, Die Organisation von Basels Kriegswesen im Mittelalter, in: Basler Zeitschrift für Geschichte und Altertumskunde 17 (1918), S. 120–161.

Biedermann, Johann Gottfried, Geschlechts-Register der reichsfrey unmittelbaren Ritterschaft Landes zu Francken löblichen Orts Ottenwald. Welches aus denen bewährtesten Urkunden, Kauff-Lehen u. Heyrathsbriefen, gesammelten Grabschriften u. eingeholten genauen Nachrichten von innen beschriebenen gräflich-freyherrlich- u. edlen Haeusern in gegenwärtige Ordnung verfasset u. richtig zusammengetragen worden, Culmbach 1751.

Böhm, Christoph, Die Reichsstadt Augsburg und Kaiser Maximilian I. Untersuchungen zum Beziehungsgeflecht zwischen Reichsstadt und Herrscher an der Wende zur Neuzeit (Abhandlungen zur Geschichte der Stadt Augsburg 36), Sigmaringen 1998.

Böhnert, Silvia, *So soll der jung Adel sich auff das Studieren geben*: Die Wetterauer Grafen an den Universitäten des Alten Reiches (1450–1550), in: Kaspar Gubler/Rainer C. Schwinges (Hgg.), Gelehrte Lebenswelten im 15. und 16. Jahrhundert, Zürich 2018, S. 65–86.

Boulton, D'Arcy Jonathan Dacre, Chapter 1. The Notion of "Chivalry" as the Social Code of the Later Medieval Nobilities: A Modern Construct and Why it Should be Abandoned, in: Warren T. Reich/Jonathan Riley-Smith (Hgg.), Chivalry, Honour, and Care, Veröffentlichung in der Oxford University Press angekündigt.

Bourdieu, Pierre, Ökonomisches Kapital, kulturelles Kapital, soziales Kapital, in: Reinhard Kreckel (Hg.), Soziale Ungleichheiten, Göttingen 1983, S. 183–198.

Braun, Manuel, Violentia und Potestas. Mediävistische Gewaltforschung im interdisziplinären Feld, in: Beiträge zur Geschichte der deutschen Sprache und Literatur 127 (2005), S. 436–458.

Braun, Manuel/Cornelia Herberichs, Gewalt im Mittelalter. Überlegungen zu ihrer Erforschung, in: Manuel Braun (Hg.), Gewalt im Mittelalter. Realitäten – Imaginationen, München 2005, S. 7–38.

Breiding, Dirk H., Arms and Armour: a Farewell to Persistent Myths and Misconceptions, in: Ena Giurescu Heller/Patricia Pongracz (Hgg.), Perspectives on medieval art. Learning through looking, New York, London 2010, S. 167–186.

Breiding, Dirk H., Rennen, Stechen und Turnier zur Zeit Maximilians I., in: Cornelieke Lagerwaard (Hg.), „Vor Halbtausend Jahren ...". Festschrift zur Erinnerung an den Besuch des Kaisers Maximilian I. in St. Wendel, St. Wendel 2012, S. 51–82.

Breiding, Dirk H., Turniere und Turnierausrüstung in Mitteleuropa. Von den Anfängen bis zum ausgehenden 15. Jahrhundert, in: Stefan Krause/Matthias Pfaffenbichler (Hgg.), Turnier. 1000 Jahre Ritterspiele, München 2017, S. 23–39.

Breßler, Steffen, Art. „Einlager", in: Handwörterbuch zur deutschen Rechtsgeschichte. Bd. 1, Berlin ^{2}2008, Sp. 1298–1299.

Bumiller, Casimir, Die Geschichte der Burg Albeck bei Sulz am Neckar, in: Casimir Bumiller (Hg.), Krieg Fehde Belagerung. Die Geschichte der Burg Albeck bei Sulz am Neckar, Stuttgart 2015, S. 8–143.

Bumke, Joachim, Studien zum Ritterbegriff im 12. und 13. Jahrhundert (Euphorion Beihefte 1), Heidelberg ^{2}1977.

Bumke, Joachim, Höfische Kultur. Literatur und Gesellschaft im hohen Mittelalter. Bd. 1, München ^{5}1990.

Bumke, Joachim, Höfische Kultur. Literatur und Gesellschaft im hohen Mittelalter. Bd. 2, München ^{5}1990.

Burkart, Eric, Kommentar zur Sektion, in: Uwe Israel/Christian Jaser (Hgg.), Agon und Distinktion. Soziale Räume des Zweikampfs zwischen Mittelalter und Neuzeit, Berlin, Münster 2016, S. 169–179.

Burkart, Eric, Zweikampfpraktiken zwischen sozialer Normierung medialer Präsentation und wissenschaftlicher Einordnung, in: Uwe Israel/Christian Jaser (Hgg.), Agon und Distinktion. Soziale Räume des Zweikampfs zwischen Mittelalter und Neuzeit, Berlin, Münster 2016, S. 3–14.

Burmeister, Karl Heinz, Ulrich von Schellenberg, Vogt der Herrschaft Feldkirch 1478–1549, in: Jahrbuch Vorarlberger Landesmuseumsverein, Freunde der Landeskunde 112 (1968/69), S. 84–93.

Burmeister, Karl Heinz, Achilles Pirmin Gasser. 1505–1577: Arzt und Naturforscher, Historiker und Humanist. Bd. 1, Wiesbaden 1970.

Burmeister, Karl Heinz, Kulturgeschichte der Stadt Feldkirch bis zum Beginn des 19. Jahrhunderts (Bodensee-Bibliothek 32), Sigmaringen 1985.

Campbell, John Kennedy, Honour, family and patronage. A study of institutions and moral values in a Greek mountain community, Oxford 1964.

Campbell, Joseph, The hero with a thousand faces (Bollingen series 17), Novato, Calif. ^{3}2008.

Capwell, Tobias, Ein Ritter des 21. Jahrhunderts. Praktische Erfahrungen bei historischen Turnierkämpfen um 1996–2014, in: Stefan Krause/Matthias Pfaffenbichler (Hgg.), Turnier. 1000 Jahre Ritterspiele, München 2017, S. 355–377.

Capwell, Tobias, A Cursed Abominable Device? The True, Shared History of Knights and Firearms, in: Bulletin of the American Society of Arms Collectors 118 (2018), S. 29–43.

Christ, Dorothea, Das Familienbuch der Herren von Eptingen. Kommentar und Transkription (Quellen und Forschungen zur Geschichte und Landeskunde des Kantons Basel-Landschaft 41), Liestal 1992.

Contamine, Philippe, Points de vue sur la chevalerie en France à la fin du Moyen Âge, in: Francia 4 (1976), S. 255–285.

Contamine, Philippe, La guerre au Moyen Age (Nouvelle Clio 24), Paris ³1992.

Conze, Werner/Christian Meier, Art. „Adel, Aristokratie", in: Otto Brunner/Werner Conze/Reinhart Koselleck (Hgg.), Geschichtliche Grundbegriffe. Geschichtliche Grundbegriffe. Historisches Lexikon zur politisch-sozialen Sprache in Deutschland. Bd. 1, Stuttgart ⁵1997, S. 1–48.

Crombie, Laura, Archery and crossbow guilds in medieval Flanders, 1300–1500, Woodbridge, Suffolk/Rochester, NY 2016.

Crouch, David, Tournament, London 2005.

Cust, Nina, Gentlemen errant. Being the journeys and adventures of four noblemen in Europe during the 15. and 16. centuries, London 1909.

Delbrück, Hans, Geschichte der Kriegskunst. Das Mittelalter. Von Karl dem Großen bis zum späten Mittelalter, Berlin ²1907 [ND Hamburg 2008].

Delbrück, Hans, Geschichte der Kriegskunst. Die Neuzeit. Vom Kriegswesen der Renaissance bis zu Napoleon, Berlin 1920 [ND Hamburg 2008].

Deutschländer, Gerrit, Dienen lernen, um zu herrschen. Höfische Erziehung im ausgehenden Mittelalter (1450–1550) (Hallische Beiträge zur Geschichte des Mittelalters und der Frühen Neuzeit 6), Berlin 2012.

Dörk, Uwe W., Totenkult und Geschichtsschreibung. Eine Konstellationsgeschichte zwischen Mittelalter und Moderne (Bern und Ulm), Göttingen 2018.

Dreher, Theodor, Das Tagebuch über Friedrich von Hohenzollern, Biſchof von Augsburg (1486–1505), hiſtorisch erläutert und zum Lebensbilde erweitert, Sigmaringen 1888.

Duby, Georges, Die „Jugend" in der aristokratischen Gesellschaft, in: Georges Duby (Hg.), Wirklichkeit und höfischer Traum. Zur Kultur des Mittelalters, Berlin 1986, S. 103–116.

Duby, Georges, Guillaume le Maréchal oder der beste aller Ritter, Frankfurt am Main ²1987.

Ehm, Petra, Burgund und das Reich. Spätmittelalterliche Außenpolitik am Beispiel der Regierung Karls des Kühnen (1465–1477) (Pariser Historische Studien 61), München 2002.

Ehrismann, Gustav, Die Grundlagen des ritterlichen Tugendsystems, in: Zeitschrift für deutsches Altertum und deutsche Literatur 56 (1919), S. 137–216.

Ehrmann, Gabriele, Georg von Ehingen, Reisen nach der Ritterschaft. Teil II: Untersuchung, Kommentar (Göppinger Arbeiten zur Germanistik 262), Göppingen 1979.

Elias, Norbert, Über den Prozeß der Zivilisation. Soziogenetische und psychogenetische Untersuchungen. Bd. 2: Wandlungen der Gesellschaft: Entwurf zu einer Theorie der Zivilisation (Suhrkamp-Taschenbuch Wissenschaft), Frankfurt am Main [17]1992.

Engelke, Thomas, Eyn grosz alts Statpuech. Das "Gelbe Stadtbuch" der Stadt Regensburg; Forschungen und Edition (Regensburger Studien und Quellen zur Kulturgeschichte 2), Regensburg 1995.

Erben, Wilhelm, Schwertleite und Ritterschlag. Beiträge zu einer Rechtsgeschichte der Waffen, in: Zeitschrift für historische Waffenkunde 8 (1919), S. 105–168.

Esch, Arnold, Alltag der Entscheidung. Berns Weg in den Burgunderkrieg, in: Berner Zeitschrift für Geschichte und Heimatkunde 50 (1988), S. 3–64.

Falk, Oren, Bystanders and Hearsayers First. Reassessing the Role of the Audience in Duelling, in: Mark Douglas Meyerson/Daniel Thiery/Oren Falk (Hgg.), 'A great effusion of blood'? Interpreting medieval violence, Toronto Ont. 2004, S. 98–130.

Fehn-Claus, Janine, Ansätze einer Typologie der Fehdegründe, in: Horst Brunner (Hg.), Der Krieg im Mittelalter und in der frühen Neuzeit. Gründe, Begründungen, Bilder, Bräuche, Recht, Wiesbaden 1999, S. 93–138.

Fenske, Lutz, Der Knappe. Erziehung und Funktion, in: Josef Fleckenstein (Hg.), Curialitas. Studien zu Grundfragen der höfisch-ritterlichen Kultur, Göttingen 1990, S. 55–127.

Ffoulkes, Charles John, The armourer and his craft. From the XIth to the XVIth century, London 1912.

Fleckenstein, Josef, Friedrich Barbarossa und das Rittertum. Zur Bedeutung der großen Mainzer Hoftage von 1184 und 1188, in: Mitarbeiter des Max-Planck-Instituts für Geschichte (Hg.), Festschrift für Hermann Heimpel zum 70. Geburtstag am 19. September 1971. Bd. 2 1972, S. 1023–1041.

Fleckenstein, Josef, Die Entstehung des niederen Adels und das Rittertum, in: Josef Fleckenstein (Hg.), Herrschaft und Stand. Untersuchungen zur Sozialgeschichte im 13. Jahrhundert, Göttingen 1977, S. 17–39.

Fleckenstein, Josef, Rittertum und ritterliche Welt, Berlin 2002.

Forgeng, Jeffrey L., The martial arts treatise of Paulus Hector Mair, in: Elisabeth Vavra/Matthias Johannes Bauer (Hgg.), Die Kunst des Fechtens, Heidelberg 2017, S. 267–283.

Förster, Thomas, Die Eroberung der Burg Hohengeroldseck 1486, in: Zeitschrift für die Geschichte des Oberrheins 152 (2004), S. 165–187.

Fouquet, Gerhard, „begehr nit doctor zu werden, und habs Gott seys gedanckht, nit im Sünn". Bemerkungen zu Erziehungsprogrammen ritterschaftlicher Adliger in Südwestdeutschland (14.–17. Jahrhundert), in: Hans-Peter Becht (Hg.),

Wirtschaft – Gesellschaft – Städte. Festschrift für Bernhard Kirchgässner zum 75. Geburtstag, Ubstadt-Weiher 1998, S. 95–127.

Fouquet, Gerhard, Pfälzer Niederadel am Königshof und an Fürstenhöfen im späten Mittelalter, in: Mitteilungen des Historischen Vereins der Pfalz 108 (2010), S. 399–413.

Franz, Günther, Der deutsche Bauernkrieg, Darmstadt [12]1984.

Frauenholz, Eugen von, Das Heerwesen in der Zeit des freien Söldnertums. Bd. 2: Das Heerwesen des Reiches in der Landsknechtszeit (Entwicklungsgeschichte des deutschen Heerwesens 2), München 1937.

Friedlaender, Ernst, Das Einlager. Ein Beitrag zur deutschen Rechtsgeschichte. Aus Urkunden dargestellt, Münster 1868.

Friedrich, Udo, Die „symbolische Ordnung" des Zweikampfes im Mittelalter, in: Manuel Braun (Hg.), Gewalt im Mittelalter. Realitäten – Imaginationen, München 2005, S. 123–158.

Friedrich, Udo, Menschentier und Tiermensch. Diskurse der Grenzziehung und Grenzüberschreitung im Mittelalter (Historische Semantik 5), Göttingen 2009.

Fritz, Gerhard, „Hini zum teufel mit solchen unreinen leuten!". Was ist erlaubt und was ist verboten? – Grenzen sexueller Devianz in der Chronik der Grafen von Zimmern (um 1550), in: Beiträge zur Rechtsgeschichte Österreichs (2019), S. 96–114.

Fritz, Thomas, Ulrich der Vielgeliebte (1441–1480). Ein Württemberger im Herbst des Mittelalters. Zur Geschichte der württembergischem Politik im Spannungsfeld zwischen Hausmacht, Region und Reich (Schriften zur südwestdeutschen Landeskunde 25), Leinfelden-Echterdingen 1999.

Fuhrer, Hans Rudolf/Robert-Peter Eyer, Grundzüge und Entwicklung des Söldnerwesens in der Eidgenossenschaft vom 14. bis zum 16. Jahrhundert, in: Hans Rudolf Fuhrer/Robert-Peter Eyer (Hgg.), Schweizer in „fremden Diensten". Verherrlicht und verurteilt, Zürich [2]2006, S. 49–68.

Fuhrer, Hans Rudolf/Robert-Peter Eyer, „Söldner" – ein europäisches Phänomen, in: Hans Rudolf Fuhrer/Robert-Peter Eyer (Hgg.), Schweizer in „fremden Diensten". Verherrlicht und verurteilt, Zürich [2]2006, S. 27–48.

Gamber, Ortwin, Ritterspiele und Turnierrüstung im Spätmittelalter, in: Josef Fleckenstein (Hg.), Das ritterliche Turnier im Mittelalter. Beiträge zu einer vergleichenden Formen- und Verhaltensgeschichte des Rittertums, Göttingen 1985, S. 513–531.

Gamber, Ortwin, Art. „Küriß", in: Lexikon des Mittelalters. Bd. 5, München 1999, Sp. 1589.

Garnier, Claudia, Die Legitimierung von Gewalt durch die hoch- und spätmittelalterliche Friedensbewegung, in: Frühmittelalterliche Studien 42, 1 (2008), S. 229–251.

Garnier, Claudia, Der Handel mit der Ehre: Formen und Foren symbolischer Kommunikation des Ritteradels um 1500, in: Joachim Schneider (Hg.), Kommunikationsnetze des Ritteradels im Reich um 1500, Stuttgart 2012, S. 197–220.

Gassmann, Jack, Thoughts on the Role of Cavalry in Medieval Warfare, in: Acta Periodica Duellatorum 2,1 (2015), S. 149–177.

Gassmann, Jack, The Use of the Crossbow in Medieval Cavalry, in: Timothy Dawson/Anastasija Ropa (Hgg.), The Horse in Premodern European Culture, Kalamazoo, MI 2019, S. 87–103.

Gassmann, Jürg, Honour and Fighting Social Advancement in the Early Modern Age, in: Acta Periodica Duellatorum 3,1 (2015), S. 139–181.

Gerber, Roland, Gott ist Burger zu Bern. Eine spätmittelalterliche Stadtgesellschaft zwischen Herrschaftsbildung und sozialem Ausgleich (Forschungen zur mittelalterlichen Geschichte 39), Weimar 2001.

Goethe, Johann Wolfgang von, Götz von Berlichingen. Ein Schauspiel (Goethes Werke 8), Weimar 1889.

Goez, Werner, Über Fürstenzweikämpfe im Spätmittelalter, in: Archiv für Kulturgeschichte 49 (1967), S. 135–163.

Görich, Knut, Die Ehre Friedrich Barbarossas. Kommunikation, Konflikt und politisches Handeln im 12. Jahrhundert (Symbolische Kommunikation in der Vormoderne), Darmstadt 2001.

Görich, Knut, Ehre als Ordnungsfaktor. Anerkennung und Stabilisierung von Herrschaft unter Friedrich Barbarossa und Friedrich II, in: Bernd Schneidmüller (Hg.), Ordnungskonfigurationen im hohen Mittelalter, Ostfildern 2006, S. 59–92.

Görner, Regina, Raubritter. Untersuchungen zur Lage des spätmittelalterlichen Niederadels, besonders im südlichen Westfalen (Veröffentlichungen der Historischen Kommission für Westfalen 22,18), Münster in Westfalen 1987.

Graf, Klaus, Gewalt und Adel in Südwestdeutschland, Stand: 09.05.2000, URL: http://hsozkult.geschichte.hu-berlin.de/BEITRAG/essays/grkl0500.htm, Abgerufen: 05.08.2022.

Graf, Klaus, Herold mit vielen Namen: Neues zu Georg Rüxner alias Rugen alias Jerusalem alias Brandenburg alias…, in: Franz Niehoff (Hg.), Ritterwelten im Spätmittelalter. Höfisch-ritterliche Kultur der Reichen Herzöge von Bayern-Landshut, Landshut 2009, S. 115–125.

Gugau, Armin, Untersuchungen zum Landshuter Erbfolgekrieg von 1504/1505. Die Schäden und ihre Behebung (Geschichtswissenschaften Band 31), München 2015.

Gumppenberg, Ludwig Albert von (Hg.), Die Gumppenberger auf Turnieren. Nachtrag zur Geschichte der Familie von Gumppenberg, Würzburg 1862.

Gutmann, Andre, Die Schwabenkriegschronik des Kaspar Frey und ihre Stellung in der eidgenössischen Historiographie des 16. Jahrhunderts. Bd. 1 (Veröffentlichungen der Kommission für geschichtliche Landeskunde in Baden-Württemberg, Reihe B, Forschungen 176), Stuttgart 2010.

Haase, Adolf, Die Schlacht bei Nürnberg vom 19. Juni 1502. Diss. phil., Greifswald 1887.

Habermas, Jürgen, Strukturwandel der Öffentlichkeit. Untersuchungen zu einer Kategorie der bürgerlichen Gesellschaft (Suhrkamp-Taschenbuch Wissenschaft 891), Frankfurt am Main [14]2015.

Hack, Achim Thomas, Das Empfangszeremoniell bei mittelalterlichen Papst-Kaiser-Treffen (Forschungen zur Kaiser- und Papstgeschichte des Mittelalters 18), Köln 1999.

Hagedorn, Dierk, German Fechtbücher from the Middle Ages to the Renaissance, in: Daniel Jaquet/Karin Verelst/Timothy Dawson (Hgg.), Late medieval and early modern fight books. Transmission and tradition of martial arts in Europe (14th–17th centuries), Leiden, Boston 2016, S. 247–279.

Hagemann, Hans-Rudolf, Art. „Erbrecht", in: Handwörterbuch zur deutschen Rechtsgeschichte. Bd. 1, Berlin [2]2008, Sp. 1370–1384.

Hale, John Rigbey, Violence in the late Middle Ages: a background, in: Lauro Martines (Hg.), Violence and Civil Disorder in Italian Cities, 1200–1500, Berkeley 1972, S. 19–37.

Hammes, Barbara, Ritterlicher Fürst und Ritterschaft. Konkurrierende Vergegenwärtigung ritterlich-höfischer Tradition im Umkreis südwestdeutscher Fürstenhöfe 1350–1450 (Veröffentlichungen der Kommission für geschichtliche Landeskunde in Baden-Württemberg Reihe B, Forschungen 185), Stuttgart 2011.

Harari, Yuval Noaḥ, Renaissance military memoirs. War, history, and identity, 1450–1600 (War, History and Identity), Suffolk 2004.

Harari, Yuval Noaḥ, The ultimate experience. Battlefield revelations and the making of modern war culture, 1450–2000, Basingstoke England/New York 2008.

Harari, Yuval Noaḥ, Eine kurze Geschichte der Menschheit, München [30]2018.

Hardy, Duncan, The 1444–5 expedition of the Dauphin Louis to the Upper Rhine in geopolitical perspective, in: Journal of Medieval History 38 (2012), S. 358–387.

Hechberger, Werner, Adel im fränkisch-deutschen Mittelalter. Zur Anatomie eines Forschungsproblems (Mittelalter-Forschungen 17), Ostfildern 2005.

Hechberger, Werner, Adel, Ministerialität und Rittertum im Mittelalter (Enzyklopädie deutscher Geschichte 72), München [2]2010.

Heinzle, Joachim, Art. „Rosengarten zu Worms", in: Verfasserlexikon. Die deutsche Literatur des Mittelalters. Bd. 8, Berlin, New York 1992, Sp. 187–192.

Hils, Hans-Peter, Meister Johann Liechtenauers Kunst des langen Schwertes (Europäische Hochschulschriften 257), Frankfurt am Main/Bern/New York 1985.

Hils, Hans-Peter, Reflexionen zum Stand der hauptberuflichen Fechter des Späten Mittelalters unter Berücksichtigung historischer Rechtsquellen, in: Gundolf Keil (Hg.), Würzburger Fachprosa-Studien. Beiträge zur mittelalterlichen Medizin-, Pharmazie- und Standesgeschichte aus dem Würzburger medizinhistorischen Institut, Würzburg 1995, S. 201–219.

Hils, Hans-Peter, „Ott (der Jude Ott)", in: Verfasserlexikon. Die deutsche Literatur des Mittelalters. Bd. 7, Berlin, New York [2]2010, Sp. 196–199.

Holste, Tanja, Die Porträtkunst Lucas Cranachs d. Ä. Diss. phil., Kiel 2004.

Honemann, Volker, Sebastian Ilsung als Spanienreisender und Santiagopilger, in: Klaus Herbers (Hg.), Deutsche Jakobspilger und ihre Berichte, Tübingen 1988, S. 61–95.

Huber, Daniel J. M., Maximilian und die Augsburger Turniere und Schützenfeste, in: Heidrun Lange-Krach (Hg.), Maximilian I. 1459–1519. Kaiser. Ritter. Bürger zu Augsburg 2019, S. 91–97.

Huizinga, Johan, Die politische und militärische Bedeutung des Rittergedankens am Ausgang des Mittelalters, in: Arno Borst (Hg.), Das Rittertum im Mittelalter, Darmstadt ^{2}1976, S. 17–30.

Huizinga, Johan, Herbst des Mittelalters. Studien über Lebens- und Geistesformen des 14. und 15. Jahrhunderts in Frankreich und in den Niederlanden (Kröners Taschenausgabe 204), Stuttgart ^{12}2006.

Huizinga, Johan, Homo Ludens. Vom Ursprung der Kultur im Spiel (rororo Rowohlts Enzyklopädie 55435), Hamburg ^{21}2009.

Hülsen-Esch, Andrea von, Gelehrte im Bild. Repräsentation, Darstellung und Wahrnehmung einer sozialen Gruppe im Mittelalter (Veröffentlichungen des Max-Planck-Instituts für Geschichte 201), Göttingen 2006.

Jackson, William Henry, Das Turnier in der deutschen Dichtung des Mittelalters, in: Josef Fleckenstein (Hg.), Das ritterliche Turnier im Mittelalter. Beiträge zu einer vergleichenden Formen- und Verhaltensgeschichte des Rittertums, Göttingen 1985, S. 257–295.

Jackson, William Henry, The Tournament and Chivalry in German Tournament Books of the Sixteenth Century and in the Literary Works of Emperor Maximilian I, in: Christopher Harper-Bill (Hg.), The ideals and practice of medieval knighthood. Papers from the 1. and 2. Strawberry Hill conferences, Woodbridge ^{1}1986, S. 49–73.

Jähns, Max, Heeresverfassungen und Völkerleben. Eine Umschau (Allgemeiner Verein für Deutsche Literatur 10,2), Berlin 1885.

Jähns, Max, Geschichte der Kriegswissenschaften vornehmlich in Deutschland. Erste Abteilung. Altertum, Mittelalter, XV. und XVI. Jahrhundert (Geschichte der Wissenschaften in Deutschland 21,1), München 1889.

Jancke, Gabriele, Autobiographie als soziale Praxis. Beziehungskonzepte in Selbstzeugnissen des 15. und 16. Jahrhunderts im deutschsprachigen Raum (Selbstzeugnisse der Neuzeit 10), Köln/Weimar/Wien 2002.

Jaquet, Daniel, Fighting in the Fightschools late XVth, early XVIth century, in: Acta Periodica Duellatorum 2,2 (2015), S. 47–66.

Jaquet, Daniel, Die Kunst des Fechtens in den Fechtschulen. Der Fall des Peter Schwyzer von Bern, in: Uwe Israel/Christian Jaser (Hgg.), Agon und Distinktion. Soziale Räume des Zweikampfs zwischen Mittelalter und Neuzeit, Berlin, Münster 2016, S. 243–258.

Jaquet, Daniel/Alice Bonnefoy Mazure/Stéphane Armand/Caecilia Charbonnier/Jean-Luc Ziltener/Bengt Kayser, Range of motion and energy cost of locomotion of the late medieval armoured fighter: A proof of concept of confronting the medieval technical literature with modern movement analysis, in: Historical Methods: A Journal of Quantitative and Interdisciplinary History 49 (2016), S. 169–186.

Jaser, Christian, Ernst und Schimpf – Fechten als Teil städtischer Gewalt- und Sportkultur, in: Uwe Israel/Christian Jaser (Hgg.), Agon und Distinktion. Soziale Räume des Zweikampfs zwischen Mittelalter und Neuzeit, Berlin, Münster 2016, S. 221–242.

Jezler, Peter, Gesellschaftsturniere. Die Turnierhöfe der deutschen Ritterschaft im Spätmittelalter, in: Peter Jezler/Peter Niederhäuser/Elke Jezler (Hgg.), Ritterturnier. Geschichte einer Festkultur, Luzern 2014, S. 57–72.

Jezler, Peter, Ross und Reiter in Aktion. Gespräch mit dem aktiven Turnierreiter Arne Koets, in: Peter Jezler/Peter Niederhäuser/Elke Jezler (Hgg.), Ritterturnier. Geschichte einer Festkultur, Luzern 2014, S. 222–228.

Jezler, Peter, Turnierhöfe der oberdeutschen Adelsgesellschaften. Gestech und Rennen, Kolbenturnier, Schwertkampf um die Helmzier, Friedensrat, Standesgericht und Heiratsmarkt, in: Stefan Krause/Matthias Pfaffenbichler (Hgg.), Turnier. 1000 Jahre Ritterspiele, München 2017, S. 41–59.

Jones, Michael K., The Battle of Verneuil (17 August 1424): Towards a History of Courage, in: War in History 9, 4 (2002), S. 375–411.

Junkelmann, Marcus, Waffen und Ausrüstung am Beginn des Dreißigjährigen Krieges, in: Annette Frese/Frieder Hepp/Renate Ludwig (Hgg.), Der Winterkönig. Heidelberg zwischen höfischer Pracht und Dreißigjährigem Krieg, Remshalden 2004, S. 67–75.

Kaeuper, Richard W., Chivalry and the 'Civilizing Process', in: Richard W. Kaeuper (Hg.), Violence in medieval society, Woodbridge 2000, S. 21–38.

Kaeuper, Richard W., Chivalry and Violence in Medieval Europe, Oxford 2001.

Kahl, Christian, Lehrjahre eines Kaisers – Stationen der Persönlichkeitsentwicklung Karls V. (1500–1558). Eine Betrachtung habsburgischer Fürstenerziehung/ -bildung zum Ende des Mittelalters. Diss. phil., Trier 2008.

Kaindel, Christoph/Andreas Obenaus (Hgg.), Krieg im mittelalterlichen Abendland (Krieg und Gesellschaft 1), Wien 2010.

Kallen, Gerhard, Die Belagerung von Neuss durch Karl den Kühnen. 29. Juli 1474 bis 5. Juni 1475, Neuss 1925.

Kasten, Ingrid/Volker Mertens, Art. „Aventure (âventiure)“, in: Lexikon des Mittelalters. Bd. 1, München 1999, Sp. 1289–1290.

Kaufhold, Martin, Deutsches Interregnum und europäische Politik. Konfliktlösungen und Entscheidungsstrukturen. 1230–1280 (Monumenta Germaniae Historica Schriften 49), Hannover 2000.

Kaufhold, Martin, Wendepunkte des Mittelalters. Von der Kaiserkrönung Karls des Großen bis zur Entdeckung Amerikas, Ostfildern 2004.

Kaufhold, Martin, Prügeleien am Stadtpyr: Ein zerrissener Mantel und die politischen Kämpfe der Reichsstadt (um 1450), in: Martin Kaufhold (Hg.), Augsburg im Mittelalter, Augsburg 2009, S. 52–71.

Kaufhold, Martin, Die Kreuzzüge, Wiesbaden ³2011.

Kaufhold, Martin, Baukultur und Bürgerstolz im mittelalterlichen Augsburg, in: Martin Kaufhold (Hg.), Städtische Kultur im mittelalterlichen Augsburg, Augsburg 2012, S. 7–19.

Kaufhold, Martin, Europas Werte. Wie wir zu unseren Vorstellungen von richtig und falsch kamen; ein historischer Essay, Paderborn 2013.

Keegan, John, The Face of Battle. A study of Agincourt, Waterloo and the Somme, Harmondsworth 1988.

Keen, Maurice Hugh, Huizinga, Kilgour and the decline of chivalry, in: Medievalia et humanistica 8 (1977), S. 1–20.

Keen, Maurice Hugh, Chivalry, New Haven, Conn. 2005.

Kerth, Sonja, Die letzten ‚taflrunder'? Krieg in adligen Autobiographien des 15. und 16. Jahrhunderts, in: Horst Brunner (Hg.), Dulce bellum inexpertis. Bilder des Krieges in der deutschen Literatur des 15. und 16. Jahrhunderts, Wiesbaden 2002, S. 175–245.

Kießling, Rolf, Bürgerliche Gesellschaft und Kirche in Augsburg im Spätmittelalter. Ein Beitrag zur Strukturanalyse der oberdeutschen Reichsstadt (Abhandlungen zur Geschichte der Stadt Augsburg 19), Augsburg 1971.

Kießling, Rolf, Warum Augsburg? Zum Verhältnis des Hauses Habsburg zur Stadt am Lech, in: Heidrun Lange-Krach (Hg.), Maximilian I. 1459–1519. Kaiser. Ritter. Bürger zu Augsburg 2019, S. 15–21.

Kintzinger, Martin, Bildung, Erziehung und Wissenschaft, in: Werner Paravicini/Jan Hirschbiegel/Jörg Wettlaufer (Hgg.), Höfe und Residenzen im spätmittelalterlichen Reich. Bd. 2: Bilder und Begriffe. Teilbd. 1: Begriffe, Ostfildern 2005, S. 214–218.

Kintzinger, Martin/Jörg Rogge, Einleitung, in: Martin Kintzinger (Hg.), Königliche Gewalt – Gewalt gegen Könige. Macht und Mord im spätmittelalterlichen Europa, Berlin 2004, S. 1–6.

Kirchmair, Georg, Denkwürdigkeiten seiner Zeit. 1519–1553, in: Theodor Georg von Karajan (Hg.), Johannes Tichtels Tagebuch. Sigmunds von Herberstein Selbstbiographie. Johannes Cuspinians Tagebuch. Georg Kirchmairs Denkwürdigkeiten, Wien 1855, S. 417–534.

Kluge, Mathias, Verschuldete Könige. Geld, Politik und die Kammer des Reiches im 15. Jahrhundert (Monumenta Germaniae Historica Schriften 77), Wiesbaden 2021.

Klunzinger, Karl, Thaten und Schicksale des Hans von Massenbach, genannt Thalacker, in: Württembergische Jahrbücher für vaterländische Geschichte, Geographie, Statistik und Topographie, 1 (1855), S. 158–175.

Koelner, Paul, Die Zunft zum Schlüssel in Basel, Basel 1953.

Kohler, Oskar, Die späteren Geroldsecker. Studien zu ihrer Hausgeschichte, in: Die Ortenau 39 (1959), S. 165–191.

Konzen, Niklas, Aller Welt Feind. Fehdenetzwerke um Hans von Rechberg (†1464) im Kontext der südwestdeutschen Territorienbildung (Veröffentlichungen der

Kommission für geschichtliche Landeskunde in Baden-Württemberg Reihe B, Forschungen 194), Stuttgart 2014.

Korff, Wilhelm, Ehre, Prestige, Gewissen, Köln 1966.

Kortüm, Hans-Henning, Der Krieg im Mittelalter als Gegenstand der Historischen Kulturwissenschaften. Versuch einer Annäherung, in: Hans-Henning Kortüm (Hg.), Krieg im Mittelalter, Berlin 2001, 13–43.

Kortüm, Hans-Henning, Militär am Hof, in: Werner Paravicini/Jan Hirschbiegel/Jörg Wettlaufer (Hgg.), Höfe und Residenzen im spätmittelalterlichen Reich. Bd. 2: Bilder und Begriffe. Teilbd. 1: Begriffe, Ostfildern 2005, S. 182–188.

Kortüm, Hans-Henning, Kriege und Krieger. 500–1500 (Kohlhammer-Urban-Akademie), Stuttgart 2010.

Kortüm, Hans-Henning, Militärische Gewaltkultur. Eine Problemskizze, in: Barbara Segelken/Tim Urban (Hgg.), Kaiser und Kalifen. Karl der Große und die Mächte am Mittelmeer um 800, Darmstadt 2014, S. 130–143.

Kothe, Irmgard, Der fürstliche Rat in Württemberg im 15. und 16. Jahrhundert (Darstellungen aus der württembergischen Geschichte 29), Stuttgart 1938.

Krause, Stefan, Mode in Stahl. Der Kostümharnisch des Wilhelm von Rogendorf, Wien 2016.

Krause, Stefan, The Making of "The Last Knight". Maximilian I's Commemorative Projects and Their Impact, in: Pierre Terjanian (Hg.), The last knight: The art, armor, and ambition of Maximilian I, New York 2019, S. 53–61.

Kretzschmar, Robert/Peter Rückert, Der „Arme Konrad" in Württemberg 1514. Selbstverständnis, Artikulation und Kommunikation, in: Sigrid Hirbodian/Robert Kretzschmar/Anton Schindling (Hgg.), „Armer Konrad" und Tübinger Vertrag im interregionalen Vergleich. Fürst, Funktionseliten und „Gemeiner Mann" am Beginn der Neuzeit, Stuttgart 2016, S. 33–62.

Krieb, Steffen, „Unnd maihne, das das kheinem ritter nie wiederfahren sey, als mir". Die Briefe Friedrichs von Flersheim als Selbstzeugnisse, in: Heinz-Dieter Heimann/Pierre Monnet (Hgg.), Kommunikation mit dem Ich. Signaturen der Selbstzeugnisforschung an europäischen Beispielen des 12. bis 16. Jahrhunderts, Bochum 2004, S. 135–146.

Krieb, Steffen, Zwischen Dienst und Fest. Zur Wahrnehmung von Fürstenhöfen in Selbstzeugnissen reisender Adeliger des Spätmittelalters, in: Carola Fey (Hg.), Mittelalterliche Fürstenhöfe und ihre Erinnerungskulturen, Göttingen 2007, S. 65–88.

Krieg, Heinz, Fürstendienst und adliges Selbstverständnis. Wilwolt von Schaumburg zwischen Fürstenhof und niederadligem Milieu, in: Monika Fludernik (Hg.), Grenzgänger zwischen Kulturen, Würzburg 1999, S. 185–212.

Krieg, Heinz, Ritterliche Vergangenheitskonstruktion. Zu den Turnierbüchern des spätmittelalterlichen Adels, in: Hans-Joachim Gehrke (Hg.), Geschichtsbilder und Gründungsmythen, Würzburg 2001, S. 89–118.

Krieg, Heinz, Kaiser Maximilian I. und das Rittertum, in: Oliver Auge (Hg.), Fürsten an der Zeitenwende zwischen Gruppenbild und Individualität. Formen fürstlicher Selbstdarstellung und ihre Rezeption (1450–1550), Ostfildern 2009, S. 221–240.

Krüger, Sabine, Das kirchliche Turnierverbot im Mittelalter, in: Josef Fleckenstein (Hg.), Das ritterliche Turnier im Mittelalter. Beiträge zu einer vergleichenden Formen- und Verhaltensgeschichte des Rittertums, Göttingen 1985, S. 401–424.

Krüger, Thomas Michael, Gewalt und Recht: Bürgerlich-klerikale Streitkultur im mittelalterlichen Augsburg, in: Martin Kaufhold (Hg.), Städtische Kultur im mittelalterlichen Augsburg, Augsburg 2012, S. 62–70.

Krusenstjern, Benigna von, Was sind Selbstzeugnisse? Begriffskritische und quellenkundliche Überlegungen anhand von Beispielen aus dem 17. Jahrhundert, in: Historische Anthropologie 2 (1994), S. 462–471.

Kuhn, Elmar L., Der Blick auf die Standesgenossen. Der schwäbische Adel im Spiegel der Zimmernschen Chronik, in: Casimir Bumiller/Bernhard Rüth/Edwin Ernst Weber (Hgg.), Mäzene, Sammler, Chronisten. Die Grafen von Zimmern und die Kultur des schwäbischen Adels, Stuttgart 2012, S. 158–180.

Kurzmann, Gerhard, Kaiser Maximilian I. und das Kriegswesen der österreichischen Länder und des Reiches (Militärgeschichtliche Dissertationen österreichischer Universitäten 5), Wien 1985.

Langenn, Friedrich Albert von, Herzog Albrecht der Beherzte, Stammvater des königlichen Hauses Sachsen. Eine Darstellung aus der sächsischen Regenten-, Staats- und Culturgeschichte des XV. Jahrhunderts, großentheils aus archivalischen Quellen, Leipzig 1838.

Langmaier, Konstantin Moritz A., Felix Hemmerli und der Dialog über den Adel und den Bauern (De nobilitate et rusticitate dialogus). Seine Bedeutung für die Erforschung der Mentalität des Adels im 15. Jahrhundert, in: Zeitschrift für die Geschichte des Oberrheins 166 (2018), S. 21–76.

Lanz, Rainer, Ritterideal und Kriegsrealität im Spätmittelalter. Das Herzogtum Burgund und Frankreich. Diss. phil., Zürich 2005.

Lehnart, Ulrich, Kleidung und Waffen der Spätgotik. Teil III: 1420–1480, Wald-Michelbach 2005.

Leiske, Patrick, Höfisches Spiel und tödlicher Ernst. Das Bloßfechten mit dem langen Schwert in den deutschsprachigen Fechtbüchern des späten Mittelalters und der frühen Neuzeit, Ostfildern 2018.

Letts, Malcolm, The travels of Leo of Rozmital through Germany, Flanders, England, France, Spain, Portugal and Italy. 1465–1467 (Works issued by the Hakluyt Society Series 2), Cambridge 1957.

Leutenegger, Marco A. R., Nach geschlagener Schlacht: Kein „einzig Volk“ von Siegern, in: Jahrbuch für solothurnische Geschichte 72 (1999), S. 219–245.

Liepold, Antonio, Wider den Erbfeind christlichen Glaubens. Die Rolle des niederen Adels in den Türkenkriegen des 16. Jahrhunderts (Europäische Hochschulschriften, Reihe 3, Geschichte und ihre Hilfswissenschaften 767), Frankfurt am Main 1998.

Linck, Manfred, Stadt und Militär im Spätmittelalter. Die militärische Macht der mitteldeutschen Städte zur Zeit der Hussitenkriege (Forum Moderne Militärgeschichte 11), Berlin 2017.

Löser, Freimut, „Letzter Ritter“ und „Bürger zu Augsburg“: Zur Selbstdarstellung Kaiser Maximilians I., in: Martin Kaufhold (Hg.), Augsburg im Mittelalter, Augsburg 2009, S. 72–96.

Lubich, Gerhard, Geschichte der Stadt Schwäbisch Hall. Von den Anfängen bis zum Ausgang des Mittelalters (Veröffentlichungen der Gesellschaft für Fränkische Geschichte Reihe 9, Darstellungen aus der Fränkischen Geschichte 52), Würzburg 2006.

Lundt, Bea, Das Geschlecht von Krieg im Mittelalter. Der Ritter – eine Ikone heldenhafter Männlichkeit, in: Christoph Kaindel/Andreas Obenaus (Hgg.), Krieg im mittelalterlichen Abendland, Wien 2010, S. 411–435.

Marolf, Thomas, “Er was allenthalb im spil”. Hans von Rechberg, das Fehdeunternehmertum und der Alte Zürichkrieg, Menziken 2006.

Martines, Lauro, The historical approach to violence, in: Lauro Martines (Hg.), Violence and Civil Disorder in Italian Cities, 1200–1500, Berkeley 1972, S. 3–18.

Marx, Karl, Zur Kritik der Hegelschen Rechtsphilosophie. Kritik des Hegelschen Staatsrechts, in: Institut für Marxismus-Leninismus beim ZK der SED (Hg.), Marx-Engels-Werke. Bd. 1, Berlin ^{13}1981, S. 201–333.

Matter, Stefan, Als wie bei künig Artus Zeiten auch geschehen ... Von den Einflüssen höfischer Literatur auf das Turnierwesen, in: Peter Jezler/Peter Niederhäuser/Elke Jezler (Hgg.), Ritterturnier. Geschichte einer Festkultur, Luzern 2014, S. 41–48.

Mauntel, Christoph, Gewalt in Wort und Tat. Praktiken und Narrative im spätmittelalterlichen Frankreich (Mittelalter-Forschungen 46), Ostfildern 2014.

Meehan, Patrick, The Physicality of Service in German Ideas of Knighthood, c.1200–1500, in: Brown Journal of History 7 (2013), S. 91–109.

Melville, Gert, Ein Exkurs über die Präsenz der Gewalt im Mittelalter. Zugleich eine Zusammenfassung, in: Martin Kintzinger (Hg.), Königliche Gewalt – Gewalt gegen Könige. Macht und Mord im spätmittelalterlichen Europa, Berlin 2004, S. 119–134.

Melville, Gert, Nachbemerkungen: Das öffentliche Duell zwischen archaischer Symbolik und rationaler Inszenierung, in: Uwe Israel/Christian Jaser (Hgg.), Agon und Distinktion. Soziale Räume des Zweikampfs zwischen Mittelalter und Neuzeit, Berlin, Münster 2016, S. 125–133.

Menzel, Thomas, Der Fürst als Feldherr. Militärisches Handeln und Selbstdarstellung zwischen 1470 und 1550. Dargestellt an ausgewählten Beispielen, Berlin 2003.

Mersiowsky, Mark, Adlige Sozialisation im spätmittelalterlichen Süddeutschland, in: Horst Carl (Hg.), Gelungene Anpassung? Adelige Antworten auf gesellschaftliche Wandlungsvorgänge vom 14. bis zum 16. Jahrhundert; zweites Symposion "Adel, Ritter, Reichsritterschaft vom Hochmittelalter bis zum Modernen Verfassungsstaat" (24./25. Mai 2001, Schloß Weitenburg), Ostfildern 2005, S. 103–138.

Mertens, Peter, Schweizer Reisläufer – deutsche Landsknechte: eine mörderische Rivalität, in: Hans Rudolf Fuhrer/Robert-Peter Eyer (Hgg.), Schweizer in „fremden Diensten". Verherrlicht und verurteilt, Zürich ^{2}2006, S. 69–85.

Meyer, Manfred, Die historische Rolle und Bedeutung Florian Geyers, in: Wissenschaftliche Zeitschrift der Karl-Marx-Universität Leipzig, Gesellschafts- und sprachwissenschaftliche Reihe 14 (1965), S. 479–487.

Meyer, Werner, „Also griffen die Eidgenossen das Volk an". Die Schlacht bei St. Jakob an der Birs. Hintergründe, Verlauf und Bedeutung, in: Werner Geiser (Hg.), Ereignis – Mythos – Deutung. 1444–1994, St. Jakob an der Birs, Basel 1994, S. 9–57.

Meyer, Werner, Eidgenössischer Solddienst und Wirtschaftsverhältnisse im schweizerischen Alpenraum um 1500, in: Stefan Kroll (Hg.), Militär und ländliche Gesellschaft in der frühen Neuzeit, Münster 2000, S. 23–39.

Meyer, Werner, Alteidgenössisches Kriegertum und Söldnerwesen, in: Christoph Kaindel/Andreas Obenaus (Hgg.), Krieg im mittelalterlichen Abendland, Wien 2010, S. 177–205.

Meyer, Werner, Ritter, Burgen, Schlachten. Das abendländische Kriegswesen, in: Christoph Kaindel/Andreas Obenaus (Hgg.), Krieg im mittelalterlichen Abendland, Wien 2010, S. 105–140.

Meyer, Werner, Ritterturniere im Mittelalter. Lanzenstechen, Prunkgewänder, Festgelage, Mainz 2017.

Meyerson, Mark Douglas/Daniel Thiery/Oren Falk, Introduction, in: Mark Douglas Meyerson/Daniel Thiery/Oren Falk (Hgg.), 'A great effusion of blood'? Interpreting medieval violence, Toronto Ont. 2004, S. 3–16.

Mol, Johannes Adriaan, Het militaire einde van de Friese vrijheid. De slag bij Laaxum, 10 juni 1498, in: Millennium. Tijdschrift voor Middeleeuwse Studies 13 (1999), S. 3-20.

Möller, Walther, Stammtafeln westdeutscher Adels-Geschlechter im Mittelalter, Bd. 2 (Bibliothek klassischer Werke der Genealogie 2,2), Neustadt an der Aisch [ND 1996] 1933.

Moraw, Peter, Staat und Krieg im deutschen Spätmittelalter, in: Werner Rösener (Hg.), Staat und Krieg. Vom Mittelalter bis zur Moderne, Göttingen 2000, S. 82–112.

Moritz, Tilman, Autobiographik als ritterschaftliche Selbstverständigung. Ulrich von Hutten, Götz von Berlichingen, Sigmund von Herberstein (Formen der Erinnerung 70), Göttingen 2019.

Morsel, Joseph, Crise? Quelle crise? Remarques à propos de la prétendue crise de la noblesse allemande à la fin du Moyen Âge, in: Sources. Travaux historiques 14 (1988), S. 17–42.

Morsel, Joseph, Die Erfindung des Adels. Zur Soziogenese des Adels am Ende des Mittelalters; das Beispiel Frankens, in: Otto Gerhard Oexle/Werner Paravicini (Hgg.), Nobilitas. Funktion und Repräsentation des Adels in Alteuropa, Göttingen 1997, S. 312–375.

Morsel, Joseph, Geschlecht und Repräsentation. Beobachtungen zur Verwandtschaftskonstruktion im fränkischen Adel des späten Mittelalters, in: Otto Gerhard Oexle/ Andrea von Hülsen-Esch (Hgg.), Die Repräsentation der Gruppen. Texte – Bilder – Objekte, Göttingen 1998, 259–325.

Morsel, Joseph, La noblesse contre le prince. L'espace social des Thüngen à la fin du Moyen Âge (Franconie, v. 1250–1525) (Beihefte der Francia 49), Stuttgart 2000.

Morsel, Joseph, Adel in Armut – Armut im Adel? Beobachtungen zur Situation des Adels im Spätmittelalter, in: Otto Gerhard Oexle (Hg.), Armut im Mittelalter, Ostfildern 2004, S. 127–164.

Morsel, Joseph, Geschlecht versus Konnubium? Der Einsatz von Verwandtschaftsmustern zur Bildung gegenüberstehender Adelsgruppen (Franken, Ende des 15. Jahrhunderts), in: Historische Anthropologie 22, 1 (2014), S. 4–44.

Mottek, Hans, Wirtschaftsgeschichte Deutschlands. Ein Grundriss. Bd. 1: Von den Anfängen bis zur Zeit der Französischen Revolution, Berlin ^{5}1973.

Müller, Achatz von, Schauspiele der Gewalt – Vom Zweikampf zum Duell, in: Uwe Schultz (Hg.), Das Duell. Der tödliche Kampf um die Ehre, Frankfurt am Main 1996, S. 12–33.

Müller, Heinrich, Albrecht Dürer. Waffen und Rüstungen, Mainz 2002.

Müller, Jan-Dirk, Gedechtnus. Literatur und Hofgesellschaft um Maximilian I (Forschungen zur Geschichte der älteren deutschen Literatur 2), München 1982.

Müller, Mario, Ritterlich-adlige Lebenskultur vom 14. bis zum 18. Jahrhundert, in: Heinz-Dieter Heimann (Hg.), Weltbilder des mittelalterlichen Menschen, Berlin ^{1}2007, S. 209–256.

Müsegades, Benjamin, Fürstliche Erziehung und Ausbildung im spätmittelalterlichen Reich (Mittelalter-Forschungen 47), Ostfildern 2014.

Naegle, Gisela, Einleitung, in: Gisela Naegle (Hg.), Frieden schaffen und sich verteidigen im Spätmittelalter. Faire la paix et se défendre à la fin du Moyen Âge, München 2015, S. 9–50.

Nell, Martin, Die Landsknechte. Entstehung der ersten deutschen Infanterie (Historische Studien 123), Berlin 1914 [ND Vaduz 1965].

Neumaier, Helmut, Ritteradlige Herrschaftsbildung im Schüpfergrund. Das Briefbuch des Albrecht von Rosenberg (†1572). Urkundenregesten 1385–1565 und Urkundenanhang 1561–1564 (Veröffentlichungen der Gesellschaft für Fränkische Geschichte Reihe 3 10), Würzburg 2006.

Neumaier, Helmut, Albrecht von Rosenberg. Ein außergewöhnliches Adelsleben unter drei habsburgischen Kaisern, Münster 2011.

Neumeyer, Martina, Vom Kriegshandwerk zum ritterlichen Theater. Das Turnier im mittelalterlichen Frankreich (Abhandlungen zur Sprache und Literatur 89), Bonn 1998.

Neumüllers-Klauser, Renate, Die Inschriften des Landkreises Calw (Die deutschen Inschriften Heidelberger Reihe 10), Wiesbaden 1992.

Niederhäuser, Peter, „In allen Ritterspielen unübertrefflich“. Kaiser Maximilian als Turnierkämpfer, in: Peter Jezler/Peter Niederhäuser/Elke Jezler (Hgg.), Ritterturnier. Geschichte einer Festkultur, Luzern 2014, S. 93–102.

Niederstätter, Alois, Das Jahrhundert der Mitte. An der Wende vom Mittelalter zur Neuzeit (Österreichische Geschichte 1400–1522), Wien 1996.

Niederstätter, Alois, Der Schwaben- oder Schweizerkrieg. Die Ereignisse und ihre Bedeutung für Österreich-Habsburg, in: Peter Niederhäuser (Hg.), Vom „Freiheitskrieg“ zum Geschichtsmythos. 500 Jahre Schweizer- oder Schwabenkrieg, Zürich 2000, S. 51–71.

Nipperdey, Thomas/Peter Melcher, Bauernkrieg, in: Thomas Nipperdey (Hg.), Reformation, Revolution, Utopie. Studien zum 16. Jahrhundert, Göttingen 1975, S. 85–112.

Noflatscher, Hans, Funktionseliten an den Höfen der Habsburger um 1500, in: Günther Schulz (Hg.), Sozialer Aufstieg. Funktionseliten im Spätmittelalter und in der Frühen Neuzeit, München 2002, S. 291–314.

Ogris, Werner, Art. „Ganerben“, in: Handwörterbuch zur deutschen Rechtsgeschichte. Bd. 1, Berlin ^{2}2008, Sp. 1926–1930.

Oschema, Klaus, Kräftemessen mit Regeln: das Ritterturnier als ritualisierter Kampf, in: Peter Jezler/Peter Niederhäuser/Elke Jezler (Hgg.), Ritterturnier. Geschichte einer Festkultur, Luzern 2014, S. 33–39.

Paravicini, Werner, Von der Heidenfahrt zur Kavalierstour. Über Motive und Formen adeligen Reisens im späten Mittelalter, in: Horst Brunner (Hg.), Wissensliteratur im Mittelalter und in der frühen Neuzeit. Bedingungen, Typen, Publikum, Sprache, Wiesbaden 1993, S. 91–130.

Paravicini, Werner, Georg von Ehingens Reise vollendet, in: Jacques Paviot (Hg.), Guerre, pouvoir et noblesse au Moyen Âge. Mélanges en l'honneur de Philippe Contamine, Paris 2000, S. 548–588.

Paravicini, Werner, Deutsche Adelskultur und der Westen im späten Mittelalter. Eine Spurensuche am Beispiel der Wittelsbacher, in: Joachim Ehlers (Hg.), Deutschland und der Westen Europas im Mittelalter, Stuttgart 2002, 457–506.

Paravicini, Werner, Der Fremde am Hof. Nikolaus von Popplau auf Europareise 1483–1486, in: Thomas Zotz (Hg.), Fürstenhöfe und ihre Außenwelt. Aspekte gesellschaftlicher und kultureller Identität im deutschen Spätmittelalter, Würzburg 2004, S. 291–337.

Paravicini, Werner, Bericht und Dokument. Leo von Rožmitál unterwegs zu den Höfen Europas (1465–1466), in: Archiv für Kulturgeschichte 92, 2 (2010), S. 253–307.

Paravicini, Werner, Die ritterlich-höfische Kultur des Mittelalters (Enzyklopädie deutscher Geschichte), Berlin/Boston ^{3}2011.

Paravicini, Werner, Adelsherrschaft in der Krise: der Bauernkrieg von 1525, in: Ulf Christian Ewert/Andreas Ranft/Stephan Selzer (Hgg.), Noblesse. Studien zum adeligen Leben im spätmittelalterlichen Europa, Ostfildern 2012, S. 97–130.

Paravicini, Werner, Fahrende Ritter. Literarisches Bild und gelebte Wirklichkeit im Spätmittelalter, in: Ulf Christian Ewert/Andreas Ranft/Stephan Selzer (Hgg.), Noblesse. Studien zum adeligen Leben im spätmittelalterlichen Europa, Ostfildern 2012, S. 171–216.

Paravicini, Werner, Besonders adlig. Nikolaus von Popplau an den Höfen Europas (1483–1485), in: Jan Hirschbiegel/Harm von Seggern (Hgg.), Ehrenvolle Abwesenheit. Studien zum adligen Reisen im späteren Mittelalter, Ostfildern 2017, S. 541–560.

Paravicini, Werner, Konrad von Scharnachtal, in: Jan Hirschbiegel/Harm von Seggern (Hgg.), Ehrenvolle Abwesenheit. Studien zum adligen Reisen im späteren Mittelalter, Ostfildern 2017, S. 195–256.

Paravicini, Werner, Vom Erkenntniswert der Adelsreise, in: Jan Hirschbiegel/Harm von Seggern (Hgg.), Ehrenvolle Abwesenheit. Studien zum adligen Reisen im späteren Mittelalter, Ostfildern 2017, S. 3–27.

Pietzner, Fritz, Schwertleite und Ritterschlag, Bottrop 1934.

Pitt-Rivers, Julian, Honour and social status, in: John George Peristiany (Hg.), Honour and shame. The values of Mediterranean society, Chicago 1965, S. 19–78.

Pöppinghege, Rainer, Abgesattelt! – Die publizistischen Rückzugsgefechte der deutschen Kavallerie seit 1918, in: Rainer Pöppinghege (Hg.), Tiere im Krieg. Von der Antike bis zur Gegenwart, Paderborn 2009, S. 235–250.

Pöschko, Hans Helmut, Turniere in Mittel- und Süddeutschland von 1400 bis 1550. Katalog der Kampfspiele und der Teilnehmer. Diss. phil., Stuttgart 1985.

Prietzel, Malte, Kriegführung im Mittelalter. Handlungen, Erinnerungen, Bedeutungen (Krieg in der Geschichte 32), Paderborn, München 2006.

Prietzel, Malte, Was ist Krieg im Mittelalter? Töten, um zu herrschen, in: Gerd Althoff/Jürgen Sarnowsky/Nikolas Jaspert/Kurt Andermann/Malte Prietzel/Martin Clauss (Hgg.), Krieg im Mittelalter, Darmstadt 2017, S. 11–26.

Prietzel, Malte, „Letzter Ritter" und „Vater der Landsknechte". Fürstliche Gewaltausübung als Praxis und Inszenierung, in: Johannes Helmrath/Ursula Kocher/Andrea Sieber (Hgg.), Maximilians Welt. Kaiser Maximilian I. im Spannungsfeld zwischen Innovation und Tradition, Göttingen 2018, S. 209–225.

Rabeler, Sven, Der Niederadel und die höfische Festkultur des Spätmittelalters. Wilwolt von Schaumberg, in: Gerhard Fouquet/Harm von Seggern/Gabriel Zeilinger (Hgg.), Höfische Feste im Spätmittelalter, Kiel 2003, S. 64–72.

Rabeler, Sven, Niederadlige Lebensformen im späten Mittelalter. Wilwolt von Schaumberg (um 1450–1510) und Ludwig von Eyb d. J. (1450–1521) (Veröffentlichungen der

Gesellschaft für fränkische Geschichte, Reihe 9: Darstellungen aus der fränkischen Geschichte 53), Würzburg 2006.

Rabeler, Sven, Das Familienbuch Michels von Ehenheim (um 1462/63–1518). Ein niederadliges Selbstzeugnis des späten Mittelalters. Edition, Kommentar, Untersuchung (Kieler Werkstücke Reihe E, Beiträge zur Sozial- und Wirtschaftsgeschichte 6), Frankfurt am Main 2007.

Radzikowski, Piotr, Reisebeschreibung Niclas von Popplau, Ritters, bürtig von Breslau (Prace Instytutu Historii Wyższej Szkoły Pedagogicznej w Kielcach Nr. 8), Kraków 1998.

Raidenbuch, Wilhelm von, Turnier zu Bamberg im Jahre 1486. Aus Raidenbuchers Turnierbuch, in: Ludwig Albert von Gumppenberg (Hg.), Die Gumppenberger auf Turnieren. Nachtrag zur Geschichte der Familie von Gumppenberg, Würzburg 1862, S. 132–136.

Ranawake, Silvia, Verligen und versitzen: Das Versäumnis des Helden und die Sünde der Trägheit in den Artusromanen Hartmanns von Aue, in: Martin Jones (Hg.), Chrétien de Troyes and the German Middle Ages, Cambridge 1993, S. 19–35.

Ranft, Andreas, Adelsgesellschaften. Gruppenbildung und Genossenschaft im spätmittelalterlichen Reich (Kieler historische Studien 38), Sigmaringen 1994.

Ranft, Andreas, Die Turniere der vier Lande: Genossenschaftlicher Hof und Selbstbehauptung des niederen Adels, in: Zeitschrift für die Geschichte des Oberrheins 142, NF 103 (1994), S. 83–102.

Ranft, Andreas, Feste des deutschen Adels am Ausgang des Mittelalters, Form und Funktion, in: Simonetta Cavaciocchi (Hg.), Il tempo libero, economia e società (loisirs, leisure, tiempo libre, Freizeit) secc. XIII–XVIII, Florenz 1995, S. 245–256.

Ranft, Andreas, Einer von Adel. Zu adligem Selbstverständnis und Krisenbewußtsein im 15. Jahrhundert, in: Historische Zeitschrift 263, 2 (1996), S. 317–343.

Ranft, Andreas, Die Hofesreise im Spätmittelalter, in: Rainer Babel/Werner Paravicini (Hgg.), Grand Tour. Adeliges Reisen und europäische Kultur vom 14. bis zum 18. Jahrhundert, Ostfildern 2005, S. 89–103.

Redlich, Fritz, The German military enterpriser and his work force. A study in European economic and social history (Vierteljahrschrift für Sozial- und Wirtschaftsgeschichte. Beihefte 47), Wiesbaden 1964.

Reicke, Emil, Willibald Pirckheimer und die Reichsstadt Nürnberg im Schwabenkrieg, in: Jahrbuch für schweizerische Geschichte 45 (1920), S. 131–189.

Reinle, Christine, Spätmittelalterliche Landesverwaltung als Karrieresprungbrett? Das Beispiel Bayern auf dem Prüfstand, in: Günther Schulz (Hg.), Sozialer Aufstieg. Funktionseliten im Spätmittelalter und in der Frühen Neuzeit, München 2002, S. 221–241.

Reinle, Christine, Überlegungen zu Eigenmacht und Fehde im spätmittelalterlichen Europa. Einführung in Fragestellung und Ergebnisse des Sammelbandes „Fehdehandeln und Fehdegruppen im spätmittelalterlichen und frühneuzeitlichen

Europa“, in: Mathis Prange (Hg.), Fehdehandeln und Fehdegruppen im spätmittelalterlichen und frühneuzeitlichen Europa, Göttingen 2014, S. 9–38.

Reinle, Christine/Peter Hesse, Logik der Gewalt. Die Auseinandersetzungen der Percy und der Neville um die Mitte des 15. Jahrhunderts im Abgleich mit der kontinentalen Fehdepraxis, in: Winfried Speitkamp (Hg.), Gewaltgemeinschaften. Von der Spätantike bis ins 20. Jahrhundert, Göttingen 2014, S. 103–148.

Reintges, Theo, Ursprung und Wesen der spätmittelalterlichen Schützengilden (Rheinisches Archiv 58), Bonn 1963.

Renaud, Theodor, Ritter Friedrich Kappler. Ein Elsässischer Feldhauptmann aus dem 15. Jahrhundert (Beiträge zur Landes-und Volkeskunde 21), Strassburg 1896.

Ridder-Symoens, Hilde de/Detlef Illmer/Cornelia M. Ridderikhoff, Les livres des procurateurs de la nation germanique de l'ancienne université d'Orléans. 1444–1602. Bd. 1: Premier livre des procurateurs 1444–1546. Tlbd. 2: Biographies des étudiants 1444–1515, Leiden 1978.

Rogg, Matthias, „Eine Kriegsordnung neu gemacht“. Die Entstehung, Aufgabe und Bedeutung militärischer Funktionseliten im 16. Jahrhundert, in: Günther Schulz (Hg.), Sozialer Aufstieg. Funktionseliten im Spätmittelalter und in der Frühen Neuzeit, München 2002, S. 357–385.

Rogge, Jörg, Das Kriegswesen im späten Mittelalter und seine Erforschung: neure englische und deutsche Arbeiten zu Krieg, Staat und Gesellschaft, in: Militär und Gesellschaft in der Frühen Neuzeit 8 (2004), 20–33.

Rogge, Jörg, Kämpfer als Schreiber. Bemerkungen zur Erzählung von Kampferfahrung und Verwundung in deutschen Selbstzeugnissen des späten Mittelalters, in: Jörg Rogge (Hg.), Kriegserfahrungen erzählen. Geschichts- und literaturwissenschaftliche Perspektiven, Bielefeld 2016, S. 73–106.

Rogge, Jörg, Kämpfer und ihre Körper. Bemerkungen zur „kriegerischen Männlichkeit“ im späten Mittelalter, in: Amalie Fößel (Hg.), Gewalt, Krieg und Geschlecht im Mittelalter, Bern 2020, S. 125–138.

Rohwedder, Sandra, Von hoher Zinne. Untersuchungen zum Ritterbild im 19. und frühen 20. Jahrhundert (Studien zur Kunst 39), Köln 2019.

Romer, Hermann, Reisläufer und Landsknechte: Strukturelemente des Krieges um 1500, in: Peter Niederhäuser (Hg.), Vom „Freiheitskrieg“ zum Geschichtsmythos. 500 Jahre Schweizer- oder Schwabenkrieg, Zürich 2000, S. 29–50.

Rosenau, Peter Udo, Wehrverfassung und Kriegsrecht in der mittelhochdeutschen Epik. Wolfram von Eschenbach, Hartmann von Aue, Gottfried von Straßburg, Der Nibelungen Not, Kudrunepos, Wolfdietrichbruchstück A, König Rother, Salman u. Morolf. Diss. phil., Bonn 1959.

Rösener, Werner, Zur Problematik des spätmittelalterlichen Raubrittertums, in: Helmut Maurer/Hans Patze (Hgg.), Festschrift für Berent Schwineköper. Zu seinem siebzigsten Geburtstag, Sigmaringen 1982, S. 469–488.

Rösener, Werner, Rittertum und Krieg im Stauferreich, in: Werner Rösener (Hg.), Staat und Krieg. Vom Mittelalter bis zur Moderne, Göttingen 2000, S. 37–63.

Roth von Schreckenstein, Karl Heinrich Leopold, Die Ritterwürde und der Ritterstand. Historisch-politische Studien über deutsch-mittelalterliche Standesverhältnisse auf dem Lande und in der Stadt, Freiburg i. B. 1886.

Rudolph, Harriet, Heer und Herrschaftsrepräsentation. Militärische Dimensionen der Selbstinszenierung bei Herrscherbesuchen (1550–1800), in: Matthias Müller/Peter-Michael Hahn (Hgg.), Zeichen und Medien des Militärischen am Fürstenhof im frühneuzeitlichen Europa, Berlin [1]2017, S. 53–72.

Rüther, Stefanie, Der König als Feldherr. Normen und Begrenzungen im späten Mittelalter, in: Martin Clauss/Andrea Stieldorf/Tobias Weller (Hgg.), Der König als Krieger. Zum Verhältnis von Königtum und Krieg im Mittelalter, Bamberg 2015, S. 159–184.

Rüther, Stefanie, Ordnungen der Gewalt? Narrative und Praktiken des Krieges im europäischen Mittelalter, in: Ferdinand Sutterlüty/Matthias Jung/Andy Reymann (Hgg.), Narrative der Gewalt. Interdisziplinäre Analysen, Frankfurt am Main, New York 2019, S. 241–258.

Sabean, David Warren, Landbesitz und Gesellschaft am Vorabend des Bauernkriegs. Eine Studie der sozialen Verhältnisse im südlichen Oberschwaben in den Jahren vor 1525 (Quellen Und Forschungen Zur Agrargeschichte 26), Stuttgart 1972.

Sabean, David Warren, Probleme der deutschen Agrarverfassung zu Beginn des 16. Jahrhunderts. Oberschwaben als Beispiel, in: Peter Blickle (Hg.), Revolte und Revolution in Europa, München 1975, S. 132–150.

Sabin, Philip, The Face of Roman Battle, in: The Journal of Roman Studies 90 (2000), S. 1–17.

Sablonier, Roger, Rittertum, Adel und Kriegswesen im Spätmittelalter, in: Josef Fleckenstein (Hg.), Das ritterliche Turnier im Mittelalter. Beiträge zu einer vergleichenden Formen- und Verhaltensgeschichte des Rittertums, Göttingen 1985, S. 532–567.

Schaab, Meinrad, Spätmittelalter (1250–1500), in: Meinrad Schaab/Hansmartin Schwarzmaier (Hgg.), Handbuch der baden-württembergischen Geschichte. Bd. 1,2: Vom Spätmittelalter bis zum Ende des alten Reiches, Stuttgart 2000, S. 1–144.

Schad, Martha, Die Frauen des Hauses Fugger von der Lilie (15.–17. Jahrhundert). Ausgsburg – Ortenburg – Trient (Studien zur Fuggergeschichte 31), Tübingen 1989.

Schäfer, Karl Heinrich, Deutsche Ritter und Edelknechte in Italien während des 14. Jahrhunderts. Bd. 1: Im päpstlichen Dienste, Darstellung (Quellen und Forschungen aus dem Gebiete der Geschichte 15,1), Paderborn 1911.

Schäfer, Regina, Die Herren von Eppstein. Herrschaftsausübung, Verwaltung und Besitz eines Hochadelsgeschlechts im Spätmittelalter (Veröffentlichungen der Historischen Kommission für Nassau 68), Wiesbaden 2000.

Schaufelberger, Walter, Der Alte Schweizer und sein Krieg. Studien zur Kriegsführung vornehmlich im 15. Jahrhundert, Frauenfeld ³1987.

Scheurkogel, J., Het Kaas- en Broodspel, in: Bijdragen en mededelingen betreffende de geschiedenis der Nederlanden 94 (1979), S. 188–212.

Schild, Wolfgang, Schlacht als Rechtsentscheid, in: Steffen Martus/Marina Münkler/Werner Röcke (Hgg.), Schlachtfelder. Codierung von Gewalt im medialen Wandel, Berlin 2003, S. 147–168.

Schimmelpfennig, Bernhard, Bamberg im Mittelalter. Siedelgebiete und Bevölkerung bis 1370 (Historische Studien 391), Lübeck 1964.

Schlögl, Rudolf, Der frühneuzeitliche Hof als Kommunikationsraum. Interaktionstheoretische Perspektiven der Forschung, in: Frank Becker (Hg.), Geschichte und Systemtheorie. Exemplarische Fallstudien, Frankfurt am Main 2004, S. 185–226.

Schlögl, Rudolf, Hierarchie und Funktion. Zur Transformation der stratifikatorischen Ordnung in der Frühen Neuzeit, in: Marian Füssel (Hg.), Soziale Ungleichheit und ständische Gesellschaft. Theorien und Debatten in der Frühneuzeitforschung, Frankfurt am Main 2011, S. 47–63.

Schlotheuber, Eva, Die Bewertung von Kindheit und die Rolle von Erziehung in den biographischen und autobiographischen Quellen des Spätmittelalters, in: Klaus Bergdolt (Hg.), Das Kind in der Renaissance, Wiesbaden 2008, S. 43–69.

Schmid, Barbara, Schreiben für Status und Herrschaft. Deutsche Autobiographik in Spätmittelalter und früher Neuzeit, Zürich 2006.

Schmid, Ludwig, Belagerung, Zerstörung und Wiederaufbau der Burg Hohenzollern im fünfzehnten Jahrhundert, Tübingen 1867.

Schmid, Regula, The armour of the common soldier in the late middle ages. Harnischrödel as sources for the history of urban martial culture, in: Acta Periodica Duellatorum 5 (2017), S. 7–24.

Schmidt, Susanna, Georg von Ehingen, „Reisen nach der Ritterschaft". Stil und Darstellungsmuster einer Ritterbiographie am Übergang vom späten Mittelalter zur frühen Neuzeit 1997.

Schmidtchen, Volker, Karrenbüchse und Wagenburg. Hussistische Innovationen zur Technik und Taktik des Kriegswesens im späten Mittelalter, in: Volker Schmidtchen (Hg.), Wirtschaft, Technik und Geschichte. Beiträge zur Erforschung der Kulturbeziehungen in Deutschland und Osteuropa, Berlin 1980, S. 83–108.

Schmidtchen, Volker, Kriegswesen im späten Mittelalter. Technik, Taktik, Theorie, Weinheim 1990.

Schmidtchen, Volker, Ius in bello und militärischer Alltag. Rechtliche Regelungen in Kriegsordnungen des 14. bis 16. Jahrhunderts, in: Horst Brunner (Hg.), Der Krieg im Mittelalter und in der frühen Neuzeit. Gründe, Begründungen, Bilder, Bräuche, Recht, Wiesbaden 1999, S. 25–56.

Schmidtchen, Volker/Daniel P. Franke/Martin Völkl/Julia Knödler/Martin Clauss/Uwe Tresp, Germany, in: Clifford J. Rogers (Hg.), The Oxford encyclopedia of medieval warfare and military technology. Bd. 1, Oxford 2010, S. 154–208.

Schmitz, Ferdinand, Der Neusser Krieg, in: Rheinische Geschichtsblätter 2 (1895/1896), S. 1–9, 33–60, 65–79, 97–112, 129–144, 161–176, 193–209, 225–240, 257–262.

Schmolinsky, Sabine, Selbstzeugnisse im Mittelalter, in: Klaus Arnold/Sabine Schmolinsky/Urs Martin Zahnd/Jörg Hillmann/Markus Späth (Hgg.), Das dargestellte Ich. Studien zu Selbstzeugnissen des späteren Mittelalters und der frühen Neuzeit, Bochum 1999, 19–28.

Scholz Williams, Gerhild, License to Laugh: Making Fun of Chivalry in Some Medieval Texts, in: Monatshefte für deutschen Unterricht, deutsche Sprache und Literatur 78 (1986), S. 26–37.

Scholzen, Reinhard, Franz von Sickingen. Ein adeliges Leben im Spannungsfeld zwischen Städten und Territorien (Beiträge zur pfälzischen Geschichte 9), Kaiserslautern 1996.

Schramm, Percy Ernst, Die Krönung in Deutschland bis zum Beginn des Salischen Hauses (1028), in: Zeitschrift der Savigny-Stiftung für Rechtsgeschichte: Kanonistische Abteilung 24 (1935), S. 184–332.

Schreiber, Albert, Die Veranlassung zu der Fehde Götz von Berlichingens mit dem Erzstifte Mainz. Mit 9 bisher ungedruckten Briefen Götz von Berlichingens, in: Zeitschrift für die Geschichte des Oberrheins 54/NF 15 (1900), S. 494–507.

Schreier, Gero, Ritterhelden. Rittertum, Autonomie und Fürstendienst in niederadligen Lebenszeugnissen des 14. bis 16. Jahrhunderts (Mittelalter-Forschungen Band 58), Ostfildern 2019.

Schreiner, Klaus, Mönchsein in der Adelsgesellschaft des hohen und späten Mittelalters. Klösterliche Gemeinschaftsbildung zwischen spiritueller Selbstbehauptung und sozialer Anpassung (Schriften des Historischen Kollegs Vorträge 20), München 1989.

Schreiner, Klaus/Gerd Schwerhoff (Hgg.), Verletzte Ehre. Ehrkonflikte in Gesellschaften des Mittelalters und der frühen Neuzeit (Norm und Struktur 5), Köln 1995.

Schubert, Ernst, Mobilität ohne Chance. Die Ausgrenzung des fahrenden Volkes, in: Winfried Schulze (Hg.), Ständische Gesellschaft und soziale Mobilität, München 1988, S. 113–164.

Schubert, Ernst, Fahrendes Volk im Mittelalter, Bielefeld 1995.

Schultz, Alwin, Das Höfische Leben zur Zeit der Minnesänger, Leipzig ²1889.

Schulze, Werner, Die Gleve. Der Ritter und sein Gefolge im späteren Mittelalter, in: Münchener historische Abhandlungen. Zweite Reihe 13 (1940).

Schulze, Winfried, Ego-Dokumente. Annäherung an den Menschen in der Geschichte?, in: Bea Lundt (Hg.), Von Aufbruch und Utopie. Perspektiven einer neuen Gesellschaftsgeschichte des Mittelalters, Köln 1992, S. 417–450.

Schuster, Peter, Die Krise des Spätmittelalters. Zur Evidenz eines sozial- und wirtschaftsgeschichtlichen Paradigmas in der Geschichtsschreibung des 20. Jahrhunderts, in: Historische Zeitschrift 269 (1999), S. 19–55.

Schuster, Peter, Der alltägliche Zweikampf: Messerzücken und Gewalt in spätmittelalterlichen Städten, in: Uwe Israel/Christian Jaser (Hgg.), Agon und Distinktion. Soziale Räume des Zweikampfs zwischen Mittelalter und Neuzeit, Berlin, Münster 2016, S. 259–266.

Schwager, Therese, Militärtheorie im Späthumanismus. Kulturtransfer taktischer und strategischer Theorien in den Niederlanden und Frankreich (1590–1660) (Frühe Neuzeit 160), Berlin 2012.

Schwerhoff, Gerd, Zivilisationsprozeß und Geschichtswissenschaft: Norbert Elias' Forschungsparadigma in historischer Sicht, in: Historische Zeitschrift 266 (1998), S. 561–605.

Seibold, Gerhard, Christoph Fürer, in: Fränkische Lebensbilder 10 (1982), S. 67–96.

Seyler, Gustav Adelbert, Geschichte der Heraldik. Wappenwesen, Wappenkunst, Wappenwissenschaft, Nürnberg 1890 [ND Neustadt a. d. Aisch 1970].

Sieber-Lehmann, Claudius/Thomas Wilhelmi/Christian Bertin (Hgg.), In Helvetios – Wider die Kuhschweizer. Fremd- und Feindbilder von den Schweizern in antieidgenössischen Texten aus der Zeit von 1386 bis 1532 (Schweizer Texte, Neue Folge 13), Bern 1998.

Sieferle, Rolf Peter, Einleitung, in: Rolf Peter Sieferle/Helga Breuninger (Hgg.), Kulturen der Gewalt. Ritualisierung und Symbolisierung von Gewalt in der Geschichte, Frankfurt am Main 1998, S. 9–29.

Spieß, Karl-Heinz, Ständische Abgrenzung und soziale Differenzierung zwischen Hochadel und Ritteradel im Spätmittelalter, in: Rheinische Vierteljahrsblätter 56 (1992), S. 181–205.

Spieß, Karl-Heinz, Aufstieg in den Adel und Kriterien der Adelszugehörigkeit im Spätmittelalter, in: Kurt Andermann (Hg.), Zwischen Nicht-Adel und Adel, Stuttgart 2001, S. 1–26.

Spieß, Karl-Heinz, Kommunikationsformen im Hochadel und am Königshof im Spätmittelalter, in: Gerd Althoff (Hg.), Formen und Funktionen öffentlicher Kommunikation im Mittelalter, Stuttgart 2001, S. 261–290.

Spieß, Karl-Heinz, Adel und Hof – Hof und Adel, in: Mitteilungen des Historischen Vereins der Pfalz 108 (2010), S. 415–432.

Staehelin, Wilhelm Richard, Das Wappenbuch E. E. Zunft zum Schlüssel in Basel, 1514, in: Schweizerisches Archiv für Heraldik 62 (1948), S. 20–30, 64–69, 103–106.

Stälin, Christoph Friedrich von, Wirtembergische Geschichte. Bd. 3: Schwaben und Südfranken. Schluß des Mittelalters. 1269–1496, Stuttgart 1856.

Sterzel, Hans, Das Wolfegger Hausbuch und seine Bedeutung für die Waffenkunde, in: Zeitschrift für historische Waffen- und Kostümkunde 6 (1912/3), S. 234–239, 280–289, 314–321.

Stillfried, Rudolf von/Traugott Maercker, Hohenzollerische Forschungen. Bd. 1: Schwäbische Forschung, Berlin 1847.

Studt, Birgit, Art. „Schamdocher, Georg“, in: Verfasserlexikon. Die deutsche Literatur des Mittelalters. Bd. 8, Berlin, New York 1992, Sp. 600–601.

Tatarinoff, Eugen, Die Beteiligung Solothurns am Schwabenkriege bis zur Schlacht bei Dornach 22. Juli 1499, Solothurn 1899.

Terjanian, Pierre, The art of the armorer in late medieval and Renaissance Augsburg: The rediscovery of the *Thun sketchbooks*. Thun-Hohenstein albums. Part I, in: Jahrbuch des kunsthistorischen Museums Wien 17/18 (2013), S. 297–395.

Tersch, Harald, Österreichische Selbstzeugnisse des Spätmittelalters und der frühen Neuzeit (1400–1650). Eine Darstellung in Einzelbeiträgen, Wien 1998.

Tetel, Marcel, De l'auteur des "Instructions sur le faict de la guerre", in: Louis Terreaux (Hg.), Culture et pouvoir au temps de l'humanisme et de la Renaissance, Genève, Paris 1978, S. 271–284.

Tettau, Wilhelm Johann Albert von, Erlebnisse eines deutschen Landsknechts (1484–1493), von ihm selbst beschrieben. Ein Beitrag zur Geschichte des schwarzen Heeres, in: Mittheilungen des Vereins für die Geschichte und Alterthumskunde 4 (1869), S. 1–51.

Tlusty, Beverly Ann, The martial ethic in early modern Germany. Civic duty and the right of arms (Early modern history Society and culture), Basingstoke, Hampshire 2011.

Tóth, Zoltán, Matyas Kiraly idegen zsoldosserege, Budapest 1925.

Tresp, Uwe, Söldner aus Böhmen. Im Dienst deutscher Fürsten: Kriegsgeschäft und Heeresorganisation im 15. Jahrhundert (Krieg in der Geschichte 19), Paderborn 2004.

Tresp, Uwe, Trabanten und Kriegsunternehmer. Das böhmische Söldnerwesen im ausgehenden Mittelalter, in: Rudolf Ebneth (Hg.), Der Landshuter Erbfolgekrieg. An der Wende vom Mittelalter zur Neuzeit, Regensburg 2004, S. 99–122.

Tresp, Uwe, Kriegswesen und Kriegführung in der spätmittelalterlichen Mark Brandenburg, in: Clemens Bergstedt/Heinz-Dieter Heimann/Knut Kiesant/Peter Knüvener/Mario Müller/Kurt Winkler (Hgg.), Im Dialog mit Raubrittern und schönen Madonnen. Die Mark Brandenburg im späten Mittelalter, Berlin 2011, 130–141.

Trüter, Ingo, Gelehrte Lebensläufe. Habitus, Identität und Wissen um 1500, Göttingen 2017.

Tucker, Treva J., Eminence over Efficacy: Social Status and Cavalry Service in Sixteenth-Century France, in: Sixteenth Century Journal 32, 4 (2001), S. 1057–1095.

Ulmann, Heinrich, Kaiser Maximilian I. Auf urkundlicher Grundlage dargestellt. Bd. 1, Stuttgart 1884.

Ulmschneider, Helgard, Götz von Berlichingen. Ein adeliges Leben der deutschen Renaissance, Sigmaringen 1974.

Ulmschneider, Helgard, Greker, Troianer, die edln Romer und König Artus' Tafelrunde. Exempel für den fränkischen Adel in den Geschichten und Taten Wilwolts von Schaumberg, in: Dorothea Walz (Hg.), Scripturus vitam. Lateinische Biographie von der Antike bis in die Gegenwart. Festgabe für Walter Berschin zum 65. Geburtstag, Heidelberg 2002, S. 1077–1099.

Ulmschneider, Helgard, Art. „Turnierchronik", in: Verfasserlexikon. Die deutsche Literatur des Mittelalters. Bd. 11, Berlin, New York 2004, Sp. 1569–1572.

Ulmschneider, Helgard, Geschichten und Taten Wilwolts von Schaumberg. Kritische Edition (Studien und Texte zum Mittelalter und zur frühen Neuzeit 21), Münster 2018.

Ulrichs, Cord, Vom Lehnhof zur Reichsritterschaft. Strukturen des fränkischen Niederadels am Übergang vom späten Mittelalter zur frühen Neuzeit (Vierteljahrschrift für Sozial- und Wirtschaftsgeschichte. Beihefte 134), Stuttgart 1997.

Vale, Malcolm Graham Allan, War and chivalry. Warfare and aristocratic culture in England, France, and Burgundy at the end of the Middle Ages, Athens, Ga. 1981.

Verbruggen, Jan Frans, The art of warfare in Western Europe during the Middle Ages. From the Eighth century to 1340 (Warfare in history 3), Woodbridge, Suffolk, UK ^{2}1997.

Vischer-Merian, Karl, Henman Sevogel von Basel und sein Geschlecht, Basel 1880.

Vogt, Ludgera, Ehre in traditionalen und modernen Gesellschaften. Eine soziologische Analyse des "Imaginären" am Beispiel zweier literarischer Texte, in: Ludgera Vogt (Hg.), Ehre. Archaische Momente in der Moderne, Frankfurt am Main 1994, S. 291–314.

Vogt, Ludgera, Zur Logik der Ehre in der Gegenwartsgesellschaft. Differenzierung, Macht, Integration (Suhrkamp-Taschenbuch Wissenschaft 1306), Frankfurt am Main 1997.

Wagner, Heiko, Die Kurpfalz in der Ortenau. Die Belagerung der Burg Geroldseck im Jahre 1486, in: Geroldsecker Land 44 (2002), S. 19–34.

Wälchli, Karl Friedrich, Adrian von Bubenberg (Berner Heimatbücher 122), Bern 1979.

Watanabe-O'Kelly, Helen, Triumphall shews. Tournaments at German speaking courts in their European context 1560–1730, Berlin 1992.

Watanabe-O'Kelly, Helen, Chivalry and professionalism in electoral Saxony in the mid-sixteenth century, in: David J. B. Trim (Hg.), The chivalric ethos and the development of military professionalism, Leiden 2003, S. 213–234.

Weber, Max, Wirtschaft und Gesellschaft. Grundriß der verstehenden Soziologie, Tübingen ^{5}1972.

Welle, Rainer, „... und wisse das alle höbischeit kompt von deme ringen". Der Ringkampf als adelige Kunst im 15. und 16. Jahrhundert. Eine sozialhistorische und bewegungsbiographische Interpretation aufgrund der handschriftlichen und gedruckten Ringlehren des Spätmittelalters (Forum Sozialgeschichte 4), Pfaffenweiler 1993.

Welti, Friedrich-Emile, Kulturgeschichtliche Mitteilungen, in: Anzeiger für Schweizerische Alterthumskunde 7 (1895), S. 448–449.

Wendehorst, Alfred, Wer konnte im Mittelalter lesen und schreiben?, in: Johannes Fried (Hg.), Schulen und Studium im sozialen Wandel des hohen und späten Mittelalters, Sigmaringen 1985, S. 9–33.

Wenzel, Horst, Die Autobiographie des späten Mittelalters und der frühen Neuzeit. Band 1: Die Selbstdeutung des Adels (Spätmittelalterliche Texte 3), München 1980.

Wenzel, Horst, Höfische Geschichte. Literarische Tradition und Gegenwartsdeutung in den volkssprachigen Chroniken des hohen und späten Mittelalters (Beiträge zur älteren Deutschen Literaturgeschichte 5), Bern/Frankfurt am Main/Las Vegas 1980.

Westerhof, Danielle, Death and the Noble Body in Medieval England, Woodbridge 2008.

Wetzler, Sixt, Überlegungen zur europäischen Fechtkunst, in: Ulrike Ludwig (Hg.), Das Duell. Ehrenkämpfe vom Mittelalter bis zur Moderne, Konstanz 2012, S. 61–75.

Wetzler, Sixt, "Your Kung Fu is very good, Master Fiore!" Asian and European fight books in comparison, in: Acta Periodica Duellatorum 4, 2 (2015), S. 47–67.

Wiesflecker, Hermann, Kaiser Maximilian I. Das Reich, Österreich und Europa an der Wende zur Neuzeit. Bd. 1: Jugend, burgundisches Erbe und Römisches Königtum bis zur Alleinherrschaft. 1459–1493, Wien 1971.

Wiesflecker, Hermann, Kaiser Maximilian I. Das Reich, Österreich und Europa an der Wende zur Neuzeit. Bd. 2: Reichsreform und Kaiserpolitik. 1493–1500. Entmachtung des Königs im Reich und in Europa, Wien 1975.

Wiesflecker, Hermann, Kaiser Maximilian I. Das Reich, Österreich und Europa an der Wende zur Neuzeit. Bd. 5: Der Kaiser und seine Umwelt. Hof, Staat, Wirtschaft, Gesellschaft und Kultur, München 1986.

Wilhelm, Heinrich, Ritter Paul von Absberg, Amtmann zu Gunzenhausen 1490 bis 1503, in: Alt-Gunzenhausen. Beiträge zur Geschichte der Stadt und des Kreises 1 (1924), S. 58–63.

Wille, Fritz, Willibald Pirckheimer. Der Schweizerkrieg. In lateinischer und deutscher Sprache, Baden 1998.

Williams, Alan/David Edge/Tobias Capwell, An Experimental Investigation of late Medieval Combat with the Couched Lance, in: Journal of the Arms and Armour Society 22, 1 (2016), S. 1–39.

Williams, Alan/David Edge/Tobias Capwell/Stefanie Stanzl-Tschegg, A technical note on the armour and equipment for jousting, in: Gladius 32 (2012), S. 131–148.

Wilson, Peter Hamish, The Thirty Years War. Europe's tragedy, Cambridge, Mass 2011.

Winkler, Albert, The Battle of Murten: The Invasion of Charles the Bold and the Survival of the Swiss States, in: Swiss American Historical Society Review 46/1 (2010), S. 8–34.

Winzeler, Johannes, Geschichte von Thayngen, Thayngen 1963.

Wohlfeil, Rainer, Adel und neues Heerwesen, in: Hellmuth Rößler (Hg.), Deutscher Adel 1430–1555, Darmstadt 1965, S. S. 203–233.

Wohlfeil, Rainer, Ritter – Söldnerführer – Offizier. Versuch eines Vergleiches, in: Arno Borst (Hg.), Das Rittertum im Mittelalter, Darmstadt ²1976, S. 316–348.

Wolf, Gerhard, Von der Chronik zum Weltbuch. Sinn und Anspruch südwestdeutscher Hauschroniken am Ausgang des Mittelalters (Quellen und Forschungen zur Literatur- und Kulturgeschichte 18 (252)), Berlin 2002.

Wolf, Gerhard, Adlige Hauschroniken des Mittelalters und der Frühen Neuzeit, in: Gerhard Wolf/Norbert H. Ott (Hgg.), Handbuch Chroniken des Mittelalters, Berlin, Boston 2016, S. 399–446.

Würdinger, Josef, Kriegsgeschichte von Bayern, Franken, Pfalz und Schwaben. Von 1347 bis 1506. Bd. 2, München 1869.

Zahnd, Urs Martin, Die Berner Zunft zum Mittellöwen im Spätmittelalter (Geschichte der Berner Zunft zu Mittellöwen 1), Bern 1984.

Zahnd, Urs Martin, Von der Heiliglandfahrt zur Hofreise. Formen und Funktionen adeliger und patrizischer Bildungsreisen im spätmittelalterlichen Bern, in: Rainer Babel/Werner Paravicini (Hgg.), Grand Tour. Adeliges Reisen und europäische Kultur vom 14. bis zum 18. Jahrhundert, Ostfildern 2005, S. 73–88.

Zeilinger, Gabriel, Lebensformen im Krieg. Eine Alltags- und Erfahrungsgeschichte des süddeutschen Städtekriegs 1449/50 (Vierteljahrschrift für Sozial- und Wirtschaftsgeschichte. Beihefte 196), Stuttgart 2007.

Ziegler, Alfred, Adrian von Bubenberg und sein Eingreifen in die wichtigsten Verhältnisse der damaligen Zeit (Archiv des Historischen Vereins des Kantons Bern 12/1) 1887.

Zmora, Hillay, Adelige Ehre und ritterliche Fehde: Franken im Spätmittelalter, in: Klaus Schreiner/Gerd Schwerhoff (Hgg.), Verletzte Ehre. Ehrkonflikte in Gesellschaften des Mittelalters und der frühen Neuzeit, Köln 1995, S. 92–109.

Zmora, Hillay, State and nobility in early modern Germany. The knightly feud in Franconia, 1440–1567 (Cambridge studies in early modern history), Cambridge 1997.

Zmora, Hillay, The feud in early modern Germany, Cambridge 2011.

Zotz, Thomas, Adel, Bürgertum und Turniere in deutschen Städten vom 13. bis 15. Jahrhundert, in: Josef Fleckenstein (Hg.), Das ritterliche Turnier im Mittelalter. Beiträge zu einer vergleichenden Formen- und Verhaltensgeschichte des Rittertums, Göttingen 1985, S. 450–499.

Zotz, Thomas, Ritterliche Welt und höfische Lebensformen, in: Rittertum und ritterliche Welt, Berlin 2002, S. 173–230.

Zotz, Thomas, Stadt, Adel und Ritterturnier, in: Peter Jezler/Peter Niederhäuser/Elke Jezler (Hgg.), Ritterturnier. Geschichte einer Festkultur, Luzern 2014, S. 49–56.

Zwierlein, Cornel, Discorso und Lex Dei. Die Entstehung neuer Denkrahmen im 16. Jahrhundert und die Wahrnehmung der französischen Religionskriege in Italien und Deutschland (Schriftenreihe der Historischen Kommission bei der Bayerischen Akademie der Wissenschaften 74), Göttingen 2006.

Personenregister

Ein der Seitenzahl nachgestelles ‚n' verweist auf eine Fußnote.

Personen, die bspw. durch Titel im Text in anonymisierter Form erscheinen, sind unter ihrem entsprechenden Namen verzeichnet. Lebensdaten sind nur angegeben, um gleichnamige Personen unterscheiden zu können.

Abkürzungen: Bf. = Bischof; Ebf. = Erzbischof; Ehzg. = Erzherzog; Ehgzn. = Erzherzogin; Frhr. = Freiherr; Frhrn. = Freiherrin; Gf. = Graf; Gfn. = Gräfin; Hzg. = Herzog; Hzgn. = Herzogin; Ks. = Kaiser; Ksn. = Kaiserin; Mgf. = Markgraf; Mgfn. = Markgräfin; Pfgf. = Pfalzgraf; Pfgfn. = Pfalzgräfin; röm. Kg. = römischer König; röm. Kgn. = römische Königin

Absberg, Herren von
Siehe Dorothea von Absberg, Hans Thomas von Absberg, Paul von Absberg
Achilles Pirmin Gasser 68
Adrian von Bubenberg 205–208.
‚Affe' (Knecht Endres von Gemünds) 203f.
Albrecht Achilles von Brandenburg, Mgf. 83, 91, 168, 183, 193, 217, 223, 243, 247, 276f., 277*n*189
Albrecht der Beherzte von Sachsen, Hzg. 82, 132f., 134, 157, 217, 232, 250–252, 254, 266f., 298
Albrecht der Weise von Bayern-München, Hzg. 62, 64f.
Albrecht II., röm. Kg. 59
Albrecht VI. von Österreich, Ehzg. 78, 145, 166, 167, 192–194, 255
Albrecht von Baden, Mgf. 75, 81
Albrecht von Brandenburg, Ebf. 185f.
Alfonso V. von Aragon, Kg. 35, 177
Alfonso V. von Portugal, Kg. 117f., 173
Anastasius Grün
Siehe Anton Alexander von Auersperg
Andre Paurnfeindt 160
Andrea de Franceschi 149*n*331
Andreas von Lappitz 24, 91
Andreas von Wildenstein 158*n*387
Anton Alexander von Auersperg (Anastasius Grün), Gf. 46
Anton Welser 182
Aragon, Könige von
Siehe Alfonso V. von Aragon
Arnold von Harff 26
Arnold von Rosenberg 223
Baden, Markgrafen von
Siehe Albrecht von Baden, Friedrich IV. von Baden, Karl I. von Baden
Balthasar Stiebar 277
Balthasar von Schwarzburg, Gf. 218f.
Bartholomäus Haller 272
Bayern, Herzöge von
Siehe Albrecht der Weise von Bayern-München, Georg der Reiche von Bayern-Landshut, Ludwig der Bärtige von Bayern-Ingolstadt, Ludwig der Bucklige von Bayern-Ingolstadt, Ruprecht von Bayern, Sibylle von Bayern-München
Bechtolf von Flersheim 55
Beilstein, Herren von 187
Benedetto Trevisano 166*n*418
Berlichingen, Herren von 276
Siehe auch Engelhard von Berlichingen, Gottfried (Götz) von Berlichingen, Konrad von Berlichingen, Philipp von Berlichingen
Bernhard Hertzog 196*n*81
Bernhard Ritschan 66
Bernhard von Hutten 112
Berthold von Freiburg 144
Bianca Maria Sforza, Ksn. 214, 250, 252f., 266
Brandenburg, Markgrafen von 316
Siehe auch Albrecht Achilles von Brandenburg, Albrecht von Brandenburg, Friedrich V. von Brandenburg, Johann von Brandenburg, Kasimir von Brandenburg

Burgund, Herzöge von
Siehe Karl der Kühne von Burgund, Maria von Burgund, Philipp der Gute von Burgund
Burkhart von Ehingen 263
Burkhart Zink 191

Caritas Pirckheimer (vor der Einkleidung Barbara) 268
Carl von Clausewitz 2, 80*n*1, 84, 129, 137, 156
Catilina (Lucius Sergius Catilina) 187
Charles VIII. von Frankreich, Kg. 287
Chrétien de Troyes 53
Christoph Fürer 287
Christoph Scheurl 66*n*133
Christoph von Thein 111
Claude de Vaudrey 159f., 164–166, 214, 252f.
Claus Schultheiß 270
Clausewitz
Siehe Carl von Clausewitz
Clemens Jäger 88f., 90, 152, 191–92, 282 64, 66*n*133, 124, 159f., 239
Clemens Sender 148, 164, 318f.
Clemens v., P. 158
Cyriacus Spangenberg 23f., 26, 43, 64, 68, 153

Diebold von Hohengeroldseck 196f.
Diesbach, Herren von
Siehe Ludwig von Diesbach d. Ä., Ludwig von Diesbach d. J., Niklas von Diesbach
Dietz von Thüngen 248, 271*n*166
Don Duarte de Menezes, Gf. von Viana 118f.
Dorothea von Absberg 269

Eberhard im Bart von Württemberg, Hzg. 197, 248*n*55
Eberhard von Brandenstein 150, 254
Edward IV. von England, Kg. 177, 213, 240*n*13
Egloff von Rietheim 318f.
Ehenheim, Herren von
Siehe Michel von Ehenheim
Ehingen, Herren von 263
Siehe auch Burkhart von Ehingen, Georg von Ehingen, Hugo von Ehingen, Rudolf von Ehingen
Eitel Friedrich I. von Hohenzollern, Gf. 191f.
Eleonore von Schottland, Ehzgn. 167
Elisabeth von Aufseß 260
Endres von Gemünd 203
Enea Silvio Piccolomini (Pius II., P.) 53, 58f., 121, 168, 169, 174, 181f., 286
Engelhard von Berlichingen 276
England, Könige von
Siehe Edward IV. von England, Henry V. von England, Richard III. von England
Ennius (Quintus Ennius) 209
Eptingen, Herren von 7, 111, 143f., 187f.
Siehe auch Hans Bernhard von Eptingen
Erasmus von Wildhausen, Gf. 91
Erhard Truchseß von Wetzhausen 112
Ernst Schenk von Tautenberg 189
Ernst von Sachsen, Hzg. 254

Felix Fabri 26, 28f., 178f.
Felix Hemmerli 40
Ferdinand I., Ks. 147f., 231
Flersheim, Herren von 7
Siehe auch Bechtolf von Flersheim, Friedrich von Flersheim (†1477), Friedrich von Flersheim (um 1396–1473), Hans von Flersheim, Philipp von Flersheim, Ruprecht von Flersheim
Florian Geyer 314
Frankreich, Könige von
Siehe Charles VIII. von Frankreich, Louis XI. von Frankreich
Franz von Sickingen 19, 173, 219, 221, 235, 329
Friedrich I. Barbarossa, Ks. 31, 44*n*9, 201
Friedrich II., der Weise, von der Pfalz, Pfgf. 68
Friedrich II., Ks. 44*n*9, 201, 284
Friedrich III., Ks. 26, 47, 48, 60, 82, 99, 124, 167, 182, 193, 213, 221, 240
Friedrich IV. von Baden, Bf. 267, 298*n*95, 299
Friedrich Kappler 130, 164
Friedrich V. von Brandenburg, Mgf. 142f., 189, 223, 227, 242, 248, 257f.
Friedrich von Blankenheim, Bf. 30
Friedrich von Flersheim (†1477) 239f., 259f.
Friedrich von Flersheim (um 1396–1473) 8, 55, 258f., 279f.
Friedrich von Öttingen, Bf. 266
Friedrich von Waldenfels zu Lichtenberg 108f., 122
Friedrich von Zollern, Bf. 317, 319

Friedrich XII. ‚Oettinger' von Hohenzollern, Gf. 33f., 38f., 40–42, 69, 191
Froben Christoph von Zimmern, Gf. 6, 33, 63, 69, 75–78, 130, 139f., 153, 155, 175, 183, 186f., 189, 195, 197, 200f., 255f., 266
Frundsberg, Herren von
Siehe Georg von Frundsberg
Fugger, Grafen
Siehe Jakob Fugger, Johann Jakob Fugger
Fürstenberg, Grafen von
Siehe Heinrich VII. von Fürstenberg, Johann von Fürstenberg d. Ä., Johann von Fürstenberg d. J., Gf.

Gabriel Tetzel 173, 175, 212f.
Gangolf I. von Hohengeroldseck 196f.
Gangolf II. von Hohengeroldseck 197
Gebhart Dacher 270
Georg der Reiche von Bayern-Landshut, Hzg. 51
Georg der Bärtige von Sachsen, Hzg. 220
Georg Fischel 58f.
Georg Kirchmair 66
Georg Krebs 319
Georg Rüxner 245, 248, 249, 259*n*113, 260, 272*n*168
Georg Schamdocher 135
Georg Schenk von Limpurg, Bf. 140, 190, 243*n*29
Georg von Ehingen 5, 25, 31, 38, 52, 72f., 117–119, 145f., 166f., 212*n*58, 226f., 228–230, 240*n*13, 263
Georg von Emershofen 307, 317, 322
Georg von Frundsberg 66, 302, 329
Georg von Herberstein 172, 219
Georg von Podiebrad, Kg. 61, 168
Georg von Ramseiden 117f.
Georg von Schaumberg († vor 1440) 128
Georg von Schaumberg (†1494) 248
Georg von Schaumberg (†1514) 55
Georg Wispeck 181, 224
Georges Chastellain 227
Geroldseck, Herren von
Hohengeroldseck, Herren von 197
Siehe auch Diebold von Hohengeroldseck, Gangolf I. von Hohengeroldseck, Gangolf II. von Hohengeroldseck
Sulzer Linie der Herren von 69, 197
Goderd von Bemmel 233
Gottfried (Götz) von Berlichingen 1, 5, 22, 40, 45, 52–54, 72, 91, 94*n*66, 111f., 114, 123, 125, 126, 129, 140, 168, 170, 171, 172, 173, 174, 176, 182, 184–186, 188, 190, 203f., 221–224, 225, 228, 258, 269, 309–311, 313f.
Gottfried von Zimmern, Frhr. 153–155
Gottfried Werner von Zimmern, Gf. 40*n*125, 189
Götz von Berlichingen
Siehe Gottfried (Götz) von Berlichingen
Götz von Ende 250
Gregor Heimburg 59
Guillaume du Bellay 104*n*117

Habsburg, Herzöge, später Erzherzöge von 194, 197, 231
Siehe auch Albrecht VI. von Österreich, Ferdinand I., Friedrich III., Karl V., Maximilian I., Sigismund der Münzreiche von Tirol
Hamann von Reischach 176
Hans Bernhard von Eptingen 26
Hans Judman zu Affecking 245
Hans Jungermann 36, 288
Hans Renner 219f.
Hans Talacker von Massenbach 172, 188
Hans Thomas von Absberg 19*n*14
Hans Thomas von Rosenberg 221
Hans Ulrich Jungermann 36f., 288f.
Hans Ungelter 71, 315f., 317, 320, 322
Hans von der Gruben 34f.
Hans von Flersheim 55, 259f.
Hans von Preußen 29
Hans von Rechberg 136
Hans von Sagan, Hzg. 122, 128, 168, 217
Hans von Seckendorff 150*n*337, 205, 236
Hans von Selbitz 182, 186
Hans von Sickingen 19, 20
Hans von Weißdorf 228
Hans Wagenbach 310
Hans Wal 309
Hans (Wildhans) Spät 51f.
Hartmann von Aue 53
Heinrich der Fromme von Sachsen, Hzg. 31*n*76, 266
Heinrich I., ostfränkischer Kg. 243
Heinrich Sasse 226f.

Heinrich VII. von Fürstenberg, Gf. 36, 288, 305, 325
Heinrich von Veldeke 214
Heinrich von Waldenfels 150*n*337
Heinrich von Zimmern (fälschlich Werner), Frhr. 139f.
Heinrich Wittenwiler 145, 151f., 248f.
Henmann Seevogel 270
Henriette von Mömpelgard, Gfn. 40
Henry V. von England, Kg. 81, 306
Herberstein, Herren von
Siehe Georg von Herberstein, Sigmund von Herberstein
Hermann von Cilli, Gf. 73
Hilbrand von Thüngen 271*n*166
Hilpolt Ridler 318
Hohenzollern
brandenburgische Linie, Markgrafen von
Siehe Brandenburg, Markgrafen von
schwäbische Linie, Grafen von 6, 193
Siehe auch Eitel Friedrich I. von Hohenzollern, Friedrich von Zollern, Friedrich XII. ‚Oettinger' von Hohenzollern, Jos Niklas I. von Hohenzollern
Honoré Bovet 56f., 131*n*242
Hugo von Ehingen 73
Hugo von Leisnig 233
Hugo von Werdenberg, Gf. 154f.
Hutten, Herren von
Siehe Bernhard von Hutten, Ulrich von Hutten

Indersyz 78

Jakob Fugger, Gf. 319
Jakob Schrenck von Notzing 66f.
Jakob von Lichtenberg, Gf. 21, 186f.
Jakubke von Wresovic 128
Jan von Kolowrat 78
Jean de Rebreuviette 227
Jean Froissart 30
Jehan de Karkuelvant 268
Joachim Meyer 113f., 115, 116f., 137, 160f., 296
Johann von Zimmern d. Ä., Frhr. 6, 33f., 39
Johann Friedrich von Sachsen, Hzg. 50
Johann Jacobi von Wallhausen 95
Johann Jakob Fugger, Gf. 64
Johann Kasimir, Pfgf. 137
Johann Küchenmeister 185
Johann Langenmantel 318
Johann Schele, Bf. 59
Johann von Brandenburg, Mgf. 168, 217, 282
Johann von Fürstenberg d. Ä., Gf. 158*n*387
Johann von Fürstenberg d. J., Gf. 200f.
Johann von Winterthur 32f.
Johannes Lichtenauer 114, 116, 127, 244
Johannes Pirckheimer 62
Johannes Rothe 8, 25, 38, 57, 115, 120f., 131f., 153, 169, 272f.
Johannes Werner von Zimmern d. Ä., Frhr. 154f.
Johannes Werner von Zimmern d. J., Gf. 155
Johannes XXII., P. 158
Johann V., Wild- und Rheingf. 111
Jörg von Rosenberg 143, 222–224, 248, 257f., 276f.
Jos Niklas I. von Hohenzollern, Gf. 192f.
Joseph Grünpeck 48, 85
Juan II. von Kastilien, Kg. 36

Karl der Große, Ks. 182, 187
Karl der Kühne von Burgund, Hzg. 32, 82, 83, 124, 170, 171, 207, 212, 217, 239f., 248, 259, 292, 320
Karl I. von Baden, Mgf. 193
Karl IV., Ks. 33
Karl V., Ks. 22, 48–50, 148, 170, 198, 219
Karl von Schaumberg 73
Kasimir II. von Polen, Kg. 193
Kasimir von Brandenburg, Mgf. 125, 221f., 223, 224, 225
Kaspar Frey 8, 325
Kastilien, Könige von
Siehe Juan II. von Kastilien
Katharina von Mecklenburg, Hzgn. 31*n*76
Konrad Schott von Schottenstein 157, 269
Konrad Spät 246
Konrad von Bebenburg 183
Konrad von Berlichingen 174, 223f., 276, 277*n*189
Konrad von Scharnachtal 177*n*474
Kunigunde von Monfort 197
Kunz von Lüchau 202, 205, 222, 236

Ladislaus Postumus, Kg. 31
Lappitz, Herren von
Siehe Andreas von Lappitz

Leo von Rožmitál, Frhr. 61*n*97, 78, 175, 177, 212–215, 235, 240*n*13
Leonhard I. von Tirol-Görz, Gf. 74
Lorenz von Schaumberg 227f.
Lichtenberg, Grafen von
Siehe Jakob von Lichtenberg
Louis XI. von Frankreich, Kg. 107
Lucas Cranach d. Ä. 48–50
Ludwig der Bärtige von Bayern-Ingolstadt, Hzg. 172
Ludwig der Bucklige von Bayern-Ingolstadt, Hzg. 172
Ludwig I. von Württemberg, Gf. 176*n*472, 255
Ludwig V. von der Pfalz, Pfgf. 140
Ludwig von Diesbach d. Ä. 34f., 177, 226
Ludwig von Diesbach d. J. 7, 73, 107, 170, 173
Ludwig von Eyb d. Ä. 297
Ludwig von Eyb d. J. 5f., 15, 22, 23, 32, 55, 58, 60, 73, 80, 82, 85f., 91, 101, 107, 109f., 122, 128, 130f., 132, 133, 142, 143, 147, 165, 171, 172, 175, 181, 204, 217, 218–219, 227f., 239, 248, 250, 253f., 255, 258, 266, 267, 272*n*168, 298, 301, 306, 312

Machiavelli
Siehe Niccolò Machiavelli
Margarete von Randeck 258–260
Margaretha von Öttingen, Frhrn. 266
Margarethe von Schaumberg 55
Maria von Burgund, Hzgn. 70, 256f.
Martin Luther 63
Martin Zollner von Rotenstein 232
Marx Stumpf 314
Marx Walther 288
Matthäus Marschalk von Pappenheim 32
Matthias Corvinus, Kg. 157, 290
Maximilian I., Ks. 8, 22, 26, 46–48, 61, 62, 64f., 66, 70, 74, 85, 87, 89, 91, 93f., 102, 110*n*136, 119f., 123, 133, 140, 150f., 153, 158–160, 164–166, 167, 170, 171, 172, 182, 184, 186, 188, 211, 213, 214, 219, 221, 226, 230, 246f., 250, 252f., 254, 260, 315f., 323
Mechthild von der Pfalz, Ehzg. 255f.
Melchior Pfintzing 256
Menloch von Dettlingen 39
Michael von Rosenberg 223
Michael von Seinsheim 271f.
Michel von Ehenheim 7, 34, 45, 111, 221, 243

Neidhard Fuchs von Burgpreppach 95*n*67, 136f., 241, 267, 299
Neidhard von Thüngen 203f.
Niccolò Machiavelli 83, 103, 300
Niclas von Popplau 7, 60–62, 74f., 88, 175f., 209, 214–217, 226, 241f.
Niklas Schradin 20, 322f.
Niklas von Brandis 309
Niklas von Diesbach 205*n*28

Ott (der Jude Ott) 77
Österreich, Herzöge, später Erzherzöge von
Siehe Habsburg, Herzöge, später Erzherzöge von
Öttingen, Grafen von
Siehe Friedrich von Öttingen, Margaretha von Öttingen, Wolfgang von Öttingen
Otto von Ebeleben 125
Ovid (Publius Ovidius Naso) 253

Paul Hector Mair 116*n*169
Paul von Absberg 45, 205, 222, 224, 228, 236, 258
Pero Tafur 274, 278, 279
Peter Schwyzer 297
Peter Stern von Labach 23
Peter Suchenwirt 140–142, 272
Pfalzgrafen bei Rhein
Siehe Friedrich II., der Weise, von der Pfalz, Ludwig V. von der Pfalz, Mechthild von der Pfalz, Ruprecht von der Pfalz (1481–1504), Ruprecht von der Pfalz (1352–1410)
Philip de Lalaing 93*n*62
Philipp der Aufrichtige, Pfgf. 62, 196f., 253
Philipp der Gute von Burgund, Hzg. 78, 193, 212f., 214
Philipp I., der Schöne, Kg. 133
Philipp von Berlichingen 221f., 224
Philipp von Flersheim 8, 235, 259f., 329
Philipp von Cleve, Herr von Ravenstein, Hzg. 86, 133–134, 172
Philipp von Seldeneck 109, 294
Philippe de Commynes 94, 99, 100
Philippe de Mézières 69
Piccolomini
Siehe Enea Silvio Piccolomini

Pietro Bonomi 325
Pirckheimer, Nürnberger Geschlecht
Siehe Caritas Pirckheimer, Johannes Pirckheimer, Willibald Pirckheimer
Pius II., P. *Siehe* Enea Silvio Piccolomini
Portugal, Könige von
Siehe Alfonso V. von Portugal

Raimond de Beccarie, Baron 104
Raimund von Cardona 67
Reinhard zu Solms 45, 57, 103
Reinhart Noltz 151, 165f., 214, 253
Reinold von Urslingen, Hzg. 230f.
René de`Anjou, Hzg. 131*n*241
René II. von Lothringen, Hzg. 320f.
Richard III. von England, Kg. 61*n*97
Rochefort, Doktor 61f.
Rosenberg, Herren von 222*n*116
Siehe auch Arnold von Rosenberg, Hans Thomas von Rosenberg, Jörg von Rosenberg, Michael von Rosenberg
Rudolf von Anhalt-Zerbst, Fst. 165f.
Rudolf von Ehingen 25, 52, 73, 166f.
Rudolf von Scherenberg, Bf. 277*n*189
Ruprecht von Bayern, Bf. 31f.
Ruprecht von der Pfalz (1481–1504), Pfgf. 54, 71
Ruprecht von der Pfalz (1352–1410), röm. Kg. 34
Ruprecht von Flersheim 55, 259

Sachsen, Herzöge von
Siehe Albrecht der Beherzte von Sachsen, Ernst von Sachsen, Georg der Bärtige von Sachsen, Heinrich der Fromme von Sachsen, Johann Friedrich von Sachsen, Wilhelm III., der Tapfere von Sachsen
Sagan, Herzöge von
Siehe Hans von Sagan
Sallust (Gaius Sallustius Crispus) 30
Schaumberg, Herren von
Siehe Georg von Schaumberg (†vor 1440), Georg von Schaumberg (†1494), Georg von Schaumberg (†1514), Karl von Schaumberg, Lorenz von Schaumberg, Margarethe von Schaumberg, Wilwolt von Schaumberg
Schauenberg, Grafen von 175f.
Schellenberg zu Kißlegg, Herren von
Siehe Ulrich von Schellenberg zu Kißlegg
Schirnding, Herren von 202, 236
Schott von Schottenstein, Adelsfamilie
Siehe Konrad Schott von Schottenstein, Veit Schott von Schottenstein
Sebastian Ilsung 36
Sebastian von Losenstein 231
Sibylle von Bayern-München, Pfgfn. 140
Sickingen, Herren von
Siehe Franz von Sickingen, Hans von Sickingen
Siegmund von Gebsattel 245, 277
Sigismund der Münzreiche von Tirol, Ehzg. 74–78, 188, 196, 215f., 320
Sigismund, Ks. 58f., 73, 191, 280
Sigmund Feyerabend 45
Sigmund von Herberstein 7, 27, 58, 170, 172, 219f.
Sigmund von Stetten 223
Spät, Adelsfamilie
Siehe Hans (Wildhans) Spät, Konrad Spät
Susanne von Thüngen 271f.
Sybilla Artzt, Gfn. 319

Thiébaut IX. de Neufchâtel 69
Thomas Grey 135
Thomasin von Zerklaere 255
Thüngen, Herren von
Siehe Dietz von Thüngen, Hilbrand von Thüngen, Neidhard von Thüngen, Susanne von Thüngen
Thüring von Hallwyl 136

Ulrich Bodry 104
Ulrich von Hornberg, Frhr. 230f.
Ulrich von Hutten 174f., 195f.
Ulrich von Schellenberg zu Kißlegg 65–68, 127
Ulrich von Württemberg, Hzg. 189, 287, 309
Utz von Künßberg 142, 242

Václav Šašek von Bířkov 53 78f., 212f., 214
Valentin Schott von Eichelsdorf 112
Valerius Anshelm 8, 20, 36, 51, 208, 288f., 303, 307, 312, 316

Vegetius (Publius Flavius Vegetius Renatus) 83
Veit Schott von Schottenstein 82, 129
Veit von Emershofen 256
Veit von Lentersheim 170
Vladislavs II. von Böhmen und Ungarn, Kg. 37*n*105

Werdenberg, Grafen von 176, 184
Siehe auch Hugo von Werdenberg
Werner der Gärtner 249
Werner von Zimmern d. J., Frhr. 75–78, 153f., 158*n*387, 176, 188, 200
Widukind von Corvey 27
Wilhelm Artzt 319
Wilhelm Caoursin 23*n*36
Wilhelm III., der Tapfere von Sachsen, Hzg. 168
Wilhelm III. von Henneberg, Gf. 172f.
Wilhelm von Habern 19
Wilhelm von Luyrieux 173
Wilhelm von Wolfstein 245
William Marshal 71
Willibald Pirckheimer 8, 51, 62f., 123, 126, 128, 174, 195, 268, 287, 303, 305, 306f., 321, 323, 325, 326
Wilwolt von Schaumberg 5f., 19, 22f., 32, 53, 55f., 71, 73, 82, 85f., 91, 95*n*67, 108–110, 111, 122, 125, 128, 129, 130f., 132, 136, 147, 148–150, 157, 158*n*387, 168f., 170, 171, 172f., 202f., 204f., 217f., 222, 224, 227f., 232, 236, 243*n*29, 247f., 250, 251f., 253–255, 258, 267, 268f., 277, 280f., 298f., 301, 302, 311f., 313
Wolf von Seinsheim 271
Wolfgang von Öttingen, Gf. 246
Wolfgang von Pohlheim 61*n*99
Wolfram von Eschenbach 89
Württemberg, Grafen, später Herzöge von
Siehe Eberhard im Bart von Württemberg, Ludwig I. von Württemberg, Ulrich von Württemberg

Zaccaria Contarini 166*n*418
Zimmern, Freiherren, später Grafen von 6, 40, 51, 154, 184, 193
Siehe auch Froben Christoph von Zimmern, Gottfried von Zimmern, Gottfried Werner von Zimmern, Heinrich von Zimmern, Johann von Zimmern d. Ä., Johannes Werner von Zimmern d. Ä., Johannes Werner von Zimmern d. J., Werner von Zimmern d. J.

Ortsregister

Nicht berücksichtigt wurde aufgrund der Häufigkeit der Begriff ‚Deutschland'.

Aarschot 82
Adelsheim 185
Affalterbach 221
Afrika 229
Albona 27
Amberg 214*n*70
Ansbach 168, 222, 223*n*116, 224, 243, 258, 263
Arras 19, 85, 268f., 301
Artois, Grafschaft 85
Asse 298–299
Atienza 36
Augsburg 59, 147, 164, 182, 184, 186, 191, 266, 286, 288, 317, 319

Baden 297
Balkan 178
Bamberg 243*n*29, 245, 271
Bannockburn 135
Basel 58, 65, 135, 288
Batenburg 301
Bayern 96
Bern 205–209
Binsdorf 194
Böhmen 279, 292, 303
Bologna 65
Boxberg, Schloss 276
Braunschweig 249
Brescia 34
Bretagne 107, 170
Brügge 171
Brüssel 133f., 212
Buchen 313
Burgund 10, 19, 21, 78, 93, 98, 103, 131*n*241, 143, 170, 205, 212f., 320

Cadzand 132
Ceuta 5, 118f., 227, 228–230
Crossen 108f., 122, 148*n*330, 282

Damme 81
Dornach 36f., 288f., 305, 323–326
Dorneck, Schloss 288–289, 324

Ebernburg 173
Eichstätt 55, 62, 126
Eidgenossenschaft 4, 292f., 297, 302–309, 315
Elsass 30, 186
Emmerich 122
England 10, 28, 56, 93, 143, 177*n*479, 213, 240
Ennsland 175
Ensisheim 94*n*65
Erfurt 289
Esslingen 315, 317, 320

Feldkirch 219, 309
Flandern 173, 284
Franeker 125, 266
Franken 194*n*71, 222, 232
Frankfurt am Main 289
Frankfurt an der Oder 109
Frankreich 10, 21, 22, 28, 56, 62, 93, 98f., 103, 131*n*242, 143, 149, 170, 205, 219, 240, 290
  Nordfrankreich 146
Frastanz 303, 309
Freiburg 145, 167
Friesland 71, 95*n*67, 136, 266, 280f.

Geldern 64, 305–306
Gent 269
Germersheim 20
Granada 227
Grandson 171*n*442
Groningen 232, 298
Guinegate 85, 93f.
Gundelsheim 313

Hammelburg 203
Haro 175*n*467
Haßfurt 112
Heemskerk 95*n*67, 301, 313
Hegau 51, 52, 64
Heidelberg 20, 140, 162, 173, 175, 224, 263, 276f.

Heilbronn 264
Heiliges Land 28, 178
Heilsbronn 205
Hessen 235
Hochmössingen am Neckar 40–42
Hof an der Saale 202, 204, 236
Hohenberg 193, 194
Hohengeroldseck, Schloss 196f.
Hohenloher Land 175
Hohenzollern, Schloss 39, 191–194
Holland 22
Horb 194
Hornberg 313

Iberien 175, 227
Siehe auch Aragon, Kastilien, Portugal
Inningen 318
Innsbruck 74–77, 153, 167, 184, 196, 215
Istrien 27, 170
Italien 56, 66, 98, 103, 170, 287

Jagsthausen 168
Jerusalem 26, 29, 167, 178f., 260

Kaiserslautern 20
Kastilien 274*n*178
Katalonien 175*n*467
Kaufbeuren 318
Kilchberg 166
Klosterneuburg 34
Köln 150*n*337, 241f.
Konstanz 91, 123, 128, 140
Kortrijk 284f.
Krakau 234*n*166
Kurpfalz 235
Kurtrier 235

Laaxum 302
Landshut 53, 72
Landstuhl 19
Laupen 32–33
Leipzig 250
Levante 178
Lichtenberg, Schloss 186f.
Liedekerke 34
Linz 231
Lissabon 117
Lothringen 170, 171

Löwen 105, 109, 130, 133, 148
Lüttich 111
Luyrieux 173

Magdeburg 243
Mailand 173
Mainz 31, 175, 232, 276
Mechelen 61f.
Meran 219
Meßkirch 51, 77, 153, 184, 266
Montargis-en-Gatinois 173
Montfoort 22, 132
Montlhéry 99
Morgarten 284
Murten 207f.

Nancy 22, 259, 320
Nanstein 235, 281
Neuss 32, 82, 129
Niederlande 62
Nijmegen 122
Ninove 34, 45
Nördlingen 307, 317, 322
Nürnberg 19*n*14, 29, 62, 125, 129, 170, 175, 182, 185, 190, 221f., 224, 225, 228, 268, 287, 297, 306, 321

Obereschenbach 203f.
Oberndorf 42
Ofen 23
Olmedo 175*n*467
Orléans 65
Österreich 4, 70
Niederösterreich 102
Oudenaarde 94*n*65

Padua 172
Pavia 65
Payerne 209
Pescara 34f., 177
Pommern, Herzogtum 83
Portugal 117
Prag 5, 25, 31, 166

Regensburg 265
Rheinfelden 188
Rhodos 23, 119, 167, 178
Rielasingen 92, 307, 322f.

Rom 24, 29, 172
Rottenburg am Neckar 145, 167, 194, 255f.
Rottweil 40*n*124

Saatzig 227f., 301
Sagan, Herzogtum 83
Saint-Dizier 22
Salins-les-Bains 130
Santiago 235
Savoyen 173
Schaffhausen 139, 162–164, 257, 264, 265, 270, 274, 274*n*178
Schömberg 194
Schwaben
  Oberschwaben 291
Schwäbisch Hall 183
Schwabmünchen 317, 319
Schwaderloh 126, 303, 307, 316, 317, 320, 322
Schweinfurt 221
Schweiz *Siehe* Eidgenossenschaft
Schwyz 284, 309
Serbien 280
Sevilla 209
Sigmaringen 154
Sluis 86, 122, 129, 311f.
Solothurn 288, 326
Sommersdorf 91
Spanien 178
  Siehe auch Iberien, Kastilien
Speyer 171*n*442, 329
Spiez, Schloss 207
St. Jakob an der Birs 135f., 270
Steinkallenfels 19
Stockach 92
Straßburg 30, 32
Stuhlweißenburg 37*n*105
Stuttgart 142f., 147, 189, 223, 242, 246, 248, 257f., 261, 263
Sulz, Herrschaft 197

Tauberbischofsheim 185
Thayngen 94*n*66, 323
Tienen 217
Tiengen 19
Tongeren 111
Traunstein 224
Trier 124, 147, 239f., 259
Trochtelfingen 176
Tübingen 51, 63, 65

Ulm 191, 320
Ungarn 70, 290
Unterwalden 284
Urach 176
Uri 284

Valenciennes 62, 226f.
Venedig 166*n*418, 172, 287
Verneuil 85
Vicenza 66–68, 127
Vilvoorde 134

Waiblingen 310
Wasserburg 216
Wellenburg 148, 164
Werdenberg 309
Wien 23, 34, 47, 68, 75, 77, 172
Wittenberg 48
Woerden 267, 298*n*95, 299
Worms 55, 151, 159, 164–166, 174, 214, 221, 250–253
Würzburg 260, 276, 277*n*189

Zollern, Grafschaft 39
Zug 326
Zürich 91